歐亞備要

主辦：中國社會科學院歷史研究所內陸歐亞學研究中心

主編：余太山　李錦繡

唐代景教再研究
（增訂本）

林悟殊　著
殷小平　整理增訂

圖書在版編目(CIP)數據

唐代景教再研究 / 林悟殊著；殷小平整理增訂. —
增訂本. — 北京：商務印書館，2021
（歐亞備要）
ISBN 978-7-100-19632-1

Ⅰ.①唐… Ⅱ.①林… ②殷… Ⅲ.①景教－研究－中國－唐代 Ⅳ.①B976

中國版本圖書館CIP數據核字（2021）第037258號

權利保留，侵權必究。

（歐亞備要）
唐代景教再研究〔增訂本〕
林悟殊　著
殷小平　整理增訂

商務印書館出版
（北京王府井大街36號　郵政編碼100710）
商務印書館發行
三河市尚藝印裝有限公司印刷
ISBN 978-7-100-19632-1

2021年8月第1版	開本 710×1000　1/16
2021年8月第1次印刷	印張 43

定價：198.00元

編者的話

《歐亞備要》叢書所謂"歐亞"指內陸歐亞（Central Eurasia）。這是一個地理範疇，大致包括東北亞、北亞、中亞和東中歐。這一廣袤地區的中央是一片大草原。在古代，由於遊牧部族的活動，內陸歐亞各部（包括其周邊）無論在政治、經濟還是文化上都有了密切的聯繫。因此，內陸歐亞常常被研究者視作一個整體。

儘管司馬遷的《史記》已有關於內陸歐亞的豐富記載，但我國對內陸歐亞歷史文化的研究在很多方面長期落後於國際學界。我們認識到這一點並開始急起直追，嚴格說來是在20世紀70年代末。當時篳路藍縷的情景，不少人記憶猶新。

由於內陸歐亞研究難度大，早期的研究者要克服的障礙往往多於其他學科。這也體現在成果的發表方面：即使付梓，印數既少，錯訛又多，再版希望渺茫，不少論著終於絕版。

有鑑於此，商務印書館發大願心，選擇若干較優秀、尤急需者，請作者修訂重印。不言而喻，這些原來分屬各傳統領域的著作（專著、資料、譯作等）在"歐亞"的名義下彙聚在一起，有利於讀者和研究者視野的開拓，其意義顯然超越了單純的再版。

應該指出的是，由於出版時期、出版單位不同，尤其是研究對象的不同，導致諸書體例上的差異，這次重新出版僅就若干大的方面做了調整，其餘保持原狀，無意劃一，藉此或可略窺本學科之發展軌跡也。

願本叢書日積月累，爲推動內陸歐亞歷史文化的研究起一點作用。

余太山

初版序

在唐代景教再研究的路上，林悟殊先生孜孜以求，計日程功，堪稱一位勤奮的探索者。相形之下，我幾乎像個路邊散人，與中古三夷教的歷史疏離已久，又未修煉成"退院老僧"，本來是沒有資格說三道四的。現在既然應命撰序，就祇好序其所能序，勉強編織一席旁觀者言，聊以塞責而已。

任何領域的再研究，都意味著向新的高度攀登。"再"與"復"，貌似神異，不可同日而語。在這部新作中，著者對課題的拓展和深化，業已進入尋幽探微的境界。從開卷到終篇，無論對唐代景教的遺經、遺址，還是遺事，他所作的鑒別和考釋，都是分析與綜合並重，寓妙解於論證，令人耳目一新。讀者自能知之，無待乎"傳銷"式的贅言。

作爲一個旁觀者，我不知不覺間，也受到默化和激發。面對即將問世的林氏新著，浮想聯翩，有欲吐之言三點，即：一、大秦景教流行並不是孤立的歷史現象；二、景教作爲"流產文明"在唐代中國之命運；三、中古三夷教漢化形式的差異。現依次略陳鄙見，以求教於著者和讀者。

在古代的西域，大秦位於極西，即王國維所謂"黑海西頭望大秦"是也。真有意思，這個並非近鄰的國度，卻被古代漢人視爲遠親，成了中西文化因緣中一個著名的錯覺："其人民皆長大平正，有類中國，故謂之大秦。"（《後漢書》卷八八《西域傳》）自漢至唐，與這個荒誕的"類中國"說並行，大秦的殊方寶貨，從駝鳥卵、火浣布到夜光璧、拂林狗，以"獻"爲名，逐步在中國傳播，爲神州添異彩。相伴而來的，還有地中海東岸的諸般幻法和醫術。按其多樣性和持續性，可以說七八百年間，已經在歐亞內陸形成一股大秦文明東漸的潮流，勢不可遏。"犁靬眩人"發其端，"白衣景士"殿其後，整個過程完全符合世俗文化導出宗教文化的歷史邏輯。憑藉這個深遠的背景，阿羅本纔有可能"占青雲"和"望風律"，於貞觀九年（635）開創出大秦景教流行中國的新局面。

　　大秦景教的故鄉，是一個與"中亞交通環島區"齊名的"敍利亞交通環島區"，在世界文明史中佔有十分重要的地位。源出敍利亞的景教，按西方史學一代宗師湯因比的比較文明系統，獨具一格，被確定爲中世紀的"流產文明"。該教派自5世紀被趕出拜占廷之後，連遭厄運，無力回應外界的強度挑戰，致使基督教文明在遠東的誕生變成泡影："這一景教母體中的遠東基督教文明的胚胎在流產之前，孕育在烏滸河—藥殺河流域，但是在737—741年，由於這個地區遭到阿拉伯帝國的打擊，結果被剝奪了出生的機遇。"（《歷史研究》修訂插圖本，第十七章）那麼，在此之前一百年，已從中亞兩河流域遁入唐帝國的"大秦法"，爲什麼也沒有改變"流產文明"的命運呢？據《大秦景教流行中國碑》的記述，安史之亂期間，景教徒曾活躍在助唐平叛的前線，"效節於丹廷，策名於王帳"，本來是有"機遇"可以乘隙勃起的。請看那位"賜紫袈裟僧伊斯"，他在汾陽郡王郭子儀的朔方行營裏，不是赤心"爲公爪牙，作軍耳目"麼？可惜在兵荒馬亂中，景教又遭逢一場來自佛門的嚴重挑戰。在斂錢供軍需這個關鍵問題上，以神會爲首的佛徒，比以伊斯爲首的景士做出更大的貢獻："大府各置戒壇度僧，僧稅緡謂之香水錢，聚是以助軍須"，"代宗、郭子儀收復兩京，會之濟用頗有力焉"。（《宋高僧傳》卷八《神會傳》）正是這筆度僧所得的"香水錢"，既爲郭子儀助威，又使景教徒失色，完全壓倒"十字架"的光輝。因此，如果著眼於一種文明的命運，建中二年（781）建立的景教碑就不是什麼流行中國的光榮榜，而是一塊驗證大秦景教從流亡到流產的墓誌銘了。

　　中古入華三夷教，各有不同的文化背景和神學性格。摩尼教帶著一副"明、暗"二色眼鏡觀察世界，對現存社會秩序採取否定態度，成了世俗性王統和宗教性正統的反對派。從北非到巴爾干，它到處喊打，也到處挨打。祇有在回鶻汗廷，纔扮演過曇花一現的國師角色。漢地的衛道者們，幾乎異口同聲，都譴責摩尼師輸入"誑惑黎元"的邪說。火祆教則從娘胎帶來濃重的巫氣，聚火祝詛，以咒代經，妄行幻法。作爲宗教符號的西胡崇"七"之俗，也在民間蛻變成"七聖祆隊"的神秘形態，面目全非。景教又另闢一境，它擁有"善醫"的獨特優勢，"醫眼大秦僧"一身二任，既行教又行醫，難怪景教碑對"病者療而起之"津津樂道了。三夷教儘管托庇通都大邑，各顯神通，其實扎根甚淺，在唐代的意識形態領域，完全處於邊緣地位。經過"會昌滅佛"之後，不能不改變原來的存在形式，另覓藏身之所。釋氏門庭的悲劇，引起連鎖反應，三夷教也在劫難逃。杜牧筆下的"還俗老僧"，已經成了喪家之犬："雪髮不長寸，秋寒力更微。獨尋一徑葉，猶挈衲殘衣。日暮千峰裏，不知何處歸？"那麼，大秦、摩尼、祆的幸存者，其出路又何在呢？按照事物演變的極限，爲了保存一切就必須改變一切。應變意味著漢化。時至今日，中古三夷教的漢化形式，仍然是個懸而未決的問題。深入的研討，有待群策群力。如果暫作如下的猜想：摩尼教異端化，火祆教民俗化，景教方伎化，會不會庶幾近之呢？但願這番旁觀者言，能夠築巢引鳳，迎來學界高明的真知灼見。

治學之旨，在於求真。創獲與創收，原是大異其趣的。南宋詩人陸游早就說過："外物不移方是學，俗人猶愛未爲詩。"林悟殊先生是一位不受外物所移的學人，他的新著也是脫俗之作。因此，我樂於在序末藉詩爲讚，並祝唐研究日益繁榮。

蔡鴻生
2001年春夏之交
寫於中山大學

初版前言

唐代景教研究，是個國際性課題。如果從明季天啓年間（1621—1627）西安出土《大秦景教流行中國碑》算起，迄今已歷三百多年而不衰，其間國內外發表的有關論著數以百千計。作爲現代科學意義上的唐代景教研究，當然不能忽視教外文獻的記錄，但迄今的資料基礎：一是上揭明季出土的景教碑文，二是20世紀初敦煌出土的若干漢文景教寫經。前者爲我們勾勒了景教在唐代中國傳播的概貌，後者爲我們展示了該教在唐代中國的面目。離開這些基本資料，唐代景教研究勢必黯然無光。

全面系統論述唐代景教，斷非筆者學力所逮；若是勉強爲之，即便不喋喋再彈前賢老調，也必碌碌重複他人勞動。筆者唯望以檢視既往研究爲前提，圍繞上述基本資料解讀和使用中所遺留的問題，或認識上的誤區，表述個人之管見。

筆者探討唐代景教，純係個人求真愛好，不屬任何級別資助的專項，亦非誰家刻意指派。如今把舊文新作，整理成書，絕非敝帚自珍，而是意在拋磚，以求教同仁，互相切磋，深化認識。更望由於本書的出版，能吸引年輕學者，繼續拓展本課題的研究。

客氣的讚譽與中肯的批評，就當今國人風氣，前者易得，後者難求。但願本書有幸得到後者。

2001年6月17日
於中山大學永芳堂

目　錄

傳播篇

導　語 3

西安景教碑研究述評 4

西安景教碑有關景寺數量詞考釋 24

唐代首所景寺考略 41

盩厔大秦寺爲唐代景寺質疑 56

唐代景教傳播成敗評說 73

唐朝三夷教政策論略 91

經文篇

導　語 105

敦煌景教寫本 P.3847 再考察 106

敦煌本景教《志玄安樂經》佐伯錄文質疑 125

所謂李氏舊藏敦煌景教文獻二種辨僞 133

敦煌本《大秦景教宣元本經》考釋 149

富岡謙藏氏藏景教《一神論》真僞存疑 158

高楠氏藏景教《序聽迷詩所經》真僞存疑 176

附　錄 194

　　所謂波斯"亞伯拉罕"——一例錯誤的比定 195

　　阿羅憾丘銘錄文並校勘 225

續 篇

導　語 231

景教富岡高楠文書辨僞補說 233

景教《志玄安樂經》敦煌寫本真僞及錄文補說
　　——附《志玄安樂經》釋文 243

唐代洛陽景教經幢《宣元至本經》考釋 268

唐代洛陽景教經幢"三位一體"考釋 291

唐代洛陽景教經幢《幢記》若干問題考釋 306

景教"淨風"考 325

唐代"景僧"釋義 347

唐代景僧名字的華化軌跡 376

李白《上雲樂》景教思想質疑 409

西安景碑有關阿羅本入華事辨析 431

唐代景教與廣州 453

霞浦鈔本《吉思呪》爲唐代景教遺偈考 491

附錄：西安景碑釋文 502

唐代景教研究論著目錄 511

圖　版 571

索　引 661

初版後記 672

增訂本後記 674

傳播篇

導　語

　　古代基督教之聶斯脫利派（Nestorianism），由波斯入傳唐代中國後，以景教之名而垂青史。其與摩尼教、火祆教一道，被史家並稱爲三夷教。對其研究，摩尼教始於20世紀初敦煌遺書的大發現。由於其中漢文摩尼教寫本的面世，使學者終於意識到古代中國，亦流行過波斯的摩尼教，從而吸引了成批著名學者，開始了中國摩尼教研究；並由此也將中國火祆教帶進現代學者的視野。中國景教研究的濫觴，與摩尼教和火祆教不同。儘管敦煌遺書中亦包括了若干景教漢文寫經，但學界對景教的矚目並不始於敦煌的發現，而是發端於明季《大秦景教流行中國碑》在西安的出土。因此，有關中國景教的研究史，不得不上溯三個多世紀。西安景教碑，乃爲記錄歌頌景教在華流行的豐碑。三個多世紀以來，有關唐代中國景教的研究，就其傳播史方面，實際是圍繞著這座豐碑而進行；尤其是進入20世紀後，以碑證史，揭示景教在唐代中國流行的情況，更成爲該領域的主流。本篇以傳播爲題，當然亦離不開現有的研究模式；但不同的是，筆者力圖將景教與其他兩個夷教的命運結合起來，放到當時社會的大氣候和中西關係的特定環境中去考察，希望給予更客觀的評價，更多的理解，更多的同情。

西安景教碑研究述評

明季天啓年間（1621—1627）出土的西安府《大秦景教流行中國碑》，向世人披露了基督教在華傳播的第一章；對該碑的研究，標誌著中國景教研究的開始。陳垣先生曾指出："要講基督教入華史，還是要從唐代的大秦景教流行中國碑講起。"[1] 而方豪先生論及中國的基督教時，更一再堅稱"是碑爲我國景教第一文獻"[2]。足見該碑在學者們心目中地位之崇。三百多年來，中外一代代學者圍繞著這塊碑，傾注了大量的心血。新世紀伊始，述評既往的研究，於爾後的深入探討，當不無裨益。本述評重在20世紀，對20世紀前二百多年也不忽略，以示連續性。一般性的內容從簡，論著儘量注明出處，以便讀者按圖索驥。有關的論著甚夥，所述難免挂一漏萬；所評則屬個人管見，仰祈方家賜教。

觀三百多年來海內外各家對該碑的研究，主旨大體離不開如下兩大方面：其一是根據該碑的外型，從文物的角度，除一般性地考察該碑的形製、書法等外，重點辨別該碑的真僞、性質，出土的時間、地點等；二是根據碑文，從語言學、神學，特別是宗教史學的角度，解讀該碑的內涵，並結合史書文獻等資料，揭開唐代基督教在華流播的歷史真面目。就這兩個方面比較，後者的難度遠比前者爲大，迄今研究尚未有窮期。

---

[1] 陳垣《基督教入華史》，1927年講稿，收入《陳垣學術論文集》第1集，中華書局，1980年，頁93—106，引文見頁94。
[2] 方豪《唐代景教考略》，《中國史學》1936年第1期，頁120—134；另見《西北民族宗教史料文獻》新疆分冊（下），甘肅省圖書館，1985年；《唐代景教史稿》，《東方雜誌》第41卷第8號，1945年，頁44—50；《影印〈景教流行中國碑頌正詮〉序》，《天主教東傳文獻續編》第1冊，臺灣學生書局，1966年；《唐宋之景教》，見方豪《中西交通史》上冊，嶽麓書社，1987年，頁412—429。

國人對該碑的研究，最早可溯至耶穌會的信徒李之藻（1565—1630）。據云李之藻在得到碑文的拓本後，即於1625年6月10日出版一小冊該碑刊本，對碑文做了些解讀和淺顯的注釋，是書於1878年與陽瑪諾的漢文注釋本同時再版。① 不過，該書少見徵引，筆者也惜未寓目。李更有影響的文章是《讀景教碑書後》，附錄於陽瑪諾《唐景教碑頌正詮》。② 李作爲教中人，其讀碑文之拓本，自然立悟到其與基督教之關係，明白碑文所頌景教，"即利氏西泰所傳聖教"；雖然景教實與天主教有別，但李能如此給該碑定性，雖不確切，但也很接近了。無論如何，李之著作乃國人研究該碑的最早文獻。國人最早的研究，尚應提到與李同時代並同爲耶穌會信徒的徐光啓（1562—1633）；其《景教堂碑記》③和《鐵十字箸》④，與李一樣，都是從天主教的角度，來解讀該碑。明清語言學家顧炎武（1613—1682）曾親睹該碑，在其《金石文字記》卷四記錄道："景教流行中國碑，僧景淨撰，呂秀巖正書，建中二年太簇月，今在西安府城外金勝寺。"另在卷六，理校了碑文的一個字："景教流行碑：'寶裝璀翠'，翠即粲字。"這兩條材料，鮮爲景教學者所用，故著錄。王昶（1724—1806）的《金石萃編》卷一〇二，記該"碑高四尺七寸五分，廣三尺五寸；三十二行，行六十二字，正書，在西安府"；並著錄該碑正文，引錄有關景教碑考文六則，即：葉奕苞《金石錄補》（1790年撰）、林侗（1627—1714）《來齋金石刻考略》、畢沅（1730—1797）《關中金石記》、錢大昕（1728—1804）《潛研堂金石文跋尾》（卷七）、錢謙益（1582—1664）《景教考》（《有學集》卷四四）、杭世駿（1695—1772或1696—1773）《景教續考》（《道古堂文集》卷二五），最後還有王昶自己的一則按語。這些考文，就今日的眼光看來，除錢大昕外，其他多甚膚淺。彼等對唐代的幾個外來宗教的考訂，所言越多，就越爲混亂。至於《四庫全書總目》（1782年

---

① 參閱耿昇《中外學者對大秦景教碑的研究綜述》，見中國中外關係史學會編《中西初識》，大象出版社，1999年，頁186。
② 陽瑪諾《唐景教碑頌正詮》，崇禎甲申歲（1644）武林天主教堂梓；上海慈母堂刻本，1878年；土山灣印書館，1927年，頁13—17。
③ 徐光啓《景教堂碑記》，《徐光啓集》卷一二，上海古籍出版社，1984年，頁531—533。
④ 徐光啓《鐵十字箸》，天啓丁卯六月朔書，《徐文定公集》未收；附錄於 H. Haveret, *La Stèle Chrétienne de Si-ngan-fou*, Changhai 1897, p. 412；馮承鈞《景教碑考》（商務印書館，1936年）全文引錄，見頁6—7。

刊）卷一二五"《西學凡》①一卷附錄唐大秦寺碑一篇"條所論的景教，附會於祆教，被後人譏爲"呶呶數百言，博徵旁引，自鳴多識"②。李文田《論景教碑事》更直指"景教碑蓋唐代之祆教"③。董立方（1791—1823）的《大秦景教流行中國碑跋》④，把景教、天主教與回教視爲同源。魏源（1794—1857）的《海國圖志》卷二六錄有耶穌會士南懷仁（1623—1688）《坤輿圖說》一節，稱"亞細亞洲最西有名邦曰如德亞"，"因造物主降生是邦，故人稱爲聖主"，"古名大秦，唐貞觀中曾以經像來賓，有景教流行碑可考"。⑤卷末又錄景教碑文以及前人對該碑的一些考述。⑥同書卷二七著錄俞正燮道光十三年（1833）《癸巳類稿》的《天主教論》，是論把當時流行的天主教追溯到景教碑所宣揚的景教；復引徐繼畬《瀛寰志略》對火祆等教的考證，其間也把景教混同他教，稱"景教即火教，中間景宿告祥、懸景日以破暗府、亭午升真云云，皆指太陽火也"；又稱"蓋波斯之祠火神，本其舊俗，而佛教行於天竺，乃其東鄰，至唐代則大秦之天主教又已盛行，胡僧之黠者牽合三教而創爲景教之名"，云云。⑦均屬外行之論。魏源本人倒是持謹慎態度，在同卷中自撰《天主教考》上中下三篇，均回避景教碑的考證。另有清儒石韞玉撰《唐景教流行碑跋》⑧，站在佛教的立場，認爲唐代的景教與摩尼教、火祆教"皆外道邪見"，稱"所謂景教流行者，則夷僧之黠者，稍通文義而妄爲之耳，其實與末尼、祆神無別，今之所謂天主教者流亞耳"。梁廷枏（1796—1861）的《基督教難入中國說》，站在愛國主義立場，意在排斥洋教。文中也涉及古代諸外來宗教，述及景教碑的發現。其雖意識到景教源於基督教，與波斯火祆教有別，但對其與摩尼教、伊斯蘭教的不同則分不清："合觀諸說，則末尼本同回回，而回回本同景教，是二是一，似皆從耶穌而來，仍與耶穌相混，其變亂於後人耳目，同而實異，異而實同，未可爲之一一剖其端而理其緒矣。"⑨

---

① 意大利耶穌會士艾儒略（1582—1649）撰，杭州刻本，1623年，收入《天學初函》。
② 楊葆初《唐景教碑考》，《中華公教青年會季刊》第2卷第2期，1930年，頁18—19。
③ 李文田《論景教碑事》，見楊榮鋕《景教碑文紀事考正》卷一，楊文堂刻本，1895年。
④ 《董立方遺書》文甲集卷下。
⑤ 《海國圖志》，嶽麓書社，1998年，頁807—808。
⑥ 《海國圖志》，頁813—819。
⑦ 《海國圖志》，頁830—831。
⑧ 見石韞玉《獨學廬金石跋》二稿卷下。
⑨ 見梁廷枏《海國四說》，中華書局，1993年，頁38—41。

同治九年（1870）刻印署名"天下第一傷心人"所著的《辟邪紀實》，其卷上《天主邪教入中國考略》，稱景教碑是弘治二年（1489）匪徒趙瑛等僞造，顯然是出於排外心理的肆意攻擊，與學術研究無涉。至於另一清儒錢潤道，云該碑爲明時中國習利瑪竇之教者之僞撰，"以誇張其教"①；其說類乎18世紀法國啓蒙運動者伏爾泰（Voltaire，1694—1778）的觀點，實際也是出於排外心理的一種臆測。上舉文獻，於今人雖無甚參考價值，但從研究史角度，我們又不得不予以注意，緣其畢竟反映了當時人們的認識水平。

　　洪鈞（1839—1893）的《元史譯文證補》卷二九《附景教考》，介紹了西人對"聶斯托爾"與景教碑的研究，已把景教定位爲入華的聶斯脫利派②；清末民初學者劉申叔（師培，1884—1919）作《景教源流考》，認爲"其說甚確"③。值得稱道的是光緒二十一年（1895）刻印的楊榮鋕《景教碑文紀事考正》，該書可說是對明清學者研究景教碑的總結。④是書第一卷著錄景教碑文的漢文部分，並收錄以往金石家考論十篇；另有自己考論八篇，其中除《大秦考》外，其他七篇係考古代幾個外來宗教，即《景教源流考》、《開封府挑筋教人考》、《火祆考原》、《婆羅門考原》、《釋迦牟尼考原》、《謨罕墨德考原》、《摩尼考略》。從這幾篇文章，可看出楊氏於該等外來宗教認識之清，蓋前人所莫及。該卷曾於光緒二十七年（1901）重刻於長沙思賢書局，由王先謙作序，王序對該卷推崇有加。該書的第二、三卷是作者對景教碑漢文內容的注釋。楊氏把景教確認爲基督教的聶斯脫利派，對碑文的教義部分，悉用基督教《聖經》比對，並儘量附會中國傳統文化和佛教義理，闡發不厭其詳；而對碑文篇幅更長的傳播史部分，則唯就文論文，勉強作點注腳。由此足見作者感興趣的是義理，而非歷史。景教在歷史上作爲天主教會之異端，兩者是勢不兩立的；但明末以降來華的天主教傳教士和一些華人皈依者，包括楊氏，又常以景教碑爲榮，爭當"景門後學"。這種歷史與現實的矛盾，遂使這些教中人很難"考正"景教的源流，難免要受到教外人的詰難，責其"不特於彼教東西派別相混，且於景之義尚未明也，考正云

---

① 錢潤道《書景教流行中國碑後》，附錄於 H. Havret, *La Stèle Chrétienne de Si-ngan-fou*, Changhai 1897, p. 389.
② 見王雲五主編《叢書集成初編》，編號1397上，商務印書館，1936年，頁456—459。
③ 劉申叔《景教源流考》，見《劉申叔先生遺書·讀書隨筆（中）》，甯武南氏校印，1936年，頁4。
④ 楊榮鋕《景教碑文紀事考正》，1895年；光緒二十七年（1901），思賢書局重刻本。

何哉？"[1] 國人能從學術之角度，用現代科學的方法考出景教的源流者，錢恂（1853—1927）被譽爲第一位。[2] 錢文《大秦景教流行中國碑跋》，以中國文獻參照西文資料，將景教考爲舊基督教之後，即4世紀初"聶斯托爾"（Nestorius）所創立的教派，云云，與現代辭書的解釋大體相同。

總之，明清學者對該碑的研究，多從傳統金石學的角度。香港饒宗頤教授指出："以一碑作孤立之處理，此爲金石學家之職，非史家之要務也。史家之貢獻，在能提出歷史問題，以碑爲旁證，尋求解答。此以碑證史，與金石家以史證碑不同。"[3] 明清學者顯然亦企圖從宗教學或宗教史角度揭示該碑之內涵，然畢竟缺乏這方面的功底，力不從心；雖也有所發覆，然混淆誤解甚多。但對景教碑的認識，畢竟還是逐步深化；隨著西學東漸，研究也朝著現代科學的方向前進。

20世紀前西人的研究，以來華的基督教傳教士，尤其是耶穌會士爲主體。該碑的出土對他們來說，可謂如獲至寶；因爲其無疑證明了基督教在華之源遠流長。其實，照基督教會的傳統觀點，景教不過是其異端。傳教士們以狂熱的心情，向歐洲報導了該碑的發現，並陸續將碑文迻譯成多種歐洲文字，且也著手解讀該碑的敘利亞文部分。[4] 正因爲西方傳教士對該碑的研究帶有濃厚的宗教動機，反對在華傳教的人士難免要懷疑該碑的真實性。在歐洲，以法國著名的啓蒙主義者伏爾泰爲代表的一批學者，便曾就該碑的真實性提出質疑，甚至直稱該碑是耶穌會士所贗造。但事實勝於雄辯，對碑真實性的懷疑並不能阻礙人們對其繼續研究。就西人早期有關著作，對國人最有影響者，當推葡萄牙耶穌會士陽瑪諾（Emmanuel Diaz, 1574—1659）用漢文撰寫的《唐景教碑頌正詮》，是著完成於崇禎十四年（1641），三年後始刊行，爾後時有重刻。[5] 該書以中文疏解碑文，主要針對其中的教義部分。陽瑪諾作爲一個傳教士，既精通天主教的經典，又熟悉中國文化，其對教義的

---

[1] 參閱朱俠《〈景教碑文記事考正〉跋》，《文史雜誌》第2卷第7、8期，1942年，頁77—78。
[2] 錢恂《大秦景教流行中國碑跋》，見單士厘《歸潛記》丁編之一。馮承鈞先生云，"近年錢丈念劬著《歸潛記》（丁之一）始用科學方法撰景教流行中國碑跋"，見氏著《景教碑考》，頁44。
[3] 饒宗頤《從石刻論武后之宗教信仰》，見《選堂集林》，香港中華書局，1982年，頁588。
[4] 對西人著譯的一般性介紹，國內以朱謙之先生的《中國景教》（東方出版社，1993年，頁90—92）和耿昇先生的《外國學者對於西安府大秦景教碑的研究》（《世界宗教研究》1999年第1期，頁56—64）及《中外學者對大秦景教碑的研究綜述》爲詳。
[5] 是書收入吳相湘主編《天主教東傳文獻續編》第2冊，臺灣學生書局，1966年，頁653—751。

詮釋自然比李之藻、徐光啟等更爲頭頭是道。不過，景教乃源自敘利亞的聶斯脫利派，雖然用漢文表達的義理難以辨認其與正統教會的區別，然碑文落款時間，注明"時法主僧寧恕知東方之景衆也"，而且又有諸多敘利亞文字，均暗示了其與羅馬正統教會不同；但陽瑪諾仍把該碑直當正統的基督教碑來釋讀和宣揚。以陽瑪諾的博學，言其不察恐說不過去；更大的可能性是他出於在華傳教的根本目的，有意忽略歷史上基督教會內部你死我活的派別鬥爭。爲了證明基督教與中國關係之悠久，淡化本教歷史上正統與異端之爭，似乎是來華傳教士的一致立場。1854 年美國傳教士丁韙良（W. A. P. Martin, 1827—1916）所撰的《天道溯原》①，中卷著錄景教碑文時，亦稱"今觀其文，教中禮節，雖有少異，而道實大同"。是又一證。

19 世紀以降，國外對景教碑的研究日趨學術化，即使是傳教士，也多站在學者的立場考察該碑。特別是在該世紀的下半葉，出現了一批至今仍很有影響的學術論著，如法國遣使會來華傳教士古伯察（M. Huc, 1813—1860）的《中國中原、韃靼和西藏的基督教》②，法國鮑狄埃（G. Pauthier）的《西安府的敘利亞—漢文碑》③，英國來華傳教士衛禮（A. Wylie, 1815—1887）的《西安府景教碑》④，英國漢學家理雅各（J. Legge, 1814—1897）的《中國陝西西安府景教碑》⑤，等等。這些著作從語言學、唐史、基督教史的角度解讀該碑，其研究的深度比以往大爲增加。更値得稱道的是法國來華耶穌會士夏鳴雷（Henri Havret, 1848—1901）神父所撰的《西安府基督碑》凡三卷，出版於 19 和 20 世紀之交，該書不唯總結西人既往之研究，且將唐宋漢籍有關唐代景教的記錄，明清儒家有關景教碑的考述，多行收錄，其志似在集以往中西研究之大成。⑥ 近百年來，研究該碑和中國景教的重要論著，無不參考氏書。

20 世紀前中外學者對景教碑研究長達二百多年，其成就大體可歸納如

---

① 丁韙良《天道溯原》，天津排印本，1913 年；中國聖教會鉛印本，1917 年。
② M. Huc, *Le christianisme en Chine, en Tartarie et au Thibet*, Paris 1857; L'Abbé Huc, *Christianity in China, Tartary and Thibet*, London 1857.
③ G. Pauthier, *L'Inscription Syro-Chinoise de Si-ngan-fou*, Paris 1858.
④ A. Wylie, *The Nestorian Tablet in Se-gan-Foo*, Shanghai 1854, 1855.
⑤ J. Legge, *The Nestorian Monument of Hsî-an Fû in Shen-hsî, China*, London 1888.
⑥ H. Havret, *La Stèle Chrétienne de Si-ngan-fou*, Imprimèrie de la Mission Catholique, Changhai 1895, 1897, 1902. (*Varivétés Sinologiques* Nos. 7, 12 and 20)

下：首先是確認了西安景教碑的真實性及其珍貴的史料價值，並對該碑做了初步的釋讀，翻譯成多種西方文字；當然，翻譯的水平參差不齊，紕繆更在所難免，隨著對碑文研究的深入，譯文纔逐步準確化。其次，因釋讀景教碑而涉及唐宋古籍的有關記錄，對這些外典資料作了初步的整理，對該碑所反映的唐代景教有了一定的認識，特別是確認了唐代景教，即爲基督教的聶斯脫利派。上述這些成就，無疑爲 20 世紀對該碑的深入研究，奠定了相當的基礎。不過，從文物史的角度，一些本來應由他們解決的問題，卻終成懸案遺留後世，困擾 20 世紀的學者，例如關於該碑出土的具體時間、地點等。

20 世紀以來，有關景教碑的研究，無疑已成爲中國基督教史研究的一個重要組成部分。中外學者多從以碑證史的角度，發掘該碑內涵。西人更著力於碑文注譯的精確，包括其中的漢文音譯辭彙及古敘利亞文字，新的注譯本時有出現。1910 年，研究古代中國基督教的英國教士、著名漢學家穆爾（A. C. Moule，1873—1957）教授在《皇家亞洲學會華北分會學報》發表其英文注譯本[1]；1915 年，英國漢學家翟理斯（H. A. Giles，1845—1935）在其《儒教及其競手》[2]，選譯並詮釋部分碑文；其子翟林奈（L. Giles，1875—1958）則在 1917 年到 1920 年倫敦《亞非學院學報》連續發表詮釋碑文的文章[3]；1939 年出版的福斯特（J. Foster）《唐代教會》也附有一個景教碑的英文全譯本[4]。1937 年出版的羅森克蘭茨（G. Rosenkranz）《中國古代基督教》，也有該碑的新德譯本。[5] 著名的法國漢學家伯希和（Paul Pelliot，1878—1945）早就傾注該碑，1911 年便發表了《景教所用之二佛教稱謂》[6]，從語言學角度，考證景教碑的敘利亞文藉用了"法師"和"上座"這兩個漢語佛教稱

---

[1] A. C. Moule, "The Christian Monument at Si An Fu", *The Journal of the North-China Branch of the Royal Asiatic Society*, Vol. 12, Shanghai 1910. 在其名著 *Christians in China before the Year 1550* 中，亦包含了他對該碑的新注譯。

[2] H. A. Giles, *Confucianism and Its Rivals*, New York 1915.

[3] L. Giles, "Notes on the Nestorian Monument at Sianfu", *Bulletin of School of Oriental and African Studies*, Vol. 1, No. 1, No. 2, No. 3, 1917-1920, pp. 93-96, 16-29, 15-26.

[4] J. Foster, *The Church of the T'ang Dynasty*, London 1939, pp. 134-151.

[5] G. Rosenkranz, *Die älteste Christenheit in China: in den Quellenzeugnissen der nestorianer-Texte der Tang-Dynastie, Zeitschrift für Religions- und Geistesgeschichte*, 52, 1937, pp. 133-226, 241-280, Berlin 1938.

[6] P. Pelliot, "Deux Titres Bouddhiques Portés par des Religieux Nestoriens", *T'oung Pao*, Vol. 12, No. 5, 1911, pp. 664-670; 馬幼垣中譯本，香港《景風》1967 年第 14 期，頁 49—58。

謂；在 1927 及 1928 年合刊的《通報》，復發表了短文《景教碑中敘利亞文之長安洛陽》，就景教碑中兩個敘利亞文地名，簡單地披露了他考證的結論，認爲其乃指長安和洛陽①；旋於 1931 年，對碑中"間平大於此是之中，隙冥同於彼非之內"這句很晦澀的碑文，發表文章考釋②。但伯氏對景教碑研究的重要成果，卻是在身後多年纔被陸續整理出版。首先，見之於多維利埃（J. Dauvillier）教授整理增補的伯希和遺著《中亞和遠東基督徒研究》第二卷第一分冊，是冊題爲《西安府碑》，於 1984 年在巴黎出版③，內容包括景教碑的研究史，景教碑文漢字部分的譯注、敘利亞文部分的解讀等。多維利埃教授是伯希和的高足，又是敘利亞文專家，故就碑中敘利亞文字的研究，多所增益。這一部分可謂最出色。伯希和有關該碑的研究遺稿，復由富安敦（A. Forte）教授再度整理、增訂，於 1996 年以《西安府景教碑》爲名，作爲獨立專著在京都和巴黎刊行。④該書 500 多頁，篇幅幾爲前者之 5 倍；就該碑研究史的評述、漢文部分的翻譯注解，顯然比前者做得更精細。富氏對唐代景教史有深入的研究，其自撰附錄於該書的幾篇相關論文⑤，與伯希和的研究相得益彰。不過，有關敘利亞文的考釋，本書則未收入。如果說，夏鳴雷的三卷集《西安府基督碑》是集 20 世紀前中西景教碑研究之大成，那麼，上述多維利埃和富安敦兩位教授對伯希和有關遺著的整理、增訂，可謂是 20 世紀西人對景教碑研究的最大成果。

日本學者對景教碑的研究，最早似祇能追溯到明治八年（1875）中村正直所訓點的丁韙良《天道溯原》⑥，其訓點包括是書所收錄的景教碑文，然

---

① 馮承鈞譯《景教碑中敘利亞文之長安洛陽》，見《西域南海史地考證譯叢》一編，商務印書館，1962 年，頁 34—35。
② P. Pelliot, "Une phrase obscure de l'inscription de Si-ngan-fou", *T'oung Pao*, Vol. 27, No. 3/5, 1931, pp. 369-378.
③ P. Pelliot, *Recherches sur les Chrétiens d'Asie Centrale et d'Extrême-Orient, II, 1: La Stèle de Si-ngan-fou*, Oeuvres posthumes de Paul Pelliot, Paris 1984.
④ P. Pelliot, *L'inscription Nestorienne de Si-ngan-fou*, edited with supplements by Antonino Forte, Kyoto, Paris 1996.
⑤ A. Forte, "The Edict of 638 Allowing the Diffusion of Christianity in China", pp. 349-373; "On the socalled Abraham from Persia. A Case of Mistaken Identity", pp. 375-414; "The Chongfu-si 崇福寺 in Chang'an. A Neglected Buddhist Monastery and Nestorianism", pp. 429-472; "A Literary Model for Adam. The Dhūta Monastery Inscription", pp. 473-487.
⑥ 參閱吉田寅《中國キリスト教傳道文書の研究》，汲古書院，1993 年，頁 125。

多有差錯。爾後，在日本，不唯研究唐代的史學或考古學等著作多有論及該碑，專門著錄考釋該碑的論著也紛紛問世。較早的有藤田精一的《大秦景教的古碑銘》①；至世紀之交，有中川正信的《大秦景教流行中國碑考》②；更有高楠順次郎用英、日文發表的《景教碑撰者亞當考》，是文據《貞元新定釋教目錄》卷一七，考證出景教碑文的撰者景淨，曾與佛僧般若合譯《六波羅密經》③。是爲十分重要之發現，成爲瞭解景淨生平事跡的一條珍貴資料。勞費爾（B. Laufer，1874—1934）1912 年發表的《景教碑文作者景淨》④，主要就是依據高楠氏的發現。日本著名的漢學家桑原騭藏的《西安府大秦景教流行中國碑》⑤，尤其是在該文基礎上發展起來的《大秦景教流行中國碑考》⑥，從文物的角度對該碑進行多方面的考察，向爲同人所推崇。在是文發表之前，即大正九年（1920），已有山口昇撰《聶斯脫利教考》，文中除回顧景教碑的發現和研究史外，可貴的是將碑文的漢文部分譯成日文。⑦至大正十一年（1922）發表的村上博輔《唐景教考》⑧，題目雖不以景教碑爲名，實際也是圍繞著該碑的一篇考釋文章。到 30 年代，關於該碑的主要論著有足立喜六《長安史蹟考》中第十一章《外教之寺院》，簡介碑的發掘及其近況，刊出全碑照片，且句讀了漢文部分，對其中的日月時間作了考證。⑨在 40 年代，有比屋根安定的《支那基督教史》，該書第六章對景教碑的埋沒、發掘、研究及其真僞作了系統介紹。⑩另有矢野三治的《景教碑考》一文⑪，除綜述前人的

---

① 藤田精一《大秦景教の古碑銘》，《精美》43，1893 年。
② 中川正信《大秦景教流行中國碑に就いて》，《東洋哲學》6—5，1899 年。
③ J. Takakusu, "The Name of 'Messiah' Found in a Buddhist Book; the Nestorian Missionary Adam, Presbyter, Papas of China, Translating a Buddhist Sûtra", *T'oung Pao*, Vol. 7, No. 1, 1896, pp. 589-591. 高楠順次郎《景教碑の撰者アダムに就いて》，《語言學雜誌》1—10，1900 年。
④ B. Laufer, "King Tsing, the Author of the Nestorian Inscription", *The Open Court*, 1912, Kleinere Schriften Von Berthold Laufer, Wiesbaden 1979, pp. 319-324.
⑤ 桑原騭藏《西安府の大秦景教流行中國碑》，《藝文》1—1，1910 年。
⑥ 桑原騭藏《大秦景教流行中國碑に就いて》，見氏著《東洋史說苑》，1927 年；收入《桑原騭藏全集》第 1 卷，東京岩波書店，1968 年，頁 387—409。
⑦ 山口昇《ネストリウス教に就いて》，《支那研究》1，1920 年，頁 312—340。
⑧ 村上博輔《唐景教考》，《密教研究》8，1922 年，頁 1—61。
⑨ 足立喜六《長安史蹟の研究》，1933 年；見楊鍊漢譯本《長安史蹟考》，商務印書館，1935 年，頁 190—196。
⑩ 比屋根安定《支那基督教史》，東京生活社，1940 年，頁 73—81。
⑪ 矢野三治《景教碑考》，《立正大學論叢》9，1944 年，頁 103—119。

研究狀況外，對碑文提到的阿羅本來華路線及景寺作了一些考證；藤枝晃的《景教瑣記》，有專節討論"景教碑的出土地"，認爲應在碑文中提及的長安義寧坊大秦寺舊址。① 七八十年代發表的文章有神直道《景教碑及殘經漢字所見主要外來語考釋》、《大秦景教流行中國碑考》②，塚田康信的《大秦景教流行中國碑之研究》、《大秦景教流行中國碑之研究——碑文之翻譯》③，等等。然而，在20世紀的日本學者中，研究景教碑最有建樹的，應推畢生專治中國景教的佐伯好郎博士。佐伯氏有關景教碑的研究，除見諸其日文著作外④，對西人最有影響的，得數其英文版的碑文譯注。其譯注本見於1916年出版、1928年再版的英文《中國景教碑文》，以及1937年初出版、1951年再版的《中國景教文獻和遺物》。⑤ 儘管西方一些漢學家對他的英譯本並不太欣賞⑥，但在伯希和的遺著未被整理發表之前，在衆多景教碑西譯本中，一些不諳漢文的西方學者，多視佐伯的譯本爲權威，如庫凌（C. E. Couling）的《中國景教研究》一書，竟直接把佐伯的英譯本作爲附錄。⑦ 佐伯對碑文亦不乏失考之處，例如他把景教碑書人呂秀巖當爲道教的呂祖，岑仲勉教授的《景教碑書人呂秀巖非呂巖》一文，便是針對此點而發⑧；日本學者福井康順亦曾發表短文《景教末徒呂祖考》，表示不同意佐伯的觀點⑨。據香港羅香林教授的考證，呂祖與景教是有密切之關係的⑩；儘管如此，此呂非彼呂，蓋可定論。

---

① 藤枝晃《景教瑣記》，《東洋史研究》8—5、6，1944年，頁86—92。
② 神直道《景教碑文・遺經漢字の表記にみえる塞外の要素について》，《オリエント論集》，1979年；《大秦景教流行中國碑に就いて》，《東西交涉》（春の號），1983年。
③ 塚田康信《大秦景教流行中國碑の研究》，《福岡教育大學紀要》22，1973年；《大秦景教流行中國碑の研究—碑文の通釈—》，《福岡教育大學紀要》23，1974年。
④ 佐伯好郎《景教碑文研究》，東京待漏書院，1911年；《景教の研究》，東方文化學院東京研究所，1935年；《支那基督教の研究》第1卷，東京春秋社，1943年。
⑤ P. Y. Saeki, *The Nestorian Monument in China*, London First Published 1916, repr. 1928; *The Nestorian Documents and Relics in China*, Tokyo 1937, repr. 1951.
⑥ 參閱 A. C. Moule, *The Nestorians in China. Some Corrections and Additions*, Sinological Series I, London 1940.
⑦ C. E. Couling, *The Luminous Religion: A Study of Nestorian Christianity in China, with a Translation of the Inscriptions upon the Nestorian Tablet*, London 1925.
⑧ 岑仲勉《景教碑書人呂秀巖非呂巖》，《真理雜誌》第1卷第1期，1944年，頁114。
⑨ 福井康順《景教の末徒呂祖について》，《宗教研究》第41卷第3輯（第194號），1968年，頁200—201。
⑩ 羅香林《呂祖與景教之關係》，香港《景風》1966年第11期；收入氏著《唐元二代之景教》，香港中國學社，1966年，頁135—152。

國人於外國人的英譯本，並非都以爲然，認爲"碑文甚古，且係唐代駢文，外國人翻譯，不無錯誤遺漏之處"；1928 年，中國學者也首次推出自己的英譯本，譯者爲時任輔仁大學助教的英千里先生。[1] 時任輔任大學校長的美國天主教神甫奧圖爾（Barry O'Toole, 1888—1944）以編者的身份，爲該譯本寫了長篇按語，"對於景教碑之歷史與景教東來之經過，詳加敍述"[2]。1986 年，臺灣學者徐兆鏞先生在其英文《中國景教及景教碑研究》一文中[3]，又將碑文英譯了一遍。平心而論，景教碑中敍利亞文部分的研究，並非國人所長；至於其漢文部分，一般的表述，西方的傳教士、漢學家早在 20 世紀之前，也已研究了二百多年了，字面上的意思他們也是明白的，"駢文"並不構成他們理解的障礙。唯其中的一些涉及歷史背景，涉及今典、古典的難點，中西地名、人名的對應等，則不唯西人不易理解，國人也不見得昭昭。因而就中國學者來說，對景教碑文的研究，漢文部分主要不是翻譯問題，而是考釋的問題；也就是說，不是從單純字面上去翻譯其意思，而是深入去探討其真正的內涵。

　　20 世紀初葉，國人對景教碑的研究，便已跳出以往金石學的窠臼，也儘量擺脫宗教或排外的偏見，著眼學術，重新解讀碑文。這方面，以潘紳的《景教碑文注釋》最有代表性。[4] 氏著不像前人解釋碑文那樣，站在教會立場，以《聖經》來比對；而是把其當爲唐文之一，依據大量的中國古文獻，來釋讀個中之含義。爾後，從學術角度，逐字逐句或逐節解釋碑文，或將其譯成現代漢語的著作相繼問世。這些現代漢語的詮注或翻譯本，50 年代之前，以徐宗澤神甫文本最受推崇[5]；其將碑文各段意思，提綱挈領點明。而 80 年代以來，大陸至少出版了 3 個注譯本，首先是江文漢先生的文本，見其 1982 年

---

[1] Ignatius Ying-ki, "A New English Translation of the Nestorian Tablet", *Bulletin of the Catholic University of Peking* 5, 1928, pp. 87-99.
[2] 有關報導見朱偰《大秦景教流行中國碑英譯與 Barry O'Toole 之序文》，天津《益世報·學術週刊》1929 年 2 月 26 日；是日該報同版尚在"學術消息"欄發表不署名的簡訊《大秦景教流行中國碑英譯》。
[3] C. Y. Hsü, "Nestorianism and the Nestorian Monument in China", *Asian Culture Quarterly*, Vol. 14, No. 1, 1986, pp. 41-81.
[4] 潘紳《景教碑文注釋》，1919 年刻印，1925 年鉛印本。
[5] 其文本首見徐宗澤《唐景教論》，《聖教雜誌》第 25 卷第 7 期，1936 年，頁 388—398；復見氏著《中國天主教傳教史概論》，聖教雜誌社，1938 年；1990 年上海書店據土山灣印書館 1938 年重印，頁 88—103。

出版的《中國古代基督教及開封猶太人》一書①。其次是1995年，劉小楓博士主編的《道與言——華夏文化與基督文化相遇》，收入了徐謙信先生的注釋本②；徐本其實早於1979年就在臺灣發表了③。1996年，北京又出版翁紹軍先生的詮釋本。④這三個注譯本看來多爲綜合部分前賢的成果，很難舉出有多少創見；翁本雖較爲詳細，但不乏"硬傷"。儘管如此，各譯本於一般學子理解這一古碑，誠不無幫助。

就景教碑文字的解釋，國人能在前人研究的基礎上，通過自身的考證並有所發覆的論著，前輩學者當首推岑仲勉教授，計有論文3篇，即《景教碑之SARAG爲"洛師"音譯》、《景教碑內好幾個沒有徹底解決的問題》⑤，以及上面已提及的《景教碑書人呂秀巖非呂巖》一文。其次是齊思和教授的《中國和拜占廷帝國的關係》⑥，氏著第四部分從世界史的角度，討論了拜占廷傳入中國的宗教信仰，認爲西安景教碑文所云的"大秦"，當指拜占廷，否定了敘利亞的說法。竊以爲齊教授的論證是嚴謹的，很值得景教學者注意。另有龔方震先生的《唐代大秦景教碑古敘利亞文字考釋》⑦，迄今國人中能就碑中的敘利亞文字，參與國際的討論者，殆唯龔氏耳。當然，尚有其他學者也企圖在這方面做出評論。⑧然而，對於古代敘利亞文的研究，我們畢竟所知甚少，故我國人誠難在該領域自詡。此外，北京大學榮新江教授的《一個入仕唐朝的波斯景教家族》⑨，據1980年西安出土的《大唐故李府君墓誌銘》，

---

① 江文漢《中國古代基督教及開封猶太人》，知識出版社，1982年，頁38—56。
② 徐謙信《唐朝景教碑文注釋》，見劉小楓主編《道與言——華夏文化與基督文化相遇》，上海三聯書店，1995年，頁1—42。
③ 《臺灣神學論壇》1979年第1期，頁125—166。
④ 翁紹軍校勘並注釋《漢語景教文典詮釋》，香港卓越書樓，1995年；生活·讀書·新知三聯書店，1996年，頁43—81。
⑤ 《景教碑之SARAG爲"洛師"音譯》，《東方雜誌》第42卷第11期，1946年，頁24—26；收入氏著《金石論叢》，上海古籍出版社，1981年，頁323—327。《景教碑內好幾個沒有徹底解決的問題》，1951年撰，收入氏著《金石論叢》，上海古籍出版社，1981年，頁302—322。對岑氏的觀點也有提出商榷者，見李承祥《景教碑之Kumdan與Sarag音譯商兌》，《新中華》（復刊）第6卷第23期，1948年，頁45、2。
⑥ 齊思和《中國和拜占廷帝國的關係》，上海人民出版社，1956年。
⑦ 龔方震《唐代大秦景教碑古敘利亞文字考釋》，《中華文史論叢》1983年第1輯，上海古籍出版社，頁1—25。
⑧ 周禎祥《淺識景教碑幾個敘利亞文字考釋之歧異》，《文博》1996年第6期，頁16—26。
⑨ 榮新江《一個入仕唐朝的波斯景教家族》，葉奕良編《伊朗學在中國論文集》第2集，北京大學出版社，1998年，頁82—90。

與古籍史料互證，考出了墓主李素即爲"鐫刻在《景教碑》側敍利亞文和漢文對照書寫的僧侶名單左側第三欄的'僧文貞'"。發人未發之覆，頗具功力。陳垣先生在1927年所作的《基督教入華史》講演，曾概歎道："以前景教碑中有好些人名，無從考其傳略，現在新的發現日多一日，但大都爲外人於中國書內所發現，希望國人努力纔好。"① 新江氏這一發現，信是爲國人多爭了一分。

20世紀對景教碑的研究，除繼承前人續釋碑文外，對景教碑的出土時間和地點，該碑的性質等，亦仍像既往世紀那樣，有所爭論，甚至相持不下。對這些爭論的緣由，多有論著詳介。30年代徐宗澤神甫的《景教碑出土史略》，已據有關史料，作了客觀的綜述。② 90年代正式出版的朱謙之先生《中國景教》一書，介紹也很簡明。③ 1994年國內《文博》雜誌也有專文較爲詳細介紹。④ 就景教碑出土的時間，依筆者愚見，無非是天啓三年（1623）說和天啓五年（1625）說之爭。兩者均持之有據，但其中必有一方所持原始記錄有誤。夫距離當事人年代較近之諸前賢，尚且不能斷言誰家記錄或傳聞有錯，更何況吾等今人。其實，爭論出土時間這兩年之差，於更準確地撰寫該碑發現史或有些許意義，但對該碑的文物價值、碑文的文獻史料價值，並無絲毫之影響；故當代學者自可繞開該問題。如非要徹底破解該懸案不可，則期能先扎扎實實地檢視前賢的有關著作，真正發現問題癥結所在，而後再發議論，若不則屬無謂也。竊以爲值得討論的是景教碑出土的地點，因爲這倒關係到吾人對唐代景教流播情況的認識。

景教碑的出土地點，向有長安說和盩厔說之爭；至於長安盩厔之間說，不過是一種折中的說法，信者不多。在明代的行政區劃上，長安和盩厔同屬西安府，故無論該碑何地出土，西方學者一般均稱其爲"西安府景教碑"。出土地點之爭與時間之爭一樣，雙方均有早期的原始資料爲據，問題也出在這些資料記錄的互相矛盾上。伯希和早在1911年發表的《唐元時代中亞及東

---

① 陳垣《基督教入華史》，見《陳垣學術論文集》第1集，頁97。
② 徐宗澤《景教碑出土史略》，《聖教雜誌》第25卷第6期，1936年，頁322—333。
③ 朱謙之《中國景教》，東方出版社，1993年，頁72—81。該書原稿完成於1966年，作者於1972年去世，直到1982年，由中國社科院世界宗教研究所的諸同人整理、增訂，在國內學術圈內發行鉛印本，1993年方正式出版。
④ 周禎祥《關於"景教碑"出土問題的爭議》，《文博》1994年第5期，頁42—50。

亞之基督教徒》①，已就景教碑的出土地點及碑的性質，披露其見解，即"此碑發現的地方不在盩厔，而應在西安城西金勝寺內"；"此碑不是墓碑，乃是每年大會由景教一個大施主建立的"；但惜乏論證。20世紀持盩厔說的學者，著名者如英國穆爾②、中國的馮承鈞先生③、日本的矢野三治④及佐伯好郎等，尤其是佐伯氏，主張最力，影響最大⑤。而法國伯希和，日本的著名學者桑原騭藏⑥、石田幹之助⑦、藤枝晃⑧等，都持長安說。我國前輩學者洪業先生更是此說的中堅。洪業先生1932年發表的《駁景教碑出土於盩厔說》⑨，審視了有關景教碑出土盩厔的各種記載，一一加以甄別，並從各個角度揭示盩厔說之缺陷，力主長安說。這篇文章可謂揚盡中國傳統考據學之長，立論相當嚴謹可信，本可就此終結該問題的爭論⑩；但由於同年佐伯好郎博士發表了《大秦寺所在地考》⑪，以方志資料及宋人、金人的詩文，坐實了盩厔大秦寺的存在；中國的向達教授揄揚該文"不少新奇可喜之論"，向國人介紹，並親蒞盩厔考察該寺遺址，且撰《盩厔大秦寺略記》⑫，加以報導，遂使問題變得撲朔迷離。向達教授的《略記》，著錄了該寺保存的《明正統鐘銘》，是銘稱該寺乃"大唐太宗皇帝敕賜丞相魏徵、大將尉遲恭起建監修"，也就是說，

---

① P. Pelliot, "Chrétiens d'Asie Centrale et d'Extrême-Orient", *T'oung Pao*, Vol. 15, No. 5, 1914, pp. 623-644. 馮承鈞先生譯文《唐元時代中亞及東亞之基督教徒》，見《西域南海史地考證譯叢》一編，頁49—70。
② A. C. Moule, *Christians in China before the Year 1550*, London, New York and Toronto 1930; repr. New York 1972, pp. 27-28.
③ 馮承鈞《景教碑考》，頁3—18。
④ 矢野三治《景教碑考》，《立正大學論叢》9，1944年，頁103—119。
⑤ P. Y. Saeki, *The Nestorian Monument in China*, pp. 17-28; *The Nestorian Documents and Relics in China*, pp. 26-33. 佐伯好郎《支那基督教の研究》第1卷，東京春秋社，1943年，頁193—209。
⑥ 桑原騭藏《大秦景教流行中國碑に就いて》，見《桑原騭藏全集》第1卷，東京岩波書店，1968年，頁387—409；有關論證見頁389—394。
⑦ 石田幹之助《支那に於ける耶穌教》，岩波講座・東洋思潮1，1934年，見頁20。
⑧ 藤枝晃《景教瑣記》，《東洋史研究》第8卷第5、6號，1944年，頁86—92。
⑨ 洪業《駁景教碑出土於盩厔說》，《史學年報》第1卷第4期，1932年，頁1—12。
⑩ 林仰山在其《唐代景教寺院》一文中的第一部分，專門向西人介紹洪業先生的論證，並肯定其觀點。見 F. S. Drake, "The Nestorian Monasteries of the T'ang Dynasty and the Site of the Discovery of the Nestorian Tablet", *Monumenta Serica* 2, 1936-37, pp. 293-340; 有關部分見頁294—303。
⑪ 佐伯好郎《大秦寺の所在地に就いて》，《東方學報》第3冊，1932年，頁97—140。
⑫ 向達《盩厔大秦寺略記》，附錄於氏著《唐代長安與西域文明》，《燕京學報》專號之二，1933年；生活・讀書・新知三聯書店，1957年，頁110—116。

該寺係唐初皇家所立，曾有過輝煌之歷史，景教碑原立於此是大有可能的。近年海內外有些學者益以此大秦寺爲據，力主盩厔說。① 不唯一些通俗性的圖書採用盩厔說②，甚至在一些權威性的工具書上，也把盩厔說當成定論，寫在有關的條目裏③。新近出版的《中華文化通志》同樣認同此說。④ 不過，香港的羅香林教授並不以爲然，在其《景教入華及其演變與遺物特徵》一文中寫道："從其《碑頌並序》所述特爲詳列長安大秦寺之歷經李唐諸帝所重視，及《碑頌》所讚之特爲注重對唐代諸帝維護景教諸事蹟，而未嘗提及盩厔教務之發展等事，諸點觀察，可知此碑當時殆即於長安義寧坊之大秦寺建立，而非於去長安一百五十餘里之盩厔建立也。"⑤ 筆者檢視了佐伯氏、向達先生以及近年文博工作者所披露的有關盩厔大秦寺的一切文獻資料，發現該寺之被定性爲唐代景教寺院，唯一的根據是其名爲"大秦"，其他一切文獻以及文物資料，均無不表明該寺自始便是一所地地道道的佛教寺院。要坐實盩厔的大秦寺便是唐代的景教寺院，尚有待新資料的發現。⑥ 其實，即便唐代盩厔真的亦有景教寺院，正如岑仲勉教授所指出，像景教碑這樣"具有劃時代的碑識，總應樹立於國都所在的'祖寺'，不應樹立於僻鄉山坳的分寺，那是人情常理所當然"⑦。岑教授所說的祖寺，即碑文和《唐會要》卷四九俱載的貞觀十二年（638），爲波斯僧阿羅本於長安城內義寧坊建的寺院。就該寺的地址和變遷，20 世紀的學者也很注意，如 1927 年日本文學士那波利貞

---

① 如李弘祺《景教碑出土時地的幾個問題》，《傅樂成教授紀念論文集：中國史新論》，臺灣學生書局，1985 年，頁 547—574；曉楚《〈大秦景教流行中國碑〉新考》，《人文雜誌》1997 年第 4 期，頁 78—80；耿昇先生發表於《世界宗教研究》1999 年第 1 期的《外國學者對於西安府大秦景教碑的研究》一文，對該碑的介紹也採用了盩厔說，見頁 56。
② 如周燮藩《中國的基督教》，商務印書館，1991 年，頁 20。
③ 如《中國大百科全書》宗教卷的"景教"條，中國大百科全書出版社，1988 年，頁 213；任繼愈主編《宗教大辭典》"大秦景教流行中國碑"條，上海辭書出版社，1998 年，頁 151（是書 1981 年版作《宗教詞典》，該條目見頁 62，與新版同）。
④ 見卓新平《基督教猶太教志》（《中華文化通志・宗教民俗典》），上海人民出版社，1998 年，頁 282；孫昌武《隋唐五代文化志》（《中華文化通志・歷史文化沿革典》），上海人民出版社，1998 年，頁 391。
⑤ 羅香林《景教入華及其演變與遺物特徵》，臺灣《華岡學報》第 1 卷第 1 期，1965 年；收入氏著《唐元二代之景教》，頁 1—55，引文見頁 38。
⑥ 詳參本書《盩厔大秦寺爲唐代景寺質疑》一文。
⑦ 岑仲勉《景教碑內好幾個沒有徹底解決的問題》，收入氏著《金石論叢》，頁 308。

就有專文討論，題爲《中國地志所載唐代長安義寧坊大秦寺場地考》①，1996年富安敦教授又發表《長安的崇福寺——被忽略的佛寺與景教》，加以進一步考證②；在西人支持長安說的論著中，該文是近年最傑出的一篇。對景教碑出土地點之爭，如果說以往是緣於諸早期資料記錄有所矛盾所致，近年的爭論則不止於對該等資料的甄別有差，恐亦出於對唐代景教中心的地點認知不同。近年國內有文章不唯把盩厔大秦寺定性爲唐代景寺遺址，且極力強調該寺在唐代景教的中心地位，肯定景教碑應出土於盩厔③；這種論證或宣傳的潛意識中，似乎包含有某些非學術性的因素。

至於該碑的性質，也就是樹碑的原因，最初人們忙於辨其真僞和解讀碑文，倒不太細察這個問題。例如，上揭的古伯察《中國中原、韃靼和西藏的基督教》一書，便籠統地認爲該碑的撰立不過是"類似中國人的習慣，旨在讓後人紀念非凡事件或傑出人物"④。倒是夏鳴雷神父，較爲具體地表述他對該碑性質的看法，因爲碑文末尾有"建豐碑兮頌元吉"一句，夏神父遂把該碑理解爲墓碑，意謂碑文所頌揚的伊斯其人之墓碑。⑤馮承鈞先生大概是受了夏神父的影響，進而考證伊斯乃爲景教徒，徵引碑文頌揚其功德的有關文字，更明確地把該碑定性爲"伊斯之墓碑"。⑥另有法國修道院諾（F. Nau）院長者，在其1913年出版的《聶斯脫利派在亞洲的擴張》一書中，根據碑文中刻有諸多僧人的名字，遂認爲該碑係該等僧人的供養碑。⑦此說自更離譜，殆無信者。其實，只要把碑文讀通理解，不抱成見，該碑作爲景教在華傳教紀念豐碑的性質，蓋毋庸置疑。在此問題上，竊以爲，朱謙之先生如下論證可作定評：

---

① 那波利貞《唐の長安義寧坊の大秦寺の敷地に關する支那地志類の記載に就いて》（上、下），分刊《史林》第12卷第1、2號，1927年，頁78—85、212—221。是文認爲原寺營建的場地便是景教碑所立之處。

② A. Forte, "The Chongfu-si 崇福寺 in Chang'an. A neglected Buddhist monastery and Nestorianism", appendix in Paul Pelliot, *L'inscription Nestorienne de Si-ngan-fou*, Kyoto, Paris 1996, pp. 429-472.

③ 李伯毅《唐代景教與大秦寺遺址》，《文博》1994年第4期，頁35—38。

④ M. Huc, *Le christianisme en Chine, en Tartarie et au Thibet*, Paris 1857, p. 48.

⑤ H. Havret, *La Stèle Chrétienne de Si-ngan-fou*, Changhai 1897 (Varivétés Sinologiques, Nos.12), p. 135.

⑥ 馮承鈞《景教碑考》，頁69。

⑦ F. Nau, *L'expansion Nestorienne en Asie*, Paris 1913, p. 253.

此碑正面題名大秦景教流行中國碑，則伊斯墓碑之說，可不攻自破。此碑敍述景教流行中國之經過，碑末不過藉白衣景士的伊斯，以頌揚景教美善之功業而已，此其一。此碑除正面所刻碑名外，總數1870餘字的漢文，從碑文看，一則述景教的大道理，一則敍景教之傳入與唐代帝王之優遇教士，重點在此不在伊斯，此其二。又此碑除漢文外尚刻敍利亞文字，共計景教士有姓名者得82人，内有敍利亞名之教士77人，何獨伊斯？唯伊斯實爲此碑之建立人，所以值得紀念。此其三。即因景教碑雖也歌頌個人，而重要的卻是爲大秦景教流行中國的紀念碑，所以值得我們去研究，而在基督教士中人至有稱之爲"是景教碑者，中國基督教之崑崙"，即認爲中國基督教之發源地的意思，可見其重要性。①

儘管馮承鈞先生對景教碑性質的判斷有誤，但這畢竟是智者千慮之一失，有人以輕佻的口吻嘲笑之，似有失厚道。② 馮承鈞先生對景教研究是大有貢獻的，作爲中國學者，其不僅把上述提到的伯希和兩篇重要論文翻譯介紹給國人，並且率先對景教碑進行了綜合性研究。其《景教碑考》一書，站在中西交通的角度，考察該碑發現的歷史，評述既往中外學者有關該碑的研究；尤其是根據碑文的記述，旁徵博引，考證了景教在唐代中國的傳播史。氏著至今仍是研究中國景教者所必讀的著作。當然，作爲學術著作，其中一些論點並非無懈可擊，如上揭有關該碑性質和出土地點的立論；此外，由於粗心造成的"硬傷"也是有的，如書中《清儒考證》一章，把錢謙益（牧齋）的《景教考》（見《牧齋有學集》卷四四）這篇蹩腳文章當爲大師錢大昕所撰，加以指摘③，"遂使錢大昕'蒙不白之冤'"，20世紀50年代臺灣學者梁子涵就此撰文責其"過於粗心"④。遺憾的是，時至80年代，大陸仍有學者不察此錯：在介紹清朝金石家和考據家有關景教碑的研究著

---

① 朱謙之《中國景教》，頁74—75。
② 參閱楊森富《景教僧伊斯軼聞》，《現代學苑》第7卷第12期，1970年，頁29—30。是文述伊斯之所謂軼聞，不過是根據碑文所演繹，並無其他新資料，文章結語稱："博學如馮承鈞教授，竟宣稱：'景教碑，實際是一塊伊斯的墓誌銘'哩！"
③ 馮承鈞《景教碑考》，頁25。
④ 梁子涵《馮承鈞景教碑考裹的一點錯誤》，臺灣《大陸雜誌》第9卷第12期，1954年，頁28、32。

作時，續把牧齋的《景教考》列在錢大昕名下。^① 不過，筆者查光緒二十一年刻印的楊榮鋕《景教碑文紀事考正》，其卷一所收錄的各家考論景教碑的文章，也把錢牧齋的《景教考》題爲"錢大昕景教考"，馮承鈞先生之粗心可能是源於楊氏的大意。

20世紀以來，國人對於景教碑研究，一直十分關注，尤其是港臺地區，介紹或討論該碑的文章時有發表。^② 大陸雖在50年代後曾沉寂近三十年，但"文革"剛結束，便有學者試圖恢復對該碑的研究，徐自強先生率先撰文《〈大秦景教流行中國碑〉考》，追述以往的研究史並著錄碑文；是文作於1978年10月，惜越八年方得以發表。^③ 80年代開始後，纔逐步掀起熱潮，一些文博工作者更一再發表文章，介紹該碑及其研究。^④ 除上面提及的論著外，與該碑研究密切相關的一些西方著作，也被漢譯出版。例如，郝鎮華先生翻譯的英國穆爾《一五五〇年前的中國基督教史》，被列入中外關係史名著，在80年代出版^⑤；近年尚出版耿昇、鄭德弟譯，法國沙伯里（J. Charbonnier）著的《中國基督教徒史》^⑥；更有，早期葡萄牙耶穌會士曾德昭著的《大中國志》，亦由何高濟先生翻譯出版。該書第31章《許多世紀前基督教已移植中國，近期發現一塊可作爲證明的古碑石》^⑦，專述西安景教碑，是有關該碑研究的最早資料之一。該等譯著，嘉惠中國學林，功不可沒。另有韓國學者李寬淑用中文撰寫出版的《中國基督教史略》，也有

---

① 覃光廣《唐代景教碑的發現和研究》，《百科知識》1986年第9期，頁19—20；閻萬鈞《唐代昭武九姓之宗教的東傳》，《世界宗教研究》1988年第1期，頁134。

② 港臺文章除已提及外，筆者所知的尚有：于徵《大秦景教碑的發現與考釋》，《春秋》第14卷第1期，1971年，頁25—26。楊森富《景教僧阿羅本其人其事》，《現代學苑》第5卷第7期，1968年，頁19—20；《景教碑中的福音》，《聖經報》，1971年；《見於景教碑中的風俗信仰》，《聖經報》，1971年。張之宜《大秦景教流行中國碑擷微》，《遠景》1972年第3、4、6期。川頁神父《介紹景教碑文內容》，《鐸聲》第18卷第2期，1980年，頁1—8。張鳴鐸《〈大秦景教流行中國碑〉述略》，《中原文獻》第29卷第3期，1997年，頁1—9。

③ 徐自強《〈大秦景教流行中國碑〉考》，見閻文儒、陳玉龍編《向達先生紀念文集》，新疆人民出版社，1986年，頁312—329。

④ 如張伯齡《〈大秦景教流行中國碑〉述考》，《文博》1985年第5期；《考與〈景教碑〉有關的人和事》，《文博》1991年第1期，頁99—102。

⑤ 〔英〕穆爾著，郝鎮華譯《一五五〇年前的中國基督教史》，中華書局，1984年。

⑥ 〔法〕沙伯里著，耿昇、鄭德弟譯《中國基督教徒史》，中國社會科學出版社，1998年。

⑦ 〔葡〕曾德昭著，何高濟譯《大中國志》，上海古籍出版社，1998年，頁187—204。

專節論述景教碑。①港臺出版的一些中國基督教史專著,亦多闢有專門章節討論該碑,如龔天民的《唐朝基督教之研究》②、鄭連明的《中國景教的研究》③、張奉箴的《福音流傳中國史略》④、楊森富的《中國基督教史》⑤等皆然。此外,尚有陳崇興先生編著的《大秦景教流行中國碑文之研究》一小冊,於1955年由香港培英中學刊印,是冊面向學子,故學界未多注意。至於海內外出版的中國通史或隋唐斷代史之類著作,論及該碑者,則更不勝枚舉,此處不贅。

當然,在海內外發表的衆多論著中,未必都是深入研究的成果;但即使是很一般化的文章,亦有傳遞信息普及知識之功;如果信息正確,於學界也不無益處。正如羅竹風先生爲江文漢《中國古代基督教及開封猶太人》一書所作《前言》所云:

> 對於已經死亡或消逝的歷史現象和疑難問題,即使"多述少作",也是無可非議的。只要從頭至尾交待清楚,把它還原歷史上的本來面目,實事求是,不加歪曲,使讀者能夠得到一個完整、清晰而又正確的"形象",也就不算壞了。⑥

當然,在學術研究領域上,我們絕不能總是停留在"不算壞"的水平上。碑文經過三百多年來衆多學者的研究,字面的理解已不是主要問題了。竊以爲,就碑文的研究,國人倘能注意上揭所整理的伯希和研究成果,或許可以避免某些不必要的重復勞動。像景教碑這樣一塊"中西文化交流的豐碑"、世界考古發現史上"四大石碑"之一、"衆碑之魁"的古碑⑦,在新世紀的研究中,除了從歷史學、語言學、宗教學等角度,更深入地解讀碑文內涵

---

① 〔韓〕李寬淑《中國基督教史略》第二章第二節,社會科學文獻出版社,1998年,頁5—12。
② 龔天民《唐朝基督教之研究》,香港基督教輔僑出版社,1960年,頁16—23。
③ 鄭連明《中國景教的研究》,臺灣基督教長老會,1965年,頁18—21。
④ 張奉箴《福音流傳中國史略》,臺北輔仁大學,1970年,頁73—92。
⑤ 楊森富《中國基督教史》,臺灣商務印書館,1968年,頁8—31。
⑥ 江文漢《中國古代基督教及開封猶太人》,頁2—3。
⑦ 參閱林梅村《中國基督教史的黎明時代》,《文物天地》1992年第3—4期;收入氏著《西域文明》,東方出版社,1995年,頁448—461。

外，更加艱巨的任務是，根據碑文所記述的景教在華流行狀況，深入發掘新的資料，揭示碑文所頌揚的景教在中國社會的影響；因爲在這方面的研究，迄今仍相當薄弱。

（本文初刊劉東主編《中國學術》第 4 輯，商務印書館，2000 年，頁 239—260）

西安景教碑有關景寺數量詞考釋

西安景教碑，以概述景教在唐代中國流行的盛況爲主體內容，對該教在中土建寺的業績，尤多述及；其中亦有若干詞句，似關其時寺院的數量，爲國內外學者所重視，多有解讀，也不乏歧見。對這些詞句的正確理解，與客觀評估唐代景教傳播的情況，密切相關。故下文擬就有關的詞句，試爲考釋。

一、高宗朝建寺盛況考

對唐代景教流行的盛況，學者往往引用景碑正文第13—14行的一段文字：

> 高宗大帝，克恭纘祖，潤色真宗；而於諸州各置景寺，仍從阿羅本爲鎮國大法主。法流十道，國富元休；寺滿百城，家殷景福。

如果這段文字所描述的情況，是反映當時中國實際的話，則唐高宗時期，基督教已是在中國紮根、開花、結果了，其勢力幾與佛教相伯仲。然而，教外的文獻，完全不能支撐這樣一個結論。按碑文作者景淨，是爲景教高僧。其勒石所以紀功，少不了自我渲染。我們對其可信度，不得不謹慎對待。

該段文字言高宗大帝"於諸州各置景寺"。按"諸"，古漢語解爲"凡衆也"，潘紳把其釋爲"於諸州各處，設立教堂"[①]。徐謙信先生把該句今譯

---

① 潘紳《景教碑文注釋》，鉛印本，1925年，頁19。

爲"於許多州域分別設置景教寺"①，讀者當可接受。但因爲"諸州"後面尚有"各置"二字，故此句所表達的建寺地域作"所有的州"解，亦無不可。不少學者據整段文字的精神，多傾向於這個意思；如江文漢先生把該句譯爲"在各州設立景教寺"②。江氏的譯法與19世紀一些西方學者的觀點一致，如衛禮（A. Wylie）便將其英譯爲：

In every province he caused Illustrious churches to be erected.③

古伯察（M. Huc）的《中國中原、韃靼和西藏的基督教》法譯爲：

Fit élever des temples *lumineux* dans toutes les provinces.④

理雅各（James Legge）的《中國陝西西安府景教碑》英譯爲：

He caused monasteries of the Illustrious (Religion) to be erected in every one of the prefectures.⑤

格雷（A. Gueluy）的《西安府景教碑的碑文及其意義》法譯爲：

Fit bâtir dans chacun des Temples Lumineux.⑥

---

① 徐謙信《唐朝景教碑文注釋》，見劉小楓主編《道與言——華夏文化與基督文化相遇》，上海三聯書店，1995年，頁26。該文原刊《臺灣神學論壇》1979年第1期，頁125—166。
② 江文漢《中國古代基督教及開封猶太人》，知識出版社，1982年，頁45。
③ A. Wylie, "Translation of the Nestorian Inscription", in Paul Carus (ed.), *The Nestorian Monument: An Ancient Record of Christianity in China, with Special Reference to the Expedition of Frits V. Holm*, Chicago 1909, p. 14. 據云該譯文首次發表於1854—1855年的《華北先驅報》，後有多個刊物轉載。參閱耿昇《外國學者對於西安府景教碑的研究》，《世界宗教研究》1999年第1期，頁56—64。
④ M. Huc, *Le christianisme en Chine, en Tartarie et au Thibet*, Tome premier, Paris 1857, p. 59. 據云古伯察有關該碑的譯文係抄襲清初法國來華傳教士劉應（Clauqude de Visdelou, 1656—1737）的譯本。（參閱上注耿昇文）
⑤ James Legge, *The Nestorian Monument of Hsî-an Fû in Shen-hsî, China*, London 1888, p. 15.
⑥ A. Gueluy, *Le Monument Chrétien de de Si-ngan-fou, son texte et sa signification*, Bruxelles 1896, p. 76.

日本佐伯好郎顯然認同上述這種譯法，在其英文《中國景教碑》一書中，把該句也英譯爲：

He caused monasteries of the Luminous Religion to be founded in every prefecture.①

穆爾（A. C. Moule）《一五五〇年前的中國基督教史》也照這個意思英譯：

Therefore he founded brilliant monasteries in every one of the departments (*chou*).②

福斯特（J. Foster）《唐代教會》的英譯類同：

In every prefecture established Illustrious monasteries.③

就字面考察，把"於諸州各置景寺"解釋爲在所有州府都建置景教寺院，並不違背古漢語的常識。但對這句話的真實性，我們則表示懷疑。按高宗朝，全國有州府360，若云各州都有景寺之設，即便每州僅有一所，則全國的景寺至少360所。④ 高宗出於甚麼原因，竟然有如此大手筆，在各州遍置景寺，這不論從高宗個人的喜好，或從當時國家的需要、社會的時尚等方面考慮，都難以找到合理的答案。更有，倘若果有如此衆多的景寺，官方留下的文獻、民間著作、各地方誌，應該多有文字記載，留下痕跡線索纔是；但事實上，有關唐代三夷教寺院的文獻和考古資料，本來就不多，屬於景教者尤少。所以，吾人誠難相信碑文所述符合當時的實際。

此外，案當時中國的景教團，隸屬東方聶斯脫利教會巴格達總部，正

---

① P. Y. Saeki, *The Nestorian Monument in China*, London 1916, repr. 1928, p. 167.
② A. C. Moule, *Christians in China before the Year 1550*, London 1930, p. 40.
③ J. Foster, *The Church of the T'ang Dynasty*, London 1939, p. 140.
④ 伯希和法譯該句時，似也理解爲每州立一所景寺：Dans chacune des préfectures, établit-il un monastère Radieux。Cf. Paul Pelliot, *L'inscription Nestorienne de Si-ngan-fou*, edited with supplements by Antonino Forte, Kyoto, Paris 1996, p. 176.

如景教碑落款年代所披露："大唐建中二年，歲在作噩，太蔟月七日，大耀森文日建立，時法主僧寧恕知東方之景衆也。"就當時東方聶斯脫利教會的活動背景看，其在中國的傳教事業，尚不可能取得如此輝煌的業績。我們不妨設想，當時果有 360 所景寺，而每所若駐錫一位高僧，就得 360 位；若兩位，就得 720 位。高宗時期（650—683），巴格達教會總部曾派出這樣龐大的傳教團到中國嗎？如果有過這樣大的舉措，保存下來的大量教會文件中必有所記錄，然迄今未見。西方學者對東方教會史的研究，已相當深入；至今已披露的資料，不僅不能佐證當時有龐大的傳教團到中國，相反的，倒是暗示由於距離遙遠，傳教工作困難重重。據披露，聶斯脫利東方教會的伊所雅（Isho'Yahb）宗主教三世（650—660），正好是唐高宗的同時代人，其曾在一封信中提及當時有 20 多名主教在遙遠的東方傳教。據福斯特的推測，阿羅本便是其中之一。福斯特同時認爲，既然阿羅本只是一位主教，故推測當時中國還未成爲一個都主教區（Metropolitanate）。① 而我們知道，中亞歷史上著名的木鹿城（Merv），在公元 544 年便已具有都主教區的地位，在聶斯脫利東方教會的衆多教區中，排行第七。② 另一個很著名的中亞城市薩馬爾罕（Samarkand），亦大約在六七世紀便成爲都主教的駐錫地。③ 這些中亞的都主教區，其所轄地域與幅員遼闊的中國相比，不過是彈丸之地。彼等在教會中尚且享有這麼高的地位，假如阿羅本在中國的傳教事業確已取得上述碑文所述的成就，其在東方教會中的崇高地位，便更不在言下了，教會文件中絕不會對其忽略。教會文件不提及中國教區，至少暗示了當時該教在中國的傳教業績，尚不足大力稱道。從現有的資料看，直到公元 9 世紀末葉，教會文獻纔出現中國教區的字眼。④

根據上述的理由，我們認爲，學者們對高宗"於諸州各置景寺"一句的理解，從字面上，實際並無質的分歧，祇是在量方面略有不同。但對這句話可信度的估計，我們以爲是要打很大的折扣。較爲客觀的推測恐怕應是：唐

---

① Ibid., Foster, p. 63.
② Erica C. D. Hunter, "The Church of the East in Central Asia", *Bulletin of the John Rylands Library*, Vol. 78, No. 3, 1996, p. 132.
③ B. E. Coless, "The Nestorian Province of Samarqand", *Abr-nahrain* 24, 1986, pp. 51-57.
④ Cf. A. Mingana, "The Early Spread of Christianity in Central Asia and the Far East: A New Document", *Bulletin of the John Rylands Library*, Vol. 9, No. 2, 1925, p. 325.

高宗對於景教，是持比較友善、寬容的態度的；他在位時，曾允許或默許在一些景教徒較多的州府建了一些寺院，但不會是許多州，更不可能是所有的州。如果這一基本估計是正確的，對於下面"法流十道"、"寺滿百城"兩句的理解，自然就更能客觀些。

"法流十道"、"寺滿百城"，明確地採用了數量詞來表述高宗朝景寺的分佈狀況。不過，照古漢語，數詞的含義並非都是實數，往往亦作虛數用。業師蔡鴻生先生在講授唐代九姓胡時，曾特別提命這個問題，並引證了乾隆時代學者汪中《述學·釋三九篇》云：

> 生人之措辭，凡一二所不能盡者，則約之三以見其多；三之所不能盡者，則約之九以見其極多；此言語之虛數也。實數可指也，虛數不可執也。[1]

此間"寺滿百城"的"百"，無疑是虛數；因為碑文的作者對高宗朝全國的景寺，難道曾作過精確的調查統計，並得出 100 這個具體數位？"百"不過是言其多，言其普遍耳。是以，一些西方學者把"百城"理解為"一百個城市"，是不妥的。如理雅各和福斯特都將其直譯為：

Monasteries filled a hundred cities.[2]

古伯察法直譯為：

Les temples remplirent cent cités.[3]

夏鳴雷的拉丁譯本直譯為：

---

[1] 《續修四庫全書》第 1465 冊，頁 386 上。
[2] Ibid., Legge, p. 15; Ibid., Foster, p. 62.
[3] Ibid., Huc, p. 59.

Templa impleverunt centum civitates.[①]

伯希和直譯爲:

Les monastères existèrent dans cent cités.[②]

如此譯法，對於不諳中文的西方讀者，難免有誤導之嫌。倒是 19 世紀中葉的法國學者鮑狄埃（G. Pauthier）把"百城"理解爲"所有的城市"，較爲貼近漢文的本意；其《西安府敍利亞—漢文碑》一書，將"寺滿百城"法譯爲:

Les temples (chrétiens) remplirent toutes les villes.[③]

而格雷則是把兩種譯法均兼收:

Les temples remplirent les cent villes (toutes les villes).[④]

至於"法流十道"的"十"，學者多作實數解；因爲高宗朝，全國的確分爲十道，《舊唐書》卷三八《地理志》云:

貞觀元年（627），悉令併省。始於山河形便，分爲十道。[⑤]

正因爲如此，自來學者多把此"十道"明確定位爲"唐代行政區劃，全國分爲十道"[⑥]。中國學者遂將"法流十道"今譯爲"景教的影響遍及十省"[⑦]，"景教的道理流行於全國十道"[⑧]之類。國外學者亦然，如理雅各英譯爲:

---

① P. H. Havret, *La Stèle Chrétienne de Si-ngan-fou*, III, Changhai 1902, p. 57.
② Ibid., Pelliot, 1996, p. 176.
③ G. Pauthier, *L'Inscription Syro-Chinoise de Si-ngan-fou*, Paris 1858, p. 21.
④ Ibid., Gueluy, p. 76.
⑤ 《舊唐書》，中華書局，1975 年，頁 1384。
⑥ 神直道《景教入門》，東京株式會社教文館，1981 年，頁 54。
⑦ 上揭江文漢著，頁 45。
⑧ 上揭徐謙信文，頁 26。

The Religion spread through the Ten Circuits.①

穆爾英譯爲：

The religion was spread over the ten provinces.②

佐伯好郎譯爲：

The Law (of the Luminous Religion) spread throughout the ten provinces.③

伯希和法譯爲：

La Loi se répandit dans les dix gouvernements.④

不過，筆者對唐高宗時景教流行十道是懷疑的，也不信景淨撰碑時曾就此調查過；何況，在其生活年代，唐帝國的行政區劃與高宗朝比已大有變化，上揭《舊唐書》同卷載道：

開元二十一年（733），分天下爲十五道。⑤

景碑立於唐德宗建中二年（781），時距唐帝國的行政區改劃爲十五道已近半個世紀；照時人習慣，如要準確表達全國各道的話，當言十五道。景淨作爲一個外來僧侶，對中國行政區劃未必有那麼明確的時空概念，下筆時自覺意識到高宗朝不是十五道，而是十道。其云"法流十道"，更大的可能性，恐是照古漢語習慣，以"十"來言其普遍；從修辭對仗角度考慮，該"十道"正好與後面的"百城"對上。因此，吾人與其把此處的"十"當爲實數

---

① Ibid., Legge, p. 15.
② Ibid., Moule, p. 40.
③ P. Y. Saeki, *The Nestorian Documents and Relics in China*, Tokyo 1937, repr. 1951, p. 59.
④ Ibid., Pelliot, 1996, p. 176.
⑤ 《舊唐書》，頁1358。

解,不如與"百"同樣視爲虛數。

上述景淨所採用的"諸州"、"十道"、"百城"等詞的表達方式,從現代語言學的角度,似可劃入模糊語言一類。自古以來,人們在自我宣傳時,當不便或無法提供有力的量化數據時,往往便採用模糊語言來表達。採用這種模糊語言,既可達到宣傳的目的,又不會授人以柄。景淨用的正是這種手法。不過,儘管我們懷疑唐代景寺的普遍性,但我們卻相信唐代景教僧侶確有希望"中華歸主"的野心;碑文刻意誇大其教在全中國的影響,正反映了他們這一野心。此外,從另一角度觀察,景僧以"法流十道"、"寺滿百城"自詡,亦不妨視爲景教全方位傳教模式的反映。景教之在中國,作爲一個既沒有強大政治背景又沒有廣大胡人爲群衆基礎的宗教[1],其傳教活動明顯是針對漢人,更帶有純宗教目的。因此,建寺地址的選擇當是全方位的:哪里傳教的效果較好,有較多漢人願意皈依,就在那裏建寺。正因爲如此,從現在已發現唐代景教寺院的分佈資料看,其與另外兩個夷教就有明顯的不同。火祆教以西域移民爲民衆基礎,其寺廟多集中在西域胡人麇居的地方,傳播的範圍殆與西域移民的半徑一致;其像中國伊斯蘭教的傳播那樣,有明顯的地域性。祆教穆護在主觀上,實際亦沒有在中土遍建祠廟的願望。至於摩尼教,雖有在中土遍立教會的野心,但一直遭到佛教的有力抵制。天寶之前,曾遭受禁斷,祇被允許在胡人中自行傳播。天寶之後,藉助回鶻的勢力,在中國廣建寺廟。但由於受著名商業民族粟特人的左右,其建寺地點的訴求,不唯宗教目的,不取決於該地教徒的數量;而更以商業利益爲主,以寺院兼作貨棧等用途。是故,商業重鎮、交通要道,往往就是其建寺的首選地。[2]

二、"靈武等五郡"考釋

景碑第19—20行,云"肅宗文明皇帝,於靈武等五郡,重立景寺"。這句話,就古漢語語法而論,本來十分簡單,中國學者很可理解,正如江文漢

---

[1] 參閱本書《唐代景教傳播成敗評說》一文。
[2] 參閱拙文《回鶻奉摩尼教的社會歷史根源》,見拙著《摩尼教及其東漸》,中華書局,1987年,頁87—99;臺北淑馨出版社增訂本,1997年,頁83—95。

先生所直譯："肅宗文明皇帝在靈武等五郡重新建立了景教寺。"① 理雅各把其英譯爲：

> The emperor Sû Tsung (756-762), Accomplished and Intelligent, rebuilt the monasteries of the Illustrious (religion) in Ling-wû and four other parts.②

對靈武一詞還注明"即今甘肅寧夏之靈州，唐朝早期稱靈州，但早在天寶年間便改稱靈武郡"。佐伯好郎最初把其英譯爲：

> The Accomplished and Intelligent Emperor Su-Tsung (756-762 A.D.) rebuilt the Convents of the Luminous Religion in the five districts of Ling-wu (靈武) and elsewhere.③

佐伯氏在同書中又譯成：

> The Emperor Su-Tsung (756-762 A.D.), the Accomplished and Enlightened, rebuilt the monasteries of the Luminous (Religion) in Ling-wu, and four other counties.④

對"靈武等五郡"一句的英譯，佐伯氏顯然有所躊躇，同書中，譯法就略有不同，初作"the five districts of Ling-wu and elsewhere"，即"靈武等五個行政地區"；後又改"Ling-wu, and four other counties"，即"靈武和其他四個縣"。看來他對靈武在行政區劃上的級別尚拿不准。而穆爾則明確將其譯爲"靈武和其他四個郡"：

> Su Tsung, the polished and enlightened Emperor, refounded the brilliant

---

① 上揭江文漢著，頁46。
② Ibid., Legge, p. 19.
③ Ibid., Saeki, 1928, p. 141.
④ Ibid., Saeki, 1928, p. 169.

monasteries in Ling-wu and four other departments (*chün*).①

在後人整理的伯希和遺著中，曾見到伯氏生前對該句的解釋：

Il amorce ainsi le préambule de l'éloge de Sou-tsong, don't le titre posthume est bien «Cultivé et Éclairé», et qui régna de 756 à 762.

Il restaura les monastères chrétiens «dans les cinq commanderies de Ling-wou», qui était dans la région de Ning-hia, au Kan-sou.②

照這個解釋，靈武位於甘肅寧夏，這未見有異議；不過，他似乎把五郡當爲靈武轄下的五個行政地區，這便不妥了。但在1996年出版，由富安敦整理增訂的伯希和專著《西安府景教碑》，對該句的法譯是：

L'Empereur Cultivé et Éclairé Sou-tsong, dans les cinq commanderies de Ling-wou et autres.③

是處把靈武和其他四個地區並稱爲五郡，顯然是修正了以往的版本。

1932年，佐伯氏卻又提出了一個新的解釋，把"五郡"當爲鳌屋的一個地名，把"等"作爲"類於"或"同於"解。④ 整句的意思就變成了"肅宗文明皇帝在靈武和五郡重新建立了景教寺"，即由原來5處地方，變成2處了。在他1937年出版的英文《中國景教文獻和遺物》，便將該句改譯爲：

The Emperor Su-tsung (756-762 A.D.), the Accomplished and Enlightened, rebuilt the monasteries of the Luminous (Religion) in Ling-wu and Wu-chün.⑤

---

① Ibid., Moule, p. 42.
② Oeuves posthumes de Paul Pelliot, *Rechérches sur les Chretiens d'Asie Centrale et d'Extrême-Orient, II,1: La Stèle de Si-ngan-fou*, Paris 1984, p. 33.
③ Ibid., Pelliot, 1996, p. 177.
④ 佐伯好郎《大秦寺の所在地に就いて》，《東方學報》第3冊，東京，1932年，頁97—140。
⑤ Ibid., Saeki, 1951, p. 61.

不過，贊同佐伯觀點的學者似乎寥寥無幾。福斯特1939年出版的《唐代教會》一書，仍把該句譯爲：

　　Su Tsung, cultured and enlightened Emperor, in Ling-wu and four other departments re-established the Illustrious monasteries.①

神直道在《景教入門》一書，也拒絕採納佐伯的說法。② 景教的一個較新英譯本，係徐兆鏞先生所作，其也保持對該句的傳統理解，譯作：

　　The elegant and brilliant Shu Tsung (A.D. 756-779) (779 當爲 762 之誤。——引者) rebuilt the monasteries of the Illustrious Religion at Ling-wu and four other prefectures.③

其實，從古漢語語法考慮，佐伯將"於靈武等五郡"的"等"作"類於"或"同於"解，是十分牽強的，正如岑仲勉教授所批評道："在《全唐文》裏面，還找不到這樣含糊不通的句法。"④把此處的"五郡"作地名解，實不合古漢語的語法。

佐伯氏爲了確認"五郡"是個地名，不僅引錄了宋代蘇軾、蘇轍唱和的五郡詩爲證⑤，而且在宋敏求《長安志》卷一〇關於盩厔縣的記載中，找到了"五郡城"的資料：

　　五郡城在縣東南三十里，周三里，舊說有義兄弟五人共居此城，不詳建立。

---

① Ibid., Foster, p. 98.
② 上揭神直道著，頁 56。
③ C. Y. Hsü, "Nestorianism and the Nestorian Monument in China", *Asian Culture Quarterly*, Vol. 14, No. 1, Taipei 1986, p. 60.
④ 岑仲勉《金石論叢》，上海古籍出版社，1981年，頁321。
⑤ 佐伯氏引錄蘇軾的五郡詩如下："古觀正依林麓斷，居民來就水泉甘；亂溪赴渭爭趨北，飛鳥迎山不復南。羽客衣冠朝上象，野人香火祝春蠶；汝師豈解言符命，山鬼何知託老聃。"蘇轍次韻如下："蜀人不信秦川好，食蔗從梢未及甘；當道沙塵類河北，依山水竹似江南。觀形隨阜飲溪鹿，雲氣侵山食葉蠶；獨有道人迎客笑，白鬚黃袖豈非聃。"

毫無疑問，鰲崖附近確有取名"五郡"之地。但根據這一記載，我們不難明白該五郡城，就行政區劃而言，不過是鰲崖縣屬下的一個小城池，從形式邏輯角度，鰲崖涵蓋五郡城，五郡城卻不能代表鰲崖，其級別更根本不能與作爲郡治（或州治）的靈武相匹，官方行文中絕不能把兩者平列並提。而且，在五郡城這樣一處窮鄉僻壤建寺，於景教士的傳教活動有多大的幫助呢？又有甚麼值得炫耀的價值呢？吾人必須注意：唐代景教的地位與佛教有根本的不同，佛教已在中國爭得了天下，很多高僧樂於在深山僻壤建寺修真養性，過與世無爭的生活。但景教還沒有在中國扎根，其教士不遠萬里到中國，爲的是傳教。其教受中國傳統文化的排斥，固不待言[①]；且爲佛教所不容[②]。這就意味著，他們必須與儒釋道等爭奪信仰市場。面對激烈的信仰競爭，於景教寺院位址的選擇，勢必面向人口稠密的都會。若選五郡城這樣的僻地建寺，令人不解。

其實，照傳統的解讀，認爲肅宗於靈武等五郡重建景寺，在教外文獻中，雖未能找到可資佐證的記錄；但從歷史背景考慮，倒是不悖邏輯。案《舊唐書》卷一〇《肅宗紀》云天寶"十四載十一月，祿山果叛，稱兵詣闕。十二月丁未，陷東京"[③]。爾後玄宗西逃，肅宗"治兵於靈武以圖進取"[④]，並於天寶十五載"七月甲子，即皇帝位於靈武"[⑤]。由是，靈武對於肅宗來說，是具有重大歷史意義的一個地方。歷盡波劫之後，出於某種宗教情結，在該地重建景寺，應是可以理解的。特別是在這次平亂過程中，"郭子儀決勝無前，克成大業"[⑥]；而根據景教碑，輔助郭子儀"克成大業"的有景教徒伊斯：

> 大施主金紫光祿大夫、同朔方節度副使、試殿中監、賜紫袈裟僧伊斯，和而好惠，聞道勤行。遠自王舍之城，聿來中夏，術高三代，藝博十全。始效節於丹庭，乃策名於王帳。中書令、汾陽郡王郭公子儀，初

[①] 《道藏·猶龍傳》卷四有《流沙化八十一國九十六種外道》章，其中所開列的外道便有"彌施訶"者；見《道藏》第18冊，上海書店、文物出版社、天津古籍出版社，1994年，頁20。
[②] 如唐代佛典《曆代法寶記》便指"末曼尼和彌師訶"，即景教和摩尼教，爲外道；見《大正藏》卷51，No. 2075，頁180。
[③] 《舊唐書》，頁240。
[④] 《舊唐書》，頁241。
[⑤] 《舊唐書》，頁242。
[⑥] 《舊唐書》，頁248。

惣戎於朔方也，肅宗俾之從邁。雖見親於臥內，不自異於行間。爲公爪牙，作軍耳目。（景碑正文第 20—22 行）

如是看來，肅宗、郭子儀與景教應是有緣分的，景教徒曾爲朝廷平亂做出貢獻，在靈武等五個郡治重建景寺，作爲對景教徒的一種報答，是合乎邏輯的。至於佐伯所云"靈武郡在肅宗皇帝乾元元年（758）以後改稱靈州"，碑文無理由仍稱其郡。此說似是而非也。按肅宗在靈武登位時，是爲郡治。平定安史之亂的大功臣郭子儀平亂時也兼過該郡太守。[1]靈武郡已成爲一個著名的歷史地理名詞；而古代作品中，提及地名，襲用歷史上有過的稱呼，乃爲常見現象，不足爲奇。

三、"四寺"考

景教碑文有大段稱頌僧伊斯的文字，正文第 23 行言其"更効景門，依仁施利，每歲集四寺僧徒，虔事精供，俻諸五旬"。該句的意思，本來也不難理解，正如江文漢先生所意譯：

> 他仿效景教徒的習慣，廣爲施捨。每年召集四寺的僧徒，虔誠崇拜，供應五旬。[2]

不過其中"四寺"如何解呢？由於學界尚有爭論，故江先生的意譯只是照寫原文。西方學者就"四寺"的解讀，亦多有遲疑不決者，理雅各把該句英譯爲：

> Every year he assembles the priests of all the monasteries ("Four monasteries", or "the monasteries of the four quarters"), who engage in their

---

[1] 《舊唐書》卷一一〇《郭子儀傳》："（天寶）十四載，安祿山反。十一月，以子儀爲衛尉卿，兼靈武郡太守，充朔方節度使。"（頁 3449）
[2] 上揭江文漢著，頁 48。

reverent services and pure offerings for all the space of fifty days.①

穆爾也譯成：

Every year he gathered the monks of the surrounding monasteries (Or, literally, "of four monasteries" or "of the four monasteries") together; acting reverently, serving precisely, he provided everything for fifty days.②

也就是說，理雅各和穆爾，都認爲"四寺"既可解釋爲"各寺"、"四周的寺"，也可譯爲"四所寺院"，態度模稜兩可。夏鳴雷的拉丁譯本則明確地把其理解爲所有的寺院，其譯文如下：

Singulis annis congregabat omnium monasteriorum sacerdotes tyronesque; reverenter faciente, opipare offerente, parabantur per quinque decades.③

亦有學者把"四寺"確定爲"四所寺院"，其中包括伯希和；伯氏把"四寺僧徒"法譯爲：religieux de quatre temples，並且力圖從史料找到四所景寺來對號入座。④ 上揭富安敦整理增訂的伯希和專著《西安府景教碑》，對該句的法譯是：

Chaque année, il rassemble les religieux des quatre temples.⑤

福斯特英譯爲：

Every year he assembled the monks of four monasteries, for reverent

---

① Ibid., Legge, p. 25.
② Ibid., Moule, pp. 44-45.
③ Ibid., Havret, p. 58.
④ Ibid., Pelliot, 1984, p. 37.
⑤ Ibid., Pelliot, 1996, p. 178.

service and proper worship to fulfil the whole of the Quinquagesima.[①]

佐伯氏則自始就把"四寺"作"四所寺院"解：

Every year he assembled the priests of the four monasteries to have their reverent services and earnest offerings of prayers for fifty days.[②]

1932 年，佐伯氏在其《大秦寺所在地考釋》一文中，對四所大秦寺進行了一番考證，認定"無疑位於長安義寧坊、洛陽修善坊、靈武及五郡"[③]。爾後，在上揭《中國景教文獻和遺物》一書，以英文向西方學者說明他這一結論。[④]

中國學者對該句的理解，亦是有分歧的。潘紳《景教碑文注釋》把"四寺"釋爲"四方各堂也"；但徐兆鏞先生卻認爲是四所寺院，故將該句翻譯作：

Every year he assembled the priests of the four Illustrious Monasteries to engage in pious services and earnest offerings for a period of fifty days.[⑤]

其實，早在 1928 年，輔仁大學英千里先生所發表的景教碑英譯本，就是理解爲四所，對該句的英譯大體一樣：

Every year he assembled the monks of the four monasteries, in order to perform reverent ceremonies and offer up fervent prayers for a period of fifty days.[⑥]

徐謙信先生，完全贊同佐伯的觀點，其對"每歲集四寺僧徒"一句注釋

---

① Ibid., Foster, p. 145.
② Ibid., Saeki, 1928, p. 172.
③ 上揭佐伯著，頁 135。
④ Ibid., Saeki, 1951, pp. 99–100.
⑤ Ibid., Hsü, p. 61.
⑥ Ignatius Ying-ki, "A New English Translation of the Nestorian Tablet", *Bulletin of the Catholic University of Peking* 5, 1928, p. 96.

如下：

　　每年招集四景寺之教士們。我們在前文曾經指出佐伯好郎認爲"四寺"是（1）長安義寧坊大秦寺，（2）洛陽修善坊大秦寺，（3）靈武大秦寺，（4）五郡大秦寺。但模勒竟翻譯"四寺"爲"四周的景寺"。①

　　國內有關著作也有對該詞的解釋持棄權態度的，如翁紹軍先生《漢語景教文典詮釋》只是引錄他人見解，不加個人意見：

　　四寺：佐伯好郎認爲是指長安義寧坊大秦寺、洛陽修善坊大秦寺、靈武大秦寺、盩厔大秦寺。理雅各認爲泛指四方景教寺。②

　　總之，就"四寺"的解釋，中外學者衆說紛紜，莫衷一是，上面不外是例舉較有代表性者；富安敦在補注伯希和的著作時，就該詞的解釋，還著錄了其他好幾家的譯法③。不過，歸納起來，無非三大類：其一，把"四寺"的"四"作實數解，並力圖找到相應的四所寺院；其二，把"四"當虛數解，"四寺"謂周圍各個寺院；其三，模稜兩可。第三種態度缺乏主見，不必置評。第一種看法，把"四"當實數解，按字面直譯，似無不可。但經不起推敲，試問爲甚麼伊斯這位備受碑文讚揚的大施主，其對於景教僧徒的招待祇限於四所寺院？如果當時京城恰好有四所景寺，他就近招待駐錫京城的僧侶，這尚可以說得過去。但唐代長安城的佈局、建築，包括寺院的分佈，歷代研究甚多，幾乎瞭如指掌。屬於景教的寺院，除貞觀十二年在義寧坊敕建的一所景寺外，頂多不外有儀鳳二年（677）波斯王卑路斯奏請在醴泉坊"街南之東"所立的一所"波斯胡寺"④。無論如何，都湊不夠四所。如果是指全國範圍內的四所景寺，像佐伯氏那樣，考證了全國四所景寺來對號入座，那就未免太牽強附會了。苟不論所考證的四所寺院是否正確，吾人先得質

---

① 上揭徐謙信文，頁37。其實Moule對自己的翻譯也未有把握，原著邊加注，認爲或可譯爲"四所寺院"。
② 翁紹軍《漢語景教文典詮釋》，生活·讀書·新知三聯書店，1996年，頁69。
③ Ibid., Pelliot, 1996, pp. 287-288.
④ 該寺的宗教屬性，學界尚未定論，參閱本書《唐代首所景寺考略》一文。

問，爲何其時全國只有四所景寺值得伊斯重視，其僧侶值得召集佈施，難道當時全國的景寺僅僅有四所。如果只有四所，那景教在當時的中國，實在就不值得一提，也就不可能有立碑之舉。從上面所舉頌揚高宗的碑文中，我們已看出景淨對於本教在中土業績的評述，可謂躊躇滿志，毫無謙遜可言；其渲染、歌頌、誇大唯恐不足，這一指導思想貫穿了整個碑文。既然已把本教吹噓到"法流十道"、"寺滿百城"的地步，怎麽又會謙虛老實到承認或暗示本教的寺院祇有四所？因此，把"四寺"鎖定爲四所寺院，與碑文儘量誇大景教傳教業績的整個精神，殊不協調。就當時的客觀實際而論，景教雖未必"寺滿百城"，但其在社會的地位乃高於火祆教，在社會的排名先於火祆；而火祆教的祠廟，據已知的確鑿資料，不少於十所。[①] 那麽，景教的寺院如果竟然比這個數位還少得多，那是不合邏輯的。因此，無論從碑文的精神或當時的歷史背景看，把"四寺"作四所景寺解，令人難以接受。

按"四"在漢語中，作爲一個數詞，固有實數之義，如《玉篇》所解"陰數次三也"，《正韻》所解"倍二爲四"；但在日常使用時，亦有作虛數用，言其周全，《說文》云"四方也，八別也"。正如岑仲勉教授所指出："當日的大秦寺，是否確實只有四間？我以爲'四寺'的'四'，猶之'四方'、'四國'，是'各'字的意義，也不能呆板解作實數的。"[②] 岑教授這個解釋，與早年潘紳氏之將"四寺"釋爲"四方各堂"正好一致。竊以爲，如果把"四寺"今譯爲"四方各寺"，云伊斯佈施四方各寺景僧，從上下文的精神看，無疑十分恰切。

西安景教碑作爲唐代景教研究不可多得的原始資料，其史料價值如何評價都不爲過；但吾人對其文字的理解，如果只是拘泥於字面，而不參照整個碑文的精神，不結合當時中西歷史背景，則恐有被誤導之虞。是爲讀該碑文之一得，謹質諸方家。

（本文初刊《國學研究》第 7 卷，北京大學出版社，2000 年，頁 97—113）

---

① 有關唐代火祆教寺院的記錄，參閱陳垣《火祆教入中國考》，見《陳垣學術論文集》第 1 集，中華書局，1980 年，頁 304、308—309。

② 上揭岑仲勉著，頁 321。

唐代首所景寺考略

寺院是宗教徒從事宗教活動的場所、中心，往往又是各級宗教領袖、高級僧人的駐錫地。對古代宗教傳播史的研究，絕對離不開寺院考察；有關唐代景教的研究，自不例外。下面擬以文獻和文物資料爲依據，就唐代景教寺院的稱謂、首所景教寺院建置的年代及其重要地位略作考察。

一、唐代景教寺院的稱謂

景教的日常宗教活動場所，即現今通稱的教堂、修道院之類，在唐代常見的稱謂有如下幾個：波斯寺、波斯胡寺、大秦寺及景寺。大體而言，波斯寺、波斯胡寺是最早的叫法，內涵並不明確，可能是指當時景教的寺院，亦可能指火祆教甚或摩尼教的寺院祠廟。例如宋敏求《長安志》卷一〇所載的"（醴泉坊）街南之東，舊波斯胡寺"，乃係儀鳳二年（677）波斯王卑路斯奏請所置，究屬景教抑或祆教之寺廟，至今尚有爭論[①]。人們對某一事物命名的準確度，往往與對該事物認識的深度成正比；波斯寺、波斯胡寺的叫法，反映了其時中國人對傳自波斯的三夷教認識之膚淺。這一含糊不清的稱謂，一直到天寶四年（745），纔由朝廷下詔，甄別改正。是年所頒的詔文稱：

[①] 對這所胡寺，伯希和等認定其爲景寺，見 Oeuvres posthumes de Paul Pelliot, *Recherches sur les Chretiens d'Asie Centrale et d'Extrême-Orient, II, 1: La Stèle de Si-ngan-fou*, Paris 1984, p. 37。但亦有不少學者視其爲祆寺。詳參拙文《唐代長安火祆大秦寺考辨》，原刊《西北史地》1987 年第 1 期，頁 8—12；經修訂收入拙著《波斯拜火教與古代中國》，臺北新文豐出版公司，1995 年，頁 139—150。

波斯經教，出自大秦，傳習而來，久行中國。爰初建寺，因以爲名。將欲示人，必修其本。其兩京波斯寺，宜改爲大秦寺。天下諸府郡置者，亦準此。①

這一詔文的頒發，顯然暗示了我們：當時對基督教稱謂之模糊不清，已給官府的管理工作造成了某些不便，朝廷方不得不加以正名。同時亦表明了唐人對傳自西域的三個夷教的認識，已有所深化。把當時流行的基督教的寺院稱爲大秦寺，表明朝廷已意識到該教雖然與摩尼教、火祆教同樣傳自波斯，但真正的源頭是在大秦，其要比"距京師萬五千里而贏"②的波斯遙遠得多。

按大秦作爲一個地名，古人並不陌生，《後漢書》卷八八已有其傳，篇幅達六百多字：

大秦國一名犁鞬，以在海西，亦云海西國。地方數千里，有四百餘城。小國役屬者數十。以石爲城郭。……其人民皆長大平正，有類中國，故謂之大秦。土多金銀奇寶，有夜光璧、明月珠、駭雞犀、珊瑚、虎魄、琉璃、琅玕、朱丹、青碧。……③

《舊唐書》則把《大秦傳》改叫《拂菻傳》，見卷一九八：

拂菻國，一名大秦，在西海之上，東南與波斯接，地方萬餘里，列城四百，邑居連屬。其宮宇柱櫨，多以水精琉璃爲之。……④

《新唐書》亦作《拂菻傳》，見卷二二一下：

拂菻，古大秦也，居西海上，一曰海西國。去京師四萬里，在苫西，北直突厥可薩部，西瀕海，有遲散城，東南接波斯。……⑤

---

① 《唐會要》卷四九，中華書局，1955年，頁864。
② 《新唐書》卷二二一下《波斯傳》，中華書局，1975年，頁6258。
③ 《後漢書》卷八八《大秦傳》，中華書局，1965年，頁2919。
④ 《舊唐書》卷一九八《拂菻傳》，中華書局，1975年，頁5313。
⑤ 《新唐書》卷二二一下《拂菻傳》，頁6260。

上述的大秦古國，究竟是甚麼地方呢？學界一直有爭論。德國學者夏德（Friedrich Hirth）經過多方論證，認爲其"並非以羅馬爲首都的羅馬帝國，而僅是它的東部，即敍利亞（Syria）、埃及及小亞細亞；而且首先是指敍利亞"①。把大秦定位爲敍利亞，與基督教聶斯脫利派（Nestorianism）的發源地正好吻合。因而，這一結論對於研究中國景教的多數學者來說，當然較樂意接受。② 不過，齊思和教授從敍利亞的歷史考察，把碑文所言的大秦仍認定爲東羅馬帝國的拜占廷："自公元前 63 年成爲羅馬帝國之一省。東、西羅馬帝國分裂後屬於東羅馬。公元 638 年爲阿拉伯所奪，越六年，波斯也亡於阿拉伯人之手。這時波斯已亡，敍利亞已非拜占廷所有，景教僧爲了把自己和伊斯蘭教、祆教區別清楚，聲明自己的宗教是出於當時仍然存在，並爲中國人所熟知的大秦國，這是可以理解的。"③ 這一解釋顯然也很有說服力。無論如何，唐朝統治者對於景教的發源地，不可能有今人那樣明確的認識，但已明白並非波斯而是大秦。其根據較爲準確的發源地來爲當時流行的基督教命名，說明對該教的認識已有所深化，這自應歸功於當時來華傳教士的努力。《舊唐書》卷一九八《西戎·拂菻傳》便提到在玄宗朝，大秦曾有高僧來朝：

---

① 〔德〕夏德著，朱傑勤譯《大秦國全錄》，商務印書館，1964 年，頁 4。
② 楊憲益先生的《大秦道里考》、《大秦異名考》和《大秦國的制度與風俗》（收入氏著《譯餘偶拾》，生活·讀書·新知三聯書店，1983 年，頁 166—178）認爲"中國史籍裏的大秦，初指希臘，後指以君士坦丁堡爲中心的東羅馬"。如果把大秦定位爲君士坦丁堡，即拜占廷（Byzantium），則在唐代中國活動的成批景僧，非來自敍利亞的聶斯脫利教派，而是來自拜占廷的東正教，即希臘正教。香港戴淮清先生便曾撰文，力辯唐代景教乃屬希臘正教；見氏文《揭開大秦景教的秘密》（香港《明報月刊》1989 年 3 月號，頁 88—91）、《關於大秦及景教的種種誤解》（香港《明報月刊》1989 年 7 月號，頁 92—94）。不過，戴氏這一"新見"未爲學界所接受，且遭到不客氣的批評。主要的反駁文章有趙璧礎《〈揭開大秦景教的秘密〉的部分錯誤》（《明報月刊》1989 年 5 月，頁 107—110）、林瑞琪《景教並不是希臘正教——向戴淮清先生請教》（《明報月刊》1889 年 5 月，頁 110—111）。綜觀正反兩方文章，可以說，迄今爲止，學界還找不到任何可信的資料，足以推翻唐代景教爲基督教聶斯脫利派的傳統看法。由於唐代景教文獻的佚缺及其行文的晦澀，要根據義理來判斷該教的歸屬，誠不容易。但唐代景教所採用的敍利亞文（見西安景教碑及其他出土文獻），正是當時敍利亞聶斯脫利教會所特有；而且聶斯脫利派之東漸，教會史有案可稽，證據確鑿。（參閱 A. Mingana, "The Early Spread of Christianity in Central Asia and the Far East: A New Document", *Bulletin of the John Rylands Library* [Manchester], Vol. 9, No. 2, 1925, pp. 297-371）另從公元 7 至 9 世紀中國與拜占廷的交通看，云有成批傳教士來自拜占廷，不大可能；拜占廷方面的教會文獻亦缺乏記錄，無以徵信。
③ 齊思和《中國和拜占廷帝國的關係》，上海人民出版社，1956 年，頁 35—36。

开元七年（719）正月，其主遣吐火羅大首領獻獅子、羚羊各二。不數月，又遣大德僧來朝貢。①

"大德僧來朝貢"一事，《新唐書》的《西域傳》刪去，撰者可能把其視爲小事一樁而忽略；但對研究宗教史者，其卻具有重要意義，足以說明其時大秦教會，曾直接派遣僧侶與中國最高統治者接觸。對於類似這樣在宗教傳播史上有重要意義的事件，古代修史者未必會重視，漏記的諒比錄入的多得多。就該大德僧來華的時代背景看，正是對景教優禮有加的玄宗朝，根據西安景教碑所述：

玄宗至道皇帝，令寧國等五王，親臨福宇，建立壇場。法棟暫橈而更崇，道石時傾而復正。天寶初，令大將軍高力士，送五聖寫真，寺內安置；賜絹百匹，奉慶睿圖。龍髯雖遠，弓劍可攀；日角舒光，天顔咫尺。三載，大秦國有僧佶和，瞻星向北，望日朝尊。詔僧羅含、僧普論等一七人，與大德佶和，於興慶宮修功德。於是天題寺榜，額戴龍書。寶裝璀翠，灼爍丹霞。睿扎宏空，騰凌激日。寵賚比南山峻極，沛澤與東海齊深。道無不可，所可可名；聖無不作，所作可述。（景碑正文第15—17行）

碑文對於玄宗頌揚的程度，無論從措辭或篇幅看，僅次於太宗。顯然，景教會對玄宗是做了大量的工作的。除上揭正史所載的開元七年大秦大德僧來朝貢外，還有上引碑文的天寶三載（744）：

大秦國有僧佶和，瞻星向化，望日朝尊。（正文第16行）

此外，從漢文古籍中，學者們還找到好幾條來華景僧與朝廷打交道的記錄，都是發生在玄宗時期。例如：《冊府元龜》卷五四六所載：

---

① 《舊唐書》卷一九八《拂菻傳》，頁5315。

柳澤，開元二年（714）爲殿中侍御史，嶺南監選使。會市舶使右衛威中郎將周慶立，波斯僧及烈等，廣造奇器異巧以進。①

同書卷九七一載開元二十年（732）：

九月，波斯王遣首領潘那蜜，與大德僧及烈朝貢。②

《舊唐書》卷九五《讓皇帝憲傳》載：

（開元）二十八年（740）冬，憲寢疾，上令中使送醫及珍膳，相望於路。僧崇一療憲稍瘳，上大悅，特賜緋袍魚袋，以賞異崇一。③

正因爲景教僧侶竭力通過種種方式與朝廷接觸、溝通，纔使統治者對其教的印象日深。可以說，天寶四載頒發的改名詔，便是這種深化認識的產物。

中國皇帝爲來華的基督教定名，說明該教已得到最高統治者的重視。對此，作爲該教的傳教士，當然深受鼓舞。建中二年（781）所立的碑，遂以大秦冠名，稱《大秦景教流行中國碑》。當然，對於大秦具體地理位置的界定，在外來景教徒與中國官員的心目中，是否一致，今人尚難下確論。但景教徒同意將自己宗教的發源地，與中國史籍所述的大秦挂靠，這是肯定的，景教碑文可資爲證：

案《西域圖記》及漢魏史策：大秦國，南統珊瑚之海，北極衆寶之山，西望仙境花林，東接長風弱水；其土出火綄布、返魂香、明月珠、夜光璧；俗無寇盜，人有樂康。法非景不行，主非德不立。土宇廣闊，文物昌明。（正文第 12—13 行）

---

① 《册府元龜》，中華書局，1960 年，頁 6547 下—6548 上。
② 《册府元龜》，頁 11409 上。此事又見載於同書卷九七五："（開元二十年）八月，庚戌，波斯王遣首領潘那蜜與大德僧及烈來朝。授首領爲果毅，賜僧紫袈裟一副，及帛五十疋，放還蕃。"（頁 11454 上）
③ 《舊唐书》卷九五《讓皇帝憲傳》，頁 3012；有關此事的考證見本書《唐代景教傳播成敗評說》一文。

此處具體描述顯有誇辭，但地理方位認同中國書籍。當然，來華的景僧更希望能從本教的內涵出發，取一個更貼體的漢文名字。景教碑文也特別反映了他們這一願望。碑文自稱其教爲景教，並解釋道：

> 真常之道，妙而難名，功用昭彰，強稱景教。① （正文第 8 行）

碑文把其教的教堂寺院，除稱爲大秦寺外，也相應稱爲"景寺"，如：

> 高宗大帝，克恭纘祖，潤色真宗，而於諸州各置景寺。（正文第 13 行）
> 肅宗文明皇帝，於靈武等五郡，重立景寺。（正文第 17—18 行）

從現有史料分析，唐代基督教之採用景教之名，可能會早於立碑的時間；因爲如果當時其在華之教徒，還未流行這一名稱的話，碑文便不可突以景教自命。但景教之名的流行，看來多局限於教徒本身，並不爲社會民衆所廣爲接受；至少在天寶之前，一般民衆並不稱其爲景教，否則，朝廷也就不必把其改爲大秦教了。即使要改，亦必順乎時尚，改稱景教。

由於朝廷把基督教堂名爲大秦教之舉是在天寶四載，故社會中有大秦寺

---

① 對這一命名，學者多有辨釋和爭論，李之藻訓讀爲："景者大也，炤也，光明也。"（氏文《讀景教碑後》，見陽瑪諾《景教碑頌正詮》，慈母堂刻本，1927 年，頁 14）羅香林教授承襲此說，稱景教之名，"殆因基督教常舉'生命之光'以啓喻衆人之故"（氏著《唐元二代之景教》，香港中國學社，1966 年，頁 12）。方豪先生不同意此說，稱"按李之藻作後在明天啓五年（1625），景教碑立于唐德宗建中二年（781），相去已八百四十四年，亦不過揣測之詞。而'景'字在碑文中屢見，撰碑文者即曰'景淨'，其他教士亦有名'景福''景通'者。此外如'景門''景法''景寺''景衆''景力''景尊'，與其謂有'光'字之意義，不如解爲有'聖'字之意義。"（氏文：書評羅香林《唐元二代之景教》，原刊《現代學苑》第 4 卷第 10 期，1967 年；《方豪六十自定稿》下冊，臺灣學生書局，1969 年，頁 2433）據瑞典漢學家高本漢的研究，"景"字，古以 King 等發音，均以 K 爲聲母，有 bright（光明）、great（偉大）之意（Bernhard Karlgren, *Grammata Serca Recensa*, Stockholm 1972, p. 200）。由是，古代"景"字讀音的聲母與 Christ 和 Catholic 相同，故以此字來作基督教的漢名，竊以爲可能是唐代來華的聶斯脫利教士音義兼顧的妙譯。所謂譯音孕義之法，古已有之，是爲一例也。趙璧礎教授認爲："景教選取'景'字爲教名應被譽爲神來之筆，'景'字十分中國化，典型之本色化表現。"（氏文《就景教碑及其文獻試探唐代景教本色化》，見林治平主編《基督教與中國本色化》，臺北宇宙光出版社，1990 年，頁 173—191，引文見頁 178）良有以也。

之稱，當不會太早於天寶。景教碑云：

  貞觀十有二年秋七月，詔曰："道無常名，聖無常體，隨方設教，密濟群生。大秦國大德阿羅本，遠將經像，來獻上京，詳其教旨，玄妙無為，觀其元宗，生成立要。詞無繁說，理有忘筌，濟物利人，宜行天下。所司即於京義寧坊造大秦寺一所，度僧廿一人。"（正文第9—11行）

此間所引詔文，竟把貞觀年間在義寧坊所造的寺直稱大秦寺，當屬碑文作者根據其時對景寺的稱呼而改動。查《唐會要》卷四九有錄此造寺詔文，並無大秦寺之謂：

  道無常名，聖無常體，隨方設教，密濟羣生。波斯僧阿羅本，遠將經教，來獻上京，詳其教旨，玄妙無為，生成立要，濟物利人，宜行天下。所司即於義寧坊建寺一所，度僧廿一人。①

足見大秦寺之稱，乃到天寶四載朝廷下詔後始流行。

  景教的寺院稱景寺、大秦寺，這看來主要流行於教徒和官方；至於民間，似乎更多地保持原來的通俗叫法，即波斯寺或波斯胡寺，至少對朝廷正名前便已建立的景教寺院，仍習慣沿襲原來的稱謂。如義寧坊的景教寺院，照上揭《唐會要》卷四九建寺詔文，該寺是為"波斯僧阿羅本"而立的，又按上揭同卷所載天寶四載改名詔文，明確指示"其兩京波斯寺宜改為大秦寺"。故可肯定該寺初立時，官方必名其為波斯寺，或波斯胡寺，後方改稱大秦寺。但在方志著作中，則一直名為波斯胡寺。唐韋述《兩京新記》卷第三載義寧坊：

---

① 《唐會要》卷四九，頁864。就貞觀十二年這段詔文，《唐會要》和景教碑文所錄，文字有所不同，西方學者多有將其比較者，一般認為：《唐會要》是對原詔文的節錄，景教碑則是詳細地著錄了原文。但將義寧坊所建寺冠以大秦之名，顯然是碑文作者站在當時的立場，加以明確化；對此，學界似無異議。詳見 Antonino Forte, "The Edict of 638 Allowing the Diffussion of Christianity in China"，附錄於 Paul Pelliot, *L'inscription Nestorienne de Si-ngan-fou*, edited with supplements by Antonino Forte, Kyoto, Paris 1996, pp. 349-367.

>　　十字街東之北，波斯胡寺，次南曰居德坊。①

該書成於開元年間（713—741），早於天寶，未知改名事，稱波斯胡寺，固所宜也。然宋敏求《長安志》，撰於熙寧九年（1076），距改名已三百多年，其卷一〇所記義寧坊景寺，仍稱波斯胡寺：

>　　街東之北，波斯胡寺。（原注：貞觀十二年太宗爲大秦國胡僧阿羅斯立。）②

至清代董曾臣等編纂的《長安縣志》，成書於嘉慶十七年（1812），其卷二二就上揭景寺，亦不改胡寺之稱：

>　　案《長安志》，皇城西第三街，從北第三義寧坊波斯胡寺，太宗爲大秦國胡僧立，其地正鄰唐城西垣，直今城西五里。今大秦景教碑在崇聖寺中，疑即古波斯胡寺也。③

唐代洛陽也必有景教寺院，因爲天寶頒發的改名詔文，點明兩京波斯寺都要改爲大秦寺。清代的《唐兩京城坊考》洛陽部分也載有：

>　　次北修善坊，波斯胡寺。④

此處的"波斯胡寺"必爲景教寺院無疑，但徐松所據的歷代方志著作，都未把其改爲大秦寺。案方志著作，多依據地方傳統文獻、歷代口碑。長安義寧坊和洛陽修善坊的景寺，一直被錄爲波斯胡寺，說明是爲民間的通俗稱謂，歷代相傳而不改。瞭解這一點，對於我們鑒定景教寺院建立的時間不無參考價值：假如查某景教寺院曾有波斯寺或波斯胡寺之稱，則暗示該寺營建

---

① （唐）韋述《兩京新記》，中華書局，1985年，頁29。
② （宋）宋敏求撰，（清）畢沅校正《長安志》（中國方志叢書），臺北成文出版社，1970年，頁245。學者咸認爲阿羅斯應爲阿羅本之誤。
③ （清）張聰賢修，董曾臣等纂《長安縣志》（中國方志叢書），臺北成文出版社，1969年，頁547。
④ （清）徐松撰，李建超增訂《增訂唐兩京城坊考》，三秦出版社，1996年，頁293。

的年代必早於天寶；否則，很可能就在天寶之後。

二、唐代首所景寺始建的年代

就基督教入華傳播史，學界一般都接受陳垣先生的分期法，即："第一期是唐朝的景教。第二期是元朝的也里可溫教。第三期是明朝的天主教。第四期是清朝以後的耶穌教。"[1] 學者把景教在唐代中國的傳播作爲"基督教入華的第一期"[2]，並不意味著否認基督教有早於唐代流入中國的可能性。西方學者早就根據基督教東方教會各種傳說資料，懷疑基督教僧侶早在唐代之前，便已到中國活動。[3] 其實，該等傳說雖查無實據，但事出有因，緣東方教會早就把中國列入其傳教的目標區域。[4] 香港有學者甚至稱，在中國的古籍，包括《楚辭》的《天問》及《淮南子》等，發現了早在晉代，甚至漢代，已經有關於耶穌事跡的直接記載[5]；而北京大學林梅村教授則據《洛陽伽藍記》卷五"永明寺"條所記 6 世紀初中國佛教盛況："百國沙門，三千餘人，西域遠者，乃至大秦國，盡天地之西垂。"認爲此間大秦國沙門應爲景教徒，是爲記錄基督教入華的最早漢文史料。[6] 該等史料，是否可目爲中國早期基督教之記錄，當然尚有待於進一步探討；但若從古代中西交通情況以及古代宗教文化傳播的一般規律看，筆者也深信基督教徒之到中國，應早於唐代。不過，有基督教徒到達中國是一回事，其能否在中國從事傳教活動又是一回事，中國人是否接受其宗教更是另一回事。無論如何，基督教作爲一個宗教體系，最早爲中國朝野所承認，並公開地、正式地在中國從事傳教活

---

[1] 陳垣《基督教入華史》，收入《陳垣學術論文集》第 1 集，中華書局，1980 年，頁 93。
[2] 陳垣《基督教入華史略》，收入上注論文集，頁 85。
[3] 〔德〕克里木凱特著，拙譯增訂《達·伽馬以前中亞和東亞的基督教》，臺北淑馨出版社，1995年，有《中國唐前基督教的傳疑》一章（頁 91—95），概述了西方學者對唐前基督教的研究，可資參考。
[4] 參閱顧衛民《耶穌門徒多默來華傳說的宗教意義》，《上海教育學院學報》1993 年第 2 期，頁 37—43。
[5] 李聖華、劉楚堂《耶穌基督在中國古籍之發現》，香港春秋雜誌社，1950 年。
[6] 林梅村《中國基督教史的黎明時代》，《文物天地》1992 年第 3 期，頁 45—48；第 4 期，頁 44—47；收入氏著《西域文明》，東方出版社，1995 年，頁 448—461。

動，應是唐代的事。

活躍在唐代中國的基督教徒，當以聶斯脫利派，即景教爲主體，這應毋庸置疑。查基督教史，以聶斯脫利信仰爲模式的獨立基督教會，即漢文所稱的景教會，是到了公元498年纔在敍利亞正式成立的。[1] 因此，景教作爲基督教的一個教派，形成的年代僅比唐朝的建立（618）早120年。景教形成後，便在波斯境內並東向中亞地區擴張，成爲波斯和中亞，即中國古籍所謂西域地區的一個相當活躍的宗教。[2] 儘管如此，由於波斯民族向以火祆教爲國教，中亞民族亦多信奉；而佛教則早在中亞廣爲流行，根深葉茂；景教在西域並沒有廣泛的民衆基礎，不過是九十六種外道之一，即所謂"彌施訶外道"[3]。景教的東傳，主要依靠少數僧侶爲神而自我犧牲的宗教熱情、執著的努力。是以在唐之前，移居中土的西域人中，持景教信仰的，遠比火祆崇拜、摩尼教爲少。火祆教與摩尼教源自波斯，在西域胡人中有廣泛民衆基礎；尤其是火祆崇拜，文獻所見的西域祆祠甚多。因此，雖然在上述貞觀十二年阿羅本爲朝廷所接待之前，景教徒諒必已在中國民間有所活動；但對其影響，我們不宜過高估計。其時，可能有景教徒出於虔誠的宗教心理，爲了例行宗教儀式活動，私設一些簡陋的教堂；但與官方在義寧坊爲該教營造寺院，實不可相持並論。

就上揭景教碑文和《唐會要》卷四九所錄詔文，兩者互證，可信朝廷爲景教建寺度僧之舉，應確有其事。貞觀十二年在義寧坊營造的景教寺院，很可能就是唐代官立的第一所景寺。建寺目的，旨在傳教，故該寺當有教堂之功能；然度僧於內，諒必亦兼作修道院，從事譯撰經典的工作。

內地有學者據景教碑有關阿羅本於貞觀九年（635）到長安的敍述，而認定在此之前，唐朝已在盩厔爲景教建了大秦寺。論者所據的碑文如下：

> 太宗文皇帝，光華啓運，明聖臨人。大秦國有上德曰阿羅本，占青雲而載真經，望風律以馳艱險。貞觀九祀，至於長安。帝使宰臣房公玄齡，悤仗西郊，賓迎入內。翻經書殿，問道禁闈，深知正真，特令傳

---

[1] Matti Moosa, "Nestorian Church", *The Encyclopedia of Religion*, New York 1987, p. 370.
[2] 詳上揭克里木凱特著，上篇《中亞的基督教徒》。
[3] 見《道藏·猶龍傳》卷四，上海書店、文物出版社、天津古籍出版社，1994年，第18冊，頁20。

授。(正文第8—9行)

論者云:

"惣仗西郊,賓迎入內"八字碑文明白地交代了西郊大秦寺的建築早於貞觀九年,不然焉能賓迎入內?有些學者認爲"賓迎入內"四字意爲像迎接國賓般把阿羅本接入皇宮之內。那麼"惣仗西郊"將如何釋讀?

由是論者便得出結論:"'惣仗西郊'是指宮廷儀仗和護衛在房玄齡的指揮下將阿羅本送到西郊的大秦寺。"①

單憑意思並不很明晰的碑文八個字,便逕定當時西郊已有大秦寺的存在,似欠說服力。其實,對碑文這段記述的可信度,陳垣先生早就持保留態度。其在1927年所撰的《基督教入華史》一文中,曾質疑道:

唐貞觀九年,景教傳至今陝西省城。這樣興盛的教,同時中國大詩人杜甫、李白,對這樣的事,無論贊成、反對或批評,總應有意見發表纔對,然而他們沒有,這是很奇怪的一件事。②

按景教碑爲景教士景淨所撰,自是從本教的立場出發,竭力渲染本教之地位。據現代的所謂精神分析法,寫自傳者,對自己的黑暗面、尷尬處免不了有所掩蓋;而對於光明面、體面處少不了有所誇張。景淨寫本教的歷史,難免也懷有這種心態。故我們推測,阿羅本入華,受到官方接待,碑文所述,時、地、人俱有;阿羅本到達三年後,朝廷也飭令承認該教,有上揭的貞觀十二年詔爲證,故事情不會完全無中生有。但接待得那麼隆重,則似無可能。據馮承鈞先生早年考證,介紹阿羅本到中國的乃"是年入侍之于闐王子","阿羅本隨于闐王子到長安"③,若然,阿羅本則祇是作爲西域小國于闐進貢的特殊禮物而已。如果對阿羅本的接待較爲隆重,也不過是當局爲了向

---

① 曉楚《〈大秦景教流行中國碑〉新考》,《人文雜誌》1997年第4期,引文見頁78。
② 收入《陳垣學術論文集》第1集,頁96。
③ 馮承鈞《景教碑考》,商務印書館,1936年,頁56。

西域人士示好，或爲了煊耀太宗威儀而已①；絕非懾於景教的勢力，因爲當時正值唐朝國力鼎盛之際。在朝廷對景教還沒有多深的接觸和認識之前，竟然已以皇家名義爲阿羅本建好了寺院，這恐有悖歷史的實際。

論者在肯定西郊有大秦寺之後，進而以"盩厔大秦寺明正統鐘銘"爲證，推定"西郊大秦寺應爲盩厔大秦寺"。首先值得質疑的是：盩厔去長安150里，爲唐代行政區劃中的一個縣治，在古人的心目中，距離京城150里遠的縣治，是否仍視其爲城郊？即便也算城郊，以房玄齡這樣一代重臣，有無可能爲迎送阿羅本而專門到京城外150里之地方？如此高的禮遇，在唐史中是否有例可循？阿羅本憑何功何德何能，得以享受這樣高的"外交"禮遇？至於鐘銘所記的盩厔大秦寺是否與景教的有關，茍當別論。但有關的史料，無論當地方志，抑或野老傳說，全無提及其與波斯胡的關係；或像兩京的景教寺院那樣，在民間有過波斯胡寺的稱呼。據我們上面已論證的道理，這就暗示著該寺即使原來確爲景寺，亦未經歷過以波斯胡寺冠名的時代；亦即意味其建置的時間，蓋不會早於天寶年間。

其實，上述論者的觀點，香港羅香林教授早在20世紀60年代就已提出②，不過，多年來學界鮮有人回應認同。總之，就現有的資料，斷不能證明唐朝在貞觀九年之前，有爲景僧阿羅本建寺之舉。

三、長安義寧坊大秦寺的地位

長安義寧坊景寺，如上面所已考證的，是唐代官方爲景教置立的首所寺院，時間在貞觀十二年，即公元638年。

竊以爲，義寧坊大秦寺的地位，是唐代中國其他任何景寺所不能代替的。按聶斯脫利東方教會，在公元6世紀便已竭力向東擴張勢力，在中亞

---

① Lam, Chi-hung, *Political Activities of the Christian Missionaries in the T'ang Dynasty*, University of Denver, Ph. D., Xerox University Microfilms 1975, p. 66.
② 羅香林教授認爲："盩厔在唐，雖非最殷盛城市，然其地扼終南山北麓，爲交通要衝，隋唐之際，即有商胡甲潘仁等聚居其間。唐太宗之必令魏徵尉遲恭等重臣，於其地起建監修大秦寺者，必以阿羅本等，於初抵中國時，先居其地，而有所活動，待時機成熟，有朝臣奏知，然後乃由唐太宗令房玄齡迎接至長安也。"見氏著《唐元二代之景教》，香港中國學社，1966年，頁49，注9。

各地設立多個都主教教區；這些教區由於遠離敍利亞教會總部，因此被授予相對獨立的權力，每四年（後改爲六年）向總部述職一次，有權建立主教區。① 正如本書已提到的，木鹿城（Merv）在公元544年，便已具有都主教區（Metropolitanate）的地位，在眾多教區中，排行第七。薩馬爾罕（Samarkand），亦大約在六七世紀便成爲都主教的駐錫地。此外，像位於今阿富汗西北境的赫拉特（Herat），在9世紀中葉亦先後成爲主教和都主教的所在地。② 阿羅本到中國傳教，自然希望也能在中國建立起景教會的組織，把中國變爲一個大教區。當然，這個教區能達到多高的規格，還要取得巴格達宗主教的認可。當景教碑樹立時，中國景教會可能已享有都主教區的地位。因爲8世紀的宗主教提摩太一世（Patriarch Timothy）在其《使徒書信》（*Epistoles*）一書中，提到大約在公元790年，"中國的都主教已去世"，而這個都主教的名字，在9世紀景教史家托馬斯·馬爾格（Thomas of Marga）的《教堂司事書》（*Liber Superiorum*）中稱爲"大衛"（David）。③ 這個大衛相當於漢文文獻的誰，仍然是個謎。但從碑文的記述，亦表明其時中國教區已具有都主教區的規格。碑文落款部分有"時法主僧寧恕知東方之景衆也"之語。據考，該"法主僧寧恕"便是聶斯脫利巴格達宗主教Hanan-Yeshu'，其於公元774年登位，不過778年便已經去世了。④ 景教碑立於公元781年，碑文作者景淨顯然不知道該法主僧寧恕業已"蒙主寵召"。照學者的看法，這是由於距離遙遠，信息不通的緣故。但依我們看，這個落款也暗示了中國的教區乃直轄於巴格達宗主教，亦有相對的獨立性，因而很可能已具有都主教區的規格。此外，碑文在正文兩側和碑底，用漢文和敍利亞文署列了77名景僧的名字和職銜，陣營頗爲可觀；這亦使人相信，當時中國已經像中亞地區的諸多都主教區那樣，組織頗爲健全，具有相對的獨立性。臺灣張奉箴先生據這些景僧的名字和職銜，考證其時教會組織情況，認爲：

　　唐代景教的組織，是仿照波斯並敍利亞系統的。唐代景教以波斯、

---

① Erica C. D. Hunter, "The Church of the East in Central Asia", *Bulletin of the John Rylands Library*, Vol. 78, No. 3, 1996, pp. 129-142.
② Erica C. D. Hunter, "Syriac Christianity in Central Asia", *Zeitschrift für Religions- und Geistesgeschichte* 44, 1992, p. 365.
③ Ibid., Mingana, p. 325.
④ James Legge, *The Nestorian Monument of Hsî-an Fû in Shen-hsî, China*, London 1888, p. 29.

巴格達宗主教爲教長。在中國有教父一位，和數位副主教，署理教區教務。在副主教下，有大六品司鐸和司鐸，管理行禮節、解糾紛、佈施、教育等事。在較大的寺院有寺主、理院、司鐸。司鐸還有隱修會士"清節達裟"和在俗神職人員"白衣景士"兩種。司鐸下，有無品位的修士，爲栽培會士或修士有院長和講師。①

據此，我們相信，全國必有一個教會的中心，駐錫著中國景教的最高領袖，這個領袖是否如張先生所稱的，曰"教父"②，我們姑且不論，但其地位職權很可能就相當於都主教。駐錫著最高領袖的這個中心，應當就是義寧坊的大秦寺。理由如下：

按唐代長安爲國家的政治中心，又是各國移民聚居的地區，各個宗教爲了要爭取信徒，爭取權益，都必然以京城作爲較量、角力的中心舞臺。從上述景教士與統治階級的親密關係看，彼等絕不會忽視京師重地，且必以京師作爲其教會之中心。其最高領導層必定以長安爲常駐地，指揮各地。而長安城中的景寺，苟不管有多少所，當以義寧坊大秦寺地位最高。因爲其是太宗爲胡僧阿羅本所立，而照景教碑所述，阿羅本爲大秦國之"上德"，貞觀九年到達長安時備受最高的禮遇，高宗朝"仍崇阿羅本爲鎮國大法主"；故無論在景教徒本身或唐代統治者的心目中，阿羅本無疑是中國景教徒的最高領袖，其駐錫的寺院自然位冠全國各景寺。景教碑還有一系列的文字，顯示了統治者對該寺的重視：寺建成後，"旋令有司將帝寫真，轉模寺壁"；"天寶初，令大將軍高力士送五聖寫真，寺內安置，賜絹百匹"；"代宗文武皇帝……每於降誕之辰，錫天香以告成功，頒御饌以光景衆"，等等。景教碑無論從其形製、名稱、內容，或從其落款的衆多高僧名字、職銜看，均可表明其是一座最高規格的豐碑。這樣一座豐碑，祇有樹立在義寧坊大秦寺這個全國景教的中心始配稱。從這點考慮，大秦景教流行中國碑出土的地點，恐祇能在義寧坊大秦寺原址或其附近不遠的地方。長期以來，學界關於景教碑

---

① 張奉箴《福音流傳中國史略》，臺北輔仁大學，1970年，頁67。
② 朱謙之先生在討論《大秦景教流行中國碑》時認爲："真正中國景教的最高領袖，則爲撰碑文人景淨，他是司鐸兼省主教並中國總監督，但其位置乃在宗主教之下，馮承鈞《景教碑考》誤以中國總監督作教父（pope）解，置之大主教之上，實誤。"見氏著《中國景教》，東方出版社，1993年，頁153—154。

出土地點的爭論，如果兼能充分注意到這一點，當更易消弭歧見。

正確評估義寧坊大秦寺在唐代景教會中的崇高地位，有利於推度當時中國景教徒組織活動的運作情況，深化對基督教在華早期傳播史的認識。

（本文初刊饒宗頤主編《華學》第 4 輯，紫禁城出版社，2000 年，頁 275—285）

盩厔大秦寺爲唐代景寺質疑

自 20 世紀 30 年代以來，有關中國景教史的研究，盩厔大秦寺一直是個熱點。該寺因大秦之名著稱，而被視爲唐代景教的遺物。吾人固知，對事物的正確認識，應當是"循名而責實"，單純根據名稱便遽定事物的本質，往往易於背離事物的實際。下面擬藉助以往學者的研究成果，試循該寺大秦之名而責其有無景教之實。亦就是說，就盩厔大秦寺的宗教屬性重加考察，期能引起學界注意，進一步探視該寺原來的真面目，俾使對唐代景教史的研究，建立在更爲可靠的資料基礎上。

就明末大秦景教流行中國碑發現的地點，學界向有"長安說"和"盩厔說"之爭。主張盩厔說最有影響的學者，要數法國夏鳴雷神甫。其早在 1895 年，便於《漢學劄記》發表了《西安府景教碑》一文[1]，事後又以同一名稱出版了三卷集專著[2]，享譽學界。在其著作中，便徵引彙集了各家有關該碑發現經過的記述，力主盩厔說。不過，其所徵引的記述多爲輾轉傳聞之詞，經不起推敲，國際漢學界不乏質疑者。[3] 更爲要害的是，在 20 世紀 30 年代之前，持盩厔說的學者未能提供唐代當地有景教寺院的歷史證據，正如日本權威學者桑原騭藏所指責："云唐代盩厔地方存在有大秦寺乃全無根據。"[4] 這就使盩厔說純爲無根之木；因爲即便盩厔有景教大秦寺，尚且不能肯定該碑必是當

---

[1] H. Haveret, "La Stèle Chrétienne de Si-ngan-fou", *Varivétés Sinologiques,* Nos. 7, 1895.
[2] H. Haveret, *La Stèle Chrétienne de Si-ngan-fou*, Imprimèrie de la Mission Catholique, Changhai 1995, 1897, 1902.
[3] 詳參本書《西安景教碑研究述評》一文。
[4] 桑原騭藏《大秦景教流行中國碑に就いて》，見氏著《東洋史說苑》，1927 年，頁 289；又見《桑原騭藏全集》第 1 卷，東京岩波書店，1968 年，頁 393。

地的出土物，更遑論當地根本就不存在景寺。當然，桑原氏敢於持上述斷然的態度，自然不無所恃：唐李吉甫《元和郡縣圖志》，成書於憲宗元和八年（813），其卷第二記載盩厔縣"樓觀"等古跡，但無言及大秦寺；宋敏求《長安志》，成書於熙寧九年（1076），其卷一八記載盩厔縣的諸多祠廟寺觀，也全無提及或暗示景寺的存在；元代駱天驤纂修的《類編長安志》亦然。不過，唐、宋、元方志没有景寺的記錄，未必絶對意味著景寺的不存在。查嘉靖四十二年（1563）王三聘所撰《盩厔縣志》卷六載有"大秦寺在黑水東"；乾隆版的《盩厔縣志》同樣錄入。王志沂道光七年（1827）撰成的《陝西志輯要》卷二"盩厔縣祠廟陵墓"條下，亦保有"大秦寺在黑水峪東"八個字。①該大秦寺是否與景教有關，20世紀30年代之前，似未爲學者所特別注意。桑原氏當年否定唐代盩厔地方有過大秦寺時，對明清方志所記的大秦寺究竟是不察，抑或已察而認爲所記之寺與唐代景教無關，如今我們已不得而知。但值得我們注意的是，方志有關該寺的記錄明清始見，文字又簡得不可再簡；而且，在雍正十三年（1735）敕修的《陝西通志》及1933年編成的《續陝西通志稿》，其盩厔部分甚至連該條都完全刪去；《嘉慶重修一統志》西安府部分對該寺也不錄入。足見方志纂者對該寺並不重視。倘若該寺源於唐代，又是世上鮮見的西域夷教寺院，歷代修方志者，諒必不至於如此等閒視之。

佐伯好郎博士亦是"盩厔說"的主張者，其自然力圖在盩厔找到大秦寺的資料。1932年，其發表了《大秦寺所在地考》一文②，除徵引上揭明清方志有關文字外，更以宋金兩代名人有關盩厔的詩文，坐實該地有大秦寺之說。其舉證的主要詩文有：

1. 蘇東坡嘉祐七年（1062）遊盩厔所作的五言詩《大秦寺》：

晃蕩平川盡，坡陁翠麓橫。忽逢孤塔迥，獨向亂山明。
信足幽尋遠，臨風卻立驚。原田浩如海，滾滾盡東傾。

是詩蘇東坡之弟子由亦曾次其韻，曰：

---

① （清）王志沂輯《陝西志輯要》（中國方志叢書），臺北成文出版社，1970年，頁185。《古今圖書集成·方輿彙編·職方典》第五百六卷《西安府部·西安府祠廟考三》作"大秦寺在黑水穀東"，中華書局、巴蜀書社，1987年，頁12272。
② 佐伯好郎《大秦寺の所在地に就いて》，《東方學報》第3冊，1932年，頁97—140。

> 大秦遙可說，高處見秦川。草木埋深谷，牛羊散晚田。
> 山平堪種麥，僧魯不求禪。北望長安市，高域遠似煙。

上引蘇詩均見《蘇詩補注》卷五。①

2. 金代詩人楊雲翼（1170—1228）承安四年（1199）遊盩厔所作詩《大秦寺》：

> 寺廢基空在，人歸地自閑。綠苔昏碧瓦，白塔映青山。
> 暗穀行雲度，蒼煙獨鳥還。喚回塵土夢，聊此弄澄灣。

詩見《中州集》第四卷丁字集。②佐伯氏在引錄這些詩作同時，也介紹了詩作的背景，著錄了詩人遊盩厔的"紀行"。根據上述的詩作，謂盩厔有大秦寺，蓋可定論；不過該寺始建時間，詩作未見披露。但無論如何，到了楊雲翼作詩時，即12世紀末，該寺已完全廢棄，祇剩地基。

1933年4月24日，向達教授有感佐伯氏的新說，與徐森玉等先生，一行四人到盩厔考察大秦寺遺址，並寫了《盩厔大秦寺略記》，證實了該地確如佐伯所說，曾有過大秦寺：

> 盩厔縣位於南山之陰，縣治距西安一百五十里。大秦寺則在樓觀（今名樓觀臺，即古崇聖觀地）。③

不過，向達先生的《略記》祇是客觀地記述現場所見所聞，證實當地大秦寺的存在；至於該寺與唐代景教有無關係，先生並未置一詞。然而，佐伯氏將該《略記》英譯，附錄於博士論文《中國景教文獻和遺物》④，用以佐證盩厔其說。對該博士論文的審查報告，亦因此而肯定佐伯氏之發現盩厔大秦

---

① （清）查慎行《蘇詩補注》，文淵閣四庫全書本，第1111冊，頁112上。
② （金）元好問編《中州集》卷四，文淵閣四庫全書本，第1365冊，頁142下。
③ 向達《盩厔大秦寺略記》，見氏著《唐代長安與西域文明》，生活‧讀書‧新知三聯書店，1957年，頁110。
④ P. Y. Saeki, *The Nestorian Documents and Relics in China*, Tokyo 1937, repr. 1951, pp. 390-399. 不過，筆者發現其譯文超躍了原文一些較爲艱深的句子。

寺,"確實促進了景教史的研究"①。

其實,即便佐伯氏所舉的蘇東坡遊盩厔大秦寺的詩文,亦未必是他第一個發現。我國著名的前輩學者洪業先生在同年發表的文章,便已提到該等資料了;但他反對盩厔說,對詩文所寫的大秦寺是否與唐代景教有關乃抱懷疑態度:

> 盩厔大秦寺是否唐時景教遺址,余在未見佐證史料之先,未便武斷。然就東坡所云,細味之,則在宋時亦尋常伽藍耳;無胡僧,無十字架,無稱述景教碑碣,足招東坡注意也。②

向達先生的現場考察報告雖頗爲詳細,看來也無助於消除這一懷疑。近年發表涉及該寺的諸多論著中,實際也未披露任何新的文物或文獻資料,足以佐證該寺的景教屬性。由是,盩厔大秦寺之所以一直被當爲唐代景教寺院,不過是因其有大秦之名而已③;若隱去大秦其名,則非佛教莫屬④。

---

① 《佐伯好郎學位請求論文〈支那に於いて近頃發見せられたる景教の經典研究〉(英文)審查報告》,東京《史學雜誌》第52編第4號,1941年,頁474。
② 洪業《駁景教碑出土於盩厔說》,《史學年報》第1卷第4期,北平燕京大學歷史學會,1932年,頁12。
③ 緣大秦之名附會景教者,日本國尚另有一例:現京都府葛野郡,又稱太秦(うづまさ),因該地古昔爲秦氏部落所居,雄略天皇時賜秦氏乙太秦之姓,由是而得名。該郡原有蜂岡寺,爲秦氏所建,氏寺後也改稱太秦寺,於是也有人疑此寺與唐代中國景教有關,目爲景教入傳日本之證據。詳參比屋根安定《支那基督教史》,東京生活社,1940年,頁49—53。
④ 方豪先生據《三蘇全集》蘇東坡《五郡》詩及子由和詩,而認爲該寺在宋代曾是主道教:
"古觀正依林麓斷,居民來就水泉甘。亂溪赴渭爭趨北,飛鳥迎山不復南。羽客衣冠朝上象,野人香火祝春蠶。汝師豈解言符命,山鬼何知託老聃。"子由和詩末云:"獨有道人迎客笑,白髯黃袖豈非聃。"曰"古觀",曰"羽客",曰"符命",曰"道人",曰"黃袖",曰"豈非聃",可證蘇氏昆仲見時,大秦寺主權已落道教手中。(見氏著《中西交通史》上冊,嶽麓書社,1987年,頁428)
方先生所據蘇詩,上揭佐伯氏《大秦寺所在地考》已徵引;不過佐伯氏用以證明盩厔有五郡地名,而方先生則用以證明大秦寺爲道教所奪。香港羅香林教授也認同方先生的觀點,云蘇氏作詩時,"寺已易爲道士所居"(氏著《唐元二代之景教》,香港中國學社,1966年,頁13)。按盩厔大秦寺附近有興國觀,據《長安志》卷一八云:"興國觀在縣東三十二里,本尹喜宅也。周穆王爲召幽逸之人,置爲道院,相承至秦漢,有道上居之。晉惠帝時重建此地。舊有尹先生樓,因名樓觀,唐武德初改名宗聖觀,事具《樓觀本記》及《先師傳》。太平興國三年改今名。"(見《宋元方志叢刊》第1冊,中華書局,1990年,頁188)樓觀一直被視爲道教聖地,元代有石刻古文篆書《道德經》(見錢大昕《潛研堂金石文字目錄》卷七)、石刻《樓觀大宗聖宮說經台記》(見當然，言現存的大秦寺是佛寺，"宋時亦尋常伽藍耳"，並不排斥其唐代曾爲景寺的可能性，正如當今學界流行的觀點所稱："文化現象的功能和作用在歷史進程中可能發生變化。"① 考歷代宗教寺廟，隨時代變遷，因種種原因，改旗易幟，爲異教所有，在中外宗教史上是屢見不鮮的現象。這種"改姓"，一種是純屬侵佔性質的，即本教的寺廟爲強者所奪。如薩珊波斯奉瑣羅亞斯德教，該國被伊斯蘭教征服後，許多火廟便被改成清真寺②；像19世紀末、20世紀初西方探險家在吐魯番柏孜克里克所發現的諸多石窟，本來是屬於摩尼教，後被佛教徒佔據，公然改爲佛教石窟，是爲著名的二重窟③；又如著名的泉州草庵，位於晉江縣華表山麓，原是元代摩尼教寺院，明教的活動中心，後卻變成佛教徒修持之地④。唐代景寺之被侵佔，也有確實的例證：最著名的長安義寧坊大秦寺，就是會昌後被附近的佛教崇福寺所兼併⑤。另一種"改姓"，則是由於寺院本身受社會環境的影響，或爲了適應新的生存環境，而逐步自我異化，嬗變爲其他性質的場所。像宋王瓘《北道刊誤》所載的瀛州樂壽縣祆祠，在唐代是火祆教祠廟，到了宋代變成了中國民間祆神崇拜的廟宇⑥；如宋代四明（今浙江寧波）的崇壽宮等，本是摩尼寺，嬗變爲道觀⑦。不過，具體到盩厔的大秦

　　[接上頁] 錢大昕《潛研堂金石文跋尾》卷一八）。玩蘇氏之詩意，當遊此道教聖地而作，與大秦寺無涉也。
① 〔美〕湯普遜著，楊德友譯《理解俄國：俄國文化中的聖愚》，生活・讀書・新知三聯書店，1998年，頁25—26。
② M. Shokoohy, "Two Fire Temples Converted to Mosques in Central Iran", *Papers in Honour of Professor Mary Boyce* (*Acta Iranica* 25), Leiden: E. J. Brill 1985, pp. 545-572.
③ 近年國內外學者對這些二重窟有了更深入的研究，代表性的論著有：森安孝夫《ウイケルニマニ教史の研究》，《大阪大學文學部紀要》第31—32卷合併號，1991年；晁華山《尋覓湮沒千年的東方摩尼寺》，《中國文化》1993年第8期，頁1—20。
④ 詳參拙文《從福建明教遺物看波斯摩尼教之華化》，附錄於拙譯增訂《古代摩尼教藝術》，臺北淑馨出版社，1995年，頁123—133。
⑤ A. Forte, "The Chongfu-si 崇福寺 in Chang'an. A neglected Buddhist monastery and Nestorianism", appendix in Paul Pelliot, *L'inscription Nestorienne de Si-ngan-fou*, Kyoto, Paris 1996, pp. 429-472. 20世紀20年代，日本學者那波利貞認爲是佛教崇聖寺所佔，《唐の長安義寧坊の大秦寺の敷地に關する支那地志類の記載に就いて》（上、下），分刊《史林》12—1、2，1927年，頁78—85，212—221。
⑥ 詳參拙文《波斯瑣羅亞斯德教與中國古代的祆神崇拜》，余太山主編《歐亞學刊》第1輯，中華書局，1999年，頁207—227。
⑦ 詳參拙文《宋元時代中國東南沿海的寺院式摩尼教》，見拙著《摩尼教及其東漸》，中華書局，1987年，頁145—158；臺北淑馨出版社，1997年，頁166—179。

寺，能否套得了上述的"改姓"模式，尚需具體考察分析。因爲一般而論，寺廟爲異教所奪，必定是在本教衰落或被驅逐之後；而異化到連自己的寺廟都"改姓"，則需要一段較漫長的時間，且往往都曾遭受過嚴重的宗教迫害，在以本教的真面目無從立足於社會的情況下纔出現的。是故，盩厔的大秦寺假如原是景寺，其無論緣何因由而變爲佛寺，均必定發生在會昌五年（845），即唐武宗頒《毀佛寺制》，"勒大秦穆護祆三千餘人還俗，不雜中華之風"①之後。因爲在此之前，景教與統治階級多保持良好的關係，其處境甚至比其他兩個夷教，即摩尼教、火祆教更佳②，不存在寺院被異教侵奪的可能性；至於自身的異化，至多是披上佛教、道教的某些色彩，但絕對達不到寺院"改姓"的程度。所以，假如我們發現該寺在會昌之前，已具有明顯的佛教性質，則其本來便不"姓景"，而是"姓佛"。下面，我們就此試加考證。

按盩厔的大秦寺，内有古塔，當年佐伯氏也已注意到。佐伯氏爲了證明盩厔大秦寺的確實存在，在其日文《大秦寺所在地考》一文和英文《中國景教文獻和遺物》一書中，都引證了上揭嘉靖四十二年（1563）《盩厔縣志》和纂於民國年間的《重修盩厔縣志》的一段記載：

> 五峰邱木山在縣東三十里，塔谷山腰有大秦寺，舊碣記宋建隆四年（963）重修。寺内有鎮仙寶塔，高約八丈八稜形，相傳爲唐太宗勅建。③

向達先生在上揭《盩厔大秦寺略記》一文中，亦證實該塔的存在：

> 按今寺大殿東相距約四十呎許有七級八稜寶塔一座，《志》作鎮仙寶塔，形製雖爲八稜，而與長安大雁塔約略相似。土人謂此塔即以造大雁塔所賸餘之材料作成云云，說似無稽，而觀其形製之近似，塔爲唐物，大致可以無疑也。④

---

① 《舊唐書》卷一八上《武宗本紀》，頁 606。
② 詳參本書《唐代景教傳播成敗評說》一文。
③ 見上揭注佐伯 1932 年文，頁 134；P. Y. Saeki, *The Nestorian Documents and Relics in China*, Tokyo 1951, p. 32。
④ 上揭向達文，頁 114。

上揭的宋代蘇東坡詩作有"忽逢孤塔近"之句,而金代的楊雲翼亦有"白塔映青山"之句,俱道及寺塔。足見該塔應是寺的配套建築。既然學者從該塔的造形看言其爲唐代之物,宋代的文獻也已提及該塔的存在,明代方志又云該塔"相傳爲唐太宗勅建",吾人據此三者,互相印證,對該塔之建於唐代,當可相信。

就考古的報告,該塔不僅在外表形制上與許多地道的佛塔無異;其內部結構、裝修、擺設等,亦無別於古代佛塔,既有樓梯,亦有供佛之地、佛教塑像、佛教文字等。當年向達《盩厔大秦寺略記》所載正是如此,茲節錄有關的實質性文字:

> 塔最下一級中供佛像,俱係近塑。以前大約可以從最下一級依扶梯盤旋而上,不知何時將通路堵塞。塔北面有大銀杏樹二株,土人上下此塔,即從樹上橫架一梯於塔簷,由梯上飛渡。……塔中自第二級以上有木扶梯,轉折而上,尚完好可登。第二級第三級西壁俱塑有觀自在像作斜倚勢,彩飾全然剝落,只餘泥胎,然其姿態之幽靜身段之柔美,令人見而起肅敬之感。疑爲古塑,即非李唐,亦當爲宋元高手之作,近代工匠不能企及也。……四五六三層空無所有,六層製有攔版,原來當有佛像之屬,今亦不存。在第七層之西南兩門洞壁上見鐫有番字之二磚,……爲藏文六字真言,蓋亦僧人好事者之所爲也。唯所題字時亦不晚,塔內磚壁原來俱圬以石灰,其上有明天啓時人題名,則石灰壁之成最遲當在天啓以前。而六字真言陰文刻痕中俱填有石灰,可見此六字真言之鐫刻,爲時當又在石灰墍壁之前也。或即唐代之遺,亦未可知。①

按塔,作爲一種建築物,源於佛教,梵文作 Stûpa、Thupa 或 Dhâtugopa,音譯作窣堵坡、窣塔婆、塔婆等,原指墳塚、圓丘。佛教史的常識告訴我們,公元前3世紀,印度摩揭陀國孔雀王朝阿育王將釋迦牟尼靈骨舍利,分藏於84,000個特製的窣堵坡內,送各地供奉,窣堵坡遂成爲釋迦牟尼和佛法的象徵,爾後更衍變爲佛教特有的建築物。在佛教徒的思維中,寺和塔往

---

① 上揭向達文,頁114。

往總是聯繫在一塊的，都是該教神聖的建築。敦煌唐寫本《曆代法寶記》述罽賓國"其王不信佛法，毀塔壞寺，殺害衆生，奉事外道末曼尼及彌師訶等"。[1]此處的彌師訶即謂景教。罽賓國王"不信佛法"，奉事外道末曼尼及"彌師訶"，其表現之一便是"毀塔壞寺"，把塔和寺平列對仗。就迄今國內外學者的研究成果看，塔作爲佛教的"專利"，似未爲基督教所染指。歐洲中世紀的基督教堂亦有高聳的哥德式建築物，但與佛塔完全是兩碼事，外形與內部結構全不相同，絕不能混爲一談。在景教經中亞東漸入華的過程中，已知的文獻未見有景寺兼有佛塔的記錄，考古資料亦無確鑿的跡象。[2]其實，佛塔作爲一種具有特定宗教含義的建築物，異教是很難吸收接納的。倘若異教也可以接納的話，以善變著稱、在中亞地區便已高度佛化的摩尼教，應早就採用了。但儘管摩尼教在中亞地區留下不少遺址，現存的唐代文獻也有論及該教寺院結構者[3]，但吾人均無從窺見其中有建塔的痕跡。宋元時代東南沿海流行華化的摩尼教，即明教，福建尚有其文字碑刻遺存；莆田縣北高鄉高積村保有一塊，據云原是安放在已毀的石塔上。筆者遂曾認爲"福建流行的明教吸收了佛教的塔崇拜"[4]。其實不然，1997年12月初筆者親臨現場訪問村民，所謂石塔，原是石砌實心高壇，與佛塔的形態迥異，談不上有塔崇拜。摩尼教尚且如此，遑論景教。

鎮仙寶塔無論是從文獻記載抑或考古報告看，顯屬典型的佛教建築，絕非景教之物。該塔既是唐時物，而根據唐代的宗教史，外來宗教，包括佛教和三夷教，在武帝會昌年間遭到沉重的打擊，元氣大傷，爾後對佛教的政策雖有紓解，但其態勢已大不如前了；而景教、火祆更是一蹶不振。因此，這座佛塔營造的時間至遲當不會晚於會昌。而就該塔之取名，依榮新江教授的

---

[1] 《大正藏》卷51，No. 2075，頁180；《曆代法寶記》與景教關係的最新研究，參閱榮新江《〈曆代法寶記〉中的末曼尼與彌師訶——吐蕃文獻中的摩尼教和景教因素的來歷》，見王堯編《藏學研究叢刊·賢者新宴》，北京出版社，1999年，頁130—150。

[2] 林梅村先生在述及唐代盩厔大秦寺時曾云："本世紀初，斯坦因在喀什附近也發現過有塔有寺的景教建築。因此，當時中國的景教教堂很可能吸收了唐代佛寺的建築藝術，因而稱爲'寺'。"（見氏著《西域文明》，東方出版社，1995年，頁459；原刊《文物天地》1992年第3—4期）鑒於這一論述未見進一步展開，而筆者寡聞，對斯坦因所發現的景寺和塔的形製，未睹其嚴格的考古報告，故不敢妄評。

[3] 如敦煌唐寫本《摩尼光佛教法儀略》闢有《寺宇儀》一章，專述該教的寺院建築，釋文見拙著《摩尼教及其東漸》，中華版，頁232—233；臺版，頁285。

[4] 詳見拙著，臺版《古代摩尼教藝術》，頁123—133。

解釋，乃爲佛道鬥爭的產物，鎮仙者，意謂鎮壓道教之仙①。若是，則其營造的時間，益應在佛教春風得意之時。

盩厔大秦寺內有佛塔，而且早在會昌之前就有了，該寺始爲哪一教門而建，豈非已有明顯的暗示？

復考盩厔大秦寺建置的歷史，益使我們懷疑其與景教的關係。有關該寺早期的史料，目前學界視爲最詳細、最權威的，莫過於該寺遺存的"明正統鐘銘"，上揭向達先生的《盩厔大秦寺略記》有著錄；茲轉錄並試句斷如下：

五峰丘木山大秦禪寺鑄釵序

大明國陝西省西安府盩厔縣，僧會司遇儻鄉大峪里地坊。大唐太宗勅賜承（丞）相魏徵、大將尉遲恭起建監修；至玄宗，國師一行弘師，被土星致災受已畢，顯大神通，作無爲相，南無金輪熾盛，自在覺王如來。

倒壞本寺。住持僧無盡禪師，重造寺宇，啓建□殿。缺欠金鐘，獨力難成，□發誠心乞化，到太和長安京兆坊張明鼎、張明敏等處，化到黑金壹阡陸百觔鑄釵。

正統，歲在甲子，孟夏伍月拾柒日丙寅。

金火匠範琮和等釵完。

皇帝萬歲！萬歲！萬萬歲！

太子千秋，天下太平，萬民樂業，五穀豐登。

盩厔縣知縣鄭達、縣丞王齊、主簿馬馴、典史許貴。

此錄文是否完整，筆者未睹原件，不敢肯定；其間雖有個別句子費解，但大略意思是明白的。所述寺史，脈絡清楚，自始便是爲了弘揚佛法，並非弘揚外道。該寺建立的年代雖無明確日期，但假如所述太宗敕命修建事屬實的話，則據銘中奉命起建監修者爲丞相魏徵和大將尉遲恭，可推定該寺建立

---

① "鎮仙寶塔"，佐伯好郎博士意譯爲 "'Guarding-immortals' Treasure-Tower"（Saeki, *The Nestorian Documents and Relics in China*, p.32），即把"鎮"字作"警衛"解，把"仙"解爲"老而不死者"；榮新江教授則認爲"此名爲佛道鬥爭的結果"（見其在1988年1月杭州舉行的中西文化交流史國際研討會上的報告《景教碑的出土地：中西文化交流史上的持久論戰》)，即把"鎮"字作"壓住"解，而"仙"釋爲道教之神。

的時間至遲不會晚於貞觀十七年（643）；因爲魏徵乃薨於是年也①。該寺的遺址今日猶存，據有關學者的現場考察：

> 大秦寺的坐落四至爲：東至冬瓜河爲界，與東樓觀臺毗鄰。東樓觀臺乃是老子講道德經的說經臺，是道教發源之聖地；西以塔峪河爲界，界內有一山坡儘是木竹林，景色幽美，風光宜人。竹林產權原屬大秦寺所有，五十年代時被塔峪村民衆瓜分後，產權變爲私人所有，南至山的頂峰；北以塔峪村邊的公路爲界，佔地面積約計有五百畝之多。可見當時大秦寺的規模範圍之大，非一般寺院可比。而今日之大秦寺僅佔地二畝，瓦房三間，其淒涼之狀，使人觀之，感歎不已。②

這段文字所述的原"大秦寺的坐落四至"究竟是哪個時代的地界，並不明確。不過，像這樣一個"非一般寺院可比"的大佛寺，曾有過輝煌的歷史，則是令人可信的。從唐太宗在位時興佛的背景看，鐘銘所云的唐太宗敕賜丞相魏徵、大將尉遲恭起建監修，雖乏其他文獻佐證，吾人也不能遽斷其屬佛僧之自吹。如是，把該寺的輝煌年代溯至唐太宗朝，似也經得起推敲。但如果像個別學者所認爲的，該寺本是景寺，且是由太宗命重臣起建監修，"當屬唐代皇家景教寺院"，這卻有武斷之嫌。此說若得以成立，則意味著佛教徒在盩厔的勢力遠不如景教，以至自墮到要依託景教，藉用景教的光環。這是令有一般唐史知識的人難以置信的。因爲，景教作爲唐代三夷教之一，其勢力根本無從與佛教相提並論。就盩厔的情況，亦是如此；歷代方志所記的佛寺甚多，實無需盜用景寺充數。更有，假如該寺原來是爲景教而起建，且由唐太宗敕命兩名重臣監修，這對景教來說，何其榮光之至。儘管《大秦景教流行中國碑》歷數唐代各朝皇帝對其教的種種禮遇，但觀其規格，鮮有超過此樁者，碑文自應大書特書纔是，絕無遺珠之理。而今碑文隻字不提，實際上是默證了該寺之建置與景教無涉也。因此，近時學界所重視的"明正

---

① 按魏徵（580—643），傳見《舊唐書》卷七一，太宗即位其年（627），"遷尚書左丞"；貞觀二年（628），"遷秘書監，參與朝政"；貞觀十六年（642），薨；《新唐書》卷九七《魏徵傳》則稱卒於貞觀十七年（643）。尉遲恭（585—658），字敬德，《舊唐書》卷六八有傳，於"貞觀元年，拜右武侯大將軍"，活躍在整個貞觀年代，高宗顯慶三年（658）薨。
② 李伯毅《唐代景教與大秦寺遺址》，《文博》1994年第4期，頁35—38；引文見頁38。

统钟铭",不仅无助于证明鳌屋大秦寺的景教属性;相反的,假如其所述属实的话,适好确证该寺本来就是佛寺。

以上我们根据鳌屋大秦寺原有的典型佛教建筑——镇仙宝塔,以及该寺营建的历史,说明其本来的宗教属性应为佛教,而非景教;传统认为"本姓景,后改姓佛"的观点,盖难成立。不过,读者谅必要反问道:既然其本非"姓景",何以有大秦之名?对此,笔者的回答是:以大秦为名者,不一定就与景教有关。

依现有的文献看,把大秦与景教联系起来,莫早于《唐会要》卷四九所载玄宗天宝四载(745)诏文,是为学者所常征引者:

> 波斯经教,出自大秦,传习而来,久行中国。爰初建寺,因以为名。将欲示人,必修其本。其两京波斯寺,宜改为大秦寺。天下诸府郡置者,亦准此。①

此处的波斯经教,即谓景教。唐代的景教僧侣显然接受了朝廷这一赐名,我们发现在此之后的不少景教内典,把景教二字冠以大秦。例如:上揭立于建中二年(781)的西安《大秦景教流行中国碑》,20世纪初敦煌发现的景教经典《大秦景教三威蒙度赞》、《大秦景教宣元本经》等等。由是,给一些学者造成了一种错觉,一提起大秦,便与景教联想;甚至以为凡以大秦为名的寺,必属景寺无疑,而不察其时间背景是否有此可能。其实,按上揭的诏文,既把大秦与景教联系起来,但亦明确地反证道:天宝四载诏文颁下之前,国人并不把大秦与景教当成同一回事,其时景寺不叫大秦寺;若有寺名曰大秦者,也未必与景教有关。像鳌屋大秦寺,若依上揭钟铭所载,其建立的时间至迟不晚于贞观十七年(643);这就是说,在该寺营造时,景教的寺院还未正名为大秦寺,还称波斯寺或波斯胡寺。倘我们仍硬要把该寺定性为景寺,则等于说:最早把景寺称为大秦寺的,不是天宝四载的唐玄宗,而是贞观年间的唐太宗;既然唐太宗早已为景寺命名大秦寺,官民自当恪遵圣意,亦照此称呼,玄宗之颁诏正名,便纯属多余;而太宗之后史书所记的波斯寺或波

---

① 《唐会要》卷四九,中华书局,1955年,页864。

斯胡寺，則全與景教無關。邏輯推理的結果，必定要得出如此謬論。

按唐代景教全盛之時，如西安景教碑所說的"寺滿百城"，雖是誇大之辭，但有案可稽的景寺亦有若干所。所有的景寺在會昌取締外來宗教後，便銷聲匿跡。有的完全被廢棄，如成都石筍的大秦寺①；有的被佛教侵奪改名，如上揭的義寧坊大秦寺。從邏輯上推理，假如大秦寺之名是景教所專有，盩厔大秦寺原來是景寺，則佛教徒佔據後，照例應改名，焉能仍一直襲用大秦舊名？何況，佛教徒一向把景教目爲外道②，我們很難想象，其佛寺竟然會自墮到藉用外道賤名。

按大秦作爲一個漢語辭彙，雖可指西域地名③，也有其自身含義可解，意爲"偉大的中國"。漢時西域諸國稱中國爲秦，《漢書》卷九六下《西域傳》有云：

匈奴縛馬前後足，置城下，馳言："秦人，我匄若馬。"④

顏師古注解曰：

謂中國人爲秦人，習故言也。⑤

---

① 有關該寺最詳細的記錄見南宋吳曾《能改齋漫錄》卷七，日本著名學者榎一雄曾有專文討論，見氏文《成都の石筍と大秦寺》，《東洋學報》第31卷第2號，1947年，頁247—261；1951年佐伯好郎將該史料英譯公刊，見 Saeki, *The Nestorian Documents and Relics in China*, p. 478。臺灣學者謝海平先生的《唐代留華外國人生活述考》一書（臺灣商務印書館，1978年）全文著錄，見頁372—373；1993年出版的朱謙之先生遺著《中國景教》（東方出版社）也有摘引（頁198）。近年國內有文章把吳曾所記作爲新發現的"至關重要"材料發表，失察。
② 佛教徒之蔑視景教爲外道，在唐代佛教文獻中乃非鮮見，除上面所擧的敦煌唐寫本《曆代法寶記》外，同屬敦煌唐寫本的《講唱押座文》，也有把景教等同外道之語："且如西天有九十六種外道，此間則有波斯、摩尼、火祆、哭神之輩。"（斯6551號背面，見黃永武主編《敦煌寶藏》第48冊，頁364）此處的"波斯"顯指景教，相關的考證參閱張廣達、榮新江《有關西州回鶻的一篇敦煌漢文文獻——S6551講經文的歷史學研究》，《北京大學學報》1989年第2期，頁24—36；收入張廣達《西域史地叢考初編》（中華學術叢書），上海古籍出版社，1995年，頁217—248。
③ 《後漢書》卷八八《西域傳》云："大秦國一名犁鞬，以在海西，亦云海西國。地方數千里，有四百餘城。小國役屬者數十。以石爲城郭。……其人民皆長大平正，有類中國，故謂之大秦。"（頁2919）
④ 《漢書》卷九六《西域傳》，頁3913。
⑤ 《漢書》卷九六《西域傳》，頁3914，注[八]。桑原騭藏曾引明清學者顧炎武的說法："顏說非也。彼時匈奴謂中國人爲秦人，猶後世言漢人也。"其認爲這一解釋比師古進了一步。見氏文《大秦传に现はれたる支那思想》，《桑原騭藏全集》第1卷，頁244。

由於"大秦"有"偉大的中國"這一含義，歷史上也就不止一次被當爲國號使用：五胡十六國苻健所建的前秦（351—394）和姚萇所建的後秦（386—417），國號均作大秦；時至唐德宗建中四年（783），比天寶四載（745）波斯寺改名大秦寺已晚了近40年，作亂的朱泚，仍"自稱大秦皇帝"①。就此看來，大秦之名，既非自始便是景教的"專利"，即使曾是該教的"專利"，亦並不是那麼絕對，以至別人不可染指。其實，天寶四載的詔文，雖稱兩京及各地波斯寺宜改爲大秦寺，但沒有說非景教的寺院不能稱爲大秦寺，足見朝廷實未把這個名字的"專利"賜給景教。由是，我們不難設想在唐人的觀念中，即便曾把大秦與景教互相挂鈎，時間亦不會很長，上溯不超過天寶四載，下降至會昌五年（845）武宗滅佛連帶滅景教和祆教後，諒必就漸次淡忘了，前後百年耳。因此，至少在朝廷並未飭令波斯寺改名大秦寺之前，或景教已在唐代中國消亡之後，我們並不能排除佛寺也有以"大秦"命名的可能性。中國自古以來，便是多神教國家，各種宗教信仰雜糅，鮮見涇渭分明。吾人若單以寺名來判斷教屬，誠爲危險之舉。就如"大雲寺"、"光明寺"，本是佛寺常用名，周隋便已有之，唐大曆年間，回鶻請建摩尼寺，朝廷乃以"大雲光明寺"賜額②，而佛寺亦仍以此爲名。學者如不察此情，一見有"大雲"、"光明"之名，便視爲摩尼寺，則難免"失考之甚"。又如"清真"一詞，原意爲"純潔樸素"③，作爲普通名詞，用於多種場合，道觀寺院教堂亦多以爲名；據云到明弘治、正德（1488—1521）年間纔漸爲伊斯蘭教所專用，其他宗教方力避清真之說。但原來稱爲清真寺的，亦未必就要改名；宋代開封猶太教的教堂曰清真寺，明清重建時，稱呼照舊④。伊斯蘭教乃世界三大宗教之一，在中國仍頗有聲勢，故如今，非該教的寺院，無敢以"清真"名之。景教的情況，自不可與之相比，即便有"獨專大秦"之心，也無"獨專大秦"之力。

---

① 事見《資治通鑒》卷二二八，中華書局，1956年，頁7360。學界有人推測景教碑埋於地下，是懼爲朱泚所累；見龔天民《唐朝基督教》，香港基督教輔僑出版社，1960年，頁20。
② 《僧史略》卷下載大曆三年（768）六月敕"回紇置寺，宜賜額'大雲光明之寺'"；《佛祖統紀》卷四一、卷五四，載大曆三年敕"回紇奉摩尼者，建大雲光明寺"。
③ 《世說新語·賞譽》上："清真寡欲，萬物不能移也。"
④ 宋代開封一賜樂業教（猶太教）的教堂，至明弘治二年（1489）和清康熙二年（1663）重建時，仍稱清真寺。其重建之碑記附錄於徐宗澤《中國天主教史概論》，土山灣印書館，1938年；上海書店，1990年，頁48—52、56—63。

依筆者觀之，中國人崇尚大，名號冠以大字者俯拾皆是。同屬西安府的鄠縣東南雲際山，有稱爲大定寺的佛寺①；從中國人用詞取名習慣看，附近盩厔縣的佛寺以大字冠首，名大秦寺亦未嘗不可；何況，就地理位置，盩厔屬秦隴地區，秦川、秦嶺、秦中、秦州等地理名詞，都冠以秦字，寺院取名時與之聯想，亦屬自然。古代中國佛寺的取名，常有雷同，但並不等於皆有定法，其中不乏離奇古怪者。因而出於甚麼掌故或情結，冒出個大秦寺，絕未足爲奇。我們不妨推想，既然該寺聲稱爲唐太宗所敕建，而唐太宗未登位時被封爲秦王，那麼，佛教徒爲討好太宗，名其爲大秦寺，不亦宜乎。

至若佛寺以國爲名者，更非絕無僅有，如見於《唐會要》卷四八，便有楚國寺、魏國寺、安國寺等。臺灣學者謝海平先生曾就唐代以國爲名的佛寺作過考證：

> 而專供外僧駐錫之寺門，多以國爲號，如新羅寺（或院）、天竺寺之類。畢沅《關中勝跡圖志》卷二六"興安古跡祠宇"條云："新羅寺，在新安州西六里。《一統志》：唐懷讓禪師庵。沅謹按：寺有宋嘉定時所鑄鐘，有銘題。"嚴耕望先生據而考證該寺爲唐世舊寺名相沿至清，因新羅僧居留而得名者。至天竺寺，有關記述尤涉梵僧。如《全唐詩》卷七四六陳陶《宿天竺寺》云："一宵何期此靈境，五粒松香金地冷。西僧示我高隱心，月在中峰葛洪井。"《佛祖統紀》卷四一云："憲宗元和三年（808），吳郡齊君佐勤學貧困，欲求食天竺寺，饑不能前，一梵僧顧而笑曰……"可見天竺寺所居，必以梵僧爲主。②

是以，即便把大秦當爲西域國名解，亦可能是由於該寺駐錫著來自大秦的佛僧。儘管大秦國（不論所指何處）未必真有佛僧來到中土，但我們也不能排斥大秦國人到中國當和尚的可能性。業師蔡鴻生先生根據唐釋圓照撰《代宗朝贈司空大辨正廣智三藏和尚上表制集》卷二，考證大曆二年

---

① 《嘉慶重修一統志》卷二三〇《西安府四》引《長安志》注曰："雲際山大定寺，在縣東南六十里，隋仁壽元年置，爲居賢捧日寺，太平興國三年改。"
② 謝海平《唐代留華外國人生活述考》，頁23—24。

（767）密教高僧不空請降誕日度僧五人，其中二人乃來自信奉祆教的中亞畢國。① 既然畢國人可以跑到中國當和尚，大秦國人在中國削髮爲佛僧，乃亦情理中事。

大秦究竟指甚麼地方，學界未有定論，衆說紛紜：德人有敍利亞說②，國人也有希臘、東羅馬說③，日人則有羅馬說④，近年西方學者"關於大秦地望的最新研究"則認爲"指以羅馬爲都城的整個羅馬帝國"⑤等，不一而足。如此分歧，乃緣於古代文獻對大秦地望表達不清之故，而後人從不同角度考察，便更加見仁見智。由是，亦可想象一般古人對該地的認識，必定比古籍的記載更加模糊。從文獻的諸多記述看，但覺該國比其他西域各國更遙遠虛幻，以至有學者認爲，"見於中國史籍的大秦國關係之記事，粗看似乎是事實，其實不少是中國人構想的虛譚"⑥。在古代中西交通史上，我們已知有不少外來商人，冒充某國使者朝獻，冀以得到更多的賞賜，取得更高的經濟效益⑦；同理，一些外來佛僧冒充來自更遙遠神奇的大秦國，以期得到當局更高的禮遇，諒亦符合唐代國情。而時人要識別這種假冒，未必容易。因爲對來自西域各地移民的國別，畢竟祇有少數人纔能分清；很多阿拉伯人被當爲波斯人，突厥人被視同九姓胡，就是例證。

從現有史料看，聲稱或被認爲來自大秦國的諸多僧人，我們尚不能確證其中有誰乃係佛僧，但我們卻知道這些所謂大秦僧，並非都屬景門。例如，宋釋志磐《佛祖統紀》卷三九所記武后延載元年（694）"波斯國人拂多誕（原注西海大秦國人）持二宗經僞教來朝"，該拂多誕已被確認爲摩

---

① 蔡鴻生《唐代九姓胡與突厥文化》，中華書局，1998年，頁76—77。
② 〔德〕夏德著，朱傑勤譯《大秦國全錄》，商務印書館，1964年，頁4。
③ 楊憲益《大秦道里考》、《大秦異名考》和《大秦國的制度與風俗》，見《譯餘偶拾》，生活・讀書・新知三聯書店，1983年，頁166—178。
④ 宮崎市定《條支和大秦和西海》，見劉俊文主編《日本學者研究中國史論著選譯》第九卷，中華書局，1993年，頁385—413。
⑤ D. D. Leslie and K. H. J. Gardiner, *The Roman Empire in Chinese Sources*, Roma 1996. 是書評論見榮新江《書評：〈漢文史料中的羅馬帝國〉》，《北大史學》7，北京大學出版社，2000年，頁328—332，引文出自榮氏。承蒙榮教授惠贈其書評及所評原著，謹此致謝。
⑥ 唐敬杲《東西洋人對於中央亞細亞的研究概況》，《學術界》第1卷第1期，1943年，頁36。
⑦ 業師蔡鴻生先生在講授世界中古史課程時，曾把古代西域賈胡"以獻爲名"的貿易方式稱爲"朝貢貿易"，視爲中世紀中西經濟貿易的一大特色。其指出："商胡販客的貢使化，是漢唐時期習以爲常的歷史現象。"（見蔡鴻生《唐代九姓胡與突厥文化》，頁46）

尼教僧侶，但亦被注成大秦國人。陳垣先生曾對這一記載批評道："既曰波斯人，原注又稱爲西海大秦國人，著者混大秦波斯爲一也。"[①] 宋代的著者把大秦人和波斯人混淆，當是繼承唐代傳統。如是，設想唐代有某些外域佛僧，亦被當爲大秦國人，其主持之寺亦相應被稱爲大秦寺，乃未必有悖常理也。

綜上所述，就盩厔大秦寺的史料和現存遺址，言其爲佛寺，不乏理由；稱其爲唐代景寺，則未見有實質性證據。而單純就該寺大秦之名，我們誠難證明其必與景教有關；相反的，倒可以設想出諸多與景教無關的合理解釋。如是，我們若繼續墨守傳統看法，直把盩厔大秦寺目爲唐代景寺，視爲唐代景教研究必引不可的重要資料，則難免有被誤導之虞。是以提出質疑，求教方家。

末了，筆者尚要補充提出一個疑問，就教高明：像盩厔大秦寺這樣一所頗具規模，又有炫人歷史的唐代佛寺，在明代之前的方志中，爲甚麼居然不予入載？查宋敏求《長安志》卷第十八記載盩厔縣的佛寺計有四所：

龍行寺在縣前一里，唐開元十二年（724）置。

寶相寺在縣東一里餘二百五十步，唐元和（806—820）中置，爲光耀寺，太平興國三年（978）改。

崇明寺在縣西一百步，唐元和十四年（819）置，爲瑞光寺，太平興國三年改。

仙遊寺在縣東三十五里，唐咸通七年（866）置。[②]

大秦寺的規模地位似不亞於這四所佛寺，何以敏求獨不將其入錄？推測個中原因，恐有多種可能，諸如：

1. 敏求本身疏忽漏記；
2. 在敏求作志時，該寺已毀壞，後來始修復；
3. 敏求並無漏記，其所錄的四所寺院中，有一所就是現有大秦寺的前

---

① 陳垣《摩尼教入中國考》，見《陳垣學術論文集》第1集，中華書局，1980年，頁333。
② 《宋元方志叢刊》第1冊，中華書局，1990年，頁188。

身。按歷代寺院名稱的變更乃屬常事；方志中張冠李戴，間或有之。後人失察而致誤解，誠不足怪。可能性當不僅此三項，究竟謎底是什麼？固冀新資料的發現，更祈當地文博專家賜教。

（本文初刊《世界宗教研究》2000年第4期，頁1—12）

唐代景教傳播成敗評說

唐舒元輿《鄂州永興縣重巖寺碑銘》，撰於長慶年間（821—824），其間關於三夷教的一段文字，係陳垣先生最先徵引，見其《火祆教入中國考》和《摩尼教入中國考》[①]。文曰：

> 故十族之鄉，百家之間，必有浮圖爲其粉黛。國朝沿近古而有加焉，亦容雜夷而來者，有摩尼焉，大秦焉，祆神焉；合天下三夷寺，不足當吾釋寺一小邑之數也。[②]

此處之摩尼，指摩尼教；大秦，即謂景教；而祆神，則指火祆教。蓋毋庸置疑。元輿把景教，與摩尼教、火祆教一道，目爲"雜夷"之教，諒必出自時人的一般看法，亦爲後來史家所接受，遂名此三個外來宗教爲"三夷教"。[③] 元輿顯然認爲，三夷教與佛教相比，不過是小巫見大巫。其把佛教作爲一方，將三夷教，而不是道教，作爲另一方進行比較。在其心目中，這兩者的可比性，當在於同屬外來宗教，即同是"夷教"（祇是正夷與雜夷之別）。摩尼教、景教、火祆教，均傳自波斯，流入中國的時間又都較晚，故可劃爲一類，作爲比較的同一方；而佛教傳自印度，流入中國的時間較早，便作爲比較的另一方。這在邏輯上是成立的。不過，唐代由波斯流入中國的

---

① 《陳垣學術論文集》第 1 集，中華書局，1980 年，頁 322、346。
② 《唐文粹》卷六五，浙江人民出版社，1986 年，第 2 冊；《全唐文》卷七二七，中華書局，1983 年，頁 7498。
③ 王仲犖教授有詩《陳援庵老百年祭謹賦四首》，其間讚陳垣先生《明季滇黔佛教考》一書云："摩尼祆景三夷教，絕域傳來考證難。遺老逃禪明社屋，天南風雨正如磐。"見氏著《𪩘華山館叢稿續編》，山東大學出版社，1995 年，頁 481。

夷教，顯然不止景教、摩尼教和火祆教，還有回教，即伊斯蘭教。陳垣先生在其《回回教入中國史略》一文中考證道：

> 唐與大食關係密切，就拙著唐時大食交聘表，由永徽二年（651）至貞元十四年（798），百四十八年間，正式遣使之見於記載者，已有三十七次。其遺漏未及記載者，當更不止此。①

大食便是以伊斯蘭教爲國教、政教合一的阿拉伯帝國，單憑其使者屢屢來華這一條，我們即可確信伊斯蘭教徒已在唐代中國活動。陳垣先生所舉證的這些來華使節，都早於舒元輿撰寫《鄂州永興縣重巖寺碑銘》的長慶年間；但舒元輿不把這個教也當爲夷教，與佛教作比較，這說明伊斯蘭教在當時中國尚微不足道。此外，從中西交通的情況以及史料所留下的一些記錄看，尚有諸多猶太教徒進入唐代中國②；但也未被目爲"雜夷"而列入比較。由是可知，在唐代中國的諸多外來宗教中，摩尼教、景教、火祆教是較爲活躍的、在社會中影響較大的外來宗教；儘管如此，其地位亦斷不能與佛教相比。

從各種文獻史料考察，學者已經確認上述三夷教曾在唐代中國受到寬容，甚至禮待，頗爲盛行過；後來同於唐武宗會昌年間，先後被掃地出門，無一幸免。教雖分三，然經歷類同，下場一樣。這一歷史事實便啓發了我們：對唐代三夷教中任何一教的研究，都不能撇開其他兩教。當我們要評論景教的成敗時，與其拿佛教作參照物，就不如用摩尼教和火祆教更能說明問題；因爲佛教之在中國流行，要比三夷教早好幾百年，在歷代統治者的扶植下，在該教歷代僧人的不懈努力下，早已爲廣大華人所接受，在中國扎根了。舒元輿之言"合天下三夷寺，不足當吾釋寺一小邑之數"，雖屬誇張之辭，但未必太離譜。故無論我們如何評價景教在唐代中國的傳教業績，都無從與佛教同日而語。

討論景教在唐代中國的傳教活動，首先要注意到的一個特點是：該教與其他兩個夷教不同，既不藉助任何外來的政治、軍事或經濟的勢力，也不藉

---

① 《陳垣學術論文集》第 1 集，頁 548。
② 參閱陳垣《開封一賜樂業教考》，《陳垣學術論文集》第 1 集，頁 276；西方學者亦注意到唐代中國有猶太教，見 Cordier-Yule, *Cathay and the Way Thither*, Vol. 1, London 1913, p. 89。

助衆多信徒移民的優勢，全靠本教僧侶對自身信仰的執著。

唐代景教源自波斯，而波斯之有基督教徒，學者追溯到薩珊（Sassanian）王朝（226—651）之前，甚至論證了在公元220年，波斯已有一些鬆散的教會組織。① 但以聶斯脫利信仰爲模式的獨立基督教會，即漢文所稱的景教會，則是到了公元498年纔正式確立的。② 爾後，景教便在波斯境内並向東往中亞地區擴張，成爲波斯和中亞，即中國古籍所謂西域地區的一個相當活躍的宗教。③ 不過，由於波斯民族向以火袄教爲國教，中亞民族也多信奉；而佛教則早在西域廣爲流行，根深葉茂；因此雖然有不少個人，包括少數上層人物，甚至某些小部落皈依景教，但景教畢竟沒有被西域哪個國家奉爲國教，未能與當地強大的政治勢力結合。在迄今發現的有關唐代景教的資料中，我們難以找到證據足以說明：進入中國傳教的景僧，背後有何外來的政治勢力在撐腰。

由於景教並無外來勢力可恃，故祇能竭力向朝廷靠攏，希望得到朝廷的青睞，得到政府的保護甚至支持。來華的景教僧侶，自阿羅本以降，無不百般討好統治者。西安景教碑便可資證。該碑本爲景教而立，但碑文卻以對唐代諸皇帝，包括太宗、高宗、玄宗、肅宗、代宗等的頌辭作爲結束：

> 赫赫文皇，道冠前王；乘時撥亂，乾廓坤張。明明景教，言歸我唐。翻經建寺，存歿舟航；百福偕作，萬邦之康。高宗纂祖，更築精宇，和宮敞朗，遍滿中土。真道宣明，式封法主；人有樂康，物無災苦。玄宗啓聖，克修真正；御牓揚輝，天書蔚映。皇圖璀燦，率土高敬；庶績咸熙，人賴其慶。肅宗來復，天威引駕；聖日舒晶，祥風掃夜。祚歸皇室，祆氛永謝；止沸定塵，造我區夏。代宗孝義，德合天地；開貸生成，物資美利。香以報功，仁以作施；錫穀來威，月窟畢萃。建中統極，聿修明德；武肅四溟，文清萬域。燭臨人隱，鏡觀物色；六合昭蘇，百蠻取則。道惟廣兮應唯密，強名言兮演三一；主能作

---

① Robin E. Waterfield, *Christians in Persia*, London 1973, p. 16.
② Matti Moosa, "Nestorian Church", *The Encyclopedia of Religion*, New York 1987, p. 370.
③ 參閱〔德〕克里木凱特撰，拙譯增訂《達·伽馬以前中亞和東亞的基督教》，上篇《中亞的基督教徒》，臺北淑馨出版社，1995年。

兮臣能述，建豐碑兮頌元吉。(正文第 25—28 行)

這些溢美之辭，固然意欲藉龍威來擡高自己，卻到底掩蓋不了阿諛討好之心態。從史料看，景僧諂媚統治者的手法甚多，除諛辭之外，更有諸多實際行動。依託權貴，投皇帝之所好，進貢各種奇珍，便是手法之一。在這方面，要數學者所熟悉"大德及烈"這位景僧最爲突出。該僧不僅名垂景教碑，中國古籍也屢有提及，《册府元龜》卷五四六載道：

> 柳澤，開元二年 (714) 爲殿中侍御史，嶺南監選使。會市舶使右衛威中郎將周慶立，波斯僧及烈等，廣造奇器異巧以進。①

同書卷九七一載：

> (開元) 二十年 (732) 九月，波斯王遣首領潘那蜜，與大德僧及烈朝貢。

此事又見載於同書卷九七五：

> (開元二十年) 八月，庚戌，波斯王遣首領潘那蜜與大德僧及烈來朝。授首領爲果毅，賜僧紫袈裟一副，及帛五十匹，放還蕃。

僧及烈一再參加進貢活動，顯然是爲了取悅皇帝，用心可謂良苦。

以上所論，不過是爲說明景教之在唐代中國傳播，並無外來政治或軍事勢力爲之護法。這與摩尼教就大不一樣。摩尼教，在上引的舒元輿碑文中，位列三夷教之首。之所以然，乃緣元輿撰《重巖寺碑銘》的長慶年間，正是摩尼教的最盛期。蓋因安史之亂，回紇助唐平亂有功，而回紇可汗皈依摩尼教，且把該教奉爲國教。於是，摩尼教自大曆年間，便藉助回紇的支援，向中國內地長驅直入。《會昌一品集》卷五所錄《賜回鶻可汗書意》，披露了這

---

① 《册府元龜》，中華書局，1960 年，頁 6547 下—6548 上。

一秘辛：

> 摩尼教天寶以前，中國禁斷。自累朝緣回鶻敬信，始許興行。江淮數鎮，皆令闡教。

其由回紇可汗出面，多次向唐政府要求在內地建寺傳教。《佛祖統紀》卷四一載大曆三年（768）"敕回紇奉末摩尼者建大雲光明寺"；《僧史略》卷下言大曆六年（771）正月"敕荊、揚、洪、越等州各置大雲光明寺一所"；《冊府元龜》卷九九九記元和二年（807）正月庚子，"回鶻使者請於河南府、太原府置摩尼寺三所，許之"。在這種形勢下，摩尼教遂成為當時三夷教之首。陳垣先生在其名作《摩尼教入中國考》一文中，對回鶻為摩尼教護法的歷史事實，已做了翔實的考證[①]，此處不贅。

唐代景教的傳播與火祆教也不同，後者有大量的西域移民信徒作為群眾基礎，再加上該教的民族性傾向，因而其僧侶對於向漢人傳教，看來並不太熱心，至今也未發現該教有何原始經典被譯成漢文；倒是大量移民信徒自發的宗教儀式活動，作為胡俗的一個重要方面，影響吸引了漢人，使朝廷不得不敕禁漢人介入他們這些活動，《新唐書》卷四六《百官志·祠部》云：

> 兩京及磧西諸州火祆，歲再祀而禁民祈祭。

儘管朝廷明令禁止，但從敦煌發見的唐代文書看，當地常年都有"賽祆"活動，其中自不乏漢人參與。[②] 說明祆崇拜作為一種胡俗，已為漢人所接受。[③] 由於在眾多西域移民中，其信仰以火祆教居多，朝廷為便於控制這些移民，特在管理西域移民的行政機構薩寶府中，設立祆正、祆祝，負責宗

[①] 《陳垣學術論文集》第1集，頁341—342。
[②] 詳參施萍婷《本所藏"酒帳"研究》，《敦煌研究》1983年創刊號，頁142—155；譚蟬雪《敦煌祈賽風俗》，《敦煌研究》1993年第4期，頁61—67；小川陽一《敦煌における祆教廟の祭祀》，日本道教學會《東方宗教》第27號，1967年，頁23—34。
[③] 詳參拙文《波斯瑣羅亞斯德教與中國古代的祆神崇拜》，見余太山主編《歐亞學刊》第1輯，中華書局，1999年，頁207—227。

教事務。①《通典》卷四〇《職官典》：

> 視流內，視正五品，薩寶；視從七品，薩寶府祆正。
> 視流外，勳品，薩寶府袚（祆）祝；四品，薩寶府率；五品，薩寶府史。

景教之在唐代中國，顯然沒有火祆教這種移民基礎；由西域來到中國的景教僧侶，其人數也諒必有限。景教碑勒刻貞觀十二年（638）唐太宗嘉許景教的詔文：

> 貞觀十有二年秋七月，詔曰："道無常名，聖無常體；隨方設教，密濟群生。大秦國大德阿羅本，遠將經像，來獻上京，詳其教旨，玄妙無爲，觀其元宗，生成立要。詞無蘩說，理有忘筌，濟物利人，宜行天下。"所司即於京義寧坊造大秦寺一所，度僧廿一人。（正文第9—11行）

此一建寺詔文的大意，亦見諸《唐會要》卷四九，兩者互證，可信朝廷爲景教建寺度僧之舉，應確有其事。但吾人治史，從該記載也可推斷出當時西域移民中，並沒有多少景教信徒或景教僧侶；若有現成的僧人可入住新寺，就不必臨時來剃度廿一位新僧了。

根據上邊的分析，我們可知景教之入傳唐代中國，既不像摩尼教那樣，有外來回紇的政治軍事勢力可以藉助；也不同於火祆教，有大量的移民信徒作爲民衆基礎。由是，景教要在唐代中國這樣一個廣袤萬里的新國度中發展，祇能依靠自己的努力：既需要爭取中國統治者的允許以至支援，又必須得到中國百姓的認同和擁護。其傳教的難度，自可想而知。東方的景教會，對在中國傳教的難度看來是有清醒認識的，所以派往中國的傳教士都非等閒之輩。阿羅本若不通曉漢語，且才辯過人，斷不能折服朝廷諸公，承認"其教旨玄妙無爲……生成立要……濟物利人，宜行天下"。至於景教碑的作者景淨，如果沒有請人做槍手的話，其漢文造詣之深，殆可與當時的一些知名士人相伯仲。其他有案可稽的"景士"，除了精通本教經典外，多具一技之長。上面

---

① 有關薩寶府性質的討論詳參拙文《20世紀中國瑣羅亞斯德教研究述評》，見余太山主編《歐亞學刊》第2輯，中華書局，2000年，頁241—263。

業已提到的僧及烈，能造"奇器異巧"，這對於打通上層關節，無疑大有幫助。尚有擅長醫道者，僧崇一是也。《舊唐書》卷九五《讓皇帝憲傳》載：

（開元）二十八年（740）冬，憲寢疾，上令中使送醫藥及珍膳，相望於路。僧崇一療憲稍瘳，上大悅，特賜緋袍魚袋，以賞異崇一。

《新唐書》卷八一述及讓皇帝憲，就此事寫道：

後有疾，護醫將膳，騎相望也。僧崇一療之，少損，帝喜甚，賜緋袍、銀魚。

唐段成式《酉陽雜俎》前集卷三也有載：

寧王憲寢疾，上命中使送醫藥，相望於道。僧崇一療憲稍瘳，上悅，持賜崇一緋袍魚袋。

就崇一這條史料，早在20世紀20年代初，陳垣先生就已注意到，在其《基督教入華史略》一文中寫道：

景教於當時文化，無何等影響，惟以醫傳道之例，由來甚久，唐書諸王傳有僧崇一醫愈唐玄宗兄之事。余承認此僧為景教僧，有種種證據。杜環《經行記》亦云："大秦善醫眼及痢，或未病先見，或開腦出蟲"，聶思脫里派固以醫學著名也。[1]

爾後在30年代初發表的《基督教入華史》中，陳垣先生又就崇一的身份做了進一步的考證：

景教碑中又載唐明皇信景教，然這乃指唐明皇亦贊成景教之傳佈，

---

[1] 《陳垣學術論文集》第1集，頁85。

並非領洗入教也。唐明皇曾命諸兄弟來寺，有一次且詔大秦僧佶和等於興慶宮做功德（按即做禮拜也）。又據唐書諸王傳，明皇長兄名憲，患病，請僧崇一醫之。病霍然愈，乃大賞之。我在高僧傳中，找不著一僧名崇一者。考僧中一字輩極少。唐代曾有以一置之名上者，如一行等，然以一列下者，則遍找不得。由此我想崇一乃景教僧。

另外一個證據，唐天寶年間有將名杜環者，乃著《通典》杜佑之同族。他隨了高麗人高仙芝征西域，不幸大敗而被俘。後釋放，經海道回國，著《經行記》，述沿途所見所聞，及各教情形，講回教最詳；中有一段說大秦法善醫。的確，聶思脫里派是負有醫名的。我們看凡在教堂旁，總有醫院一所，至今猶然。由此我們決定，僧崇一乃景教僧無疑。然設有人能證明崇一乃佛家中人，則我可收回我的話。①

筆者在此處不惜篇幅，大段引錄陳垣先生之原文，是爲了說明陳垣先生確如學界所公認的"博採慎斷"。臺灣有學者祇抓住陳先生在 20 年代所作《基督教入華史略》那幾句話，而不讀陳先生後來在《基督教入華史》中較爲詳細的論證，便撰文質疑學界對陳先生治學"博採慎斷"的評價②，似有失厚道。特別是文章作者把陳先生的論斷說是誤信王治心先生在《中國宗教思想史大綱》中的推論，更是令人不知從何說起。因爲上揭陳垣先生的第一篇文章發表於 1924 年 7 月，第二篇則公開登載於 1930 年 6 月的《青年會季刊》，而王治心先生的《中國宗教思想史大綱》是 1931 年纔脫稿的。如果要談其兩者關係的話，恐怕應是後者受前者的影響。筆者根據 1940 年文海出版社有限公司印行的版本，王先生對崇一的考證如下：

崇一這個名字，含有"崇奉一神"的意思，景教徒中以"一"爲名的，如景教碑中所列的人名中有"元一""守一""明一"，以"崇"爲名的，也有"崇敬""崇德"等類，可知"崇一"是個景教教士，而不是和尚。且所賜的"緋袍魚袋"，據《唐書輿服志》，緋袍是紅色的品官服飾："四品服深緋色，五品服淺緋色。"魚袋也是唐朝一種大官所用的

---

① 《陳垣學術論文集》第 1 集，頁 97。
② 曹仕邦《唐代的崇一法師是"景教僧"嗎？》，《幼獅學誌》第 18 卷第 3 期，1985 年，頁 1—8。

東西，上面刻著官姓名，隨身懸佩。都不是和尚所用的，故可以斷定這崇一是景教徒之明醫的。又杜環《經行記》說："大秦善醫眼及痢，或未病先見，或開腦出蟲。"足證西醫已於此時隨景教以輸入，而爲傳教的一種工作了。①

顯然，王先生的考證是在陳垣先生的基礎上進了一步。當然，如果孤立地以取名或善醫便來肯定崇一是景僧，那是不能令人信服的；但假如把各個理由綜合起來，放到當時那種歷史背景中進行考察，我們就不得不承認陳王兩位老前輩的結論是持之有故的。反對者脫離具體的歷史背景，以佛僧亦有用"一"取名，亦有善醫者爲由而斷言崇一不是景僧，而是佛僧，顯然不能令人折服。假如崇一果是佛僧，其醫術聞達於朝廷，爲皇兄治病立功，受了重賞，無疑當爲一代高僧，佛教文獻自不乏他的紀錄，無需吾人來推測其信仰了。

除了崇一之外，亦有學者認爲"弘道元年（683）爲高宗開腦治疾的秦鳴鶴"，"以及爲浮梁李生醫治虱瘤的秦德丘大約都是景教教友"②。這兩位是否真與景教有關，當然尚需一番考證；不過，可以相信的是：唐代來華的景教士中，懂醫道的不會祇是個別人。在上揭的景教碑中，"病者療而起之"，乃當爲景教徒的一項重要善行來歌頌，足見景教士之有施醫本事者，應非鮮見。

在來華的景教徒中，亦有精通波斯系統的天文曆算之學者，大曆中任職司天臺，最後官拜司天監的李素，便是其中之佼佼者。事見 1980 年西安出土的《大唐故李府君墓誌銘》和《大唐故隴西郡君夫人墓誌銘》③。至於景教碑中所頌揚的"僧伊斯"，似乎還是一個軍事幹才，曾擔任"中書令汾陽郡王郭公子儀"的"爪牙"，"作軍耳目"。

從上舉例證，我們可信來華的景僧，多爲飽學之士，或有一技之長，或有經世之才，這對於該教疏通上層，爭取民衆當然十分有利。其疏通上層之

---

① 見該版本頁 41。北京東方出版社把該書收入《民國學術文庫》，於 1996 年出版簡化漢字本，該段論證見頁 137，但頗被刪改，未知出版者據何版本。
② 張奉箴《福音流傳中國史略》，臺北輔仁大學，1970 年，頁 63。
③ 陳國英《西安東郊三座唐墓清理記》，《考古與文物》1981 年第 2 期，頁 25—31。有關考證參榮新江《一個入仕唐朝的波斯景教家族》，見葉奕良主編《伊朗學在中國論文集》第 2 集，北京大學出版社，1998 年，頁 82—90。

道，從上面所述彼等之種種活動，便已了然。至於爭取民眾之道，則見之於慈善事業。景教碑頌揚僧伊斯：

> 餒者來而飯之，寒者來而衣之，病者療而起之，死者葬而安之。
> （正文第 23—24 行）

這種慈善事業包括了饑、寒、病、死四個方面，對於貧苦民眾來說，幾乎是全方位了。這種全方位服務，當然不是個人力量所能辦到的，勢必是由伊斯領導一班信徒進行的。崇一如果不是早爲百姓治病出了名，宮廷御醫多的是，不會來徵召他入宮。據此，若云景教注重上層路線，自是事實；但若言景教忽視民眾，則恐未必。近代洋教進入中國，之所以有中國"教民"依附，與其說是由於其教義比佛教更能吸引貧苦百姓，不如說是由於教會富有，能對貧民有所施濟。對於身處水深火熱的普通民眾，最好的傳教手段是救其生、恤其死。唐代的景教徒，顯然明白這個道理，並且是努力而爲之。不過，與皇室聯繫，參與國事活動，史書多有記錄，後人易於考證；在民間傳教，與官方無涉，史志便多忽略。是以，今人若以未見景教民間傳播的記錄爲由，便認定該教並無深入民間①，就歷史實際而論，恐未必盡然。查上面引證過的貞觀十二年（638）詔，當時建寺一所，僅度僧廿一人。但事隔二百餘年，即到了會昌五年（845）滅佛時，被勒令還俗的景教僧侶不少於千人。據《唐會要》卷四七《毀佛寺制》：

> 勒大秦穆護祆三千餘人還俗，不雜中華之風。

據李德裕《會昌一品集》卷二〇《賀廢毀諸寺德音表》：

> 大秦穆護祆二十（"十"當爲"千"之訛。——引者）餘人，並令

---

① 例如，有學者評曰："景眾傳教只致力於帝皇，景教碑所載幾全爲與皇室之往還，有隱以此自豪之意，未見任何向民間傳教之努力，如以文字圖片作佈道性質之傳教，亦未見於社會上具任何影響力，或任何記載有關信徒之增加，教區之拓展。'法流十道，寺滿百城。'恐誇張之說而已，任何方志均未有述及景教之活動。景教未能深入民間，實爲失敗之主因。"（車煒堅《唐朝景教之危難時期及其衰亡原因初探》，臺北《"國立"編譯館館刊》1971 年創刊號，頁 69）

還俗者。

　　兩個數位相差一千，吾人今難判定哪個準確；但既均以大秦領先，則可推斷其間景教居多。須知被勒令還俗的是專職的僧侶，並非一般受洗的平信徒。就佛家而言，一般經過剃度便可成爲佛僧；至於在家居士或其他平信徒，有的確有參加過某種皈依儀式，但更多的是憑一顆誠心，要界定其是否爲佛教徒，較爲困難。然基督教，凡經過受洗儀式的，便可確認爲教徒。基督教的專職僧侶除了向非信徒傳教外，便是爲平信徒服務，主持各種禮拜。既然其數已過千，受洗信徒之多便大略可以想象。中土知名人士受洗，史料當可查考；但學者迄今鮮能確定唐代有誰領洗入教，這就反證了漢人的平信徒絕大多數是黎民百姓。是故，竊以爲論者言景教不重視向民間傳教，恐屬主觀臆測。

　　不論景教採取甚麼手腕去巴結統治者和爭取民衆，不過是爲了給自己創造一個生存和發展的空間環境；但這畢竟是手段，不是目的。唐代景教僧侶之到中國傳教，歸根結底，與近代來華的基督教傳教士應是一樣，都是意欲"中華歸主"；景教碑第13—14行所稱的"法流十道"、"寺滿百城"，與其說是他們已取得的成就，不如說是他們企圖達到的目標。景教僧侶希望其宗教爲中國人所接受；在這一點上，景教和摩尼教蓋無質的不同。摩尼教的創始人摩尼曾明確地宣稱要建立世界性的教會，並且自始便致力於向東西方傳教。① 因此，來華的景教和摩尼教僧侶徒都像佛教僧侶那樣，把最大的精力用於傳譯宣講本教的經典。考這兩個夷教的經典漢譯工作，看來都應始於其高僧與唐朝皇帝正式接觸之前。上面提到的貞觀九年"大秦國大德阿羅本，遠將經像，來獻上京"，所獻經典，當已漢譯。至於摩尼教之與唐朝最高統治者接觸，一般以宋代釋志磐《佛祖統紀》卷三九所錄爲最早，言武則天延載元年（694）：

　　　　波斯國人拂多誕持《二宗經》僞教來朝。

---

① 詳參拙文《早期摩尼教在中亞地區的成功傳播》，見拙著《摩尼教及其東漸》，中華書局，1987年，頁35—45；臺北淑馨出版社增訂本，1997年，頁33—43。

這部《二宗經》，當然也應是漢文本，武后纔能御覽。唐代景教和摩尼教究竟傳譯了多少經典，史料紀錄不全；但考其尚傳世的敦煌寫本，我們大體可以推斷：摩尼教已將本教的主要經典傳譯成漢文了，景教則祇選譯了小部分。但這並不等於説，摩尼教的漢譯作品比景教多；因爲當時景教經典的總數恐比摩尼教爲多。敦煌發見的《尊經》稱"大秦本教經，都五百卅部"；而以景教碑作者景淨這位一代宗師，畢生所譯經典，據《尊經》所開列，不外 35 部，"餘大數具在貝皮夾，猶未飜譯"。亦就是説，景教的絕大多數經典，還没有人將其翻譯成漢文。摩尼教則不同，其教主摩尼的著作不過 8 部，而且在東漸的過程中，業已譯成多種中亞文字，其傳教師已有豐富的翻譯經驗，增譯成漢文，難度便相對較低。《摩尼光佛教法儀略》一一列舉教主摩尼的著作，不但將名稱音譯，而且意譯；北圖藏的《摩尼教殘經》還引證了其中兩部經典的譯文。宋代有關摩尼教的文獻，亦提到其中一些漢譯經名，足見這些經典確曾在唐代漢人中流行過。按景教在唐代合法流行逾二百年，其間除已知的阿羅本、景淨外，還有誰翻譯經典，究竟譯了多少？這都是未知數，如今實難查考。自 20 世紀初敦煌文書發見以來，唐代景教譯經寫本陸續披露，其中的《景教三威蒙度讚》、《尊經》、《志玄安樂經》、《大秦景教宣元本經》，都可信爲敦煌真跡。根據這些傳世經文的内容，我們不得不承認，當年的景教僧侣確曾努力地把本教的義理、禮俗向中國人介紹傳播。有學者單純根據景教碑的内容篇幅便指責道："可惜碑文僅有四分之一弱的材料論到思想及信仰，其餘都爲景教的歷史；這已經説明了景教衰敗的主要原因，他們没有從《聖經》及神學思想上著手，專炫耀本身的歷史。"①對唐代景教作如是觀，顯然失之片面。照中國的傳統，勒石旨在紀功。有學者考證《管子》所言的"無懷氏封泰山，刻石紀功"，"相信乃刻石紀功之始"。②景教碑文全名爲《景教流行中國碑頌並序》，"流行"者，傳播也，更當紀傳教之功爲主，以昭後世；至於討論思想及信仰，不是勒碑的任務，應屬寫經的職責。

作爲外來宗教，在進行經典傳播時，都面臨著同樣的問題，即如何將本教的教義爲新國度的君主及其臣民所接受。在這方面，佛教經過長期的努

---

① 周聯華《基督教信仰與中國》，臺北浸信會文字傳道中心，1975 年，頁 68。
② 上揭車煌堃文，頁 59。

力，顯然是成功的，尤其是禪宗。會昌滅佛，主要出於世俗經濟和政治的原因，宗教信仰原因祇是表象或藉口；而且，佛教慘遭會昌法難之後不久，隨著武宗去世，政策紓解，便又東山再起，在朝野中繼續傳播；足見佛教已在唐代中國扎下了根。佛教之所以能在中國扎根，是由於其本土化的結果；佛教作爲一種文化現象，已經融入了中華文化的大熔爐，成爲了中華文化的組成部分。唐代的景教和摩尼教，作爲外來宗教，當然是佛教的後輩，無疑都企圖效法佛教，從其留傳下來的經典，明顯看出其本土化的趨勢。不過，佛教最早入華，其本土化主要表現在佛陀的思想與儒家、老莊等家思想結合、折中；而景教、摩尼教的本土化，就唐代而言，則主要表現在：依託時已成爲中國主流宗教的佛教和道教。

在譯經本土化方面的表現，景教和摩尼教可以說是競相媲美。《志玄安樂經》的筆法、內容，充滿佛教淨土宗的色彩[1]；《尊經》則是效法佛教懺悔滅罪的敬禮文[2]；《宣元本經》，遣詞造句，狀類道經。摩尼教由波斯東漸時，受中亞佛教環境的影響，便已開始了佛教化的過程，吐魯番發現的摩尼教經文殘篇 M801 和 M42，已經把教主摩尼分別等同於彌勒佛和佛陀。[3] 北圖所藏《摩尼教殘經》（宇字第五十六，新編 5470），是現存最早的漢譯摩尼教經，大約傳譯於武后時代，其中已充斥佛教術語[4]；而大約一百年後翻譯的《下部讚》，竟然把摩尼教的眾神都冠以佛號，以至寫本出土多年後，學者仍誤爲佛經未予重視[5]。至於另一部經典，即《摩尼光佛教法儀略》，撰於開元十九年（731），則把教主摩尼與佛陀、老子合爲一體，三聖同一。[6] 佛教和道教都是唐代的主流宗教，景教和摩尼教作爲後來宗教，欲以和平的手段在中國傳教，不向主流宗教靠攏，一味堅持原教旨，則勢必要碰到更多的困難。對此，從文化傳播的角度看，當可理解。摩尼教曾有回紇做

---

[1] 詳參龔天民《唐朝基督教的研究》，香港基督教輔僑出版社，1960 年，頁 60—66。
[2] 見松本榮一《景教〈尊經〉の形式に就て》，《東方學報》第 8 冊，1938 年，頁 21—32。
[3] 拙文《早期摩尼教在中亞地區的成功傳播》。
[4] 詳參拙文《〈摩尼教殘經一〉原名之我見》，見拙著《摩尼教及其東漸》，中華版，頁 191—207；臺版，頁 211—226。
[5] 詳參拙文《摩尼教〈下部讚〉漢譯年代之我見》，拙著《摩尼教及其東漸》，中華版，頁 208—216；臺版，頁 227—238。
[6] 詳參拙文《〈摩尼光佛教法儀略〉的三聖同一論》，拙著《摩尼教及其東漸》，中華版，頁 183—190；臺版，頁 204—210。

後盾，尚且要如此，遑論全無憑藉的景教。大陸有學者責難景教僧侶不堅持"原典化傳述"其經典①，恐非歷史的態度；倒是臺灣學者鄭學稼先生所持觀點較爲客觀：

> 景教自阿羅本代表團傳入長安起，就開始中國化。當時，有力量的宗教，是佛教和道教，因此，景教徒的耶穌被扮裝成老子和已中國化釋迦牟尼的臉孔；同時，也吸收儒學的思想。祇有這樣的改裝，它纔能在中國生存。無需説，中華民族容許任何宗教共存的寬大性，也是景教存在之一條件。這等於説，中國的景教，經過改造後，成爲中國文化之一構成分。②

其實，假如入華的景教僧侶真的堅持"原典化傳述"，其傳教業績可能比已有的記録要差得多。這一假設並非憑空推測，因爲在蒙古統治時期，景教和基督教的正統教派都在中亞地區傳教，爭奪信仰市場，結果堅持"原典化傳述"的正統教派完全不是景教的對手。③

上面我們論述了唐代景教是在既無外來勢力可以憑藉，又缺乏大量的移民信徒作爲基礎的條件下，純靠自己僧侶的主觀努力進行傳教。實際上，景教在中國所取得的每一點成就，都是要付出很艱苦的代價的。後人實在没有理由，脱離特定的歷史環境來評論其不足。唐代景教是以失敗告終，但根本原因實非其主觀上的失誤。探討該教在唐代之最終失敗，如果一味從傳教技術、傳教方式、傳教方針等其主觀因素去尋找，仿佛祇要該教的僧侶們能修正這些錯誤，就能在唐代中國扎根下去，這未免有捨本逐末之嫌。在這個問題上，我們當不應忽視如下的歷史事實：

景教的最後失敗，並不是因爲唐代老百姓拒絶它，而是由於唐武宗會昌五年（845）八月頒下了《毁佛寺制》，在滅佛同時，連同景教和火祆教亦予取締：

---

① 參見翁紹軍《論漢語景教經文的傳述類型》，《世界宗教研究》1996 年第 4 期，頁 110—118。
② 鄭學稼《中國化的大秦景教》，《中華文化復興月刊》第 5 卷第 10 期，1972 年，頁 17。
③ 參閲 G. W. Houston, "An Overview of Nestorians in Inner Asia", *Central Asiatic Journal*, Vol. 24, 1980, pp. 60-68.

> 朕聞三代已前，未嘗言佛。漢魏之後，像教浸興。是逢季時，傳此異俗，因緣染習，蔓衍滋多，以至於蠹耗國風，而漸不覺；誘惑人意，而衆益迷。……況我高祖、太宗，以武定禍亂，以文理華夏，執此二柄，足以經邦；豈可以區區西方之教，與我抗衡哉！……其天下所拆寺四千六百餘所、還俗僧尼二十六萬五百人，收充兩稅戶。拆招提、蘭若四萬餘所，收膏腴上田數千萬頃，收奴婢爲兩稅戶十五萬人。隸僧尼屬主客，顯明外國之教。勒大秦穆護、祆三千餘人還俗，不雜中華之風。……

此處把"大秦穆護祆"都列入取締對象，斷非一時心血來潮擴大化，而是蓄謀已久，早有思想基礎的。因爲在此之前，武宗已先行取締摩尼教了。①

在醞釀《毀佛寺制》的會昌五年七月間，中書門下已一再就處理佛教寺院的方案，上奏皇帝，同時奏請對景教和火祆教也不能放過。《舊唐書》卷一八上《武宗本紀》有載：

> 僧尼不合隸祠部，請隸鴻臚寺。其大秦穆護等祠，釋教既已釐革，邪法不可獨存。其人並勒還俗，遞迴本貫充稅戶。如外國人，送還本處收管。

就滅佛波及他教事，《資治通鑒》卷二四八胡三省評注道：

> 大秦穆護，又釋氏之外教，如回鶻摩尼之類，是時敕曰："釋氏既已釐革，邪法不可獨存。其人並勒還俗，遞迴本貫充稅戶；如外國人送遠處收管。"

由是足見朝廷對其他兩個夷教的取締是合乎邏輯的。武宗出於排外心理，一反朝廷宗教寬容傳統，把景教、火祆教視爲外來邪法，加以取締。這一做法也反證了有不少的百姓接受了這兩個宗教；否則就不必那樣鄭重其事，由最高當局來下令查處的。因此，我們可以說，拒絕景教的是統治者，

---

① 詳參陳垣《摩尼教入中國考》第九章《唐季摩尼受迫害》，《陳垣學術論文集》第1集，頁347—350。

而不是民衆；說景教不重視或不善於在民間傳教而導致失敗是站不住腳的。

唐代摩尼教的失敗，未聞有學者追究該教自身傳教上的缺點錯誤，倒是有人把其歸咎於受回鶻的牽連。對此，陳垣先生說得好：

> 或謂摩尼之敗，由於回鶻；假定摩尼不歸回鶻保護，當不致敗，似也。不知武宗之世，仇視外教最甚；摩尼縱不受會昌三年回鶻之累，亦必受會昌五年佛教之累。所能延長壽命者，不外二年耳。①

是故，無論摩尼教也好，抑或景教、火祆教，其在唐代最後失敗，都是"非戰之罪"，而是唐武宗仇外政策的必然結果。

會昌六年（846）三月，武宗駕崩，宣宗即位。宣宗一改武宗的滅佛政策，是年五月，便開始一系列恢復佛教的行動，甚至懲辦道士，爲佛家"出氣"，事見《舊唐書》卷一八下《宣宗本紀》：

> 五月，左右街功德使奏："准今月五日赦書節文，上都兩街舊留四寺外，更添置八所。……"敕旨依奏。誅道士劉玄靖等十二人，以其說惑武宗，排毁釋氏故也。

同卷又記載大中元年（847）閏三月正式爲佛教"平反"的敕文：

> 會昌季年，併省寺宇。雖云異方之教，無損致理之源。中國之人，久行其道，釐革過當，事體未弘。其靈山勝境、天下州府，應會昌五年四月所廢寺宇，有宿舊名僧，復能修創，一任住持，所司不得禁止。

該敕文尚見諸《全唐文》卷八一、《唐會要》卷四八等。不過，查宣宗所下的"平反"敕文，不像當年的《毀佛寺制》那樣提及其他外來宗教。按武宗滅摩尼教在先，而後滅佛波及景教、火祆教，宣宗爲佛教"平反"，卻無惠及三夷教，顯明宣宗心目中祇有佛教耳。

---

① 《陳垣學術論文集》第 1 集，頁 349。

佐伯好郎博士在其 1955 年刊印的《中國景教衰亡史》中，認爲景教之所以在中國衰亡的第一原因是："景教畢竟是個外國的宗教，而且也祇是外國人中的宗教。"[①] 現在看來，照景教從貞觀九年正式傳入到會昌五年被禁斷這二百餘年的表現，如果不是武宗的排外政策，而假以時日，景教也可以像佛教那樣，逐步成爲中國人的宗教；倘若當年宣宗爲佛教"平反"時，也能爲景教這個曾被多位先朝皇帝禮遇過的宗教捎句公道話，景教未必不能在唐代中國捲土重來、東山再起。歷史已成過去，"假設"當然改變不了歷史，但從中我們是可以悟出一些道理的。

從景教以至三夷教在唐代中國的最後失敗，我們似乎可以得出一個結論：在封建極權社會中，任何宗教傳播的成敗在很大程度上乃取決於統治者的好惡、取決於統治者的價值趨向。對此，不但在世界宗教史上，不乏例證，在宗教學上也可以找到理論根據：

　　宗教是一種社會化的觀念體系和行爲體系。宗教觀念的本質和力量不在於它是哪一個人的，而在於它是哪一些人的觀念。宗教創立者、宗教活動家和思想家們的觀點若不能得到一定數量社會成員的承認和接受，就不可能形成社會影響。在歷史上總是由持有同一宗教觀念的人們構成一定的宗教社團。同一宗教社團的成員在宗教觀念、情感、倫理道德、禮儀和修煉等方面均具有一致性。[②]

此處所論當然是嚴格意義上的宗教。至於民間信仰之類，多屬個體行爲，一般不會構成強大的社會勢力，不會對社會造成大的影響。嚴格意義上的宗教，如上引文字所述，是離不開一定的社會組織形式的。這種社會組織規模越大，便意味著其社會勢力越爲強大。如果這種勢力對於專制政權無害的話，那它可以存在；如果有利的話，它便可以發展；如果不利的話，則必受到取締。而所謂利害，在封建極權社會中，往往又是取決於最高統治者個人的好惡、個人的價值觀；而這種好惡和價值觀背後，又總是潛藏著深刻的社會歷史原因。

---

① 佐伯好郎《中國に於ける景教衰亡の歷史》，京都同志社東方文化講座委員會，1955 年，頁 54—55。
② 羅竹風主編《宗教學概論》，華東師範大學出版社，1991 年，頁 73。

迄今學者分析唐代景教失敗的原因，多著眼其主觀內因，這或許是蹈入誤區。其實，在某種特定條件下，客觀外因纔是主要、起決定性的因素。竊以爲，探討唐代景教衰亡的原因，與其刻意從該教本身去尋找，不如從統治者的政策，以及制定這種政策的社會歷史背景中去發掘，也許更能觸及問題的實質，更能反映歷史的本來面目。

（本文原作《景教在唐代中國傳播成敗之我見》，初刊饒宗頤主編《華學》第3輯，中山大學出版社，1998年，頁83—95）

唐朝三夷教政策論略

景教與摩尼教、火祆教的知名度，在唐代中國僅次於佛教、道教。唐代歷朝對這三個夷教的政策，雖不見得都一碗水端平，但基本原則卻無大別。早期頗爲寬容，甚至優禮；到了唐季，卻嚴加取締。前後政策截然不同。下面擬就唐朝三夷教政策的演變及其原因，作一探討；旨在從一個側面，考察唐代統治階級意識觀念的走向。

現存的種種資料表明，三夷教在會昌之前，普遍得到寬容。朝廷對三夷教的寬容，主要表現在基本上不干預它們的宗教活動，作爲宗教活動的主要場所——寺廟，允其合法存在。學者多所徵引的舒元輿《鄂州永興縣重巖寺碑銘》最能證明這一點：

> 故十族之鄉，百家之間，必有浮圖爲其粉黛。國朝沿近古而有加焉，亦容雜夷而來者，有摩尼焉，大秦焉，祆神焉；合天下三夷寺，不足當吾釋寺一小邑之數也。

舒元輿在這段碑文中，站在佛教的立場，貶低三夷教；但亦不得不承認他所厭惡的三夷寺，是得到政府的允許而合法存在的。

唐朝對三夷教寬容政策的另一主要表現是：允許或者默許其譯經活動。也正因爲如此，在敦煌發現的唐寫本中，我們纔能找到摩尼教和景教的漢文寫經。現存的史料也披露當時確有公開的撰譯經典的場所，例如，著名的西安《景教碑》便提到景教高僧阿羅本入華後"翻經書殿"；敦煌本摩尼教經典《摩尼光佛教法儀略》則落款"大德拂多誕奉詔集賢院譯"。不過，三夷教中的火祆教，則未見有漢譯經典傳世，也未見史料提及其有譯經之舉。這看來倒不是唐朝官方不允許的緣故，而是出於該教自身的原因，受該教保守傳統所制約。從歷史看，中亞和中國內地流行的祆教，乃源於波斯瑣羅亞斯德教，爲其變種。[①] 該教僧侶完全不像景教或摩尼教僧侶那樣，熱衷於譯經活動。當今世界尚有瑣羅亞斯德教徒十多萬人，分佈於印度西部和世界其他地區，這些教徒絕大多數都屬於古波斯民族的血統，少與外族通婚。[②] 把其傳統經典翻譯成西方文字的，不是這些教徒，而是西方的語言學家；今天尚且如此，遑論古昔。

唐朝對三夷教採取上述的優容政策，顯然並非盲目或出於偶然因素；因爲早在唐初，朝廷已和這三個宗教有過正式的接觸。與火祆教的接觸，見於北宋《僧史略》卷下：

> 唐貞觀五年（631），有傳法穆護何祿將祆教詣闕奏聞。敕令長安崇化坊立祆寺，號大秦寺，又名波斯寺。

朝廷所接觸的第一位景僧乃景教碑所述的阿羅本，其於"貞觀九祀（635），至於長安"。

朝廷與摩尼教的接觸，首見於宋代釋志磐《佛祖統紀》卷三九，其記錄武則天於延載元年（694）接見過摩尼教的高僧：

> 波斯國人拂多誕持《二宗經》僞教來朝。

此事更詳細的記錄見於明代何喬遠《閩書》卷七：

> 慕闍"當唐高宗朝"行教中國。至武則天時，慕闍高弟密烏沒斯拂多誕復入見。群僧妬譖，互相擊難。則天悅其說，留使課經。

---

① 業師蔡鴻生先生爲拙著《波斯拜火教與古代中國》所作序言中指出："唐宋火祆教與其文化本原相比，或因'展轉間接'而染上中亞色彩，已非波斯本土之正宗，而爲昭武九姓之變種，亦未可知。"近年考古的諸多發現，尤其是西安北周安伽墓、太原隋代虞弘墓的發現，越來越證明蔡師這一推斷之確。

② 參閱拙文《瑣羅亞斯德教婚姻觀述略》，見拙著《波斯拜火教與古代中國》，臺北新文豐出版公司，1995年，頁71—84。

上引這些記載，在留存於世的唐代官方文獻中，並非都可找到佐證。其間，教外人所錄，未必準確，或有混淆；本教自述，或有誇大；佛教典籍，則難免刻意貶低。但無論其客觀可信程度如何，對於統治者之與三夷教正面接觸這一基本事實，恐怕不至於憑空捏造。至於是否有那麼殊遇，則未必盡然。官方沒有留下記載，或者雖有記載，卻不那麼渲染；正史也不予收入，似不當一回事。這便暗示了我們：對三夷教，統治者不過是以平常心處之。對此，今人應不難理解。因爲：從傳統文化看，中國是一個多神教的國家，歷代統治者對各種宗教，一般而言，即使不倡導，也多予寬容；三夷教的傳入，不過是多引進一些神而已；祇要不被利用來顛覆政權，影響社會治安，對朝廷來說，實在是不必大驚小怪。另一方面，儒釋道在中國早已爲統治者所推崇，從其自身的精神需要或統治的需要看，已無必要著意尋求新宗教。由是，對三夷教這類外來宗教的傳播，統治者個人即便有所喜惡，也不會當成多大的事情。

就整個來說，唐代會昌之前，政府對三夷教的政策，是相當寬容的；換句話說，整個大氣候對於三夷教的活動頗爲有利。不過，各教在不同皇帝統治下所得到的待遇，彼此之間顯有區別。在三夷教中，最早入華的當推火祆教，但其在唐代中國的地位，並非一直領先。其原因自有多種，然最顯而易見的，莫過於其不擅長"走上層路線"。這一缺陷與該教的歷史傳統恐大有關係。緣因該教在其發源地波斯古國，曾長期處國教地位，養尊處優，不必蓄意去阿諛奉承統治者；故到了國外，也就不習慣去巴結當地政要。該教在北朝，曾與宮廷有過密切關係[1]，但我們找不到證據足以證明，這是由於巴結奉承的結果。而在唐代，有關該教僧侶與朝廷接觸的記錄，比起景教和摩尼教來，要少得多。火祆教托當時大氣候之福，在兩京、磧西諸州等地，建了不少寺廟，史多稱爲祆祠。[2] 以京城長安爲例，往昔學者認爲有四所，經筆者考證，認爲應增至六所[3]。然而，這些寺廟祇能作爲西域移民的宗教活動場所，官方並不允許漢人到裏邊祭祀。《新唐書》卷四六

---

[1] 詳參陳垣《火祆教入中國考》，見《陳垣學術論文集》第1集，中華書局，1980年，頁306—311。
[2] 同上書，頁316—317。
[3] 詳參拙文《唐代長安火祆大秦寺考辨》，原刊《西北史地》1987年第1期，頁8—12；收入拙著《波斯拜火教與古代中國》，頁139—150。

《百官志·祠部》云：

> 兩京及磧西諸州火祆，歲再祀而禁民祈祭。

禁止漢人信奉火祆教，有力地說明朝廷對該教的寬容，並非出於好感。唐朝的歷代皇帝，未見有誰對該教表現出感興趣。由是，該教與其他兩個夷教比，談不上得到殊遇。但有一點特別的，也就是唐史專家李錦繡女史所提請筆者注意的，即在唐代三夷教中，祇有火祆教的僧侶被列入職官編制，這一待遇也是其他宗教所鮮見的。《通典》卷四〇《職官典》：

> 視流內，視正五品，薩寶；視從七品，薩寶府祆正。
> 視流外，勳品，薩寶府祓（祆）祝；四品，薩寶府率；五品，薩寶府史。

筆者認爲，朝廷的這一做法並非對火祆僧侶情有獨鍾，而是服從當時"外交"或民族政策的需要。對此，中國火祆教研究的奠基者陳垣先生曾有精闢之論："唐代之尊崇火祆，頗有類於清人之尊崇黃教，建祠設官，歲時奉祀，實欲招來西域，並非出自本心；然則唐代兩京之有火祆祠，猶清京師各處之有喇嘛廟耳。"[①] 筆者所要補充的是：根據火祆教在波斯及中亞地區的傳播史，在伊斯蘭教征服之前，入居中國的西域移民中，其大多數應屬於火祆教的信徒。最近，榮新江教授就安祿山這個改變唐代歷史的重要人物的種族與信仰，做了一番很有趣的考察，認爲安祿山是個粟特人，又是一個火祆教徒，其名字的粟特語意思就是火祆教的"光明神"；"安祿山自稱爲'光明之神'的化身，並親自主持粟特聚落中群胡的祆教祭祀活動，使自己成爲胡族百姓的宗教領袖"[②]。這一新穎的考證，至少說明了安祿山與火祆教有關，有利於佐證在華火祆教徒之衆。唐朝當局把火祆教僧侶列入職官編制，顯然旨在通過這些僧侶，來加強對西域移民的管理和控制。

相對於火祆教來說，朝廷對景教要優待得多。西安的景教碑提到了唐代

---

① 《陳垣學術論文集》第 1 集，頁 316。
② 榮新江《安祿山的種族與宗教信仰》，《第三屆中國唐代文化學術研討會論文集》，臺北，1997 年，頁 241。

好幾位皇帝，包括太宗、高宗、玄宗、肅宗、代宗等，把他們當爲大施主來歌頌，對唐朝歷代皇帝可說是極盡阿諛吹捧之能事。景教僧侶討好統治者的本事，要比火祆教勝十籌，其手法甚多，除諛辭之外，更有行動。爲皇室治病療疾，進貢"奇器異巧"，等等。①景教僧侶甚至投統治者興佛之所好，幫助佛僧翻譯佛經。《貞元新定釋教目錄》卷一七記載景教碑文作者景淨，於貞元年間（785—804）與迦畢試高僧般若合譯佛經，結果吃力不討好，遭到皇上批評：

> 時爲般若，不閑胡語，復未解唐言；景淨不識梵文，復未明釋教。雖稱傳譯，未獲半珠；圖竊虛名，匪爲福利。錄表聞奏，意望流行。聖上濬哲文明，允恭釋典，察其所釋，理昧詞疏。且夫釋氏伽藍、大秦僧寺，居止既別，行法全乖。景淨應傳彌尸訶教；沙門釋子，弘闡佛經。欲使教法區分，人無濫涉；正邪異類，涇渭殊流。②

查此處二僧合譯的佛經名爲《大乘理趣六波羅密經》，是經與景教風馬牛不相及；而景淨既不識梵文，又不懂佛理，卻不自量力，硬要參加翻譯。如此做法，令人不解，早就有學者提出質疑："信基督教的景淨居然願意與和尚協力幫他翻譯佛經，景淨的基督教信仰實在值得疑惑，也許在他的頭腦中，另有企圖。"③當然，景淨如此出人意料的做法，斷非是由於對佛理的認同或與佛僧有私誼，更不是像有的學者所指責那樣，"貪圖虛名，而不專心於傳道任務"④。其必另有深意，另有所圖也。若非投皇帝之所好，無從解釋。然弄巧成拙，自討沒趣，則爲始料所未及。

景教僧侶雖沒有像火祆教僧侶那樣，被列入職官編制，但以個人身份作爲朝廷命官者，似不乏其人。最著名的一位曰伊斯，西方有學者認爲，上揭

---

① 詳參本書《唐代景教傳播成敗評說》一文。
② 這段有趣的資料係日本學者高楠順次郎所最先發現，後遂被景教學者廣爲引用，見 J. Takakusu, "The Name of 'Messiah' Found in a Buddhist Book; the Nestorian Missionary Adam, Presbyter, Papas of China, Translating a Buddhist Sûtra", *T'oung Pao*, Vol. 7, No. 1, 1896, pp. 589-591。
③ 龔天民《唐朝基督教之研究》，香港基督教輔僑出版社，1960 年，頁 82。
④ 楊森富《唐元兩代基督教興衰原因之研究》，見劉小楓主編《道與言——華夏文化與基督文化相遇》，上海三聯書店，1995 年，頁 57。

的西安景教碑便是爲了紀念這位僧人。① 據碑文，其官拜"光禄大夫、同朔方節度副使、試殿中監"。

又據榮新江教授的最新考證，"鑴刻在《景教碑》側敍利亞文和漢文對照書寫的僧侣名單左側第三欄"的"僧文貞"，便是1980年1月西安出土的《大唐故李府君墓誌銘》的主人李素，而李素的家族是"一個入仕唐朝的波斯景教家族"；李素本人，"任職於司天臺前後五十六年，經歷了代、德、順、憲四朝皇帝，最終以'行司天監兼晉州長史翰林待詔'的身份，於元和十二年（817）去世"。② 上述有案可稽的這兩位景僧，都是憑藉自己的專長，在朝廷供職。這一方面表明景教僧侣竭力向朝廷靠攏，另一方面又表明了其時朝廷的用人政策，殆無種族或宗教上的歧視。

景教作爲基督教的一個派别，由波斯而流入中國。該教較之火祆教，顯然更有擴張的野心。其利用唐朝的宗教寬容政策，努力將本教的經典翻譯成漢文。漢譯經典，當然是爲了給漢人看，既給平民百姓看，更想給統治者看。上面提到的"大秦國大德阿羅本，遠將經像（教），來獻上京"，所獻經典，當已漢譯。政府高級官員中，有没有讀該教的經典的，未見明確記載；但欣賞或信仰該教的，諒必有之，雖然未必正式領洗入教。例如，肅宗朝名臣郭子儀與景教徒的關係便相當密切，據景教碑所披露，景僧伊斯便是郭的得力副手，倘若兩者的信仰截然相悖，難以相信彼此能配合得很默契。

就唐代三夷教來看，景教在華的傳教活動應該說是最成功的，因爲其基本上是依靠僧侣自身的主觀努力，並不藉助外來勢力，而是通過走"上層路綫"，取得統治者的禮遇。景教曾受到佛教僧侣的大力攻擊，根據景教碑的披露，至少有兩次：其一是在聖曆年（698—700），"釋子用壯，騰口於東周"；其二是在先天末（713），"下士大笑，訕謗於西鎬"。由於佛僧這兩次毀謗活動，曾導致統治者對景教的兩度冷落；但統治者畢竟還給景教面子，不像對待火祆教或下面將提到的摩尼教那樣，下令不讓其在漢人中傳播。從

---

① 參見克里木凱特著，拙譯增訂《達·伽馬以前中亞和東亞的基督教》，臺北淑馨出版社，1995年，頁102—103。
② 榮新江《一個入仕唐朝的波斯景教家族》，見葉奕良主編《伊朗學在中國論文集》第2集，北京大學出版社，1998年，頁82—90。

景教這一例子，我們不難悟到：在專制政權下，制定政策者與政策所針對者，彼此之間存在著互動的關係：前者作用於後者，後者亦能作用於前者。倘若兩者處於良性的互動，便不難出現一個和諧的局面。

至於摩尼教，《重巖寺碑銘》把其置於三夷教之首。其從大曆三年（768）至會昌二年（842）這七十多年間，最受統治者禮遇，朝廷允許其在內地諸多地區建寺和傳教。不過，這是藉助回鶻的勢力。安史之亂，回紇助唐平亂有功，在華勢力大張。在平亂過程中，回紇牟羽可汗接受摩尼教，並把其奉爲國教。於是乎，摩尼教在回紇的支持下，向中國內地長驅直入。據《會昌一品集》卷五所載的唐武宗賜回鶻可汗書云，當時"汀淮數鎮，皆令闡教"。《佛祖統紀》卷四一云，大曆三年，"敕回紇奉末摩尼者建大雲光明寺"；《僧史略》卷下云大曆六年（771）正月"敕荊、揚、洪、越等州各置大雲光明寺一所"；《冊府元龜》卷九九九載元和二年（807）正月庚子，"廻鶻使者請於河南府、太原府置摩尼寺三所，許之"。以上資料，在在說明當時朝廷對於回鶻，幾乎是有求必應。朝廷之優禮摩尼教，實是迫於回紇的勢力。若非回紇支援，摩尼教在唐代中國的地位，恐怕不會高於景教。因爲該教儘管爲武則天所悅，但玄宗在位時，曾明令禁止漢人信奉。《通典》卷四〇載有開元二十年（732）七月敕：

> 末（末）摩尼法，本是邪見，妄稱佛教，誑惑黎元，宜嚴加禁斷。以其西胡等既是鄉法，當身自行，不須科罪者。

這條禁令，實際上是把摩尼教置於與火祆教同等的地位，祇允許其在西域移民中自行傳播，不允許漢人加入。這是不公平的。因爲摩尼教徒的禮儀習俗，並不像火祆教那樣，有那麼多爲中國傳統文化所不容[1]；更何況該教在西方有"變色龍"之稱[2]，其由於長期處於被迫害的境況，故善於僞裝自己，亦善於修正自己，入鄉隨俗，遇境而安。從該教的戒條看，十分嚴格，以至

---

[1] 火祆教的習俗，參閱拙文《瑣羅亞斯德教婚姻觀述略》、《中古瑣羅亞斯德教葬俗及其在中亞的遺痕》，見拙著《波斯拜火教與古代中國》，頁85—97。
[2] Ch. Astrue ed., "Les sources Grecques pour l'histoire des Pauliciens d'Asie Mineure", *Travauxet Memoires* 4, 1970, p. 13.

有"道德宗教"之稱。① 在華的摩尼教僧侶，也很注意走上層路線，討好皇帝。見諸文獻的，除了上揭《佛祖統紀》所述延載元年覲見武則天外，尚有《冊府元龜》卷九七一所載的吐火羅國王"上表獻解天文人大慕闍"，事情發生於玄宗在位的開元七年（719）。由此看來，在當時寬鬆的政治氣候下，唐玄宗照理不應該專門下如此敕令，對摩尼教肆加斥責。其間必另有隱情。觀唐玄宗的敕文，對摩尼教所加的最大罪名竟然是"妄稱佛教"，足見其乃站在佛教的立場上說話；所以，我們可以推斷：玄宗很可能是受到佛僧的極力挑撥，纔下這道敕令的。其實，玄宗在敕禁摩尼教之前，必有所猶豫，是以在一兩年前，曾先詔辨摩尼教。在華的摩尼傳教師爲此而撰寫了一個解釋性的文件，也就是敦煌發現的唐寫本《摩尼光佛教法儀略》。②《儀略》的內容和行文，不但依託佛教，而且攀附道教。然敕文中，卻單斥其"妄稱佛教"，而不責其妄稱道教，可見此一禁教事件，起作用的是佛僧，而不是道士。佛僧對摩尼教的譭謗，竟然導致朝廷禁斷其在漢人傳教；但佛僧對景教的同樣行動，並不能產生同樣的效果。這說明在處理與朝廷的關係上，摩尼教僧侶的本事實不如景教。《佛祖統紀》中，凡涉及摩尼教，必多所詆毀，表現出一副勢不兩立的架勢。本來，佛教之在唐代中國，與摩尼教一樣，都是屬於外來宗教，但出於宗教的排他性，竟然把宗教鬥爭的戰場搬至第三國。這不能不說是宗教的一種悲劇。從開元二十年（732）敕禁摩尼教一事，我們不難看到，各種宗教之間的鬥爭，對統治者宗教政策的制定，也會造成相應的影響，大者如佛道之爭，小者如佛教與摩尼教之磨擦，概不例外。

對三夷教的寬容甚至優待的政策，一直延續到會昌初年。在唐代的宗教史上，會昌（841—846）是一個很值得紀念的年號。當時在位的唐武宗李炎，出於政治、經濟原因，以及個人的好惡，於會昌二年（842）開始懲治佛教徒；至會昌五年（845），更大舉檢括天下佛寺、僧尼，並敕令拆毀寺院，還俗僧尼，沒收寺產等。唐武宗這一滅佛行動，成爲朝廷宗教政策根本改變的標誌。在此之前，政府的宗教政策，儘管因最高統治者個人的愛好而有所偏重，但基本上是以扶道興佛爲主線。唐武宗的滅佛，從質上改變了

---

① 陳垣《摩尼教入中國考》，見《陳垣學術論文集》第1集，頁370。
② 詳參拙文《敦煌本〈摩尼光佛教法儀略〉的產生》，見拙著《摩尼教及其東漸》，中華書局，1987年，頁168—182；臺北淑馨出版社增訂本，1997年，頁189—197。

佛道的均衡狀態。對這個事件，學界已多所研究，爭論不大了。同是在會昌年間，也同是唐武宗李炎這位皇帝，還放棄了歷來對三夷教寬容、優待的政策，而代之以取締專政。對這段歷史，學界則似未深入探討。

查武宗大舉滅佛之前，已先對摩尼教下手。會昌初元，漠北回鶻敗於黠戛斯，向西南遷移，其在中國内地的勢力也敗退；於是唐政府對於摩尼教變得不太客氣了。《會昌一品集》卷五所載《賜回鶻可汗書意》，顯示了政策的改變：

> 摩尼教天寶以前，中國禁斷。自累朝緣回鶻敬信，始許興行。江淮數鎮，皆令闡教。近各得本道申奏，緣自聞回鶻破亡，奉法者因茲懈怠，蕃僧在彼，稍似無依。吳楚水鄉，人性囂薄，信心既去，禽習至難……朕深念異國遠僧，欲其安堵，且令於兩都及太原信響處行教。其江淮諸寺權停，待回鶻本土安寧，即卻令如舊。

此處云"緣自聞回鶻破亡，奉法者因茲懈怠"，實爲"莫須有"的罪名；因爲兩者並無因果關係。歷史的真相是：回鶻民族並沒有因國破而放棄摩尼教信仰，他們西遷後仍奉摩尼教爲國教，20世紀在吐魯番的考古大發現早已證明了這一點；而考摩尼教史，其徒即使遭受了殘酷的鎮壓，也鮮見叛離本教者；因而斷無一聞回鶻破亡便産懈怠之理。到了會昌三年（843），回鶻破滅西遷已成定局，朝廷無所顧忌，遂接二連三，敕令取締摩尼教，甚且置於死地。《僧史略》卷下"大秦末尼"條曰：

> 會昌三年，勅天下摩尼寺並廢入官。京城女摩尼七十二人死。及在此國迴紇諸摩尼等，配流諸道，死者大半。

把對回紇的氣出到摩尼教僧侶上，匪夷所思也。正如陳垣先生所說："大曆間回紇恃功而驕，橫行坊市，人吏不能禁，見於舊書代宗紀及回紇傳者，史不絕書。然未聞一次涉及摩尼，摩尼之安分傳教，不滋生事端可知也。回鶻雖爲摩尼護法，摩尼實未嘗藉回鶻之勢以淩人。"[①]

---

① 《陳垣學術論文集》第1集，頁341。

時至會昌五年，武宗大舉滅佛，景教和火祆教也在劫難逃，不能倖免於難。《唐會要》卷四七《毀佛寺制》提道："勒大秦穆護祆三千餘人還俗，不雜中華之風。"其他古籍也多述及此事。至此，唐朝廷整個地改變了對三夷教的政策，從原來的寬容、優待變成專政。如此一百八十度的大轉彎，其原因是很值得我們深思的。

以往有些學者把唐季對三夷教的取締，純粹歸結爲受佛教的牽連，這是難以令人信服的。首先，排位居首的摩尼教，其受迫害在先，而大舉滅佛在後，根本談不上受佛教牽連。摩尼教與回鶻關係密切，如果要說牽連，受回鶻的牽連倒是真的；但摩尼教徒畢竟並無觸犯刑律，罪不至死，朝廷何以一反常態，完全拋棄傳統的寬容政策而置之於死地呢？有學者把這歸咎於個別人（李德裕）的"陰謀"。把重大歷史事件的發生，單純歸結爲個別人物意志的產物，顯非唯物史觀。至於火祆教、景教，其之遭遇厄運，雖與滅佛同時，但若因此而斷其受佛教牽連，也似嫌勉強；緣因三夷教與佛教雖同屬外來宗教，但佛教來自印度，早已爲中國朝野所承認，與儒、道併列；而三夷教傳自波斯，與佛教迥然不同，且經常備受佛教攻擊，向來鮮見有人將其與佛教相提並論。當佛教極爲風光之時，三夷教並未沾其光；何以佛教倒霉時，卻要受其牽連？何況，學者們的研究業已證明，佛教遭"滅"的根本原因，在於其寺院經濟的惡性膨脹；而三夷教並無這個問題。所以，牽連說實際並未道出問題的要害所在。唐朝在會昌年間改變對三夷教的政策，若依唯物史觀，其根本原因，我們祇能從社會歷史背景去找尋。

發生於公元755—763年的安史之亂，是導致唐朝由盛而衰的劃時代歷史事件。在此之前，唐朝無疑是當時世界最強盛的國家，京城長安宛如聯合國之所在地，各國人士，尤其是來自西域各地的移民雲集麇居。統治階級對自己，對未來充滿信心，朝廷深具大國風度，"對外開放"，招徠西域。在意識形態領域則採取較爲寬鬆的政策，各種宗教流行。然而，安史之亂使國家人民遭受了極其慘重的損失，嚴重地打擊了統治者的自信心。由於安史之亂的禍首安祿山、史思明及其一批部下，均屬西域胡人；後來幫助平亂的回鶻人又恃功自傲，在內地爲非作歹。這一切無疑助長了社會各階層的部分人士，包括統治階級與被統治階級的排外、仇外心理。唐武宗的滅佛，就其思想根源而論，蓋出於排外心理，這在其《毀佛寺制》中暴露無遺：

> 況我高祖太宗以武定禍亂，以文理華夏，執此二柄，是以經邦。豈可以區區西方之教與我抗衡哉！
> 收奴婢爲兩稅戶十五萬人，隸僧尼屬主客，顯明外國之教。勒大秦穆護祆三千餘人還俗，不雜中華之風。

《資治通鑒》卷二四八胡三省的評注，也反映了這種排外心態：

> 大秦穆護又釋氏之外教，如回鶻摩尼之類，是時敕曰："大秦穆護等祠，釋教既已釐革，邪法不可獨存。其人並勒還俗，遞歸本貫，充稅戶；如外國人送遠處收管。"

把外國移民固有的宗教信仰視爲"邪法"，正是狹隘民族主義的表現。統治階級爲了填補、掩蓋內心的空虛，盲目地滋長大漢族主義，無限地誇大本土傳統文化的威力，竭力貶低外來文化，這在臣僚中顯然形成了一股思潮；《李文饒文集》卷二〇所收入的《賀廢毀諸寺德音表》，可視爲這股思潮的代表作：

> 臣聞仲尼祖述堯、舜，憲章文武。大弘聖道，以黜異端。末季以來，斯道久廢。不遇大聖，孰能拯之。臣某等中謝伏以三王之前，皆垂拱而理，不可得而言也。厥後周美成康，漢稱文景。至化深厚，大道和平。人自稟於孝慈，俗必臻於仁壽。豈嘗有外夷之教，點中國之風？……

對己唯我獨尊，對外鄙夷不屑，溢於言表。唐朝作爲泱泱大國，竟出現這種狹隘民族主義，誠爲歷史的不幸。而這個不幸，乃是安史之亂帶來的苦果之一。

三夷教是西域移民的精神支柱，其僧侶是教徒的靈魂，其寺廟是宗教活動場所，也是聯絡團結移民的中心。對三夷教的取締，在客觀上，破壞了胡漢的和睦友好關係；在主觀上，則反映了統治者的排外心理，也反映了他們對外來民族的恐懼心理。唐朝三夷教政策的改變，標誌著唐代統治階級在意識觀念上，原來保有的開放性已經淡薄了，由放眼世界轉爲面向本國、本民族。

（本文初刊榮新江主編《唐研究》第 4 卷，北京大學出版社，1998 年，頁 1—14）

經文篇

導　語

　　有關20世紀初敦煌藏經洞發現大量文書的報導中，提到了若干漢文景教寫經。物以稀爲貴，該等寫經自然備受學界青睞。其爲敦煌寫本，首先受到敦煌學家的關注；其內容爲景教經文，更受基督教學者重視。而景教是唐代的一個外來宗教，從文化史的角度，歷史學家則把其視爲古代中西文化交流的珍貴資料。如是，學界從各個不同角度，考察或利用這些寫經。

　　以該等寫經爲研究對象的專門論著，主要包括兩方面的內容：其一，從出土文書整理的角度，追蹤寫本的發現及其收藏情況，就寫本的形式、體裁、年代，甚至真僞進行外觀考察；更有，對寫本的文字進行辨認校勘著錄。其二，把寫本作爲唐代景教內典文獻，對其內容加以詮釋，追蹤其源頭，分析其宗教義理；並根據其表述方式，考察其傳教模式等。就已發表的論著看，不少同時涉及這兩方面的內容。

　　本篇針對景教寫經研究存在的一些問題，尤其是對寫經內容的理解和寫本的真僞，在既往學者研究的基礎上，重新考察。就傳統所公認的敦煌漢文景教諸寫本，竊以爲可確認爲真品者，首推今藏巴黎編號爲P.3847的卷子，其包含《景教三威蒙度讚》、《尊經》兩篇不同的經文和一段抄經人的"按語"，文獻價值甚高。其次是李盛鐸舊藏、今存日本某家的《志玄安樂經》和《大秦景教宣元本經》寫本；前者有錄文行世，原件衹刊佈始端和末尾部分二十多行；後者曾長期被學界所疏忽，甚至誤會，20世紀90年代始恢復其真實面目。至於50年代初刊佈、聲稱爲李氏舊藏的小島文書——《大秦景教大聖通真歸法讚》和《大秦景教宣元至本經》，經追蹤調查，已可斷定其所謂李氏舊藏純屬子虛烏有；加之其他諸多疑點，吾人無從相信其是敦煌真品。此外，日人所得的另外兩個著名景教寫本，即富岡氏的《一神論》和高楠氏的《序聽迷詩所經》，不唯來歷不明，書寫與內容亦顯露某些作僞跡象，難以排除贋品的可能性。

敦煌景教寫本 P.3847 再考察

　　1908 年爲伯希和所得、今藏巴黎國家圖書館、編號爲 Pelliot Chinois 3847 的敦煌卷子，簡稱 P.3847，以寫經《景教三威蒙度讚》、《尊經》而知名於世。在 20 世紀初敦煌發見的諸漢文景教寫本中，其是最早公刊，又是最有文獻價值的一件。穆爾（A. C. Moule）教授從研究基督教史的角度，認爲該寫本的重要性，僅次於西安的景教碑，有些方面甚至比該碑更有意義。①

　　當伯希和取得該寫本時，即已認定其爲唐代景教的寫經；但該寫本由羅振玉先生率先於清宣統元年（1909）刊佈，見氏編《敦煌石室遺書》第 3 冊，頁 45 至 47，羅氏還爲該件撰跋。其 1910 年刊行的《石室秘寶》印以玻璃版本；1917 年印行的《鳴沙石室佚書續編》也予收入。日本大正新修《大藏經》有收入該寫卷錄文，見卷 54，No.2143，頁 1288。

　　繼羅氏刊佈錄文之後，國人最早研究該寫本者是著名的宗教學家許地山先生，1921 年其於《生命》月刊第 2 卷第 1 期發表《景教三威蒙度讚釋略》。不過，許先生不諳敍利亞文，故對經文的解釋雖有發軔之功，但其中不乏揣測者，爾後學界除林仰山（F. S. Drake）外，對氏文鮮見提及。對該寫本的研究卓有影響的學者，似得推佐伯好郎、穆爾和林仰山三氏。② 觀他氏有關的研究，似都是或直接或間接地在彼等基礎上進行。

---

① A. C. Moule, *Christians in China before the Year 1550*, London, New York and Toronto 1930; repr. New York 1972, p. 52; 郝鎮華中譯本《一五五〇年前的中國基督教史》，中華書局，1984 年，頁 39。

② 彼等有關的主要論著是：P. Y. Saeki, *The Nestorian Monument in China*, London 1916, repr. 1928; *The Nestorian Documents and Relics in China*, Tokyo 1937, repr. 1951。佐伯好郎《景教の研究》，東方文化學院東京研究所，1935 年；《支那基督教の研究》第 1 卷，東京春秋社，1943 年。A. C. Moule, *Christians in China before the Year 1550*. F. S. Drake, "The Nestorian 'Gloria in Excelsis Deo'", *The Chinese Recorder* 66 (1935), pp. 291-300。

P.3847 卷子，來歷清楚，確爲敦煌真跡；對其研究，自始就取得良好成績，而今對整個寫本的解讀，經過諸家的翻譯考釋，加之對照敍利亞等文本，應當說，內容業已大體明了。竊以爲，現尚遺留的較大問題，是對整個寫本結構的看法。下面的所謂再考察，不外是沿著前賢開拓的道路，盡量吸收衆家研究成果，並結合自己對寫本原件的考察，就這個遺留問題，提出個人管見。

一、P.3847 釋文

P.3847 全卷凡 46 行，存 690 字。從其書寫格式，明顯包含三個部分，即：

1.《景教三威蒙度讚》（以下簡稱《讚》），24 行，328 字；

2.《尊經》，18 行，277 字；

3. 末 4 行，即 "謹案……猶未翻譯"，85 字，以下苟稱爲 "按語"。

該卷子的錄文除見諸上揭諸氏著作外，目前國人較容易見到的版本，臺灣版有張奉箴先生文本[1]，香港版有羅香林教授、龔天民先生文本[2]，大陸版則有江文漢先生、翁紹軍先生文本[3]。據筆者一一校勘，各文本或因印刷、或因轉抄，均有文字差錯，少則個別，多則若干。爲便於討論問題，茲據原件影印本，參照諸家文本，重新著錄標點，有疑處則加注。

```
1 景（景）教三威豪（蒙）度讚
2 旡（無）上諸天深敬歎（歎），大地重念普安和，人元
3 真性蒙依止，三才慈父阿羅訶。一切善衆
4 至誠礼，一切慧性稱讚歌，一切含（含）真盡歸（歸）仰（仰），
5 蒙聖慈光救離魔。難尋無及正真
6 常，慈父明子淨風王，於諸帝中爲師（師）帝，
```

---

[1] 張奉箴《福音流傳中國史略》，臺北輔仁大學，1970年，頁 134—138。
[2] 羅香林《唐元二代之景教》，香港中國學社，1966年，頁 220—222；龔天民《唐朝基督教之研究》，香港基督教輔僑出版社，1960年，頁 157—158、174。
[3] 江文漢《中國古代基督教及開封猶太人》，知識出版社，1982年，頁 64—66；翁紹軍《漢語景教文典詮釋》，生活・讀書・新知三聯書店，1996年，頁 199—215。

7 扵諸世尊為法皇。常居妙明無畔界，

8 光威盡察有界壃（疆），自始無人尝得見，

9 復以色見不可相（相）。惟獨紝（純）① 凝清浄德，

10 惟獨神威無苐（等）力，惟獨不轉（轉）儼然存，

11 衆善根本復無樮（極）。我今一切念慈恩（恩），歎

12 彼妙樂照此國，弥施訶普尊大聖子，

13 廣度苦界救無億。常活命王慈喜羔，

14 大普就苦不辞勞，彭（願）捨群生積重罪，

15 善謨（護）真性得無緜。聖子端任父右座，

16 其座復超無帚（鼎）② 高，大師彭彼乞衆請，降

17 根使免火江（江）漂。大師是我等慈父，大師

18 是我等聖主，大師是我等法王，大師能為

19 普救度，大師慧力助諸嬴（嬴）③。諸目瞻（瞻）仰不

20 塹（蹔）移，復与（與）枯燋降甘露，阼（所）有豪潤善

21 根滋，大聖普尊弥施訶。我歎慈父海

22 葴（藏）慈，大聖謙及浄風性，清凝法耳不

23 思議。

24 大秦景教三威豪度讚一卷

1 尊經

2 敬礼：妙身皇父阿羅訶，應身皇子弥施訶，

3 證身盧（盧）訶寧俱沙，已上三身同帰一體。

---

① "紝"，《康熙字典》有收，爲"純字之譌"；參臺版《異體字字典》"純"條，並見黃徵《敦煌俗字典》，上海教育出版社，2005年，頁63。各著錄本中普遍作"絕"，現據原件改正。吳其昱先生親睹原件，錄爲"純"，確。

② "帚"，許地山疑爲"量"，穆爾、林仰山、佐伯從該意，羅香林疑爲"昇"。竊意應爲"鼎"的俗寫，參臺版《異體字字典》"鼎"條，並見黃徵《敦煌俗字典》，頁88—89。鼎在古代象徵權威，是句意謂天父乃無可超越之最尊者。

③ "嬴"，向被錄爲"贏"，本文初稿亦然，蒙廣州基督教會唐啓望先生提示，疑爲"嬴"，瘦弱解，證之臺版《異體字字典》"嬴"條並黃徵《敦煌俗字典》（頁235—236），確。

4（敬礼：）①瑜罕難法王②，廬伽法王，摩矩辝（辭）法王，明泰（泰）法王，

5 牟世法王，多惠法王，景通法王，寶路法王，

6 千眼法王，郁寧逸法王，珉（珉）艷法王，摩薩（薩）吉（吉）思法王，

7 亘和吉思法王，摩没吉思法王，岑穩（穩）僧（伽）③法王，廿四聖法王，

8 㤪（憲）難耶法王，賀薩耶法（王）④，弥沙曳法王，娑羅法王，

9 瞿廬法王，報（報）信法王。

10 敬礼：《常明皇樂經》，《宣元至本經》，《志玄安樂經》，

11 《天寶蔵經》，《多惠聖王經》，《阿思瞿利容經》，

12 《渾元經》，《通真經》，《寶明經》，《傳化經》，《聲（罄）遺經》，

13 《原靈經》，《述略經》，《三際經》，《徵詰經》，《寧思經》，

14 《宣義經》，《師利海經》，《寶路法王經》，《刪河（訶）律經》，

15 《藝利月思經》，《寧耶頤（頤）經》，《儀（儀）則律經》，《毗遏啓（啓）經》，

16 《三威讚經》，《牟世法王經》，《伊利耶經》，《遏拂林經》，

17 《報信法王經》，《弥施訶自在天地經》，《四門經》，《啓真（真）經》

18 《摩薩吉斯經》，《慈利波經》，《烏沙郍經》。

1 謹案諸經目錄，大秦本教經都五百卅部，並是貝栥（葉）梵音。

2 唐太宗皇帝貞觀（觀）九年，西域太德僧阿羅本，屆于中夏，並奏

---

① 察原件，第四紙與第五紙之交接正位於該行，紙張顯見曾被剪貼。交接黏合處寬2釐米，可書寫一行字，頂部依稀可見墨跡。從文意看，此處應有"敬礼"二字。推測因是處破損斷裂，有字脫落，後人修復黏接時，未予注意。據穆爾稱，該卷原件發現時，已斷爲三片（Moule, p. 52），林仰山則云斷爲兩片（Drake, p. 291）。觀該行必係當年斷裂處，至於修復時是否已察及字的脫落，則未見記錄。

② "王"，原件字形甚小，應是抄寫後發現脫漏始補上。

③ 原件無"伽"字，佐伯好郎等均據文意補上。按敦煌發見的另一篇漢文景教寫經，即《志玄安樂經》，多處有"岑穩僧伽"之謂，其"岑穩僧伽"，係救世主之高徒。

④ 原件無"王"字，各家多據文意補上。

3 上本音。房玄齡、魏徵宣譯（譯）奏言。後凸（召）本教大德僧景淨譯，

　　4 得已上卅部卷，餘大斁（數）具在貝皮夾，猶未翻譯。

二、P.3847 卷子三部分的關係

　　P.3847 卷子由三個部分組成，學界殆無分歧。問題是這三部分的關係如何，學界的看法則不一致，不少文章在表述時亦不明確。1909 年首次刊佈時，羅振玉先生作敘錄題爲《敦煌本景教三威蒙度讚跋》，文曰：

　　　　景教古經傳世絕少。數年前，上海徐家匯天主教堂於開封回民家，得猶太教羊皮古經，乃如德亞文，已寄羅馬教皇許。今此讚首尾完好，後附景教經目三十種，尤足資彼教之考證矣。①

　　羅氏顯然是把《讚》作爲經文的主體，其他則目爲《讚》的附錄。《大正藏》把這三個部分均列爲同一編號（No.2143）收入，即視爲同一篇經文，顯然係接受羅氏的看法。爾後，多有文章在表述時或把這三個部分當成一部經文，或將《尊經》及"按語"視爲《讚》的附錄。伯希和於 1914 年在《通報》發表《唐元時代中亞及東亞之基督教徒》，文中稱：

　　　　景教碑以外，還有一部在敦煌發現的《景教三威蒙度讚》，這部經是讚揚三身：傳道者、豫言者、使徒諸聖的經文，後附八世紀末年漢譯的景教經目多種。②

　　這一表述顯示其觀點與他的朋友羅氏是一致的，究竟是受後者的影響抑

---

① 羅振玉《敦煌本景教三威蒙度讚跋》，《羅振玉校刊群書敘錄》，江蘇廣陵古籍刻印社，1998 年，頁 322—323。
② P. Pelliot, "Chrétiens d'Asie Centrale et d'Extrême-Orient", *T'oung Pao*, Vol. 15, No. 5, 1914, p. 626. 引文據馮承鈞中譯本，見《西域南海史地考證譯叢》一編，商務印書館，1962 年，頁 51。

或不謀而合，則不得而知。許地山先生在上揭《景教三威蒙度讚釋略》一文中，將三個部分連成一塊進行著錄和解釋，且在前言寫道：

《景教三威蒙度讚》一卷，是清光、宣年間發見於陝西（應爲甘肅。——引者）敦煌石室底文書之一種。這和《景教流行中國碑》有同樣的價值。吾人從《景教碑》可以探索本教入華底歷史，從這篇讚可以略知本教當時所行底儀式和所用底經典。可惜讚後所列人名和經名，譯義，譯音，紛然雜陳，無從探其究竟。……①

如此表述顯然視 P.3847 整個卷子爲一經。陳垣先生在 1927 年講授宗教史時，述及該寫卷，亦持類似看法：

此經乃一讚美詩，末尾附有尊經及法王名號，摩西、馬太等等，都載入其中，這類人名，大都可以證明，所不可解者，祇景通法王一名，但考證的結果，也很滿意。②

而穆爾在其 1930 年出版的名著《一五五〇年前的中國基督教史》中，將整個寫本英譯，雖然他認爲寫本是分成三個部分，把《讚》名英譯爲 *A Hymn of the Brilliant Teaching to the Three Majesties for Obtaining Salvation*，把《尊經》名譯爲 *Honoured Persons and Sacred Books*，把"按語"則譯爲 *A Short Historical Note*；但仍然視整個卷子的內容爲一體，把討論該卷子的章節題爲 *The Tun-huang Gloria in Excelsis Deo*。③

方豪先生看法類似，其介紹敦煌發現的景教文獻時，把 P.3847 當爲一部經文，稱"《大秦景教三威蒙度讚》寫本，光緒三十四年伯希和在敦煌鳴沙山石室發現，即今天主教彌撒中所誦榮福經（Gloria in Excelsis），而雜以謝

---

① 許地山《景教三威蒙度讚釋略》，《生命》第 2 卷第 1 期，1921 年，"專門的研究"欄下，頁 1—5，引文見頁 1。
② 陳垣《基督教入華史》，1927 年講稿，收入《陳垣學術論文集》第 1 集，中華書局，1980 年，頁 93—106，引文見頁 98。
③ Ibid., Moule, 1972, pp. 52-57.

恩經（Te Deum laudamus）也。……全經分讚文、尊經、'按語'三部分"①。

梁子涵先生根據上述各家的看法，在其1956年發表的《唐代景教譯經考》，把整個寫本當爲一篇經典討論②；在1957年發表的《唐代景教之文獻》，復將整個寫本的內容按行數從一到四十六標號錄下③。

蘇瑩輝先生1962年發表的《中外敦煌古寫本纂要》，有專節介紹景教經卷，稱"藏法京者，爲《大秦景教三威蒙度讚》共四十六行"④。細玩文意，知其將《尊經》與"按語"都納入《讚》的內容。

以上所舉各家，殆爲權威學者，有的雖非景教研究的專家，但也是敦煌學的巨擘；彼等對卷子的如上看法，自是經過一番考慮，絕非輕率之語。我們當然不能忽視他們的見解。

佐伯好郎博士則自始另有看法，在其1916年出版的英文《中國景教碑》一書中，根據羅振玉先生刊佈的版本，把《讚》和《尊經》當爲兩個完整獨立的景教經文討論，並分別翻譯，而對於末端四行"按語"則不加討論和翻譯；而在書末附錄的漢文文獻，則祇刊錄《讚》部分。⑤很明顯，佐伯氏當時已認爲卷子雖有三個部分的內容，但就其性質，並不互相從屬。他把《讚》名英譯爲 The Nestorian Baptismal Hymn to the Trinity，也就是說，他認爲《讚》是"景教徒獻給三位一體的浸禮讚詩"；而他把《尊經》名則譯爲 The Nestorian Book of Praise, dedicated to the Living and the Dead，即"景教徒獻給生者和死者的讚經"。⑥對經名如此翻譯是否準確，苟當別論；但從譯名看，顯然視其爲兩篇用途不同、讚頌對象不同的經文。其1937年出版的英文《中國景教文獻和遺物》，仍把《讚》和《尊經》分別英譯注釋，而把末端"按語"作爲《尊經》的附注，亦予翻譯和注解。⑦在是書附錄的漢文經典中，

---

① 方豪《中西交通史》第2冊，臺北中華文化出版事業委員會，1953年，頁217；嶽麓書社，1987年，頁415；氏文《唐代景教考略》(《中國史學》1936年第1期，頁120—134)、《唐代景教史稿》(《東方雜誌》第41卷第8號，1945年，頁44—50)所述類同。
② 梁子涵《唐代景教譯經考》，初刊《新鐸聲》1956年第8期；復修訂刊臺灣《大陸雜誌》第27卷第7期，1963年，頁212—219，有關討論見頁213。
③ 梁子涵《唐代景教之文獻》，臺灣《大陸雜誌》第14卷第11期，1957年，頁353—354。
④ 蘇瑩輝《中外敦煌古寫本纂要》，《東海大學圖書館學報》1962年第4期；收入氏著《敦煌論集》，臺北學生書局，1983年，頁309—342，引文見頁332。
⑤ Ibid., Saeki, 1928, pp. 65-70, 272.
⑥ Ibid., p. 65.
⑦ Ibid., Saeki, 1951, pp. 266-280；漢文經典附錄，頁71—76。

《讚》和《尊經》的排版明顯分開，至於末端"按語"則是附著於《尊經》。佐伯氏1943年出版的日文《支那基督教之研究》，對該寫本亦是同樣分別討論、分別著錄。① 如是，佐伯的觀點很清楚，《讚》和《尊經》是兩篇互不從屬的獨立經文，而"按語"並非經文，其祇是針對《尊經》的一個注釋。就兩經的內容，佐伯氏在其有關論著中，討論甚詳，此處不贅。無論如何，其根據經文的具體內容，將《讚》和《尊經》分開處理，顯然不無道理。何況，明眼人一看，就可見兩部分不唯內容不同，而且表達形式亦迥異，《讚》是較爲工整的詩歌，《尊經》則只臚列神名、經名，並非詩作。

1935年，對基督教學和漢學深有研究的林仰山教授，認真地參酌了諸氏的研究成果，將P.3847重新考釋。儘管他將整個卷子名爲《景教三威蒙度讚》，但在實際討論中，卻是把卷子的內容分爲三個獨立部分進行譯注。他把《讚》譯爲 Nestorian Hymn of the Saved in Praise of the Triune God，把《尊經》譯爲 The List of Saints and Scriptures，把"按語"譯爲 The Historic Note。② 在其1954年發表的中文《唐代之景教文獻》一文中，把《大秦景教流行中國碑》列爲第一個，把《大秦景教三威蒙度讚》列爲第二個，而在介紹這第二個文獻時，又分爲三篇："第一篇——景教三威蒙度讚"、"第二篇——尊經"、"第三篇——譯經史之附錄"。③

張星烺先生1930年出版的《中西交通史料匯編》，採納了佐伯的看法，把《讚》和《尊經》作爲兩篇經文介紹，稱前者爲"聶斯脫里派徒祈禱時所用之聖歌"，後者"亦其教中人所用以爲該派法王及著經人祝福者也"。分開著錄，而且不把"按語"當爲經文的內容，刪去不錄。④

1934年出版的德禮賢《中國天主教傳教史》，參照張星烺先生的意見，也把《讚》和《尊經》作爲兩篇經典介紹。⑤

朱維之先生接受佐伯氏的觀點，在1946年發表《大秦景教三威蒙度讚

---

① 上揭佐伯好郎著，1943年，頁343—354。
② Ibid., Drake, 1935.
③ 林仰山撰，單倫理譯《唐代之景教文獻》，《一九五四年度香港大學學生會會刊》，1954年，頁3—11；是文又見香港大學藏景印訂裝本稿《林仰山教授中文存》第六篇，總頁38—60。
④ 張星烺《中西交通史料匯編》，輔仁大學圖書館，1930年，第1冊，頁195—198；朱傑勤校訂本，中華書局，1977年，第1冊，頁125—127。
⑤ 德禮賢《中國天主教傳教史》，商務印書館，1934年；臺灣商務印書館，1983年，頁11。

及尊經考》，把《讚》和《尊經》當爲兩篇獨立的經典討論。①

龔天民先生在其《唐朝基督教之研究》一書中，亦明確地把《讚》和《尊經》當爲兩篇獨立的經文處理②，附錄的景教文獻原文，《讚》列第六篇，《尊經》則列第九，完全分開。

羅香林教授的《景教入華及其演變與遺物特徵》一文第八部分，論述敦煌的景教文獻，把《讚》和《尊經》分別列爲第六和第七寫卷介紹。③在氏著《唐元二代之景教》中，也把其作爲兩篇經文著錄。④不過，他也承認《尊經》"此卷接寫於《三威蒙度讚》後，而不爲獨立形式"。⑤

張奉箴先生1970年出版的《福音流傳中國史略》，亦把《讚》和《尊經》作爲兩篇不同的經文來討論。⑥

爾後江文漢先生的《中國古代基督教及開封猶太人》，翁紹軍先生的《漢語景教文典詮釋》，亦採取同樣的方式，分開討論寫本。⑦

以上所舉學者，也多爲鼎鼎大名，像佐伯氏，更是以畢生研究中國景教而著稱，其見解自應受到高度重視。

行外人把《讚》和《尊經》目爲同一個經典的兩個部分，多出於錯覺，因其同出一個寫卷。其實，在敦煌寫本中，不同性質的經典寫在同一個卷子的現象並不少見，例如，英藏 S.2659 卷子長達 10.44 米，正反兩面都抄寫經文，正面寫的是著名的摩尼教《下部讚》，反面則寫有玄奘的《大唐西域記》，佛教的《往生禮讚文》以及《十二光禮懺文》。⑧吾人當然不可因該等文字同寫一軸而視同一經。不過，諸著名學者把《讚》和《尊經》目爲一體，當然與這種錯覺無關；內在的理由自然是因爲經文的性質均屬景教，而且體裁都是禮讚文。如是，我們要把其分開當爲獨立的經文看待，除了從內

---

① 朱維之《大秦景教三威蒙度讚及尊經考》，《基督教叢刊》1946年第14期，頁14—17；收入氏著《文藝宗教論集》，青年協會書局，1951年，頁151—158。
② 龔天民《唐朝基督教之研究》，香港基督教輔僑出版社，1960年，頁29—40。
③ 羅香林《景教入華及其演變與遺物特徵》，臺灣《華岡學報》第1卷第1期，1965年；收入氏著《唐元二代之景教》，頁1—55，有關討論見頁34—35。
④ 《唐元二代之景教》，頁220—222。
⑤ 《唐元二代之景教》，頁34。
⑥ 上揭張奉箴著，頁134—138。
⑦ 上揭江文漢著，討論見頁57—59，錄文見頁64—66；翁紹軍著，頁197—215。
⑧ 拙文《倫敦藏敦煌寫本〈下部讚〉原件考察》，見《季羨林教授八十華誕紀念論文集》，江西人民出版社，1991年，頁873；或參拙著《摩尼教及其東漸》，臺北淑馨出版社增訂本，1997年，頁239。

容加以甄別外，似乎還有必要進一步論證。下面擬就兩經的本源略加考察，以進一步證明佐伯氏在此問題上之正確。

儘管伯希和把他發現的整個卷子的內容目爲一體，但在其與沙畹合撰、1911 年發表的《中國新發見的摩尼教經典》，便已稱《讚》"應譯自敍利亞文，並認爲其採用中國詩歌的韻律，但格式卻非中國佛教禮讚詩所常用"①。足見他自始就意識到《讚》與《尊經》的本源不同。雖然其對該寫本的進一步研究成果迄今未見整理披露，但他這一提示已爲後人的研究指明了方向。大約在 10 年後，著名的伊朗學家明格納（A. Mingana）博士便已認定《大秦景教三威蒙度讚》乃爲敍利亞文讚美詩《榮歸上帝頌》（*Gloria in Excelsis*）的漢譯本。穆爾根據這一觀點，在其《一五五〇年前的中國基督教史》一書中，著錄了敍利亞文讚美詩的英譯本，比對敦煌漢文本，進一步加以論證。② 半個多世紀後，更有旅居法國的吳其昱博士在 1986 年發表《景教三威蒙度讚研究》③，將《讚》的詞句與敍利亞文的《榮歸上帝頌》一一比對，進一步坐實了該經乃譯自敍利亞文本。對這一譯經，英國著名的教會史專家福斯特（J. Foster）教授在《唐代教會》一書中，深爲感慨地說道："我們西方人直到宗教改革後，纔用自己的語言來誦唱這首高貴的讚美詩；但中國的基督教徒超過了我們，他們比我們早了 7 個多世紀。"④

佐伯氏 1943 年出版的日文《支那基督教之研究》，就《讚》譯自敍利亞文 *Gloria in Excelsis* 這一點，是認同明格納、穆爾的看法的⑤；不過，就經名"三威蒙度"的含義，佐伯氏在其 1937 年出版的《中國景教文獻和遺物》中，把"威蒙度"三個字獨立出來，認爲是敍利亞文 imuda（浸禮）之音義兩譯名詞，故把整個經名釋爲"景教徒受洗禮時所誦朝拜聖三經"。⑥ 在日文《支

---

① É. Chavannes et P. Pelliot, "Un traité manichéen retrouvé en Chine", *Journal Asiatique* 1911, p. 503, note 2. 1932 年，伯希和在上海中法聯誼會上演講《中古時代中亞細亞及中國之基督教》，更明確指出《讚》"皆直錄聖經中語"。該講演稿由陸翔漢譯，刊《說文月刊》第 1 卷第 12 期，1939 年，頁 36—38。

② Ibid., Moule, 1972, pp. 52-57.

③ 吳其昱《景教三威蒙度讚研究》，《"中央研究院"歷史語言研究所集刊》第 57 本第 3 分，1986 年，頁 411—438；該文附有敍利亞文字彙、敦煌本原件與敍利亞文本的清晰圖版，資料堅實，結論穩妥。

④ J. Foster, *The Church of the T'ang Dynasty*, London 1939, p.154.

⑤ 上揭佐伯好郎著，1943 年，頁 343—346。

⑥ Ibid., Saeki, 1951, pp. 269-271.

那基督教之研究》仍固守這一考證。① 對此，多有學者不予認同。如方豪先生對該《讚》名，便另有一番不同解釋：

"三威"即今稱"聖三"，言三位一體也。"蒙度"者仰望救贖也。蓋經中言"三才""三身"，俱指三位一體而言；又所用"蒙"字"度"字，若："蒙依止""蒙聖慈光""蒙潤"，皆言承蒙或蒙受也；"廣度苦界""大師能爲普救度"，"度"字皆有拯拔之義。是"三威蒙度讚"即呼求聖三經也。日人佐伯以"威蒙度"爲敍利亞文 imuda（浸禮）之音義兩譯名詞，謂係景教徒受洗禮時所誦朝拜聖三經，但"三"字即費解。②

方豪先生對經名的這一解釋，實際與早年許地山先生的觀點類似。③ 這一解釋，多爲學者所認同，上揭吳其昱博士的文章便稱其所言"甚確"，而對佐伯的解釋，則稱"殆誤。案此讚累用'蒙''度'二字，非對音也"。④ 敍利亞經文譯成漢文，自必因應漢文的表達習慣，方豪先生的解釋，竊以爲更貼合敍利亞文經文的原旨。

至於《尊經》，佐伯氏自始就認定其爲景教的 Diptychs，即景教禮拜儀式中的"位牌"或"靈牌"。⑤ 朱維之先生認同這一解釋：

Diptychs 出於希臘文，說是"兩排對折的牌位"。景教禮拜儀式中之有"尊經"或牌位部分是學者們所公認的。景教碑文中有"七時禮讚，大庇存亡"之語，即是說爲存者亡者祈禱。"尊經"底性質，正是這樣的東西。⑥

---

① 上揭佐伯好郎著，1943 年，頁 347。
② 方豪《中西交通史》第 2 冊，1953 年，頁 217；1987 年，頁 415；氏文《唐代景教考略》(《中國史學》1936 年第 1 期，頁 120—134)、《唐代景教史稿》(《東方雜誌》第 41 卷第 8 號，1945 年，頁 44—50) 所述類同。
③ 許地山先生已對經名作過類似的解釋："'三威'是父、子、聖靈底威力。'蒙度'今說'得救'。就是皈依三位一體而得救底意思。讚是禮拜時，會衆合唱底歌詞。"(見許地山《景教三威蒙度讚釋略》，頁 1)
④ 上揭吳其昱文，頁 413。
⑤ Ibid., Saeki, 1928, p. 65.
⑥ 上揭朱維之文，頁 15；上揭朱維之著，頁 153。

鄭連明牧師亦認同《尊經》爲"讚美之書,是中國景教的記事板,'用來爲生存者和已故者禱告'"。①

日本松本榮一教授1938年發表的《景教〈尊經〉形式考》②,將敦煌本的《尊經》與佛教的懺法敬禮文比對,認爲《尊經》第一項敬禮三位一體,第二項敬禮諸法王,第三項敬禮諸經的形式,完全是踏襲了佛教懺法敬禮文敬禮諸佛、諸經、諸菩薩的形式;祇不過各項次序略有變動而已。松本氏的考證顯然是成立的,得到羅香林教授的肯定。③根據這一考證,我們自可推斷,敍利亞的景教徒在禮拜儀式中採用"尊經"之類的"位牌",或許有之,但肯定不會像敦煌本《尊經》這樣佛教化。而照敦煌本《尊經》的內容,其敬禮三位一體、敬禮諸法王,與敍利亞的景教徒或可相同;但其敬禮經典,迄今未見考實古敍利亞教會有這等事;即便有,亦斷不會一樣。因爲要讓中國教徒敬禮的經典,當應該是漢文版,而不大可能是那些中國人一無所知的敍利亞文本。所以,來華傳教士在《尊經》中,祇能因地制宜,有選擇地開列某些常用的漢文景教經典。據此,我們認爲敦煌本的《尊經》不可能像《讚》那樣,是譯自某一敍利亞文本,而祇能直接用漢語撰成;在表達形式上,其模仿佛教文本,當然亦不排斥其可能參照敍利亞文本,假如有類似文本的話。

從上面對漢文本《讚》和《尊經》本源的考察,前者是有所本的譯經,後者則是直接用漢文撰寫的經典。而前者所本的敍利亞文《榮歸上帝頌》(*Gloria in Excelsis*),學者們早在20世紀初葉就找到了,但迄今並沒有發現其曾經附錄過敬禮三位一體、敬禮諸法王、敬禮諸經目之類的內容。由此足見,即便《讚》和《尊經》真的有從屬關係,亦是始自中國景教徒,並非本於敍利亞教會。朱謙之先生似乎亦意識到這一點,在其遺著《中國景教》一書中寫道:

> 這《尊經》與《三威蒙度讚》本各別行,《尊經》乃景教禮拜式之位牌(Diptych),與讚不同,毛爾(Moule)英譯之爲 "The Honoured

---

① 鄭連明《中國景教的研究》,臺灣基督教長老會,1965年,頁22。
② 松本榮一《景教〈尊經〉の形式に就て》,《東方學報》第8冊,1938年,頁21—32。
③ 羅香林《唐元二代之景教》,頁34。

(person) and Sūtras"亦可存一說。現在與《三威蒙度讚》已連成一卷。①

　　當然，敘利亞教教會的《榮歸上帝頌》獨立成篇，沒有附經，並不等於中國的景教徒也只能照搬，不可以入鄉隨俗，補充一個《尊經》。不過，從寫本原件考察，我們不得不排除這種可能性。

　　筆者曾到收藏伯希和卷子的巴黎國家圖書館，對該卷原件摩挲多時。首先，從原件卷面看，《讚》和《尊經》字體一模一樣，顯然出自同一個人的手跡。《讚》作爲一篇完整的經文，書寫格式顯得十分規範，正如上面釋文所顯示，首行爲題目："景教三威蒙度讚"；末行爲："大秦景教三威蒙度讚一卷"。照一般古籍的格式，這末行的題字便意味著經文到此爲止，後面別無接續。而《尊經》名稱另起一行，全經 18 行的字體粗細大小與《讚》同，體現出該部分與《讚》係獨立平行，並非《讚》的附屬。

　　再細察卷子的紙張，全卷長 104.5 釐米，高則略有不等，最高處 26.4 釐米，最低處 25.9 釐米。共書寫字 46 行，寫字部分高 22.5 釐米左右。全卷由 6 紙粘接而成，各紙長短不一。第一紙 9.3 釐米，空白，顯然是作黏接右卷軸用；第二紙 36.5 釐米，第三紙 20 釐米，俱作書寫《讚》用，別無他字；第四紙僅 6 釐米，書寫《尊經》3 行；第五紙 26.8 釐米，書寫《尊經》其餘部分及"按語"。第六紙 6.7 釐米，空白，顯作粘接左卷軸用；不過末端與軸接處有朱文篆書殘印，高 5.2 釐米，存殘字 3 個。吳其昱博士在《景教三威蒙度讚研究》一文中，認爲"似是'大秦寺'"②。筆者細察殘筆，並不悖篆書"大秦寺"的寫法，故認爲吳博士的判斷屬確。該卷文書既鈐有"大秦寺"的印章，證明卷子即便是由教外人士書寫製作，也是在景教僧侶的指導下，並由其最後把關認可的，其權威性當毋庸置疑。

　　筆者特別注意到，書寫《讚》的第二、三紙質地較其他各紙爲白，且上面有六處朱點，爲《尊經》紙面所無。這無疑暗示我們：卷子雖出自一人手筆，但書寫時並非一氣呵成，兩篇經典是分別寫好後纔粘接在一塊。由是，我們更可推測《讚》本是獨立一個寫本，但可能由於篇幅太短（兩紙僅 50 多釐米），爲增加卷軸分量，纔把《尊經》寫本亦粘接在一起。個中道理，猶

---

① 朱謙之《中國景教》，東方出版社，1993 年，頁 122。
② 上揭吳其昱文，頁 411。

如編書，爲增加書本厚度，常把同類體裁的作品編印成一冊。

綜上所述，《讚》和《尊經》，雖同屬一寫卷，但不僅内容和表達形式有別，而且各有本源，前者譯自敍利亞文，後者是直接用漢語撰成；而從卷子原件考察，兩者均是獨立寫本，爲了製成卷子纔黏接起來，故其本非同一經文，蓋可定論矣。

至於《尊經》之後的"按語"，在卷子原件上，是與《尊經》寫在同一紙上，所以斷不可能是有別於《尊經》的另外一個寫本。就内容看，"謹按諸經目錄……猶未飜譯"這 85 字，顯然是針對《尊經》所敬禮的經目而發，與《尊經》關係十分密切，而與《讚》則無涉。就這一點，學界殆無分歧。不過，《尊經》與這 85 字的"按語"的關係，儘管佐伯、林仰山等氏是把其分開，不把其當爲經文的内容，但學界則仍有模稜或不同的看法。如龔天民先生稱：

> 尊經的内容是由四小段組成，第一段是敬禮三位一體的真神，第二段是敬禮景教教會的古聖徒，第三段是敬禮卅五部經典，第四段是結論，敍述景教譯經的經過。在景教教會的日常祈禱時也許祇用第一、二、三段，以後書寫於紙時，加上第四段的結語，亦未一定，因爲第四段的内容和前三段的禱文根本合不上來，說不上是什麽祈禱文。①

張奉箴先生則毫不躊躇地把"按語"當爲《尊經》的有機組成部分，在其《福音流傳中國史略》一書中，論及該經道：

> 尊經也是伯希和在敦煌發現的。這是景教信徒的祈禱經文，是景淨時代的作品。全經分四小節：首節敬禮天主聖三，次節敬禮景教的古聖徒；三節敬禮三十五部經典；末節是"按語"，記載景教的譯經經果（過）。全經共二十二行，現全錄於左：……②

由於把"按語"目爲《尊經》組成部分，遂有學者以此爲主要理由否定

---

① 上揭龔天民著，頁 34。
② 上揭張奉箴著，頁 136。

《尊經》是"一本崇拜的書",因爲"謹按諸經目錄……猶未翻譯"這段文字"根本不可能跑到崇拜儀式之中"。① 其實,"按語"絕非《尊經》固有的內容,這不僅從內容上,"和前三段的禱文根本合不上來",從原件的書寫格式上,也不相同。"按語"四行,係用較細的筆劃書寫。筆劃較細,顯明有別於前面的文字。就如古代的版刻圖書和現代書籍,以較小號的字體,來表明該等文字屬於注釋性,並非正文。竊以爲,這個問題細察原件或其照片,當可了然,故無須贅論。比較複雜且更有意義的問題是:爲什麼寫經上會出現這樣一段"按語"? 這是既往學者未見深入探究的一個問題,下面試行討論。

三、"按語"的寫作動機及其引發的思考

儘管有學者認爲"末四行筆劃較細,疑出另一人之手"②,但遵循一般辨別手跡的方法,只要我們將其中與《讚》或《尊經》的同字,諸如"大秦"、"教"、"本"、"阿羅"等字樣,分別加以比對,則可以看出,整卷寫本乃出自同一手筆。肯定這一點,就意味著祇要我們考出"按語"撰寫之時間,就可推測出寫卷製作之大體年代。

學者們早已注意到"按語"中有"唐太宗皇帝"的字眼,並據此判定卷子的抄寫年代應在唐代之後。正如朱維之先生所云:

> 《尊經》末尾記曰"唐太宗皇帝",云云,把朝代名字也寫進去了,我們便要疑心它是唐亡後所寫的。若是唐時所寫必單稱"太宗皇帝"或冠以"國朝"、"大唐"等字樣。③

---

① 張德麟《敦煌景教文獻〈尊經〉中的一些問題》,《孔孟月刊》第27卷11期,1989年,頁31—36。是文否定《尊經》爲崇拜書的另外兩個次要理由略謂:一、古教會的禱文以"求主憐憫"開始,而《尊經》沒有;古教會禱文也未出現聖經經目。二、《尊經》諸聖之前沒有敬禮字眼。竊以爲,第一點理由似難成立,因不能以古教會的模式照套唐代中國景教會也。至於第二點理由,本文第一部分的注釋已說明原件有脫落"敬禮"二字的痕跡;縱然本無脫落,但從上下行文看,對諸聖也已充滿敬禮之情。
② 上揭吳其昱文,頁411。林仰山也認爲是出自另一人的手筆,見 Drake, 1935, p. 297。
③ 上揭朱維之文,頁15;上揭朱維之著,頁15。

唐亡於 10 世紀初，卷子發見於敦煌藏經洞，而該洞一般認爲是在 11 世紀初封閉的，新近的研究更認爲是在 11 世紀末。[①] 那麽，卷子的製作年代當在唐亡後到封洞前的這段時間。若是，則以往諸學者把該卷子當爲唐寫本，便失之準確了。[②] 但也有學者因見"按語"是寫於唐亡後，遂將經文的翻譯或撰作的時間亦定在唐代之後[③]，這則有悖一般邏輯。緣因抄寫經文、製作卷子與翻譯經文、撰著經籍是兩回事。敦煌發見的大量寫本多有抄寫前朝的經籍，就是有力的反證。

P.3847 是在唐之後抄寫製作，並不等於其時仍有景教僧侶在翻譯經典；尤其是像《讚》這樣宗教儀式上常用的祈禱文，如果不是面世於景教盛行的年代，而是等到唐亡後纔翻譯，這是不可想象的。因爲根據唐史，唐武宗會昌五年（845）滅佛時，連帶也取締了景教、祆教，景教僧侶已被勒令還俗。在宗教遭受嚴重迫害後，僧侶還在譯撰新的祈禱文，供教徒使用，這種可能性當然微小。何況諸多學者的研究都已認爲，《讚》是生活在唐德宗時代（780—805）的景教高僧景淨的譯作。

不過，"按語"在唐之後撰寫，而且據卷子原件的考察，還鈐有"大秦寺"的印戳，這表明直至唐亡之後的相當一段時期，仍有景教徒堅持自己的信仰。這並不奇怪，因爲"信仰的力量是無窮的"。《宋高僧傳》就記錄了多名唐代高僧，在會昌滅佛後，仍暗中堅信佛法、繼續修行，如釋日照[④]、釋從諫[⑤]、釋允文[⑥]、釋玄暢[⑦]、釋智顗[⑧]等皆是。由是，從卷子在唐之後製作，而推

[①] 根據錢伯泉先生的最新考證，認爲藏經洞是在宋元祐八年（1093）二月封閉的，見氏文《一場喀喇汗王朝和宋朝聯兵進攻西夏的戰爭——藏經洞封閉的真正原因和確切時間》，《敦煌研究》2000 年第 2 期，頁 1—9。
[②] 如徐宗澤先生介紹景教之經典時，稱："尊經一首（又名一神論）又法王題名錄，又諸經目錄並'案語'，係唐寫本。"見氏著《中國天主教傳教史概論》，聖教雜誌社，1938 年；上海書店，1990 年，頁 106。
[③] 如香港劉偉民先生在其《唐代景教之傳入及其思想之研究》一文中稱："法國伯希和教授在敦煌發現景教經典中，有尊經一種。此尊經之末，有'唐太宗皇帝'字樣。如此經果譯於唐代，則斷無仍書'唐太宗皇帝'等字，可見此經必是唐以後所譯的無疑。"是文刊香港《聯合書院學報》1962 年第 1 期，頁 1—64，引文見頁 18。
[④] 《宋高僧傳》卷第十二《唐衡山昂頭峯日照傳》，中華書局，1987 年，頁 274—275。
[⑤] 《宋高僧傳》卷第十二《唐洛京廣愛寺從諫傳》，頁 278—279。
[⑥] 《宋高僧傳》卷第十六《唐會稽開元寺允文傳》，頁 396—397。
[⑦] 《宋高僧傳》卷第十七《唐京兆福壽寺玄暢傳》，頁 430—431。
[⑧] 《宋高僧傳》卷第二十七《唐五臺山智顗傳》，頁 684—685。

想會昌之後，一些虔誠景教徒仍一直堅持信仰，或從事地下宗教活動，絕非主觀臆測，且是合情合理的。因此，該卷子對於我們瞭解會昌取締外來宗教之後景教的活動情況，無疑是一份不可多得的原始文獻。

P.3847卷子製作於10—11世紀之間，發見於敦煌，而且還鈐有"大秦寺"之印，這未必就能作爲當時景教大秦寺仍然存在的鐵證，但起碼能證明仍有景教徒抱著大秦寺的法印不放。近年敦煌地區還發現了一些敘利亞文的景教寫本，被推定爲元代之物[1]，益使我們相信敦煌地區的景教傳統，相信唐代之後，景教仍在敦煌流行相當一段時期。

根據10世紀末阿拉伯作家奈丁（al-Nadīm）《群書類述》（Kitāb al Fihrist）的一段記載，謂在回曆377年（987/988），他遇到了一位7年前到過中國的那及蘭（Najran）僧侶，該僧侶告訴他在中國基督教已滅絕，教徒慘死，教堂全毀，全國只剩一個基督教徒，云云。[2] 不少有關中國古代基督教的著作，都直接間接地引用過這條材料，以證明唐季景教的消亡；當然也有學者認爲其言過其實。而今，我們根據P.3847卷子的製作時間，益可質疑這個記錄的可信度。

唐代之後，仍有景教寫經產生，這一事實告訴我們：儘管景教在會昌年間已遭到嚴重打擊，但至少還有一部分教徒念念不忘本教的經典。不過，從卷子原件看來，其時抄寫的這些祈禱文，未必曾實用於宗教儀式；因爲從寫本中，我們發現有明顯的漏字，如《尊經》第4行和第8行均漏寫一個"王"字，假如其真的在儀式中誦讀或歌唱，當不難發現並及時補正。其未被補正，意味著該寫本的製作並非單純出於宗教儀式的需要；有可能是受當時佛教徒的影響，視抄經爲無量功德。不過，從"按語"的行文考慮，更大的一種可能性是出於整理本教經典，保存血脈，留存後世的目的。

一般而言，各個宗教的信徒均尊本教經典爲聖物，都不敢在其上面增

---

[1] 有關敦煌敘利亞文景教寫本的研究報告有：W. Klein & J. Tubach, "Ein syrisch-christliches Fragment aus Dunhuang, China", *Zeitschrift der Deutschen Morgenländischen Gesellschaft* 144/1, 1994, pp. 1-13, 446。是文趙崇民、楊富學漢譯爲《敦煌出土敘利亞文基督教文獻殘卷》，《甘肅民族研究》2000年第4期，頁114—119。另有段晴《敦煌新出土敘利亞文書釋讀報告》，見彭金章、王建軍《敦煌莫高窟北區石窟》第1卷，文物出版社，2000年，頁382—390；段晴《敦煌新出敘利亞文書釋讀報告（續篇）》，《敦煌研究》2000年第4期，頁120—126；吳其昱《敦煌北窟敘利亞文課經（Lechonary）詩篇殘葉考釋》，項楚、鄭阿財《新世紀敦煌學論集》，巴蜀書社，2003年，頁191—233。

[2] Bazard Dodge (edit. and trans.), *The Fihrist of al-Nadim*, New York 1970, pp. 836-837.

刪詞句。與景教同屬夷教的摩尼教就明確規定："於聖經典，不敢增減一句一字。"① 古代《聖經》的絕對權威更是衆所周知，歐洲在宗教改革前，祇能唯拉丁文本是崇。景教徒對本教的經典，自無隨意塗鴉之理。然而，出人意表的是在《尊經》這一寫本上，僧人竟然可以自己加上一段"按語"。不過，正如上面所已指出的，從"按語"的文字看，其緊貼《尊經》的內容，針對其所敬禮的諸經目而發。這就值得我們細加玩味了。其云"大秦本教經都五百卅部，並是貝葉梵音"，揭示了景教經典的總數。"五百卅部"這個數位，雖然與現代學者所掌握的東方景教文獻總目不符②，但今人爲知那時的中國教徒是根據甚麽統計的，其作爲計量單位的"部"的含義又是甚麽？這個數字是實數抑或祇是一個虛數，即言其多耳？如今均難稽考，故吾人不宜遽判"按語"的作者信口開河。至於其把該等著作稱爲"貝葉梵音"，有學者認爲屬於"誤寫"，即把敍利亞文誤爲印度梵文。③ 其實不然，此屬當時的習慣，凡經文撰以西域文字，多以"梵"稱之。同出敦煌的摩尼教《下部讚》便把其西亞、中亞文字的經典稱爲"梵本"，有"梵本三千之條"之謂。④"按語"又記述了唐代譯經的歷史，"唐太宗皇帝貞觀九年，西域太德僧阿羅本，屆于中夏，並奏上本音。房玄齡、魏徵宣譯奏言"云云，與西安景教碑的記述一致。至於"後召本教大德僧景淨，譯得已上卅部卷"一句，佐伯把其理解爲唐太宗召景淨譯經，故認爲有時代錯誤，因爲太宗不能召德宗時代的景淨。⑤ 但玩文意，"後召"當可理解爲後來有皇帝召，行文無誤⑥；倒是把《尊經》所開列的三十五部經目，寫成"卅部"，此顯屬筆誤，無傷大雅。"餘大數具在貝皮夾，猶未繙譯"一句，應基本符合實際；緣早在唐太宗時期，該教敍利亞文經典已隨阿羅本帶入中國，不僅景教碑提到，唐代官方文獻也記載鑿鑿。⑦ 爾後在其盛行時，該等經典當續輸入。昔年在北京宮城的午門樓

---

① 北圖藏敦煌本漢文摩尼教寫經（字字56，新編8470）第273行；釋文見拙著《摩尼教及其東漸》，中華版，頁227；臺版，頁279。
② 佐伯好郎《景教の研究》第十七章《景教文獻總論》（頁419—508）專門討論這個問題，該數字遠多於佐伯所論的景教文獻總數。
③ Ibid., Drake, 1935, p. 297.
④ 見寫本行416—417；釋文見拙著《摩尼教及其東漸》，中華版，頁264；臺版，頁316。
⑤ 上揭佐伯好郎著，1943年，頁348。
⑥ 此點非筆者發明，朱維之先生早已指出了，見上揭朱維之文，頁14；氏著，頁152。
⑦ 《唐會要》卷四九"大秦寺"條載貞觀十二年詔，有云："波斯僧阿羅本，遠將經教，來獻上京。"

上發現了一批景教古敍利亞文的寫本①，其入華的年代雖尚難確證，但景教僧侶刻意把本教經典帶入中國，當屬不爭之事實。從"按語"記錄的翔實度看，其作者殆非尋常之輩，當爲博學之僧，對本教經典及在華傳教史頗爲熟悉。其行文口氣，又與整理校勘典籍常用的表述方式如出一轍。卷子附有這樣一個"按語"，吾人難免要疑其製作寫卷的動機，與整理保存本教的文獻密切相關。假如這一推測成立的話，那就說明了直至公元10世紀後，中國仍有虔誠的景教徒爲了本教的生存延續，還在整理傳抄本教的經文。由是，聯想敦煌發見的其他景教寫本，會不會亦屬同個時代同樣動機下的產物呢？這是有待探討的另一個問題，並非本文討論的範圍。

四、餘論

同樣來自波斯，在唐代中國盛行過的摩尼教、祆教和景教與佛教一道，同在會昌年間遭到取締。不過，摩尼教、祆教被取締後，史籍仍可考出其種種活動的痕跡；唯獨景教，中國文獻幾無音信。何其反差若是？按景教在唐代流行的盛況，碑史俱證，與摩尼教、祆教相比，不相伯仲，何以一受取締，便消沉乃爾？其歷史真相如何，學界的研究殆爲空白。對P.3847卷子的再考察，也許能引起學界注意這個問題，史海鈎沉，重加探討。

（本文原作《敦煌景教寫本伯3847之再研究》，初刊《敦煌吐魯番研究》第5卷，北京大學出版社，2001年，頁59—77）

---

① 有關該等寫本的介紹詳參佐伯好郎《北京宮城午門樓上に於て發見せられたるシリヤ文古鈔本に就いて》，《東方學報》第4冊，1933年，頁308—365；又見上揭氏著，1935年，頁751—773；氏著，1943年，頁414—438。

敦煌本景教《志玄安樂經》佐伯錄文質疑

陳寅恪先生曾在早年發表的《吾國學術之現狀及清華之職責》一文中，痛心疾首地說：

> 近年以來，奇書珍本雖多發見，其入於外國人手者固非國人之得所窺，其幸而見收於本國私家者，類皆視爲奇貨，秘不示人，或且待善價而沽之異國，彼輩既不能利用，或無暇利用，不唯孤負此種新材料，直爲中國學術獨立之罪人而已。[①]

本文所要討論的敦煌本景教《志玄安樂經》（以下簡稱《志經》），當屬陳先生所言的"奇貨"之一。該寫本雖有幸終被著錄刊佈，但一般研究者無緣接觸原件，以致時下錄文，多有以訛傳訛者。本文所要質疑的佐伯錄文，即佐伯好郎博士所錄文本，在學界影響最大，訛之源皆出是本。

《志經》寫本原爲著名大藏書家李盛鐸（1858—1937）所藏。李氏收藏該寫本的消息，學界早有所聞，但公開披露，依筆者所見資料，則是始於1922年。是年發表的抗父《最近二十年間中國舊學之進步》一文，在綜述"敦煌千佛洞石室所藏古寫書"時，稱"德化李氏藏《志玄安樂經》、《宣元至本經》各一卷"[②]。至於李氏如何得到該寫卷，則諱而不談。不過，1958年

[①] 陳寅恪《金明館叢稿二編》，上海古籍出版社，1980年，頁318；據香港馬幼垣教授考證，"陳先生此文之作於1931年不必置疑"，見氏文《陳寅恪已刊學術論文全目初稿》，1999年11月廣州中山大學紀念陳寅恪教授國際學術研討會論文，收入胡守爲主編《陳寅恪與二十世紀中國學術》，浙江人民出版社，2000年，頁590—622，有關考證見頁602—603。

[②] 抗父《最近二十年間中國舊學之進步》，《東方雜誌》第19卷第3號，1922年，頁36；又收入東方雜誌社編《考古學零簡》（東方文庫第七十一種），商務印書館，1923年，頁98。

京都出版的《羽田博士史學論文集》下卷,刊出了該寫本原件首端和末端的照片。從照片可看到李氏在卷末有題記一行,標點如下:"丙辰秋日,于君歸自肅州,以此見詒,盛鐸記。"按丙辰當爲民國五年(1916),如李氏所記屬實,則該件來源並非很不光彩。于君爲何人,待考。但其歸自肅州,從肅州得到敦煌寫卷是合情合理;因爲當年確有一些敦煌卷子流入當地社會,爲私家所藏。①至於該件如何由藏經洞流入社會,雖沒有任何具體資料可資說明,然其確出自敦煌古本,似不必置疑。因爲李氏爲此道行家,諒不會看走眼,竟把贋品當真跡珍藏。

儘管李氏早在1916年便已得到寫本,幾年後消息也在學界正式傳開,但研究者徵訪殊難。直到1928年,纔有日本京都大學教授、東洋史權威羽田亨博士者,幾經周折,通過多位民國學界名士的懇篤介紹和斡旋,方有幸在天津英租界黃家園拜訪李,獲睹原件,並著錄全文。時在是年10月7日。翌年8月,羽田氏將錄文在《東洋學報》刊佈,並對整個寫本作了較爲詳細的考釋。②羽田氏在該文中,將拜訪李得睹寫本的經過細節一一寫明,以昭信實。除對內容多所考釋外,尚就該寫本的外觀,作了一番考述:

> 此經典有如敦煌出土的諸多經卷一樣,寫於黃麻紙上,上下和行間施以細欄。首行與第一百五十九行,即末行,如前所述,題有"志玄安樂經",首尾完結,唯始端十行下半部殘缺。字體異於一神論和序聽迷詩所經,與之相比,稍硬而粗,毋寧說是近於三威蒙度讚者。……書寫之字體殆屬晚唐時期無誤。③

該寫本爾後的下落,學界一直未見報導。20世紀90年代初,榮新江教授與筆者在倫敦考證小島文書的真僞時,順帶瞭解到該件真本已於1935年

---

① 詳參榮新江《甘肅敦煌文獻知多少》,《檔案》2000年第3期,頁16—19;《有關甘肅藏敦煌文獻的珍貴記錄》,2000年7月25—26日香港舉行的"紀念敦煌藏經洞發現一百周年敦煌學國際研討會"論文。
② 羽田亨《景教經典志玄安樂經に就いて》,《東洋學報》第18卷第1號,1929年,頁1—24;收入《羽田博士史學論文集》下卷,京都,1958年,頁270—291。錢稻孫先生曾譯該文,題爲《景教經典〈志玄安樂經〉考論》,《清華周刊》第32卷第10期,1929年,頁23—30。錢譯對原作考釋部分,惜祇節譯小部分。
③ 《羽田博士史學論文集》下卷,頁272—273。

由李氏售諸日本某氏。①1958年寫本的部分照片在日本首次刊出，足證該件確存日本。臺灣著名敦煌學家蘇瑩輝先生在《中外敦煌古寫本纂要》一文中稱"此經新會陳氏曾徵訪未獲"②。其他學者也有接受這一說法者。③這意味著該件流入日本前，國內沒有學者寓目。按此說可能是據陳垣先生20年代初《基督教入華史略》講演中的一段話："又有宣元至本經、志玄安樂經、一神論、一天論、世尊布施論等。前二種存贛人李盛鐸手，余未得見。"④其實，陳垣先生後來還是看過寫本原件的，而且是在羽田氏刊佈《志經》之前。查陳先生1927年的講稿《基督教入華史》，其第一部分介紹唐代之景教時，明確地說道："最近我見唐代抄的《志玄安樂經》，文章極好，寫的字卻不很好。"⑤遂後在介紹《序聽迷詩所經》寫本時，將其與《志經》相提並論，稱"序聽迷詩所經的字，與志玄安樂經之文，可稱雙絕"⑥。可見，陳先生時已仔細看過原寫本了。更有，李氏所藏的另一個景教寫本，即《大秦景教宣元本經》，陳垣先生曾抄錄了10行，送給佐伯好郎研究，後者於1934年將該10行發表。⑦陳先生還將所見寫本的形態告訴後者："與羽田博士見過的《志玄安樂經》同樣是用黃麻紙書寫，上下行間劃有細絲欄；其字體也與《志玄安樂經》同。"⑧從語氣看來，陳先生對《志經》寫本的印象是很深刻的。由是，吾人推測陳垣先生當先於羽田看過該經，不過未得抄錄，故也無從進一步研究。在此事上，顯見李氏厚日人而薄國人，這與其"待善價而沽之異國"的打算恐不無關係；其後來把大批敦煌寫本售諸日本，絕非偶然。但無論如何，連陳垣先生都被傳聞"徵訪未獲"，足證其他國人更無緣得覩寫本。上揭《羽田博士史學論文集》所刊出的《志經》局部照片，現存日本京都大學

---

① 1935年，李盛鐸將家藏的一批敦煌寫本精品，"以八萬日金，售諸異國"，目錄載於是年12月15日及21日的《中央時事周報》，計有360件之多，《志玄安樂經》寫本列其中第十三件。
② 該文原刊《東海大學圖書館學報》1962年第4期，收入氏著《敦煌論集》，臺北學生書局，1983年，引文見頁332。
③ 梁子涵《唐代景教譯經考》，《大陸雜誌》第27卷第7期，1963年，頁214。
④ 陳垣《基督教入華史略》，初刊《真理週刊》第2年第18期，1924年；收入《陳垣學術論文集》第1集，中華書局，1980年，頁83—92，引文見頁85。
⑤ 陳垣《基督教入華史》，收入上揭陳垣文集，頁93—106，引文見頁95。
⑥ 同上書，頁98。
⑦ P. Y. Saeki, "The Ta-ch'in Luminous Religion Sutra on the Origin of Origins", *Bulletin of the Catholic University of Peking* 9, 1934, pp. 133-135.
⑧ 佐伯好郎《支那基督教の研究》第1卷，東京春秋社，1943年，頁380。

的羽田紀念館，榮新江教授近年曾於該館親見，據云是羽田氏在生時所拍。若然，則原件1935年流入日本後，羽田氏應再度看過。其以治學謹嚴著稱，倘早年的錄文有明顯疏漏的話，必當有所補正。但直至1955年去世[①]，羽田氏從未言及修正錄文事，可見其對自己早年的文本當感滿意。筆者將其錄文對照已發表的局部照片，卷首10行，至少可補8個字[②]；顯然是緣寫本原件破損，羽田當年匆匆抄錄，未遑細辨。卷末12行完整清晰，故錄文僅155行"弥施訶"誤作"彌師訶"外，其餘均準確。據榮教授云，原件的收藏者，目前仍將寫本秘不示人，這就使當今學者無從根據原件作出新的釋文。因而，照理說，羽田氏早年的錄文迄今仍是最原始可靠的文本。然而，遺憾的是，這一權威的文本，沒有得到學界應有的重視，多有學者捨本逐末，採用佐伯文本，咸以為佐伯文本更完善。如今，原件局部照片已公刊，衹要將佐伯文本與之略為對照，即見明顯的錯誤。是以，基於學術的嚴謹性，我們不得不就該經的錄文問題，從研究史角度，加以正本清源。

羽田氏的文章發表次年，即1930年，英國穆爾（A. C. Moule）教授便出版了《一五五〇年前的中國基督教史》。是書在介紹敦煌發現的景教文獻時，有提及《志經》名字[③]；但作者承認尚未接觸該寫本，故唯"點名"耳，並無內容介紹。直到1934年，西方學界對該寫經的內容纔有較全面的瞭解，這得力於佐伯氏之將該經率先英譯。是年，佐伯氏將該經的英譯稿連同漢字錄文一起在英文《輔仁學誌》發表。[④] 就寫本首端殘缺部分，佐伯氏在英譯本的說明中，稱"約殘90字"，並在譯文和漢文錄文中就該殘缺部分，多作填補。佐伯氏雖然在給編者的說明中，提到該寫經最先由羽田發表，但沒有明確說明自己的譯本是否根據原件或其寫真，遂給人一種錯覺，仿佛其比羽田已發表的文本更準確，是個"足本"。爾後，其復將該"足本"收入其

---

① 羽田於1955年去世，有關的悼念文章見《東方學》1959年第11輯，《敦煌學大辭典》有關詞條誤作1956年。
② 1958年出版的《羽田博士史學論文集》，編者將該文收入時，曾對該部分錄文作了補正，看來是據此照片；至於錄文的其他部分則未見修訂，唯個別字因重排誤植耳。
③ 〔英〕阿·克·穆爾著，郝鎮華譯《一五五〇年前的中國基督教史》，中華書局，1984年，頁65。A. C. Moule, *Christians in China before the Year 1550*, London, New York and Toronto 1930; repr. New York 1972, p. 58.
④ P. Y. Saeki, "The Sutra on Mysterious Rest and Joy", *Bulletin of the Catholic University of Peking*, No. 9, 1934, pp. 105-132.

1935年出版的日文《景教之研究》①，繼之收入1937年出版的英文《中國景教文獻和遺物》②，1943年出版的日文《支那基督教之研究》第1卷③。而我們知道，佐伯氏這三部書，均爲海內外學界所矚目，被目爲中國景教研究的權威之作。20世紀國人的《志經》錄本，殆據佐伯錄文。

其實，佐伯在其所有的著作中，都未曾申明其看過《志經》的原件或照片。其錄文，是直接根據寫本原件或寫真，抑或源自羽田文本？我們無妨略作考證。

查佐伯文本，最先發表於1934年，其時寫本原件尚由李氏收藏。而在此之前，佐伯氏是到過中國的。其在大正十一年（1922）和大正十五年（1926）曾兩度遊歷中國；更曾於昭和五年（1930）至昭和六年（1931）在中國留學。④不過，查佐伯氏有關景教研究的博士論文，是在1941年初纔通過⑤；以其在20年代和30年代初的地位，恐難有羽田氏那樣面子，得到李氏的殊遇，其錄文必定是轉錄自羽田文本。將兩個文本進行比較，就可以證明吾人這一推斷確實無誤。因爲如上面所指出，羽田本155行"弥施訶"誤作"彌師訶"，而佐伯本也依樣照誤，便可資證。檢視佐伯傳世的錄文，也一直未根據原件或寫真修訂過。1935年寫本流入日本後，雖然並不排斥其接觸原件的可能性，但其文本從沒有根據原件修訂，這是肯定的。爲了說明問題，茲將《志經》前10行據寫本照片著錄，同時將佐伯1951年版的"足本"也抄錄，以資對照。

《志經》照片：

1 志玄安樂經
2 聞是至言時无上
3 河淨虛堂内与諸

---

① 佐伯好郎《景教の研究》，東方文化學院東京研究所，1935年，頁721—735。
② P. Y. Saeki, *The Nestorian Documents and Relics in China*, Tokyo 1937, repr. 1951, 見附錄的漢文經典，頁77—95。
③ 上揭佐伯好郎著，1943年，頁384—402。
④ 上揭佐伯好郎著，末頁《佐伯好郎略歷》。
⑤ 有關其學位論文《新近中國發現之景教經典研究》審查報告見東京《史學雜誌》第52編第4號，1941年，頁472—475；《佐伯好郎學位請求論文〈支那に於いて近頃發見せられたる景教の經典研究〉（英文）審查報告》。

4 衆左右環遶恭敬侍

5 伽從衆而起交臂

6 我等人衆迷惑固

7 何方便救護有情

8 弥施訶答言善哉

9 生求預勝法汝□復坐斂神

10 一切品類皆有（安樂）性随

按□表示缺一字，加括號表示係據墨跡，結合上下文判定之字。

佐伯文本：

1 志玄安樂經

2 聞是至言時。无上（一尊彌施訶。在與脫出愛）

3 河淨虛堂內與者（俱。□岑穩僧伽□與諸人）

4 衆。左右環遶。恭敬侍（坐。□□□□。岑穩僧）

5 伽。從衆而起。交臂（而進作禮讚。白彌施訶言）

6 我等人衆迷惑固（久。□□□□□非以）

7 何方便救護。有情（者。何可得安樂道哉。一尊）

8 彌施訶。答言。善（哉斯問。善哉斯問。汝等欲衆）

9 生求預勝法。汝（當審聽。□□□□□如是）

10 一切品類皆有安（樂道。□□沉埋而不見。譬）①

按括號內的文字係佐伯氏補上，標點也為其所加。

比較上面兩個錄本，可見佐伯本多有臆測杜撰之處。此外，佐伯本每行都補足 17 個字，更屬主觀臆斷。按羽田文本共 159 行，除首尾兩行均題"志玄安樂經"僅 5 字外，其餘自第 11 至 158 行殆無損缺，滿行書寫。其間每行 22 字、20 字、13 字者各一，18 字者二十有五，17 字者九十有四，16 字者二十有六。全本每行字數雖以 17 字居多，但也不外佔總行數之六成耳。

---

① 佐伯好郎《景教の研究》，附錄的漢文經典，頁 77；該文本與其 1943 年出版的日文《支那基督教の研究》一致。

是以，吾人不能推定殘缺部分每行咸必17字。衆所周知，敦煌文書不乏殘缺者，補缺一般祇局限於個別字眼，根據墨跡形態，從上下文的意思揣測補上；至若成句、成行的補缺，則應有相應文本參照。佐伯如此補缺，無疑帶有很大的隨意性。此外，羽田文本中諸多打上問號，即尚有懷疑的單字，在佐伯文本中也一一改定，卻未見任何考證。其實，以羽田氏的博識，其躊躇未定之單字，必定是頗有難度者；間有可改而不改的字，則是爲了忠實原件，以利日後他人之研究。但佐伯氏在沒有原寫本參照的情況下，便一一邃定，即使其中或有可取者，與出土文書整理之一般規範，恐也未必符合。

　　佐伯氏不僅沒有參照原寫本著錄，而且誤解羽田氏的錄本。由於寫本每行的字數多少不一，羽田本發表時，受排版每行最多17字的限制，原寫本中每行字數超過者，便祇能多續一行。佐伯氏竟然沒有細察這一點，把印刷版面上不得不多佔的一行，都當爲原寫本固有的分行。由是，在佐伯文本中，比原寫本多出了29行。其中每行5字、3字、2字者各一，每行僅1字者凡二十六。遂令人乍讀，莫名其妙。1935年，林仰山（F. S. Drake）教授於英文《教務雜誌》發表《唐代之景教文獻》一文，論及《志經》時就據佐伯文本統計，稱全經凡188行，2660字。[①] 其實，正如羽田氏所說，寫本僅159行，而我們據羽田文本，電腦統計，全經159行，存2596字，多出的64字便是佐伯氏所加。仰山氏這個數字被爾後諸多有關著作所採用。[②] 由於佐伯文本得到仰山氏的認同，也就更帶"權威性"。1957年臺灣學者梁子涵先生《唐代景教之文獻》，以及1987年大陸陳增輝先生《敦煌景教文獻〈志玄安樂經〉考釋》文中《志經》的錄文[③]，都採用佐伯的188行本。有些版本雖然意識到佐伯氏在分行上的錯誤，但他們不據羽田本，而按佐伯本來改正，結果寫本第43行凡22字，字數特多，便仍被他們誤當兩行著錄。例如，1948年朱維之先生發表的《宣元本經及志玄安樂經考》，1970年張奉箴先生出版

---

① F. S. Drake, "The Nestorian Literature of the T'ang Dynasty", *The Chinese Recorder* 66, 1935, p. 739.
② 方豪《唐代景教考略》，《中國史學》1936年第1期，頁122；《唐代景教史稿》，《東方雜誌》第41卷第8號，1945年，頁45；在其《中西交通史》（臺北，1953年）第二十章《唐宋之景教》，介紹該經時改從羽田說，即159行（嶽麓書社，1987年，上冊，頁416）。朱謙之先生亦從仰山說，見氏著《中國景教》，東方出版社，1993年，頁122。
③ 梁子涵《唐代景教之文獻》，《大陸雜誌》第14卷第12期，1957年，頁393—395。陳增輝《敦煌景教文獻〈志玄安樂經〉考釋》，《1983年全國敦煌學術討論會文集》文史·遺書編（下），甘肅人民出版社，1987年，頁371—384。

的《福音流傳中國史略》，其錄文皆是，全經被錄成 160 行。[1] 朱先生的文本，還 "參考佐伯博士底意見，把它再補一下。根據上下文之意，再參照本經體裁和慣用語把它補足"[2]。這就難免更有蛇足之嫌。張先生的文本較爲慎重，把佐伯文本中的蛇足都刪去，但其他仍照錄。羅香林教授 1966 年出版的《唐元二代之景教》，點校了《志經》[3]，儘管他的句點很小心，但他畢竟還是以佐伯錄文爲底本，故難免重蹈佐伯文本的部分差錯。1982 年江文漢先生出版《中國古代基督教及開封猶太人》，書中《志經》的錄文照搬朱維之先生文本[4]，其錯相同。1996 年翁紹軍先生出版的《漢語景教文典詮釋》，《志經》文字據佐伯文本，但不分行。[5] 總之，佐伯文本發表後，迄今幾無不目爲權威者，以之爲據，遂造成了世紀性的誤會。

上面從研究史角度，考述佐伯氏當年整理《志經》失範之處，質疑其錄文的權威性；但我們絕不能因此而忽視佐伯氏對該經研究所做出的重要貢獻，其《中國景教文獻和遺物》一書中對該經的英譯和考釋，至今仍是研究者所必讀的著作。其錄文之所以一直得不到糾正，歸根結底還是當年陳寅恪先生所指出的 "吾國學術之現狀" 所造成的，不能完全歸咎其操作的失範。至於目前流行的《志經》錄文諸版本，儘管不盡準確，但對於非專業研究者，仍是合適的。但如要對該經作專門研究，在其原件收藏者尚不願意公開展示、學者無從修訂錄文的情況下，則應以羽田教授 1929 年發表的文本爲准，參酌已公刊的寫本首尾照片。至於佐伯博士和朱先生的 "足本"，祇要明白其產生的底蘊，對研究者仍不乏參考價值。

[本文初刊《中山大學學報（社會科學版）》2001 年第 4 期，頁 1—7]

---

① 朱維之《大秦景教宣元本經及志玄安樂經考》，原刊《金陵神學誌》1948 年第 1 期，頁 16—21；後收入氏著《文藝宗教論集》，青年協會書局，1951 年，頁 159—177；張奉箴《福音流傳中國史略》，臺北輔仁大學，1970 年，頁 138—149。
② 上揭朱維之著，頁 162。
③ 羅香林《唐元二代之景教》，香港中國學社，1966 年，頁 212—217。
④ 江文漢《中國古代基督教及開封猶太人》，知識出版社，1982 年，頁 68—73。
⑤ 翁紹軍《漢語景教文典詮釋》，生活・讀書・新知三聯書店，1996 年，頁 177—196。

所謂李氏舊藏敦煌景教文獻二種辨僞

20世紀40年代，日人小島靖氏得到的《大秦景教大聖通真歸法讚》和《大秦景教宣元至本經》兩件寫本，最早由佐伯好郎博士刊佈。其把這兩件寫本當爲最新發現的景教經典，專文加以解說，並附照片，臨時加頁附於1949年出版的《支那基督教之研究》第四卷，即《清朝基督教之研究》。[1]這兩件文書，前者完整無缺，計18行，其中題記佔3行，文曰：

沙州大秦寺法徒索元
定傳寫教讀
開元八年五月二日

後者則係殘卷，首殘尾全，存30行，其中題記佔2行，文曰：

開元五年十月廿六日法徒張駒
傳寫於沙州大秦寺

自兩件寫本刊佈後，一直被學界認爲是李盛鐸氏舊藏的敦煌出土唐代景教經典，舉凡介紹敦煌景教文獻、論述唐代基督教史之論著，多將這兩件寫本視爲珍貴的原始資料，用以"修正補充"史書、碑石之記載，不提及者鮮見。[2]其間雖也有個別名家，對此兩件寫本疑惑重重，但也不得其解；緣因

---

[1] 佐伯好郎《清朝基督教の研究》，東京春秋社，1949年，附加頁1—24。
[2] 參閱梁子涵《唐代景教之文獻》，《大陸雜誌》第14卷第12期，1957年，頁395—396；龔天民《唐朝基督教之研究》，香港基督教輔僑出版社，1960年，頁41—45；劉偉民《唐代景教之傳人

深信寫本出自李氏書藏，必爲敦煌真品無疑。①

小島氏所得的兩件寫本，是否果爲敦煌藏經洞出土的唐代景教文獻？對此問題，筆者擬在前賢研究的基礎上，做一番較爲系統全面的考察，庶幾有助於了結此歷時半個世紀之懸案。梁啓超先生有云："史料以求真爲尚。"② 隨著敦煌學研究的深入發展，對於來歷不清的"敦煌文書"的鑑定工作，勢必漸漸提到議事日程，日益爲研究者所重視。下面就這兩件文書的辨僞做一嘗試。

一、"小島文書"的來歷

佐伯氏公佈這兩篇文書時，稱是"距今6年前，即1943年2月及11月，畏友小島靖君從故李盛鐸氏之遺愛品中發現，由李氏的遺產繼承人相讓得到的"，並且說"同年末"，小島氏把這兩篇經典的照片"寄贈"給他。爲了表示對小島氏的敬意，佐伯氏把這兩篇經典命名爲"小島文書"，以A、B相區別。又云"小島文書B"，即《大秦景教宣元至本經》已被帶到日本；而"小島文書A"，即《大秦景教大聖通真歸法讚》的原件，卻於1945年9月從天津撤退混亂之際，與小島氏其他貴重物品一起被盜，業已去向不明。③

有關"小島文書"的來歷，迄今爲止，我們所知僅此而已。此後發表的大量論及這兩件寫本的著作，對於寫本來歷的介紹，均本於佐伯氏的上述說法，沒有任何修正和點滴補充。而佐伯氏之說，當然是依據小島氏所言。由

（接上頁）及其思想之研究》，《聯合書院學報》1962年第1期，頁52—54、57—59；梁子涵《唐代景教譯經考》，《大陸雜誌》第27卷第7期，1963年，頁215；孫巧蘭《唐代景教傳流考》，《新時代》第5卷第3期，1965年，頁34；羅香林《唐元二代之景教》，香港中國學社，1966年，頁33—34；R. Mehlhose, "Nestorianische Texte aus China", *Zeitschrift der Deutschen Morgenländischen Gesellschaft*, Suppl.1, Teil 2, 1969, p. 444；張奉箴《福音流傳中國史略》卷一，臺北輔仁大學出版社，1970年，頁150—155。鄭學稼《中國化的大秦景教》（《中華文化復興月刊》第5卷，1972年，第10期，頁17—27；第11期，頁44—51），對唐代景教經亦有介紹，唯對小島氏所得二寫本卻隻字未提。

① 見羽田亨《大秦景教大聖通真歸法讚及び大秦景教宣元至本經殘卷について》，《東方學》第1輯，1951年，頁1—11。該文已收入《羽田博士史學論文集》下卷，京都，1958年，頁292—307。

② 梁啓超《中國歷史研究法》，上海古籍出版社，1987年，頁77。

③ 上揭佐伯《清朝基督教の研究》，附加頁1—2。

是我們可以得出結論：有關"小島文書"的來歷，迄今中外學界僅僅聽到佐伯氏所轉述的小島氏一面之辭！

由於僅有此一面之辭，其間的細節又一無披露。執此與李盛鐸生平事跡及其藏書流散情形相較，對小島氏所言的可信性，不由得令人疑團叢生。

按李盛鐸字椒微，號木齋，江西德化（今九江）人，爲清末到民國時期天津的大藏書家。①因家中世代藏書，自己又辛勤收購，擁有大量珍本祕籍；更曾利用職權，攫取一批敦煌藏經洞出土寫本精品，加之受贈的散件，李氏又是中國首屈一指的敦煌文書收藏家。不過，根據有關的傳記，李氏"晚年境遇窘迫，其妾張淑貞又以木齋遺棄傷害罪訴之於天津法院，索賠五萬金。李氏不得不同北平圖書館相商，要出賣他的藏書，因當時北平圖書館經費緊張而未成交。於是他就把幾種宋版書抵押於北平一家書店，藉以償還債務"②。1935 年，李氏更將家藏的一批敦煌寫本精品，"以八萬日金，售諸異國"，目錄載於是年 12 月 15 日及 21 日的《中央時事周報》，計有 360 件之多。其中第十三件寫本便是著名的景教寫經《志玄安樂經》。1936 年，李氏又繼續求售，是年的《學觚》第一卷第七期便刊出《德化李氏出售敦煌寫本目錄》，編者並加按語云："近聞李氏又有一批求售，雖數量較上次爲少，且精美亦遜，但亦有重要者。特覓得其目，附載於此，以爲國人之注意古籍者告。"③

李氏出售家藏敦煌卷事，當時有關部門已予以注意；1935 年 8 月 6 日陳垣致胡適信，便是專門商討此事：

適之先生著席：

今早九時輔仁有會，十一時基金會之約恐不能到。李氏藏敦煌卷，據來目，除大部分佛經外，可取者不過三二十卷。普通寫經，精者市價

---

① 有關李盛鐸的生平，見橋川時雄《中國文化界人物總鑒》，中華法令編印館，1940 年，頁 166；張玉範《李盛鐸及其藏書》，《文獻》第 3 輯，收入作者所編《木犀軒藏書題記及書錄》，北京大學出版社，1985 年；鄭偉章、李萬健《李盛鐸與木犀軒》，見氏著《中國著名藏書家傳略》，書目文獻出版社，1986 年，頁 215—221。但以蘇精《李盛鐸木犀軒》一文最詳盡，見氏著《近代藏書三十家》，臺北傳記文學出版社，1983 年。
② 鄭偉章、李萬健《李盛鐸與木犀軒》，見《中國著名藏書家傳略》，頁 220—222。
③ 以上兩條見《敦煌遺書總目索引·散錄》，商務印書館，1962 年，頁 323—324。

不過百元，次者更不值錢，來目索價太昂，購買殊不相宜。鄙意祇可抵押，抵押之數，可以到貳萬元，惟應要求者一事，應注意者一事。據弟所知，李氏藏有世界僅存之景教《宣元本經》，此目並未列入，恐尚有其他佳卷。此目之外，應要求加入吾人所已知或已見過之稀有珍本。又來目不注行數及長短尺寸，此中伸縮力甚大，最易發生弊病，應注意本主或關係人不至將各卷割裂。鄙見如此，謹請公酌，原目並繳，順候晨安。弟陳垣敬上。八月六日。①

從這封書信，可知李氏之景教《宣元本經》已被列入追蹤目標；而信中並無提及《大秦景教大聖通真歸法讚》，說明時人對此經並無所聞。

李氏卒於1937年2月4日②，當時的教育部爲防李氏藏書外流，特派北圖館長袁同禮洽商購買李氏藏書，胡適、傅增湘、徐森玉、趙萬里等精於古籍版本和敦煌寫卷的專家，曾親到李宅翻閱善本書③。不久，抗日戰爭爆發，

---

① 《陳垣來往書信集》，上海古籍出版社，1990年，頁177。
② 按李盛鐸逝世年份，上引諸書所記不同，此據天津《大公報》1937年二月五日第二版第一張所登李盛鐸二月四日去世的訃告以及第六版第二張所發新聞稿《李盛鐸逝世，享年七十八歲》。
③ 見《大公報》1937年三月二十三日第六版第二張所登《李木齋藏書當局擬全部收買》："本市消息：前參議院議長李木齋，於二月四日去世。聞李氏生前，藏書甚豐，且多宋元明版及海內孤本，當局擬全部收買云。"又《大公報》1937年六月三日第十版第三張所登《李木齋全部藏書政府正洽收買，教部出價三十萬元，李氏家屬索六十萬》："本市特訊：……今年二月四日，李氏在津市秋山街二百零一號私寓逝世。嗣後某國方面，迭次擬以重價收買李氏全部藏書。李氏哲嗣多人，以不願使之流傳國外，迄未與對方商洽。最近教育部方面，擬以三十萬元，全部收買。家屬以李氏在世時，有債務二十五萬元以上，善後事宜，諸待料理，提出六十萬元之數。經教部派國立北平圖書館館長袁同禮，與李氏家屬李幼齋、李少齋、李少微等迭在北平接洽，胡適、沈兼士、董康諸人，亦從旁促成，極希望政府能全部接收，故意見已趨接近。李少微於昨晚由平返津，如無波折，袁氏定日內來津，視察藏書。聞全部藏書，最精華部分，爲名家稿本、明版而爲清代所禁者、抄本、宋版、日本刻本等等，共約五十種。而抄本及稿本，則佔三分之一。全部藏書之半，現在新華銀行抵押保存，秋山街李寓，已裝箱者，約四十大箱，未裝箱者亦如之。"下列珍貴書目，無敦煌寫卷。又《大公報》1937年六月三十日第六版第二張《李木齋藏書五千種政府收買條件接近》："本市特訊：藏書家李盛鐸（木齋），於本年二月四日逝世後，其家藏珍籍五千餘種，頗爲外人所覬覦，屢次欲出重價收買。李氏家屬，以事關我國文化，不肯與之接洽。嗣後教育部擬以三十萬元全部收買，其家屬以李氏在世時，負債達二十五萬元以上，而將來修墓立祠，整理遺著，及結束身後其他事宜，亦在在需款，曾提出六十萬元之數，詳情業誌日前本報。現悉此事接洽，已有端倪。緣自李盛鐸作古，藏書之保存問題，極爲國內學術界所關切，故教育部進行收買以來，各方皆願促成。國立北平圖書館館長袁同禮，奉教育部命，特於本月十四日，邀趙萬里、傅增湘、徐鴻寶諸人，由平來津，與李氏家屬李少微等，接洽此事。北京大學文學院院長胡適，亦於十五日趕來津市參加。經李宅將存於新華銀行保管之藏書，運回秋山街寓

此事被暫時擱置。1939年末，由僞臨時政府出款，將整批李氏藏書全部收購，交北京大學文學院典藏①，今歸北大圖書館。既然李氏晚年已迫於經濟因素，將其珍藏品大量出售，而身後遺屬更迫不及待地求售全部藏書。小島氏所得兩件寫本，若是真品，當最可索價，何以一直死藏不露，直待李氏卒後6年，即1943年2月，纔被"發現"。這究竟是純係偶然的機緣，抑或是其中有詐？

二、李氏舊藏的敦煌景教經典

李盛鐸舊藏的敦煌景教經典，並非無案可稽。王國維1919年7月7日致羅振玉書信中，已經提及："李氏諸書，誠爲千載秘笈，聞之神往！《甘露二年寫經》，君楚疑爲苻秦時物，亦極有理。景教經二種不識但說教理，抑兼有事實，此誠世界寶籍，不能以書籍論矣。"②1922年，抗父發表《最近二十年間中國舊學之進步》，其間綜述敦煌發現的古寫本，明確報導李氏所藏景教寫經："子部則有《老子化胡經》（英、法俱有之），摩尼教經（京師圖書館藏一卷，法國一卷，英國亦有殘卷，書於佛經之背），景教經（德化李氏藏《志玄安樂經》、《宣元至本經》各一卷，日本富岡氏藏《壹神論》一

（接上頁）內，按照藏書目錄，請胡適、袁同禮等檢閱，至十七日始畢。胡袁等發現珍貴文籍甚多，認爲確有由國家接管之價值，對其家屬現在之處境，亦極表同情，一再與教部電商結果，教部願增撥十萬，胡適並允負責交涉，再增二萬元，總數爲四十二萬元。李氏家屬，則希望政府撥足五十萬元，俾敷料理一切，故尚待繼續商洽。聞胡適允於參加'廬山茗敘'之便，向蔣委員長陳述，代爲面懇，預期此事不久可得結果。李氏家屬，擬於議定之後，先在津市舉行公開展覽，然後再行起運。"胡適日記亦載此事，一九三七年五月二十六日條記："守和（袁同禮）爲李木齋家藏書書邀吃飯，客人爲李氏三子：家浦（少齋）、家湛、少微，董授經先生（董康）等。李家原索價八十萬元，政府已許三十萬元，現李家減至五十萬元。今夜我提議以四十萬元爲折中之價。至席散時尚無成議。"六月十五日條記："下課後，上車到天津，袁守和到站接我。晚飯後同到李木齋宅去看他的遺書。李氏兄弟子姪搬出他家善本書，趙斐雲（萬里）紀錄，守和、徐森玉（鴻寶）與我同看。到半夜始散。"六月十六日條記："早九點又到李宅看書，到十一點，趕快車回家。"見中國社會科學院近代史研究所中華民國史研究室編《胡適的日記》，香港中華書局，1985年，頁566、568。據以上公私記錄，李盛鐸死後，藏書沒有打散，而是全部收購。而所有記錄中，不見有關敦煌文書的記載，推測因此項價值最高，故李氏終前已售盡，用以抵償債務。

① 上揭注蘇精文《李盛鐸木犀軒》，氏著《近代藏書三十家》，頁27—28。
② 王國維《觀堂書剳》，《中國歷史文獻研究集刊》第1集，湖南人民出版社，1980年，頁37。

卷，法國國民圖書館藏《景教三威蒙度讚》一卷）……"①

對於李氏所藏的景教經典，學界至爲重視。1928 年 10 月 7 日羽田亨博士專程到天津拜訪李盛鐸，抄錄了《志玄安樂經》。其於次年刊佈該經時，特別言及抗父提到的《宣元至本經》，稱當時李氏將其放在上海，故未得見，"但據李氏所言，其經不過二、三十行文字耳，尚有長長的空白，已劃好細欄；文末雖有結句，但是否爲全卷之終結，則尚不明瞭。多半是抄至中途便作廢了"②。陳垣先生曾親覩該經並抄錄了前 10 行文字，提供給佐伯氏研究。1934 年，佐伯氏將該 10 行文字刊佈在《輔仁學誌》，並加英譯；編者的英文按語說明了錄文的來歷。③1935 年，佐伯氏又將該錄文刊於所著《景教之研究》一書中，但把 10 行誤作 11 行，並稱第 12 行以下已佚，學界信以爲然。④1943 年，佐伯氏在其《支那基督教之研究》第一卷中，又轉載了該錄文，並轉述了陳垣先生對該寫本原件的描述，稱該件"與羽田博士見過的《志玄安樂經》同樣是用黃麻紙書寫，上下行間劃有細絲欄；其字體也與《志玄安樂經》同"⑤。寫本原件照片也在《羽田博士史學論文集》下卷刊出，見該書圖版七。從照片看，與當年李氏告訴羽田氏的情況完全一致，計有文字 26 行，前 10 行與佐伯氏所刊的 10 行一字不差；寫本劃有細欄，末尾結句下空餘二字格，似未抄完；從内容看，全卷亦未結束；字體亦與《志玄安樂經》的寫本相同。足見陳垣先生所述無誤。因此，我們可以斷言：照片上的這件寫本應當就是 1922 年抗父所提及的《宣元至本經》。不過，這件抄本標題少一"至"字，僅作"大秦景教宣元本經"。抗父的報導之所以較原件多出一字，原因是不難解釋的。早在 1909 年，羅振玉便將伯希和在敦煌藏經洞中得到的《大秦景教三威蒙度讚》和《尊經》刊佈⑥，而《尊經》中羅列的景教經典名錄中，就有"宣元至本經"。這一點必爲抗父所熟悉，故把"宣

---

① 《東方雜誌》第 19 卷第 3 號，1922 年，頁 35—36；又收入東方雜誌社編《考古學零簡》（東方文庫第七十一種），商務印書館，1923 年，頁 97—98。
② 羽田亨《景教經典志玄安樂經に就いて》，《東洋學報》第 18 卷第 1 號，1929 年；收入《羽田博士史學論文集》下卷，引文見頁 272。
③ P. Y. Saeki, "The Ta-ch'in Luminous Religion Sutra on the Origin of Origins", *Bulletin of the Catholic University of Peking* 9, 1934, pp. 133-135.
④ 佐伯好郎《景教の研究》，東京，1935 年，頁 736—742。
⑤ 佐伯好郎《支那基督教の研究》第 1 卷，東京春秋社，1943 年，頁 380。
⑥ 羅振玉《敦煌石室遺書》，1909 年刻印本；影印寫本見羅振玉《鳴沙石室佚書續編》，1917 年。

元本經"誤作"宣元至本經"。有無"至"字,意思類同,多一字更易理解,故學者取用後一名稱,亦情理中事。

《羽田博士史學論文集》將李氏舊藏的《宣元本經》的照片刊出,純係偶然的誤會。編者顯然是要刊出小島文書B《宣元至本經》的照片,以配合該書所收入的有關論文,即《〈大秦景教大聖通真歸法讚〉及〈大秦景教宣元至本經〉殘卷考釋》,但卻誤取了《宣元本經》的照片。這張以前從未刊佈過的照片,今存京都大學的羽田亨博士紀念館。由是推測,《宣元本經》也像《志玄安樂經》那樣,早已流入日本。

以往學者多依佐伯好郎的説法,認爲小島文書B《宣元至本經》,便是佐伯氏先已刊的《宣元本經》10行的後半;原寫本26行全部刊出後,這種觀點當不攻自破。然而,儘管照片已在1958年發表,但祇有榎一雄博士曾注意及此,並否定佐伯氏的説法。① 而大多數研究者仍繼續將兩件寫本混同爲一,強拼在一起②;或認爲是"同一個文件的前後兩部分,中間可能有所脱漏"③。

上面所述,已將抗父所報導的李氏藏景教經典兩種調查清楚,説明其與小島文書斷無關聯。至於王國維書信中提到的李氏藏兩種景教經,雖然沒有道出經名,但無疑即抗父所報導者。按敦煌藏經洞出土寫本,雖數以萬計,但其間景教經典與摩尼教經一樣,極爲稀少,故彌足珍貴。李氏作爲大藏書家,博學多聞,當深知景教寫本之貴重,若有所藏,不可絕對秘而不宣,就如《志玄安樂經》和《宣元本經》那樣,總對知音者有所披示。小島文書若爲李氏所藏,爲會一無所露,直待身後數年,方由外人來"發現"?於情於理,殊難解釋。

其實,作爲大藏書家的李氏,對自身收藏的敦煌寫本當然也不會是一

---

① K. Enoki, "The Nestorian Christianism in China in Medieval Time according to Recent Historical and Archaeological Researches", *Problemi Attuali di Scienza e di Cultura. Atti dei Convegno Internazionale sul Tema: L'Oriente Crstiano nella storia della civiltà* (Accademia Nazionale dei Lincei 1964, nr. 62), Rome 1964, pp. 45-81.

② 例如江文漢《中國古代基督教及開封猶太人》,知識出版社,1982年;郝鎮華譯《一五五〇年前的中國基督教史》附錄,中華書局,1984年;C. Y. Hsü, "Nestorianism and the Nestorian Monument in China", *Asian Culture Quarterly*, Vol. 14, No. 1, 1986, pp. 67-68.

③ Peter C. H. Chiu, *An Historical Study of Nestorian Christianity in the T'ang Dynasty between A.D. 635-845*, Southwest Baptist Theological Seminary, 1987, pp. 213-214.

筆糊塗賬。北京大學圖書館善本室所藏"李氏書"中，便有題爲李盛鐸編的《李木齋氏鑒藏敦煌寫本目録》稿本一册，凡著錄敦煌寫本432號，其中有"十三、景教志玄安樂經"、"四百三一、宣元至本經，首全"，但無小島文書的任何記載。據李氏藏善本書《白虎通德論》中的其子李滂跋，推測此目是李滂所録。因此，此目應是李盛鐸去世前收藏敦煌寫本的全目，《敦煌遺書總目索引・散録三・李氏鑒藏敦煌寫本目録》中的部分内容，就來源於此目。稿本目録明確證明李氏收藏的敦煌寫本中，有《志玄安樂經》和《宣元（至）本經》，而無所謂小島文書那兩篇經文。

三、"李氏題記"剖析

言小島文書爲李氏舊藏，雖無案可稽，但論者卻有"李氏題記"爲證，使人不由不信。羽田氏的《〈大秦景教大聖通真歸法讚〉及〈大秦景教宣元至本經〉殘卷考釋》一文，最早刊佈"李氏題記"。該文附有小島氏提供給他的兩件寫本照片，其中《宣元至本經》的照片上，可以看到卷首有"李氏題記"3行，羽田氏已照録無誤：

　　景教宣元至本經卅行開元年號
　　此稀珍品乃裱經背者余所發現
　　至足寶貴也①

題記並無署名，但觀照片鈐有李氏藏書印之一"麐嘉館印"。

　　羽田氏於文章中說明，早在1945年，天津的小島靖就已將這兩件寫本的照片寄贈給他，但由於未睹原件，故遲遲不敢公開發表。而今因爲佐伯氏已將兩件寫本刊出，他纔不得不抱病撰寫此文，提出自己的看法。羽田氏治學之謹嚴，於此可見一斑。小島文書題記的年代，明顯有悖史實，故羽田氏對這兩件寫本實際是持懷疑態度的，但礙於李氏"爲斯道公認之權威"，有

---

① 見上揭《羽田博士史學論文集》下卷，頁305。

其題記，則不便直言。

對於"李氏題記"的可信性，我們是持否定態度的，理由如次：

第一，正如榎一雄已經注意到的，佐伯氏1949年出版的日文著作《清朝基督教之研究》和1951年修訂版英文著作《中國景教文獻和遺物》[1]，均刊出小島氏提供給他的兩寫本照片，其間不見有"李氏題記"[2]。佐伯氏在書中也隻字未提"李氏題記"，似乎不知有其事。按小島氏寄給佐伯氏照片，時在1943年末，比給羽田氏的時間早了兩年。是提供給佐伯氏的照片沒有拍題記，還是佐伯氏認爲題記無關要旨而不予刊佈和提及。可能性唯此兩種，而前者的可能性自然比較大；因爲佐伯氏不會不知道"李氏題記"的分量。若屬前者，人們自然要問，小島給佐伯氏的照片爲何沒有"李氏題記"，而兩年後給羽田氏的照片卻有？我們不能代替小島氏回答問題。不過，我們查閱了佐伯氏1955年出版的《中國景教衰亡史》，該書卷首圖版，特刊出小島文書照片兩幀，頗爲清晰，其中《宣元至本經》的照片顯然是重新拍攝的，下注明該件"今寄託同志社"[3]。我們將其與羽田氏發表的照片比較，明顯可以看出：《宣元至本經》寫本背面有裱紙，卷尾裱紙上鈐有"小島"小方印一方；卷首裱紙空白處，正是羽田刊照片上"李氏題記"的位置，卻不見有任何字跡。細審羽田刊照片，"李氏題記"並非寫在原件裱紙上，而是另用小紙片書寫，粘於裱紙上，這顯然違反了書寫題記的一般習慣。該寫本至晚從1955年便已寄放在京都同志社大學圖書館。1963年3月，榎一雄親到該館考察原件，也未見有"李氏題記"。[4] 小島氏所得寫本是否確屬敦煌真品，"李氏題記"可說是最權威的鑑定，而今卻被揭去，這至少說明寫本的擁有者對其可信性已有所懷疑。

第二，假如李氏生前認爲《宣元至本經》"至足寶貴"而特加"題記"的話，那麼《大聖通真歸法讚》不也是"景教經典"，不亦有"開元年號"，雖僅18行，但卻是完完整整的一篇文獻，其"寶貴"的程度比前者有過之而無不及，同一李氏，卻何以一字不題，厚彼薄此乃爾？

---

[1] P. Y. Saeki, *The Nestorian Documents and Relics in China*, Tokyo 1951.
[2] Ibid., Enoki, 1964, p. 68.
[3] 佐伯好郎《中國に於ける景教衰亡の歷史》，京都同志社東方文化講座委員會，1955年。
[4] Ibid., Enoki, 1964, p. 68.

第三，我們在北京大學圖書館善本室，核對了張玉範女史整理的《木犀軒藏書題記及書錄》的原稿本《李盛鐸藏書書目提要》中大量的李氏親筆字跡，深感所謂《宣元至本經》卷首裱紙上的"李氏題記"筆法拙劣，與李氏手跡不可同日而語。

第四，"李氏題記"的真跡，羽田、佐伯、榎一雄諸氏都無緣親睹，遑論他人。如今單從照片來定其真贗，誠不足爲證。但剖析"題記"的行文，卻令人難以置信其出自一位清末翰林的大手筆。查李氏的藏書題記，業經北京大學張玉範女史整理發表者，已有173篇。[①]筆者研讀這些題記，深爲李氏文筆之洗煉、內容之簡扼所折服。至於李氏書於敦煌寫本上的題記，更是惜墨如金。以其《志玄安樂經》的題記爲例，字僅一行："丙辰秋日，于君歸自肅州，以此見詒，盛鐸記。"[②]我們幾不可增刪其一字。再看《宣元至本經》的"李氏題記"，豈可與此相倫比？第1行"景教宣元至本經卅行開元年號"13字，便純屬廢話，因寫本明書"大秦景教宣元至本經一卷"，而開元年號和行數，讀者甫視寫本，即可了然。至於第2、3行，意思表達得又多疊床架屋。祇要把第2行的"稀珍品"改爲"稀世珍品"，第3行的"至足寶貴也"，便可全刪。如此蹩腳的題記，猶如昔年小學生的作文，焉會出自李盛鐸這位光緒十五年己丑科殿試一甲第二名的進士之手！

第五，《志玄安樂經》的李氏題記不僅署"盛鐸記"，且鈐以私章"李印盛鐸"[③]，大藏書家謹嚴之學風，躍然紙上。而《宣元至本經》的"李氏題記"，不僅無署名，且不鈐私印，而代之以"麐嘉館印"這種藏書章，實爲牛頭不對馬嘴。

此外，"題記"第2行的"此稀珍品乃裱經背者"一句，貌似行話，細思卻有杜撰之嫌。以一頁可書寫30行經文而有綽餘的黃麻紙，用於裱經背，在敦煌文書中，恐極爲罕見。筆者有幸接觸英國圖書館收藏的大量敦煌文書原件，所見裱經背者，均係零碎之小紙片，唯裱經帙，方用大塊麻紙。此點苟作獻疑，質之高明。

[①] 李盛鐸著，張玉範整理《木犀軒藏書題記及書錄》，北京大學出版社，1985年。
[②] 見上揭書《羽田博士史學論文集》下卷，圖版六。
[③] 同上。

四、"李氏"藏書印的考察

　　以往學者不敢懷疑小島文書的真實性，還有一個重要的原因，即寫本上鈐有"李氏"的藏書印。李盛鐸藏有大量敦煌文書，早已爲世人所熟知。[①]因此，凡鈐有李氏印鑒的文書，自令人信爲真品。然而，李氏身後，"傳聞李盛鐸的印記都流落在北平舊書店中，店主凡遇舊本，便鈐上他的印記，以增高價"[②]。另外，藤枝晃教授揭露了這樣一個事實：曾有人僞造李氏的印鑒，以倒賣所謂敦煌文書。他詳細考察了京都國立博物館收藏的守屋孝藏蒐集的"敦煌寫本"，發現鈐在上面的"李氏"藏書印字同而形異者竟有多枚，如"木齋審定"印有三種，"木齋真賞"印有四種，"德化李氏凡將閣珍藏"印多達八種！[③]就我們所知，李氏這些藏書印，每種僅有一枚。所以我們可以判定，在這些寫本上所鈐的"李氏"藏書印，有不少屬於僞刻。

　　小島文書上的"李氏"印記是否同屬僞刻，有待專家鑒定。北京大學圖書館善本室，藏有李盛鐸輯《李木齋印譜》一册，係李氏所輯自己的部分印記，其中有"木齋審定"朱印和"李印盛鐸"白文朱印，可資參照。該館又藏有李氏善本書《通曆》，其卷第四首尾，印有"麐嘉館印"，與李氏藏《志玄安樂經》和《宣元本經》上所鈐印記相同。我們將《大聖通真歸法讚》照片上的"麐嘉館印"，與《通曆》的真蹟比較，發現字體就不無差異：前者筆劃較爲粗圓；後者則細方，稜角分明。但既然原件已佚，也就無從做真正的鑒定了。因此，我們祇好另覓新蹊，從李盛鐸生前用印的習慣來考察小島文書上的印記。

　　按李盛鐸室名別號很多，有凡將閣、建初堂、甘露簃、廬山李氏山房、麐嘉館、古欣閣、儷青閣、兩晉六朝隋唐五代妙墨之軒、斐英館、延昌書庫、木犀軒等。由於有這麼多齋號，也就有一批與之相應的藏書印。另外，還有私章"李印盛鐸"四枚，分別爲白文方印、篆書白文小方印、隸書白文

---

① 關於李盛鐸佔有敦煌文書事，參看羅振玉《姚秦寫本維摩詰經殘卷校記序》；饒宗頤《京都藤井氏有鄰館藏敦煌殘卷紀略》，《選堂集林·史林》，香港中華書局，1982年，頁998—1007。
② 見上揭蘇精文頁28注引《書林掌故續編》"古書作僞種種"條。
③ 藤枝晃《"德化李氏凡將閣珍藏"印ついて》，《京都國立博物館學叢》第7號，1986年。

小方印、隸書白文中方印，還有"木齋"朱文小方印、"李木齋跋"、"李木齋校"朱文方印；尚有"李氏家藏文苑"、"木齋審定善本"、"木齋真賞"、"木齋審定"等等①，計有二十多枚。這就是說，種類應有盡有，李氏可以根據書或寫本的性質、價值及自己所做的工作性質，分別施印。

李氏在世時，當已注意到防止他人冒名僞造其印。因此，在諸如敦煌寫本這樣貴重的文獻上，都鈐以多枚不同的印章。試看《羽田博士史學論文集》下卷所刊《大秦景教宣元本經》的原卷照片，其上所鈐之印有："敦煌石室秘籍"，照片殘半，當爲朱文大方印，鈐於寫本題目之上部；"木齋真賞"朱文小方印，鈐於經題"教"與"宣"字中間的空隙處；"李印盛鐸"白文小方印，鈐於題目之下；"兩晉六朝隋唐五代妙墨之軒"，鈐於寫本首端底部。該寫本還有李盛鐸子"李滂"的白文小方印，說明其曾轉由李滂收藏。而《志玄安樂經》，上揭書雖僅刊出原卷之首尾部照片，但也可見印記多枚：卷首經題下有"木齋真賞"印、"李滂"印；卷末有"木齋審定"印、"麐嘉館印"，李氏題記下則鈐"李印盛鐸"。

再比較一下小島文書上的印鑒。《宣元至本經》的"李氏題記"下鈐"麐嘉館印"。該印又鈐於寫本卷末的題記之下；卷末題記之上，還隱約可見一小印，當係"木齋真賞"。在這樣一個"至足珍貴"的寫本上，僅僅鈐這麼兩枚藏書印！《大聖通真歸法讚》的情況類似，題目下鈐"麐嘉館印"，卷末上方鈐"木齋真賞"印，下方還有一個甚爲模糊的"木齋審定"印，僅此而已！

我們還可以肯定的是：小島文書絕不是經李滂出讓的，因爲沒鈐其印鑒。至於其他李氏財產繼承者是否有鈐印的習慣，尚有待調查。

五、從基督教信仰看小島文書

根據以上的考察分析，小島文書爲李氏遺愛品的說法，顯然難以成立。而細察文書本身的內容，我們更發現有違反景教根本信仰之處。

---

① 鄭偉章、李萬健《中國著名藏書家傳略》，頁218。

"景教"一詞，各家的解釋雖有差別，但當今界定其爲基督教的一宗，則咸無異議。基督教之宗派，雖不勝其多，但在對上帝的根本信仰上，則無二致：均相信上帝爲世界萬物的唯一創造主，上帝主宰世界。上帝，在著名的《大秦景教流行中國碑》中，稱爲"無元真主阿羅訶"；在《景教三威蒙度讚》中，稱爲"慈父阿羅訶"。"阿羅訶"，據學者們的研究，已確證爲唐代來華傳教士對上帝的稱謂，相當於現代漢譯聖經中的"耶和華"。[1]基督教反對偶像崇拜，認爲上帝無形無體無相，外來傳教士在華佈道，開宗明義就得說明這一點。19世紀來華傳教士丁韙良的名著《天道溯原》首句就是："神無形體可見，而其妙用又顯而易見。"這對歷代基督教徒來說，應是常識。唐代之景教徒，自然也不例外。被認爲是唐代景教文獻的《序聽迷詩所經》云："無人得見天尊"，"天尊顏容似風，何人能得見風？"對這個文獻是否爲敦煌真跡，我們是有懷疑的。但其把上帝（天尊）之不可見比喻爲風，顯然是本自地道的基督教文獻。

《大聖通真歸法讚》違背上帝無形無體無相的信條，竟然用"皎皎玉容如日月"來形容阿羅訶[2]；而《宣元至本經》則稱"法王善用謙柔，故能攝化萬物，普救群生"云云，該法王（聖徒）竟然亦能"攝化萬物"，豈非與創造萬物的上帝平起平坐了？由此，我們可以看出，小島文書的作者，實際上對基督教的一些基本教義不甚了然。

---

[1] "阿羅訶"爲敍利亞語Aloha的漢字音譯，意即上帝，相當於希伯來語的Eloh或Elohim。自景教碑發現以來，許多研究者都持這種看法，應視爲定論。佐伯好郎《景教之研究》等日、英文著作，即以此傳統觀點解釋該詞。1941年，《史學雜誌》第52編第4號第473頁所刊《佐伯好郎學位請求論文〈支那に於いて近頃發現せらなたる景教經典の研究〉（英文）審查報告》，亦肯定了這一解釋。P. Pelliot et J. Dauvillier, *Recherches sur les Chretiens d'Asie Centrale et d'Exteme-Orient, II.1: La Stele de Si-ngan-fou*. Paris 1984, p. 16 亦採用同樣看法。王治心《中國基督教史綱》（文海出版社，1940年，頁34）曾引錄李之藻將景教碑和基督教義的比較，認爲"無元真主阿羅訶"即是"上帝耶和華"；周聯華《基督教信仰與中國》（臺北浸信會文字傳道中心，1975年，頁34—35）將景教的詞句與基督教的習慣用語比較，認爲"無元真主阿羅訶"即"永生神耶和華"，"慈父阿羅訶"即"慈悲的天父耶和華"。

[2] 上揭佐伯好郎《清朝基督教的研究》附頁中，把該句解釋爲"耶穌的變貌，即顯聖容"；把整篇讚文考證爲"今日東西教會在稱爲'耶穌變貌日'或'耶穌顯聖容日'的祭日裡所唱的讚美詩"（頁4）；而在上揭英文著作（Saeki, 1951）中，把"通真歸法"譯作"the Transfiguration"（p. 314）。此說實極勉強。按全詩所提到的"慈父阿羅訶"、"大聖法皇"、"大聖慈父"等，從行文意思看，均指上帝。而唐代景教文獻對耶穌的稱謂，如"彌施訶"、"大聖子"等，詩中全無。如是怎能說是對耶穌的讚詩呢？

根據我們的比較研究，《大聖通真歸法讚》乃模擬《尊經》和《三威蒙度讚》寫成。其題目係從《三威蒙度讚》衍化出來，以"大聖"取代"三威"，以"通真歸法"替換"蒙度"，意思均無大別；而首句"敬禮大聖慈父阿羅訶"，則是脫胎於《尊經》的首句"敬禮妙身皇父阿羅訶"；經文末三行的瑜罕難法王名及三部經名，更是直抄《尊經》文句。至於餘下的其他詩句，所表達的意思也多與《三威蒙度讚》相類似。《宣元至本經》一名，當取自《尊經》，但內容全與景教無關，純係模擬、甚至赤裸裸地抄襲道家經典。① 如此作品，怎能視作景教經呢？

六、從唐代基督教史看文書題記

既然從內容看，小島文書也不可能出自唐代基督教徒之手，那麼，文書具有"開元年號"和"沙州大秦寺"等字樣的題記，當係杜撰無疑。其實對題記，學者早就有懷疑，因爲傳入唐朝的基督教，其寺院最早稱爲波斯寺，波斯胡寺，至玄宗天寶四載（745）九月，始有詔文改稱大秦寺。詔文見《唐會要》卷四九，本書前已徵引：

波斯經教，出自大秦，傳習而來，久行中國。爰初建寺，因以爲名。將欲示人，必修其本。其兩京波斯寺，宜改爲大秦寺。天下諸府郡置者，亦準此。

而今照小島文書的題記，早在開元五年（717），沙州便已率先稱景寺爲大秦寺；若然，其他諸州理應同樣流行，因爲大秦寺的稱謂顯然比波斯寺或波斯胡寺準確高明。如是，又何勞唐玄宗來下詔改名？正因爲如此，羽田氏當年對有此題記表示"不得不驚異"。② 池田溫教授也曾從寫本題記研究的角

---

① 本文上揭羽田亨論文認爲，該經"酷似《老子道德經》，有些句子直接抄自該經第六十二章"；就此，日本學者西脇常記更詳加考證比較，見氏著《〈大秦景教宣元至本經〉殘卷について》，京都《禪文化研究所紀要》第15號，1988年，頁107—136。
② 上揭《羽田博士史學論文集》下卷，頁304。

度，認爲該題記係僞作。① 而上揭榮一雄博士文章中，把文書產生的年代定在與西安景教碑同時（781年前後），而認爲題記之出現開元年號，是景教徒爲了把沙州大秦寺的歷史提前到開元時代。對"作案動機"的這種解釋，顯然很勉強。因爲我們知道，景教碑樹立的年代，正是景教興盛之時，沙州的景僧何必如此作假來提前歷史呢？其實，如果我們把文書認定爲今人僞造，問題的解釋便很簡單了：因爲僞造者不諳唐代基督教史，所以便出現了這一知識性錯誤。

七、餘論

觀古今中外歷史，僞造書畫文物，以假亂真，長期蒙蔽世人者，其個案不勝枚舉。就中國傳統手藝而言，這種贗造僞製，不過是雕蟲小技之事。而小島文書的製作者顯然是這一行當中的高手：其字體摹仿唐寫本，如此逼真，以致幾十年來，未聞有人能指出其破綻；對於唐人的避諱習慣，製作者也顯得頗爲諳通，欲"因犯諱或避諱來斷其爲僞撰"，實亦不易。② 文書的抄寫形式，雖不乏可疑之處③，但也難以就此遽定其真僞。不過，贗製者對於杜撰唐代景教文獻、李氏題記等所需的背景知識，則遠爲不足，故我們不難發現其間之漏洞。根據這些情況判斷，我們認爲小島文書很可能是古董商人在李盛鐸去世後僞造出來的。

綜合上文所揭示的種種疑點，我們至少可以說：從嚴謹的科學態度出發，對於小島文書《大秦景教大聖通真歸法讚》和《大秦景教宣元至本經》

---

① 池田溫《中國古代寫本識語集錄》，東京，1990年，頁289，No. 813；頁292，No. 826。
② 上引榮一雄文從避諱角度來論證寫本年代當晚於開元年間，可資參考。但唐人之避諱，並非如此嚴格。詳參陳垣《史諱舉例》，科學出版社，1958年；上海書店出版社，1997年。王叔岷《古書中的避諱問題》，《"國立"台灣大學文史哲學報》1989年第37期，頁3—24。
③ 《大聖通真歸法讚》對"大聖法皇"和"瑜罕難法王"採用平闕。據《唐六典》（頁2504）及敦煌發現的唐《天寶職官表》所收《新平闕令》和《舊平闕式》（見T. Yamamoto et al., *Tun-huang and Turfan Documents: concerning Social and Economic History* I [A], Tokyo 1978, p. 45），唐人在草寫表狀參啓等公文書時，需依平闕之式，但"泛論古典，不在此限"，故敦煌發現之官私文書，多用平闕，而四部古籍、佛典、道經，則不用平闕，摩尼教經和已確認的景教經如《景教三威蒙度讚》等，均無平闕。《通真歸法讚》的抄寫格式，或許受到清代嚴格的平闕制度的影響。

這兩件寫本，我們不能輕信其爲出自敦煌藏經洞的唐代景教文獻，亦不應在有關景教史或敦煌史的研究中，直當真文獻無保留地引用。

（本研究與北京大學榮新江教授合作，文章初稿係1991年我們在倫敦大學亞非學院和英國圖書館訪問期間所合撰。在採寫和隨後的補充過程中，蒙饒宗頤教授、池田溫教授、張玉範女史、徐文堪先生等諸多鼓勵幫助，劉方女史在北京代查大量資料；文成後，項楚先生、姜伯勤先生又惠予斧正，謹此向以上諸位衷致謝忱！文章最初發表於1992年饒宗頤教授主編的《九州學刊》第4卷第4期，筆者徵得榮新江教授同意，納入本書時作了相應的修訂。）

敦煌本《大秦景教宣元本經》考釋

　　李盛鐸所藏的敦煌景教寫經《大秦景教宣元本經》(以下簡稱《宣元本經》)，由於被混同於小島文書，以致長期爲學者們所忽略。在筆者與榮新江教授合作，追蹤"小島文書"的真相時，我們發現1958年京都出版的《羽田博士史學論文集》下卷，爲了配合其中《〈大秦景教大聖通真歸法讚〉及〈大秦景教宣元至本經〉殘卷考釋》一文，圖版七刊出了該寫本的照片。文集的編者顯然並未注意到此照片與小島文書《大秦景教宣元至本經》完全是兩碼事，故刊出時也就沒作任何特別的說明，一般讀者當然更易忽略。因此，我們檢閱有關中國景教的著作，發現注意到這張新照片者，唯榎一雄博士耳①，餘均無提及。榮新江教授近年曾在京都大學羽田亨博士紀念館看到該照片，證明寫本原件確存日本。2000年6月在北京舉行的紀念敦煌藏經洞發現一百周年國際學術討論會上，日本學者落合俊典博士簡介了羽田亨教授遺稿《敦煌秘笈目錄》，其中披露了在1938年到1940年間，日本企業家西尾新平在羽田氏的幫助下，購得了李盛鐸舊藏的432件敦煌經卷②。竊以爲，《宣元本經》當是其中之一。目前，學界已不斷呼籲公佈該等經卷③；俟其公諸世人，當可證實也。

---

① K. Enoki, "The Nestorian Christianism in China in Medieval Time according to Recent Historical and Archaeological Researches", *Problemi Attuali di Scienza e di Cultura. Atti del Convegno Internazionale sul Tema: L'Oriente Cristiano nella storia della civiltà* (Accademia Nazionale dei Lincei 1964, Nr. 62), Roma 1964, p. 69.
② 承蒙榮新江教授提供有關線索，首都師範大學郝春文教授寄贈落合博士的演講稿，謹衷致謝忱。落合俊典《羽田亨稿〈敦煌秘笈目錄〉簡介》，見郝春文編《敦煌文獻論集：紀念敦煌藏經洞發現一百周年國際學術研討會論文集》，遼寧人民出版社，2001年，頁101。
③ 參閱方廣錩《呼喚〈羽田亨目錄〉中的敦煌遺書早日面世》，見2000年7月25—26日香港舉行的紀念敦煌藏經洞發現一百周年敦煌學國際研討會論文。

一、《宣元本經》釋文

1 大秦景（景）教宣元本経（經）
2 時景通法王，在大秦國郍（那）薩（薩）羅城和明宮寶法
3 雲座，將與二見，了決真源。應樂咸通，七方雲集。有
4 諸明净士，一切神天荨（等）妙法王，无量覺衆，及三百
5 六十五種異見中卪（民）。如是族類，无邊无極（極），自嗟空
6 昧，久失真源。聲（馨）集明宮，普心至仰。時景通法王，端
7 嚴進念，上觀（觀）空皇，親承印盲（旨），告諸衆曰：善来法
8 衆，至至无来。今柯通常，啓（啓）生滅（滅）死。各圖其分（分），静
9 諦我宗。如了无元，碬（礙）當随散。即宣玄化匠帝真
10 常盲：无元，无言，无道，无緣，妙有非有，湛穽（寂）然。吾
11 日（因）太阿羅訶，開无開異，生无心溈，蔵（藏）化自然渾元
12 發。无發，无性，无動，靈虗（虛）空買，因緣機（機）軸。自然著
13 爲（爲）鸟（象）本，因緣配爲感乗。剖判絫（絫）羅，三生七位，溈
14 諸名數（數），无力任持；各使相成，教了返元真體。夫爲
15 匠无作，以爲應盲順成，不待而夌（變），合无成有，破有成
16 无；諸阡（所）造化，靡不依由，故号玄化匠帝、无覺空皇。
17 隐（隱）現生靈，感之善應；異犾（哉）靈嗣，虔仰造化。迷本
18 匠王，未暁（曉）阿羅訶，玏（功）无阡衒，施无阡仁；包洁察微（微），
19 育衆如一。觀諸溈有，若（若）之一塵，况是一塵亦非塵。
20 見非見，悉（悉）見見故；无畀（界）非聽（聽），悉聽聽故；无畀无
21 力，盡持力故。无畀无嚮（嚮），无像无法，阡觀无畀无
22 邊，獨唯自在；善治无方，鎮位无際；妙制周臨，

23　物象咸楷。唯靈或（惑）異，積昧亡途。是故，以若教之，
24　以平治之，以慈（慈）救之。夫知改者，罪无不捨。是謂
25　匠帝能（能）成衆化，不自化成，是化終遷（遷）。唯匠帝不
26　虧、不盈、不濁、不清，保住真空，常存不易。

二、《宣元本經》篇幅

　　根據刊出的《宣元本經》寫本照片，字體與《志玄安樂經》的寫本完全相同，可以肯定兩個寫本出自同一手筆。寫本現存 26 行，465 字。① 首行爲經名"大秦景教宣元本經" 8 個字。經文取法佛經的對話形式，假託景通法王對衆高僧佈道，宣講世界的本原。認爲世界本來空無一物，一切都係上帝所造化。經文把上帝音譯爲"阿羅訶"，意譯爲"玄化匠帝"、"无覺空皇"；稱上帝造化萬物，而本身並不變化：

　　　　不虧、不盈、不濁、不清，保住真空，常存不易。

　　寫本行文至此而止。由於紙面尚有空白餘行，故不可能像其他某些敦煌寫本那樣，出洞後被剪割他鬻，而是寫經者至此擱筆。但筆者敢肯定，經文必有後續。理由有三：

　　其一，中國古代佛經，凡是記錄佛陀或其高足說法的經文，結尾少不了有聽衆"歡喜奉行"之類的套語，衆所周知的《金剛經》的結語便是"聞佛所說，皆大歡喜，信受奉行"。其他同類經文也多如是，像蕭齊三藏沙門釋曇景譯的《未曾有因緣經》，結語是：

　　　　聞佛所說，皆大歡喜，各各發心，向三脫門，禮佛辭退，如法奉行。②

　　隋北天竺三藏法師闍那堀多譯的《金剛場陀羅尼經》，結語爲：

---

① 上揭 Enoki 文云 27 行，恐係筆誤。
② 《新編縮本乾隆大藏經》卷 40，臺北新文豐出版公司，頁 869。

聞佛所說，頂禮佛足，歡喜奉行。①

唐天竺三藏法師菩提流志譯的《護命法門神呪經》結語也同：

時薄伽梵說此經已，金剛手菩薩摩訶薩，及釋梵護世天人阿素洛健闥縛等一切眾會，聞佛所說，歡喜奉行。②

唐代摩尼教經也雷同。北京圖書館收藏的敦煌唐寫本《摩尼教殘經》（宇字56，新編8470），假託明使與門徒阿馱等的對話，闡發摩尼關於人類自身並存明暗二性的教義，經文的結語是：

時諸大眾，聞是經已，如法信受，歡喜奉行。

如此寫法，亦爲唐代景教徒所承襲。《志玄安樂經》假託彌施訶向諸弟子佈道，宣講景教"無欲、無爲、無德、無證"的安樂之道，結語作：

時諸大眾，聞是語已，頂受歡喜，禮退奉行。

由是，我們可以說，上述這種結語法是當時各外來宗教經典的慣例。《宣元本經》所假託的佈道形式與上引諸經相同，而寫本未見類似結語，足見經文實未抄完。

其二，古代宗教經典，一般而言，祈禱文、禮讚詩之類，其篇幅短小，多屬常見；但闡發義理的經文則往往是長篇大論。佛經自不必說，上揭的《摩尼教殘經》也是如此，現存345行，約七千言。上揭景教《志玄安樂經》，寫本較完整，凡159行，2604字。而今，《宣元本經》寫本既然僅26行，465字，若已完結，則作爲一篇說經，分量過於單薄；恐怕祇抄了原經的若干份之一耳。

其三，從經文的題目和現存內容看，教義遠未闡發清楚。題爲"宣元本

---

① 《新編縮本乾隆大藏經》卷40，頁137。
② 同上書，頁121—122。

經"，顧名思義，當是宣講世界或宇宙本原的宏論。經文實際是從第 10 行纔開始進入主題，寫本中具實質性內容的篇幅不外 17 行。這 17 行文字，主要是解釋"阿羅訶"的稱號。若照行文結構看，不過是破題而已，大塊文章，應在後頭。

基於以上三點理由，筆者深信，原經文應有後續，但抄者必因甚麼原因而中止。

三、《宣元本經》來源

敦煌遺書中的景教文獻，有的明顯是在華景僧直接用漢文撰作的，如見於 P. 3847 卷子的《尊經》；有的學者已找到其敘利亞文原版，如同一卷子的《景教三威蒙度讚》。《宣元本經》究竟是有所本的譯作，還是景僧直接用漢文撰寫，這是下文要探討的一個問題。

按《尊經》開列了 35 部景教經典，據所附的"按語"，乃譯自"貝葉梵音"，其中有"宣元至本經"之名，與現存敦煌寫本《宣元本經》僅一"至"字之差。兩者應是同一部經典抑或是兩部，學者多認爲應是同一，因爲有"至"與無"至"，意思並無質的差別，語氣有輕重而已。在《宣元本經》中亦有"至至无來"之語（見第 8 行），故可能是抄經者脫漏了"至"字。當然，還不能排除兩種可能性，即：《尊經》多寫了一"至"字；或者是有"至"無"至"都可以，均爲時人所認同。不過，即使現存的《宣元本經》就是《尊經》提及的《宣元至本經》，我們也難以相信現存寫本的 26 行經文是直譯自"貝葉梵音"。試看題目以降起始 4 行文字：

時景通法王，在大秦國那薩羅城和明宮寶法雲座，將與二見，了決真源。應樂咸通，七方雲集。有諸明淨士，一切神天等妙法王，无量覺衆，及三百六十五種異見中民。

此處先交代演講者、演講地點和聽衆身份，這是漢譯佛經的一般寫法。如唐西天竺沙門伽梵達摩譯的《千手千眼觀世音菩薩廣大圓滿無礙大悲心陀羅尼經》：

　　一时釋迦牟尼佛，在補陀落迦山觀世音宫殿寶莊嚴道場中，坐寶師子座，其座純以無量，雜摩尼寶而用莊嚴百寶幢旛周帀懸列。爾時如來於彼座上，將欲演說……①

唐中天竺三藏地婆訶羅奉制譯的《最勝佛頂陀羅尼淨除業障經》：

　　一時薄伽梵在室羅筏竹笋道場，於誓多林給孤獨園中，與大比丘眾八千人俱，皆是住聲聞位尊者。……②

元魏北天竺三藏法師菩提留支譯的《佛說佛名經卷》：

　　一時佛在舍婆提城祇樹給孤獨園，與大比丘眾千二百五十人俱。爾時世尊四眾圍遶……③

　　《宣元本經》的寫法與佛經類似，並非是照譯原本的巧合，因爲在古代基督教東方教會遺留下來的聶斯脫利派經典中，包括敍利亞文和粟特文等中亞文字，未見有先例可循，足見係漢文經典製作者入鄉隨俗，模仿漢譯佛經自撰的。

　　其次，《宣元本經》用了6行文字來解釋"阿羅訶"的法號：

　　吾曰太阿羅訶，開无開異，生无心涘，藏化自然渾元發。无發，无性，无動，靈虛空買，因緣機軸。自然着爲象本，因緣配爲感乘。剖判叅羅，三生七位，涘諸名數，无力任持；各使相成，教了返元真體。夫爲匠无作，以爲應旨順成，不待而变，合无成有，破有成无；諸所造化，靡不依由，故号玄化匠帝、无覺空皇。

---

① 《新編縮本乾隆大藏經》卷39，頁224。
② 同上書，卷41，頁479。
③ 同上書，卷41，頁287。

無獨有偶，在唐代來華摩尼傳教師用漢文撰寫的一個解釋性文件，即《摩尼光佛教法儀略》[①]中，也有類似解釋法號的一段經文：

> 佛夷瑟德烏盧就者（本國梵音也），譯云光明使者，又號具智法主，亦謂摩尼光佛，即我光明大慧無上醫王應化法身之異號也。當欲出世，二耀降靈，分光三體；大慈愍故，應敵魔軍。親受明尊清淨教命，然後化誕，故云光明使者；精真洞慧，堅疑克辯，故曰具智法王；虛應靈聖，覺觀究竟，故號摩尼光佛。

顯然，《宣元本經》和《摩尼光佛教法儀略》這些解說性的經文，都是專門針對中國讀者，外文版不必有這些內容。"阿羅訶"一詞，係敘利亞語 Aloha 的音譯，相當於希伯來語 Eloh 或 Elohim，即今通稱的耶和華，這在學界已成定論。因此，敘利亞文本的基督教經典，絕無必要把"阿羅訶"一詞解釋為"玄化匠帝"、"无覺空皇"。這段經文必定是《宣元本經》的製作者，針對中國信徒直接用漢文撰寫。

除了上述 10 行文字不可能有外文版可本外，剩下的文字又多充滿道味。如："端嚴進念，上觀空皇，親承印旨……"及"不虧、不盈、不濁、不清……"等等。所以，我們也難以相信這些文字會譯自外來經典。因此，與其把寫本這 26 行文字說成是翻譯，不如說是自撰，是在華的景教傳教士面向中國信徒，直接用漢文撰寫的經籍。

當然，如我們上邊所指出，現存寫本的文字不過是全篇經文的一小部分，祇是破題而已，其缺抄的主體部分，根據"貝葉梵音"忠實翻譯，這亦不無可能，唯俟新資料的發現方可確知。

四、《宣元本經》作者

《宣元本經》現存寫本的內容並非翻譯，而是自撰，那麼，作者是誰

[①] 有關該經的性質，詳見拙文《敦煌本〈摩尼光佛教法儀略〉的產生》，《世界宗教研究》1983 年第 3 期，頁 71—76；並見拙著《摩尼教及其東漸》，中華書局，1987 年，頁 168—176；臺北淑馨出版社增訂本，1997 年，頁 189—197。

呢？據《尊經》末附的"按語"云：

  謹案諸經目錄。大秦本教經都五百卅部，並是貝葉梵音。唐太宗皇帝貞觀九年，西域太德僧阿羅本，屆于中夏，並奏上本音。房玄齡、魏徵宣譯奏言。後召本教大德僧景淨譯得已上卅部卷，餘大數具在貝皮夾，猶未翻譯。

《尊經》開列的景淨譯經目錄，包括了《宣元至本經》，這就暗示了現有寫本《宣元本經》應與景淨有關，可能現存的內容正是他自撰添上去。

由於景淨是著名的西安府《景教碑》的碑文作者，是以，將碑文和《宣元本經》作一文字比較，對於碓定該經的作者，當不無幫助。

碑文題爲"大秦景教流行中國牌"，經文則題爲"大秦景教宣元本經"，均以"大秦景教"自命。

碑文把上帝耶和華稱爲"阿羅訶"（行11），經文也同（行10、18）。

碑文云"先先而无元"、"後後而妙有"（行1）；經文也有類似表達法："至至而无來"（行8）。

碑文云"香以報功，仁以作施"（行27）；經文則云"功无所衒，施无所仁"（行18）。

碑文言"啓三常之門，開生滅死"（行5）；經文則曰"今柯通常，啓生滅死"（行8）。

碑文云"積昧亡途，久迷休復"（行4）；經文也有"積昧亡途"之語（行23）。

碑文一再用"匠"字："匠成萬物，然立初人"（行2），"權輿匠化，起地立天"（行24）；經文也同樣："故號玄化匠帝"（行16），"夫爲匠无作，以爲應旨順成"（行14—15），"迷本匠王"（行17—18），"匠帝能成眾化"（行25），"唯匠帝不虧不盈"（行25—26）。

碑文稱"是以三百六十五種，肩隨結轍，競織法羅"（行3）；經文也提"及三百六十五種異見中民"（行4—5）。

碑文言"真主无元，湛寂常然"（行24）；經文則云"妙有非有，湛寂然"（行10）。

碑文云"窅然靈虛"（行1）；經文言"靈虛空買"（行12）。

碑文云"渾元之性，虛而不盈"（行2）；經文有"藏化自然渾元"（行11）。

碑文出現"无元"二字（行1、24）；經文也同樣採用"无元"（行9、10）。

碑文云："餒者來而飰之，寒者來而衣之，病者療而起之，死者葬而安之。"（行23—24）經文則有"是故以若教之，以平治之，以慈救之"（行23—24）。

除了以上遣詞造句雷同外，兩篇文獻的道釋色彩、行文風格，令人讀了也有同出一轍之感。故把現存《宣元本經》的作者也定爲景淨，恐怕不至於離譜。當然，不論是景教碑文或《宣元本經》，恐不會是景淨一人的功勞，勢必另有中土博學士人協助潤色。

景淨爲敍利亞人，其撰《大秦景教流行中國碑》爲大唐建中二年，即公元781年。景淨撰寫現存《宣元本經》，恐應早於撰寫景教碑的時間。因爲碑文把上帝稱爲"三一妙身无元真主阿羅訶"，準確地表達了上帝的性質。但《宣元本經》雖然把敍利亞語的上帝 Aloha 音譯爲"阿羅訶"，但顯然覺得中國人不可能理解這一音譯的含義，故刻意解釋，並另意譯爲"玄化匠帝、无覺空皇"；到撰作碑文時，諒必認爲如此意譯已無必要，故不採用。從文筆看，碑文也要比經文顯得老練純青。是故，《宣元本經》的撰譯，當至遲不會晚於公元781年。

（本文初題《敦煌遺書〈大秦景教宣元本經〉考釋》，刊香港《九州學刊》第6卷第4期"敦煌學專輯"，1995年，頁23—30）

補注：本文所討論的《宣元本經》文書原件照片現已正式公刊，見武田科學振興財団杏雨書屋編《敦煌秘笈》影片冊五，武田科學振興財団2011年9月15日發行，頁397。原件編號：羽431；一紙，縱26.5釐米×橫47.7釐米。

富岡謙藏氏藏景教《一神論》真僞存疑

一、寫本的披露和刊佈

　　學界所熟悉的敦煌景教寫本《一神論》，因收藏者爲日本富岡氏而被名爲"富岡文書"。文書的具體內容首由羽田亨博士披露，見氏文《景教經典一神論解釋》，刊 1918 年 1 月出版的《藝文》雜誌。[①] 羽田氏在文中稱："原件與英國的斯坦因氏、法國的伯希和氏所得的無數珍籍一樣，出自敦煌千佛洞的同一窟，富岡講師有幸從書商之手得到該本與數十卷典籍。"又稱該件"用紙與常見的多數佛典相同，係黃麻紙；全卷四百有五行，雖乏書寫年代，但顯爲唐代寫本。卷首雖缺，但根據卷末題有一神論第三，則一神論當爲全卷之名"。[②] 該文祇披露原件的部分內容，提到其中有"一天論第一"和"世尊布施論第三"兩個小標題，並摘錄了"世尊布施論第三"的一段文字，比對《聖經·馬太福音》的第六章，確認經文的景教性質。文章還考釋了其中若干用語。1923 年羽田氏在《漢譯景教經典考》一文中，復論及該經，並據經文有"向五蔭身，六百四十一年不過已"之句，而認爲該經當撰於貞觀十六年，距西安景教碑所云阿羅本於"貞觀九祀，至於長安"僅六年。[③]

　　儘管羽田在 1918 年便將文書披露了，但由於沒有把整個寫本著錄發表，學界難於展開研究。1930 年出版的穆爾《一五五〇年前的中國基督教史》，有提及該經，但未多評論，因作者未見過寫本，祇是循羽田氏的說法，稱該

[①] 羽田亨《景教經典一神論解說》，《藝文》第 9 卷第 1 號，1918 年；收入《羽田博士史學論文集》下卷，京都，1958 年，頁 235—239。
[②] 同上文，頁 236。
[③] 羽田亨《漢譯景教經典に就きて》，《史林》第 8 卷第 4 號，1923 年，頁 158。

經爲較早的景教譯本。[1]

　　1931 年，羽田氏將富岡文書原件與高楠文書（即所謂《序聽迷詩所經》）一道影印刊佈[2]，世人自此得睹原經全豹。在影印本的前言中，羽田氏明確地寫明該件於"大正六年（1917）歸藏故富岡桃華氏"；並補充說明該件的"體裁是黃紙卷軸，紙面上下行間施有細欄，紙幅八寸五分"。從全件的影印本看，除了羽田氏已提到的"一天論第一"和"世尊布施論第三"兩題外，還在第 60 行的下端不顯眼處寫有"喻第二"三個字。因此，寫本似乎應有三題。這三題，佐伯好郎博士認爲就是三個"小品經"（Tracts）。[3] 這一觀點，爲學界所廣爲接受。

　　富岡文書披露和刊佈的整個過程，係由羽田氏所主導，迄今學界對於文書來源、形製的介紹，未見有超過羽田氏所揭示者。

二、20 世紀《一神論》的研究概況

　　在文書影印本刊出不久，佐伯氏便將寫本依上揭標題，分爲三部分英譯，連續刊登在 1933 年和 1934 年的《皇家亞洲學會華北分會學報》上。[4] 在其 1937 年出版的英文《中國景教文獻和遺物》一書中，亦有該經的全譯本，且有較詳細的考釋，並附漢文錄文。[5] 迄今西方不諳古漢語的學者對該經的瞭解，多是通過佐伯氏的英譯本。國人對該經的理解、注釋，亦多參考之。當然，由於經文的理解不易，所譯所注是否經得起一一推敲，是否對讀者，尤其是西人有所誤導，自屬見仁見智之事。佐伯氏於 1935 年出版的日文

---

[1]〔英〕穆爾著，郝鎮華譯《一五五〇年前的中國基督教史》，中華書局，1984 年，頁 65。A. C. Moule, *Christians in China before the Year 1550*, London, New York and Toronto 1930; repr. New York 1972, p. 57.

[2] 羽田亨編修《一神論卷第三，序聽迷詩所經一卷》（影印版），東方文化學院京都研究所，1931 年。

[3] 佐伯好郎《支那基督教の研究》第 1 卷，東京春秋社，1943 年，頁 286。

[4] P. Y. Saeki, "The Translation of Fragments of the Nestorian Writings in China", *The Journal of the North-China Branch of the Royal Asiatic Society*, Vol. 64, 1933, pp. 87-105; Vol. 65, 1934, pp. 111-127.

[5] P. Y. Saeki, *The Nestorian Documents and Relics in China*, Tokyo 1951, pp. 161-247；漢字錄文見附錄，頁 30—70。

《景教之研究》中，亦闢有專節討論並以漢字著錄全文。[①] 該專節亦見於1943年出版的日文《支那基督教之研究》第1卷。[②] 觀佐伯氏著作日文版對經文的論述，雖沒有像英文版那樣逐句解譯，但其評介顯然比羽田氏爲細，不過基本觀點仍大體承襲後者。在日文版中，佐伯氏稱該經"大正六年歸藏京都帝國大學富岡謙藏氏"[③]，"謙藏"即"桃華"之本名。無庸諱言，就富岡文書的研究，發軔者是羽田氏，弘揚最得力者則是佐伯氏，爾後各家的研究，無非是在這兩位開拓者的基礎上進行。

西人最早研究該文書並有灼見者爲英國林仰山教授，其於1935年在英文《教務雜誌》發表的《唐代之景教文獻》一文，有專節討論該經。[④] 仰山氏對整個文書的篇幅和內容，作了全面的檢視。據他的統計：《喻第二》，60行，約1045個字；《一天論第一》，142行，約2620個字；《世尊布施論第三》，197行，約3360個字。他對文書的真僞並無表示懷疑，但指出文書結構混亂、題目書寫不規範、內容和題目脫節等，並對此表示困惑。由於《一神論》解讀難度甚高，故其他西人的著作論及該篇文書時，除依據佐伯氏的英文著作外，多參考仰山氏這篇文章，鮮有新見者。如德國克里木凱特（H.-J. Klimkeit）教授等的著作[⑤]，均是如此。

國人公開介紹《一神論》寫本者，似推陳垣先生爲早。見其1927年的講稿《基督教入華史》，但僅論及其書法漂亮。[⑥] 至1936年，方豪先生在《唐代景教考略》一文，對該寫本始有辭書條目式的簡介：

　　一神論卷第三，寫本，亦敦煌石室所出，日本富岡益太郎藏，全經分三部：喻第二，一天論第一，世尊布施論第三。依次序言之，一

---

① 佐伯好郎《景教の研究》，東方文化學院東京研究所，1935年，頁625—670。
② 見上揭佐伯好郎《支那基督教の研究》第1卷，頁284—342。
③ 見上揭佐伯好郎《支那基督教の研究》第1卷，頁284。
④ F. S. Drake, "The Nestorian Literature of the T'ang Dynasty", *The Chinese Recorder* 66, 1935, pp. 681-687. 是文有單倫理的中譯本《唐代之景教文獻》，刊《一九五四年度香港大學學生會會刊》，1954年，頁3—11；又見香港大學藏影印訂裝本稿《林仰山教授中文存》第六篇，總頁38—60。
⑤ 克里木凱特撰，拙譯《達·伽馬以前中亞和東亞的基督教》，臺北淑馨出版社，1995年，見是書第四章《唐代漢文景教文書》，頁107—116；又見 I. Gillman & H.-J. Klimkeit, *Christians in Asia before 1500*, Michigan 1999, pp. 277-278。
⑥ 陳垣《基督教入華史》，1927年講稿，收入《陳垣學術論文集》第1集，中華書局，1980年，頁98。

天論當在前。一天論凡九十四目，原本六十行，一千零四十五字；喻第二，二百十七目，一百四十二行，二千六百二十字；世尊布施論二百六十二目，一百八十七行，三千三百六十字。約爲貞觀十六年（六四二）所譯。①

此處所云的富岡益太郎，即富岡謙藏氏嗣子。至於對三部分次序的調整，方先生並未加論證。對寫本行目字數的統計，則與仰山氏有差。不過，其時他們都以原始的辦法點算，誤差在所難免。今將原寫本文字輸入電腦，由電腦計算，即"喻第二"，60 行，1050 字；"一天論第一"，146 行，2522 字；"世尊布施論第三"，199 行，3377 字。（末行題"一神論卷第三"6 字，嚴格說，應不屬該部分）整個文書凡 405 行，6949 字。

國人對該寫經作過專門研究者，當推朱維之先生 1947 年發表的《景教經典一神論》爲第一篇。② 氏文同方先生的觀點一致，調整了該經三部分的次序，並對此進行了論證，爲羅香林教授所認同③，也被一般學者所接受。文章中，爲了向國人介紹該經的內容，標點引錄了寫本的大部分。不過，對該經內容的全面分析歸納，還是要數 1962 年劉偉民先生發表的長篇論文《唐代景教之傳入及其思想之研究》較爲細緻。④ 氏文之《一神論之發現及其思想研究》一章⑤，把《一神論》的內容歸納爲七個方面，即："神造萬物說"、"人身構造說"、"萬物構成說"、"魂魄不滅說"、"因果循環說"、"論魔鬼"、"山上寶訓"。

其他一些有關中國古代基督教的論著，都少不了論及該經，或詳或略、有無灼見而已。如龔天民先生 1960 年出版的《唐朝基督教之研究》，對該經三部分的內容便有很簡要的介紹。⑥ 李兆強先生 1964 年出版的《初期教會

---

① 方豪《唐代景教考略》，《中國史學》1936 年第 1 期，頁 121；復見氏文《唐代景教史稿》，《東方雜誌》第 41 卷第 8 號，1945 年，頁 44；氏著《中西交通史》，臺北中華文化出版事業委員會，1953 年；嶽麓書社，1987 年，頁 415。
② 朱維之《景教經典一神論》，《基督教叢刊》1947 年第 18 期，頁 49—55；並見氏著《文藝宗教論集》，青年協會書局，1951 年，頁 178—191。
③ 羅香林《唐元二代之景教》，香港中國學社，1966 年，頁 53，注四八。
④ 劉偉民《唐代景教之傳入及其思想之研究》，香港《聯合書院學報》1962 年第 1 期，頁 1—64。
⑤ 同上文，頁 34—42。
⑥ 龔天民《唐朝基督教之研究》，香港基督教輔僑出版社，1960 年，頁 24—29。

及中國教會史》，對該經也有較多的論述，特別是將該經《世尊布施論》的內容與《序聽迷詩所經》作比較，認爲"從若干觀點來看，我們可以說《世尊布施論》是《序聽迷詩所經》的續編"。① 羅香林教授1965年發表的《景教入華及其演變與遺物特徵》一文中，對該經有一簡單的評介。就該經的譯述年代，其重申羽田氏的觀點，但強調該經"殆中文景教經典中之較早期產品，而又最富神學意味者矣"。就該經的內容，則指出其佛化的趨向："從其《一神論》所述'四色''五蔭'等理解觀察，可知景教自始即多藉用佛經解說與專門名詞，且亦不自諱焉。"② 鄭連明先生1965年出版的《中國景教的研究》一書，有兩行文字介紹該經，稱係"富岡謙藏於1916年從中國獲取"，"由三篇不同的中文景教論文組成"。③ 張奉箴先生1970年出版的《福音流傳中國史略》，著錄該經全文，對其文體，情有獨鍾，評曰：

　　一神論三篇經典，是用太宗，貞觀時代的語體文寫成的。爲研究盛唐語義學，是些珍貴原始資料。文中使用了不少簡體字和古體字，爲研究盛唐時的字形演變，也是有幫助的。此外，還有不少西文的譯名，像彌師訶、訖句、毗羅都思、末豔、烏梨師歛、述難、娑多那、石忽、阿談、姚霄、伊大等，可以用來研究盛唐的語音學，至於許多譯音，是否典雅，文詞是否暢達，內容是否雜亂，讀者自己可以易下斷語，不需著者多贅了！④

50年代後，大陸學者鮮有問津該經者。直至1982年，江文漢先生的《中國古代基督教及開封猶太人》一書出版，該書刊出經文的簡化字錄本，使大陸讀者在久違多年後，重新得窺全豹，功不可沒。⑤

朱謙之先生遺著《中國景教》，對該經亦有所介紹。就該經的作者，朱

---

① 李兆強《初期教會及中國教會史》，香港基督教輔僑出版社，1964年，頁153。
② 羅香林《景教入華及其演變與遺物特徵》，臺灣《華岡學報》第1卷第1期，1965年；收入上揭氏著《唐元二代之景教》，頁1—55，引文見頁32。
③ 鄭連明《中國景教的研究》，臺灣基督教長老會，1965年，頁22。
④ 張奉箴《福音流傳中國史略》，臺北輔仁大學，1970年，頁133—134。
⑤ 江文漢《中國古代基督教及開封猶太人》，知識出版社，1982年；介紹見頁59，錄文注釋見頁79—91。

先生有自己的見解：

  又本經中有云"所以一切拂林，如今並禮拜世尊，亦有波斯少許人被迷惑與惡魔鬼等"；《喻第二》有"喻如從此至波斯，亦如從波斯至拂林"；知《一神論》作者是來自拂林與波斯，而此書乃其撰述。[①]

  翁紹軍《漢語景教文典詮釋》，校勘著錄了全經，在該書的導論中，對該經的內容也有所評論[②]，強調該經"包含了極豐富的神學與哲學思想"[③]；並據經文指出了景教的一個特色是"以太陽和光熱的關係來比喻聖父、聖子、聖靈的關係"[④]。

  20世紀國內外對《一神論》寫本的研究，除上面提及著作外，還有不少有關唐代景教的論著，對該經文字有所徵引，對其內容有所介紹，甚或闡發，但並非把該寫經作爲專門研究對象，故不一一贅舉。

三、有關《一神論》的錄文

  由於《一神論》寫本十分漂亮，行世的羽田影印本也很清晰，故錄文並不困難；但畢竟由於筆誤或印刷校讎上的失察，錄文鮮見盡善盡美，各文本多少都有錯漏處。完整的錄文最早當推佐伯文本，其按行著錄，並加句點，增删訂正逾百字。羅香林教授據影印件，將佐伯文本進一步標點校勘，使讀者較易理解內容。不過，其文本固然改正了佐伯本的若干錯漏，自身卻又有若干失察處；其錄文既不分段，亦不按寫本分行，不利徵引。[⑤] 倒是張奉箴先生的錄文，雖也有印刷上的錯誤，但其一一標點，且按寫本分行標號，徵引查對稱便。[⑥] 江文漢先生的簡化字錄本，不照文書的原有三部分依次著錄，

[①] 朱謙之《中國景教》，東方出版社，1993年，頁118—121；引文見頁121。
[②] 翁紹軍《漢語景教文典詮釋》，生活・讀書・新知三聯書店，1996年，頁13—16。
[③] 同上書，頁15。
[④] 同上書，頁14。
[⑤] 見上揭羅香林《唐元二代之景教》，頁194—207。
[⑥] 見上揭張奉箴《福音流傳中國史略》，頁105—133。

而照朱維之先生的意見調整了次序；其以佐伯文本爲底本，未與影印本校對過，重犯了佐伯文本中的幾處明顯錯誤。翁紹軍先生的錄文，似採用羅香林教授的文本做底本，也未與影印本仔細比對過，故重犯羅本的失察處。此外，梁子涵先生1957年發表的《唐代景教之文獻》[1]，龔天民先生1960年出版的《唐朝基督教之研究》[2]，全文著錄該篇經文。

總而言之，就文字著錄準確度，各文本相差無幾；然而，由於各人對經文的理解不同，句點則頗多差異。實際上，迄今對整篇經文的文字內容，有待考釋的地方尚多，吾人難以遽定哪家的句點最可靠準確。

四、對寫本真偽存疑的緣起

云富岡文書出自敦煌，以往沒有任何學者公開質疑這一點。正如佐伯氏所說，"任何對其作過專門研究的學者，根據文書的外表與內容，無不相信其確爲景教的寫本"。[3]不過，90年代初筆者曾到巴黎讀敦煌卷子，並請益旅法的吳其昱博士。吳博士提命筆者，云富岡文書和高楠文書並非敦煌真本，但論證甚難。吳博士此語，一直在筆者腦海縈繞不離。近年由於敦煌文書贗品的一再發現，敦煌學界對現有文書真偽的甄別已日益重視。就此，榮新江教授曾有專文討論，並提出："判別一個寫經的真偽，最好能明瞭其來歷和承傳經過，再對紙張、書法、印鑒等外觀加以甄別，而重要的一點是從內容上加以判斷，用寫卷本身涉及的歷史、典籍等方面的知識來檢驗它。我們不應當輕易否定有價值的寫本，也不能把學術研究建立在偽卷基礎上。"[4]這個提法切中肯綮，無疑應得到學界的重視。

按《一神論》寫本的來歷，就迄今披露的資料，不外稱富岡氏於1917年由一書商手裏得到。至於該書商爲何許人，其又如何得到該寫本？學界一

---

[1] 梁子涵《唐代景教之文獻》，《大陸雜誌》第14卷第11期，1957年，頁354—355；第12期，頁387—391。

[2] 見上揭龔天民《唐朝基督教之研究》，頁123—152。

[3] Ibid., Saeki, 1951, p. 114.

[4] 榮新江《李盛鐸藏卷的真與偽》，《敦煌學輯刊》1997年第2期，頁5；並見氏著《鳴沙集》，臺北新文豐出版公司，1999年，頁114—115。

無所知。其實,即使書商信誓旦旦,云寫本出自敦煌,吾人亦未必可信。這就是說,寫本的"來歷和承傳經過",迄今並不明瞭。故羽田氏稱"原件與英國的斯坦因氏、法國的伯希和氏所得的無數珍籍一樣,出自敦煌千佛洞的同一窟",這一絕對肯定的說法,在今天看來,似乏堅實可靠的背景資料作支撐。

至於據寫本外觀進行鑒別,緣寫本原件爲私人收藏,能有機會接觸並加以鑒別的行家實際很少。儘管羽田和佐伯二氏曾逐字著錄過原文,但他們是否曾就原件的真僞,作過專門的鑒定,筆者對此不無懷疑。因爲在20世紀初葉,學界對敦煌文書的辨僞尚不重視;甚至直到40年代僞造敦煌文書已成爲公開秘密後,佐伯還把具有明顯僞造痕跡的小島文書直當真品刊佈,衆多學者咸信以爲真,足見其時學界還未把辨僞提到議事日程。再有,即便羽田、佐伯二氏對辨僞也有所注意,但如果不是進行綜合多重考證,單從外觀進行鑒定,難免易上造假行家之當。有鑒於此,對富岡文書的真僞問題補做一番考察,恐不可視爲多餘之舉。

五、《一神論》内容行文真僞觀

筆者雖曾讀羽田博士刊佈的影印本,手頭也有該影印本的複印件,但迄今無緣摩挲文書原件;因此,無從就文書的外觀形製進行直接考察。本文的討論,祇限於卷面上文字的書寫及其表述的內容。

首先,就寫本的行文,筆者深信當非出自今人之創造。茍舉經文記述耶穌受難一段爲證:

> 汝等智爲汝命,能聽法來,並弥師訶作如處分,覺道經由,三年六箇月,如此任行如學生,扵自家死,亦得上懸高。有石忽人,初從起手,向死預前三日,早約束竟。一切人扵後,欲起從死,欲上天去。喻如聖化作也。誉告此天下,亦作期限,若三年六箇月滿,是汝處分,過去所以如此。彼石忽人執亦如,從自家身上任語,是尊兒口論,我是弥師訶,何誰作如此語,此非是弥師訶,誑惑欲捉,汝任方便。爲

此自向拂林，寄悉在時。若無寄悉捉道理，亦無不敢死。若已被執，捉配與法家，子細勘問，從初上懸高，若已付法方，便別勘當，所以上懸高。汝等語，當家有律文，據當家法，亦合死。所以從自身任此言，誰道我是世尊，息論實語，時此舩家，不是汝自家許。所以阿談，彼人元來在，從一切人，所以知是人在。誰捉身詐言，是世尊，忽如此，可見也。亦喫彼樹，尊處分勿從喫作，如此心喫，若從喫時，即作尊，明扵自家意似作世尊。所以是人，不合將自家身，詐作神，合死。所以弥師訶不是尊，將身作人，有尊自作，扵無量聖化所作，不似人種所作，尊種亦有愛身，是彼舩家，所以共阿談一處，汝等處，所以舩家舊在，亦不其作。不期報知，唯有羊將向牢處去，亦無作聲，亦不唱喚，如此無聲，扵法當身上，自所愛以受汝，阿談種性輸與他。喻如弥師訶扵五陰中死，亦不合如此扵命終。所以無意智舩家，亦如此阿談種免死，從死亦非不合死，扵相助聖術，扵弥師訶得免。如此方便受，弥師訶扵辛苦處受，他不是無氣力受，亦無氣力處作，執法上懸高。（見寫本249—279行）

這段話必有缺字，斷句也不容易，上面的句點係據羅香林文本，其他方家未必認同；但其大體的意思是講耶穌受難，這倒是無爭議的。其行文如此，尤其是把釘死在十字架這一概念，用"懸高"一詞來表達，顯明是出自早期來華基督教傳教士之口，這是今人難以憑空設想偽造的。如是表述方式，正如林仰山教授所說："似乎是用漢語撰寫的，而不是從其他語言翻譯過來的。其看來是景教傳教士用漢語辭彙來向漢人解釋其宗教啓示的最初努力。"[①] 至於其所用文體，是否如張奉箴先生所認爲，是貞觀時代的語體文，則有待更多專家的鑒定。不過，很多學者深信文書並非偽造，正是根據其內容和表述方式而形成的印象。

---

① Ibid., Drake, 1935, p. 687.

六、寫本外貌與內涵的反差

　　儘管從文書的內容和表述方式，我們很難懷疑《一神論》寫本是今人僞造的作品。但如果單憑這一點，便肯定其爲敦煌寫本真跡，則恐難成立。因爲市面流行的古籍版本贗品，今人是無從根據文字內容去判斷真僞的。清末民初學者葉德輝《書林清話》就曾提示道："自宋本日希，收藏家爭相寶貴，於是坊估射利，往往作僞欺人。"[1] 而這種刻僞，據葉氏考證，"始於前明"："宋刻日少，書估作僞，巧取善價，自明已然。"[2] 足見中國書商作僞，由來有自。同理，敦煌寫本，其價值尤在宋本之上，"書估作僞"，更是意料中事。那麼，現有寫本有無可能是一個僞抄本呢？也就是說，古本《一神論》是有的，但富岡文書不過是今人的抄本，而非敦煌真跡。筆者敢於如此大膽設疑，是基於如下一個有目共睹的事實，即：文書的外觀與內涵有著鉅大的反差：卷面十分工整漂亮，文字內容卻錯漏百出、次序顛倒、文不對題等。觀其外貌，我們可以認定抄經人是一位很虔誠、很有文化修養的景教徒；窺其內涵，則可肯定抄經人並非景教信徒，甚至對景教一竅不通。

　　富岡文書及其姐妹篇高楠文書，實際都存在上述這個矛盾，後者另作討論。以往學者對這一矛盾並非沒有察覺，但他們是在認定該文書爲敦煌本真跡的前提下，來竭力加以解釋的。因此，各家的解釋或不能自圓其說，或彼此互相矛盾，使人莫衷一是。

　　早年陳垣先生在介紹景教寫經時作過如下評論：

> 還有一神論三種，也出自敦煌，所述大都爲馬太中材料，字很好。談起寫字，近來我看見一本經，名序聽迷詩所經，我見的經不多，有幾千本。此經文字之美，在唐經中，可算數一數二。字之美否，雖不能代表其國學程度，然非高級儒人，焉克臻此。序聽迷詩所經的字，與志玄安樂經之文，可稱雙絕。以前我以爲景教之不發達，乃不與士大夫交往所致。現在見了這兩本經，觀念爲之一變。因爲唐經是手寫

---

[1] 葉德輝《書林清話》卷一〇，中華書局，1957 年，頁 264。
[2] 同上書，頁 266。

本，並不是請人代寫的。景教碑的字很好，可以請別人代寫，並不能代表景教中人的字好，然在經文中如能找出好字，我們可以相信寫經的人能寫好字的。①

從這段話看，陳先生認爲寫本是出自景教中人，而且是其高手。羅香林教授亦稱讚寫本的書法，說"字體娟秀，殆習褚遂良一派書法者"。②筆者仔細考察整個寫本影印件，不唯字字娟秀，而且全卷6950字，竟然沒有改寫一句一字，甚至殆無塗改一筆一劃！敦煌遺書中當然不乏書法精品，但如此長篇抄經，而始終一絲不苟者，實不多見。其他敦煌景教寫本，如《大秦景教三威蒙度讚》和《尊經》，根本不能與之倫比。同屬唐代夷教的敦煌摩尼教寫經也絕不能比匹：摩尼教寫經現存三卷，書法也甚佳，尤其是分藏於英國和法國的《摩尼光佛教法儀略》，當不亞《一神論》寫本；其卷面亦很工整，但細察還是有個別補字，足見抄者有回頭校對寫本。至於北京藏的《摩尼教經》和倫敦藏的摩尼教《下部讚》，塗改甚或成句成行補寫插入者，更是一目了然。該等寫經，經塗改補充後，雖仍有訛處，但畢竟爲數甚少，屬於"允許範圍內"。富岡文書則不然，卷面雖漂亮，但文字訛舛之多，令人吃驚。照佐伯和羅香林點校本，勘誤多達百字，差錯率達千分之十四。實際當不止這個數位，因爲照佐伯、羅氏的點校本，還有很多地方不可卒讀，個中必另有乖謬。在古代，抄經是一種神聖嚴肅的工作，像這樣錯漏百出的寫本，其抄寫者究竟是不是宗教信徒，不禁令人懷疑。

如果說，抄寫經文與抄寫一般文章一樣，文字差錯難免，情有可原的話；那麼，富岡文書在抄寫格式上不合規範，內容與標題脫節，結構混亂，這卻是"罪不可恕"。因爲這表明其已不是誤抄單字或詞句，而可能是謁屢整段、整篇，這無異於褻瀆經文。照經文的書寫格式，自應按章節次序先後，標題亦應單獨佔一行的。但富岡文書卻非如此，"喻第二"排列於前，見於寫本第60行，而且與經文的正文同處一行，寫於正文下端，僅僅間空3字。至於"一天論第一"、"世尊布施論第三"兩題，前者見寫本206行，後者見207行，雖各佔一行，但一在正文之末，一在正文之首。林仰山教授在

---

① 見上揭《陳垣學術論文集》第1集，頁98。
② 見上揭羅香林《唐元二代之景教》，頁32。

上揭《唐代之景教文獻》一文，便已注意到這一點了。① 仰山氏還認爲寫本起始兩題，即"喻第二"和"一天論第一"的內容實際都圍繞著"一神論"這一主題，"喻第二"並無代表新的內容，而且該目插在兩部分的中間，卷面上沒有正式佔據一行，所以很可能只是一個副題。"世尊布施論第三"的內容可獨立成篇，述《福音》故事，多類《序聽迷詩所經》，但講得更爲詳細；但其題目也不能囊括整個的內容，祇與開始幾行相稱，云云。

上述仰山氏這些提示都很值得我們思考。不過，其用副題來解釋似缺說服力，因爲中國古代經籍實際並不習慣用副題來揭示主題，這種模式恐係近代受西方影響纔時髦起來。

對寫本結構紊亂這個問題，朱維之先生曾提出解釋：

> 佐伯氏以爲《一神論第三》是由三個小品經（tracts）集合而成，此外必定還有幾個小品經集合而成爲《一神論第一》，《一神論第二》的述作無疑。筆者卻以爲未必另有第一、第二《一神論》，而認爲三卷統統在內了。至於說全帙總名爲《一神論》那是對的，說其中包含三個小品經也不錯。
>
> 三個小品中有《一天論第一》，《喻第二》，《世尊布施論第三》，合起來不是第一，二，三俱全了嗎？不過問題卻在於順序。原本把第一和第二倒置了，勢必令人百惑叢生：一開首便是《喻第二》，那末，《喻第一》必是闕送了的；《一天論第一》之後便接上了《布施論第三》，中間定漏掉了《一天論第二》，甚至《第三，第四》以及《布施論》底第一第二了。……若把《一天論第一》和《喻第二》對調一下，問題就簡單了。第一和第二兩篇倒置的原因大概是抄寫者底大意或者是裝裱者底無知。細看經中的錯字，別字，白字，漏字之多，便可知道抄寫人並不是什麼學者，更不是基督教學者，這樣的錯簡是不足希奇的了。②

---

① 仰山氏寫道："但這些題目是混亂的；只有第二個題目纔與內容真正相稱，排列也不合順序。更有，題目有的寫在各部分的結束，有的寫在各部分的開始。因此，各部分之間是何關係，各部分是否還有更多的篇幅，其內容又是什麼，均不清楚。"（Ibid., Drake, 1935, p. 682）
② 上揭朱維之《景教經典一神論》，頁 50；氏著《文藝宗教論集》，頁 179—180。

在把寫本當爲敦煌眞跡的大前提下，對抄經人文化底蘊的評價，朱先生正好與上揭陳垣先生的評論針鋒相對！至於朱先生對該經次序調整，雖然如上面所已提到，爲羅香林教授所認同，且也被一般學者所接受；但實際經不起推敲。

　　竊以爲，把各章排列次序的混亂，用"抄寫者底大意或者是裝裱者底無知"來解釋，並不能成立。筆者雖然不知道原卷子各紙是怎樣剪貼的，但"喻第二"這一題目是與經文連寫在同一行，就絕不會是裝裱時誤貼上去的。這也不是用原來大意抄漏了，爾後補寫上就可解釋得通。因爲假如其原來忘記寫題目，則理當另抄一小張，剪貼粘上。古人抄寫經文，往往就是用這種辦法來彌補成行錯漏的缺陷。例如藏於巴黎的敦煌景教寫本 P.3847，其中的《尊經》是由兩紙粘合而成的，一紙僅 6 釐米，書寫《尊經》3 行；另一紙 26.8 釐米，書寫《尊經》其餘部分及"按語"。很明顯，這 6 釐米的小紙就是補寫後貼上去的。"喻第二"作爲經名，就絕對不能混同經文句子，寫在同一行，這是古代抄經者的基本常識；富岡文書的製作者連這一常識都不懂，不可不謂"硬傷"，人們不得不懷疑其是否爲古人。

　　其實，富岡文書的要害問題，絕不是像朱先生所認爲那樣，"在於順序"，"原本把第一第二倒置了"；而是在於各章題目與內容不相稱，甚至文不對題。

　　經文以一"喻"字爲題，與整個經文的命題便格格不入。假如像朱先生在同一篇文章中的解釋，"《喻第二》是用種種比喻說明唯一神底種性"[①]，即該命題是根據經文的寫作特點、表述方式來定的；這便與經文的其他標題很不協調。經文的總題是"一神論"，其他兩個標題是"一天論第一"和"世尊布施論第三"，都是以甚麼"論"爲題，即以內容來確定題目，何以唯獨"喻第二"不根據內容而根據表述方式定名呢？其實，用比喻的方式來說教並非《喻第二》所特有，文書的其他兩部分也同樣採用這種方式，尤其是《一天論第一》。茲舉意思較明白的句子爲例，以資比較。《喻第二》有云：

　　　　譬如人射箭，唯見箭落，不見射人；雖不見射人，之箭不能自來，

---

① 上揭朱維之《景教經典一神論》，頁 50；氏著《文藝宗教論集》，頁 184。

必有人射。故知天地一神任力，不崩不壞，由神力故，能得久立。（見寫本第16—19行）

《一天論第一》則云：

魂魄種性，無宍眼不見，無肉手不作，無肉腳不行。譬如一与二兩相須，日与火二同一，性由此知，日中能出火，一物別性，日不然自，自光而自明。火然自光，不柴草不得自明，故知火無自光。譬如日火同一性，日自然有明，火非柴草不能得明，猶此神力，能別同而同別異。（見寫本第84—90行）

比較這兩段經文，不難見其說教方式都採用比喻的手法，一模一樣。檢視《喻第二》全文1050字，其中以"譬"、"如"、"喻"、"譬如"、"喻如"等類比介詞引導的短語或句子凡20處；而《一天論第一》2522個字，以上舉類比介詞引導的短語、句子凡45處。兩者使用類比介詞的頻率幾乎一樣。如果經文若是"用種種比喻"來說教，就可以用"喻"來命名的話；那麼《一天論第一》不也是用這種方式嗎？照朱先生的歸納，該部分"是景教神學、哲學"[①]，也就是說，《一天論第一》是用種種的比喻來說明景教神學、哲學，按同樣邏輯，其應正名為"喻第一"纔是。由是，足見用一"喻"字來做經名，完全不合該寫卷的體例。作為一篇基督教的經文，不可能是如此草率、粗製濫造。個中蹊蹺，顯而易見。

再觀《世尊布施論第三》部分，專論布施或勉強可與布施拉上關係的文字，不外是正文首端42行，茲著錄並試標點如下：

世尊曰：如有人布施時，勿對人布施。會須遣世尊知識，然始布施。若左手布施，勿令右手覺。若礼拜時，勿聽外人眼見，外人知聞；會須一神自見，然始礼拜。若其乞顙時勿湯。乞顙時先放人劫。若然後向汝處任罪過，汝亦還放汝劫。若放得一，即放得汝。知其當家放得罪，一還

---

① 上揭朱維之《景教經典一神論》，頁50；氏著《文藝宗教論集》，頁180。

客怒驚數。有財物不須放置地上，惑時壞刼，惑時有賤盜將去。財物皆須向天堂上，必竟不壞不失。計論人時，兩箇性命天下一。一天尊，二即是財物。若無財物，喫著交闕，勿如此三思。喻如將性兒子，被破兇賊，即交無喫著何物。我語汝等，唯索一物，當不一神處乞，必無罪過。若汝著皆得稱意，更勿三思，一如汝等惣是一弟子。誰常乞顯在天尊近，並是自猶自在。欲喫欲著，此並一神所有。人生看魂魄上衣，五蔭上衣，惑時一所與食飲，或與衣服。在餘惣不能與。唯看飛鳥，亦不種不刈，亦無倉塔可守。喻如一在磧裏，食飲不短；無犁任，亦不言衣裳；並勝扵諸處，亦不思量自記。從巳身上明，莫看餘罪過，唯看他家身上正身。自家身不能正，所以欲得成餘人。似如梁柱著自家眼裏，倒向餘人說言：汝眼裏有物除卻。因合此語假矯，先向除眼裏梁柱。莫淨潔安人似苟言語，似真珠莫前遼人。此人似睹，恐畏踏，人欲不堪用。此辛苦扵自身，不周遍，卻被嗔責，何爲不自知。從一乞顯，打門他與汝門。所以一神乞顯必得。打門亦與汝開。若有乞顯不得者，亦如打門不開。爲此乞顯不得妄索，索亦不得。自家身上有者從汝，等扵父邊索餅即得。若從索石，恐畏自害即不得。若索魚亦可。若索虵，恐螫汝，爲此不與。任此事亦無意智，亦無善處；向憐愛處，亦有善處。向父作此意，是何物意。如此索者，亦可與者，亦不可不與者；須與不與，二是何物。兒子索亦須與。一智裏無有意智，亦無意智處。有善處，有罪業處不相和。在上須臺舉，亦不須言。索物不得，所以不得，有不可索，浪索不得。你所須者，餘人索；餘人須亦你從索。餘人扵你上所作，你還酬償，去扵惡道。喻如王口道，遣汝住天上，彼處有少許人，扵寬道上行，向在歡樂。如入地獄，亦有人語，扵餘語善惡如此一樣。汝等智爲汝命，能聽法來。（見寫本 208—249 行）

很明顯，這段經文實際也是用比喻的手法來說教。諸前賢也已認定該段文字的內容源自《馬太福音》第六章與第七章的前半，此處不再贅論。筆者要強調指出的是，《世尊布施論第三》，正文凡 197 行，3365 字；上錄這段文字不外 42 行，713 字耳。至於其他 155 行，2651 字，講的是耶穌傳道、受難、被釘死在十字架，爾後復活升天，等等，均與布施的内容風馬牛不相及。也就是說，《世尊布施論第三》全章文字與布施有關者只佔21%，其餘79%與題目無涉，文不對題。這在古代各種文本的基督教經籍中，未聞有例可循。個中必有緣故。

復細察寫本中的一些明顯錯漏，有的可歸咎於抄寫者的大意疏忽，有的則不然，而是緣於對教義的無知。茲舉《一天論第一》的一段文字爲證：

> 喻如飛仙快樂，若快樂身遊戲。彼天下快樂，亦如魂魄遊在身上快樂。彼魂魄如容在天下快樂處，扵此天下五蔭身共任容，同快樂扵彼天下。喻如魂魄作容此天下，亦是五蔭身此天下作容，魂魄彼天下無憂快樂，爲是天尊神力使然。如前魂魄扵身上氣味，天尊敬重，一切萬物分明見，天下須報償，如魂魄向依，魂魄共蔭作客主，天下常住。（見寫本101—109行）

這段經文，用了4個"容"字，但從上下文意思及最後一句的"客"字判斷，"容"當爲"客"之誤，作寄居解。"客"與"容"字形接近，但如果明白經文的含義，就斷不會把其連連誤作"容"。

又例：經文把耶穌基督稱爲"世尊"，則"世尊"一詞應是當時景教徒最常用的字眼，是教徒的口頭禪。像這樣的字眼，抄經時誤加重復，可以理解；但脫漏則匪夷所思。檢索《世尊布施論第三》全文，使用"世尊"一詞凡25處，足見出現頻率之高。但經文中竟也有將"世尊"腰斬，脫漏"世"字者：

> 誰捉身詐言，是世尊，忽如此，可見也。亦喫彼樹，（世）尊處分，勿從喫作，如此心喫，若從喫時，即作（世）尊。明扵自家意，似作世尊。所以是人，不合將自家身，詐作神，合死。所以弥師訶不是（世）尊。將身作人，有（世）尊自作，扵無量聖化所作，不似人種所作，（世）尊種亦有愛身⋯⋯（見寫本265—270行）

從文意看，應有四五處是漏了"世"字。抄經者如果是異教徒，脫漏這樣一個字，事屬平常；但如果是景教徒，則是不可原諒的錯誤。照教徒平時養成的虔誠習慣，斷不可能在抄經文時，會疏忽對救世主的稱呼。

七、對富岡文書真偽的猜想

　　以上所舉經文中的種種錯誤，包括文字的紕繆、次序的混亂、題文的脫節等等，使我們不禁懷疑整個文書，是由教外人根據一些雜亂的經文，抄錄湊合而成，完全不是當爲一部神聖的經典來製作。然而，文書卷面上卻又是那麼漂亮工整，書寫那樣認真，顯得那樣畢恭畢敬，充滿宗教的虔誠。如何解釋這樣一個矛盾現象呢？由於高楠文書，即《序聽迷詩所經》，也存在同樣的問題，所以，筆者特別注意到羽田亨博士在刊佈該文書時所披露的一個細節：

　　　　敦煌佛典，常爲厚黃紙；此亦如之。卷子本，豎約二十七公分有八，細闌界上下及行間，闌內約二十公分有五。存行凡一百七十，末劃七行餘白；一見似完本。然此餘白乃從卷首剪下而接裝於是者，非首尾具足也。高楠教授聞自其所得者言：百七十行後尚有數行，污損太甚，切而棄之，補以首白云。今殘卷近尾尚極完好，遽從此下污損，疑不近實。意者：後文且長，實離切爲二卷或多卷而他鬻歟，事或然也。則他日或竟別得殘卷，爲延津之合，數有未可知者矣。[1]

　　此處，羽田懷疑"污損太甚，切而棄之"的可信性，是否如此，苟當別論；但從這個口實，我們卻可見當年民間收藏敦煌遺書者，必多著眼於文物價值，側重外觀，而不是從文獻價值去考慮；經營寫本買賣者，對寫本的定價也是以外觀的漂亮與否，而不是根據寫本的內容。由是筆者產生這樣一個猜想，即：

　　富岡文書並非敦煌本真跡，而是20世紀初葉時人所抄寫；但其並非憑空贗作，而是有古本可依。這古本，當然不排除明季清初耶穌會士的作品；但更有可能是，在當年問世的敦煌遺書中，除了衆所周知的景教寫本外，還有類似《一神論》之類內容的一些景教寫經，落入古董商人之手，但過於殘

---

[1] 羽田亨著，錢稻孫譯《景教經典序聽迷詩所經考釋》，《北平北海圖書館月刊》第1卷第6號，1928年，頁433—456；引文見頁433。

爛,在當時難以鬻得好價,遂由造假高手重新加以謄寫製作。富岡文書就是該等高手的傑作之一;如業師蔡鴻生先生所提命,是件"精抄贗品"。

假如這一猜想得以成立,則寫本外貌與內涵的鉅大反差這一矛盾,便可得到較爲合理的解釋。造假者有古本可依,文字就不會過於離譜,被行家一眼看穿。其爲得買家青睞,在書法上精益求精,一絲不苟。至於內容篇目等準確與否,造假者則無暇顧及了;其實由於其對景教教義的無知,即使想顧及也力不從心。

當然,對這一"精抄贗品"猜想的確證,必須假以時日,有待相應新資料的發現,有待對文書原件的技術鑒定。但從現有影印本中的文字,也並非完全找不到今人造假的蛛絲馬跡:寫本的字體,粗看與敦煌的許多唐寫本雷同;但細察,卻可發現個別字並非出自古人手筆。最明顯的一例是"肉"字,唐寫本多作"宍"。北京圖書館藏的敦煌本《摩尼教經》凡"肉"都寫成"宍"。富岡文書中,"宍"凡2處,見寫本第68、84行;"肉"亦有2處,見寫本第85行。兩種寫法並用。既然"宍"是唐人的流行寫法,文書中也有兩處是這樣寫的,何以卻又出現近人流行的寫法呢?在文書中,還有諸多同字,出現兩種寫法,如"因"和"囙","与"和"與"等。之所以出現這種情況,有可能是抄經人本來有自己的習慣寫法,雖然刻意模仿他人,但稍不留神,便又"舊病復發"。筆者相信,專治或諳於唐代異體字的學者,當能從中發現更多的破綻。

八、餘論

富岡文書如果最終被證明並非真跡,而是僞抄,當然便失去其作爲敦煌出土文物的珍貴價值;然而,因爲其內容是有所本的,在我們沒有得到其所本的真跡之前,其仍不失爲中國早期基督教研究的參考文獻,仍保有其特定的資料價值。不過,由於其並非敦煌真跡,製作過程中不尊重原著,除文字錯漏之外,更有自行剪裁拼湊之嫌,故對該文書的使用,宜格外小心;對其行文的理解,更不能過於拘泥執著,爲造假者所誤導。

高楠氏藏景教《序聽迷詩所經》真偽存疑

20世紀初葉，日人在中國購得兩件所謂敦煌景教寫本，即富岡謙藏氏藏的《一神論》，以及高楠順次郎氏藏的《序聽迷詩所經》（以下簡稱《序經》）。筆者懷疑其並非敦煌真跡。前者的真偽已在上章專門討論了，下面專就後者的真偽，作一考察。

一、《序經》研究概況

《序經》首由羽田亨教授刊佈，時在1926年，見其發表於《內藤博士還曆記念支那學論叢》的《景教經典序聽迷詩所經考釋》（以下簡稱《考釋》）一文。該文有錢稻孫先生的中譯本。[1] 氏文將全經文字著錄，並就殘經的內容、性質，包括經名在內的諸多用語、行文，比對聖經等，進行考釋。可以說，以羽田氏學識之博大精深，有關該經文字內容之可解讀者，都盡量完成了。至1931年，羽田氏復將該寫本原件與上揭富岡文書一道影印出版，並冠以說明。[2] 日本大正新修《大藏經》卷54所收《序經》，乃據羽田氏錄文。[3]

穆爾（A. C. Moule）教授亦曾親睹原件，故在其《一五五〇年前的中國

---

[1] 羽田亨《景教經典序聽迷詩所經に就いて》，《內藤博士還曆記念支那學論叢》，1926年，頁117—148；收入《羽田博士史學論文集》下卷，京都，1958年，頁240—269；氏文錢稻孫中譯本，《北平北海圖書館月刊》第1卷第6號，1928年，頁433—456。
[2] 羽田亨編修《一神論卷第三，序聽迷詩所經一卷》（影印版），東方文化學院京都研究所，1931年。
[3] 《大正藏》卷54，No.2142，頁1286—1288。

基督教史》一書中，對該寫本多所評介，不過鮮有超越羽田氏者。穆爾在評介該經時實際已將部分經文英譯了。① 將經文全本英譯的是佐伯好郎博士，譯文發表於 1932 年《皇家亞洲學會華北分會學報》。② 1933 年的《中國公教教育聯合會叢刊》予以轉載，並刊出寫本的漢字原文。③ 1937 年出版的佐伯氏英文《中國景教文獻和遺物》，也英譯經文並加考釋。④ 佐伯氏 1935 年出版的日文《景教之研究》，以及 1943 年出版的日文《支那基督教之研究》第 1 卷，同樣有專節討論該經並著錄全經。⑤ 此外，1935 年，林仰山（F. S. Drake）教授在英文《教務雜誌》發表《唐代之景教文獻》，其中有專節討論《序經》。⑥ 德禮賢司鐸（P. D'elia）1942 年出版的《中國基督教史》，也將該經部分譯成意大利文。⑦

國人公開介紹《序經》寫本，以陳垣先生爲早，見先生 1927 年的講演稿《基督教入華史》，不過內中祇讚其書法漂亮耳。⑧ 倒是董康氏 1927 年在日本時，曾訪羽田亨博士，親覩寫本原件照片，在其 1928 年影印的日記《書舶庸譚》二月九日條寫道"唐寫本序聽迷詩所經一卷凡一百七十行，爲故友富岡氏（當爲高楠氏之誤。——引者）所藏景教逸經之最完全者，譯筆塞晦繁複"；接著以四百餘字介紹該經"大旨"。⑨ 其在 1939 年的重訂本中，對寫本內容介紹部分多刪去，但著錄了全經。⑩ 不過，觀其錄文，既不分行，也不句點，對原寫本的諸多異體字也不照錄，更乏考釋校勘之類，顯然祇是重

---

① A. C. Moule, *Christians in China before the Year 1550*, London, New York and Toronto 1930; repr. New York 1972, pp. 57-64;〔英〕穆爾著，郝鎮華譯《一五五〇年前的中國基督教史》，中華書局，1984 年，頁 65—71。
② P. Y. Saeki, "The Hsu-T'ing Mi-shi-so Sûtra or, Jesus-Messiah-Sûtra", *The Journal of the North-China Branch of the Royal Asiatic Society*, Vol. 63, 1932, pp. 31-45.
③ *Collectanea Commissionis Synodalis*, 1932, pp. 113-136.
④ P. Y. Saeki, *The Nestorian Documents and Relics in China*, Tokyo 1951, pp. 125-160.
⑤ 佐伯好郎《景教の研究》，東方文化學院東京研究所，1935 年，頁 671—709；《支那基督教の研究》第 1 卷，東京春秋社，1943 年，頁 240—283。
⑥ F. S. Drake, "The Nestorian Literature of the T'ang Dynasty", *The Chinese Recorder* 66, 1935, pp. 677-681；漢譯《唐代之景教文獻》，《一九五四年度香港大學學生會會刊》，1954 年，頁 5—6；又見香港大學藏影印訂裝本稿《林仰山教授中文存》第六篇，總頁 38—60。
⑦ P. D'elia, *Fonti Ricciane. Storia dell' Introduzione del Cristianesimo in Cina*, Vol. 1, Rome 1942, pp. 53-55.
⑧ 陳垣《基督教入華史》，1927 年講稿，收入《陳垣學術論文集》第 1 集，中華書局，1980 年，頁 93—106；有關部分見頁 98。
⑨ 董康《書舶庸譚》，戊辰（1928）季冬武進影印本，卷二，頁 6。
⑩ 董康《書舶庸譚》，己卯（1939）季冬誦芬室重校定，卷二，頁 6—12。

復了日本學者的勞動。但在國人中,其畢竟是第一個著錄《序經》全文刊印者。董氏所記,迄今景教學界鮮見提及。1936年方豪先生發表的《唐代景教考略》,對《序經》寫本的經名、篇幅、年代等,有幾行文字紹介。其中稱"全經分兩部分,前部敍述教理,凡七節,一百四十八目;後部爲耶穌行實,四節,二百零六目,原本一百六十行,二千八百三十字"。①今將寫本輸入電腦計算,爲170行,2845字。

1951年出版的朱維之《文藝宗教論集》,有專文對《序經》作較全面的介紹。②爾後大陸學界便告沈寂,至20世紀80年代後涉及《序經》研究的論著方陸續問世。江文漢先生1982年出版的《中國古代基督教及開封猶太人》,將該經以簡體字標點刊出③;1993年出版的朱謙之先生遺著《中國景教》,對該經也多所評述④;翁紹軍先生1996年出版的《漢語景教文典詮釋》,對該經作了校勘和注釋⑤。

香港學界對《序經》的研究以20世紀60年代爲盛。1960年,龔天民先生的專著《唐朝基督教之研究》出版,內有長篇專節討論《序經》⑥,也附錄經文;1962年,劉偉民先生的長篇論文《唐代景教之傳入及其思想之研究》,內闢專章《序聽迷詩所經之發現及其思想研究》⑦;1964年李兆強先生的專著《初期教會及中國教會史》,對《序經》也有較多的論述⑧;1966年羅香林教授的專著《唐元二代之景教》,除對寫本略有介紹外,更點校全經⑨。

臺灣學界對《序經》的興趣似乎一直不衰。1957年梁子涵先生的《唐代景教之文獻》一文,介紹並著錄《序經》⑩;1965年鄭連明先生專著《中國景

---

① 方豪《唐代景教考略》,《中國史學》1936年第1期,頁121;復見氏文《唐代景教史稿》,《東方雜誌》第41卷第8號,1945年,頁44—45;氏著《中西交通史》,臺北中華文化出版事業委員會,1953年;嶽麓書社,1987年,頁416。
② 朱維之《序聽迷詩所經》,見氏著《文藝宗教論集》,青年協會書局,1951年,頁192—217。
③ 江文漢《中國古代基督教及開封猶太人》,知識出版社,1982年,頁64—92。
④ 朱謙之《中國景教》,東方出版社,1993年,頁116—118。
⑤ 翁紹軍《漢語景教文典詮釋》,香港卓越書樓,1995年;生活·讀書·新知三聯書店,1996年,頁85—109。
⑥ 龔天民《唐朝基督教之研究》,香港基督教輔僑出版社,1960年,頁52—59。
⑦ 劉偉民《唐代景教之傳入及其思想之研究》,香港《聯合書院學報》1962年第1期,頁1—64;專章見頁25—34。
⑧ 李兆強《初期教會及中國教會史》,香港基督教輔僑出版社,1964年,頁150—154。
⑨ 羅香林《唐元二代之景教》,香港中國學社,1966年,頁207—212。
⑩ 梁子涵《唐代景教之文獻》,《大陸雜誌》第14卷第12期,頁391—393;梁氏尚撰《唐代景教

教的研究》，對《序經》也略有評介①。1970年張奉箴先生的專著《福音流傳中國史略》，標點著錄全經②；1990年臺灣趙璧礎教授的論文《就景教碑及其文獻試探唐代景教本色化》，對《序經》的文字內容多所考釋③。

綜觀20世紀高楠文書的研究，可歸納爲兩個方面，一方面是對文本進行著錄、點校。由於最先刊佈的羽田氏著錄本頗細心，原件也已影印發表，因而迄今海内外流行的各家文本，雖不無文字差錯，蓋屬排版校對失察，或緣造植異體字困難；而句點則多有差異，乃對經文内容理解不同所致。另一方面是解讀寫本的内容，包括翻譯成現代漢語和其他文種，進而通過寫本的内容去研究唐代的景教。就翻譯而言，因文本内容十分晦澀，故各家譯文的信實度難免令人懷疑；如佐伯氏的英譯本便被批評爲"照字直譯，在某種程度上蓋想當然"④。至於研究文章，則多數徵引其經文，論述景教如何堅持原教旨或在中國本色化，即佛化、道化、儒化。上述兩大方面的研究，均以寫本爲真品作爲當然的大前提，對其中的疑義，蓋在這個大前提下來尋求解釋。至於有關寫本的真偽，則未見有任何公開質疑者。

二、關於《序經》寫本的來歷

學界之所以深信文書爲敦煌真跡，乃緣羽田氏在公佈該文書時，已對文書的真偽有所"鑒定"：

> 去歲秋暮，東京帝國大學高楠教授以《序聽迷詩所經》殘卷一軸見示，囑爲解說。此蓋敦煌出洞之珍，先藏中土某氏許，近乃歸教授者。一覽内容，知爲景教殘簡，云未經人解說研究也。爾來尋繹，至爲難

（接上頁）譯經考》，初刊《新鐸聲》1956年第8期；復修訂刊臺灣《大陸雜誌》第27卷第7期，1963年，頁212—219。氏文對各家研究《序經》的主要觀點有所介紹。

① 鄭連明《中國景教的研究》，臺灣基督教長老會，1965年，頁22—23。
② 張奉箴《福音流傳中國史略》，臺北輔仁大學，1970年，頁92—157。
③ 趙璧礎《就景教碑及其文獻試探唐代景教本色化》，見林治平主編《基督教與中國本色化》，臺北宇宙光出版社，1990年，頁173—191。
④ Ibid., Drake, 1935, p. 677.

解，慮終不可得解讀者。今之所草，亦但塞責而已，非可云研究也。維內藤教授於敦煌文獻，關繫素深。祝茲還曆，得傳罕覯之景教遺文，因緣固有自哉！①

在把《序經》定性爲"敦煌出洞之珍"後，羽田氏又根據原件的外觀、行文等，考定寫本爲中唐以前之物：

> 讀此卷者，首訝其文體之奇，迥不同正當漢文，意義亦至難尋索。是又略與《一神論》同。夫同爲漢文景典：若《三威蒙度讚》，爲整然七字句之漢文；《尊經》篇舉目諸典，謂出景碑著者景淨所譯，則亦必爲斐然之漢文可知。乃獨於《一神論》與此《序聽迷詩所經》，見此奇異之體。意此經撰者，爲方習漢語文而未達之異邦人，或其時教中竟無人可與之潤色也。卷中誤字僞字錯簡之多，所在著眼。豈其經文本已多不可解，傳寫時又多舛異。從而誤脫特甚於尋常歟？則又足以反證當時學人之歸依斯教而與聞翻經傳寫者少矣。
>
> 此經撰寫之時代，固未判然。然觀字體，與同出敦煌之五代及宋時物風格大異；其用字復與同出諸佛典殊其塗，而與景典之《一神論》則酷相似。從知其爲中唐以前之傳寫無疑。……不佞又嘗論《一神論》當撰於唐貞觀十六年頃，去景教傳唐之貞觀九年纔六載。今《序聽迷詩所經》性質同屬景教之教理論，且文體與字法皆相酷似。得非畧同時之撰述而傳寫於稍後者乎？習漢語文未通之外人，從事於論著譯述，往往文字怪異，如此經所見。②

此處，羽田氏一再將《序經》與《一神論》相持並論作比較，認爲從文體到字體，兩者都很相像，撰寫的年代應很接近。這一觀點爲學界所廣爲接受，蓋把這兩個文書目爲貞觀年間阿羅本時代的景教作品。③ 以東洋學權威

---

① 本文上揭羽田亨文，錢稻孫中譯，頁433；羽田文集，頁240。
② 上揭羽田亨文，錢稻孫中譯本，頁439—440；羽田文集，頁248。
③ 就《序經》的成書年代，佐伯氏在其英文《中國景教文獻和遺物》一書中，根據西安景教碑文有關阿羅本於"貞觀九祀，至於長安"，"翻經書殿"的記載，以及碑文中提到的貞觀十二年太宗允許阿羅本公開傳教並爲之建寺的詔文，而認爲經文應"寫於公元635年至638年之間"（即貞觀

教授羽田氏之聲望，對文書作出這樣一番"鑒定"，自被學者奉爲金科。不過，吾人若再深思一下，便可意識到羽田氏這一番"鑒定"，實際並非無懈可擊。其同當時的一些外國漢學家那樣，都未注意到中國明代以來"書估作僞"的歷史。① 就技術而言，要作得如羽田所描述那樣古香古色，祇要有相應的參照物，於中國文書作僞高手來說，不過是"小菜一碟"。因此，對該文書的鑒定，與流散社會的諸多所謂敦煌寫本同樣，如果不是採用現代科技手段的話，最關鍵的是要追查其真正的來歷。而恰恰是在這一點上，羽田氏疏忽了。

羽田氏的文章一開始就斷言《序經》寫本是"敦煌出洞之珍"，但如何"出洞"呢？卻未加任何說明。對寫本承傳脈絡的追溯止於"中土某氏"，而"某氏"究爲何許人，彼又如何得到該殘卷，不見披露。吾人不難推測，"某氏"恐怕是苟隱其名，但其如何得到該殘卷，則無論高楠氏或羽田氏本人，也未必了然。迄今研究該殘卷的學者不少，但沒有誰家能對該殘卷的真正來歷提供更具體的信息。至於高楠氏得到該卷的細節，爾後也沒有多少實質性的補充。羽田氏祇言"去歲秋暮"見到該件。按其文章發表於1926年，則"去歲秋暮"當係1925年的9月或10月；若然，高楠教授之得到該卷便不會晚於這個時間。據佐伯好郎1937年出版的英文《中國景教文獻和遺物》一書，稱該件係"高楠氏於1922年購自一中國人"。② 而後在其1943年以日文出版的《支那基督教之研究》一書中，又云是"大正十二年（1923）關東大震災剛過之後，幸歸我國文學博士高楠順次郎所有"。③ 60年代初臺灣鄭連明先生在美國哥倫比亞神學院完成的碩士論文《中國景教的研究》，對該寫

[接上頁] 九至十二年"）；又舉證經文中的用語和句子多例，以明該寫本"應比撰於公元641年的富岡文書更古老"（Ibid., Saeki, 1951, pp. 115-121）。德禮賢司鐸1934年出版的《中國天主教傳教史》，也持同樣的看法（氏著《中國天主教傳教史》，商務印書館，1934年；臺灣商務印書館，1983年，頁10）。爾後，佐伯氏在其日文《支那基督教の研究》第1卷，重申他這些論證，明確指出該經的成文"應早於景教經典《一神論》三、四年"（東京春秋社，1943年，頁243—247）。龔天民氏承襲前人觀點，亦認爲該經"是景教入唐後不久寫成的景教中最古老的經典"，"較《一神論》尚早數年"（氏著《唐朝基督教之研究》，頁53）。羅香林氏認爲："以其譯名較《一神論》爲古拙觀之，或即阿羅本等於貞觀九年至十二年（即公元635—638）左右在'翻經書殿，問道禁闥'時所傳譯也。"（氏著《唐元二代之景教》，頁32）

① 詳參葉德輝《書林清話》卷一〇，中華書局，1957年。
② Ibid., Saeki, 1951, p. 115.
③ 佐伯好郎《支那基督教の研究》第1卷，頁240。

本的來歷也祇是因循故說，稱"這部很重要的經典由日本高楠順次郎於 1922 年從中國獲取，剛在東京大震災之後"。[1] 1969 年另一臺灣學者張濟猛先生發表《日本學者與景教經典》，專門介紹日本學者與日藏景教寫經的關係，但文章對高楠氏如何得到《序經》寫本，也沒有更多的說明，唯把得到寫本的時間進一步明確化，稱："大正十二年（1923）東京帝國大學高楠順次郎，自中國攜歸日本，其時正值九月，當有名的關東大地震不久。"[2] 1993 年，日本出版了鷹谷俊之撰寫的高楠氏傳記[3]，該書所述頗爲詳細，單是年表，篇幅便達 82 頁。但通觀全書，並無涉及傳主與《序經》寫本的關係；而且亦無提及其在大正十二年前後曾到過中國。因而，對高楠氏是否真在中國購買該寫本，似乎還是個問題，說不定是其他日人購後轉手給他的。總之，有關整個購買過程的細節，迄今尚未見有更新的資料披露。因此，若從寫本來源承傳的角度看，我們委實無從證明高楠文書爲"敦煌出洞之珍"，充其量稱其爲 20 世紀初葉日人在中國市面購得的一件"文物"。而眾所周知，北京琉璃廠以假文物騙"東洋鬼子"的故事，早就成爲文藝作品的素材了。故無論高楠氏以甚麼方式，或通過甚麼途徑得到該寫本都好，祇要是來自民間市面，則難免有受騙上當的可能性。

對這個"文物"的真假，高楠氏在購買時，是否有把握。竊以爲是值得懷疑的。按高楠氏（1866—1945）早在 1899 年就已是日本東京帝國大學教授。[4] 他還有許多頭銜，諸如牛津大學文學博士、萊比錫大學哲學博士、東京大學文學博士、海德堡大學榮譽哲學博士、日本皇家學會會員、不列顛學會會員等等。[5] 就其當時的資格和學術地位，應在羽田氏（1882—1955）之上。高楠氏梵文造詣甚高，漢文也極精通。其在 1894 年，將漢譯《觀無量壽經》譯成英文，1896 年又出版英譯的義淨《南海寄歸內法傳》。大正十年（1921）著手與渡邊海旭合作編輯出版著名的《大正藏》凡一百卷，爾後

---

[1] 鄭連明《中國景教的研究》，頁 22。
[2] 張濟猛《日本學者與景教經典》，《東西文化》1969 年第 27 期，頁 50—55，引文見頁 52。
[3] 鷹谷俊之《高楠順次郎先生伝》，東京大空社，1993 年。承蒙日本志賀市子博士設法尋藉該書並複印寄贈，誌謝。
[4] 同上書，頁 216。
[5] 參閱高楠順次郎著，包世中譯《佛教哲學精義・代序》，臺北世樺印刷企業有限公司，1989 年，頁 1。

又主編《南傳大藏經》凡六十五卷。①特別是，其早就注意中國景教的研究，有關西安景教碑的作者景淨與佛僧般若合譯《六波羅密經》事，便是由他在19世紀末考證出來的。②假如寫本是敦煌真跡，以高楠氏之博學，當不會不知道其重要的學術價值。其得到寫本後，必當全力以赴，進行研究考釋；率先將其刊佈，自是當仁不讓之事。何以竟冷藏數年後，將大功謙讓羽田氏？真的是因爲對內容不得其解嗎？抑或是對寫本的真實性抱有疑慮？

三、高楠文書辨僞的突破口

吾人固知，古代宗教徒把抄寫宗教經典，當爲積修無量功德的善行，是一件十分嚴肅、神聖的事情，絕對馬虎不得。其要求外觀和內容的統一，即不僅要求書法的工整美觀，而且在文字內容上也力求準確無誤。就此，敦煌出洞的大量佛教寫經可以佐證，其諸多寫本不僅被列爲書法的精品，亦被今人用作勘校佛典的善本。觀同出敦煌的漢文摩尼教寫經，以及已確認爲敦煌真品的景教寫本，均具有這樣的特色。因此，辨別宗教寫經真僞的一個途徑，就是考察寫本能否做到外觀和內容的統一。就外觀的書法而言，仿古不難，但近世教外人僞造古代寫經，往往缺乏對宗教的理解，缺乏虔誠的宗教心理，因而其要做到文字內容有相當的準確度，就很不容易，破綻往往就出在這方面。紕繆百出的寫經，絕非宗教徒之作品。竊以爲，高楠文書辨僞的突破口，應從這個途徑去尋求。

筆者在質疑富岡文書《一神論》的真僞時，曾指出："文書的外觀與內涵有著鉅大的反差：卷面十分工整漂亮，文字內容卻錯漏百出、次序顛倒、文不對題等。觀其外貌，我們可以認定抄經人是一位很虔誠、很有文化修養的景教徒；窺其內涵，則可肯定抄經人並非景教信徒，其對景教甚至一竅不通。"高楠文書同樣存在著上述這個矛盾，卷面也非常工整漂亮。筆者根

---

① 參閱榮新江《高楠順次郎》，見季羨林主編《敦煌學大辭典》，上海辭書出版社，1998年，頁891；《世界大百科事典》第9卷"たかくじゅんじろろ高楠順次郎"條，平凡社，1985年，頁186。
② J. Takakusu, "The Name of 'Messiah' Found in a Buddhist Book; the Nestorian Missionary Adam, Presbyter, Papas of China, Translating a Buddhist Sûtra", T'oung Pao, Vol. 7, No. 1, 1896, pp. 589-591. 高楠順次郎《景教碑の撰者アダムに就て》，《語言學雜誌》1—10, 1900年。

據羽田氏所刊佈的影印本，細察整個寫本凡 2845 字，像《一神論》寫本那樣，沒有任何修改的痕跡，也不見有甚麼漏字漏句的補入，儘管從上下文意思，不少地方是有明顯的錯漏，如羽田氏所說的"誤字僞字錯簡之多，所在著眼"。這種鉅大的反差顯示抄經者衹是刻意保持卷面的美觀，至於內容有無差錯，則在所不顧。《序經》雖然沒有像《一神論》那樣，分小標題造成次序顛倒、文不對題。但其文字之誤僞錯簡，尤有甚焉，其比後者更不可卒讀；有的甚至完全不可理解。羽田氏在其著錄經文時，改正了其中 17 個錯字僞字，另質疑其中 5 處用字不當；而羅香林教授的文本則根據其自身的理解，訂正補漏了 78 字。即便依羅氏的點校本，實際還有不少句子無從解讀。如屬行文不通，尚可歸咎譯經者漢文程度欠佳；但顯爲書寫舛錯，則令人要懷疑抄經者的宗教信仰了。

假如說，抄寫一篇長達數千言的經文，要求其中沒有一字一句之誤，在古代的技術條件下是過於苛刻的話；那麼，經文的名稱絕對不能有誤，本教教主的稱謂不能有誤，這應當是最起碼要求，而且完全可以辦到。但是，就在這一點上，高楠文書卻露了馬腳。該文書題爲"序聽迷詩所經"，學者們既然認定該寫本爲敦煌真跡，也就不得不爲這幾個莫名其妙的字，提出一個合理的解釋。當年，羽田氏公佈文書時，就花了很大的力氣來解釋這個所謂經名。爲了說明問題，不惜篇幅，特據錢譯節錄如下：

> 開卷首行題《序聽迷詩所經一卷》。此經名非獨《尊經》篇所不見，抑亦未嘗他見。經名命義何在，驟亦不可解。但覺"迷詩所"必"迷詩訶"之誤而指 Meshia，此更當釋於後文"迷詩訶"之條。第二行經文起句"尒時彌師訶說天尊序娑法云。"似猶云"彌師訶說天尊序娑之法云"。"彌詩訶"，Mesiha 也。"天尊"一語，經中屢見，由第 115 行之文考之，必與《一神論》所用同，指神 Lord, God 也。後文又屢見"天尊法"（第 75 行）、"天尊教"（第 58、59、60 行）、"天尊戒"（第 58 行）、"天尊法教"（第 77 行）。並此諸例而觀，"天尊序娑法"云者，似神法之中，有所謂"序娑"之法，而爲此經所說者；亦似"序娑"爲"天尊"之名，即神之名，而云"神序娑之法"也。經中用字肖音，限於專名，則當作神名解。此而不誤，殆即指聖經中之神，即"耶和華"歟？《景

教三威蒙度讚》首記"敬禮妙身皇父阿羅訶",稱神曰"阿羅訶"。景教碑亦言"無元真主阿羅訶"。"阿羅訶",即 Elōah,此與以色列之神"耶和華"yehova 相通用,盡人皆知也。"序娑",一見雖不似 yehova,然此卷誤寫,所在而有。即佛典等之古寫本,婆誤爲娑,事極尋常。則此或"序婆"之誤。……①

"迷詩所"三字之中,"迷"與"彌",經中用於寫同音者也。"詩"在我與"師"同音,《洪武正韵》二字均作申之切;《唐韵》詩書之切,《集韵》申之切;師,《唐韵》疎夷切,《集韵》霜夷切,Karlgren 氏亦以前者爲顎音之 si, 後者爲齒尖音之 si, 固極相似之音也。然則"迷詩所"與"彌師訶"俱爲肖音字,而所異僅在所與訶二字。音絕不類,固無論,抑且並列於卷首兩行,比觀之餘,形復顯然不似。然而卷中形近而誤者至多,(例如來誤求,復誤優之類)則"所"疑"訶"之誤,亦非無理。果是,"迷詩所"乃"迷詩訶"之誤,而與"迷詩訶"、"彌師訶",實同一語耳。"序聽"二字則未得的解。然"序"肖 ye 音,既如上論。今"聽"字正書。果"序聽"二字而別得的解,自無餘議;苟有筆誤之疑,則第一二四行"移鼠迷師訶",知與粟特文經典所屢見之 yiso, Msiha 相當;故"聽"字或由音"數",音"鼠"之字轉誤,實即 yisomsiha 經,即耶穌基督教經之謂,亦未可知。②

佐伯氏大體接受上引羽田氏的說法,不過,他把"序聽"直當爲"序聰",目爲唐代漢語耶穌的音譯("聰"唐音讀"梭","序聰"即 Jeso 耶穌的音譯)。③而把寫本第 121 行所出現的"移鼠"二字和第 124 行出現的"移鼠迷師訶"當分別爲現代"耶穌"和"耶穌彌賽亞"的音譯,並用英語將該等音譯名詞意譯爲"移動的老鼠"(Remove-Rat)、"移動的老鼠迷惑了老師"(Remove-Rat-Confusing-Teacher),認爲如是譯法"十分褻瀆"。④

方豪先生在其《唐代景教考略》一文中,亦稱:

---

① 上揭羽田亨文,錢稻孫中譯本,頁 441;羽田文集,頁 250—251。
② 上揭羽田亨文,錢稻孫中譯本,頁 450—451;羽田文集,頁 262—263。Karlgren 氏,即瑞典漢語言學家高本漢。
③ Ibid., Saeki, 1951, p.147.
④ Ibid., Saeki, 1951, pp.120-121.

"移鼠"爲耶穌之異譯，一神論作"翳數"。"迷詩所"或"迷詩訶"，即景教碑與三威蒙度讚之"彌施訶"，一神論之"彌詩訶"，貞元新定釋教目錄作彌尸訶，至元辨偽錄卷三作彌失訶，謂"迭屑人（即基督教人）人奉彌失訶，言得生天。"今譯默西亞或彌賽亞，義爲救世主。①

　　羅香林教授也認爲："從內文觀察，可知此卷又名'移鼠迷詩訶經'。'移鼠'爲耶穌一名之異譯，即《一神論》中之'翳數'。'迷詩所'，或'迷詩訶'，即《一神論》中之'彌詩訶'，亦即今日基督教徒所譯爲'彌賽亞'，義爲救世主者。"②

　　按"序聽迷詩所經"，苟照一般學者所接受的羽田氏與佐伯氏之看法，即"序聽"係"序聰"之誤，"迷詩所"則是"彌師訶"之訛，假如這一解釋得以成立，則僅有6個字的經名，其中竟有4個錯字！如是，吾人能認爲這個寫本是出自唐代景教徒之手嗎？而事實上，學者們所接受的這個解釋是不能成立的。因爲任何一篇經典，不是以其所要論說的主題來立名，便是賦以某種特別的含義。如果"序聽迷詩所經"就是"耶穌基督教經之謂"，那麼所有的景教經典何嘗不是耶穌基督教經，何嘗不是"序聽迷詩所經"；同理，很多佛教的經典大可一概稱爲"釋迦牟尼經"，大可不必分甚麼三藏，大可不必再給各經定名。

　　對羽田氏上述的說法，仰山氏也認爲"或不能令人滿意，但大多數學者還是勉強接受。"③不過，他又介紹了明義士司鐸（Rev. J. M. Menzies）的另一解釋，即：寫本以"爾時迷師訶說……"爲開始，形式有類佛經，因此，經名之用"聽"，就是"聽迷詩訶經"的意思；而"序"，西安的景教碑（"大秦景教流行中國碑頌並序"）亦用這個字，意爲叙述或序言。故"序聽迷詩所經"可釋爲"聽迷詩所說法經"或"聽迷詩所經之序言"。④顯然，明氏這一解釋也是頗爲牽強的。因爲照漢語辭書，"序"若謂文體，則指用於

---

① 方豪《唐代景教考略》，《中國史學》1936年第1期，頁121；復見氏文《唐代景教史稿》，《東方雜誌》第41卷第8號，1945年，頁44—45；氏著《中西交通史》，臺北中華文化出版事業委員會，1953年；嶽麓書社，1987年，頁415—416。
② 上揭羅香林《唐元二代之景教》，頁32。
③ Ibid., Drake, 1935, p.679.
④ Ibid.

介紹、評述作品內容的文章；又用於臨別贈言，亦稱"贈序"。從該經的內容看，顯然與該等意思無涉。

仰山氏也提出自己的推測："吾人可想象經文出自不諳漢文的外國人之手，若非其本人寫錯，而後人跟著瞎抄，便是其進行口授時，聽寫者對那些不懂的詞音，硬是用一些別字來表示。"① 此處，仰山氏把誤字的產生追溯到原作。然而，現有的寫本顯非原作，而是後人的傳抄本，其中沒有任何塗改修正的痕蹟。假如那些誤字是原作所具有，其又是那麼明顯，吾輩教外人士今日尚能明其誤，那麼唐代的景教僧侶們在傳抄過程中，焉不明白其誤而改正之？是以，仰山氏的解釋顯然不能爲抄經者解脫罪責。

倒是臺灣學者趙璧礎教授，別出心裁，"深覺'序聽迷詩所'和'序娑'必另有解釋"：

> 待查對希臘文，發現有 σωτηρ 一字（見《路加福音》1：47），意即"救世主"，讀作 SŌTĀIR；與中文"序聽"二字發音相仿；另一希臘字 μεσογ（見《馬太福音》25：6，《使徒行傳》26：13，《哥林多前書》6：5），意即"中間，在中間"，讀作 MESSON，與中文"迷詩所"讀音相似；再一希臘字 σωσας 讀 SŌSÄS，爲動詞 σωζω 之分詞，解作"拯救的"，其讀音 SŌSÄS 與"序娑"讀音極爲相似，筆者因而推論《序聽迷詩所經》應解作《救世主中保經》，其首句譯文當爲"那時彌詩訶講論天尊拯救的方法時這樣說"，就中"序聽迷詩所"、"序娑"實爲《新約》希臘字的對音，中文文字並無抄寫錯誤，所以照原音譯出實因該文作者未能創出適當詞類，在寧缺毋濫的心志下作此取捨，推想該文僅用作私人講稿，並非寫成正式經典，證諸該文內容，深覺此議頗有根據。②

此處"私人講稿"之說，恐難成立。如上面所已指出，寫本是個很漂亮的傳抄本，私人講稿沒有被作爲經典傳抄之理。何況，"講稿"中有明顯的成段遺漏，例如第 82 行至 92 行，講解基督教的"十願"，其中沒有提到第一願和第三願。傳教士在宣道時難道會不發現這一遺漏而加以補正？不過，

---

① Ibid., Drake, p. 678.
② 上揭趙璧礎《就景教碑及其文獻試探唐代景教本色化》，頁 175。

趙教授從希臘文找出"迷詩所"等的對音，假如寫本確爲敦煌本真跡，則不失爲一種新的解釋。然吾人還是不無狐疑：既然經文作者是參照希臘文本譯音，自應一以貫之，卻爲何題目剛照希臘文把救世主音譯爲"迷詩所"，而在正文首句便又不照希臘文本了，立改爲"彌師訶"。如是對待譯經，形同兒戲，斷非虔誠教徒之所爲也。是以，趙教授的新解，益使我們懷疑文書製作者之身份。

一部宗教寫經，竟然連題目都寫錯，夫復何言？吾人與其千方百計設想各種理由爲之解脫，毋寧從寫經者的身份去尋找解釋。假如寫經者是教中人，斷不會出現這等差錯；出現這等差錯，證明寫經者斷非教中人。證明寫經者不是教中人的另一個明顯的證據，便是上面已提到的寫本中第121行和124行，把基督教的教主耶穌寫成"移鼠"。

把耶穌音譯爲"移鼠"，這是最受訾病、最爲學者們所百思不得其解者。趙教授對此亦有新的解釋：

"移鼠"一詞之試用引起不少的責難。佐伯好郎認爲是褻瀆之舉，神子何能視爲"移動的鼠子"。話雖如此，"移鼠"卻又被研究景教的學者們普遍接納爲希臘文 'Ιησου 之中文對音。至於以"移鼠"配 'Ιησου 是否如斯可惡則不見學者們深入探究。筆者認爲"移鼠"一詞另具深意，深信當代譯字者，確曾煞費思量營造而得，絕不是褻瀆之作。查"移"字除了配合希臘文 'Ιησου 原字兩音節的第一音外，更是中國人的一個姓氏，又是同音字組的可能最佳選擇。"鼠"字亦非如此可憎，蓋中國人認鼠爲十二生肖之首，頗有喜愛之意。此外，中國古籍屢載西域出產火鼠，並謂該等火鼠之毛可織成火沅布，造成之衣服堅可禦火。至於此等文籍是否爲《序聽迷詩所經》作者確知頗難求證，但景教碑既言"大秦國南統珊瑚之海，北極衆寶之山，西望仙境花林，東接長風弱水，其土出火綄布……"則景教人士對火鼠、火沅布（或稱澣布、火綄布）等傳說必大有瞭解亦極可能，或許由此衍生用"鼠"字配 σου 音；說明"移鼠"（'Ιησου）由大秦來（如火鼠般），死而爲人造避永火之衣（如火鼠死而捐毛紡火沅布），藉之點明救世主之功績，回應經題《救世主中保經》和首句"……天尊拯救法……"。因此，"移鼠"二字足以說明造詞人之用心良苦；說其努力於促使景教在華本色化亦合情合理。'Iησου 一字既有同音之中文字，亦保留其普世性神子名號，即外國人亦會憑音而認知其與原字 'Iησου 之關係。移鼠一名具中國人姓名必備之姓，鼠字作爲姓名中的名又能暗示神子救贖大功。景教教士波斯人而已，創出此詞亦屬不易乎！①

趙教授的解釋，是設身處地於景教徒的立場，把"移鼠"目爲其音譯孕義的傑作。不過，"移"作爲姓，古代畢竟很少，絕非"名門豪族"；與其同音的"伊"纔是名姓，商湯名臣"伊尹"，唐代士人當無不知。假如景教徒在爲耶穌譯名時，已考慮到音譯孕義，那麽其漢文的顧問首先想到的應是"伊"這個現成的名姓，不可能煞費心思去尋找像"移"這樣的僻姓？至於"鼠"，作爲一種動物，古代各民族在其發展過程中，對其印象，誠然未必都不佳。由於某種特別的人文原因，甚至對其崇拜。例如，《大唐西域記》卷第十二的"瞿薩旦那國"（于闐國）章下之六《鼠壤墳傳說》，記載了國王"感鼠厚恩，建祠設祭，奕世遵敬，特深珍異"。② 但《序經》既然被認爲唐代的作品，吾人首先得考慮鼠在唐人心目中的地位；而且，所要討論之鼠當應定位爲人們日常生活中最常見的老鼠，而不是某些特別的鼠類，或神話中的所謂仙鼠、神鼠之類。趙教授以鼠被列爲十二生肖之首，作爲國人愛鼠的證據，似欠說服力；因爲十二生肖中，也有蛇，我們能說國人也很喜愛蛇嗎？成語"蛇鼠一窩"，便足以表明國人對牠們的態度了。更有，十二生肖是上古歷史所形成沿襲下來③，不足以說明中古時期以至現代國人對鼠的態度；何況，個中除龍之外，其他即使不是低賤或使人討厭，也算不了甚麼高貴、或令人特別喜愛的動物；一些傳統的祥禽瑞獸卻未列其中。作爲國人日常最熟悉的動物"老鼠"，對其印象，早有定評。成語"鼠竊狗盜"，漢代已

---

① 趙璧礎《就景教碑及其文獻試探唐代景教本色化》，頁 175—176。
② 見季羨林等校注《大唐西域記校注》，中華書局，1985 年，頁 1018。有關西域的鼠崇拜及其產生的原因，參閱譚蟬雪《西域鼠國及鼠神摭談》，《敦煌研究》1994 年第 2 期，頁 120—126；馬昌儀《西域鼠國及其信仰》，《中國歷史博物館館刊》1998 年第 1 期，頁 107—114。
③ 有關十二生肖的研究詳閱蔡鴻生《突厥年代學中的十二生肖》，見氏著《唐代九姓胡與突厥文化》，中華書局，1998 年，頁 164—185。

見。① "鼠輩" 是 "蔑視他人之詞", 見諸三國。② 迄今還爲人們所常用。歷代的文學作品中,多有以鼠爲素材。如《全後魏文》有盧元明的《劇鼠賦》,但非頌鼠之賦。唐人更以鼠入詩,筆者據國學網的揚州詩局本《全唐詩》,查得 "鼠" 字計 209 個(中有若干詩篇重復),其間凡確指吾人常見之老鼠的 "鼠",均無褒義,大多數是藉以喻討厭的事物,或表鄙視之意。例如:

彼鼠侵我廚,縱狸授粱肉。鼠雖爲君卻,狸食自須足。(卷 19·133 戎昱《苦哉行五首》)

獨獨漉漉,鼠食貓肉。烏日中,鶴露宿,黃河水直人心曲。(卷 22·10 王建《獨漉歌》)

忽聞饑烏一噪聚,瞥下雲中爭腐鼠。(卷 23·63 劉禹錫《飛鳶操》)

君失臣兮龍爲魚,權歸臣兮鼠變虎。(卷 26·22 李白《雜曲歌辭·遠別離》)

壞舟畏鼠復畏漏,恐向太倉折升斗。(卷 298·11 王建《水運行》)

家請官供不報答,何異雀鼠偷太倉。(卷 340·20 韓愈《盧郎中雲夫寄示送盤谷子詩兩章,歌以和之》)

上天不識察,仰我爲遼天失所,將吾劍兮切淤泥,使良驥兮捕老鼠。(卷 369·26 馬異《答盧仝結交詩》)

聞君碩鼠詩,吟之淚空滴。碩鼠既穿墉,又嚙機上絲。穿墉有閑土,嚙絲無餘衣。(卷 377·44 孟郊《贈韓郎中愈》)

麂肥因糞壤,鼠穩依社壇。(卷 425·26 白居易《欺魯二首》)

社鼠不可灌,城狐不易防。(卷 592·23 曹鄴《奉命齊州推事畢寄本府尚書》)

至於曹鄴的《官倉鼠》更是婦孺皆曉、膾炙人口:

官倉老鼠大如斗,見人開倉亦不走。健兒無糧百姓饑,誰遣朝朝入

---

① 司馬遷《史記》卷九九《劉敬叔孫通列傳第三十九》,中華書局,頁 2720。
② 《三國志》卷二九的《華佗傳》,當華佗開罪曹操入獄受刑時,大臣荀彧請曰:"佗術實工,人命所縣,宜含宥之。" 曹操不許,曰:"不憂,天下當無此鼠輩耶?"(中華書局,頁 802)

君口。(卷592·31)

　　當然，外來景僧未必知道"鼠"字在唐人心目中的印象，但幫助其譯經的中土士人焉會不清楚？漢語同音字多的是，但在神聖的經文中，卻偏偏選擇這樣一個貶義字來作爲神子聖名的音譯，是無知，還是故意？蒙業師蔡鴻生先生提命，茲徵引錢鍾書先生有關"移鼠"的一段文字，或對這個問題的回答會有所啓發：

　　余三十歲寓湘西，於舊書肆中得《書舶庸譚》一冊，無印鈐而眉多批識，觀字跡文理，雖未工雅，亦必出耆舊之手，轉徙南北，今亡之矣。書中述唐寫本《(序)聽迷詩所經》言"童女末豔之子移鼠"，猶憶眉批大意云："天主教徒改'移鼠'爲'耶穌'，師釋子改'喪門'爲'桑門'之故智也。'穌'者可口之物，如'桑'者有用之樹。觀其教竊入中國，行同點鼠，正名復古，'移鼠'爲當。日人稱德國爲'獨'，示其孤立無助，稱俄國爲'露'，示其見日即消，頗得正名之旨。"①

　　《書舶庸譚》一書，上面已有徵引。錢先生所云作眉批的"耆舊"者，自是一位反教人士，其對洋教的蔑視情緒，正是其時某種社會階層思潮的反映。吾人無妨反其意而用之，天主教本無"移鼠"之名，倒是其時教外寫經人有意調侃洋教，故意用"移鼠"兩字來作爲該教教主的名稱。
　　上面我們已論證言高楠文書出自敦煌，查無實據；又根據寫本的經名及其教主譯名，認爲文書斷非出自教中人之手。既然抄經人並非教中人，書法何以又那麼認真，顯得那麼虔誠，這恐怕另有乾坤。筆者在《一神論》辨僞時曾徵引羽田氏在公佈《序經》寫本時，對原件形態的一段描述，即：

　　敦煌佛典，常爲厚黄紙；此亦如之。卷子本，豎約二十七公分有八，細闌界上下及行間，闌内約二十公分有五。存行凡一百七十，末劃七行餘白；一見似完本。然此餘白乃從卷首剪下而接裝於是者，非首尾

---

① 錢鍾書《管錐編》，223節，中華書局，1994年，頁1462。

具足也。高楠教授聞自其所得者言：百七十行後尚有數行，汙損太甚，切而棄之，補以首白云。今殘卷近尾尚極完好，遽從此下汙損，疑不近實。意者：後文且長，實離切爲二卷或多卷而他鬻歟，事或然也。則他日或竟別得殘卷，爲延津之合，數有未可知者矣。①

此間的"汙損太甚，切而棄之"，如果是事實的話，當然給後人留下"他日或竟別得殘卷，爲延津之合"的希望；但竊以爲，與其相信是事實，毋寧當其爲口實。而透過這個口實，吾人可獲知：當年社會收藏敦煌遺書者的價值取向是側重外觀的好看，而不是著眼於內容的文獻價值；經營此道買賣者，必定要投時尚所好。難怪被確認爲僞造的敦煌文書，不僅沒有"汙損太甚"者，而且外觀多相當漂亮、清晰。

高楠文書長達二三千言，現代人要憑空僞造其內容，是不太容易的。不過，既然明末以來，來華的耶穌會士已經把很多天主教經典編譯成漢語了，西安的景教碑文抄本也很流行，在民國初年要仿造一篇古代的基督教經文，也不是絕對辦不到的事情。不過，這對於僞造者來說，要付出太多的時間精力，從經濟價值看，未必合算。竊以爲，既然文書的賣主稱原件尚有數行，因"汙損太甚，切而棄之"，吾人姑妄聽之，無妨相信當初或許真有個出自誰家的古景教寫本，但因爲過於汙損，物主恐賣不得好價，便根據這個寫本，重新謄寫製作。新寫本是爲了賺錢，並非弘揚宗教，當然便祇追求外觀的漂亮，文字內容的錯漏當然無所謂，甚或出於個人的喜惡和習慣，對經典的行文、字句肆意篡改，從而造作出這樣一個外觀十分漂亮，內容又頗多不可理喻的精抄贗品。

四、餘論

本文針對學界有關高楠氏藏景教《序經》寫本存在的一些爭議，提出自己的解釋，懷疑該寫本並非敦煌真跡，很可能同富岡氏收藏的《一神論》寫

---

① 上揭羽田亨文，錢稻孫中譯本，頁433；羽田文集，頁241。

本一樣，同屬現代人的精抄贋品。筆者細察兩個寫本的字跡，都是出自一人手筆，故衹要我們能鐵證其中一件是偽造，則另外一件自必屬贋品無疑。遺憾的是，迄今距兩個文書之面世已近百年之久，吾人誠難查明文書出洞的真相或作假的內情，吾人目前亦未能確認或舉證其偽造的參照物。是以，無從對其真偽定讞。這一鑒別工作，尚有待日後諸方家從各個角度進行探視。竊以爲，在疑點未能作出較合理的解釋，吾人的疑慮未能消除之前，學界對這兩件寫本的使用，採取較爲謹慎的態度，似屬必要。

（本文初刊《敦煌吐魯番研究》第 8 卷，中華書局，2005 年，頁 35—43）

附　錄

筆者按：阿羅憾丘銘是清末在洛陽附近出土的一方墓誌。銘文於1909年首載於端方《匋齋藏石記》卷二一；內容歌頌唐高宗和武后時代，一位名叫阿羅憾的波斯移民領袖，爲高宗出使蕃域，建立大功；復號召諸蕃王，爲武后營建天樞。1913年，羽田亨教授於《東洋學報》第3卷第3號，撰文《波斯國酋長阿羅憾丘銘》考證該碑；其疑阿羅憾便是個景教徒。1916年，佐伯好郎博士在其英文《中國景教碑》把該銘文英譯，肯定該阿羅憾爲景教徒無疑。爾後不少學者也認定阿羅憾便是景教徒。這一方墓石遂被視爲唐代景教不可多得的實物資料。就阿羅憾與景教的關係，論證得最細的當推1958年羅香林教授刊臺灣《清華學報》的《景教徒阿羅憾等爲武則天皇后造頌德天樞考》一文。1959年石田幹之助於《東方學》第18輯評論羅文，備極推崇，譽爲"考證精密，行文明快，實爲楷模式之好文章"。羅文之最受注意者，乃論證該阿羅憾即爲西安景教碑中"所云於武則天時爲景教效力之僧首羅含"，蓋其同名異譯。這一論證如得以確立，則從景教金石遺物的史料價值而言，阿羅憾丘銘無疑僅次於西安景教碑。羅氏這一權威論證多年來爲學界所普遍認同；近年國內支持闡發羅氏觀點的文章，乃以1995年林梅村教授刊發《學術集林》第4卷的《洛陽出土唐代波斯僑民阿羅憾墓誌跋》一文爲代表。然意大利著名東方學家富安敦教授（Antonino Forte）不爲傳統觀點所囿，早在20世紀80年代初，便開始撰文質疑，其間曾撰寫了《入仕中國神都洛陽的波斯人阿羅憾（616—710）》、《爲阿羅憾正身——一個供職中國宮廷的波斯貴族》等，認爲阿羅憾並非景教徒；1996年，更以《所謂波斯"亞伯拉罕"——一例錯誤的比定》爲題，條分縷析，全面商榷上述傳統觀點。氏文可謂西人一篇精彩的考辨文章，對於重新審視20世紀的唐代景教研究，不無重要參考價值,特由博士生黃蘭蘭君將其主體部分翻譯,附錄於此。該碑銘拓本,敝校中山大學圖書館保有乙件,據云爲昔年顧頡剛先生任教敝校時所購藏;爲方便讀富氏大作,茲據此拓本著錄並略作校勘同附。

所謂波斯"亞伯拉罕"——一例錯誤的比定

一、引言

伯希和在1919—1920年撰寫《西安景教碑考釋》時,就景僧"羅含"一詞注解道,他將在另一章中說明何以把生活在616—710年的波斯人"阿羅憾"(Aluohan,伯氏未標出漢字)之名復原爲亞伯拉罕(Abraham)。另外他又說該人可能與景教碑中的羅含同指一人。很明顯,他計劃對阿羅憾進行專章討論,故在注釋中不多闡述。就在撰寫該書的時候,已經有兩位日本學者,即羽田亨和佐伯好郎,把阿羅憾視爲景僧,認爲其原名爲亞伯拉罕。伯氏在深入研究阿羅憾之前,或已讀過二位學者所寫的相關文章,認爲阿羅憾可能是亞伯拉罕的漢譯名。他雖然沒有論及阿羅憾之教屬,或許也認爲彼是一個景教徒。然而,我們必須注意,伯氏對阿羅憾的初步考釋,就我看,沒有談及其已撰的一章,反而提到其日後將寫的專章。很遺憾,他可能再也擠不出時間來寫該專章了。[1]

無論怎樣,就阿羅憾的原名及其所奉宗教,伯氏的觀點可能受到羽田和佐伯的影響,而我的觀點則與他們完全不同。竊以爲,相信阿羅憾爲景教徒,認爲其原名就是亞伯拉罕,其實並沒有任何理由。1981年11月16—17日,也就是15年前在威尼斯召開的國際會議上,我所提交的論文就已表明

---

[1] 見筆者整理增訂的伯希和遺著《西安府景教碑》(P. Pelliot, *L'inscription Nestorienne de Si-ngan-fou*, edited with supplements by Antonino Forte, Kyoto, Paris 1996),頁255,注釋149。在目前出版的伯氏這卷書中,未見他處提及阿羅憾。但在書中的注釋7(見頁187),伯氏稱將在另一章中討論武后在位時營建的洛陽銅柱天樞。如下面我們所將討論,天樞確與阿羅憾有關;由是,所擬撰的阿羅憾專章,顯然與討論天樞事同章。其少量注釋手稿,今藏集美博物館圖書室(Library of Musée Guimet)編號: Ms. 320,其間有幾處提到天樞,但計劃中的專章則無跡可尋。

了這一觀點。①迄今我的觀點並未改變。

下面是將1981年的意大利文本全面修訂擴充而成的英文本。②謹以此紀念伯希和大師；倘若大師有時間完成其傑作，相信本文也就不必寫了。③

二、阿羅憾丘銘及其宗教信仰

本文所要討論的波斯人，漢名阿羅憾（Aluohan），直到19世紀晚期或20世紀初其墓誌出土前，蓋未爲世人所聞。很遺憾，墓誌發現近一個世紀，其所包含的豐富歷史信息，仍多爲當代史家所忽視，其重要的史料價值得不到重視。

圍繞著阿羅憾的秘密不少。有關墓誌的發現正是其中之一。我不知其何時出土，如何發現。下面徵引的諸前賢著作，均無涉及其發現者。唯一爲我們所知的是，端方於1903年稱其發現於洛陽。新近出版的《隋唐五代墓誌彙編》洛陽卷的編者，也稱該墓誌出自洛陽市，但我不知道他們是循端方之說，抑或另有證據。無論如何，墓誌記載阿羅憾死於洛陽自己家中，葬於建春門外墓塚。建春門爲洛陽東面三門之中間者，自令人認爲該石刻發見於洛陽。④

---

① 伯氏對其所探討的問題都研究得非常深入，是以，在其未出版的西安碑考釋是否有論及阿羅憾，我曾請教負責出版伯氏著作的圖盧斯社會科學大學（University of Social Sciences of Toulouse）已故教授多維利埃（J. Dauvillier）。在他1981年7月的復函中，摘錄了伯氏對碑文中兩段有關羅含內容的注釋（見上揭氏著，頁176、177）。多氏的摘錄似乎表明伯氏並沒有提及阿羅憾。顯然，他未注意到伯氏在注149中曾對阿羅憾略有論及。

② 該論文於三年後發表，題目爲《入仕中國神都洛陽的波斯人阿羅憾（616—710）》（A. Forte, "Il Persilano Aluohan (616-710) nello capitale cinese Luoyang, sede del Cakravartin"），刊蘭西奧蒂（L. Lanciotti）主編《公元三至十世紀亞洲的宗教匯合》（Incontro di religioni in Asia trai l III e il X secolo d.c.），佛羅倫薩（Firenze），1984年，頁160—198。

③ 本文的縮寫本曾提交1993年3月東京舉行的第38屆國際東方學者會議，分發給所有與會者，題目作《波斯阿羅憾（616—710），天樞的贊助者，中國派往拜占廷帝國的使者》（"On the Persian Warhrōn (616-710), Promoter of the Axis of the Sky, Messenger of China to the Byzantine Empire"）（日文摘要刊《東方學會報》第64號，頁1、9—10）。

④ 見《隋唐五代墓誌彙編》洛陽編，第8卷，頁144。我不知道夏鳴雷提到的河南北沙村附近"刻有阿羅本名字的景教碑"（見氏著《西安府景教碑》第2部分《碑史》注釋2, H. Haveret, La stèle chrétienne de Si-ngan-fou. Part 2: Histoire du momument, Imprimèrie de la Mission Catholique, Changhai 1897, note 2）是否真的就是阿羅憾碑。夏氏在1894年便聽說早在20年前（即1874年），蒙西格諾爾·沃隆特利（Mongsignor Volonteri）在北沙村附近看到一方有阿羅本名字的碑刻，夏氏遂致信蒙西格諾爾·斯卡雷利亞（Mongsignor Scarella）查詢，蒙氏於12月由林縣（河南北陲）寄出

可以肯定的是，1903年前的某時，墓誌便已成爲端方（1861—1911）氏藏品之一。①1913年和1914年，羽田亨和羅振玉均稱其仍由端方收藏。而今在何處？佐伯、桑原騭藏、羅香林諸家論著，以至1995年林梅村所發表的文章，咸稱該墓誌藏於東京國立博物館，但事實似非如此。② 目前我對其去向尚無甚想法。幸好其拓本多存世，我在京都大學人文科學研究所便親睹其中一件。③

（接上頁）的回信寫道：該地未見此碑，但碑基尚存。然據當地和尚說，是處從未見有這樣的碑刻；不過，生活在附近村莊的基督教徒卻說該碑在七八年前被遷走了（參閱 A. C. Moule, *Christians in China before the Year 1550*, London 1930, p.73。譯者按，中譯本見郝鎮華譯《一五五〇年前的中國基督教史》，中華書局，1984年，頁79）。整個故事聽起來很奇怪。沃隆特利可能把阿羅憾釋爲阿羅本，也可能把北沙與洛陽附近的一個村莊，即所推測的阿羅憾丘銘發現地混淆。根據1978年的考古調查，古代建春門位於現在洛陽東南郊樓子村的東面（見中國社會科學院考古研究所洛陽工作隊《隋唐東都城址的勘查和發掘續記》，《考古》1978年第6期，頁267）。如果混淆的假設成立的話，則阿羅憾丘銘應於1874年出土，比端方藏石目錄所首載的1903年要早得多。

① 見《匋齋藏石目》，1903年，頁33，是書筆者在日本圖書館未找到，兹轉引自林梅村《洛陽出土唐代波斯僑民阿羅憾墓誌跋》，刊王元化主編《學術集林》卷4，上海遠東出版社，1995年，頁298，注1。端方是位滿族官員，且曾是1906年清朝使歐團之一成員。見恒慕義（A. W. Hummel）《清朝名人傳略》（*Eminent Chinese of the Ch'ing Period*），1943年，頁780b—782b。

② 鑒於佐伯、桑原、羅香林所稱，1981年10月7日我前往東京國立博物館，擬辨認刊印本中所遺漏的幾個字，查對阿羅憾死時的確切日期，並校訂整個錄文。那天下午我一早到達博物館，令我十分驚訝的是，管理人員告知我該石刻從未入藏該館。他們在藏品記錄中查找了兩個多小時，未發現任何線索。最後，館方正式告知我，阿羅憾丘銘絕對不在該館。問題是爲什麽佐伯、桑原、羅香林都稱在那裏呢？可能是諸家相襲的結果。若然，錯誤可能源自佐伯的一節英文，見其1916年景教碑譯文的導言部分："下面是見於上野東京帝國博物館的新發現墓誌譯文。"（佐伯《中國景教碑》[*The Nestorian Monument in China*]，1916年，頁257；又見佐伯《中國景教文獻和遺物》[*The Nestorian Documents and Relics in China*]，1951年，頁453）佐伯可能衹是指拓本在博物館。其接著寫道"拓本18英寸見方"，這也表明他所指之物。尚有，在其《中國景教文獻和遺物》一書的圖版7，複製的是拓本的照片，而不是石刻本身的照片。十分奇特，其標題卻寫爲"亞伯拉罕王子的石碑"（頁416）。佐伯的英語不太可靠，可能導致了這一錯誤。奇怪的是，1926年桑原沒有提到佐伯的書，但稱"此碑清末端方所藏，今歸東京博物館所有"，給人的印象像是自己第一手資料（桑原騭藏《隋唐時代來往中國西域人考》[《隋唐時代に支那に來往した西域人に就いて》]，《内藤博士還曆記念支那學論叢》，京都弘文堂書房，1926年，頁582）。林梅村（見氏文《洛陽出土唐代波斯僑民阿羅憾墓誌跋》，《學術集林》卷4，頁285）仍信該石刻藏於上野東京國立博物館，但他畢竟還是基於上述佐伯所言。

③ 因爲原石碑已失蹤，故以往所製拓本彌足珍貴。未知羽田亨在羅振玉處所見的拓本是否尚在，但我確信内藤湖南（1866—1934）從端方處所得的拓本乃藏於京都人文科學研究所。1981年10月13日，承蒙礪波護關照，我得睹此拓本。藏有該碑拓本者尚有：（1）北京圖書館，已複製於《北京圖書館藏中國歷代石刻拓本彙編》（卷20，頁110）、《隋唐五代墓誌彙編》（卷8洛陽編，頁144）；（2）北京大學圖書館，林梅村《洛陽出土唐代波斯僑民阿羅憾墓誌跋》（《學術集林》卷4，頁299注8）提到；（3）臺北"中央研究院"歷史語言研究所（編號05723），複製於毛漢光

正如我們所説，墓誌成爲端方藏品乃在 1903 年前的某時。多虧 1909 年刊行的《匋齋藏石記》著録了銘文並略加考釋。書如其名，收録了匋齋氏（端方之號）書齋所藏石刻。① 就我所知，是爲該墓誌銘的最早版本，而且是直接録自原件的唯一版本。遺憾的是，對如何得到該墓誌的細節，端方未有披露。隨後不久，金石大家羅振玉也製作了一個拓本。羽田亨（1882—1955）遂據此拓本，於 1913 年《東洋學報》第 3 册發表了論文，考釋阿羅憾丘銘。② 羽田氏且從羅氏處複製了一個拓本，並據拓本逐字著録、訓點，刊於氏文。

次年羅振玉將自己録文發表於氏著《芒洛冢墓遺文》第二卷，日期署 1914 年。③ 他對文本没作任何考釋，但云墓誌原件係端方藏品。

把阿羅憾與景教相連繫，羽田氏乃爲第一人。他認爲接近阿羅憾名字者唯阿羅本，同是波斯人，彼等十分相似。阿羅本之名，見於 781 年所立的著名西安景教碑，但他們畢竟是不同的兩個人。羽田氏認爲，無論如何阿羅憾是一個宗教徒，因爲銘文中有"宣傳聖教"之語；他没有排除阿羅憾原名爲亞伯拉罕的可能性。至於阿羅憾所宣傳的宗教，羽田氏認爲很可能是景教，因爲阿羅憾來自波斯，並出使拂林（他斷言拂林爲拜占廷帝國的譯名），而景教在這兩個國家中都廣爲傳播。摩尼教（Manichaeism）和馬兹達教（Mazdaism）則完全不可能，前者是基於年代的先後（其直到 694 年纔傳入中國，而阿羅憾約於 660 年便已來華）；後者則緣因葬俗（馬兹達教徒不埋葬死者，而阿羅憾卻有墳墓）。

1916 年，僅在羽田文發表三年後，佐伯好郎（1871—1965 年）在倫敦出版了專著《中國景教碑》。氏著直把阿羅憾當爲原名亞伯拉罕的基督教徒。佐伯氏除著録墓誌原文外，尚提供了一個英譯本；儘管譯文頗可商榷，但迄

（接上頁）《唐代墓誌銘彙編附考》卷 15，1993 年 12 月，頁 1496；(4) 周紹良收藏，周氏據藏本著録，收入周氏主編、趙超副主編的《唐代墓誌彙編》，1992 年，頁 1116。譯者補注：廣州中山大學圖書館也藏有該銘文拓本一件。

① 見氏著卷 21，頁 9a3—11a10；臺北新文豐出版公司 1977 年刊行的《石刻史料新編》第 1 輯（凡 30 册）收入是著，本文所討論的墓誌，見第 11 册，頁 8187—8188。

② 羽田亨《波斯國酋長阿羅憾丘銘》，《東洋學報》第 3 卷第 3 號，1913 年，頁 395—405，收入《羽田博士史學論文集》下卷，京都，1958 年，頁 385—395。

③ 羅振玉《芒洛冢墓遺文》卷 2，1914 年，頁 4b7—5a10；又見注 9《石刻史料新編》卷 19，頁 14004—14005。

今可用的西譯本，僅此一家耳。①

如上面所已提到，1919至1920年間伯希和在關於西安碑"羅含"的注釋中，似乎贊同把阿羅憾復原爲亞伯拉罕，這可能是受到羽田和佐伯的影響。但竊以爲，他並未就該問題展開深入的研究。此外，就阿羅憾的教屬，他也未表述任何觀點。至少其當時的見解，迄今尚未爲人所知，因爲著作還未出版。

1926年，桑原騭藏（1870—1931）就羽田氏之把阿羅憾一名復原爲亞伯拉罕，再次加以肯定；並提出阿羅憾之子"俱羅"一名，可復原爲Korah。其承認彼等有可能是景教徒，但又指出兩個名字均屬希伯來文，故使人更易認爲是移居中土的波斯猶太人。②

據石田幹之助稱，桑原氏在大正（1912—1926）末年曾函告他，對天樞深感興趣，希望石田氏告訴他，宋君榮（Antoine Gaubil，1689—1759）的《大唐史綱》（Abrégé de l'histoire chinoise de la grand dynastie Tang）是否言及此事；同時請石田氏示知漢文史料中之涉及天樞者，如有發現的話。顯然，桑原氏之對天樞深有興趣，乃緣與阿羅憾有關；如吾人所知，其1926年寫的文章已論及阿羅憾其人了。以爲宋君榮著作可能會提及該事，這也許是受到時人把阿羅憾目爲景教徒之啓發。桑原氏勢必認爲，宋君榮既是耶穌會士，其撰寫唐史，如果唐代天樞與基督教有任何聯繫的話，他當會特別注意。石田回復桑原道，宋著並無言及此事③；另外，他尚收集了一些桑原未必知道的

---

① 見本文上揭注佐伯《中國景教碑》，頁257—259；文本英譯見頁271，並見頁206—207。本文上揭佐伯《中國景教文獻和遺物》也有該譯文，略有修改（見是書1951年版，頁453—455）；拓本（標題誤作石碑）照片見頁416。佐伯《中國景教碑》一書，輒把"阿羅憾"的第三字誤作"喊"。佐伯如此確信他是景教徒，甚至把阿羅憾這一譯名作爲證據，反駁當時有關西安景教碑中景僧阿羅本原名的一般看法。例如，佐伯在翻譯阿羅憾丘銘之前稱："此銘比景教碑早72年，這就解決了莫衷一是的'阿羅本'問題。誰也不能再認爲墓誌中的阿羅憾是'Raban'的漢文誤寫。"（佐伯《中國景教碑》，頁257；也見佐伯《中國景教文獻和遺物》，頁84—85）然而，我們必須說明，佐伯1935年出版的日文《景教之研究》一書，關於阿羅憾所奉宗教的申明，可沒有如此斷言。

② 見氏文《隋唐時代來往中國西域人考》中的《阿羅憾丘銘解釋》一節（見本文上揭注，刊《內藤博士還曆紀念支那學論叢》注7，頁582—583）。此文遂收錄在氏著《東洋文明史論叢》，1931年（1944年第4版，阿羅憾部分見頁302—304）；收入《桑原騭藏全集》卷2，1968年，頁283—286。

③ 我親自查過宋君榮的書，確證石田氏所說屬實。

資料奉送之①。

值得一提的是，張星烺（1888—1951）在其 1930 年出版的《中西交通史料彙編》中，也收入阿羅憾丘銘的録文。儘管他知道佐伯的《中國景教碑》一書，也在氏編的景教部分徵引了該書，但他不把阿羅憾與任何宗教挂鉤。②他不把阿羅憾列入景教部分，而是歸入伊朗部分，如此做法似意味著其並不認同佐伯的觀點。

1933 年，向達在其《唐代長安與西域文明》一文中，接受了桑原 1926 年文章的觀點，稱要讀者參看桑原氏文，毋待辭費。然而，他誤解了桑原的本意，稱"阿羅憾父子，桑原氏疑其爲猶太人，原爲景教徒"。③

1935 年，佐伯在日文著作《景教之研究》中，論及阿羅憾，就墓誌中所言"聖教"，承認不能把其直當爲景教，稱也可能是馬兹達教或摩尼教。④然而，他還是把阿羅憾丘銘的録文，歸入與景教相關的文獻。⑤

八年後，榎一雄發表了長篇論文，考釋阿羅憾丘銘中所提到的拂林國。儘管文章提出了很有見地的觀點，惜後來相繼發表的諸多研究阿羅憾的文章，均未加注意。既然榎文"並非主流"，故稍後再行討論，下面仍繼續介紹研究狀況。

直到 1958 年羅香林發表《景教徒阿羅憾等爲武則天皇后營造頌德天樞考》一文時⑥，似乎別無他人再對阿羅憾問題感興趣。對阿羅憾便是景教徒亞伯拉罕這一說法，羅氏予以肯定，甚至還把其與西安景教碑所載著名的羅含（Abraham）等同起來。他亦強調阿羅憾在營造天樞時的重要作用。

羅文發表次年，石田幹之助（1891—1974）便在《東方學》"海外東方學界消息"欄刊載大塊文章，加以評介，對羅氏觀點並無任何異議，備加推

---

① 石田幹之助《羅香林氏の〈景教徒阿羅憾等爲武則天皇后造頌德天樞考〉》，《東方學》1959 年第 18 輯，頁 116—119。爾後桑原研究天樞的文章進行得怎樣，石田稱其一無所知。
② 張星烺《中西交通史料彙編》，第 4 册，伊朗部分，臺北，1969 年，頁 92—94。
③ 向達《唐代長安與西域文明》，《燕京學報》專號之二，1933 年，頁 23；生活·讀書·新知三聯書店，1979 年，頁 25。
④ 佐伯《景教之研究》（《景教の研究》），東京，1935 年，頁 519—521。
⑤ 佐伯《景教之研究》，附錄 16，頁 25—26。
⑥ 羅香林《景教徒阿羅憾等爲武則天皇后造頌德天樞考》，臺灣《清華學報》新 1 卷第 3 期，1958 年，頁 13—22。蒲立本（E. G. Pulleyblank）曾評論過該文（Rev. of Luo Xianglin），見《漢學圖書評論》（*Revue bibliographique de sinologie*）卷 4，1958 年，總編號：887，頁 410—411。

崇。^①石田氏的熱情推介，令中國學者矚目，兩年後氏文被譯成中文，刊於《大陸雜誌》。^②

我們也注意到 1959 年日本出版的《亞洲歷史事典》第一卷，其間有羽田明撰寫的"阿羅憾"條，文中引用了乃父羽田亨和桑原騭藏的觀點。^③

1966 年，羅香林《唐元二代之景教》一書出版，上揭阿羅憾一文也收入其中（見頁 57—59）。^④羅氏在此書前言中，再次檢視阿羅憾的問題，完全肯定其早期的觀點。^⑤

1968 年，朱謙之（1899—1972）完成《中國景教》一書，書中將阿羅憾復原爲亞伯拉罕，並稱其與 781 年景教碑文中的"僧首羅含"實爲一人。他認爲墓誌中"宣傳聖教，實稱蕃心"與景教碑羅含的"僧首"地位相合。朱氏認爲，從授予阿羅憾的重要頭銜判斷，其爲來華之景教宣教師團團長無疑。另外，朱氏又稱碑文謂阿羅憾有子俱羅等，似與傳教士身份不合，但又辯道，在華景教徒娶妻生子是平常事。^⑥

朱謙之生活工作在大陸。既然他未提及以往研究過阿羅憾的諸學者，我們也就無從確定他是受到他們的影響，抑或是他闡發自己的觀點。^⑦然實際

---

① 石田幹之助《羅香林氏の〈景教徒阿羅憾等爲武則天皇后造頌德天樞考〉》，《東方學》1959 年第 18 輯，頁 116—119。

② 石田幹之助撰屈均遠譯《羅香林氏〈景教徒阿羅憾等爲武則天皇后造頌德天樞考〉述評》，《大陸雜誌》第 23 卷第 11 期，1961 年，頁 355—356。羅文題目被英譯爲 "A Study of the Encomiastic Obelisk Called T'ien-shu (Dubhe or Polaris) Erected in Honor of the Empress Wu Tse-t'ien by the Nestorian Arakhan and Others"。

③ 《アジア歴史事典》卷 1，頁 93 "阿羅憾"條。

④ 羅香林《唐元二代之景教》，香港，1966 年，見頁 57—59；該書有塔特龍希（Ta Trong Hiep）評論 "Rev. of Luo Xianglin"，見《漢學圖書評論》（*Revue bibliographique de sinologie*）卷 12，1966—1967 年，總編號：980，頁 518—519。

⑤ 同上羅著，頁 40—41，該書有一英文前言，其中一再提到"景教平信徒阿羅憾"（見頁 3、9、11），圖版 12 則是墓誌拓本的照片，題爲《景教大德阿羅憾丘銘揭本》（拓本的來源未加說明），另圖版 13 爲美術家王文卓的天樞復原圖（同樣圖版也見於前羅氏 1958 年的論文，頁 15），但該圖與 1990 年洛陽都城博物館的復原圖不同（見該館的《天樞、天堂、應天門復原說明書》圖版 2）。

⑥ 朱謙之《中國景教》，1993 年，頁 64—65。氏著撰於 1968 年，1992 年發行初版，時朱氏已去世多年。（林注：該書原作《中國景教——唐景教碑新探》，曾於 1982 年由中國社科院世界宗教研究所內部刊行，據該版本，書稿至遲成於 1966 年，有作者 1966 年 4 月 23 日《序文》爲證，是書於 1993 年始由北京東方出版社、北京人民出版社以《中國景教：中國古代基督教研究》爲名公開發行初版，1998 年復由北京人民出版社重印，該等版本蓋經後人整理過。）

⑦ 佐伯的《中國景教碑》一書把阿羅憾的第三字寫作"喊"，朱氏也這樣寫，足見其可能受佐伯的影響。

上，其論點大體是承襲佐伯和羅香林。

1970年出版的方豪《中國天主教史人物傳》，是一部頗有參考價值的著作，其間爲阿羅憾和另外兩位唐代基督教徒，即阿羅本和景淨，設立專條。內容根據羽田、佐伯、羅香林的論述，實際是全盤接受彼等之觀點。不過，對於羅香林之把"阿羅憾"與781年景教碑中的"羅含"等同，則稍爲謹慎點。①

1979年，著名伊朗學家伊藤義教在其《瑣羅亞斯德教研究》一書中，批評佐伯把阿羅本（781年西安景教碑文中的景僧）與阿羅憾都復原爲亞伯拉罕，認爲欠缺根據。伊藤氏試圖說明阿羅本的原名爲 Anōš-ruwān，而阿羅憾的波斯原名則爲 Anōš-rōgn，也就是"不死的黃油，已吃了不死的黃油"的意思。②

最後，林梅村新近發表了一篇專門討論阿羅憾墓誌銘的文章。③ 他進一步肯定朱謙之的觀點（然如吾人所知，其原爲羅香林的看法），認爲景淨在景教碑中所提到的這位武后年間居於洛陽的羅含，無疑非阿羅憾莫屬。他甚至相信羅含或阿羅憾是懷恨而亡，緣因武后年間及其後來對基督教的突然打擊。④

綜上所述，除桑原（也許還有張星烺和向達）之外，一般都認爲阿羅憾是一個景教徒。佐伯，後來更有，羅香林、朱謙之、林梅村，都是力主此說者。後三者甚且直稱阿羅憾便是781年景教碑中的羅含。而且，所有上面提及諸作者，除伊藤義教外（當然還有張星烺，但他沒有就名字的復原提出看法），均認爲阿羅憾的原名應是亞伯拉罕。⑤

---

① 方豪《中國天主教史人物傳》，中華書局，1988年，頁13—15。
② 伊藤義教《ゾロアスター研究》（《瑣羅阿斯德教研究》），東京岩波書店，1979年，頁301。有關伊藤氏的觀點，下面討論阿羅憾原名時再細評。
③ 林梅村《洛陽出土唐代波斯僑民阿羅憾墓誌跋》，王元化主編《學術集林》卷4，上海遠東出版社，1995年，頁284—299。有關阿羅憾宗教問題的討論見頁287—290。
④ 林梅村之認定這一點，看來是基於墓誌中所云的阿羅憾"暴憎過隙"。我想這四字的含義是感慨人生苦短。阿羅憾死時已94歲，應是壽終正寢。其所"懷恨"者（或其親屬的懷恨？），當爲時光過得太快，就如"過隙"那樣，不得不結束其漫長的生命。"過隙"原自《莊子》，參《漢語大詞典》，漢語大詞典出版社，卷10，頁971；諸橋轍次《大漢和辭典》卷11，頁115a（感謝陳金華提醒我注意《莊子》"過隙"一詞的使用）。即使他是"懷恨而亡"，也無從歸咎所謂迫害基督教。
⑤ 林按：中國學者不接受此傳統看法者，尚有張乃翥先生。其認同阿羅憾在營建天樞及其出使西域對中西文化交流的作用，但並不把他當爲景教徒。見氏文《武周萬國樞與西域文明》，《西北史地》1994年第2期，頁44—46。

羅香林強調了阿羅憾在營造天樞事的重要作用，自是貢獻良多。羽田亨已經對其作用作了一定分析；而吾人還看到，伯希和與桑原對該課題均深有興趣，儘管他們終未將收集的資料發表。但無論如何，爾後其他學者便未再注意阿羅憾的作用。不過，羅氏的主要論據並不令人信服。他不獨確信阿羅憾是景教徒，其名字應復原爲亞伯拉罕，甚至堅稱阿羅憾即爲西安景教碑中著名的羅含。其觀點不管如何大膽，所依據的事實如何，但倘若得以成立，則於史極具價值。然而，如吾人所已看到的，諸書評家① 對羅氏這一觀點均不加置評。更有，饒宗頤於 1974 年發表《從石刻論武后之宗教信仰》一文，儘管他批評了羅文的另一重要部分，但卻不注意及此。② 謝海平 1978 年出版《唐代留華外國人生活考述》，其中唐代景教一章介紹羅香林論斷，但也無評論。③

羅香林稱阿羅憾和羅含的古發音非常相似，其正確性或免置疑。如果羅含可復原爲亞伯拉罕，阿羅憾也就可能是同一名字的轉寫，若然，羅氏所持的觀點當也正確。按"憾"和"含"兩字現爲同音（但聲調不同），在唐代兩者的發音也幾乎一樣，前者發音 *gamh*，後者發爲 *gam*。④ 而且，如果在 781 年的西安景教碑上，脫漏第一個字"阿"，這也不足爲奇。兩者皆爲極具影響力的高層人物，這當然也是事實。⑤ 不過，我並不認爲如是就可以演繹出羅香林那樣的結論。首先，從羅氏所徵引的景教碑那段話看，當天樞營造時（691—695），羅含已經在中國了。該段文字如下：

---

① 見上揭注蒲立本文、石田文，還有塔特龍希（Ta Trong Hiep）的評論。
② 饒宗頤《從石刻論武后之宗教信仰》，臺北《"中央研究院"歷史語言研究所集刊》第 45 本第 3 分，1974 年，頁 405—406（林注：是文收入氏著《選堂集林》，香港中華書局，1982 年，頁 587—613）。吉梭（R. W. L. Guisso）《武則天和唐朝正統政治》（*Wu Tse-t'ien and the Politics of Legitimation in T'ang China*），貝林哈姆（Bellingham），1978 年，頁 278，注釋 16，稱饒氏的研究"令人信服地把天樞和摩尼教聯繫起來"。此處"摩尼教"當爲景教之誤。竊以爲，饒宗頤自己的觀點未必把天樞與景教相聯繫，倒是簡單地接受了羅香林的看法。
③ 謝海平《唐代留華外國人生活考述》，臺灣商務印書館，1978 年，頁 170—171。更有，作者在頁 105 提到阿羅憾與在華外籍官員的聯繫，但沒有指明其宗教。參閱頁 46、47。在頁 42，謝氏討論天樞事，但根本沒有提到阿羅憾。
④ 蒲立本《中古早晚期漢語及早期官話發音復原詞典》（*Lexicon of Reconstructed Pronunciation in Early Middle Chinese, Late Middle Chinese, and Early Mandarin*），溫哥華（Vancouver），1991 年，分見頁 120、128。.
⑤ 羅香林《唐元二代之景教》，頁 62。

聖曆年，釋子用壯，騰口於東周；先天末，下士大笑，訕謗於西鎬。有若僧首羅含，大德及烈；並金方貴緒，物外高僧，共振玄綱，俱維絕紐。①

當然，我們可像羅香林那樣，把這段話解釋為：羅含（亞伯拉罕）在聖曆年間（698—700），及烈於先天年間（712—713），為維護景教而先後抵禦佛教徒和儒士的進攻。因阿羅憾死於 710 年，此解釋與他的論調相吻合。然而，如果把此段話理解為亞伯拉罕與及烈在 689—700、712—713 年間景教遭受打擊後，聯合起來重振景教之綱，似乎就更自然些。也就是說，他們於 712—713 年後互相合作。這一解釋就使羅香林的論點不攻自破。因為這清楚表明景教碑中的羅含乃活躍於 712—713 年之後，也就是說活躍在阿羅憾死後。即便我們假設羅香林對碑文的解釋是正確的，然其論點也極難被認同。其實，羅香林並未考慮到景教碑中提及羅含（亞伯拉罕）者並非僅止上引一節。事實上，在有關天寶三載（744）到達的宗教徒佶和的另一段文字中，羅含又被提到：

詔僧羅含、僧普論等一七人，與大德佶和，於興慶宮修功德。②

羅香林要證明 710 年死於洛陽的波斯僧阿羅憾與著名的景教碑中的羅含為同一人，就不得不先證明上引第二段碑文提到 744 年仍活著的羅含，與第一段所提到的羅含是兩個人。但就現有資料，這是辦不到的。相反的，最合理的假設還是把他們合為一個。例如，伯希和就斷然認為他們是同一人③。把兩處羅含（亞伯拉罕）視為兩個人的唯一證據是，第一處冠以"僧首"，第二處則祇稱"僧"。但任何人都明白，這完全不足以推斷出兩處各指不同的人。事實上，僧首本身就是僧人。

阿羅憾是否為景教徒，這是非常值得注意的問題。無論如何，他無疑是個宗教徒，上面提到的諸學者都這樣認為，這也為眾人所認同。1981 年當

---

① 伯希和對該段碑文的翻譯見氏著《西安府景教碑》，頁 176。
② 伯希和譯文見上揭氏著《西安府景教碑》，頁 177。
③ 上揭伯著，頁 245—255，注釋 149；頁 263，注釋 167。

我首次應邀向維也納會議提交論文時，想到的也正是這個已被認同、沒有爭議的論題。最初，我認爲問題已研究得很充分，很肯定了，不必在最近的研究中進一步討論。但我反問自己，由波斯移居中國的一位景教徒或猶太教徒，其營造引人注目、給佛教統治者增光添色的紀念碑（即下文將討論的天樞），就此內容撰文，不是最切合會議亞洲宗教匯合的主題嗎？

然而，就阿羅憾是基督教或猶太教的傳教士這一觀點的論據，細察後卻發現原來不過是阿羅憾丘銘中所寫"宣傳聖教"一句。該句字面的意思可譯爲"（阿羅憾）傳播聖人的教導"。[①] 我不知道羽田、佐伯等是否不自覺地受到現代日語的影響，認爲"聖教"一詞即指宗教，特別是指基督教。現代日語中，"聖教"一詞發音 seikōy，詞義之一便是指基督教。無論如何，我確信基督教或希伯來思想與墓誌的主題毫無關係。

首先，我們必須指出，墓誌撰於 710 年，時"聖教"一詞可指任何宗教或哲學思想。孔夫子是個聖人，故"聖教"也可能指孔夫子的教導。中國人把哲學和宗教門派的締造者稱爲"聖"，許多外國人也是如此。不必扯得太遠，西安景教碑所引的貞觀十二年（638）七月太宗皇帝敕令就有"聖無常體，隨方設教"之語。[②] 同理，佛陀亦是一聖。7 世紀下半葉直到碑文寫就的 710 年，中國的大"聖"是佛陀。由是，我們爲甚麼不可假設阿羅憾在高宗朝宣傳佛教呢？我之所以不惜筆墨支持此一假設，主要是基於這樣的事實：直至 7 世紀末，如果有一外國君主可爲中國效法的話，那當然不是基督教的君士坦丁（Constantine），而是佛教的阿育王。

但我並不認爲阿羅憾所宣傳的"教"就是佛教。我認爲，實際上阿羅憾在稱之爲拂林的地方，並沒有宣傳任何宗教，他最有可能宣傳的是中國政府的政治觀點，特別是以當時的國際形勢爲主題。

理由自是離不開該墓石所提供的事實。墓誌的作者把阿羅憾在歷史上的重要作用分爲兩個時期，其一在 649—683 年的高宗朝，其二在 690—705 年武周朝。讓我們先看看墓誌所述阿羅憾在高宗朝的活動情況，然後再討論武后時之營造天樞。

顯慶年間（656—660），阿羅憾應高宗之邀到達中國後即被授爲將軍，

[①] "宣傳"（日語 senden）一詞，中日含義相當，均謂"傳播"、"推廣"。
[②] 上揭伯著《西安府景教碑》，頁 175、357。

成爲中國軍事行政部門的一名高官。稍後，又被任命爲"拂林國諸蕃招慰大使"。墓誌特別寫明阿羅憾"於拂林西界立碑，峨峨尚在"。

此處的"拂林"一詞究指何國（Fulin，通常作 Purim>Frūm = Rūm, Rome，即東羅馬帝國，拜占廷帝國），吾人暫且勿論。即便其指拜占廷帝國，吾人也不必以爲其被稱爲"諸蕃"（蠻族）而大驚小怪。事實上，就中國人而言，夷夏分明，非夏即夷，斷無半夷半夏者。由是，中國人對希臘文明（如果"諸蕃"真的是指拜占廷帝國的話，下面我們將看到，實際上很難確指）也無小看之意。從這一角度觀當時的國際關係，阿羅憾之頂戴招慰大使這一頭銜，雖有自恃大家長的味道，但他作爲中國的使節，實質上是被賦予聯盟或和平的使命。眼下指出這一點是很重要的。[①] 阿羅憾領導的使團於拂林建碑，正是這種聯盟或和平的見證。710年墓誌的無名作者可能受到阿羅憾之子的提示，強調此碑仍屹立於當年阿羅憾樹碑之地，以此爲榮，足證其當時的外交（或軍事）活動確有成效。

墓誌作者緊接著寫道："宣傳聖教，實稱蕃心。諸國肅清，於今無事[②]。豈不由將軍善導者，爲功之大矣。"

"肅清"意爲"恭敬、安寧"，指所提到的諸蕃變得恭敬安寧。中國統治者爲使蕃邦開化，不得不令其恭恭敬敬；如果可能，便不使用武力。這一理念又常用"肅清"一詞來表達。[③] 墓誌作者堅持認爲直到710年，該國並未

---

① 把"招慰"與"使"連起來說，班超（32—102）上書皇帝便已有之："可遣使招慰，與共合力。"（《後漢書》卷四七，中華書局，1965年，頁1577）此處班超力圖說服皇帝，在進攻庫車前，先行聯合烏孫。就《後漢書》的這句話，沙畹（É. Chavannes）發表在《通報》的《東漢三漢將》（"Trois généraux chinois de la dynastie des Han Orientaux", *T'oung Pao* série II, Vol. 7, No. 2, 1906, pp. 210-269）一文中法譯如下："Il nous faut leur envoyer un ambassadeur qui les attire à nous et les rassure, afin qu'ils unissent leurs forces aux nôtres."（見頁228）照這句話推演，如果我們能肯定拂林即指拜占廷的話，那麼就可把阿羅憾的使命解釋爲聯合中國和拜占廷以抵抗阿拉伯人（當時和平的破壞者）。就這問題，下面還將討論。戴何都（R. des Rotours）譯的《唐代中國各道大員》（"Les grands fonctionnaires des provinces en Chine sous la dynastie des T'ang", *T'oung Pao*, Vol. 25, No. 3/4, 1928, pp.219-332）一文中，有關帝國臨時官員部分（《通報》1928年，頁227始），並無提到"招慰"這一官銜。漢字"招"，有時作爲"招降"解，例見戴何都譯的《新唐書‧百官志》（R. des Rotours, *Traité des fonctionnaires et Traité de l'armée traduits de la Nouvelle Histoire des T'ang*, 2 Vols., Brill, Leiden 1947-1948; 2nd edition, San Francisco 1974），1974年，頁647，注釋2。

② "於今無事"可解爲"there has been no change hitherto"（迄今從無改變），或可譯爲"there has been nothing to do, there has been need to intervene"（無事可做，不必干預）。

③ "肅清"，日語讀 *shukusei*，現代漢語和日語均謂政治上的"清洗"。

製造甚麼麻煩，而這要歸功於阿羅憾所善於宣傳的"聖教"。此"聖"指誰呢？很明顯，墓誌中所提到的"聖"非中國皇帝莫屬。"教"、"訓"等，謂皇帝之指示；"聖教"是皇帝在天下的政治行爲。謂皇帝爲"聖人"，對皇帝的所作所爲冠以"聖"字，是很平常的事。這樣的例子不勝枚舉，苟舉筆者所熟悉的一例爲證。在撰於690年的《大雲經神皇授記義疏》中，將唐朝最初的三個皇帝高祖、太宗、高宗一再稱爲"三聖"①；謂高宗爲"先聖"②，而"二聖"則指高宗及其武后③。西安景教碑文有云："唯道非聖不弘，聖非道不大，道聖符契，天下文明。"④ 以"聖"來指皇帝，伯希和已作了很明確解釋。⑤ 順便一提，在景教碑中以"聖"來指皇帝，並非僅此一例；甚至可以說，檢視全碑文，以"聖"指非皇帝者與指皇帝者比較，指非皇帝者次數極爲有限。⑥ 把皇帝稱爲"聖人"是如此普通，以至史朝義也以此來稱其君父，即反叛安祿山（703—757）並於756年建立燕朝的史思明。⑦

事實上，墓誌中寫到"宣傳聖教"時是用特別的格式，"聖教"與其上面"宣傳"之間空出三格（這在拓本與端方所提供的著錄本都很明顯）。同樣在這一墓誌上，闕字格式也見於高宗⑧和則天大聖皇后（武后死後之諡號）這兩位皇帝的名字。既然如此，"聖教"的"聖"自然也是指皇帝。⑨

---

① 《大雲經神皇授記義疏》，頁3，行60；頁4，行97；頁6，行163；頁10，行272；頁12，行318。也見拙著《七世紀末中國的政治宣傳和思想觀念：敦煌文書 S. 6502 的性質、作者和用途考察，附文書譯注本》（A. Forte, *Political Propaganda and Idiology in China at the End of the Seventh Century. Inquiry into the Nature, Authors and Function of the Tunhuang Document S. 6502, Followed by an Annotated Translation*），那不勒斯（Napoli），1976年，頁193，注釋59。
② 《大雲經神皇授記義疏》，見頁10，行255。
③ 《大雲經神皇授記義疏》，見頁10，行252。也見上揭拙著，頁222，注釋216。
④ 伯希和的翻譯見上揭伯著《西安府景教碑》，頁175。
⑤ 同上揭注，頁220，注釋74。
⑥ "聖"字出現凡十七次。其中十三次指皇帝，二次是很一般的含義，一次指《舊約》書中的二十四聖人，一次指基督。
⑦ 戴何都（R. des Rotours）譯《安祿山傳》（*Histoir de Ngan Lou-chan [Ngan Lou-chan che tsi]*），巴黎，1962年，頁339，注釋4引胡三省對"聖人"用法的注釋（即"當時臣子謂其君父爲聖人"。——譯者），見《資治通鑒》卷二二二，中華書局，1956年，頁7107。
⑧ 其間因"高宗"二字位於新一行之始，故不闕三格而祇闕一格，示對高宗應有之尊敬。
⑨ 爲了表示對皇帝的尊敬，強調所寫的詞語是指皇帝，往往採用闕字的格式。在《大雲經神皇授記義疏》中，凡是唐皇帝、皇后、武后的稱號，以及特指武后的字眼，都用闕字格式（參閱上揭拙著《七世紀末中國的政治宣傳和思想觀念》，頁49）。在《大雲經神皇授記義疏》的敦煌寫本斯6502，闕字一般是兩三格，但有時也有四格者（如第1頁第46行）。此外，行末的闕字也正可避

墓誌實質上是爲了頌揚阿羅憾，昭示其功績，作者言其竭盡全力爲中國皇帝效勞，表彰其極具才幹和見識，傳達皇帝旨意，對安定大唐帝國西疆做出重要貢獻。[1] 由是而總結強調道："豈不由將軍善導者，爲功之大矣。"

因此，阿羅憾不是一個傳教士，至少不是今天我們所定義的那種傳教士；但他是中國政府的一位傑出使節。從另一角度考慮，假定阿羅憾果爲傳教士，吾人則實難明白，中國皇帝何以竟要飭令他在西部傳播景教。

此處尚須再補充說明一下，阿羅憾不僅不是傳教士，而且其作爲一個平信徒，想要瞭解其所奉宗教信條也是不可能的。其名字仍然是個問題，其可作爲亞伯拉罕的轉寫，但何以確信呢？我們必須承認，並非祇有亞伯拉罕纔可以轉寫成阿羅憾。在缺乏其他證據的情況下，僅從其名字，就來確定其宗教信仰，即便苟信之，理由也未免過於貧乏。

在1981年我得出此結論之前約40年，榎一雄（1913—1989）對當時曾流行的上述觀點，便已提出不同看法。其實，早在1942年6月4日和11日，榎一雄在東京東洋文庫所作講演，便考證了阿羅憾丘銘中所提到的拂林國問題。次年，其講稿成文發表於《北亞細亞學報》新編第2期，題爲《關於唐

（接上頁）免所敬畏的字眼置於末端。即便上端的闕字減少爲一格（就如上舉高宗一例），也寧可把受敬的詞語置於一行之始，這樣做被認爲是很合適的。斯2658的《大雲經神皇授記義疏》，採用此法把所敬之詞幾乎都置諸行首，即使原行所留下的空間超過四格。帝王名稱前要闕字，這並不意味其他名稱之前不能用闕字。例如，781年的景教碑上，除了諸皇帝稱呼用闕字外，幾次提到基督教的三位一體和上帝（"我三一"、"三一"、"真主"）時（見碑文行3、6、7、26），也用闕字。吾人也應注意到碑文行30的"三一"並無用闕字。碑文行17的"五聖"，指的是玄宗前的五位皇帝。此外，尚有一處"聖"係指基督（行6），前無闕字。690年初，法藏（643—712）致義湘（625—702）的信中，稱智儼（602—668）爲先師、和尚，在這兩個稱呼之前也用闕字，以示對智儼的尊敬，其爲法藏和義湘之師父也。參閱我即將發表的《中國法藏致高麗義湘書》（*A Jewel in Indra's net. The Letter that Fazang Sent from China to Üisang in Korea*）。

[1] 白桂思（Christopher Beckwith）在解釋"宣教"一詞時，恐也犯了同樣的錯誤（白氏述及726年的交河公主時，曾徵引《舊唐書》、《新唐書》、《資治通鑒》所見該詞），其把"使者宣公主教"釋爲公主的使節要（杜暹）"改宗公主的宗教"，即佛教。見氏著《中亞吐蕃帝國》（C. I. Beckwith, *The Tibetan Empire in Central Asia*），普林斯頓（Princeton），1987年，頁98。沙畹把"宣教"釋譯爲"交流思想"（communiqua les intentions）和"給予指導"（donner ses instructions）應更可取。見沙畹《西突厥誌》（É. Chavannes, *Documents sur les Tou-kiue (Turcs) Occidentaux*），聖彼得堡（St. Petersburg），1903年；巴黎，1941年；臺北，1969年，頁81（林注：是著馮承鈞先生1932年漢譯爲《西突厥史料》，有關的討論見1958年中華書局點校本，頁80）。

代拂菻國之一問題（波斯國酋長阿羅憾丘銘中之拂菻國）》。[①] 正如題目本身所清楚表明，榎一雄著重考證墓誌中的拂菻國。直到其長文的結尾，他纔批評羽田亨關於"聖教"即爲景教的觀點。他之否定羽田亨的解釋，是基於他對拂菻國以及阿羅憾在中亞角色問題之成功考證。不過，他的批評卻寧願從阿羅撼一名的復原入手。把阿羅撼復原爲亞伯拉罕，係由羽田亨提出並爲桑原所認同。可是榎氏認爲這種復原並非唯一可能，阿羅憾可能"純爲伊朗人的名字，在薩珊時期，不少波斯人名爲 Argam 或 Rahām，這也可以作爲阿羅憾的對音"（見頁 233）。

在結束這一部分之前，我要提及一位很有獨立思考能力的作者達芬納（Daffinà），他在 1985 年發表的一篇論文，祇是根據佐伯的《中國景教文獻和遺物》，便力排眾議，認爲阿羅憾之墓石沒有任何景教的象徵，銘文也沒有任何內容可使我們設定其爲景教徒。[②]

三、拂菻問題

把阿羅憾誤當爲熱衷傳教的宗教人士，這一問題已經澄清了。但是，阿羅憾在外交政治領域爲中國皇帝效力，要恢復他這一官方角色的面目，尚有諸多未解之謎。我們僅就其出使拂菻事進行討論（而營造天樞事暫且擱置），問題是：其何時被差充帝國大使？其出使何地及拂菻蓋指何方？他祇是完成外交使命抑或還進行了戰爭？他爲何要立漢文碑於所謂拂菻，碑立於何時？墓誌所能給出的唯一答案是：阿羅憾之差充帝國大使到拂菻，事在高宗朝期間，大約在顯慶（656—660）年中某日"召來至此"，直到高宗 683 年 12 月

[①] 榎一雄《唐代の拂菻國に關する一問題（波斯國酋長阿羅憾丘銘の拂菻國）》，《北亞細亞學報》1943 年第 2 期，頁 203—244。該刊壽命很短，祇出了幾期。這也是榎一雄論文未被注意的原因。我之知榎氏此文也不過是偶然。1985 年 6 月 2 日，榎氏剛好訪問京都意大利東方學研究所。我知道他是日本唯一通意大利文的東洋史專家，遂把 1984 年纔發表的 1981 年關於阿羅憾的講演稿送給他。兩周後，我收到他一短信，告知我早在很多年前，他已發表了一篇文章，討論阿羅憾丘銘中提及的拂菻國問題；同時附贈該文複印件。
[②] 達芬納（P. Daffinà）《漢文史料中的薩珊波斯》（"La Persia sassanide secondo le fonti cinesi"），《東方研究評論》（Rivista degli studi orientali），卷 57，1983 年；羅馬，1985 年，頁 135。作者稱阿羅憾對不上亞伯拉罕，但並無進一步說出阿羅憾的原名，倒是提出將阿羅憾之子名字復原爲 Kura 或 Kyra。茲補充一點：1995 年上海辭書出版社出版的《中國歷史大辭典·隋唐五代史》有"阿羅憾"條，見頁 414—415，但個中並無論及其宗教和拂菻之含義。

駕崩這段時間內。

　　1981年我擬根據7世紀下半葉亞洲國際形勢，以及中國（試圖面對阿拉伯擴張的現實）作出的反應，來對上面的諸問題作些回答。我認爲中國的回應，從根本上是出於消極的態度及其與伊朗、印度文明的特殊關係。既然當時我對拂林即爲拜占廷帝國的這一普遍觀點沒有疑問，遂將阿羅憾出使的目的解釋爲建立中國和拜占廷兩個帝國的聯盟，以對抗阿拉伯。阿羅憾的"拂林國諸蕃招慰大使"這一官銜包含了拂林一詞，這就使我確信碑文的作者在出使地點上不可能有錯，也使我確信拂林之所指，蓋不會有別於唐代官方資料上認定的地方，即東羅馬。

　　然而，在閱讀了上揭榎氏論文後，我對自己所解釋的正確性，開始懷疑。榎氏提出，其實，我們未必非把拂林國認定爲拜占廷帝國所轄地區不可。拂林也可能是另一叫"忽懍"的地方之別稱。"忽懍"，即Khulm，位於縛叱（Balkh）和阿緩（Warwāliz）之間。657年漢將蘇定方在伊塞克湖（Issyk-Kul）附近擊敗西突厥後，王名遠在中亞設立行政管理機構。榎氏就阿羅憾在這一地域所起作用進行了分析。他認爲當時在王名遠建議下而於中亞所立之碑，乃與阿羅憾在所謂拂林立的碑是同一塊。①

　　就阿羅憾丘銘所提到的拂林的確切位置，岑仲勉1958年的著作中尚未探討及此（大概他不知有榎一雄的論文），但他已注意到墓誌所言拂林事，與王名遠在中亞分置都督府、州縣等乃屬同一時代。其時，波斯大部已在阿拉伯治下，因此所謂"拂林西界"不可能指波斯的西部地區。岑仲勉遂認爲

---

① 同注上揭榎文，頁31及下面諸頁。沙畹早就對"吐火羅道置州縣使"王名遠所提議立碑事進行過考證，見上揭氏著《西突厥誌》頁156，注釋3（林注：馮譯《西突厥史料》，頁144，注4）。其翻譯了《邊裔典》第六十七卷吐呼羅部彙考之三所引《通典》的一段話（林注：即"按杜氏《通典》龍朔元年［661］吐火羅〈道〉置州縣使王名遠進《西域圖記》，並請于闐以西波斯以東十六國分置都督府及州八十、縣一百、軍府一百二十六，仍於吐火羅立碑以紀盛德，帝從之"）。上揭榎文頁33的引文稱出自《唐會要》卷七三和《通典》卷六三，然查《通典》卷六三並無述及此事，必爲《通典》卷一九三之誤（見中華書局，1988年，頁5277）。立碑事《舊唐書》卷四〇有提及（見中華書局，1975年，頁1647），上揭榎文頁25有徵引。在中亞置都督府等的飭令頒於661年7月21日（龍朔元年六月癸未），見《資治通鑑》卷二〇〇，頁6324；然《唐會要》卷七三，中華書局，1960年，頁1323所載時間則是龍朔元年六月十七日，即621年7月19日。根據這些史料，"聖德"（"聖"指高宗）刻記碑上。其時王名遠進《西域圖記》於皇上。景淨在781年的碑文中提到的《西域圖記》可能就是這一本（見上揭伯著，頁176）。

阿羅憾時期，"拂林"衹是"西域"之代用字樣。① 換言之，儘管岑仲勉表達了與榎一雄相左的觀點，但他也反對把拂林與東羅馬等同，而把拂林定位於中亞。

白鳥庫吉（1865—1942）探討拂林問題的論文，於1956年被譯成英文，發表在東洋文庫出版的期刊上②；該刊由榎一雄主編，我不明白他當時爲甚麼對自己已寫過的論文一無提及。更有，上揭石田氏於1959年在《東方學》（也係榎氏所編）18輯上發表文章，熱情地推介羅香林的文章時，竟然也沒有注意到榎氏已經就阿羅憾問題提出了不同的觀點，這又如何解釋？自從我收到榎氏論文，我就一直在等待機會與其討論該等以及另一些問題，不幸他於1989年11月5日便去世了。

白鳥氏和石田氏是否都不瞭解榎氏的觀點，這倒不必去猜想。而榎氏是否放棄自己的觀點，我看沒有。因爲在1961年版的日文《亞細亞歷史事典》第八卷，榎氏撰寫了"拂林"小詞條，其除了綜合史料，稱唐代拂林指敍利亞、巴勒斯坦以及其他東羅馬帝國控制的地區，甚至其京城君士坦丁堡外，還有另一含義：

> 其指"忽懍"（Khulm），即縛叱（Balkh）東邊的一個重要地方，位於今阿富汗之北部。龍朔元年（661），唐征服西突厥後在此立碑，以紀念對突厥斯坦的控制。③

這顯然是榎氏1943年論文所提出的觀點，其認爲，661年建於"忽懍"的石碑，便是阿羅憾丘銘所云於拂林所立之碑。④

實際的情況是，榎一雄和岑仲勉的觀點既未爲學者們所接受，也未爲學

---

① 岑仲勉《西突厥史料補闕及考證》，中華書局，1958年，頁231。該書頁230"阿羅憾"之第三字誤爲"喊"。
② 白鳥庫吉《拂林問題的新解釋》（K. Shirstori, "A New Attempt at the Solution of the Fulin Problem"），《東洋文庫歐文紀要》（*Memoirs of the Research Department of the Toyo Bunko*），第15號，1956年，頁165—329（林注：白鳥氏一生對拂林和大秦進行了大量的考證，有關的日文論著《拂林問題的新解釋》[1931年在東洋文庫的講演記錄] 等六篇，由榎一雄編入《白鳥庫吉全集》第7卷，東京岩波書店，1971年）。
③ 榎一雄《"Futsurin"拂林》，見《亞細亞歷史事典》（アジア歷史事典）卷8，1961年，頁142。
④ 在詞條末尾的書目舉要中，榎氏將其1943年的論文列入，這證明其堅持原先的觀點。

者們所注意。無論是 1980 年版的《新編東洋史辭典》，還是新近 1995 年版的《中國歷史大辭典·隋唐五代史》，都未提到他們對"拂林"一詞的特別解釋，這就並非偶然了。①

此問題之被忽視或擱置，實在令人遺憾。其實，無論榎氏和岑氏正確與否，考定唐朝給阿羅憾官銜中拂林一詞之含義，究竟是指東羅馬還是"忽懍"，抑或泛指中亞，這對於歷史研究頗爲重要。吾人對當時國際形勢的認識正有賴該問題之解決。雖然我越來越相信東羅馬與阿羅憾毫無關係，但我仍寧願暫不對此下定論，有望今後學者對該問題細加分析，對榎、岑二氏的觀點給予應有的重視。

四、天樞的營造

阿羅憾出使拂林後，對其情況吾人便一無所知，直到 691—695 年發生營造天樞事。

695 年 5 月 19 日，在中國神都（當時對中國京城洛陽之稱呼），一座令人注目的紀念性建築竣工了。其由直徑 3.73 米，高 32.65 米的八棱銅柱構成；下以鐵山爲腳，腳高逾 6 米。柱頂有人立四蛟龍，其前爪共捧鎏金大銅珠，銅珠直徑越 3 米。爲了對柱子本身體積之大有一個概念，我們無妨將其與羅馬的圖拉真（Trajan）柱相比，後者直徑 3.50 米，包括基座和主體在内的總高爲 29.78 米。

---

① 該等辭典唯言南北朝時期到唐代早期，"拂林"一詞指東羅馬帝國。其援引 8 世紀杜環的記載及其他史料。見《新編東洋史辭典》，東京創元社，1980 年，頁 745 上；《中國歷史大辭典·隋唐五代史》，上海辭書出版社，1995 年，頁 438 上；朱傑勤《中國和伊朗歷史上的友好關係》，《歷史研究》1978 年第 7 期，頁 74；林梅村（見上揭氏文《洛陽出土唐代波斯僑民阿羅憾墓誌跋》，頁 292—296）都持此觀點。林梅村認爲阿羅憾在 661—667 年前往東羅馬；並把銘文所說阿羅憾"於拂林西界立碑"理解爲"在拂林的西部邊境"（"東羅馬的西境"），認爲在 663—668 年間阿羅憾到京城君斯坦丁堡，甚至到意大利。其立碑之處就在那裏。林的觀點乃基於拜占廷帝國皇帝康斯坦二世（Flavius Heraclius Constans）有關的行動，其於 663 年到羅馬，受到教皇維塔利安（Vitalian）的歡迎，遂駐蹕西西里島的西拉丘兹（Syracuse），計劃遷都於此，並把其作爲抵抗西來阿拉伯人的防禦要塞。但 668 年他在該地被行刺。據林氏觀點，阿羅憾之出使，旨在聯合拜占廷帝國以抵禦白衣大食。照其看法，阿羅憾的使命非常之重要，即使未達到目的。如果拂林指的是東羅馬，則這一聯合的意圖當應列入考慮。然而林氏此處（像氏文其他多處那樣），想象失之離譜。因爲"於拂林西界立碑"，也可釋讀爲"在拂林這個西部邊界立碑"。

但這一紀念性建築物之值得注意,不唯其外觀體積和建築材料,最可驚異者,其係外籍人士爲頌揚武周(690—705)及其統治者武曌而建。其稱"大周萬國頌德天樞",令人矚目。外籍人士不獨在原則上而且在實踐上參與此事,造模者毛婆羅是個外國人[①],衆贊助者也是外國人。其號稱萬國,究竟有哪些國家參與營造天樞呢?所有參與國的名稱及其代表的名字連同其官銜,都鏤刻在柱上。既然天樞矗立於皇城南面的中心廣場,那麼任何在714年5月之前剛好路過洛陽的中外人士,便都能看到這些名字;爾後天樞便毀於武周及其所主思想體系之敵手。

正如我在1981年所提出,如果天樞的營造是諸民族間寬容與和諧的象徵,那麼其遭拆毀,便可視爲中國歷史上思想衝突中最褊狹之一事件。因爲天樞建成後19年就被毀,史料也沒留下多少痕跡,吾人目前能說的,不外就是這些。也許我們將無從知道參與這一盛事的外國人到底是誰,但我們還是知道,在這些外國人中,伊朗人起著主導的作用。根據史料,購買金屬的大部費用,乃由他們集資。

因爲某種原因,許多作者都提到了天樞。僅就西方而言,早在18世紀,錢德明(Amiot,1718—1793)在其《中國名人肖像》中描述了天樞的一些細節,但紕繆甚多。[②] 戴遂良(Wieger,1856—1933)的著作涉及694年所營建的天樞時,稱之爲銅柱。[③] 天樞的象徵性吸引了葛蘭言(Granet,1884—1940)的注意,他的遺著《國王喝酒》(Le Roi boit)把天樞稱爲"象徵性柱子",視爲"榮譽的反面"。[④] 1973年,艾希霍恩(Eichhorn)正確地提出天樞與輪王轉世(Cakravartin)思想的聯繫,其表明武后的京城洛陽已被認爲世界之中心。[⑤] 天樞由金屬製成,它在冶金史上也有相應的地位,李約

---

① 有關毛婆羅事,參閱伯希和《六朝唐代若干藝術家考釋》(P. Pelliot, "Notes sur Quelques artistes des Six Dynasties et des T'ang"),《通報》(T'oung Pao)卷22,第4號,1923年,頁273、285、287。

② 錢德明《中國名人肖像》(J. M. Amiot, "Portraits des chinois célebres"),見《中國紀要》(Mémoires concernant les Chinois)卷4,1780年,頁315。

③ 戴遂良《中國政治史資料集(從起源迄1912年)》(L. Wieger, Testes historiques. Histoire politique de la Chine depuis l'origine jusqu'an 1912)卷2,獻縣刊印,1923年,頁1382。

④ 石泰安《葛蘭言遺著〈國王喝酒〉介紹》(R. A. Stein, "Présentation de'œuvre posthume de Marcel Granet: 'Le Roi boit' "),《社會學年鑒》(L'Année Sociologique),1952年,頁77。

⑤ 艾希霍恩《中國的宗教》(W. Eichhorn, Religionen Chinas),斯圖加特(Stuttgart),1973年,頁243。

瑟（Needham）已注意到這一點，他把天樞釋爲"宏偉的紀念碑"。[1]最後，1979年，吉梭（Guisso）因論及金屬的匱乏，也提到了天樞。[2]

因此，不能說天樞不爲人所知。但上述學者並未對其特別關注、收集相關資料、進行專題研究。[3]至於同時代的中國史家，直到1985年纔開始特別關注發掘天樞的文獻資料。近年對天樞的研究更形成熱潮，以至打算在當今洛陽重建天樞。然而迄今爲止，無論上述西方學者或中國大陸的著作，都祇是根據傳統文獻所提供的信息，而對重要的金石資料卻無所聞。正如我們所知，1909年首次刊佈的阿羅憾丘銘，便是這些重要的金石資料之一。

實際上，墓誌已披露了"召諸蕃王，建造天樞"者，正是波斯人阿羅憾。但我們知道，墓誌的銘文並非仍被忽視。其實，錢德明以降諸作者提到了天樞而不知有阿羅憾丘銘；他們之外，還可劃出另一類作者，其知道阿羅憾丘銘這樣一方重要金石資料，但卻對天樞沒有特別興趣。我們已看到，後者主要關注的並非墓誌本身，並非勒石的目的，並非墓誌對解釋當時歷史和國際關係的作用，其關注的是如何揭示阿羅憾這個神秘人物的宗教信仰。阿羅憾這個名字被遺忘、被埋於地下這麼多世紀後，由於墓誌的新出土而重見天日。如上文所已指出，伯希和、桑原騭藏都注意到天樞和阿羅憾之關係這一重要問題，並試圖（或有意）收集和討論相關的資料。很遺憾，即便他們曾對該問題有所探討，但也未形成出版物。儘管羅香林之認爲阿羅憾是景教徒，天

---

[1] 李約瑟《中國鋼鐵冶煉技術的發展》（J. Needham, *The Development of Iron and Steel Technology in China*），倫敦，1958年，頁21。不過，李約瑟誤以爲天樞是以鑄鐵造成，實是用銅。薛愛華（E. H. Schafer）也有同樣的誤解，見氏著《撒馬爾罕的金桃——唐朝舶來品研究》（*The Golden Peaches of Samarkand. A Study of T'ang Exotics*），伯克利（Berkeley）、洛杉磯（Los Angeles），1963年，頁238—239（林注：該書有漢譯本，即謝弗著，吳玉貴譯《唐代的外來文明》，中國社會科學出版社，1995年）；氏著《步虛：朝向太空的唐人》（*Pacing the Void. T'ang Approaches to the Stars*），伯克利、洛杉磯、倫敦，1977年，頁17。

[2] 吉梭《武后、中宗、睿宗諸朝（684—712）》（R. Guisso, "The reigns of the empress Wu, Chung-tsung and Jui-tsung (684-712)"），見杜希德（D. Twitchett）主編《劍橋中國史》（*The Cambridge History of China*）卷3，劍橋，1979年，頁313；又見注32氏著，頁137。

[3] 葛蘭言（M. Granet）可能是個例外，但我並不知道他對天樞有多少瞭解。我上面引用石泰安1952年發表的《葛蘭言遺著〈國王喝酒〉介紹》；葛蘭言遺著仍未刊行。1985年7月，我寫信給石泰安教授，查詢他所介紹的葛氏尚未發表的"大本"遺稿。幾天後他回信道："葛蘭言夫人早就把《國王喝酒》的大本手稿送給國家圖書館了。……葛蘭言所參考的文獻書目有些並不很明確……該等資料與書的第一部分有關。我在默東（Meudon）的書房有其卷宗，樂意向他人提供。"葛氏擬爲其取全名《國王喝酒，皇后歡笑，中國古代民俗考》（見上揭氏文，頁10）。

樞是基督教徒獻給武后的紀念碑缺乏根據，但其 1958 年的論文中還是收集了大量資料的。問題是，還沒有對現有的全部資料進行全面客觀的研究。①

五、阿羅憾在營造天樞中的作用

阿羅憾在營造天樞中起甚麼作用呢？墓誌就此事說道：

又爲則天大聖皇后，召諸蕃王建造天樞。②

1981 年我將這句話解釋爲：阿羅憾對諸蕃王施加影響，進行外交協商，勸說他們對一個紀念性工程做出捐贈，該工程耗資甚鉅，但卻是衆民族和平友好的高度象徵。然而，我們還是忽略了太多事實，爲了認識阿羅憾所捲入的這一行動計劃的外國背景，進一步的研究是必要的。我們甚至無從說出阿羅憾所"召"的諸蕃王究竟是誰。"諸蕃"一詞過於模糊和一般化；而"萬國"一詞則確見於天樞的題名。下面僅就天樞的象徵性意義及阿羅憾所起的作用，作一初步的探討。

---

① 該等史料，羅香林已經引用，儘管還衹是部分而已。尚可補充的資料有：《朝野僉載》卷一，見唐宋史料筆記《隋唐嘉話 朝野僉載》，中華書局，1979 年，頁 10；《舊唐書》卷八，頁 170、173；卷二四，頁 925。《新唐書》卷五，中華書局，1975 年，頁 122。《翻譯名義集》卷 6，見日本大正新修《大藏經》卷 54，No.2131，頁 1147a，行 2—7。羅香林深信天樞的計劃始於 694 年，但另一重要石刻資料即高麗泉獻誠（650—691）《墓誌》，稱泉"天授二年二月奉勅充檢校天樞子來使"，則天樞在 691 年 3 月應已施工（林注：香港饒宗頤教授疑"天授"二字有誤，見上揭氏文《從石刻論武后之宗教信仰》，《選堂集林》，頁 600）。有關天樞與明堂以及轉世輪王思想的關係，參閱拙著《天文鐘歷史中的明堂和佛教烏托邦——武后所營造的塔、塑像和渾天儀》(*Mingtang and Buddhist Utopias in the History of the Astronomical Clock. The Tower, Statue and Armillary Sphere Constructed by Empress Wu*)，羅馬、巴黎，1988 年，頁 233—246。是書使用了上揭和其他相關的一些資料。

② "則天大聖皇后"是武曌死後的第一個謚號。是爲 705 年 12 月 16 日駕崩之日所諡（見《資治通鑒》卷二〇八，頁 6596），官方文件，包括碑刻，均以這一謚號稱她，直到 710 年 7 月 28 日（《新唐書》卷五，頁 116；《資治通鑒》卷二〇九，頁 6650），或根據其他同樣權威的資料，直到 710 年 8 月 6 日（《唐會要》卷三，頁 24；《舊唐書》卷三七，頁 154），纔改號"天后"。佐伯著作對上述一節的翻譯相當離奇，以至令人難以相信是出自其手筆（見上揭佐伯《中國景教碑》，頁 285；《中國景教文獻和遺物》，1951 年，頁 454，是處譯文與 1937 年版同）。其 1935 年著作《景教之研究》對武曌時期營建的天樞則解釋無誤，見頁 519—521。

我們不知阿羅憾是否真的離開中國去請求諸蕃王，抑或祇是遣派他人去傳遞信息。對此墓誌雖沒有具體說明，但這並不要緊，因爲重要的是阿羅憾已決定親自去拜訪他擬勸捐的諸蕃王，最大程度地利用自己的威望去實現目標。由於691年3月泉獻誠（650—691）既已充任"檢校天樞子來使"，則此建築時已在施工，故阿羅憾的準備活動應稍早於此，即在690年或691年伊始。①

　　對時間作如此估計乃基於明顯的假設，即祇有諸蕃王肯定贊助時，天樞纔能動工。可是，我們不能完全排除一種可能性，即原計劃方案的規模較有節制，當692年泉獻誠被縊殺後，此計劃又莫名其妙地停頓了一段時間；到了694年，姚璹（632—605）新拜天樞督作使，纔使方案在構思上和實際做法上得到擴大。但是我傾向於認爲，方案旨在象徵"全天下"，這自始就是明確的，其自始就很有野心。這一紀念性建築旨在頌揚690年所建的武周王朝，有其全名爲證。其被稱爲"大周萬國頌德天樞"②，明顯就是頌揚革李唐之命而建立新朝的武曌其人，即阿羅憾丘銘作者所稱的"則天大聖皇后"，是爲武曌的謚號。

　　我們如何解釋這一紀念性建築，解釋阿羅憾何以如此積極參與其事？爲回答這兩個問題，我們需要花些時間探討事件發生的歷史和思想因果。

六、佛教的思想統治

　　上文已提到，最令人驚訝的是頌揚周朝和武曌的天樞是外國人所營造。我們何以對此如此驚訝呢？因爲其時中國是處於佛教思想統治之下，其神權統治是以菩薩和轉輪王的形式出現。693年10月13日正式採用了"金輪聖神皇帝"這一尊號，官方文件用這一尊號直到700年；轉輪王的用具及其法力的象徵"七寶"，置於其時朝廷執法的大廷。（林注：《新唐書》卷七二，頁3482作："太后又自加號金輪聖神皇帝，置七寶於廷：曰金輪寶，曰白

---

① 有關泉獻誠事，參閱拙文《東亞佛教諸特色》（A. Forte, "Some Characteristics of Buddhism in East Asia"），1986年10月21—23日漢城舉行，高麗人文學院、高麗道教研究會主辦的"東亞文化與高麗文化"國際研討會論文，見會議散發的小冊子，頁46—61；並參上揭1988年拙著《天文鐘歷史中的明堂和佛教烏托邦——武后所營造的塔、塑像和渾天義》，頁233—239。

② 例見《資治通鑒》卷二〇五，頁6503。

象寶,曰女寶,曰馬寶,曰珠寶,曰主兵臣寶,曰主藏臣寶,率大朝會則陳之。")

武曌(武后)命中注定爲菩薩和轉輪王,其若干政敵多少也相信這是不可避免了。《大雲經》中已經預言"即以女身爲王國土",武曌之成爲神之化身而登位,也就理所當然。就諸多方面,這是一種空想的統治。既然照《大雲經》符讖的第六點,武則天作爲精神和世俗的統治者,對諸異教自必征服,對諸邪惡異端思想自應剷除。因此,宗教衝突便有了先決的條件,除佛教外,所有宗教,不論其是否爲中國人所固有與否,祇要其不願服從佛教者,均屬迫害之列。

確有跡象表明,某些權勢人物樂意推行這種宗教政治綱領。例如,史乘便載有洛陽一著名道觀之長,在改宗佛教後,寫了一本駁斥道教的著作,旨在詆毀原先的教友(林注:此處當謂"天后朝,道士杜乂"事,"其廻心求願爲僧,敕許剃染,配佛授記寺,法名玄嶷"。見《僧史略》卷下"賜夏臘"條。另玄嶷著《甄正論》三卷,"廣破靈寶等經天尊等名之僞。"參丁福保《佛學大辭典》"甄正論"條)。更有,佛僧懷義(卒於 695 年)據說曾在街頭凡遇道士,即強迫剃度。691 年 5 月 5 日,即"武周革命"後不到 7 個月,下詔將以往道佛排列的禮儀慣例顛倒過來,改爲佛教居先、道教次之。這當然並非巧合,詔令是基於《大雲經》之預言。其時對意識形態嚴格控制,以至牽涉到民間異端,這種情況,695 年所頒譴責異端的制文便足以說明了。是年天樞竣工,制文也就公佈。①

居於中土內外的伊朗人,當然有不少佛教徒,但亦有奉其他宗教者,諸如瑪茲達教、基督教、摩尼教等,彼等竟決定營造如此輝煌之紀念性建築,以頌揚轉世菩薩武曌,對此我們將作何解釋?將佛教升於道教之上的制文,標誌著思想控制的加強;天樞的營造始於 691 年 3 月,也就是說,剛好在制

---

① 有關懷義事見《資治通鑒》卷二〇三,頁 6437(林注:原文作"見道士則極意歐之,仍髡其髮而去")。有關佛教優先的制文見《資治通鑒》卷二〇四,頁 6473(林注:原文作"制以釋教開革命之階,謂《大雲經》也。升於道教之上。"另制文見《唐大詔令》卷一一三,陳寅恪《武曌與佛教》丙章有徵引並考訂)。該制乃根據《大雲經》經文讖語。史學家多忽略該制文(就此筆者將另文討論)。制文證實了《大雲經》並非僞造,而史書有關的記載則失實,就此問題,上揭拙著《七世紀末中國的政治宣傳和思想觀念》的第一章已作討論,見頁 3—54。對上揭的其餘資料,在本拙著中也有所討論(有關上揭制文,見頁 166—167),其中部分資料,筆者也已作了提要。

文頒發之前，這不是很奇怪嗎？武曌宣稱根據佛教思想，根據《大雲經》那些預言，她是普天之主；而非佛教徒的伊朗人，對這樣一位企圖"破除征服"其宗教的君主，卻要爲一個頌揚她的工程而捐助鉅款，這是爲什麼？興許這些伊朗人改宗了佛教？或者他們發現阿拉伯人侵入其故土之後，政治已處弱勢和孤立，從而成爲精神訛詐的犧牲品？

我們可以完全排除大批伊朗人改宗佛教的可能性。相反的，他們所奉的"夷教"看來卻得到朝廷的保護。根據中國文獻，摩尼教之正式傳入中國始於 694 年。（林注：據《佛祖統紀》卷三九"延載元年"條："波斯國人拂多誕西域大秦國人持《二宗經》僞教來朝。"）即便我們相信摩尼教徒的傳說，在此更早之前，即高宗朝，其教已經入華①，694 年摩尼教師來朝一事，仍足以證明其時該伊朗宗教完全合法。有意思的是，根據同一傳說，就摩尼師來朝事，佛僧非常嫉妒；而武后對波斯摩尼師密烏沒斯（伯希和把該詞復原爲 Mihr-Ormuzd）所說則很有興趣，允許他解釋其教義。②（林注：有關此事的現有原始資料，見明代何喬遠《閩書》卷七："慕闍，當唐高宗朝行教中國，至武則天時，慕闍高弟密烏沒斯拂多誕復入見。群僧妬譖，互相擊難。則天悅其說，留使課經。"）武后之悅其說，是有可能的；但也有理由認爲她之所以善待該摩尼師，乃緣其係某位在境外或在唐朝廷中享有高位的波斯人推薦而來。下面我們可看到，從 679 至 708 年，阿羅憾是波斯駐華的最高代表；那麼，正好由阿羅憾來把密烏沒斯推薦給武后，就不足爲奇了。祇要考慮阿羅憾在營造天樞那些年頭所起的作用，特別是預期到摩尼教團會有大筆贊助，那麼武后之接受阿羅憾的建議，便屬情理中事。但無論如何，即便事情果真如此，也不意味著阿羅憾是個摩尼教徒。

武后不失爲傑出的政治家，她雖然在那些年頭熱衷佛教，但也不允許佛教界做得太過分。在 1976 年的拙著《七世紀末中國的政治宣傳和思想觀念》中，就武后與道教的關係問題上，我已說明了這一點。其實，695 年她甚至拒絕了洛陽有勢力的大福先寺佛僧毀《老子化胡經》（道教反佛宣傳的

---

① 伯希和《福建摩尼教遺跡》（"Les traditions manichéennes au Fou-kien"），《通報》卷 22，第 3 號，1923 年，頁 203（林注：馮承鈞漢譯見《西域南海史地考證譯叢》九編，中華書局，1958 年，頁 130—131）。

② 同上注，頁 203—204（漢譯本，頁 136）。

常用冊子）之請。① （林注：事見《佛祖統紀》卷三九"證聖元年"條："福先寺沙門慧澄，乞依前朝毀《老子化胡經》。敕秋官侍郎劉如睿等八學士議之，皆言漢隋諸書所載，不當除削。"另《新唐書》志第四十九藝文三有載："《議化胡經狀》一卷萬歲通天元年，僧惠澄上言乞毀《老子化胡經》，敕秋官侍郎劉如璿等議狀。"見中華版，頁1521）此外，也沒有證據表明該佛教之國曾虐待較早傳入的基督教和瑣羅阿斯德教。的確，781年的景教碑，言及佛教徒曾仗勢對景教徒進行口頭攻擊，但這是直到世紀末的聖曆年間（698—700）纔發生的。其時別有一種氣候，我們將另加討論。至於心理訛詐（類似聲稱：如果你贊助營造天樞，正式承認武曌是真正的轉世輪王，我們將不會加害汝等，對汝等"夷教"，我們會網開一面，如有可能，還會幫助你們對付阿拉伯人等），作爲一種推想，也不能排除存在的可能性。可是，現在我想提出另一假設，看看能否經得起推敲。衆所周知，轉世輪王君臨天下的宣傳，對武曌這個中國女主有利，690年8月行世的《大雲經疏》對這一符識已廣爲闡釋。因此，即便天樞的原始銘文沒傳留下來，要推測其所傳達的思想信息也並不太難。更準確地說，《大雲經疏》緣其進呈武曌的時間（大約與構想天樞計劃同期或稍前），遂提供我們解讀天樞信息的鑰匙。如果我們要在思想意識上給天樞定性，那其無疑是佛教的一座紀念碑。柱頂有金鑲銅珠，由四龍人立捧托（林注：即《資治通鑑》卷二〇五"天冊萬歲元年"條所稱的"四龍人立捧火球"）。這是佛教之一象徵。② 高逾6米的鐵山腳，除典型地代表佛教的須彌妙高山（Sumeru）外，當無他意。卍這一符號雖非佛教所專有，但其出現，在那種歷史背景下，自確證了天樞首先是佛教紀念碑；當然，對其中的某些宗教混合成分，也應有所考慮。③

由是，對天樞的解釋已夠清楚了，其歌頌武周王朝，歌頌武后作爲一個真正的佛教徒而君臨天下；但這並不意味著天樞的贊助者和阿羅憾本身便是佛教徒，顯然，企圖以阿羅憾之宗教來誇大某種宗教的作用，是不可取的。

---

① 同上揭拙著《七世紀中國的政治宣傳和思想觀念》，頁92。
② 在明堂的盛衰興替中，以珠或"珍珠"象徵佛教，而以鳳凰象徵儒家，上揭拙著《七世紀末中國的政治宣傳和思想觀念》已有討論，見頁156—158、257。
③ 參上揭拙著《天文鐘歷史中的明堂和佛教鳥托邦——武后所營造的塔、塑像和渾天儀》，頁242。

尤其是羅香林，試圖以此誇大景教的作用，但我們已看到，此一思路並不切實際。即使我們選用這種方法，也無助於我們理解該時期景教究竟有多大力量，對實際情況的認識有歪曲之虞。我們真正需要理解的是，那麼多宗教怎能在當時的中國和平共處，爲了通過天樞來頌揚中國女皇和新建的武周，彼等如何求同存異。①

七、誰是阿羅憾

阿羅憾被稱爲波斯國大酋長。波斯則是往昔組成薩珊帝國的諸地區的稱謂。銘文云"君諱阿羅憾"，則阿羅憾爲其個人之名，而又稱他爲"波斯君"，這告訴我們，在中國，"波斯"被認爲是他的姓。②我們已看到，銘文也說他享有盛名，以至在656—661年間，高宗派遣一個外交使團去邀請他來華。③（林注：銘文作"顯慶年中，高宗天皇大帝以功績有稱，名聞□□，出使召來至此"）這也許意味著阿羅憾之到中國是外交協議的主題，高宗同意波斯的請求，讓阿羅憾移居中國。無論如何，阿羅憾是隨中國使團而到中國的，這是當然的事。他剛一到達（或許在稍後時候），便進入中國軍事集團

---

① 對天樞的象徵學作一深入研究，或可從中揭示出諸不同宗教的觀念。
② 因此，蘇慶彬設定"阿"爲姓，"羅憾"爲名，誤。見其《兩漢迄五代入居中國之蕃人氏族研究——兩漢至五代蕃姓錄》，香港新亞研究所，1967年，頁582。伊藤義教在1979年東京出版的《瑣羅阿斯德研究》（《ゾロアスター研究》）也提出同樣的看法，見頁298—303。我所知以波斯爲姓者，僅此波斯阿羅憾一例，但必另有他例，因鄭樵（1104—1162）《通志》卷二九《氏族五》"諸方復姓"條下有載："波斯氏西域人。"（臺北新興書局，1963年，頁476上）我不知銘文的作者爲何要說阿羅憾的姓是"波斯"，是否因他來自波斯（或西南，當今的法爾斯Fars，若然，則古代姓氏的取法可能是根據原籍國的名稱；抑或波斯是他原來姓氏的漢字轉寫？如果我能確知其時有姓帕薩（Parsa）或帕西（Parsi）者（古代帕爾梭Parsua部落的後裔），我則傾向於後者。在塞雷蒂（Carlo G. Cereti）遞交，1994年11月9—12日羅馬舉行，國立林塞學院（Accademia Nazionale dei Lincei）和意大利中東遠東研究所（Istituto Italiano per il Medio ed Estremo Oriente）主辦的"波斯與中亞——紀念亞歷山大一千週年"（La Perse et l'Asie Centrale: d'Alexandreau au 10e siècle）國際學術討論會論文《再論"瓦拉姆·瓦爾扎旺"》（Again on "Wahrām ī warzāwand"）中提出，"波斯""可能是伊朗語 *Pārsī(g)* 的對音。"
③ 林梅村對阿羅憾在薩珊帝國滅亡時所起作用提出一系列的假說，並得出結論：阿羅憾來華時間大概在公元654年（上揭氏文《洛陽出土唐代波斯僑民阿羅憾墓誌跋》，頁289）。這一提法不僅缺乏根據，而且和墓誌所說的具體年代衝突：墓誌云阿羅憾是在顯慶年中，也就是656到660年間來到中國。

之行列，被授爲將軍，也許就是羽林軍的將軍。[①] 這猶如後來的薩珊王子卑路斯（Pērōz）及其子泥浬師師（Narses）分別在 675 年和 708 年（或 709 年初）得到的那種高級官銜。

爲了鑒定阿羅憾及其作用，就其離開故土來華後這段時期波斯發生的相關事件，有必要作一簡單的回顧。

636—637 年，在離夏臘（al-Hirah）不遠的喀地錫雅（al-Qadisiyah）一戰，決定了薩珊帝國的滅亡，國王葉茲底格德（Yazdegerd，林注：《舊唐書》作伊嗣候）逃往米底（Media），企圖在那兒抵抗阿拉伯，但於 642 年尼哈溫德（Nihavand）一役戰敗。葉茲底格德繼續四處逃亡，直到 651 年，在謀夫（Merv）附近被刺殺。

661 年，葉茲底格德之子卑路斯請求中國皇帝高宗（649—683 年在位）出兵驅逐阿拉伯入侵者。高宗無意捲入衝突，但尚樂意幫助卑路斯，遂設置了波斯都督府，"授卑路斯爲都督"（林注：事見《舊唐書》卷一九八《西戎傳》，頁 5313）。卑路斯由是而進了中國的官僚機構，在 662 年 2 月 14 日又被高宗立爲波斯王。[②] 咸亨四年（673 年 1 月 24 日—674 年 2 月 11 日），其在中國京師尋求避難。[③] 其第二次到中國朝見的時間，據說爲 675 年 1 月 17 日。[④] "高宗甚加恩賜，拜右武衛將軍官銜"[⑤]，是爲宮禁宿衛十六將軍之一。

---

① 墓誌在 "北門" 兩字之後脫落一字，所以無從作出準確的翻譯。我想北門指的是羽林軍，北營衛軍之一（見諸橋轍次《大漢和辭典》卷二，頁 475 "北門南牙" 條）。然這一點尚須進一步探討。又參上注林梅村文，其考所脫落字爲 "右" 字（見氏文頁 287）。"北門" 還另有一種意思，見上揭拙著《天文鐘歷史中的明堂和佛教鳥托邦——武后所營造的塔，塑像和渾天義》，頁 214—216。

② 《資治通鑑》卷二〇〇，龍朔二年 "春，正月，辛亥，立波斯都督卑路斯爲波斯王"（頁 6326）。在有關中國和波斯的論著中，常提到 638 年有一波斯使團被派往中國。有些作者甚至斷言是卑路斯領導這個 638 年的使團。如果這一信息是基於漢文資料，則屬誤會。實際上，漢文資料無從證實有過這樣一個使團。有關該問題，參閱拙文《允許基督教在華傳播的 638 年敕令》（A. Forte, "The Edict of 638 Allowing the Diffusion of Christianity in China"），見上揭拙著《西安府景教碑》附錄，頁 361—362。

③ 《冊府元龜》卷九九九，頁 8b，行 7："咸亨四年，波斯卑路斯自來入朝。"（中華書局，2003 年，第 12 冊，頁 11718）

④ 《資治通鑑》卷二〇二，高宗上元元年，冬，十一月，"辛卯，波斯王卑路斯來朝"（頁 6374）；也見《冊府元龜》卷九九九，頁 8b，行 10（第 12 冊，頁 11718），但月日未見具體（林注：查《冊府元龜》，此處也作 "辛卯，波斯王卑路斯來朝"）。

⑤ 《舊唐書》卷一九八，頁 5313。《新唐書》卷二二一下，頁 6259。武衛將軍有兩位，他們的官銜也許是從三品，他們從屬大將軍，大將軍從屬上將軍。見上揭拙文《允許基督教在華傳播的 638 年敕令》，頁 355。

677年他在長安請建一所波斯寺（一般認爲是景寺而非祆寺）。① 在此不久後他必定就死了；因爲吏部侍郎裴行儉（619—682）在679年曾奏請皇帝，稱既然卑路斯已卒，當冊立其在京質子泥涅師師爲波斯王。②

高宗駕崩於683年12月27日，其陵墓入口處，立有卑路斯石雕像，與其真人等大，雖然頭部已失，但背後題記刻"右驍衛大將軍兼波斯都督波斯王卑路斯"，證明其爲卑路斯無疑。③ 該塑像可能就是這位不幸的亡國之君在亞洲留下的僅存形象，迄今仍立於原來地方。其清楚地表明卑路斯與高宗、波斯貴族與唐皇室的親密關係，又象徵著中國與波斯幾個世紀的聯盟。

如上面已提到，662年卑路斯就已獲授波斯王和波斯都督的頭銜。至於右驍衛大將軍的頭銜，與上面提到的右武衛將軍又有明顯的不同。④

在此值得一提的是，在高宗陵朱雀門兩側的64個塑像中（現存60個），卑路斯並非唯一的波斯人；還有一尊塑像背後題刻"波斯大首領南昧"字樣。南昧在當時的發音爲Nəm-(或 Nam-) məj^h⑤，其人中國史乘未見。⑥ "大首

---

① 拙文《允許基督教在華傳播的638年敕令》，頁355。
② 《資治通鑒》卷二〇三高宗調露元年（679）六月初："吏部侍郎裴行儉曰：'……今波斯王卒，其子泥洹師爲質在京師，宜遣使者送歸國……'上從之，命行儉策立波斯王。"（頁6390）克里斯滕森（A. Christensen）的《薩珊伊朗》（L'Iran sous les Sassanides）一書稱卑路斯死於672年（見該書1944年巴黎第2版，頁508），其他作者也常引用這一時間，當屬錯誤。（然而，我尚未檢視其所據史料）《資治通鑒》把卑路斯之子Narses轉寫爲"泥洹師"，《舊唐書》卷八四《裴行儉傳》則寫爲"泥涅師師"（頁2802），而《新唐書》卷一〇八、卷二二一下則爲"泥涅師"（頁4086、6259）。胡三省所引《考異》，對該譯名有重要考釋："《實錄》作'泥涅師師'，《舊傳》作'泥湼師師'（然今版《舊唐書》有作'泥涅師師'者），《唐曆》作'泥汩師'。今從《統紀》。"（見《資治通鑒》卷二〇二，頁6390，其中所錄《考異》有關段落，中華書局出版的《資治通鑒校勘表》有作校勘）以上譯名，唯獨已不存世的《實錄》所作"泥涅師師"爲正確。（是爲岑仲勉所已考證：見氏著《通鑒隋唐紀比事質疑》，中華書局，1964年，頁104："此名《西突厥史料》還原爲Narses［一八五頁］，以音考之，則以《實錄》爲合，其餘均訛。"）泥涅師師在早期中古漢語的發音作Nejh-li'-si-si。見上揭蒲立本《中古早晚期漢語及早期官話發音復原詞典》，頁224、188（發音爲"里"的字有多個）、281。
③ 陳國燦《唐乾陵石人像及其銜名的研究》，見《文物集刊》第2集，文物出版社，1980年，頁198。
④ 陳國燦認爲正確的銜名應是雕像後面所刻"右堯衛大將軍"（見上注陳文，頁202，注釋82）；然而也有可能兩個都爲正確，因爲他們可能指不同的時期，這個問題有待細考。
⑤ 同上揭蒲立本《中古早晚期漢語及早期官話發音復原詞典》，頁221、211。
⑥ 林梅村認爲此雕像當即是阿羅憾："南昧之'南'或即'右屯'之誤，所謂'昧'可能是'衛'的殘文。那麼，該題記似應復原爲'波斯大首領、右屯衛（將軍阿羅憾）。"林氏確信64個雕像是在706年武后祔葬於乾陵時置於該處的（見氏文《洛陽出土唐代波斯僑民阿羅憾墓誌跋》，頁296—297），但其引用的史料並沒有對雕像作更多的說明。上揭陳國燦文章對於"南昧"二字之認定，必有其道理。對字跡再細行辨認，自非無用，但林氏設定該雕像即爲阿羅憾，看來則毫無根據。

領"一詞明其爲顯貴人物，但並無中國高官銜頭。① 鑒於朱雀門兩側所立雕塑人物，均是與高宗親密之蕃邦國王、王子或高級代表，南昧可能亦是與卑路斯同時代的一位要人。就我所知，迄今尚未見有對南昧其人進行考證者。

讓我們再回到卑路斯之子的問題上。授泥涅師師爲波斯王、裴行儉爲安撫大食使（送泥涅師師歸國冊立爲王），這不過是幌子，爲的是奇襲東突厥；其時東突厥已與吐蕃聯合，企圖入侵安西。裴行儉之護送泥涅師師實際祇到碎葉（Ak-Beshim）爲止，爾後泥涅師師不得不自行趕路。② 時其國土已被阿拉伯人佔領，無國門可進，遂客留吐火羅國長達二十多年。景龍二年（708 年 7 月 28 日—709 年 2 月 14 日）其復回中國，被授爲左威衛將軍。③ 這也是宫禁宿衛十六將軍銜頭之一，職位之高與其父二十多年前入華時所得者同。泥涅師師死於中國，但《舊唐書》和《新唐書》都未載及具體時間。

從上面所述，可看到阿羅憾在中國的地位相等於波斯王；而且有趣的是，他卒時獲得了右屯衛將軍這一官銜。神龍元年 7 月（705 年 7 月 25 日—8 月 23 日）到 711 年 10 月 14 日之間，"威衛"稱爲"屯衛"。④ 既然阿羅憾卒於 710 年，墓誌上稱他爲右屯衛將軍便屬正常了；而在其他場合，其常被稱爲右威衛將軍。如上所已提到的，當泥涅師師 708 年（或 709 年初）"復來朝"時，被授爲左屯衛將軍；我們遂可推斷，左右兩將軍在某一段時間，並且可能是同一段時間，爲泥涅師師和阿羅憾這兩位波斯人所分任。如是便進一步證明了，阿羅憾的地位與那位有名無實的波斯王等同。

---

① 實際上，"大首領"在朝廷官制中，通常祇列爲四品。（見上揭戴何都譯《新唐書·百官志》，頁 410—411；並參拙文《迦濕蜜羅國人密教大師阿你真那（寶思唯, ?—721）及其北印度教友在華之活動》（"The Activities in China of the Tantric Master Manicintana (Pao-ssu-wei: ?-721) from Kashmir and of his Northern Indian Collaborators"），《東方與西方》新編卷 34, 1—3 册（East and West, N. S. 34.1-3），1984 年，頁 307—308，注釋 29。
② 《資治通鑒》卷二○二，頁 6391。
③ 《舊唐書》卷一九八，頁 5313，但是傳把泥涅師師誤作卑路斯。《新唐書》卷二三一下載泥涅師師於"景龍初，復來朝"。泥涅師師"復來朝"是在景龍元年抑或二年，《資治通鑒》均無提及。吾人也應注意到《舊唐書》和《新唐書》所載授給泥涅師師的官職，均作"左威衛將軍"而不是"左屯衛將軍"。其實，從時間考慮，左屯衛將軍纔是正確的官銜。事實上，正史修改過泥涅師師的官銜，以與後來的銜頭一致。
④ 上揭戴何都譯《新唐書·百官志》，頁 509。

從銘文的題頭，我們也可知阿羅憾還被授予另外兩個官銜。一爲"上柱國"，另一爲"金城郡開國公"。這兩個頭銜使他位列百官中的正二品。[①] 這些便是他卒時所擁有的頭銜，雖然我們並不知道他何時得到，但必定是對他諸功績的獎賞；而其功績最卓著者，無疑當爲墓誌所提到的兩件事（出使拂林和請建天樞）。

我們業已看到，沒有任何跡象表明阿羅憾是個宗教人士，或是基督教徒，我們也沒有任何證據可資說明他除了"中華帝國的禮制"外，還恪遵甚麼宗教。那麼，我們是否可由此而推斷阿羅憾並無宗教上的作用呢？如是則可能把事情過於簡單化，尤其是忽視了當時中國宗教和政治之間存在的密切關係。我們無從確認阿羅憾奉何宗教，無從確認其宗教虔誠的程度；但這並無礙我們思及他在中國如何爲伊朗宗教效力。波斯人的對外擴散，便意味著波斯人所崇奉的諸宗教在中國流播。中國歡迎這些移民並允許他們的宗教崇拜。中國朝廷中代表伊朗人的一些權勢人物，也有正式向當局請建新的禮拜場所者，旨在滿足其移居中土或經商到達中土的衆多同胞的宗教需要。上面我們已提及卑路斯在 677 年，向朝廷請建波斯寺，該寺當屬景寺，儘管很多論著仍聲稱其爲祆寺。然而，卑路斯在華僅逗留了幾年（最多 5 年）。在其 674 年來華之前，從 679 到 708 年間，也即泥涅師師去而復返的這一時期，阿羅憾是在華級別最高的伊朗人代表。他在營造天樞事中所起的作用，也正表明他是一位很卓越的人物。

因此，這位"波斯國大酋長"之所作所爲，當是在朝廷認可之下；而傳播伊朗宗教可能是其作爲之首要者。苟舉一例，波斯摩尼師密烏沒斯之朝覲武后，就有可能是由阿羅憾引薦的，若然將不足爲奇。既然根據上面已提到的中國摩尼教徒的傳說，其在高宗朝已行教中國，那麼推想阿羅憾還曾積極向高宗推薦過摩尼傳教團，便也未嘗不可。

顯然，如果在這一時期，阿羅憾確實是波斯在中國官階最高的代表（不管怎樣，我們未見有誰的級別比他更高），那麼無論如何，他在中國所發揮的作用，比其傳播伊朗宗教，自重要得多。實際上，他的作用必定擴展到其他許多領域。不過，此處我們僅指出阿羅憾在他自己的人民中很有威望，在

---

① 上揭戴何都譯《新唐書・百官志》，頁 43、50—51。

中國朝廷中也說得了話，這也就夠了。

（本文由黃蘭蘭譯自 A. Forte, "On the so-called Abraham from Persia. A Case of Mistaken Identity", in P. Pelliot, *L'inscription Nestorienne de Si-ngan-fou*, edited with supplements by Antonino Forte, Kyoto, Paris 1996）

2001 年 4 月 14 日

阿羅憾丘銘錄文並校勘

1 大唐故波斯國（國）大酋長、右屯衛將軍、上柱國、
2 金城郡開國公、波斯君丘之銘。
3 君諱阿羅憾，族望，波斯國人也。顯慶年中，
4 高宗天皇大帝以功（功）績可稱，名聞□□，出使
5 召（召）來至此，即授將軍北門□領侍衛驅馳；又
6 羌（差）充拂林國諸蕃招慰大使，並於拂林西堺（界）
7 立碑（碑），峩峩尚在。宣傳　　聖教，實稱蕃心；
8 諸國肅清，于今無事。豈不由將軍善導者焉？
9 功之大矣！又爲　　則天大聖皇帝（后）召諸
10 蕃王，建造天樞，及諸軍立功，非其一也。此則
11 永題驎閣，其於識終。方盡雲臺，沒（沒）而湏（須）錄。以景雲元年四月一日，暴（暴）憎過隟（隙）。春秋九十有
12 五，終於東都之私第也。風悲壟首，日慘（慘）雲端；
13 聲哀（哀）烏集，淚久松乾。恨泉扃（扃）之窐（寂）寀，嗟（嗟）去路
14 之長歎。嗚呼（呼）哀哉！以其年□月□日，有子俱
15 羅等，號天罔（罔）極，叩地無從，驚雷遶墳銜淚（淚）石。
16 四序增慕，無輟於春秋；二禮尪脩，不忘於生
17 死。卜君宅兆（兆），葬於建春門外，造丘安之，禮也。

校　勘

說明：本錄文據1927年顧頡剛先生購藏之拓本，校勘參照下面諸家文本：端方（簡稱端，見氏著《匋齋藏石記》卷21，1909年，頁9），羅振玉（簡稱羅，見氏著《芒洛塚遺文》卷2，1914年，頁4），羽田亨（簡稱羽田，見《羽田博士史學論文集》下卷，京都，1958年，頁385—386），佐伯好郎（簡稱佐伯，見P. Y. Saeki, *The Nestorian Monument in China*, London 1916, repr. 1928, p. 271），周紹良（簡稱周，見氏編《唐代墓誌彙編》，上海古籍出版社，1992年，上冊，頁1116），林梅村（簡稱林，見王元化主編《學術集林》卷4，上海遠東出版社，1995年，頁285—287）。本校勘得到中山大學圖書館碑拓部研究員李慶濤先生之指教、協助，謹此誌謝！

一、第4行第10字，端、羽田、羅、周均作"可"，確；佐伯、林作"有"，誤。

二、第4行倒數第3、4字，林認讀爲"西域"，端本第3字從缺，第4字錄字旁"言"；他本均從缺。據本拓本殘跡，似難復原爲"西域"二字。

三、第5行倒數第7字多從缺，唯林認讀爲"右"，據本拓本，該處有明顯的"扌"殘跡，與端本、羅本同；拓本首行的"右"字清晰，經比對，似難復原爲"右"。

四、第5行倒數第5第6字中間，佐伯、林均多出一"使"字，恐係誤植。

五、第6行首字"差"，即"差"之異體字，諸本同。末字爲"堺"，端、羅、羽田、佐伯同，確；周、林作"界"。"堺"爲"界"之異體字。

六、第8行末字，周作"焉"，羅本錄爲"爲"，端、佐伯、羽田、林均作"爲"，比照第9行第6字"爲"，兩者有差。當讀"焉"爲妥；作"爲"，文意更可解。

七、第11行第3字，端、羽田、羅、周作"驎"，佐伯、林作"麟"。從字跡看，以前者爲確，從文意解，則當以後者爲是。不過，古代兩者亦可通。

八、第11行第5字"其"，本拓本是字清晰，端、羽田、佐伯、林同；羅、周從缺。

九、第12行倒數第7字"暴"，端、羅同，確；餘本作"暴"。"暴"爲"暴"的異體字。

一〇、第 12 行倒數第 6 字 "隟"，端、羅、羽田、佐伯同，周、林作 "隙"。"隙"，古寫爲 "隟"。

一一、第 14 行第 2 字、第 15 行第 6 字 "㞻"，從羅本，端本類似；佐伯、羽田、周、林均作 "哀"，"㞻" 爲 "哀" 之異體字。

一二、第 14 行第 3 字 "烏"，端、羽田、佐伯、林同，羅、周作 "鳥"，拓本 "烏鳥" 難別，然從文意看，似取 "烏" 爲宜。

一三、第 14 行第 6 字 "久"，端、羅、羽田、周同；佐伯從缺，林認讀爲 "落"。

一四、第 14 行倒數第 4、5 字 "宩宩"，端本同，羅本作 "宩"；按唐寫本 "寂" 多類如是寫法，羽田、佐伯、周、林均直作 "寂"。

一五、第 14 行第 8 字 "乾"，羽田、佐伯、羅、周同，確；林作 "幹"，恐屬誤植。

一六、第 14 行倒數第 7 字 "扃"，端、羅、羽田、佐伯、周同，林作 "扃"，當誤植。"扃" 爲 "扃" 之異體字。

一七、第 18 行第 5 字 "乢"，端、羅同；羽田、周作 "兆"；佐伯、林作 "屯"。按 "屯" 字已見拓本首行，字跡清楚，"乢" 復原爲 "屯"，於筆劃不合。"乢"，"兆" 之異體字也。

續篇

導　語

　　唐代景教研究進入21世紀後，蒙上蒼眷顧，地不愛寶，新文獻、新資料時有發現；尤其是2006年5月，洛陽唐代景教經幢面世，更是石破天驚。該石刻所勒"幢記"及圖像，展示了一個華化景教團的真實歷史面貌，於今人之啓示不可不謂大矣！僅就傳播史而言，若將之比對漢敍雙語合璧的西安景碑，便可了悟唐代景教之入華乃海陸絲路並進，既有以中亞胡人爲載體，漸次進入中土者；亦有受命於東方教會法主，徑由海路登陸神州者。該教在華的傳播模式，既有間接，亦有直接；既有胡人和土生胡裔的自發傳承，亦有外來景僧藉助朝廷的支持、默許，主動自覺的佈道，多種模式並存，彼此交叉互動，蔚爲奇觀；較之其他兩個夷教，即摩尼教、祆教，自益顯多彩多姿。至若經幢所刻《大秦景教宣元至本經》，不獨坐實了李盛鐸所藏的對應敦煌寫本乃屬真品，更鐵證了曾風光多時的小島文書，實爲20世紀三四十年代時人贋造之物，於其真僞之爭，塵埃落定。這就再次提示吾輩，類似小島文書那樣來路不明的富岡文書和高楠文書，是否果爲敦煌出洞之珍，下結論時更宜審慎爲尚。

　　新世紀以來，令唐代景教學者關注的另一大事，乃屬敦煌學的世紀懸案，即有關早年李盛鐸售諸異國那批敦煌寫卷之歸宿，終於真相大白，水落石出。該等寫本歸藏於日本武田科學振興財團杏雨書屋，近年已以《敦煌秘笈》爲題，用明晰的照片，分批完整刊布。其間包括傳聞已久的李藏敦煌景教寫經《志玄安樂經》和《宣元本經》兩個卷子，於此中外學界咸額手相慶，皆大歡喜；國人於杏雨书屋此一善舉，尤感欣慰。該等寶物本屬華夏文化遺產，歷盡劫波，終得證正果，爲全人類所共享。至於富岡文書和高楠文書，最後亦歸宿杏雨書屋，被直當爲敦煌寫卷真跡，入編《敦煌秘笈》影片冊。就此，若從學術的嚴謹性看，則不無瑕疵；但書屋以現代高科技，將原件照片再次公刊，顯然有益於學界的進一步研討，亦不失爲好事一樁。

"續篇"所收十二篇文章，蓋爲新世紀之作，主題或對以往研究的深化思考，或對景教經幢面世和杏雨書屋善舉之回應。所論自屬姑妄言之，翹望方家明教。

景教富岡高楠文書辨僞補說

20世紀20年代日人刊佈的所謂敦煌景教寫卷《一神論》和《序聽迷詩所經》，以其收藏者之姓氏又分別名爲"富岡文書"和"高楠文書"。多年來中外諸多學者皓首窮經，試圖詮釋並用現代漢語和西方語言翻譯這兩個文書。儘管已出了多個版本①，其間也絕非乏善可陳；但可以說，無論是中國、日本，以及西方諸學者，對這兩個文書的釋讀、翻譯都存在不少令人懷疑、頗有爭議的問題。這些問題，促使我們不得不改變研究的角度：對經文難解之處，與其無休止的爭論，或挖空心思尋求解釋，不如先就文書的真僞進行一番考察鑒定。筆者這一思維的改變，其實是受到法國吳其昱先生的啓發。早在20世紀90年代初，吳先生在巴黎曾對筆者耳提面命："這兩個文書是假的，但要論證則很難。"因此，如果這兩個文書最終被定讞爲贋品的話，發軔之功應歸於吳先生。

就這兩個文書的辨僞，筆者先後撰寫了《富岡謙藏氏藏景教〈一神論〉真僞存疑》和《高楠氏藏景教〈序聽迷詩所經〉真僞存疑》兩篇論文，分別就文書的研究史及個中諸疑點作了闡釋。文章發表後，陸續得到國內外一些同仁的指教。本文擬把兩個文書視爲一體②，就有關作僞的問題，再作點補

---

① 西方學者多參考佐伯好郎的英譯本，儘管對該譯本不乏批評，見 P. Y. Saeki, *The Nestorian Documents and Relics in China*, Tokyo 1937, repr. 1951, pp. 125-247. 最新的英譯本見 Li Tang, *A Study of the History of Nestorian Christianity in China and Its Literature in Chinese*, Peter Lang, Frankfut am Main, 2001, pp. 145-181.《世尊布施論》亦於最近被意大利年輕漢學家 Matteo Nicolini-Zani 譯成意大利文發表，見 Sulla via del Dio unico, *Testi dei padri della chiesa* 66, Magnano, 2003.
② 看過這兩個寫卷的學者，均認爲其書法字體相似。筆者迄今無緣一睹寫卷，但據羽田亨編修《一神論卷第三，序聽迷詩所經一卷》（東方文化學院京都研究所，1931年）所刊影印本，將兩個寫卷字體，一一仔細比較，蓋可判定其抄寫者當爲同一人。亦就是說，卷子雖分兩個，書寫卻僅一家。筆者已將這兩個寫本的文字輸入電腦，現存富岡文書凡405行，6949字；高楠文書爲170行，2845字。兩個文書合計575行，9794字。

說，以進一步就教方家。

一、僞造敦煌景教寫經的社會歷史背景

20世紀初在敦煌發現的大量古代寫本中，摩尼教寫經與景教寫經均未見於今存漢籍，其內容前此不爲人所知，故該等寫本被目爲新發現的外來宗教文獻，彌足珍貴，特爲學界所矚目。其中，摩尼教今已不傳，在敦煌寫經發現之前，國人對該教所知甚少。即便寫經面世後，在相當長一段時間裏，對該教有所研究或認識者，仍局限於學界很小的圈子。可以說，有關摩尼教寫經，祇有學界少數人注意，並沒有波及社會其他階層或群體。因此，自各種贋造敦煌文書行世以來，摩尼教"幸免於難"，迄今未見有其贋品行世。

景教的情況則不然。國人對景教的注意，肇自明季天啓年間（1621—1627）唐代西安景教碑的出土；也就是說，比敦煌寫經面世要早近三百年，故對其並不陌生。國人對景教的了解，與西方來華傳教士的推波助瀾當然大有關係。直到近代，來華的洋教士，無論屬於哪宗哪派，咸把唐代景教當爲入華基督教的先驅。熱衷景教研究的學者，國內國外，教內教外，均大有人在。伯希和所得的景教寫本 P.3847，內中包括《三威蒙度讚》、《尊經》及一個按語，其內容和照片早在1909年和1910年，就由羅振玉先生相繼刊佈了。① 爾後學界又傳聞李盛鐸手頭尚有景教的寫本，因此均亟盼有更多的景教寫經面世。景教寫經的僞造，顯然與社會人士關切景教這一歷史背景有關。

二、富岡高楠文書辨僞的重要性

僞造敦煌文書，由來有自，甄別其真僞正日益爲國際敦煌學界所重視，

---

① 羅振玉先生率先於清宣統元年（1909）刊佈，見氏編《敦煌石室遺書》第3冊，頁45—47，羅氏還爲該件撰跋。其1910年刊行的《石室秘寶》印以玻璃版本；1917年印行的《鳴沙石室佚書續編》亦予收入。

自20世紀末葉以來更成爲熱點。[1] 其實，從學術研究的角度看，在大量的敦煌文書中，相當一部分的內容並無甚價值，不過是被一些人作爲古玩骨董炒賣耳。該等文書真僞與否，與收藏者有關，與學術界無涉。但富岡文書和高楠文書這兩個卷子則不然，學術界不在乎其作爲唐代遺物的收藏價值，而是矚目其文字所披露的信息。自這兩個寫本面世以來，一直被學界當爲基督教在中國的最早原始文獻，視爲研究中國早期基督教的第一手權威信息。假如卷子的文字不是唐人所寫，而是後人僞造，則近百年來有關中國古代基督教研究中，依據這兩個寫本所作的種種論斷，自然就不得不重新考慮了。因此，對這兩個卷子的真僞進行考察，就絕非可有可無之事。

就技術而言，僞造景教寫經與僞造一般敦煌文書一樣，對於那些職業文書僞造者來說，並無甚麼特別的困難，關鍵是在內容上要有可資參照的文本。在這方面，《三威蒙度讚》、《尊經》及其所附按語的刊佈，無疑給他們提供了參考樣本和相關的信息；更有，明季以降來華洋教士所刊印的各種基督教讀物，從內容和表述形式上，諒必也可爲他們提供某些藉鑒。因此，他們不僅有能力而且有相應的條件可以僞造古代基督教寫經；一旦意識到贋造景教寫經更容易脫手，更有暴利可圖，彼等當必全力以赴。

迄今學界經常徵引的唐代景教寫經中，有四篇係日人零星購自中國民間，其中兩篇以小島文書著稱，即《大秦景教大聖通真歸法讚》和《大秦景教宣元至本經》，另兩篇即本文討論的富岡文書《一神論》和高楠文書《序聽迷詩所經》。小島文書於20世紀40年代初面世，時人對其真僞已不無疑慮。祇不過文書的公佈者是景教研究的權威佐伯好郎，人們囿於對權威的迷信而不敢質疑。20世紀90年代初，學界開始正式質疑小島文書的真僞，復經諸同仁的努力，已可判定其爲今人贋造之物。現在看來，小島文書僞造的破綻很明顯，但像佐伯好郎那樣的權威竟然毫無覺察，當爲真品遽以刊佈，誤導學界半個世紀。其之失察，恐屬"當局者迷"的表現。佐伯長期專治中國景教，日久生情，對任何景教新資料的出現難免欣喜若狂，輕信而中招，誠可理解。有此前車之鑒，吾人對其他來自民間收藏的敦煌景教文書，就更

---

[1] 有關信息的概述詳參 Susan Whitfield, "Dunhuang Manuscript Forgeries", 林世田漢譯《敦煌寫卷中的僞卷研究》, *IDP NEWS*, No. 20, 2003, pp. 2-5; 榮新江《"二十世紀初葉的敦煌寫本僞卷"學術研討會簡介》，《敦煌研究》1997年第4期，頁179—182。

應謹慎爲尚。

　　小島文書既爲贗品，也就顯明了職業文書僞造者確曾瞄準過景教寫經，認爲贗造這種寫本更易獲利。然小島文書是到20世紀40年代纔面世的，與首卷景教寫本P.3847的公開刊佈相隔了三十來年之久。難道事隔三十年，職業文書僞造者始意識到景教寫經的經濟價值？在此之前，彼等對僞造景教寫經竟無動於衷？這當然不可能。20世紀20年代前後面市的富岡文書和高楠文書，均爲日人購自中土某氏，誰也沒有追查過其原先承傳的關係；信其爲"敦煌出洞之珍"不外是對文書的外表和內容的直觀感覺，並未以科學的方法認真鑒別過。是以，繼判定小島文書爲僞作之後，懷疑富岡文書和高楠文書的真僞，就不是疑神疑鬼，而是順理成章；提出對這兩個文書進行復查，絕非標新立異，而是學術研究嚴謹性的要求。

三、文書出自景教徒的疑點

　　高楠文書和富岡文書自始就被定性爲唐代景教寫經，不言而喻，其當然就是出自唐代景教徒的手筆；而我們知道，不論哪一宗教，自來都把寫經看得很重，把抄寫宗教經典視爲十分嚴肅、神聖的事情，我們很難想象錯誤百出的寫經會是古代宗教徒的真跡。筆者之所以懷疑這兩個文書並非敦煌真品，正是從這個角度切入。寫本舛誤太多了，甚至有褻瀆宗教的表現，顯示抄寫者完全缺乏那種宗教虔誠敬畏之心，如此寫經，不可能是出自古代景教徒的作品。其寫經者心不虔誠的表現，除上揭拙文已指陳的錯字連篇、內容紕漏、次序顛倒、文不對題種種外，續可補充一端：

　　按高楠文書首行題爲"序聽迷詩所經一卷"，顯明是要完整地抄錄該卷經典，但抄了170行，句尚未結，意猶未盡，卻戛然而止；由於尚有完紙，不存在寫卷脫落的問題，顯明寫經者祇是行筆到此，下無續文。有學者根據寫經的內容，認爲富岡文書中的"《世尊布施論》是《序聽迷詩所經》的續編"。[1] 若然，則《序經》結句後，就應抄寫《世尊布施論》，但後者卻跑到

---

[1] 李兆强《初期教會及中國教會史》，香港基督教輔僑出版社，1964年，頁153。

另一個卷子上，與《一神論》在一塊。文書的製作者將神聖的經文肆意攔腰斬斷，其景教信仰自然令人懷疑；而當年敦煌大秦寺僧侶在收藏整理這兩個寫本時①，竟然也沒有覺察到這一點，更誠不可思議。

此外，高楠文書中把救世主耶穌音譯爲"移鼠"，如此褻瀆，更非景教徒之所敢爲。筆者在已發表的文章裏，已力證這一點。不過，最近收到了前輩學者龔方震先生的信，他就此問題提出一個新的見解：

> 耶穌譯爲"移鼠"，褻瀆萬分，我也不得其解。近悟此名莫非飽學之士所譯，"鼠"有"憂"之義。《詩·小雅·雨無正》："鼠思泣血，無言不疾。"《箋》"鼠，憂也。"《爾雅·釋詁》稱："寫，憂也。"此因鼠之篆文形與"寫"近，故《爾雅》訛作"寫"。如此，則"移鼠"之義殆爲"移憂"。恐是對耶穌之美稱。此說未敢言其必然，祇能說是一家之言。②

假如文書以"移鼠"音譯"耶穌"，果是有意孕以"移憂"之義的話，則龔先生這一家之言，誠然要比以往學者認爲鼠非可憎更有說服力。不過，發明這一譯法的飽學之士，顯有脫離社會實際之嫌；如此易生歧義的譯法，怎能用在神聖的經典中呢？更有，"移鼠"一詞既然那麼好，何以同被認爲是阿羅本時期作品的富岡文書，卻又寫作"翳數"（見行 214、363—364）？按古代"翳"字，可作障蔽、掩蔽物、眼疾的障膜等解；也可指天子專用的華蓋，如《晉書·輿服志》所云："戎車，駕四馬，天子親戎所乘者也。載金鼓、羽旗、幢翳。"至於"數"字，則完全是個中性詞，不褒不貶。因此，"翳數"一譯，如果從字義上去索解，不像"移鼠"那樣易生貶義。是以，如果我們認定這兩個文書並非贗品，則"翳數"一譯，未必遜於"移鼠"。問題是：同一時期、同一景教徒手筆的寫經，何以把耶穌這個教徒至爲崇敬的救世主，既寫爲"移鼠"，又寫爲"翳數"？這豈非形同兒戲？其實，耶

---

① 本書《敦煌景教寫本 P. 3847 再考察》一文已論證唐代敦煌確有大秦寺，敦煌出土的景教寫經當屬其藏品。
② 2003 年 4 月 25 日給筆者函。

穌這一基督教人物，早爲摩尼教的創世說所吸收。[1] 在摩尼教義中，其形象表現爲三個方面，即"明使耶穌"、"受難耶穌"和"救世主耶穌"。[2] 唐代摩尼教徒把耶穌音譯爲"夷數"，這有敦煌出土的唐代漢文摩尼教經《下部讚》爲證，其行 35、45、126、131、138、152 等所出現的"夷數"一詞，無疑就是耶穌的音譯。[3] 直到宋代，摩尼教徒仍把耶穌音譯爲"夷數"，《宋會要輯稿·刑法二》宣和二年十一月四日的"臣僚言"所列舉的"明教之人所念經文及繪畫佛像"中，就有《夷數佛幀》。假如唐代景教徒真的曾把耶穌音譯爲"移鼠"，而這一譯法又是頗具褒意的話，則最擅於吸收他教成分爲己用的摩尼教徒，焉不會效法？總之，在景教寫經上竟把耶穌這一主神寫爲"移鼠"，迄今我們還不能找到合理的正面解釋，這也就無從消除我們對寫經者宗教虔誠的懷疑。

近時接到奧地利宗教學家霍夫力（Peter Hofrichter）教授的電子信件，他作爲一個天主教徒，對富岡、高楠這兩個文書的基督教神學表示懷疑，認爲有些"過於天主教"。無疑，假如文書果爲 20 世紀初葉的作品，則製作者斷不可能熟悉古代東方基督教會，即聶斯脫利派的神學知識，其所能藉鑒的祇有明清時代歐美來華傳教士的天學著作，假如其讀的是耶穌會士的著作，難免就要露出天主教的尾巴。由是，竊以爲，若有高明者能從神學角度，將這兩個文書的內容與敍利亞文的景教經典比較，或更可證明文書之僞。

四、文書表述的某些超前性

1923 年羽田氏在《漢譯景教經典考》一文中，據富岡文書《一神論》中有"向五蔭身，六百四十一年不過已"之句，而判斷該經當撰於貞觀十六

---

[1] 參閱拙文《摩尼的二宗三際論及其起源初探》，《世界宗教研究》1982 年第 3 期，頁 45—56；修訂本見拙著《摩尼教及其東漸》，中華書局，1987 年，頁 12—34；臺北淑馨出版社增訂本，1997 年，頁 12—32。

[2] M. Boyce, *A Reader in Manichaean Middle Persian and Parthian. Texts with Notes*, Leiden: E. J. Brill, 1975, p. 10. 參閱〔德〕克里木凱特撰，拙譯《古代摩尼教藝術》，臺北淑馨出版社增訂本，1995 年，頁 30。

[3] 《下部讚》見《英藏敦煌文獻》(4)，S.2659，頁 143—157。

年，距西安景教碑所云阿羅本於"貞觀九祀，至於長安"僅六年。[①]而後又將高楠文書與富岡文書比較，認爲這兩篇文書撰述時間接近。學界一般都認同羽田氏上述看法，殆把這兩個文書目爲貞觀年間阿羅本時代的景教作品[②]，也即比現存其他景教寫經更爲古老。

不可否認，這兩個文書的文字表述確有不少地方顯得很古老，所以筆者在上揭拙文中也不得不承認文書的製作，或有古本可依。但仔細考察文書，亦可以發現一些表述，卻要比其他景教文書晚近得多。姑舉文書中所使用的"天尊"一詞爲例。該詞在高楠文書中出現凡52次，富岡文書出現凡16處。根據行文並參照基督教的教義，應可確認文書中的"天尊"，是對基督教最高敬拜對象的稱呼。不少學者對文書中用"天尊"來對譯基督教的最高神，備極欣賞。如趙璧礎教授寫道：

> "天尊"一詞早爲釋、道兩宗教所慣用，釋教以天尊爲佛異名，道教稱老子爲原始天尊，可謂各有千秋。在這等形勢下，景教仍不避嫌疑對"天尊"一詞加以採納，若非盲目愚昧便是雋智勇敢。推斷其採納使用的理由，大概有如下三則：第一在於使用一個中國人已家喻戶曉的名詞，作爲結合文化的舉動；第二是尊重猶太基督教的傳統（The Jewish-Christianity Tradition），猶太人習慣性避免直呼神名，今日《舊約聖經》"耶和華"一詞，猶太人每讀爲 Adonai，中文譯作"上主"甚合，"天尊""上主"兩詞意義甚爲吻合，採用"天尊"甚合猶太基督教傳統；第三是辯道護教的行動，毅然採納"天尊"爲自己敬拜對象的名號，直接向釋、道兩宗抗辯，說明祇有景教的神纔是實至名歸的"天尊"，旁人不得亂用，強烈顯示景教的獨特性和進取性。景教華化能保持自我信仰和尊重文化，採納"天尊"一詞可說是雋智勇毅之舉。[③]

用中文的"天尊"來對譯基督教的最高神，無疑像趙璧礎教授所指出

[①] 羽田亨《漢譯景教經典に就いて》，《史林》第8卷第4號，1923年，頁158。
[②] 各家有關《序經》撰作年代之論述，參閱拙文《高楠氏藏景教〈序聽迷詩所經〉真僞存疑》。
[③] 趙璧礎《就景教碑及其文獻試探唐代景教本色化》，見林治平主編《基督教與中國本色化》，臺北宇宙光出版社，1990年，頁175。

那樣，應給予很高的評價。這種對譯的技巧可謂高度的信、達、雅，其爐火純青完全不遜於近現代漢譯基督教經典所用的上帝、天父、天主之類。如果這一譯法確實是貞觀年間景僧所爲，那必定是與中國佛道名家反復格義的結果。問題是：既然譯得那麼盡善盡美，爾後的景僧爲何不繼承效法，反而倒退到用莫名其妙的漢字來音譯？像立於公元 781 年的西安景教碑，或者能夠確信爲敦煌真跡的景教寫經《大秦景教三威蒙度讚》、《大秦景教宣元本經》等，咸把最高神音譯爲"阿羅訶"，仿佛對其先賢的發明一無所知。按古代譯經，對於專有名詞的翻譯，一般都是先音譯而後方進一步發展爲意譯。景教寫經竟然是先有意譯，而後卻倒退爲音譯，明顯違反了古代譯經的一般規律。

此外，高楠文書中所宣揚的忠君思想、孝道思想，也是令人懷疑的。儘管論者亦在《聖經》中找出類乎這些思想的依稀表述，但無論如何，《聖經》畢竟沒有如此露骨。是以，學者把忠君孝道目爲中國景教的特色。如龔天民先生認爲：

> 經中不單主張人間應敬仰上帝與父母，也要懼怕在位的帝皇，這點可謂是景教的一個特徵，常和政治結下關係。[1]

李兆強先生認爲：

> 書中最饒興趣的是它對帝王的尊崇。阿羅本深悉景教要得朝廷的保護，在中國纔有立足的地方，要得政府力量的扶掖，纔能發展與普及全國。所以大秦寺的牆壁繪上太宗的寫真。……而在《序聽迷詩所經》，阿羅本也一再勸勉"衆人若怕天尊，亦合怕懼聖上。"他並指出信徒的本分爲"先事天尊，第二事聖上，第三事父母"。[2]

查寫經從 62 行至 85 行，用了三四百個字來強調敬事聖上和父母，把這些納入基督教十願的內容。其中一些表述更是赤裸裸的中國專制主義思想，

---

[1] 龔天民《唐朝基督教之研究》，香港基督教輔僑出版社，1960 年，頁 54。
[2] 李兆強《初期教會及中國教會史》，香港基督教輔僑出版社，1964 年，頁 150—151。

如第 75 行稱"聖上皆是神生今世",正與中國稱皇帝爲天子無異。寫本第 64 至 66 行甚至强調民衆要唯君王之旨意是從,否則就是叛逆:

  一切衆生,皆取聖上進止,如有人不取聖上,馳使不伏,其人在於衆生即是返逆。

經文亦一本儒家的孝道思想,宣揚孝養恭事父母纔順乎天道,見行 83—84:

  所有衆生孝養父母,恭承不闕,臨命終之時,乃得天道爲舍宅。

基督教要爲中國統治者所接受,要在中土傳播,自然要與中土的傳統文化協調。問題是阿羅本時代,來自西亞或中亞的景僧始與唐代統治者接觸,他們對中土文化能有如此深度的認識嗎?即便是唐德宗建中二年(781)撰刻的西安景教碑,對統治者也不過是用一些空洞、華麗的辭藻加以頌揚、戴高帽,何嘗有對民衆灌輸"三綱五常"的思想?明清時期的西洋傳教士,亦是備歷痛苦的經驗後纔不得不向中國的封建倫理道德做出某些妥協。

從以上所舉例子,説明富岡文書和高楠文書的一些表述,似與論者所認爲的產生年代不相稱,究竟是 7 世紀中葉的阿羅本們具有超前意識,抑或是後人捉刀?

五、餘論

筆者懷疑富岡文書和高楠文書不是出自敦煌藏經洞的真跡,在上揭兩篇拙文已詳加討論,本文不過是因應同仁的提問再做些補充和説明。到目前爲止,我們尚祇能説,這兩個文書來歷不明,文書本身又暴露了諸多疑點,很可能是贋品。但其具體藉鑒、效法或抄襲什麽文本,目前還是個謎。而我們唯有揭開這個謎,纔算點到文書偽造的死穴。在已發表的拙文中,筆者曾推測文書的製作者可能有殘爛的敦煌卷子作參照物;但這個推測實際很難得到證明，因爲事隔百年，我們委實無從找到這個卷子。其實，作爲僞卷，也不一定祇有一個抄襲的原型，僞造者可能參考多種文獻，隨意增删拼湊，甚至以個人好惡篡改歪曲等，像把耶穌寫成"移鼠"，就不可能有古本可依，應是僞造者刻意所爲。設若上述霍夫力教授能從神學角度論證其内容確實"過於天主教"的話，那就意味著明清時期來華耶穌會士的漢文神學著作，確曾成爲景教文書僞造者的藉鑒參考物；由是，我們通過這些神學著作，自然也可望找到作僞的更多或更有力的證據。不過，該等著作卷帙浩瀚，散失尤多，相當一部分又僅存異邦，查證工作自難免要假以時日。

（本文初刊《敦煌吐魯番研究》第 8 卷，中華書局，2005 年，頁 35—43）

景教《志玄安樂經》敦煌寫本真僞及錄文補說
——附《志玄安樂經》釋文

十年前筆者曾發表《敦煌本景教〈志玄安樂經〉佐伯錄文質疑》一文[1]，評說學術界通用的佐伯好郎《志玄安樂經》（以下簡稱《志經》）錄文失範之處，指出佐伯博士本人並未親睹寫本原件，其錄文不過是據羽田亨的版本臆測添補，且誤解羽田本的版式，因而認爲在寫本真跡尚被秘藏，無從依據寫本製作新錄文之前，學界徵引或研究《志經》，應以羽田錄文爲尚。而今，《志經》寫本隨同流日的成批敦煌文書重見天日[2]，全卷完整照片公刊[3]，編號爲"羽13"，分拍成照片六幀。[4] 就如新近洛陽景教經幢的面世確證小島文書之僞造[5]，《志經》寫本的刊佈也證實了當年佐伯錄文之失範。當然，《志經》寫本的公刊，其重要意義更在於：使學界得以就寫本真僞作進一步的確認，得以將羽田錄文重校，補正原有之瑕疵。本文擬就此作一嘗試，以就教方家。

---

[1] 是文原提交2000年7月25—26日於香港大學舉辦的"紀念敦煌藏經洞發現一百周年敦煌學國際研討會"，首刊於《中山大學學報》（社會科學版）2001年第4期，頁1—7。
[2] 參見陳濤《千呼萬喚始出來 猶抱琵琶半遮面——清末李盛鐸舊藏敦煌文書日本面世》，《中國文物報》2010年3月31日第7版。
[3] 武田科学振興財団杏雨书屋編《敦煌秘笈》影片冊一，武田科学振興財団，2009年，頁128—133。
[4] 承蒙首都師範大學歷史系游自勇教授、暨南大學歷史系張小貴教授轉賜該寫本之高清掃描本，謹衷致謝忱！
[5] 參馮其庸《〈大秦景教宣元至本經〉全經的現世及其他》，見葛承雍主編《景教遺珍——洛陽新出土唐代景教經幢研究》，文物出版社，2009年，頁60—66。

一、《志經》寫本真僞補說

《志經》寫本原由著名大藏書家李盛鐸(1858—1937)所珍藏,而流入日本也有案可稽[①],因此對其真僞,學界向未見有公開質疑者。無論是榮新江教授與筆者當年對小島文書真僞的質疑[②],抑或筆者對《志經》佐伯錄文之評論,於《志經》寫本之真僞,均未細加論證,便直當真品以作參照。學界有所微言,固可理解。如今寫本公刊,補此一課,正是其時。

(一)《志經》承傳關係

考《志經》寫本並非像英藏、法藏、京藏的成批敦煌文書那樣,當年出洞後即入藏國家圖書館;其亦不在李氏當年利用職權攫取的成批敦煌精品之列。因此,就該寫本早期之承傳鏈,誠如學者所提示,確有無可彌補之缺環。不過,筆者早年質疑《志經》佐伯錄文的文章中,已提到1958年京都出版的《羽田博士史學論文集》下卷,刊出了該寫本原件首末兩端照片。從照片可看到李氏於卷末之一行題記:"丙辰秋日,于君歸自肅州,以此見詒,盛鐸記。""丙辰"當爲民國五年(1916),意味著是年秋天,李氏始得到寫本,係于君饋贈之物。現公佈的寫本全件卷末正與文集照片同。觀寫本題記下鈐"李印盛鐸",而尾題復鈐有"木齋審定"印、"麐嘉館印";而寫本卷首經題下則有"木齋真賞"印,李盛鐸之子"李滂"印。如是,題記和李氏父子所鈐諸多印章,在在顯示李氏對該寫本珍視有加。竊以爲,其間不存在李氏蓄意作假之可能性;緣其時外間但聞李氏曾攫取一批敦煌文書精品,但具體數量實無所知,故李氏誠無必煞費周章,託詞于君"見詒",直稱該件源於藏書洞又何妨?何況,查現有材料,直到1928年李氏將《志經》寫本展示羽田氏,家況尚佳,斷難想象其竟會不惜自家身份,甘與製作贋品之骨

---

① 1935年,李盛鐸將家藏的一批敦煌寫本精品,"以八萬日金,售諸異國",目錄載於是年12月15日及21日的《中央時事週報》,計有360件之多,《志玄安樂經》寫本列其中第13件。
② 林悟殊、榮新江《所謂李氏舊藏敦煌景教文獻二種辨僞》,初刊香港《九州學刊》第4卷第4期,1992年,頁19—34;最新修訂本見榮新江《辨僞與存真:敦煌學論集》,上海古籍出版社,2010年,頁28—46。

董商人爲伍。因此，李氏所題應是事實。至於于君爲何人，迄今未聞學界考實。但既被稱君，輩分恐在李氏之下。以敦煌寫本饋贈李氏，可能出於與李氏之世誼，亦可能是有求於李氏，故投其所好，送以厚禮。不論出自何動機，其必定清楚李氏是此道之權威，從主觀上斷不敢以贗品來矇騙李氏。而于君歸自肅州，從肅州得到敦煌寫卷合乎情理，緣當年確有一批數量未明的敦煌卷子流入當地社會，爲私家所藏。[①] 是故，于君如何得到該寫本雖難查清，但即便于君上當受騙，所得寫本爲贗品，然李氏閱敦煌文書無數，憑其第一感覺，當不難識穿，斷不至於目爲真品珍藏，直至晚年因家境困頓，始不得不隨同其他寫本成批售諸東洋。由是，李氏或于君蓄意作假詐騙之可能性，當可排除。

就敦煌寫本真僞之鑒定而言，若承傳關係清楚，當然省事得多；但當今衆多流散社會有待鑒定的"敦煌寫本"中，實際大部分均無從完整還原承傳鏈。《志經》之承傳關係實際也止於于君，此前一無所知；而李氏單憑直覺進行判斷亦非絕對可靠，名家看走眼的事例多的是。因此，要真正確認《志經》寫本之真僞，尚需多方考證。

（二）《志經》一名之聞世

考《志經》之名，在敦煌文書發現之前，向無所聞。就算當今大量古籍已數據化，人們也無從檢索到此前有《志經》其名或相關的暗示。此名始見於 1908 年伯希和所得敦煌寫本 P.3847。該寫本內容包括著名的《景教三威蒙度讚》（以下簡稱《讚經》）；另有《尊經》，其開篇敬禮三位一體暨諸法王，接著敬禮景教諸經，臚列經名三十五個，《志經》名列第三者；《尊經》之末尚附有一"按語"，說明該等經文之由來。[②] 1909 年，羅振玉先生率先刊佈 P.3847 寫本（見氏編《敦煌石室遺書》第 3 冊，頁 45—47），羅氏還爲該件撰跋。[③] 至於李氏收藏《志經》寫本消息，儘管學人圈中早有傳聞，但

[①] 詳參榮新江《甘肅敦煌文獻知多少》，《檔案》2000 年第 3 期，頁 16—19；《有關甘肅藏敦煌文獻的珍貴記錄》，2000 年 7 月 25—26 日香港舉行的"紀念敦煌藏經洞發現一百週年國際研討會"論文。

[②] 詳參本書《敦煌景教寫本 P. 3847 再考察》一文。

[③] 羅振玉 1910 年刊行的《石室秘寶》印以玻璃版本，1917 年印行的《鳴沙石室佚書續編》也予收入。

最早公開披露，則見於 1922 年出版的抗父《最近二十年間中國舊學之進步》一文。其中綜述"敦煌千佛洞石室所藏古寫書"時，稱"德化李氏藏《志玄安樂經》、《宣元至本經》各一卷"。[①] 當年，學界已享盛名的日本京都大學教授羽田亨（1882—1955）博士當由此獲悉《志經》寫本信息。但時至 1928 年 10 月 7 日，羽田氏幾經周折，通過多位民國學界名士的懇篤介紹和斡旋，始得以在天津英租界黃家園拜訪李氏，獲睹原件，並著錄全文。翌年 8 月，羽田氏將錄文連同相關考釋，以《景教經典〈志玄安樂經〉考論》（以下簡稱《考論》）為題，刊佈於《東洋學報》。[②] 至此，《志經》之名始聞天下。由是，假如《志經》是今人偽造的話，其如是取名，絕非偶合，必定法自《尊經》，那麼，其"作案"時間上限應不早於羅振玉刊佈該寫本之 1909 年，即便偽造者信息特別靈通，也絕無可能早於該寫本出洞之 1908 年。至於下限，倘排除李氏參與造假之可能性，則應為其得到寫本之 1916 年秋天；若仍非把李氏列為"疑犯"不可，則應在抗父披露消息之 1922 年，至遲亦不能晚於羽田氏抄錄該寫本的 1928 年。也就是說，《志經》若為今世贗品，造假時間也祇能局限於 20 世紀初葉這段時間。

（三）《志經》寫本篇幅及內容

公刊的《志經》寫本紙面 26.2×282.7 釐米，由五紙粘接而成，文字凡 159 行，首尾均有"志玄安樂經"五字經題，各佔 1 行。第 2 至 10 行凡 9 行，因紙張爛損各有脫字。除第 24 行因文意到一段落，僅 13 字外，其他概滿行書寫，各行字數略有加減，個中 17 字者凡 91 行，18 字者凡 29 行，16 字者 25 行，19 字者 2 行。按卷首缺字諸行內容，蓋為經文之開篇，不存在分段之可能，因此當應滿行書寫，若以 17 字計，誤差不過 1 字。是以，寫本若完整無損，應為 2685 字，即便有誤差，若干字耳，脫落字不外稍多於 80 個。由

[①] 抗父《最近二十年間中國舊學之進步》，《東方雜誌》第 19 卷第 3 號，1922 年，頁 33—38，引文見頁 36；又收入東方雜誌社編《考古學零簡》（東方文庫第七十一種），商務印書館，1923 年，頁 98。

[②] 羽田亨《景教經典志玄安樂經に就いて》，《東洋學報》第 18 卷第 1 號，1929 年，頁 1—24；收入《羽田博士史學論文集》下卷，京都，1958 年，頁 270—291。錢稻孫先生曾以《景教經典〈志玄安樂經〉考論》為題節譯該文，《清華週刊》第 32 卷第 10 期，1929 年，頁 23—30。

於寫本首尾均有經題，因此，不存在寫本另有成片脫落之可能性。是以，傳世《志經》可謂基本完整。由於卷首脫落部分屬於開篇，並非經文的實質性部分，由是，迄今學界於《志經》思想內容之討論，乃建立在寫本基本完整的基礎上。

觀現存《志經》之二千六百言，實際是作者從自身所奉宗教的角度，完整系統地向世人宣講如何達至安樂之境地，即經文中屢屢提及之"安樂道"。作者所奉宗教之名稱，儘管經題沒有標示，但寫本中多處明確道出爲景教，如行37稱"衆真景教，皆自无始"，行129云"持勝上法，行景教因"，而行137—138、140—141、144更三度出現"唯此景教勝上法文"之謂。因此，其與《尊經》所列景教經題適相契合。經文對安樂道之闡發，吸收了道教、佛教還有儒家的諸多成分，藉用了彼等諸多詞彙、概念，但卻與古代基督教之教義溶成一體，學者很難指證其中有何相悖之處。[1] 是以，撰作該經文之人若不諳古代基督教之義理，而單憑道佛之知識而欲炮製此文，蓋無可能。

筆者尤特別注意到經文一再提到的"景教勝上法文"，見寫本行137—148：

> 唯此景教勝上法文，能爲含生，禦煩惱賊，如彼甲仗，防護身形。若復有人，將渡大海，必資船舶，方濟風波，船舶既全，前岸可到。惟此景教勝上法文，能与含生，度生死海，至彼道岸，安樂寶香。若復有人，時逢疫癘，病者既衆，死者復多，若聞反魂寶香妙氣，則死者反活，疾苦消愈。惟此景教勝上法文，能令含生，反真智命，凡有罪苦，咸皆滅除。若有男女，依我所言，勤修上法，晝夜思惟，離諸染汙，清淨真性，湛然圓明，即知其人，終當解脫。是知此經所生利益，衆天說之，不窮真際。

此處之"景教勝上法文"，竊以爲當係基督教《聖經》之謂，要信衆好

---

[1] 國內外學界就這方面討論甚多，不贅。參閱拙文《敦煌漢文景教寫本研究述評》，余太山主編《歐亞學刊》第3輯，中華書局，2002年，頁251—287；修訂稿見《中古三夷教辨證》，中華書局，2005年，頁161—214，有關論述見頁170—179。近年國人專門研究《志經》的文章主要有吳昶興《論〈志玄安樂經〉的安樂世界》，《台灣浸信會神學院學術年刊》2007年，頁101—128；王蘭平《以〈志玄安樂經〉"十觀"爲例看唐代景教與佛道之間的關係》，《敦煌學輯刊》2008年第1期，頁157—162。

好誦讀《聖經》，便可排除各種煩惱、病苦，離諸污染，達至清淨，終得解脫，這是地地道道傳教士之口吻。因此，作者若非傳教士，斷寫不出這樣的文句。

復考《志經》其名，趙璧礎教授曾釋道：

"志玄"到底是什麼？《康熙字典》謂"志"者心之所也。慕也，意所擬度也；葛洪《抱朴子·暢玄篇》論"玄"曰："玄者自然之始祖，而萬殊之大宗也。"似基督教所指之天，甚至神也。"志玄"則隱若表示"切慕天上的"或"切慕屬神的"涵義。至於安樂二字，實今人所謂之"安息"，全文《志玄安樂經》則注釋作《切慕天上安息論》，經者，論述而已！①

趙教授此解誠可成一家之言。不過，把"玄"往"基督教所指之天"掛靠，似有點牽強。考《說文解字》謂"玄，幽遠也。"② 吾人無妨將其引申為長久、永遠之意，如是，"志玄安樂"便可簡單釋為追求長久、永遠之安樂，這正是針對世人但求眼前一時之享樂而言。觀《志經》整個內容，正是圍繞這一主題。可謂文題契合。

按《尊經》所列經題名稱如次：

《常明皇樂經》，《宣元至本經》，《志玄安樂經》，《天寶藏經》，《多惠聖王經》，《阿思瞿利容經》，《渾元經》，《通真經》，《寶明經》，《傳化經》，《罄遺經》，《原靈經》，《述略經》，《三際經》，《徵詰經》，《寧思經》，《宣義經》，《師利海經》，《寶路法王經》，《刪訶律經》，《藝利月思經》，《寧耶頤經》，《儀則律經》，《毗遏啓經》，《三威讚經》，《牟世法王經》，《伊利耶經》，《遏拂林經》，《報信法王經》，《彌施訶自在天地經》，《四門經》，《啓真經》，《摩薩吉斯經》，《慈利波經》，《烏沙郍經》。③

---

① 趙璧礎《就景教碑及其文獻試探唐代景教本色化》，見林治平主編《基督教與中國本色化》，臺北宇宙光出版社，1990年，頁173—191。引文見頁182。
② （東漢）許慎撰，（宋）徐鉉校定《說文解字》，中華書局，1963年，頁84上。
③ 《法藏敦煌西域文獻》（28），頁357下。

該等名稱，有實義者，有音譯者，有兩者兼有者，但含意均非淺顯易懂。因其晦澀難解，又乏具體內容可資參考，今人擬釋譯其名尚頗傷腦筋，遑論欲以其經題進行命題作文。若言20世紀初葉之人，從《尊經》獲悉《志經》其名，遂假造某些殘片斷簡加以附會，這不無可能，但云能洋洋灑灑，一氣呵成，敷衍出二三千言，成就一篇切題之經文，則實在令人難以想象。何況其時學界於景教本土化之認識未深，而作假之人竟能糅道、釋、景於一體，渾然成文，更是無從置信。

（四）《志經》之作者

上揭敦煌寫本P.3847《尊經》之末尚附有一"按語"：

> 謹案諸經目錄，大秦本教經都五百卅部，並是貝葉梵音。唐太宗皇帝貞觀九年，西域大德僧阿羅本，屆于中夏，並奏上本音。房玄齡、魏徵宣譯奏言。後召本教大德僧景淨，譯得已上卅部卷，餘大數具在貝皮夾，猶未翻譯。[1]

此間稱上列經文為"本教大德僧景淨"所譯。此大德僧，無疑與撰作西安景碑碑文之景淨同人。考古代外來宗教漢文經典之所謂"譯"，未必是現代意義之"翻譯"，實際多為編譯、撰譯，甚至是僧人據本教義理，因應華情，加以變通，直接用漢文撰寫，個中當然也有華夏文士參與，學界對此已多有共識，不贅。在《尊經》所列經名中，位居第25之《三威讚經》，一般認為就是見於同寫本首篇之《讚經》，位居第二的《宣元至本經》（以下簡稱《宣經》），今尚存有敦煌寫本殘卷，也為李氏所藏而後流入日本，寫本照片曾刊上揭《羽田博士史學論文集》下卷，見該書圖版七。《宣經》在唐代之流行，已得到新近面世之唐代洛陽景教經幢之確證，該經幢也勒刻其部分文字。[2] 筆者曾據敦煌本《宣經》之行文與西安景碑碑文作比較，認為兩者如

---

[1] 見《法藏敦煌西域文獻》（28），頁357下。
[2] 參閱本書《經幢版〈宣元至本經〉考釋》一文。

出一轍，當爲景淨手筆。① 既然《尊經》"按語"稱《志經》與《宣經》、《讚經》都同爲景淨所"譯"，此說又得到《宣經》之證實，那麼，吾人無妨將《志經》與其他三個景教文典略作考察，觀其是否有類同處。

依筆者閱讀的直覺，頗感《志經》的行文風格，與景碑碑文及《宣經》同。當然這種直覺衹能意會，難以言傳。但出於同一作者的不同作品，於某些特有事物，往往都會提到。前輩學者早已注意到《志經》142—144行所云之"反魂寶香妙氣"，西安景碑已有類似表述。見碑文正文第12行："案《西域圖記》及漢魏史策：大秦國南統珊瑚之海，北極衆寶之山，西望仙境花林，東接長風弱水；其土出火綄布、返魂香、明月珠、夜光璧。"② 景碑爲張揚景教發祥地之豐饒，而提及此物。而《志經》142—145行則云："若復有人，時逢疫癘，病者既衆，死者復多，若聞反魂寶香妙氣，則死者反活，疾苦消愈。惟此景教勝上法文，能令含生，反真智命，凡有罪苦，咸皆滅除。"顯以返魂香爲喻闡發教理。由是暗示彼等作者蓋於此物情有獨鍾。

出於同一作者的不同作品，其表述模式和一些專用詞往往亦見類同。《志經》與其他三篇景教文典每每使用"無（无）"字。《志經》寫本出現凡68例；而《宣經》敦煌本和經幢本互補後，可讀字634字，該字頻現35次。而景碑正文近1700漢字，可見21例；《讚經》327字，有11例。更有，《志經》和《宣經》均多用"無"作爲否定詞來表述教理，如《志經》：

　　无動无欲，則不求不爲；无求无爲，則能清能淨。（13—14行）
　　无欲无爲，離諸染境，入諸淨源；離染能淨，故等扵虛空。（22—23行）
　　无德无聞者，任運悲心，扵諸有情，悉令度脫。（31—32行）
　　我扵眼法，見无礙色；我扵耳法，聞无礙聲；我扵鼻法，知无礙香；我扵舌法，辨无礙味；我扵身法，入无礙形；我扵心法，通无礙智。（33—36行）
　　无欲、无爲、无德、无證。如是四法，不衒已能，離諸言說；柔下

---

① 詳參本書《敦煌本〈大秦景教宣元本經〉考釋》一文。
② F. S. Drake, "The Nestorian Literature of the T'ang Dynasty III", *The Chinese Recorder* 66, 1935, p. 741. 碑文參路遠《景教與〈景教碑〉》，西安出版社，2009年，頁335—336拓本圖版。

无忍，潛運大悲。人民无无邊欲，令度盡扵諸法中，而獲最勝。（44—47行）

《宣經》亦然：

无元、无言、无道、无緣，妙有非有，湛寂然。……无發，无性，无動。（敦煌本第10—12行）

无界非聽，悉聽聽故；无界无力，盡持力故。无界无嚮，无像无法。所觀无界无邊，獨唯自在；善治无方，鎮位无際。（敦煌本第20—22行）[①]

還有，就教主耶穌基督的稱謂而言，這幾個文典都一致嚴格寫成"弥施訶"。而且"弥"均不寫成正體的"彌"。《志經》出現該詞，見寫本第8、52、60、78、136、155行；西安景碑則見正文第4行："我三一分身景尊弥施訶，戢隱真威，同人出代。"[②]《讚經》見第12行"弥施訶普尊大聖子"，21行"大聖普尊弥施訶"。[③]《尊經》第2行"應身皇子弥施訶"、17行《弥施訶自在天地經》。[④]《宣經》第12行"弥施訶應大慶原靈故"。[⑤]"弥施訶"乃音譯自敍利亞文Messiah[⑥]，學界已成共識。但可音譯Messiah的漢字很多，如被認爲同屬景教經典的富岡文書《一神論》和高楠文書《序聽迷詩所經》均作"弥師訶"；佛典亦然，成書於唐代大曆年間的《曆代法寶記》提到西域的罽賓國，"其王不信佛法，毀塔壞寺，殺害衆生，奉事外道末曼尼及彌師訶等"。[⑦]

[①] 《宣經》敦煌版、經幢版拼接之錄文見拙文《唐代洛陽景教經幢〈宣元至本經〉考釋》，《中華文史論叢》2008年第1輯，頁325—352。
[②] 見路遠《景教與〈景教碑〉》，頁332拓本圖版。
[③] 《法藏敦煌西域文獻》（28），頁357上。
[④] 《法藏敦煌西域文獻》（28），頁357下。
[⑤] 見拙文《唐代洛陽景教經幢〈宣元至本經〉考釋》。
[⑥] J. Legge, *The Nestorian Monument of Hsî-an Fû in Shen-hsî, China*, London 1888, p. 5, n. 8.
[⑦] 《大正藏》（51），No.2075，頁179上。有關討論參榮新江《〈曆代法寶記〉中的末曼尼和彌師訶——吐蕃文獻中的摩尼教和景教因素的來歷》，見氏著《中古中國與外來文明》，生活·讀書·新知三聯書店，2001年，頁343—368。

此外，《志經》以弥施訶答岑穩僧伽問之形式來宣講教理，該"岑穩僧伽"在寫本中頻現九次，見行 16、25、33、41、47、60、70、72、83、154。就該名稱，當年羽田氏發表《志經》錄文時，力辨其源自粟特語之 Šim'onsang，亦即《聖經》中的西門彼得。① 其論學界多以爲然。上揭《尊經》第 7 行也有"岑穩僧（伽）② 法王"之謂。③

以上就文字表述將《志經》與其他景淨文典比較，其近似性或類同性可資佐證其作者當爲景淨。這就意味著，若《志經》內容係教外人僞撰，該人竟能顧及模仿景淨文風如此微妙之細節，則其人當不亞神明矣。

（五）"囉稽洤福"試釋

證明《志經》內容不可爲教外人僞造的另一證據是：寫本中兩度出現"囉稽洤福"四字。其一見第 38 行，上下文如次：

衆真景教，皆自无始，暨因緣初，累積无邊，囉稽洤福，其福重極萬億，圖齊帝山，譬所莫及。

其二，見第 42 行，上下文如下：

岑穩僧伽，如是无量，囉稽洤福，廣濟利益，不可思議。

如此表述，不見現存其他景教文典。其間"囉稽"兩字，顯爲音譯詞，佐伯好郎將其還原爲敘利亞文 Ruha，意爲聖靈④；翁紹軍先生或採其說，稱："囉稽：敘利亞文 Rukha 的音譯，指'靈'。'洤'：形容水盛之狀。《詩·邶風·新臺》：'河水洤洤。'這裏'洤福'指'洪福'。"⑤

---

① 羽田亨《景教經典志玄安樂經に就いて》，《東洋學報》第 18 卷第 1 號，1929 年，頁 13—14；並見《羽田博士史學論文集》下卷，京都，1958 年，頁 280—282。
② 原件無"伽"字，佐伯好郎等均據《志經》補上。
③ 見《法藏敦煌西域文獻》(28)，頁 357 下。
④ P. Y. Saeki, *The Nestorian Documents and Relics in China*, Tokyo 1937, repr. 1951, pp. 286, 308-309.
⑤ 翁紹軍校勘並注釋《漢語景教文典詮釋》，生活·讀書·新知三聯書店，1996 年，頁 183。

考 Rukha 之音譯漢字已見上揭《尊經》開篇對三位一體之敬禮：

> 敬礼：妙身皇父阿羅訶，應身皇子弥施訶，證身盧訶寧俱沙，已上三身同歸一體。[1]

此間的"皇父"對應當今漢譯三位一體的"聖父"，"皇子"對應"聖子"，而"盧訶寧俱沙"則被考爲敘利亞文 Ruka da quaša（Spirit of Holininess）的唐代音譯，對應"聖靈"，這已成爲學界的共識[2]，不贅。而今，如果把《志經》之"囉稽"亦目爲敘利亞文 Ruka 之音譯，那就意味著敘利亞文的 Ruka 被唐代景僧一音二譯，而"盧訶"和"囉稽"不僅字形迥異，而且彼等之發音，無論古今也有不同，不存在通假問題。法國吳其昱先生也許注意到這個問題，故另求新解，稱："惟《志玄安乐經》有'囉稽浼福'一詞，案敘文有 lakmā'，有'如是量洪福'之意。如敘文還原不誤，頗疑此卷可能真出敦煌，如是今人僞撰似未必用敘文也。"[3] 吳先生此解，自比佐伯合理得多。不過，此解似把"囉稽浼"三字目爲一組音譯字，以對應敘文 lakmā'，其間"囉稽"與 lak 對音，"浼"則對應 mā'。考"囉稽"作爲古代音譯術語，有例可循，見隋代漢譯佛典之咒語[4]；而"囉稽浼"作爲音譯詞組，則未之見；而"浼"字，則鮮見用於音譯。筆者檢索《大藏經》"浼"字數十用例，無一用於音譯者，這至少意味"浼"字，並未入選古人音譯胡語的"常用漢字表"。即便日後能找到譯例，亦當屬絕無僅有者。觀現存景教文典，未見把"浼"用於音譯，這當然並非景僧不諳此字，緣敦煌本《宣經》殘卷，"浼"字已有三見：第 10 行的"開无開異，生无心浼"；第 13—14 行的"浼諸名

---

[1] 見《法藏敦煌西域文獻》(28)，頁 357 下。
[2] P. Y. Saeki, *The Nestorian Documents and Relics in China*, Tokyo 1937, repr. 1951, p.273; A. C. Moule, *Christians in China before the Year 1550*, p. 55.
[3] 吳其昱《唐代景教之法王與尊經考》，見《敦煌吐魯番研究》第 5 卷，北京大學出版社，2000 年，頁 31—32。
[4] 闍那崛多等譯《東方最勝燈王如來經》："爾時世尊復告諸比丘言：'諸比丘，我今更說陀羅尼章句，爲利益安樂，增長功德，威勢色力，名聞隨意安樂，不生惱害常守護故。'而說呪曰：'多絰他 阿噴婆噴 吒 稽吒囉稽 吒噓末底 覩噓末底 兜隸覩隸兜隸婆隸 娑隸 覩隸度隸 度度隸 蘇隸 婆哂呵 婆哂利 嗄利 畢利 底利莎婆呵。'"《大正藏》(21)，No.1354，頁 870 上；並見唐釋道世撰《法苑珠林》卷六〇，《大正藏》(53)，No.2122，頁 738 中。

數，无力任持"；第 19 行的"觀諸浼有，若之一塵"。在該等語境中，"浼"字顯作實義用。像 mā' 之類以 m 爲聲母之胡音，漢譯佛典已有諸多現成常用漢字可資音譯，諸如"末"、"莫"、"摩"、"牟"、"曼"等，擅於撰譯經典的景僧，當無謂標新立異，另把"浼"字選入常用音譯字表。更有，如果"囉稽浼福"釋讀爲"如是量洪福"，其後面所云"其福重極萬億"等，便顯屬贅語。古人寫作，惜墨如金，焉會如此喋喋不休？

蒙張小貴君在倫敦亞非學院圖書館覓得一敘文用語 Lakhumara，意指基督教東敘利亞教會於週日和宗教節日之禮拜儀式。① 如是，若把"囉稽"唐音目爲 Lakhumara 之省譯②，而"浼"，據辭書又可作央求、請託解③，則"浼福"可作求福解。若然，"囉稽浼福"可釋讀爲週日、節日祈禱求福。如是解讀，則經文豁然可通。經文出現"囉稽"這一音譯術語，很可能意味著唐代基督徒把週日和各節日的宗教活動咸稱爲"囉稽"。倘此復原不謬，則益證明《志經》內容確屬唐代來華景僧的原創，不唯 20 世紀初國人無從杜撰這一術語，明末清初奉耶教之士人也無從藉鑒該詞，其既源於古代東方基督教會所用之敘利亞文，即與耶教所屬西方教會用語迥異。

（六）《志經》寫本爲景教徒真跡

以上就《志經》內容之完整性，表述之口氣，遣詞造句之習慣，以及特有用語等，比對其他已確認的景教文典，進行考察，認爲就寫本文字內容而言，很難想象教外人、近代人能夠杜撰出這樣的經文，其原創者很可能就是撰作西安景碑碑文的景淨。

當然，稱寫本文字內容確屬唐代景教是一回事，寫本是否果爲唐代景教徒真跡又是另一回事。筆者曾懷疑高楠氏藏景教《序聽迷詩所經》以及富岡謙藏氏藏景教《一神論》屬於"精抄贗品"，即本有殘破之敦煌寫本可依，

---

① Arthur John Maclean, *East Syrian Daily Offices: Translated from the Syriac with Introduction, Notes, and Indices and an Appendix Containing the Lectionary and Glossary*, London: Rivington, Percival & Co. 1894, p. 3.
② 蒙黃佳欣君賜示中古音查詢網站 http://www.eastling.org/tdfweb/midage.aspx，中古"囉"讀 la，"稽"讀 kiei、kei，至感！
③ 《辭海》，上海辭書出版社，1999 年，頁 2667；《漢語大辭典》（5），上海辭書出版社，1986 年，頁 1255。

造僞者據以謄寫，製作出漂亮之寫本高價而沽。① 如是"精抄贋品"，雖內容亦有本可依，未必全屬杜撰，然作爲文獻資料使用，其可信度必定要大打折扣，緣抄寫者未必十分忠實原件，其間無意或有意之脫漏、錯謬實不知凡幾。當今之《志經》寫本，即便已完全排除近世僞造之可能性，但由於無從確認其出自敦煌17號窟藏經洞，因此，寫本產生的最遲年代自亦難以判定。何況，如清末民初學者葉德輝先生《書林清話》所提示："自宋本日希，收藏家爭相寶貴，於是坊估射利，往往作僞欺人。"② 而這種刻僞，據葉氏考證，"始於前明"。③ 因此，從學術研究力求謹嚴的角度，吾人尚有必要排除《志經》寫本係唐後，尤其是明代仿抄本的可能性。

鑒定現存《志經》寫本之抄寫年代，固然可採用專業科技手段。但依筆者之凡胎肉眼觀之，該寫本不可能是教外人之仿抄本，應是古代虔誠景教徒之手跡。寫本書寫漂亮、卷面潔淨，書寫僧能辦到，但畢竟也是職業僞造者之所長；寫本像其他敦煌文書真品那樣，多用唐代異體字，據筆者過錄估算，單字約一百四十，同一異體字又多反復出現，故寫本可謂滿紙盡是唐體字，難怪當年羽田氏稱其"書寫之字體殆屬晚唐時期無誤"。④ 不過，仿抄古體字，於造假者來說，亦屬在行。是故，單憑對寫本外觀之直覺判斷，即便是專家權威，亦難免有千慮一失之虞。唯於經文抄寫之一絲不苟，則缺乏宗教虔誠心之人所難做到，遑論一心牟利之專業文書造假者。觀《志經》寫本約二千六百字，但可疑爲筆誤者不外一二處，其一見112—113行：

譬如蚌蛤，含其明珠，漁者破之，採而死，但能美人，不知己苦。

從上下四字格的行文看，"採而死"若改爲"採而死之"或"採之而死"，讀起來則更朗朗上口，疑抄寫時脫漏一"之"字，但脫漏此字亦無損本意。

---

① 參閱本書《富岡謙氏藏景教〈一神論〉真僞存疑》、《高楠氏藏景教〈序聽迷詩所經〉真僞存疑》兩文。
② 葉德輝《書林清話》卷一〇，中華書局，1957年，頁264。
③ 同上書，頁266。
④ 羽田亨《景教經典志玄安樂經に就いて》，《東洋學報》第18卷第1號，頁4；《羽田博士史學論文集》下卷，頁272—273。

其二見行 73—74 的"大兹大悲，无上一尊"，其間"兹"顯爲"慈"之誤。"大慈大悲"，稍通漢語之人，無不耳熟能詳。是以，當年羽田過錄時，未必有注意到此誤，便徑錄爲"慈"。按"兹"、"慈"形近音亦近，而且《志經》寫本唯此一見，並未再現，倘該字見於是經不止一次，則抄寫者或許會注意而修正之。更有，"大慈大悲"係地道的佛教用語，"南無大慈大悲觀世音菩薩"爲佛教善信弟子每天所念誦。景淨曾和佛僧般若合譯佛經[①]，足見其亦知佛。此處將佛教徒稱頌觀世音菩薩所用"大慈大悲"四字冠於本教"无上一尊"（彌施訶）之上，正是其力圖把景教本土化的表現。然而，寫本的抄寫者或許於"大慈大悲"這一短語尚爲陌生，始會出現"慈"、"兹"之誤。這一筆誤反過來似可佐證寫本應出自古代基督教徒之手，"大慈大悲觀世音菩薩"，自唐代佛教華化後，國人無不滾瓜爛熟，焉會在"慈"字出錯。

考宗教徒抄寫經文，難免亦有差錯發生，但出於對神明敬畏之心，往往都會認真校對，補遺改錯。京藏的敦煌摩尼教經[②]，其間不但有更正塗改，更有整句補入者。《志經》寫本顯然細心得多，但也有個別地方修正補字，如第 59 行：

安心静住，常習我宗，不安求樂，安樂自至。

本來，"不安求樂"也未嘗不可讀通，但抄寫者在"安求"二字之旁加一"√"號，表示二字應倒置，改讀成"不求安樂"。另外第 103 行末端用唐寫體補一很小的"醉"字，使與 104 行連貫可讀：

七者觀諸人間，飲酒淫樂，昏迷醉乱，不辨是非。

[①] 事見《貞元新定釋教目錄》卷十記載："時爲般若，不閑胡語，復未解唐言；景淨不識梵文，復未明釋教。雖稱傳譯，圖獲半珠；圖竊虛名，匪爲福利。錄表聞奏，意望流行。聖上濬哲文明，允恭釋典，察其所繹，理昧詞疏。且夫釋氏伽藍、大秦僧寺，居止既别，行法全乖。景淨應傳彌尸訶教；沙門釋子，弘闡佛經。欲使教法區分，人無濫涉；正邪異類，涇渭殊流。"日本學者高楠順次郎最早注意及此，見 J. Takakusu, "The Name of 'Messiah' Found in a Buddhist Book; the Nestorian Missionary Adam, Presbyter, Papas of China, Translating a Buddhist Sûtra", *T'oung Pao*, Vol. 7, No. 1, 1896, pp. 589-591.

[②] 北敦 00256，字 56，見任繼愈主編《國家圖書館藏敦煌遺書》(4)，國家圖書館出版社，2005 年，頁 357 下—366 上。

從這兩細微處之修改，益見抄寫者於經文之一絲不苟；寫本如屬後世贋品，仿抄者實不必多此一舉，以致畫蛇添足，自傷卷面美觀。

以上據抄寫者對經文不敢增刪一字一句之虔誠態度，而判定寫本爲古代景教徒之真跡。然耶非耶？有待日後技術鑒定之印證。

二、《志經》羽田錄文補說

上面已提到羽田氏於天津英租界黃家園拜訪李氏、過錄《志經》後，即於次年在《東洋學報》發表《考論》。該文的緒論部分介紹《志經》發現的背景資料，及其造訪李氏過錄《志經》的經過。據其披露：具體時間是在1928年10月7日上午；與其同往造訪的，還有一位稱爲"杉村勇造氏"的助手，正是得力於此氏幫助，即座抄錄了全卷159行。是文還披露當時李氏尚同意給予拍照，但因當日午後，羽田氏自感不適，遂痛失拍照機會。其匆匆過錄經文，未及校對，故自忖難免有"魯魚之誤"，但倒相信不至於有大的差錯，唯寄望日後再與原件"校合"，云云。①

以往筆者閱讀此文時，對上揭細節未多措意，如今寫本全卷刊佈，得以將羽田氏當年錄文校勘，重溫這些細節，感觸良深。觀是文所刊《志經》錄文，不加句點，原原本本，按行著錄，每隔五行則在頂端標一序列號，未能確定之字則在旁標以問號。筆者將錄文與公刊之寫卷照片比較，首先發現寫本卷首破爛處之若干殘字，完全失錄，而脫落之諸多文字則無何符號標示。其間原因自是當年行事匆促，無暇細察，故忽略之。至於寫本之衆多古代異體字，當年羽田氏過錄時是否照寫，不得而知，但所刊錄文概轉寫爲正體字，顯爲便於排版和閱讀。就這兩點，實際都不能目爲錄文本身之瑕疵，更不可厚非。至於錄文與寫本文字有差，據筆者對勘，發現有17處之多。其間有些確屬"魯魚之錯"，如54行的"敷條散葉"誤作"數條散葉"；第85—86行的"巧設訓喻"，訛爲"巧說訓喻"。該等瑕疵或緣排版植字之過失。有的則屬過錄時之明顯差錯，如140行，寫本作"方濟風波，舩舶既全，前

---

① 羽田亨《景教經典志玄安樂經に就いて》，《東洋學報》第18卷第1號，頁2—3。

岸可到。"其間"全"字十分清晰，前後意思亦可讀通，然錄文卻作"方濟風波船舶既□前岸不可到"。竊疑當年羽田過錄時，脫漏了"全"，爾後讀文時，發現意思難解，故以爲原寫本有漏字，遂加一缺字號；復推測所脫漏之字爲"缺"，便臆添了一"不"字，以使意思可通。竊思如此臆補而又不加說明，自屬失範。以羽田氏之治學之謹嚴，未必就是其本人所爲，或許其時身體不適，而助手杉村勇造氏發現脫漏後自行添補而成。究竟誰之錯，祇有目睹當年錄文手稿始能確認。

　　羽田氏在該論文中，還對《志經》文字内容、專用術語等多所考釋，確認其景教屬性，發覆良多。是文無疑是國際學界研究《志經》的奠基性著作。然而，筆者發現爾後羽田氏似於該寫本興趣不再，不唯未見續有研究文章發表，而且從1935年年底寫本流入日本後，直至1955年4月13日自己去世前，其並未據《志經》寫本原件，重新校對當初的錄文。筆者如此判斷，是將該文初刊《東洋學報》的版本與其身後論文集，即1958年刊行的《羽田博士史學論文集》下卷版本比對之結果。按該文集是後人爲紀念羽田氏而編輯出版的，個中還附錄了多幅與羽田氏研究領域有關之古寫本照片，上揭《志經》寫本首尾照片便屬其中之一。文集所收入《考論》，即據當年《東洋學報》之版本。文集版的錄文，不唯上面提到的一些"魯魚之誤"未見訂正，連上揭第140行的明顯錯誤，也照搬不改。竊思倘羽田氏生前本人或助手能對照原件稍爲校讀，當立可發現訂正。但在文集版中既依然如舊，足證羽田生前無意或無暇顧及《志經》，生前並無留下校錄本；否則，文集編者不致仍將舊本付排。至於文集版之《志經》錄文，起始部分補添了若干字，即第8行之"哉"字，第9行"復坐斂神"四字，第10行的"樂性隨"三字，顯非羽田氏生前所爲，而是文集編者在選用《志經》首尾照片時，發現該等字樣明晰可辨，遂信手補上。然而，文集編者雖添補了這若干字，但付排後，錄文又被植錯了一二字，見第55行"布影垂陰"，初版正確，但文集版將"布"字誤植爲"有"；第154行"則如光明，自然照耀"，初版著錄無誤，文集版卻脫漏"耀"前之"照"字；而卷末第155行的"弥施訶曰"，初版"施"作"師"，儘管該部分已見文集照片，但這一細微處未爲編者所注意修正，而且文集版於"弥"字之後復衍植一"益"字，成"弥益師訶"。由是，更證明文集編者收錄此文時，既未發現羽田氏生前有該文之修訂本，亦無意藉此機會將羽田錄文重新校訂，提供學界更臻完善之版本。竊意或與繼續保密該批敦煌文書有關。但不論何故，最終是導致佐伯錄文長期誤導學界之結果。

　　吾人固知，大凡過錄重要寫本，無不校對再三。上面披露的細節已示知吾人，當時李氏答應拍照，這對羽田氏來說，應是大喜過望、求之不得之事，即使自身不適，但尚有助手"杉村勇造氏"，當可繼續"補課"。然羽田氏竟何以如此錯失良機，此筆者所不解也。而事隔數年後，即於 1935 年，該寫本便隨同李氏所藏其他敦煌寫本成批售諸東洋。寫本流入日本後，便即銷聲匿跡，此後外間長期不知其所蹤，連畢生專治景教的權威學者佐伯好郎都不得其門而入，未能得睹原件。而今原件公開，以羽字編號，由是，足證文書流入日本後，雖未必歸羽田氏個人所有，但無疑是由他經手整理。就此，20 世紀末以來，學界追蹤李氏舊藏文書所得信息亦可佐證：20 世紀 90 年代，榮新江教授曾在京都大學羽田博士紀念館看到李氏所藏諸多敦煌寫本照片，包括本文提及的《志經》、《宣經》；爾後池田溫教授也正式披露，該館藏有敦煌文書寫真 933 張。[①] 2000 年 6 月在北京舉行的紀念敦煌藏經洞發現一百週年國際學術討論會上，日本學者落合俊典博士簡介了羽田亨教授遺稿《敦煌秘笈目錄》，其中也披露了在 1938 年到 1940 年間，日本企業家西尾新平在羽田氏的幫助下，購得了李盛鐸舊藏的 432 件敦煌經卷。[②] 由是將前後諸事聯繫起來，綜合思考，筆者不禁疑日人購置李氏敦煌文書之計劃，應由來已久，羽田氏顯然參與其事。也許 1928 年 10 月羽田氏之造訪李氏，是整個計劃之序幕，係探路之行，藉過錄《志經》之名，意在確認李氏收藏敦煌文書精品傳聞之真實性，既已得到肯定的答案，即不在乎是否能夠拍照了。爾後，寫本原件流入日本後，雖然他盡可接觸，也未將錄文與原件"校合"，可見當年之造訪李氏，研究《志經》未必是主要目的。當然，亦可能原先並無明確計劃，然因得觀《志經》，確信李氏藏寶之真，遂頓發購置這批文書之念頭，回國後便致力遊說日本財團進行。但無論如何，李氏成批敦煌文書精品之最後流入日本，若追根溯源，當年羽田氏天津租界黃家園之行或可謂

[①] 池田溫《李盛鐸舊藏敦煌歸義軍後期社會經濟文書簡介》，見潘重規等著《慶祝吳其昱先生八秩華誕敦煌學特刊》，臺北文津出版社，2000 年，頁 34。

[②] 落合俊典《羽田亨稿〈敦煌秘笈目錄〉簡介》，見郝春文主編《敦煌文獻論集：紀念敦煌藏經洞發現一百週年國際學術研討會論文集》，遼寧人民出版社，2001 年，頁 91—101。

發其端。

　　不管怎樣，既然羽田氏初刊《志經》錄文時，已表達日後與原件"校合"之願望，但畢竟終生未付實行。而今原件刊佈，筆者據以校勘其錄文，製作新的《志經》釋文，也算是踐行羽田教授遺願之舉。

附錄：《志玄安樂經》釋文

　　本釋文依照刊出的寫本照片，與羽田錄文之初版和文集版一一校勘，相異處均加注說明。至於寫本所採用唐代俗字，凡不易識別而一般字庫未見者，首次出現時，則藉助電腦，盡量仿造，以括號加附正體字。斷句標點則參考各家錄文酌加。新的釋文，難免仍有不善甚或差錯之處，伏望學界同仁指正，更祈徵引時兼參原件照片爲尚。本釋文初稿蒙張淑瓊博士協助校對，謹此誌謝！

　　　　1　志玄安樂經
　　　　2　聞是至言，時无上□□□□①□□□□□
　　　　3　河，淨虛堂內，与諸□□□□□□□□□
　　　　4　衆，左右環遶，恭敬侍㞢（立）②，□□□□□□□□
　　　　5　伽，從衆而起，交臂（臂）□□□□□□□
　　　　6　我等人衆，迷惑固□□□□□□□□
　　　　7　何方便救護（護），有情□□□□□□□□
　　　　8　弥施訶荅言："善哉③□□□□□□□□

---

① 查現存寫本"无上一尊"之稱謂凡三例，見行48、73—74，而"一尊弥施訶"稱謂的出現則有二例，見行51—52、78。因此，推測原寫本對教主"弥施訶"的完整敬稱應爲"无上一尊弥施訶"。在經文中首次提到教主時，諒必用完整之敬稱，因此，寫本第2行接續"无上"之脫落字可能爲"一尊弥施訶"。

② 殘留字跡"㞢"，從文意看，可推測爲"立"。佛經中，言佛陀說經，而僧衆"侍立"恭聽的表述不勝其數。如有云："爾時如來與大菩薩中大阿羅漢等，前後圍遶，恭敬侍立。"見（隋）那連提耶舍譯《佛說德護長者經》卷下，《大正藏》（14），No. 0545，頁845下。

③ "㦲（哉）"，寫本清晰，羽田本初刊缺錄，文集版有補遺。

9 生，求預脉（勝）法，汝□囟（復）①坐，鮫（斂）神□□□□□②
10 一切品頦（類），皆有安樂性，随□□□□□□□③
11 如水中月，以水濁故，不生影像；如草中火，以
12 草濕故，不見光明。含生沉埋，亦復如是。岑穩
13 僧伽，凡脩勝道，先除動欤（欲）。无動無欲，則不求不
14 為；无求无為，則能清能淨。能清能淨，則能晤
15 能證；能晤能證，則遍照遍境；遍照遍境，是安
16 樂緣。岑穩僧伽，辟（譬）如我身，奇相異誌，所有十
17 文，名為四達。我扵四達，未嘗自知；我扵十文，未嘗
18 自見。為化人故，所以假名；本扵真宗，實无知見。
19 何以故？若有知見，則為有身。以有身故，則
20 懷生想；懷生想故，則有求為；有所求為，是名動
21 欲。有動欲者，扵諸苦悩（惱），猶未能免，況扵安樂，
22 而得成就（就）？是故我言：无欲无為，離諸染境，
23 入諸淨源；離染能淨，故等扵虛空。發恵光
24 明，能照一切；照一切故，名安樂道。
25 復次，岑穩僧伽，我在諸天，我在諸地，或扵神
26 道，或扵人間，同類異類，有識无識，諸善緣者，
27 我皆護持；諸悪（惡）報者，我皆救抚（拔）。然扵救護，實
28 无所聞；同扵虛空，離功德相。何以故？若有功德，
29 則有名聞；若有名聞，則為自異；若有自異，則
30 同凡心。同凡心者，扵諸矜夸，猶未度脫，況扵
31 安樂，而獏（獲）圓通？是故我言，无德无聞者，任
32 運悲心，扵諸有情，悉令度脫。資神通故，曰晤

---

① 殘留字跡"囟"適與寫本"復"字寫法"復"之下半同，揆諸文意，當可復原爲是字。
② 寫本第9行錄文，羽田本初刊時僅錄"生求預法汝"，文集本增錄"復坐斂神"四字。至於"復"字，文集本旁加"？"，說明尚無把握。觀寫本"汝"與"復"之間尚有一字之空間，有墨跡殘存，如強要復原，依文意和墨跡，竊意或可作"等"。
③ 寫本第10行錄文，羽田本初刊時僅錄"一切品類皆有安"7字，文集本增錄"樂性隨"3字，"樂"字旁加"？"號。觀"安樂性隨"四字位置，顯有破損，裝裱時略有錯位，依字跡和文意，如此復原應無誤。

33 正真；晤正真故，是安樂道。次復，岑穩僧伽，我扵
34 眼法，見无礙色；我扵耳法，聞无礙聲；我扵鼻
35 法，知无礙香；我扵舌法，辨无礙味；我扵身法，
36 入无礙形；我扵心法，通无礙智①。如是六法，具
37 足庄嚴，成就一切。衆真景(景)教，皆自无始，暨曰
38 緣初，累積无邊。囉稔(稽)浼福，其福重極万億，圖
39 齊帝山，譬所莫及。然可所致，方始善衆，會合
40 正真，曰兹恵明，而得遍照。玄通昇進，至安樂
41 鄉。超彼凝圓，无轉生命。岑穩僧伽，如是无量，
42 囉稽浼福，廣濟利益，不可思議。我今自念，實
43 无所證。何以故？若言有證，則我不得稱无礙也。②
44 是故我言：无欲、无為、无德、无證，如是四法，不衒
45 已能，離諸言說；柔下无忍，潜運大悲。人民无
46 无邊欲，令度盡扵諸法中，而獲最(最)勝。得最
47 勝故，名安樂道。"尒時岑穩僧伽，重起作礼讚
48 言："大哉无上一尊！大哉无上一尊！乃能演說微
49 妙勝法，如是深奧，不可思議。我扵其義，猶未了
50 晤，願更誨喻。向者尊言，'无欲、无為、无德、无證，
51 如是四法③，名安樂道'。不審无中，云何有樂？"一尊
52 弥施訶曰："妙哉斯問！妙哉斯問！汝當審聽，與
53 汝重宣。但(但)扵无中，能生有體；若扵有中，終无
54 安樂。何以故？譬如空山，所有林木，敷④條散菜(葉)，
55 布⑤影垂陰；然此山林，不求鳥獸，一切鳥獸，自

---

① "智"，羽田本誤作"知"。
② 是行羽田本錄爲"旡所證何以故若言證我不得證則我不得稱无礙也"，凡22字，竟錯錄多字，恐屬走神所致。
③ "法"，羽田本誤作"方"。
④ "敷"，羽田本誤作"數"。"敷條"作"展枝"解。(魏)應瑒《迷迭賦》文曰："列中堂之嚴宇，跨階序而駢羅；建茂莖以竦立，擢修幹而承阿；燭白日之炎陰，承翠碧之繁柯；朝敷條以誕節，夕結秀而垂華；振纖枝之翠粲，動彩葉之莓莓；舒芳香之酷烈，乘清風以徘徊。"(《藝文類聚》卷八一，上海古籍出版社，1965年，頁1395)
⑤ "布"，羽田初刊作"布"，文集版誤植爲"有"。

56　来栖集。又如大海，所有水泉，廣大无涯，深
57　濬不測；然此海水，不求鱗介，一切鱗介，自住
58　其中。含生有緣，求安樂者，亦復如是。但當
59　安心静住，常習我宗，不求安樂①，安樂自至。是
60　故，无中能生有法。"弥施訶又告岑穩僧伽及
61　諸大衆曰："此經所說，神妙難思，一切聖賢，
62　流傳法教，莫不以此深妙真宗，而為其本。譬
63　如有目之類，將欲②遊行，必曰日光，方可遠見。岑
64　穩僧伽，此經如是，能令見在及以未来有善
65　心者，見安樂道，則為凡聖諸法本根。若使復
66　有人扵此經文，聞說歡喜、親近、供養、讀誦、受持，
67　當知其人乃祖乃父，非一代二代与善結緣，必
68　扵過去積代善根，扵我教門能生恭（恭）敬，曰兹
69　獲祐，故懷願樂。譬如春雨霑灑，一切有根之
70　物，悉生苗牙；若无根者，終不滋長。岑穩僧伽，
71　汝等如是，能扵我所，求問勝法，是汝等數代
72　父祖親姻（姻），積③善尤多，轉及扵汝。"岑穩僧伽，恭
73　敬悲賀，重起作礼，上白尊言："大兹④大悲，无上
74　一尊，乃能如是，仁愛扵我，不以愚蒙，曲成
75　讚誘。是則為我，及一切衆，百千万代，其身父
76　母，非唯今日，得安樂緣。但我等積久，沉淪昏
77　濁，雖願進脩，卒未能到。不審以何方便，作
78　漸進緣？"一尊弥施⑤訶曰："如是，如是，誠如汝言。譬
79　如寶山，玉林珠菓，鮮明照耀，甘美芳香，能療
80　飢渴，復痊衆病。時有病人，聞說斯事，晝夜

---

① "不求安樂"，羽田本作"不安求樂"，但"安求"二字加旁注"求安？"，意味羽田疑寫本有誤。其實，細察寫本圖版，"求"二字旁邊有加"√"號，已表示二字先後應倒置。
② "欲"，羽田本脱漏。
③ "積"，羽田本誤作"戚"。
④ "兹"，羽田本徑錄爲"慈"。
⑤ "施"，羽田本誤作"師"。

81　想念，不離菓林。然路遠山高，身尫力弱，徒積
82　染願，非遂本懷。賴有近親，具足智巧①，為施梯橙，
83　引接輔持，果尅所求，乃蠲固疾。岑穩僧伽，當
84　来衆心，久纏惑惱，聞无欲菓，在安樂山，雖念
85　進脩，情信中殆，賴善知識，作彼近親，巧誋（設）②訓
86　喻，使成梯橙，皆能晤道，銷除積迷。當有十種
87　觀法，為漸脩路。云何名為十種觀法，一者觀
88　諸人間，肉身性命，積漸衺（衰）老，无不滅亡③。譬如
89　客店，蹔時假宿，施床席，具足珎羞，皆非我有，
90　豈開人事，會當弃去，誰得久留（留）？二者觀諸
91　人間，親愛眷属，終當離拆，難保會同。譬如
92　衆葉，共生一樹，風霜既至，枝槓（幹）即凋，分散零落，
93　略无在者。三者觀諸人間，高大尊貴，榮華興盛，
94　終不常居。譬如夜月，圓光四照，雲霧遞起，晦
95　朔遷移，雖有其明，安可久恃？四者觀諸人間，
96　强梁人我，雖欲自益，反④為自傷。譬如虫蛾，逢
97　見夜火，旋飛投擲，将（將）以為好，不知其命，滅在
98　火中。五者觀諸人間，財寶積聚，勞神苦形，
99　竟无所用。譬如小瓶，纔容升升，酌江海水，將
100　注瓶中，盈滿之外，更无所受。六者觀諸人
101　間，色慾耽滯，從身性起，作身性冤。譬如蝎
102　虫，化生木內，能傷木性，唯食木心，究竟枯
103　朽，漸當摧折。七者觀諸人間，飲酒淫樂，昏迷醉（醉）⑤

---

① "巧"，羽田本誤作 "功"。
② "誋"，羽田本誤為 "說"。
③ "亡"，羽田本旁加 " ？ " 號，意有疑問。細察原件圖版，該字雖貌近 "云" 字，但與寫本其他 "云" 字之寫法稍稍有別。由於整個寫本，該字僅出現一次，無從參照確認，但從文意看，無疑應為 "亡"。
④ "反"，羽田本誤作 "及"。按 "反"、"及" 二字書寫雖類近，但該字在寫本中第143行再現二次："反（魂）寶香妙氣"，"死者反活"，復見第144行之 "反真智命"。觀文意立可判該字應讀為 "反"。寫本 "及" 字多見，上橫特別長，與 "反" 字寫法有明顯區別。
⑤ "醉"，字形特別小，顯為發現脫漏後補上。

104 乱，不辨是非。譬如清泉，鑑照一切，有形之物，
105 皆悉洞明；若添淤泥，影像頓失，但多穢濁，諸
106 无可觀。八者觀諸人間，猶玩戲劇，坐消時日，
107 勞役精神。譬如狂人，眼花妄見，手足攀挠，晝①
108 夜不休，荕（筋）力盡疲，竟无所獲。九者觀諸人間，
109 施行雜教，唯事有為，妨失直正。譬如巧工，尅作
110 牛畜，庄嚴彩畫，形猊（貌）類真，將為田農，終不收
111 獲。十者觀諸人間，假脩善法，唯求衆譽，不念
112 自欺。譬如蚌蛤，含其明珠，漁者破之採而死②，
113 但能美人，不知己苦。觀此十種，調禦（禦）身心，言
114 行相應，即无過失，方可進前四種勝法。云何
115 四種？一者无欲，所謂內心，有所動欲，求代上
116 事，作衆惡緣，必須制伏，莫令輒起。何以故？
117 譬如草根，蔵在地下，內有傷損，外无見知，見
118 是諸苗稼，必當凋萃（萃）。人亦如是，內心有欲，外不
119 見知，然四支七竅，皆无善氣，增長衆惡，斷安
120 樂曰。是故，內心行无欲法。二者无為，所謂外形，
121 有所為造，非性命法，逐霊（虛）妄緣，必當捨弃，勿
122 令親近。何以故？譬如乘舩，入大海水，逐風搖
123 蕩，随浪遷移，既憂沉没，无安寧者。人亦如
124 是，外形有為，營造俗法，唯在進取，不念劬
125 勞，扵諸善緣，悉皆忘癈，是故外形，履无為道。
126 三者无德，扵諸功德，不樂名聞，常行大慈，廣
127 度衆類，終不辝說，將為所能。何以故③？譬如大
128 地，生養衆物，各随其性，皆合所宜，凡有利益，
129 非言可盡。人亦如是，持勝上法，行景教旨，蒹（兼）度

---

① "畫"，羽田本誤作"盡"。
② "採而死"，從文意看，若補一"之"，作"採而死之"或"採之而死"，則似較可讀。
③ "何以故"，羽田本誤錄作"以何故"。

130　含生，使①同安樂。扵彼妙用，竟无所稱，是名无
131　德。四者无證，扵諸實證②，无所覺知，妄弃是非，
132　泯齊德失，雖曰③自在，邈（邈）然虛空。何以故？譬如
133　明鏡，鑑照一切，青黃雜色，長短衆形，盡能洞
134　徹，莫知所以。人亦如是，晤真道性，得安樂心，遍
135　見衆緣，悉能通達，扵彼覺了，忘盡无遺，是
136　名无證。"弥施訶又曰："若復有人，將入軍陣，必資
137　甲仗，防衛其身，甲仗既堅，不懼冤賊。唯此景
138　教勝上法文，能為含生，禦煩惱賊，如彼甲仗，
139　防護身形。若復有人，將渡大海，必資舩舶，
140　方濟風波，舩舶既全④，前岸可到⑤。惟此景教勝
141　上法文，能与含生，度生死海，至彼道岸，安樂
142　寶香。若復有人，時逢（逢）疫癘，病者既衆，死者復
143　多，若聞反魂寶香妙氣，則死者反活，疾苦消
144　愆。惟此景教勝上法文，能令含生，反真智命，
145　凡有罪苦，咸皆滅除。若有男女，依我所言，勤
146　脩上法，晝夜思惟，離諸染汙，清净真性，湛然
147　圓明，即知其人，終當解脫。是知此經所生利益，
148　衆天說之，不窮真際。若人信愛，少分脩行，
149　能扵明道，不憂諸難；能扵闇道，不犯諸灾；能
150　扵他方異處，常得安樂，何況專脩？汝等弟子
151　及諸聽衆，散扵天下，行吾此經，能為君王安護
152　境界。譬如高山，上有大火，一切國人，无不視者。
153　君王尊貴，如彼高山，吾經利益，同扵大火。若能
154　行用，則如光明，自然照耀。"岑穩僧伽，重起請

---

① "使"，羽田本誤作"便"。
② "證"，羽田本脫漏。
③ "曰"，羽田本誤作"日"。
④ "全"，寫本圖版清晰，羽田本代以缺字號"□"。
⑤ "前岸可到"，寫本清晰無誤，羽田本誤作"前岸不可到"，擅添一"不"字。

155　益。弥施①訶曰："汝當止止，勿復更言。譬如良井，水則
156　无窮，病苦新悆，不可多飲，恐水不消，便成勞
157　復。汝等如是，善性初興，多聞致疑，不可更說。"
158　時諸大衆，聞是語已，頂受歡喜，礼退奉行。
159　志玄安樂經

（本文收入拙著《敦煌文書與夷教研究》[當代敦煌學者自選集]，上海古籍出版社，2011年，頁294—323；原文本爲祝賀香港饒宗頤教授九五華誕而作，擬刊《華學》第11輯，緣該刊因故拖延數年，至2014年始由中山大學出版社出版，文見該輯頁156—172。）

---

① "施"，羽田本誤作"師"，文集版作"彌益師訶"，衍植一"益"字。

唐代洛陽景教經幢《宣元至本經》考釋

一、引言

早在七十多年前，前輩學者馮承鈞先生研究西安景教碑時曾寄望道：

又據碑文，高宗時諸州各置景寺，則當時景教不止一寺，亦不止一碑。將來或有第二碑之發見歟！[①]

2006年5月洛陽唐代景教經幢面世，形製雖與碑有別，但同屬石刻，上勒《大秦景教宣元至本經》（以下簡稱《宣經》）；就景教石刻而言，是爲繼西安景教碑之後的最重大發現[②]；於關注中國基督教史研究者，自是欣喜莫名[③]。目前所見石刻，雖僅剩殘半，但有經文，有題記，有圖像，包含了豐富的信息。就該石刻的研究，以張乃翥先生的《跋河南洛陽新出土的一件唐代景教石刻》（以下簡稱"張文"）爲發軔之作[④]，是文著錄石刻的文字（其錄文以下簡稱"張本"），發佈拓本照片，並就經幢有關的問題發表諸多灼論。數月後，羅炤先生在《文物》雜誌發表《洛陽新出土〈大秦景教宣元至本經及

[①] 馮承鈞《景教碑考》，商務印書館，1931年，頁60。
[②] 有關發現的最早報導見張乃翥《一件唐代景教石刻》，《中國文物報》2006年10月11日第7版。
[③] 2007年3月26日至28日在北京舉行的世界漢學大會上，有以"景教文典與新近發現的《景教宣元至本經幢》"爲專題的圓桌會議。見《世界漢學大會將首次在中國舉行》，《光明日報》2007年3月20日第6版。
[④] 張乃翥《跋河南洛陽新出土的一件唐代景教石刻》，《西域研究》2007年第1期，頁65—73；後又發表《補正說明》（《西域研究》2007年第2期，頁132），就石刻的文字錄文作了若干修訂。

幢記〉石幢的幾個問題》（以下簡稱羅文）[1]，披露石刻發現的一些秘辛[2]，詳細報道經幢形製的諸多數據，並刊出拓本和幢體的正面照片，重新著錄文字內容，並與敦煌發見的《宣經》合校（其合校本以下簡稱"羅本"），文章更就石刻的文字和圖像所披露的信息多所闡發；而後不久，又在《世界宗教研究》續發表《再談洛陽唐朝景教經幢的幾個問題》，再次著錄該經幢的文字並相關照片，並進而就經幢文字內容進行縱向、橫向的探討。[3] 上揭諸文爲他人的繼續研究導夫先路。不過，把這一重要發現推向社會，真正產生社會影響的，應歸功老前輩馮其庸先生的《〈大秦景教宣元至本經〉全經的現世及其他》一文，該文首發於 2007 年 9 月 27 日《中國文化報》"國學專欄"上，2007 年 10 月 6 日黃安年的博客轉發，復轉載於《新華文摘》2007 年第 23 期；爾後，地方報刊、網絡文章紛紛引用。筆者深信，隨著研究的深入，該石刻的歷史價值必日益爲學者所認識。[4] 倘失落的另一半殘石他日現身，爲延津之合，則洛陽景教經幢與西安景碑必將東西輝映，媲美人間！

竊以爲對該石刻的研究，實有賴不同學科學者之通力合作，斷非短時間內便可畢其功。筆者願盡綿力，就經幢所勒刻的《宣經》，在張、羅二文的基礎上，再略作考釋，期以拋磚引玉。衷心感謝張、羅兩先生，在大作發表前便將電子文本賜讀，並賜示經幢有關照片；衷心感謝文物出版社總編葛承雍教授，遙賜經幢拓本。本文之得以撰成，首先得歸功上述三位先生的真摯幫助。

二、洛陽經幢《宣經》錄文校勘

經幢的《宣經》對敦煌學界來説，並不陌生；緣 20 世紀初發見的敦煌文書，就包括一個題爲《大秦景教宣元本經》的殘本（以下簡稱敦煌本），

---

[1] 羅炤《洛陽新出土〈大秦景教宣元至本經及幢記〉石幢的幾個問題》，《文物》2007 年第 6 期，頁 30—42、48。
[2] 見上揭羅炤文注釋 1。
[3] 羅炤《再談洛陽唐朝景教經幢的幾個問題》，《世界宗教研究》2007 年第 4 期，頁 96—104。
[4] 國內學者有關該經幢研究的初步成果，以及與經幢相關的清晰照片，業已彙編成冊出版，見葛承雍主編《景教遺珍——洛陽新出土唐代景教經幢研究》，文物出版社，2009 年。

題目與經幢《宣經》，僅一"至"字之差。殘本原由李盛鐸藏，後流入日本，原件照片於1958年公刊於京都出版的《羽田亨博士史學論文集》（見該書下卷圖版七）。經幢《宣經》計19行。從其第1至11行的殘文看，無疑對應了敦煌的殘本，儘管文字間有差異；餘行內容則爲現存敦煌殘本所缺。由於有敦煌本參照，經幢本《宣經》前11行的殘缺部分，可以得到推補；而其11行以降部分，則補充了敦煌本之所缺。因此，就《宣經》的研究，洛陽經幢本的發現，無疑提供了不可多得的新資料，使對整個經文的了解，得以跨進一大步。

《宣經》勒刻於經幢的第二、三、四面和第五面的第1行。幢體勒刻《宣經》部分每面均書寫六行，字距大體劃一，粉本諒必是按格填寫，頗顯恭敬。儘管幢體下半失落，但由於有敦煌本可資比勘，可推斷滿行應爲48字。① 幢體各面的寬度有差（約14—16釐米）②，各行字的距離亦不盡一致。至於書寫的板面長度，據拓本測量推算，大概爲116.5釐米，即接近46寸，製作者可能就是按這個尺寸來劃格的。③

按經幢的文字，張、羅二文的著錄，公刊時或囿於採用簡體字，或囿於常用電腦字庫之不足，未能盡現原貌。爲便於討論，謹直接據經幢拓片，本著盡量忠實原件的原則，重新過錄，並參考張本、羅本，試加標點。需説明的是：本錄文前11行乃與敦煌本比對，不同之處以雙行小字夾注；石刻失落部分之經文，據敦煌本補，並下劃黑綫標示；不能確認之字以方格"□"標示；補佚之字則加黑框並夾注説明；唐代異體字首現時另用括號加注正體字；與他本相異之處，亦加括號説明；個別術語或詞組有旁例者則加注，以作點斷的根據；對個別疑字的理校亦加注申説。

標點間或與張本、羅本有異，唯僅供參考耳，絕不敢自以爲是。實際上，由於經文殘缺以及在傳抄勒刻時難免產生的衍脱訛誤，在沒有其他相應文本可資比對，沒有其他相類經文可資參照的情況下，要完整無誤地句點、解讀現存《宣經》，極爲困難。是以，對經文的術語和表述，目前

---

① 第1行祇寫經名，不存在缺字的問題。殘存字數最多的第2、3行各有28字，比對敦煌本，恰均差20字；其他各行經比對，如寫滿時，也應爲48字。
② 羅炤《洛陽新出土〈大秦景教宣元至本經及幢記〉石幢的幾個問題》，頁30。
③ 第2、3行各存28字，書寫長度68釐米，所缺20字，約長48.5釐米。

仍有不少疑難不解處，有待日後再行考辨；有些問題成爲長年懸案也未可知。

（幢體第二面）

1 大秦景（景）教宣元至^(敦煌本缺)本経（經）

2 時景通法王，在大秦國郍（那）薩（薩）羅城和明^(敦煌本作明)宮寶法雲座，将（將）與二見，了決真源。應樂咸通，七方雲集。有諸明净土、一切神天荨（等）妙法

3 王，無^(敦煌本作无)量覺衆，及三百六十五種①異見中民（民）^(敦煌本避諱作I)。如是族類，無^(敦煌本作无)邊無^(敦煌本作无)極（極），自嗟空昧^(殘存右上半字跡，據敦煌本補)，久失真源。罄（罄）集明宮，普心至仰。時景通法王，端嚴進

4 念，上觀（觀）空皇，親承印盲^(經幢缺，據敦煌本補)，告諸衆曰："善（善）来法衆，至至無^(敦煌本作无)来，今可^(敦煌本作柯)通常，啓生滅死，各圓^(敦煌本作圖)其分，静諦我宗。如了无元，磑（礙）當隨散。"即宣玄化匠帝真

5 常盲（旨）：^(敦煌本不留闕)"無^(敦煌本作无)元、無^(敦煌本作无)言^(殘存一，參敦煌本補)、無^(敦煌本作无)道、無^(敦煌本作无)緣，妙有非有，湛穽（寂）常^(敦煌本作然)然。"②吾聞^(敦煌本作曰)太阿羅訶^(此字僅存右上角卜殘跡，參敦煌本定)開无開異，生無心浣，藏化自然，渾元③發（羅文疑爲衍字）无發，无性，无動。靈屘（虛）空

6 量（置）^(敦煌本作買)，因緣機（機）軸。自然著為象^(敦煌本作爲)本，因緣配為感乘。剖判叅羅，三生七位（張本作低），浣諸名數（數），无力任持；各使相成，教了（羅文疑其前或後脫二字）返元真體。夫為（爲）匠无

（幢體第三面）

7 作，以為應盲順成，不待而變（變），合無^(敦煌本作无)成有，破有成無^(敦煌本作无)④，

---

① 西安景教碑正文第三行有云："是以三百六十五種，肩随結轍，競織法羅。"見路遠《景教與〈景教碑〉》，西安出版社，2009年，頁332拓本圖版。
② 西安景教碑正文第24行有"湛寂常然"之語。見路遠《景教與〈景教碑〉》，頁340拓本圖版。
③ 敦煌景教寫本P. 3847《尊經》所錄經名第七部爲《渾元經》，見《法藏敦煌西域文獻》（28），頁357下。西安景教碑正文第2行有"渾元之性虛而不盈"之語。見路遠《景教與〈景教碑〉》，頁331拓本圖版。
④ 《大般涅槃經義記》卷九："或有人言惡業無果不信之人自立無義，若言已下破有成無，經說氣噓是旃陀羅。"《大正藏》（37），頁851上。

诸听（所）造化，靡不依（据残迹衣 参敦煌本定）由，故号玄化匠帝、无覺空皇。隐（隱）现生靈，感之善應；異弌（哉）靈

8 嗣，虔仰（仰）造化。迷本匠王，未晓（曉）阿羅訶，切（功）無（敦煌本作无）听衔，施無（敦煌本作洁）听仁，包浩（敦煌本作洁）察（字缺下部少半，参敦煌本定），微（微）①，育衆如一。觀諸浼有，若之一塵，况是一塵亦非塵。見非見，

9 忒（悉）見見故；無（敦煌本作无）界（界）非聽（聽），忒聽聽故；無（敦煌本作无）界無（敦煌本作无）力，盡持力故。無（敦煌本作无）界嚮（嚮）無（敦煌本作无嚮），无像无法。听觀无界无邊，獨唯自在；善治无方，鎮位无際；妙制周

10 臨，物象咸揩（敦煌本作楷）（羅本作指）②，唯靈感（敦煌本作或）異，積昩（左半有損，参敦煌本定）亡途，是故以善（敦煌本作耆）教之，以平治之，以慈（慈）救之。夫知改者，罪無不捨。是謂匠帝能（能）成衆化，不自化成，是

11 化終遷，唯匠帝不虧不盈，不濁不清，保任（敦煌本作任）真空，常存不（據字跡参敦煌本定）易……

12 弥施訶應大慶原靈③故，慧圓悟之，空有不空④，無扵空不滯……（幢體第四面）

13 廬（盧）訶那體⑤，究竟真凝（凝），常樂生命，是知匠帝為無覓（字左上角有損，據字形及行文應爲覓的異體字）逐不□（張本作法）……

14 數（數），曉人大晤（羅本疑應爲悟）。⑥了皆成益，昩（残存左半，参第10行第11字定）民

---

① 按 "包浩察"，筆者以前錄敦煌本《宣經》作 "包洁察"。"浩"和 "洁"二字，形僅一撇之差，而從上下文的意思，"浩"作 "大"解，始能與 "微"對仗；而 "洁"本意 "無垢"，無從與 "微"相對，故敦煌本若非被筆者誤讀，則係抄經者筆誤。

② 按 "揩"，從張本，拓本清楚，無可置疑；敦煌本作 "楷"。由於 "揩"、"楷"字形近似，而照片字跡又不清晰，若認讀爲 "揩"，亦無不可，但要認讀爲 "指"，則斷無可能。不過，羅文過錄爲 "指"，是有説明的："按：《公孫龍子·指物論》：'物莫非指，而指非指。' 揆諸經文之義，此字釋爲 '指'似是。"《文物》2007年第6期，頁41，注14。

③ 敦煌景教寫本 P.3847《尊經》所 "敬禮"的第十三部經典爲《原靈經》。見《法藏敦煌西域文獻》(28)，頁357下。

④ 按 "空有不空"，可能法自佛教禪宗，如《投子和尚語錄》就有 "真空不空"、"真空有不空"之語。見《古尊宿語錄》卷三六，中華書局，1994年，頁679、680；另見《卍新纂續藏經》(68)，No.1315，頁237下。"無常中有常，苦中有樂，空有不空。"見《維摩經略疏垂裕記》卷六，《大正藏》(38)，頁791下。這類禪語也爲沙門所熟悉。

⑤ 敦煌景教寫本 P.3847《尊經》開篇有云："敬禮：妙身皇父阿羅訶，應身皇子弥施訶，證身盧訶寧俱沙，已上三身同歸一體。"見《法藏敦煌西域文獻》(28)，頁357下。

⑥ 《説文·日部》："晤，明也。……《詩》曰：晤辟有摽。"中華書局，1963年，頁225。

滯識，是見将違，盖靈本渾……

15 且容焉，了已終亡焉，聽為主故，通靈伏識，不遂（羅本疑應爲隨）識遷，□……

16 下備八境，開生三常，滅（减）死八境之度，長省深悔，警慎……

17 景通法王說至既已，普觀衆晤（羅本疑爲悟），扵其會中，詮以慧圓 殘存上部少半，參第12行第11字定……

18 諸界，但有人受持讀誦、信解（解）勤（勤）行，當知其人，德起（超）……

（幢體第五面）

19 如海溢坳平，日昇（昇）暗滅①，各（張本作名）證太宨，曉自在常，喜滌□……

三、《宣經》版本蠡測

根據上面的錄文比勘，可以發現《宣經》的經幢本和敦煌本不唯題目有一"至"字之差，內文若干詞句亦有異。兩者的一些差異，應與各自過錄經文過程中產生的筆誤或脱漏有關。例如，經幢本第4行沒有"親承印言"四字，從上下文語氣與邏輯推斷，顯然是脱漏。但個中有些用字的不同，則顯非誤抄，而應是各自依據的版本不同所致。例如，經幢第10行的"是故以善教之，以平治之"，敦煌本作"是故以若教之，以平治之"。"善"、"若"二字的造型有明顯的區別，殆無筆誤的可能；而"若"，據辭書的解釋，就有"順從"的意思。《尚書·堯典》："乃命羲和，欽若昊天。"《詩經·大雅·烝民》："天子是若，明命使賦。"② 以順從教誨信徒，符合基督的精神。當然，經幢本作"善"亦可解，且更加通俗。因此，"善"、"若"二字之差，當屬傳抄過程刻意修改的結果。如果經文原作"若"字，後始改爲"善"，則似

---

① 西安景教碑正文第24、25 行有"日昇暗滅"一語。
② 《尚書正義》卷二，《十三經注疏》本，中華書局，1980年，頁119中。《毛詩正義》卷一八之三，《十三經注疏》本，頁568。

可目爲經文在流傳過程中發生了雅俗的變化。此外，經幢第 4 行的"善来法衆，至至無来，今可通常，啓生滅死"，此處的"可"字，敦煌本作"柯"。"可"與"柯"聲調不同，字形也差一半，亦不大可能是傳抄之訛。《爾雅·釋詁》有曰："柯，法也。"① 故敦煌本的"今柯通常"，亦未嘗不可解。

　　從上面所舉兩例，不難看出兩者很可能是各有所本。這並不足爲奇，緣古代文獻在傳抄或刻板過程中，不唯經常出現差錯，更有被刻意修正、修改者。正因爲如此，版本學家纔非常注意同一典籍的不同版本，並以較早的版本爲尚。那麼，如果認爲《宣經》的經幢本與敦煌本是各有所本的話，那兩者孰早孰晚？由於兩者現存的經文都不完整，對兩者的異同亦無從計量分析，加之又無其他文本可供參照，因此，若單以個別用詞或表述之不同，便來論定兩者的早晚，顯爲不妥。不過，由於經幢本中"民"字出現凡兩次（見第3、14 行），均無缺筆避諱；而敦煌本雖祇出現一次，但卻像多數唐代寫本那樣避諱缺筆。這使我們至少相信：敦煌本所據版本應早於經幢的製作。

　　唐時之避諱，陳垣先生曾有曰："唐制，不諱嫌名，二名不偏諱。故唐時避諱之法令本寬，而避諱之風則甚盛。"② 唐時正式傳入的夷教，無論是景教抑或摩尼教，對避諱的時尚均非置身事外。立於唐德宗建中二年（781）的西安景教碑，力避太宗名諱，如碑文正文第 4 行："我三一分身景尊彌施訶，戢隱真威，同人出代。"第 24 行："真主無元，湛寂常然。權輿匠化，起地立天。分身出代，救度無邊。"此兩處"代"字，顯爲"世"字之避諱。英藏 S.3969 敦煌摩尼教唐寫本《摩尼光佛教法儀略》亦刻意避用"世"字，如其《經圖儀》中的"摩尼光佛當欲降代"。③ 京藏《摩尼教經》（北敦00256，字 56）則不唯"民"字要缺筆作"戶"，甚至連"愍"中的"民"也刻意缺筆，多改作"忞"（行 73、75、85、87、109、119、172、186、192、193、194、197，凡 15 處）。④ 該寫本的抄寫年代可能較早，因爲其中採用

---

① 《爾雅注疏》卷一，《十三經注疏》，中華書局，1980 年，頁 2569。（清）郝懿行《爾雅義疏》卷上之一，上海古籍出版社，1983 年，頁 42。
② 陳垣《史諱舉例》卷八第七十六《唐諱例》，中華書局，1962 年，頁 145。
③ 《英藏敦煌文獻》（5），S.3969/3，頁 224 下。
④ 任繼愈主編《國家圖書館藏敦煌遺書》第 4 册，國家圖書館出版社，2005 年，見北敦00256，字56，18/4、18/5、18/9、18/10，頁 359 上、359 下、361 下、362 上。

了武氏時期特造而後作廢的㞢（正）字。① 抄寫年代較晚的《下部讚》寫本也避"民"字之諱。② 上述例子，說明唐代外來宗教在避諱問題上，乃恪遵華情。

考經幢製作年代，據石刻題記，時在唐文宗之大和三年（829），即在唐天祐四年（907）滅亡之前78年。時距太宗李世民（599—649）去世180年，諒必對"民"諱已淡化了，刻經時始敢不在乎此。而敦煌本仍恪遵"民"諱，則默證其製作年代應較經幢爲早。因此，如果從版本學的角度，《宣經》敦煌本的權威性並不亞於經幢本。對兩者文字的某些差異，吾人不宜遽定是非，而應採用理校的方法，仔細推敲。

按抄錄宗教經典，乃無量功德事，抄經者無不畢恭畢敬；忙中有錯，脫漏筆誤，雖屬難免，但連經名都抄錯或脫字，則爲鮮見。故筆者懷疑《宣經》敦煌本之少一"至"字，未必是脫字。就經名本身而言，其"至"字充其量祇是作爲副詞，從程度上強調"本"字的分量，並無實質性的涵義。如果從經文精煉的角度考慮，該"至"字甚至可說是多餘的。當今論者就《宣經》全名有無"至"字，多以經幢本爲是，無非是因爲敦煌景教寫本 P.3847《尊經》所列舉的景淨譯經中有《宣元至本經》之名。然究實，《尊經》末尾的按語出現"唐太宗皇帝"字樣，稱"唐"而不稱大唐或國朝，學者早已懷疑其屬唐亡後之作③，比經幢更晚。因此，其足以佐證唐季流行的《宣經》確有一"至"字，並非經幢勒刻者擅自添加；但未必就能否定此前流行的《宣經》無一"至"字者。筆者曾推斷《宣經》並非譯經，而是景淨所撰④；羅炤先生就此作了更進一步的論證，並根據基督教史的傳統定義，把該經定性爲"景淨所造的景教僞經"⑤。景淨就是西安景教碑碑文作者，諳於華情。既然其所撰的景教碑文，如上所述，已明顯恪遵唐時避諱，那其撰寫《宣經》時，

---

① 有關論證參拙文《〈摩尼教殘經一〉原名之我見》，《文史》1983年第21輯，頁89—99；修訂本見《摩尼教及其東漸》，中華書局，1987年，頁191—267；《敦煌文書與夷教研究》，上海古籍出版社，2011年，頁1—21。
② 據虞萬里先生考證，該卷子書寫於唐建中元年（780）至貞元二十一年（805）之間。見氏文《敦煌摩尼教〈下部讚〉寫本年代新探》，《敦煌吐魯番研究》第1卷，北京大學出版社，1995年，頁37—46。
③ 《法藏敦煌西域文獻》（28），頁357下，參本書《敦煌景教寫本P.3847再考察》一文。
④ 參本書《敦煌本〈大秦景教宣元本經〉考釋》一文。
⑤ 羅炤《洛陽新出土〈大秦景教宣元至本經及幢記〉石幢的幾個問題》，頁35—37。

或許也會注意避"嫌名之諱"①；緣"至"字的中古讀音tɕi，適與唐高宗李治的"治"(ḍi)字音近。如果在一經之題名上竟出現與"治"近音的"至"字，豈非顯眼？而如前所述，有無一"至"字其實無足輕重，那又何必犯諱來用此字呢？是以，説不定《宣經》的原始版本就沒有一個"至"字。然耶？有待新資料來確認。

四、選刻《宣經》原因試釋

張、羅二文都把勒刻《宣經》的洛陽石刻名爲景教經幢，這一命名得到學界的認同。觀今人對宗教經幢的全面系統考察，依筆者所見，莫過於臺灣學者劉淑芬女史。②據劉氏有關經幢形製、性質和來源的綜合研究③，對照張文、羅文有關洛陽景教石刻形製及其內容的介紹，把該石刻名爲景教經幢，無疑十分確切。劉氏認爲："經幢的性質是塔——一種法身塔，更確實地說，經幢是糅合了刻經和塔所衍生出來一種特殊的塔。"④而學者週知，無論是塔或是石經，都非西方基督教之物。誠如羅文所指出，"在馬丁·路德之前，基督教並不主張普通信徒受持讀誦《聖經》"⑤，如是，遑論刻經於石？因此，張、羅二文稱洛陽景教經幢乃效法佛教之物，完全可以成立。以往，我們祇知道經幢乃源於唐代佛教，後來道教也效法之，而今洛陽景教經幢的發見，則證明了除本土道教之外，外來的景教亦曾仿效，這無疑爲經幢史增添了新的內容和例證。至於另一同樣熱衷譯經的外來宗教——摩尼教，目前我們僅發現其在元明時代把本教的要旨"清淨光明，大力智慧，無上至真，摩尼光佛"勒刻於石，廣爲宣傳⑥，至於是否曾製作經幢，尚無文獻資料或考古

---

① "嫌名之諱"，參陳垣《史諱舉例》卷五《避嫌名例》，頁72—74。
② 劉淑芬關於經幢研究的系列文章有：《佛頂尊勝陀羅尼經與唐代尊勝經幢的建立——經幢研究之一》，見《"中央研究院"歷史語言研究所集刊》第67本第1分冊，1996年，頁145—193；《經幢的形制、性質和來源——經幢研究之二》，同刊第68本第3分冊，1997年，頁643—725；《墓幢——經幢研究之三》，同刊第74本第4分冊，2003年，頁673—763。
③ 劉淑芬《經幢的形制、性質和來源——經幢研究之二》，頁643—725。
④ 劉淑芬《經幢的形制、性質和來源——經幢研究之二》，頁643。
⑤ 羅炤《洛陽新出土〈大秦景教宣元至本經及幢記〉石幢的幾個問題》，頁36。
⑥ 參拙文《福建明教石刻十六字偈考釋》，《文史》2004年第1輯，頁230—246；修訂稿見《中古

發現可資證明。不過，從宋元時代摩尼教的高度華化來看，如有朝一日考古也發現摩尼教經幢，這絕對不會令人驚訝。

據研究，佛教經幢最初是勒刻《佛頂尊勝陀羅尼經》（以下簡稱《陀經》），尤以該經的佛陀波利譯本爲多。[1] 緣該經"能淨一切惡道，能淨除一切生死苦惱，又能淨除諸地獄閻羅王界畜生之苦，又破一切地獄能迴向善道"。[2] "若人能須臾讀誦此陀羅尼者，此人所有一切地獄畜生閻羅王界餓鬼之苦，破壞消滅無有遺餘。"[3] 更有，"若人能書寫此陀羅尼安高幢上"，衆生"於幢等上或見或與相近，其影映身，或風吹陀羅尼上幢等上塵落在身上"，則"所有罪業，應墮惡道、地獄、畜生、閻羅王界、餓鬼界、阿修羅身惡道之苦，皆悉不受，亦不爲罪垢染污"。[4] 據考，正是由於《陀經》有這種拯濟幽冥和破地獄的功能，從唐代開始，就有許多經幢建在墳墓之傍，希望藉著幢影覆被，解救亡者地獄之苦。[5] 這些樹立在墳墓之傍的經幢，一般稱爲"墓幢"或"墳幢"。本文所討論的這一景教經幢，應當就是屬於這一類；緣該幢製作緣由，據《幢記》所述，與佛教墓幢正好雷同，係生者爲其亡妣"安國安氏太夫人"及"亡師伯"修建塋墓時所立。儘管《幢記》殘文未見佛教經幢題記中"塵沾影覆"那類措辭，但其第 7 行卻明確表述了立此經幢旨在獲福："有能諷持者，皆獲景福，況書寫於幢銘乎！"[6] 這與上揭《陀經》所強調的拯濟幽冥和破地獄的功能，實際是異曲同工。張文已就洛陽中古佛門信徒於先亡、所親墓所建樹經幢的事例，以鄉土文化史料多所舉證。由是，我們益加相信，"安國安氏太夫人"兒子之立經幢，乃洛陽地區濃烈佛教氛圍的產物。

既然我們已確認洛陽景教石刻乃效法時尚的佛教墓幢，那就意味著主其事者對後者是熟悉的，無論其形製，還是內容。其選擇《宣經》，起碼應認爲該經的形式與《陀經》較爲相似，而其宗教功能則可與《陀經》匹敵。本來，一是佛經，一是景經，教理不同，難以相提並論；但景教入華譯經，遠

（接上頁）三夷教辨證》，中華書局，2005 年，頁 1—32；《敦煌文書與夷教研究》，上海古籍出版社，2011 年，頁 198—224。

[1] 參劉淑芬《佛頂尊勝陀羅尼經與唐代尊勝經幢的建立——經幢研究之一》，頁 156。
[2] 佛陀波利譯《佛頂尊勝陀羅尼經》，《大正藏》(19)，頁 350 上。
[3] 佛陀波利譯《佛頂尊勝陀羅尼經》，頁 350 中。
[4] 佛陀波利譯《佛頂尊勝陀羅尼經》，頁 351 下。
[5] 參劉淑芬《經幢的形制、性質和來源——經幢研究之二》，頁 684。
[6] 參本書《唐代洛陽景教經幢〈幢記〉若干問題考釋》一文。

較佛教爲晚，本教術語，多格義於佛典，經文表述，亦頗效法佛經。因而，就形式而言，兩者不無相類。以《宣經》開篇文字爲例：

> 時景通法王，在大秦國那薩羅城和明宮寶法雲座，將與二見，了決真源。應樂咸通，七方雲集。有諸明淨士、一切神天等妙法王，无量覺衆，及三百六十五種異見中民。

此處先交代演講者、演講地點和聽衆身份，這正是漢譯佛經的常見寫法[1]，《陀經》亦如是：

> 如是我聞，一時佛在舍衛國祇樹給孤獨園，與大比丘衆八千人俱，菩薩三萬二千，逮得正智照明諸法，於知所知了無罣礙。其名曰觀自在菩薩得大趣菩薩，彌勒菩薩文殊師利童真菩薩，蓮華勝藏菩薩手金剛菩薩，持地菩薩虛空藏菩薩，除一切障菩薩普賢菩薩而爲上首。如是等三萬二千菩薩摩訶薩衆。復有萬梵摩天，善吒梵摩而爲上首，從餘生界來詣佛所俱在會集。復有萬二千諸釋天衆，與無量天龍夜叉乾闥婆阿修羅迦樓羅緊那羅摩睺羅伽人非人等俱來在會。爾時聖尊四衆圍繞，恭敬供養而爲說法。[2]

就佛教的義理而言，由於釋迦牟尼誕生之前，世界就已存在，故佛祖祇是認爲一切皆空，並沒有對宇宙萬物的形成提出自己的一套看法。因此，《宣經》在宣講造物主及其創造萬物時，除藉助佛教用語外，更多格義於道教：

> 吾聞太阿羅訶，開无開異，生无心浼，藏化自然，渾元發无發，无

---

[1] 如（唐）伽梵達摩譯《千手千眼觀世音菩薩廣大圓滿無礙大悲心陀羅尼經》："如是我聞，一時釋迦牟尼佛，在補陀落迦山觀世音宮殿寶莊嚴道場中，坐寶師子座，其座純以無量雜摩尼寶而用莊嚴百寶幢旛周匝懸列。爾時如來於彼座上，將欲演說……"《大正藏》（20），頁106上。（唐）地婆訶羅譯《最勝佛頂陀羅尼淨除業障呪經》："如是我聞，一時薄伽梵在室羅筏竹笋道場，於誓多林給孤獨園中，與大比丘衆八千人俱，皆是住聲聞位尊者。……"《大正藏》（19），頁357中—下。（元魏）菩提留支譯《佛說佛名經卷》："如是我聞，一時佛在舍婆提城祇樹給孤獨園，與大比丘衆千二百五十人俱。爾時世尊四衆圍遶……"《大正藏》（14），頁114上。
[2] （唐）杜行顗譯《佛頂尊勝陀羅尼經》，《大正藏》（19），頁353上。

性，无動。靈虛空置，因緣機軸。自然著爲象本，因緣配爲感乘。剖判紊羅，三生七位，浼諸名數，无力任持；各使相成，教了返元真體。夫爲匠無作，以爲應旨順成，不待而變，合無成有，破有成無；諸所造化，靡不依由，故号玄化匠帝、无覺空皇。

相關的諸多表述也充滿道味：

端嚴進念，上觀空皇，親承印旨……
不虧、不盈、不濁、不清……
无元，无言，无道，无緣，妙有非有，湛寂常然。……
不虧、不盈、不濁、不清，保住真空，常存不易。……

儘管如此，就造物主阿羅訶的稱謂，卻是藉鑑佛經。① 緣 "阿羅訶" 一詞，早已見諸佛經，多與 "三藐三佛陀" 連書，該詞《陀經》也有之：

作是思唯，唯除如來阿羅訶三藐三佛陀無能救者。②

該詞本爲佛教專有術語，因而也收入佛教辭書《續一切經音義》：

阿羅訶：下音呵，梵語訛略也。正云遏囉曷帝，此云應供，謂應受人天妙供，故即十号之中第二號。③

在義理上，景教雖沒有地獄閻王之說，但由於其有原罪說，因而渴望得到解救，在這一點上，與佛教的破地獄說實可溝通。④ 就上錄《宣經》的殘

---

① 參 H. Havret, *La Stèle Chrétienne de Si-ngan-fou, III e Partie: Commentaire Partiel et Pléces Justficatives*, Varivétés Sinologiques Nos. 20, Imprimèrie de la Mission Catholique, Changhai 1902, p. 90.
② （唐）杜行顗譯《佛頂尊勝陀羅尼經》，《大正藏》（19），頁 353 上。
③ 《續一切經音義》卷四，《大正藏》（54），頁 949 中。
④ 古人也意識到了宗教的共同性，如西安景教碑正文第 10 行所引貞觀十二年詔："道無常名，聖無常體，隨方設教，密濟群生。"見路遠《景教與〈景教碑〉》，西安出版社，2009 年，頁 334—335 拓本圖版。

文看，吾人不難揣摩出該經主題，除是宣講造物主阿羅訶之無窮威力外，還有救世主彌施訶的使命，而這正是基督教拯救教義的出發點。是故，選擇這一經典製作墓幢，與佛教徒之選《陀經》，不亦殊途同歸乎。

《宣經》除在形式和功能可與《陀經》類比外，其在唐代諸多景教經典中的崇高地位，當亦成爲其入選的重要原因。查敦煌景教寫本 P. 3847 的《尊經》，開列景淨"譯"經 35 部加以"敬禮"：

> 敬礼：《常明皇樂經》，《宣元至本經》，《志玄安樂經》，《天寶藏經》，《多惠聖王經》，《阿思瞿利容經》，《渾元經》，《通真經》，《寶明經》，《傳化經》，《罄遺經》，《原靈經》，《述略經》，《三際經》，《徵詰經》，《寧思經》，《宣義經》，《師利海經》，《寶路法王經》，《删訶律經》，《藝利月思經》，《寧耶頤經》，《儀則律經》，《毗遏啓經》，《三威讚經》，《牟世法王經》，《伊利耶經》，《遏拂林經》，《報信法王經》，《彌施訶自在天地經》，《四門經》，《啓真經》，《摩薩吉斯經》，《慈利波經》，《烏沙郍經》。①

《宣經》名列第二。這就意味著，當時可資遴選的漢文景教經典至少有 35 部。其中未必就衹有《宣經》可與《陀經》相匹。例如，敦煌景教寫本 P. 3847 的景教《三威蒙度讚》，是基督教三位一體的讚美詩，當今基督教會禮拜儀式還在採用。該經的體裁雖與《陀經》不同，多爲七言詩，但其中亦藉用了諸多佛教術語和概念；而内容更是讚美"神威"無比的阿羅訶，讚美"廣度苦界救無億"的彌施訶。如果說，刻《宣經》有拯救亡靈、造福生人之效，那刻這篇讚美詩理當亦然。該經完整保存下來，凡 24 行，327 字，就篇幅而言，顯然更適合刻於幢體。不過，其在《尊經》中衹是被"敬禮"的第 26 部經，在景僧心目中的地位，該經顯然是比不上名居第二的《宣經》。

《尊經》"敬禮"的第一部經典是《常明皇樂經》，佐伯好郎將該經名英譯爲 The Eternal-Enlightenment Kingly-Joy Book。② 此處把"皇"字譯成 kingly，作形容詞或副詞用，把"皇"與"樂"當成一個詞組，譯成 Kingly-Joy，即像

---

① 《法藏敦煌西域文獻》（28），頁 357。參本書《敦煌景教寫本 P. 3847 再考察》一文。
② P. Y. Saeki, *The Nestorian Documents and Relics in China*, Tokyo 1937, repr. 1951, p. 274.

國王那樣快樂，從邏輯上看，未必可以成立。緣在皇權專制的唐代社會，等級森嚴，臣民不可能亦不敢妄想享受與皇上一樣快樂的生活，諒景淨也不敢宣稱讀其經典，則可樂同今上。即便衹是比喻，那也不可能，因爲基督教的快樂觀與世俗皇帝的快樂觀完全是兩回事，不存在藉喻的可比性。職是之故，竊以爲，"皇"應是與"常明"構成一個詞組，在此經名中，"皇"是作名詞用，前面"常明"爲形容詞，作定語修飾"皇"，三字連讀作"常明皇"，是爲專有名詞。如用現代漢語強譯，題目的意思是：常明皇的快樂經。

"常明皇"一詞，《大藏經》未見，看來不是藉諸佛教，而是景淨首創。該詞未必是指基督教的神，上面已引錄《宣經》對造物主"阿羅訶"的解釋，有"玄化匠帝无覺空皇"的意譯，但沒有"常明皇"之謂，如有當應提及。西安景教碑述及阿羅訶時，亦全無與"常明"聯繫。因此，我們沒理由認爲"常明皇"是指代造物主。而照漢語的表述習慣，最高的造物主的漢譯既有"皇"的稱謂，位居其下的諸神自不配稱皇。是以，筆者懷疑"常明皇"可能是指世俗的皇帝，類乎古人頌揚皇帝常用的"一代明君"。《常明皇樂經》可能是藉託宗教經典之名，行頌揚取悅唐代帝皇之實。吾人固知，在古代中國，宗教服從政治，依景淨對中華傳統文化的了解，對當時現實社會的認識，當像佛僧那樣，深諳"不依國主則法事難立"①之道理。事實上，他撰寫西安景教碑時，便已明確表達了他的政教觀："唯道非聖不弘，聖非道不大。道聖符契，天下文明。"（正文第 8 行）其碑文僅一千八百餘字，卻有數百字是用於頌揚唐朝諸皇帝，詞藻華麗，極盡阿諛之能事。像他這樣一位"政治僧侶"，爲了保住或開拓在華的傳教事業，效法當年佛僧向武則天進獻《大雲經》故事②，製作一部取悅皇帝的經典，並把其列在諸經中的第一部加以"敬礼"，完全不悖邏輯。而事實上，景淨在上揭碑文，已多處用"明"字來頌揚唐皇帝，如："太宗文皇帝，光華啓運，明聖臨人。"（正文第 8 行）"肅宗文明皇帝，於靈武等五郡重立景寺。"（正文第 17—18 行）"建中統極，聿修明德。"（正文第 27—28 行）更有，玄宗李隆基（685—762）死後謚號"至道大聖大明孝皇帝"③，就是突出一個"明"字，以致有

---

① （梁）釋慧皎《高僧傳》卷第五《釋道安一》，《大正藏》（50），頁 351 下。
② 參陳寅恪《武曌與佛教》，見《金明館叢稿二編》，上海古籍出版社，1980 年，頁 148。
③ 《舊唐書》卷九《玄宗紀下》，中華書局，1975 年，頁 235。

唐明皇之稱。由是，景淨用"常明皇"來隱喻唐皇帝，亦不無可能。假如筆者這一推測不誤的話，那麼《常明皇樂經》即便有闡發教理，恐亦不無附會，"曲學阿世"。如果從純教理的角度考慮，該經未必就是品位最高的一部，儘管其名冠群經。倒是名列第二的《宣經》纔是最重要、最崇高的一部。該經宣講造物主創造世界，宣講救世主拯救人類，這正是整個基督教義的基礎。

如果景僧果真相信刻經可以帶來"景福"的話，那麼，照一般邏輯推理，所刻經典品位越高，獲福自然越大，首選勒刻的經典自非《宣經》莫屬。

五、《宣經》篇幅續考

筆者曾懷疑《宣經》敦煌本殘存的 465 字衹是原經的若干分之一，因爲照古代宗教經典，一般而言，祈禱文、禮讚詩之類，其篇幅短小，多屬常見；但闡發義理的經文則往往是長篇大論。而從經文的題目和現存內容看，教義遠未闡發清楚。[①] 而今，經幢發現，雖然亦殘缺，但由於其書寫勒刻工整規範，藉助敦煌本《宣經》拼接，不難推算石幢復原時經文的大體字數。由是，張文推測《宣經》漢文完本當在 887 字左右。即洛陽石刻本文字存量約佔完本的 48%，敦煌本約佔完本的 55%。[②] 而據羅文的推算，則洛陽本爲 4/9，敦煌本爲 5/9。[③] 似乎由於經幢版《宣經》的發現，該經的篇幅問題亦就迎刃而解了。但細想，實際問題還未解決，因爲張、羅二文所推算的數字，實際是石幢復原時所刻經文的字數，如果要將這作爲《宣經》完本的字數，首先就得確證石幢已將整部《宣經》刻完，即排除其衹是勒刻全經一部分的可能性。而就這一點，張文完全沒有論及，羅文雖提到石幢殘文有佛經結尾的套語，但對這一"套語"尚未展開實質性的論證，故也欠說服力。下面，擬就此問題略作申論。

如上面已討論的，學界已把《宣經》石刻目爲效法佛教的墓幢。而我

---

① 有關篇幅的討論詳參本書《敦煌本〈大秦景教宣元本經〉考釋》一文。
② 張乃翥《跋河南洛陽新出土的一件唐代景教石刻》，頁 67。
③ 羅炤《洛陽新出土〈大秦景教宣元至本經及幢記〉石幢的幾個問題》，頁 36。

們知道，墓幢刻經與一般刻經動機完全不同[1]，佛教徒之所以普遍刻《陀經》[2]，如上面所已指出，是因爲該經被認爲能破地獄，其旨與讓該經久傳殆無關係；這與公元 7 世紀初靜琬和尚在"法難"過後，爲永保法脈，於房山發願刻經於石，爾後僧俗接力、堅持千年的壯舉完全是兩碼事。正因爲製作墓幢的動機，實際與完整保存經文於後世無關，是以，囿於幢體形製較小，多有僅刻經的一部分者。[3] 即便不是墓幢，勒刻其他佛經的經幢亦未必將全經刻完；例如，劉文所引《八瓊室金石補正·侯刺史等經幢題名》，其中提到宣宗大中八年（854），侯刺史等人立幢，所刻《妙法蓮華經》就僅全經的一部分。[4] 另蒙北京故宮博物院碑拓專家施安昌先生賜告，其見過二十多份佛教經幢拓本，所刻經文絕大多數都不完整。由是，足見經幢之刻經並不在乎經文之完整否。既然佛教墓幢可以節錄經文而無損破地獄之效，那麼，《宣經》如沒有刻完，亦當無礙於獲取"景福"。因此，《宣經》完本的篇幅，就不是單靠推算石幢勒刻的字數便可定案。像《陀經》，由於其有紙本傳世，故墓幢所刻是否完整，一目了然。《宣經》則不同，其並無完整紙本傳世，如上面所說，目前僅有一件有頭無尾的敦煌寫本。因此，在沒有一個完整紙本可資對照的情況下，對石幢是否勒刻《宣經》完本，吾人不宜遽下結論。

相信石幢已將《宣經》刻畢，還有一個重要根據，即：上揭錄文第 18 行的"受持讀誦，信解勤行"八字，羅文認爲乃"原封不動地搬用漢譯佛經結尾的套語"。[5] 就此，我們無妨揣摩經幢所見經文最後三行的所謂"結尾"：

17 景通法王說至即已，普觀衆晤，於其會中，詮以慧圓，……
18 諸界，但有人受持讀誦，信解勤行，當知其人，德超……

---

[1] 劉淑芬指出："就經幢上的文字而言，它雖刻的是佛經，但經幢的意義和一般刻經不同；刻經的目的僅是爲傳之久遠這個用意，而經幢則還有其他宗教上的功能和用途。"見氏文《經幢的形制、性質和來源——經幢研究之二》，頁 697。
[2] 如劉淑芬指出："經幢是因《佛頂尊勝陀羅尼經》的傳來和流行，纔發展出來的一種石刻的新形式，因此，絕大多數的經幢所刻的便是此經。"見氏文《經幢的形制、性質和來源——經幢研究之二》，頁 662。
[3] 劉淑芬《墓幢——經幢研究之三》，頁 692。
[4] 劉淑芬《經幢的形制、性質和來源——經幢研究之二》，頁 667。
[5] 羅炤《洛陽新出土〈大秦景教宣元至本經及幢記〉石幢的幾個問題》，頁 36。

19 如海溢坳平，日昇暗滅，各證太寂，曉自在常，喜滁□……

如果照每行48字計算，第17行差28字，第18行缺29字，第19行如果寫滿的話，則失落29字。這最後一行語氣未盡，明顯殘缺。但綜合三行所殘存的文字，其大略的意思還是可以估摸的：景通法王佈道到一段落，便停下來，聽取信徒們的反映，然後指出一個人祇要認真讀誦以上所講的經典，好好加以理解執行，那麽就可以達到一種很高的境界。句子中的"但"，作語辭用，表示"僅"、"祇"的意思，從語氣看，"受持讀誦，信解勤行"並非結尾套語，其在句中應是條件狀語之類。把"受持讀誦，信解勤行"作爲先決條件，然後揭示其可帶來什麽效果，類似的這種句式，佛經至爲常見。例如與佛教經幢關係最爲密切的《陀經》就有這樣的表述：

但聽聞者生死相續一切業障，種種苦患咸悉消滅，當獲善果得宿命智。①

類似的這種經文句式與經文的結束並無內在的聯繫，實際可以像排比句那樣，反復出現，以把問題說深說透。

其實，佛教經典的結尾套式是站在聽衆的立場上，表示他們對宣講內容的完全接受，而且是置於經文的最末端。例如，唐代佛教經幢廣爲勒刻的《陀經》結尾是：

爾時大衆聞法歡喜，信受奉行。②

衆所周知的《金剛經》結尾是：

聞佛所說，皆大歡喜，信受奉行。③

《未曾有因緣經》結尾是：

---

① 杜行顗譯《佛頂尊勝陀羅尼經》，頁353中。
② 佛陀波利譯《佛頂尊勝陀羅尼經》，頁352上。
③ （後秦）鳩摩羅什譯《金剛經》，《大正藏》(8)，頁752下。

聞佛所說，皆大歡喜，各各發心，向三脫門，禮佛辭退，如法奉行。①

《金剛場陀羅尼經》結尾是：

聞佛所說，頂禮佛足，歡喜奉行。②

《護命法門神呪經》結尾是：

時薄伽梵說此經已，金剛手菩薩摩訶薩，及釋梵護世天人阿素洛健闥縛等。一切衆會，聞佛所說，歡喜奉行。③

上揭京藏《摩尼教經》也效法佛經，假託明使與門徒阿馱等的對話，闡發摩尼關於人類自身並存明暗二性的教義，經文的結尾是：

時諸大衆，聞是經已，如法信受，歡喜奉行。④

存世的另一部敦煌景教寫經《志玄安樂經》（以下簡稱《志經》），實際亦是景淨所撰，其假託彌施訶向諸弟子佈道，宣講景教"无欲、无爲、无德、无證"的安樂之道，結尾作：

時諸大衆，聞是語已，頂受歡喜，礼退奉行。⑤

上引這些結尾套式都是從聽衆立場出發，表示對講經的完全認同，欣然接受，並將落實奉行。而且，一旦出現這類套語，經文便必定就此打住，再無下文。反觀經幢本最後三行，乃是以宣講者的身份，訓示聽衆；其最末一行即便寫滿，但根據殘文的意境來看，所失落的29字亦不可能是上舉經文

---

① （南齊）曇景譯《佛説未曾有因緣經》，《大正藏》（17），頁588下。
② （隋）闍那崛多譯《金剛場陀羅尼經》，《大正藏》（21），頁858下。
③ （唐）菩提流志譯《護命法門神呪經》，《大正藏》（20），頁587下。
④ 《國家圖書館藏敦煌遺書》第4冊，北敦00256，宇56，18/18，頁366上。
⑤ 參閱本書《景教〈志玄安樂經〉敦煌寫本真僞及錄文補説》一文。

類同的結尾句式。

其實，在長篇佈道經文中，每講完一題，祇要未以聽衆立場明確寫上"歡喜奉行"這樣的套語，則應該還有後文，繼續宣講另一個問題。像敦煌本《志經》，其以弥施訶答弟子問的形式宣講教理，其問答都有一個固定的套式，每一問答都可以獨立成章。不過，因爲卷子保存了上引的明確結語，我們纔得以判定該經到此爲止。

在長篇經文中，有時也可能出現某些貌似結尾的表述，但後面卻可能還有相當的篇幅。例如，上揭京藏《摩尼教經》第316至318行寫道：

> 尒時會中諸慕闍等，聞說是經，歡喜踴躍，歎未曾有。諸天善神，有礙无礙，及諸國王、群臣、士女、四部之衆，无量无數，聞是經已，皆大歡喜。①

看起來卷子到此爲止，再無續文了；但其實，由於還沒有聽衆要"奉行"的表態，因此經文並未結束，現存卷子下面便還有28行凡570字。

爲慎重起見，筆者檢索了《大藏經》電子文本，其中"受持讀誦"四字出現的頻率極高，但未見與"信解勤行"四字連用者。而"信解勤行"這一短語，則僅見於《佛說如來不思議祕密大乘經》卷第十七之《護世品》：

> 若諸菩薩深固信解勤行修習，即於善法而不減失，速能圓滿菩提分法。②

此處亦並非表示經文結束。其實，在聽完佛祖開示以後，聽衆祇能表示信奉並將努力執行，而"信解勤行"的含義則是完全理解和經常實行，如果咬文嚼字的話，顯然不宜用於聽講後的即席表態。

由是看來，吾人未必可以根據經幢《宣經》末尾那三行的殘文，尤其是有"受持讀誦，信解勤行"這八個字，就以爲經幢已將《宣經》全文刻完。

觀經幢計19行經文，可以復原者僅前11行，從第1行到第4行約150字，

---

① 《國家圖書館藏敦煌遺書》第4冊，北敦00256，宇56，18/16，頁365上。
② （宋）法護等譯《佛說如來不思議祕密大乘經》，《大正藏》（11），頁741中。

這是經文的一個開場白,並非實質性的內容。到了第 5 行 "宣玄化匠帝真常旨" 之後,纔開始進入主題:就造物主的稱謂作簡要的解釋,突出其創造宇宙萬物,強調其永恒存在、無處不在的神性。第 12 行以降的內容始爲敦煌本所缺。儘管行文殘缺,但大略的意思還是可以推測,即宣講救世主的使命。

開場白部分交代了聽衆的情況,是 "七方雲集。有諸明淨士,一切神天等妙法王,无量覺衆,及三百六十五種異見中民",顯然頗具規模。聽衆對是次講演的期望值頗高: "如是族類,无邊無極,自嗟空昧,久失真源。馨集明宮,普心至仰。" 如此一次隆重的佈道,若全經文字果爲 887 字左右的話,則開場白部分的篇幅就約佔了全文的 17%;即是說,真正佈道的內容祇講了片刻,留下寥寥數百字的記錄:主次比重嚴重失調!吾人無妨與上揭的《志經》作一比較。該經以彌施訶答弟子問的形式宣講教理。現存《志經》開始 10 行是:

 1 志玄安樂經
 2 聞是至言時无上……
 3 河淨虛堂內与諸……
 4 衆左右環遶恭敬侍……
 5 伽從衆而起交臂……
 6 我等人衆迷惑固……
 7 何方便救護有情……
 8 弥施訶答言善哉……
 9 生求預勝法汝□(復)坐斂神……
10 一切品類皆有(安樂)性隨……

除第一行題寫經名外,其他各行均有缺損,意思均不完整,但大體的意思仍然可以推測。模式猶如《宣經》,是一個開場白。不過,《宣經》的傳道者是 "景通法王",《志經》則是 "弥施訶"。《志經》寫本多爲每行 17 字,若以此計,則前幾行的開場白或許也有百餘字,但其下面主體經文畢竟有兩千五六百字,就文章的佈局,不存在主次不分、輕重不當的問題。①

---

① 參閱本書《景教〈志玄安樂經〉敦煌寫本真僞及錄文補說》一文。

查《志經》在上揭《尊經》開列的景淨35部譯經中，名列第三，次於《宣經》。該經無論是景淨所譯，還是景淨所撰，與《宣經》一樣，都是出自其手筆。何以《志經》不存在內容輕重錯置的問題，唯獨《宣經》卻特別突出？由是益使筆者相信，《宣經》全文當不止論者所認爲的那樣簡短。《宣經》如純屬翻譯之作，那也許原作本來就不講究文章的佈局比例，或者景淨祇是節譯了其中一部分。而如果肯定《宣經》是景淨自撰的"僞經"，那麼，依景淨之諳於華學，對作文的開篇佈局、內容比例的協調這些基本常識，當不至於一無所知，其何以會製作出像《宣經》這樣頭重腳輕、比例失調的經文？

筆者之懷疑經幢可能並未完整勒刻全經，固然不能絕對排除其中有所刪節的可能性[①]，然更可能的是：主事者根據石刻的大小，祇選擇了經典開篇的一段文字。不過，由於經幢下半已失，其最後一行的文字不完整，目前也未發現除上揭敦煌本外的其他《宣經》文本，因此，我們亦無從準確推測所失落的文字，唯提請學界同仁注意：《宣經》的篇幅問題，並未因洛陽景教經幢的發現而解決，仍然是一個懸案。

最後，筆者要特別申明：無論對經幢版《宣經》的考釋還存在多少未解之處，還有多少尚有爭議或必需繼續探討的問題，但有一點可以論定，即該考古發現徹底證明了上世紀40年代現世的所謂小島文書B，即《大秦景教宣元至本經》寫本，絕非出自敦煌石窟之珍。[②] 今後有關唐代景教的研究，除非核實該僞造寫本所參照的文獻乃爲佚失的唐寫本，否則絕不能把其列爲敦煌景教寫經加以介紹和使用。

（本文與殷小平合撰，原題作《經幢版〈大秦景教宣元至本經〉考釋》，初刊《中華文史論叢》2008年第1輯，總89輯，頁325—352）

---

① 經幢本《宣經》前11行比敦煌本少了若干字，恐係所據版本不同或勒刻脫漏所致，絕非有意刪節。
② 參本書《所謂李氏舊藏敦煌景教文獻二種辨僞》一文。

補記：關於唐代洛陽景教經幢真僞的鑑定 [1]

洛陽唐代經幢的發現，並無文物出土考古報告，時至今日，見諸報章的確鑿信息只是：該經幢源自盜賣文物的不法分子。至於盜賣前的情況，傳聞不一，撲朔迷離。按文物造假，國際並不罕見，中國亦由來有自，洛陽地區更不在話下，由是，有海外學者提出必須對該文物的真僞作出鑑定，這無疑是值得重視的。其實，對於那些源頭不清的文物，質疑其真僞乃謹慎的態度，不可厚非。想當年西安景碑發現後，歐洲學術界對其真僞亦曾聚訟紛紛，好在碑上所刻的諸多非漢文符號後來被認定爲古敘利亞文，並被一一解譯，其真實性始被確定無疑。[2] 而今發現的景教經幢，既沒有考古報告，而又緣種種原因，其真實源頭，或不便公開，或無從追溯，對此國人不難理解；但對於不諳中國國情的西方學者來説，未必就能理喻。由是，國人從不同角度對經幢的真僞作必要的説明，乃責無旁貸。

據上文的考察，經幢所勒的《大秦景教宣元至本經》，與敦煌本《大秦景教宣元本經》儘管略有差異，但大體是契合的。而敦煌本的來龍去脈已經清楚，不可能是僞造的[3]，其釋文業已發表十多年，迄今也未聞有學者質疑其真僞。因此，假如經幢是現代人所僞造，則必定是以該敦煌本爲參照物。而該敦煌本的真實面目，在 20 世紀 40 年代之前，除收藏者李盛鐸外，世間殆無人清楚。爾後該寫本流入日本，直至 1958 年始刊佈其照片於京都出版的《羽田博士史學論文集》，見該書下卷圖版七。但刊佈時乃是爲配合文集中的《〈大秦景教大聖通真歸法讚〉及〈大秦景教宣元至本經〉殘卷考釋》一文，是文所考釋的《大秦景教宣元至本經》者，即所謂小島文書B，與所刊照片名稱雖同，但内容迥異。文集的編者顯然並未注意到此照片與小島文書《大

---

[1] 據《洛陽日報》2008 年 3 月 1 日所刊《景教經幢追繳記》，本文所討論的景教經幢於公元 2006 年 9 月 14 日被公安部門追回，並被定爲一級文物。其真僞問題蓋已定讞。不過，由於出處不明，有海外學者提出質疑。而 2009 年 6 月將在奧地利薩爾茲堡舉行"東方教會在中國和中亞"第三屆國際學術研討會，爲備與會西方學者質詢，遵文物出版社主編葛承雍教授囑，撰此"補記"，庶幾有助釋疑。

[2] M. L' Abbé Huc, *Christianity in China, Tartary and Thibet*, Vol. 1, London 1857, pp. 69-82.

[3] 詳參本書《敦煌本〈大秦景教宣元本經〉考釋》一文。

秦景教宣元至本經》完全是兩碼事，刊出時也未作任何特別的說明，故不爲一般讀者所注意。時至1991年，筆者與北京大學榮新江教授在倫敦亞非學院合作追蹤"小島文書"的真相時，偶然發現該照片乃屬與小島文書不同的另一篇文書。當時，我們還全面檢閱有關中國景教的中西方論著，發現在我們之前，只有榎一雄博士注意到這個問題。不過，其有關的文章是在羅馬一個極爲專業的刊物發表的[1]，此前國際敦煌學界未遑注意，而中國學界當然更一無所知。筆者與榮先生考證小島文書作僞的文章雖有披露這一發現，但文章於1992年始發表於境外刊物[2]，至於該篇敦煌文書的著錄刊佈則是到了1995年纔在境外發表[3]。因此，我們至少可以認爲，假如經幢是僞造的，即便僞造者博覽羣書，信息十分靈通，其僞造時間亦不可能早於1992年。

此外，查現有唐代景教敦煌寫經，凡是景字，均作景，即上"囗"下"京"，西安景碑亦如是。該字看來是唐代景教會特別選用的一個異體字。以往很多著錄者都未多措意，徑錄爲"景"；即便已經注意及此，但囿於現代漢字庫沒有該字，故所發表的錄文，凡非手寫者，都直植爲"景"，無論中外出版物皆然。筆者1995年發表的敦煌本《大秦景教宣元本經》釋文，也是如此。但現所見經幢，是按唐代景教會所用的異體字勒刻的。假如經幢是在20世紀90年代後僞造的，其僞造者竟能意識到已刊佈的敦煌本釋文存在這一微疵而刻意加以修正，若非有熟悉該領域研究的專家學者直接參與其事，則令人不可想象。

以上兩點看法，姑供鑑定者或質疑者參考。

2008年11月補記

---

[1] K. Enoki, "The Nestorian Christianism in China in Medieval Time according to Recent Historical and Archaeological Researches", *Atti del Convegno Internazionale Sul Tema: L'Oriente Cristiano Nella Storia della Civilita* (Academia Nazionale dei Lincei 1964, Nr. 62), Roma 1964, p. 45-81.
[2] 林悟殊、榮新江《所謂李氏舊藏敦煌景教文獻二種辨僞》，香港《九州學刊》第4卷第4期，1992年，頁19—34。
[3] 拙文《敦煌遺書〈大秦景教宣元本經〉考釋》，香港《九州學刊》第6卷第4期"敦煌學專輯"，1995年，頁23—30。

唐代洛陽景教經幢"三位一體"考釋

一、引言

洛陽景教經幢爲不規則的八棱石柱①,其中有一面的文字特少,殘存文字兩行,據拓本,著錄如下:

1 祝曰:
2 清净阿羅訶,清净大威力,清净……

由於該面拓本十分清晰,據其書寫的體例,可以確認原石幢主人,在該面僅勒刻兩行字,斷無第3行文字。所勒兩行文字起始齊平,均距書寫板面上端約19釐米。第1行刻"祝曰"二字而止,即便幢體復原,亦絕不會有字可補。

第2行字,則明顯被中斷,其下當有續文。觀現存文字,顯爲五言排比短語。照該體例,第三短語亦自應爲五字,繼"清净"之後,必還有三個字。觀第一短語"清净阿羅訶"五字佔17釐米,第二短語"清净大威力"佔15釐米,前者看來是爲突出"阿羅訶",字體和字距都稍大。第二與第三短語的"清净"二字大小和字距看來一樣,因此估計若復原,第三短語亦應佔15釐米,如是可以測算出復原後三個五言短語連同間隔應共佔59釐米。再加上端留空19釐米,則共佔78釐米。筆者曾就幢體的書寫板面的長度,據

---

① 有關該石幢形製的報導,詳見羅炤《洛陽新出土〈大秦景教宣元至本經及幢記〉石幢的幾個問題》,《文物》2007年第6期,頁30—31。

拓本測量推算，大概爲116.5釐米，即接近46寸。[①]因此，該行書寫板面便僅剩38.5釐米，假如還有第四個五言短語的話，其自身五個字當約15釐米，與第三短語的空隔應有5釐米，那就是20釐米，書寫板面就僅剩約18.5釐米。既然上端天格留空19釐米，從書寫體例看，下端自不可能寫盡不留地格；因此，我們至少可以推斷，日後復原的經幢該行文字最多僅有四個五言短語，即復原後的第2行文字，不會超過20字。不過，儘管從書寫板面看，尚有空間可以刻第四個五言短語，但如果幢體原件僅刻三個五言短語，亦無傷整個板面的文字佈局，因爲該面的文字本來就很少，現存的幢體左右和上端都剩留頗大的空間，如果下端多出一些空間，亦很正常。是以，據板面書寫格式以及表述的五言體例，吾人可以判斷該行文字復原後，若非20字，便只有15字，就字數而言，應不存在第三種可能性。

由於目前無從知道該經幢原來安置的具體方位，而今亦就無從確定原本哪一棱面爲正中。不過，學者咸把本文討論的這一面目爲幢體的第一面，這固然出於直覺，但應符合實際。因爲：如果將整個幢體八面展開，該面正好處於勒刻《大秦景教宣元至本經》與《幢記》的棱面之中間。觀該面內容及其書寫的體例，顯然與前後兩者無關，乃獨立於此兩者之外。因此，從方便著錄研究的角度，據其內容的獨立性而把這一棱面序列爲第一面，自屬得當。何況，一個完整的棱面，卻僅刻寥寥無幾的文字，其在整個幢體中的重要地位，更不言而喻。若然，對其文字之研究，則尤不容忽視焉。

當然，在幢體完整復原之前，對該面文字的任何解讀難免殆屬蠡測。不過，即便是蠡測，但只要合乎邏輯思維，言之成理，於考察現存半截經幢的宗教內涵和歷史內涵當應不無裨益。職是之故，本文擬就此作一嘗試，以就教方家。

二、"祝曰"解讀

經幢原非景教之物，景教經幢不過是效法佛教時尚的產物，對此，學界

[①] 詳見本書《唐代洛陽景教經幢〈宣元至本經〉考釋》一文。

蓋無異議。①唯景教經幢，目前見諸報導的，僅本文所討論的這一座；但這一經幢的營建，在唐代洛陽是僅此一家，別無分店，抑或是當地景教徒時尚的行爲，則未見討論者。觀《幢記》第7行殘文有云：

有能諷持者，皆獲景福，況書寫扵幢銘乎！……

揣摩這句話的意思，似可這樣解讀：立幢者有感於諷持經典，便能獲得景福，因而推想，如果將經典勒刻，自然更可獲景福。於是，便有營建該經幢之舉。如果筆者這一理解無誤的話，則該經幢之立，應屬於立幢人家族之首創。筆者已論證立幢人及其親屬羣體是一些信奉景教的華化胡裔②，上引這段話正暗示該羣體備受當地佛教經幢的影響，爲引進佛教徒的這一做法，而從本教的立場來闡明營建景教經幢的意義。假如當地景教徒早已有這一做法，在《幢記》中當然就不必來作這樣的説明。何況，從《幢記》看，該家族頗爲顯赫富有③，若非上等人家，要營建這樣的經幢，談何容易。因此，該家族擁有這一首創權，不足爲奇。當然，景教經幢以此爲濫觴，而後是否有發展弘揚，抑或以此爲絕響，則有待日後考古發現來證明。

景教徒之以石製幢、刻經於幢，若以本次發現的景教經幢爲首例，則意味著該經幢之立，並非效法已存在的其他景教經幢，而是製作者從當時流行的景教義理出發，直接效法時尚的佛教經幢設計營建的。由是，對於首面文字的考察，自亦離不開以佛教文獻和佛教經幢爲參照物。

按，第1行僅"祝曰"二字。"祝"，《說文解字·礻部》作"祭主贊詞者"解。④"祝曰：……"這一表述模式在佛教文獻中常見。在《大正藏》電子文本中可檢索到"祝曰"百多用例，除與"囑"通假外，多爲禱祝之意。如唐總章元年（668）西明寺沙門釋道世撰《法苑珠林》第一三《敬佛篇》第六《感應緣》有云：

---

① 詳參本書《唐代洛陽景教經幢〈宣元至本經〉考釋》一文。
② 見本書《唐代洛陽景教經幢〈幢記〉若干問題考釋》一文。
③ 見本書《唐代洛陽景教經幢〈幢記〉若干問題考釋》一文。
④ 《說文解字》，中華書局，1963年，頁8下。

帝聞之燒香祝曰："若國有不祥，還脫寶冠用示徵咎。"①

又如唐藍谷沙門慧詳撰《弘贊法華傳》卷七《誦持》第六之二有云：

集諸持法華沙門，執爐潔齋，繞旋而祝曰："菩薩涅槃，年代已遠，像法流行，奉無謬者，請現感應。"②

復觀首面第 2 行起始爲"清淨阿羅訶"五個字，而"阿羅訶"一詞，西安景碑已見，西方學者早就解讀，認爲是音譯自敍利亞文 Alāhā，而敍利亞文則是音譯自希伯來文 Elōah，是爲《舊約》所云以色列神"耶和華"（Yehova）。③ 近代或意譯爲上帝、真主、天父等。由是，就語境看，第 1 行的"祝"，無疑應爲佛經所見的禱祝之意。是故，筆者相信該棱面所勒文字，應是對神的禱祝詞。

雖然第 2 行文字殘缺，難以確定整個禱祝詞的內容。但首先可以推測：該禱祝詞並非表述立幢人對神的一些具體請求，緣上揭《幢記》第 7 行殘文，還有第 11 行殘存的"願景日長懸，朗明闇府，真姓不迷，即景性也。……"實際都已經表達了立幢人的祈願了，如果還有什麼請求，當應陳於《幢記》，若再單獨用一個棱面來勒刻，不合經幢的一般格式。就已報導的經幢，諸如"願靈承塵霑影，往生净土"之類的祈願詞句，蓋見於經幢的題記，未見有獨刻於一棱面者。④

文字寥寥無幾的禱祝詞卻獨佔一個棱面，這無疑暗示其在整座經幢上，不是可有可無的附加成分。筆者已考證該經幢實際未把整部《大秦景教宣元至本經》刻完⑤，假如這一推斷得實，則益反證祝詞乃非刻不可，否則，勒刻祝詞的這一棱面便可讓位經文了。因此，筆者推測在立幢者家族心目中，這

---

① 《大正藏》(53)，頁 384 中。
② 《大正藏》(51)，頁 31 下。
③ J. Legge, *The Nestorian Monument of Hsî-an Fû in Shen-hsî, China*, London 1888, p. 3; A. C. Moule, *Christians in China before the Year 1550*, London, New York and Toronto 1930; repr. New York 1972, p. 35.
④ 參閱劉淑芬《墓幢——經幢研究之三》，《"中央研究院"歷史語言研究所集刊》第 74 本第 4 分冊，2003 年，頁 673—763；有關論述見頁 680—681。
⑤ 詳參本書《唐代洛陽景教經幢〈宣元至本經〉考釋》一文。

一禱祝詞顯然具有無窮的法力，彼等必定深信其配合經典，勒於墓幢上，給死者及其在世的親屬所帶來的景福比單純勒刻經典更大。除刻經文，還刻具有神力的禱祝詞，這一做法當應是受佛教經幢的啓發，緣學者們的研究已證明唐代佛教經幢除經文外，還常另外勒刻一些真言、咒語。[1] 是故，就宗教功能而言，筆者相信該禱祝詞應屬此類。

具有神力的禱祝詞，自然就不可能是經幢營建者或其主人所能自行創作的，而應是當時已流行、爲景教高僧們所認同的，營建者不過是照錄勒刻而已。如果這一推斷不錯的話，吾人則可以從現有的殘文，比對其他唐代景教文獻，參考佛教資料，結合基督教的神學去推測禱祝詞的內涵。

三、敦煌寫本《尊經》對"三位一體"的表述

三位一體（Trinity）是基督教基本信條之一，三位一體論（Doctrine of Trinity）更是基督教神學中的一個重要課題。歷代汗牛充棟的神學著作一直在討論上帝只有一個，但有三個"位格"，即聖父、聖子、聖靈（聖神）的問題。這個問題對於非神學家的一般信徒來說，複雜艱澀，殆不可理解，以至教會不得不把其歸結爲奧秘的啓示，宣告不可能靠理性來領悟，只能靠信仰來接受。[2] 西方教徒尚且難以理解這一西方宗教的信條，對於不同文化背景的古代中國人來說，於此自然更加格格不入。明末來華的耶穌會士，即便華學造詣很深，一接觸這個問題，亦很難用漢文表述清楚，不得不以"天主三位一體，厥義淵深，蔑容名狀"來搪塞。[3]

不過，唐代景教既然要在中國傳播，其宣講教義或舉行宗教儀式時，必定要提到基督教的三位一體。當然，用漢語來表述這一信條，未必與景教之入傳中國同步，但遲早都得提到。至於其漢語的表述，時人能否理解，那又是另外一回事。學者們已在現存唐代景教內典中，發現當年的來華傳教士確

---

[1] 劉淑芬《墓幢——經幢研究之三》，頁 673—763。
[2] 參閱任繼愈主編《宗教大辭典》，上海辭書出版社，1998 年，頁 661 相關詞條。
[3] 陽瑪諾《唐景教碑頌正詮》，崇禎甲申歲（1644）武林天主教堂梓；1878 年，慈母堂刻本，頁 8；土山灣印書館，1927 年第 3 版，頁 25；吳相湘主編《天主教東傳文獻續編》第 2 冊，臺北學生書局，1966 年，頁 653—751。

實力圖把這一信條移植中土,至遲在景淨時代[1]就已這樣做了。景淨所撰西安景教碑碑文,正文中多處出現了"三一"這一字眼:

> 妙衆聖以元尊者,其唯我三一妙身无元真主阿羅訶歟!(第 1 行)
> 我三一分身景尊彌施訶,戢隱真威,同人出代。(第 4 行)
> 設三一淨風無言之新教,陶良用於正信。(第 5 行)
> 道惟廣兮應惟密,強名言兮演三一。(第 28 行)[2]

碑文中所出現的"三一"這一字眼,經長期的討論,蓋指基督教的三位一體,已成中西學者的共識。而事實上,既然我們確認景教爲入華的基督教,那麼出現在碑文上的這些"三一",從語境看,捨三位一體外,實無從作別的解讀。

敦煌寫本《景教三威蒙度讚》(以下簡稱《蒙度讚》)對三位一體亦多有表述,不過,觀現有的唐代景教文獻,把三位一體的稱謂及內涵表達得最明晰的是敦煌寫經《尊經》,該經粘貼在《蒙度讚》寫本之後,末尾還附有卷子製作者的一個按語,構成了著名的法藏敦煌寫本 P.3847。[3]《尊經》寫本起始有云:

> 敬礼:妙身皇父阿羅訶,應身皇子彌施訶,證身盧訶寧俱沙,已上三身同歸一體。

此間的"皇父"對應當今漢譯三位一體的"聖父","皇子"對應"聖子",而"盧訶寧俱沙"則係敍利亞文 Ruka da qudša(Spirit of Holiness)的唐代音譯,對應"聖靈"[4],這已成爲學界的共識,不贅。至於"彌施訶"一

---

[1] 筆者認爲中國景教會之景淨時代,大體相當於肅宗(756—761)、代宗(762—779)和德宗(780—804)三朝,參見本書《唐代景僧名字的華化軌跡》一文。

[2] 見本書《西安景碑釋文》一文。

[3] 見本書《敦煌景教寫本 P.3847 再考察》一文,本文有關《景教三威蒙度讚》、《尊經》及其"按語"的引文,均據該文相應的錄文。該寫本圖版見《法藏敦煌西域文獻》(28),上海古籍出版社,2004 年,頁 357 下。

[4] A. C. Moule, *Christians in China before the Year 1550*, p. 55.

詞，上揭景碑已出現，其音譯自敍利亞文 Messiah①，今多音譯爲"彌賽亞"，指代救世主基督耶穌，學界亦早有共識，不贅。至於"阿羅訶"一詞，如上面已提到，即今譯《聖經》所謂上帝、真主、天父。此處尚需申說的是，"阿羅訶"一詞，在景碑撰立之前，已見於漢譯佛典，最早可溯至後秦龜茲國三藏法師鳩摩羅什奉詔譯《妙法蓮華經》，見卷一《序品第一》：

> 時有菩薩，名曰德藏，日月燈明佛即授其記，告諸比丘："是德藏菩薩，次當作佛，號曰淨身多陀阿伽度阿羅訶三藐三佛陀。"②

法國學者夏鳴雷（H. Havret）早在 1901 年就指出"阿羅訶"一詞，便是藉自這部 5 世紀的漢譯佛經。③ 此說應確。檢索《大正藏》電子文本，該詞反復出現，逾六百見，景僧略諳佛經者，當不難知道有此一詞。而在唐音漢字中，可供音譯敍文 Alāhā 者不少，比"阿羅訶"更接近 Alāhā 發音者亦不難找到。但景士獨選用"阿羅訶"，自非偶合。就"阿羅訶"一詞，鳩摩羅什譯的另一部經典《大智度論》卷二釋道：

> 阿羅呵（訶）名應受供養，佛諸結使除盡，得一切智慧故，應受一切天地衆生供養。以是故，佛名阿羅呵（訶）。④

唐大慈恩寺沙門窺基撰《妙法蓮華經玄贊》在解釋"多陀阿伽度阿羅訶三藐三佛陀"這一佛號時，則寫道：

> 多陀阿伽度，如來也；阿羅訶，應也；三藐三佛陀，正等覺也。⑤

---

① J. Legge, *The Nestorian Monument of Hsî-an Fû in Shen-hsî, China*, London 1888, p. 5, n. 8.
② 《妙法蓮華經》卷一，《大正藏》(9)，頁 4 中。
③ H. Havret, *T'ien-tchou* 天主 *"Seigeneur du Ciel": À Propos d'une Stèle Bouddhique de Tch'eng-tou*, Variyétés Sinologiques 19, Imprimèrie de la Mission Catholique, Orphelinat de T'ou-Sè-Wè, Changhai 1901, p. 7. 有關資料蒙蔡香玉君從萊頓大學電郵傳送，誌謝！
④ 《大智度論》，《大正藏》(25)，頁 71 中一下。
⑤ 《妙法蓮華經玄贊》卷五，《大正藏》(34)，頁 743 中。

丁福保釋佛教的"阿羅訶",即梵文 Arhat 的音譯。"佛十號之一。譯曰應供。當受眾生供養義。"①

對於景教傳教士來說,可能就是假諧音之便,又取其"應受一切天地眾生供養"之義,藉用漢人較熟悉的這一佛號來作爲本教所崇奉的最高神名諱。就這一點而言,與摩尼教實有異曲同工之妙,緣來華摩尼僧就是效法漢譯佛典常見的"摩尼"(巴利語 maṇi,意爲寶珠),把其教祖 Mani 的名字音譯爲"摩尼",並自稱其教爲"摩尼教"。②可見在傍依已在華扎根的佛教上,景教和摩尼教乃未遑多讓。

就《尊經》對三個位格關係的表述,翁紹軍先生作了高度評價:"景教將聖父、聖子、聖靈的三一分身依次稱爲妙身、應身、證身。如此命名,已能看出三者有程度上的不同。'妙'爲神妙之妙,'應'爲應接之應,'證'爲印證之證。前者顯然是絕對爲主的,後兩者顯然是相對從出的。"③

佛教本就有三身之說,即認爲佛有法身、報身、應身,而景教則用妙身、應身、證身來表達"三位一體",雖具體稱謂有所不同,其之效法佛教,還是昭然若揭。而以此三身來表述三個位格的關係,在當時唐代來說,無疑是頗爲得體的。這三個"身",都是格義自當時流行的佛教。"妙身",佛經多見,《大正藏》可檢索到約四百例,但常見的佛學辭書並不把其納入詞條解釋。而佛經的"妙":梵語 sat、su、manñju。分別音譯作薩、蘇、曼乳;意譯不可思議、絕對、不能比較者。殊勝之經典,稱作"妙典"(特指《法華經》);無法比較不可思議之法,稱作"妙法"(《法華經》之美稱);深妙不可思議之道理,稱作"妙理";不可思議之境界,稱作"妙境";依妙因妙行而得之證果(佛果),稱作"妙果"。④從"妙"的宗教涵義,其所派生出來的"妙身",自然就可演繹爲深妙不可思議之身。而在佛經中,"妙"往往又冠在"法身"之前,作"妙法身",《大正藏》有一百多例,如:"如來妙法身,甚深難思議。"⑤從用例語境看,大致都是指代如來。至於佛教"三身"

---

① 丁福保編纂《佛學大辭典》"阿羅訶"條,文物出版社,1984 年,頁 737 欄二。
② 詳參拙文《摩尼教華名辨異》,初刊香港《九州學刊》第 5 卷第 1 期,2007 年,頁 180—243;收入拙著《中古夷教華化叢考》,蘭州大學出版社,2011 年,頁 51—92。
③ 翁紹軍《漢語景教文典詮釋》,生活·讀書·新知三聯書店,1996 年,頁 210。
④ 參《佛學大辭典》"妙"條,頁 603 欄二一頁 606 欄一。
⑤ 《大方廣佛華嚴經》卷九,《大正藏》(9),頁 453 中。

的另二身，即"報身"、"應身"，未見有冠以"妙"的用例。因此，把"妙身"目爲妙法身的省略，似亦未嘗不可。景教徒藉用"妙身"冠於唯一的神聖父，顯然十分得當。其實，把阿羅訶定位爲"妙身"，已見於上揭景碑，碑文起始即云：

粵若！常然真寂，先先而無元，窅然靈虛；後後而妙有，惣玄樞而造化。妙衆聖以元尊者，其唯我三一妙身无元真主阿羅訶歟！①

既然景碑已把阿羅訶定格爲"妙身"，不難推想其他兩個位格必亦冠以某身。由是，可見立景碑時，中國景教會已流行用"三身"來表達三位一體了。至於其他二身是否與《尊經》所云的"應身"、"證身"一致，儘管目前尚乏同時代的文獻可以佐證，但《尊經》的出現是在景淨時代之後，其所敬禮的諸經又都是景淨所譯（撰）②，對景淨的說經諒必亦步亦趨，其對妙身、應身和證身這三個術語的藉用大有可能是承襲景淨。因此，可以推斷，至遲在景淨時代，中國的景教會應已流行《尊經》所云的"三身"稱謂了。

"應身"，梵語 nirmāṇa-kāya。又稱"應佛"、"應身佛"、"應化身"、"應化法身"。即佛爲教化衆生，應衆生之根機而變化顯現之身。③那麼，奉聖父之命，降生到人間拯救人類的弥施訶，其作爲三位一體之第二位格，被格義爲佛教的"應身"，可謂契合無間。如此爐火純青之格義，若非諳於佛景二經之高手，斷難辦到。

至於"證身"，亦屬佛家術語。按，"證"，"梵語 adhigama，巴利語同。修習正法，如實體驗而悟入真理，稱爲證；即以智慧契合於真理。依其所悟，能證得智慧之結果，稱爲證果"。④在佛門必修的戒、定、慧三學中，慧屬最後，爲最高境界者。修行悟道的直接目的在於得"大智慧"，得大智慧

---

① 見本書《西安景碑釋文》一文。
② 該敦煌寫本，《尊經》著錄諸經目錄後，有云："謹案諸經目錄，大秦本教經都五百卅部，並是貝葉梵音。唐太宗皇帝貞觀九年，西域太德僧阿羅本，屆于中夏，並奏上本音。房玄齡、魏徵宣譯奏言。後召本教大德僧景淨，譯得已上卅部卷，餘大數具在貝皮夾，猶未翻譯。"既然《尊經》所列經典都係景淨所譯，《尊經》本身之出現自應在景淨之後。
③ 《佛學大辭典》"應身"條，頁1374欄三至四；另見星雲監修、慈怡主編《佛光大辭典》，書目文獻出版社；此據臺灣佛光出版社1989年第五版影印，頁6432上。
④ 《佛光大辭典》，頁6701下。

者，謂之"得道高僧"。唐代景僧所用的"證身"，當格"能證得智慧之身"之義，以此來表達三位一體中的第三位格"聖靈"。復據基督教"聖靈論"（Pneumatology），聖靈的"獨特自然功能是使人成聖，即在一種出神入化的醉迷境界中，達到人與神的溝通和合一"。① 被教外辭書所稱的"醉迷境界"應是一種宗教體驗，不唯基督教有之，其他宗教亦不乏見；在佛教，則是處於禪定狀態，"出定入定，恆聞妙法"。② 這種通過禪定來悟道證慧與"聖靈論"正好異曲同工。在古代基督教會中，關於"聖靈"的理解，本來就已經聚訟紛紛，而今要用漢文表述，自然更是困難。"聖靈"在敘利亞教會中的稱謂，景僧在漢譯佛經中找不到相應的佛號，不得不自行音譯，爲了表明其屬第三位格，藉用佛教術語"證身"，畢竟亦可差強人意。

　　無論如何，從上揭《尊經》有關三位一體的表述，可立判乃出自高手，顯然是代表當時教會譯釋經典的最高水平了。這一表述，顯然已得到中國景教會最高層的認可，始會正式錄入經文，在宗教儀式中加以"敬禮"。當然，教會高層認可是一回事，一般信徒，尤其像洛陽地區在華已歷世代的胡裔信徒，能否理解接受又是另外一回事。景教在中國各地的傳播，是否會隨著時間的推移，因應不同地區的民情，對三位一體信條的表述出現多樣化？就這個問題，上揭的經幢禱祝詞似可爲我們提供點綫索。

四、洛陽經幢對"三位一體"的表述

　　觀經幢第一棱面第 2 行殘文的三個五言短語，首先呼喚的是基督教的最高神，亦是唯一之神的阿羅訶，同時還給其冠以"清凈"二字。洛陽景教徒給阿羅訶冠以"清凈"二字，並非獨創，應是受佛教徒的啓發。佛經稱最高神如來爲"清凈法身"。檢索《大正藏》，把清凈與法身聯綴的用例就數以百計，如：

　　　　爾時佛告文殊師利菩薩言："若有善男子善女人，欲得修習三種秘

---

① 見任繼愈主編《宗教大辭典》"聖靈論"條，頁709。
② 《禪秘要法經》卷中，《大正藏》(15)，頁259中。

密成佛妙門早獲如來功德身者，當著菩薩三十二種大金剛甲，修此妙觀，必證如來清淨法身。"①

又稱如來爲"清淨妙法身"：

如來清淨妙法身，自然具足恒沙德。②
一切如來法，菩薩由此生。清淨妙法身，應現種種形。③

從《尊經》的"妙身皇父阿羅訶"到經幢的"清淨阿羅訶"，顯然都深深打下佛教的烙印，留下佛經中"如來清淨妙法身"的痕跡。

在佛教的"三身"中，唯如來法身被冠以"清淨"，而在經幢禱祝詞中，除最高神被冠以"清淨"外，另兩個五言短語也同樣以"清淨"打頭，這實際暗示了爲主、爲首的"阿羅訶"與後兩者同屬一個"清淨系列"，既是一分爲三，又是三而合一，這不由得令人要與"三位一體"作聯想。復觀第2個短語的"大威力"，從語境看，應與第1短語的阿羅訶有關，或許就是指其屬性，而第3短語與第1、2短語在表述上，同屬排比模式，那麼其所缺的三個字，必定應類乎第2短語的"大威力"，亦爲補充阿羅訶的某種屬性。因此，從殘文這樣的表述模式，筆者懷疑這三個清淨，可能是爲對應"三位一體"而設。若然，則該行禱祝詞即使存在第4個短語，亦不會以"清淨"冠首。畢竟基督教以"三"爲尚，能與最高神並提的當不過三。

在漢語中，相近或同類的事物往往用一個數詞加以概括簡稱之，自古以來就一直保存這種表述習慣。如本文已提到的，佛教的法身、報身、應身合稱"三身"。打開辭書，類似這樣的以數字開頭的古今詞條不計其數。外來景僧在宣講教義時藉用這種表述法，是理所當然的事。在景淨時代，爲便於華化信徒理解"三位一體"的信條，業已力圖採用華夏這種傳統表述法來加以概括。上揭《景教三威蒙度讚》就是明證。其題目取"三威"一詞，經文第3行又有"三才慈父阿羅訶"之語，著名的宗教學家許地山先生曾解釋道：

---

① 《大乘本生心地觀經》卷八，《大正藏》(3)，頁329下—330上。
② 《大乘本生心地觀經》卷一，《大正藏》(3)，頁295上。
③ 《大方廣佛華嚴經》卷九，《大正藏》(9)，頁454下。

"三威"是父、子、聖靈底威力。"蒙度"今說"得救"。就是皈依三位一體而得救底意思。讚是禮拜時，會衆合唱底歌詞。①

方豪先生亦作了類似的解釋：

"三威"即今稱"聖三"，言三位一體也。"蒙度"者仰望救贖也。蓋經中言"三才""三身"，俱指三位一體而言；又所用"蒙"字"度"字，若："蒙依止""蒙聖慈光""蒙潤"，皆言承蒙或蒙受也；"廣度苦界""大師能爲普救度"，"度"字皆有拯拔之義。是"三威蒙度讚"即呼求聖三經也。②

既然景淨時代，已經用"三身"、"三威"、"三才"來指代"三位一體"，那麼，經幢禱祝詞用三個"清淨"亦就於理可通，不足爲奇。其實，中國景教會早就有意把清淨與三位一體聯繫起來，上引景碑正文第5行便有"設三一淨風無言之新教，陶良用於正信"之語，《蒙度讚》亦有"慈父明子淨風王"之句。這裏的"淨風"，顯係衍生自清淨。

古代漢譯佛經，常用"清淨"二字指代梵文的 Śuddhā，意味"離惡行之失，離煩惱之染"。③不過，洛陽景教徒用該詞置於神名字之上，顯然不是簡單地直取這個涵義。試想，當一個人的修持真正達到"離惡行之失，離煩惱之染"的境界時，豈非就已經得道成佛了，是故，從語境看，景教徒很可能是把該詞延伸爲神聖之意，相當於西文的 Holy。如是，冠以"清淨"二字，

---

① 許地山《景教三威蒙度讚釋略》，《生命》第2卷第1期，1921年，"專門的研究"欄下，頁1—5，引文見頁1。
② 方豪《中西交通史》第2冊，臺北中華文化出版事業委員會，1953年，頁217；嶽麓書社，1987年，頁415；氏文《唐代景教考略》（《中國史學》1936年第1期，頁120—134）、《唐代景教史稿》（《東方雜誌》第41卷第8號，1945年，頁44—50）所述類同。另"三才"，早年佐伯好郎即用英譯直譯爲 Heaven, Earth and Man（P. Y. Saeki, *The Nestorian Documents and Relics in China*, Tokyo 1937; repr. 1951, p. 66），可能是據《三字經》的"三才者，天地人"。（《易·說卦》："是以立天之道，曰陰與陽；立地之道，曰柔與剛；立人之道，曰仁與義；兼三才而兩之，故易六劃而成卦。"）把創造宇宙萬物的基督教上帝來與中國古老文化中"天地人"概念對號，自然是望文生義。惜當代學者仍有不察者。
③ 參荻源雲來《梵漢對譯佛教辭典》，東京山喜房佛書林，1959年，頁16；《佛光大辭典》"清淨"條，頁4667中一下；《佛學大辭典》"清淨"條，頁989欄二。

不過是爲表達崇敬之情。"清淨阿羅訶"如果譯成現代漢語，庶幾可謂"神聖的真主"。

如果對"清淨阿羅訶"可作如上的解讀，那麼其下面的"清淨大威力"，筆者疑源於"皇子彌施訶"即"聖子"。查"彌施訶"，在佛教或中國的萬神殿中都沒有諧音的神名，純係音譯自敘利亞文，這對於華化胡裔來說，當有格格不入之感。而"彌施訶"作爲三位一體的第二位格，其實際作用是代表真主來拯救人類。如《蒙度讚》所云："彌施訶普尊大聖子，廣度苦界救無億。"作爲救世主，自然具有無比的威力，而這個威力實際也就是真主的威力。即《蒙度讚》第10行所說的"神威無等力"。"彌施訶"與威力的聯繫亦見於上揭景碑正文第4行的"我三一分身景尊彌施訶，戢隱真威，同人出代"一句。因此，如果說，"大威力"是衍化自三位一體的第二位格，應於理可通。若然，"清淨大威力"便可解讀爲"神聖的聖子"。

至於"清淨大威力"之下的第三個短語，僅剩"清淨"兩字，所缺的三個字，依筆者推測，當爲"大智慧"。理由如下：

《尊經》把三位一體的第三位格表述爲"證身盧訶寧俱沙"，其間的"證身"，如上面所已經論及，照佛家對"證"的解釋，當意謂"能證得智慧之身"。基督教認爲聖靈引導人們進入一切真理，那麼把聖靈理解爲帶給人類智慧之神，自未嘗不可。這就意味著，唐代景教會在宣介三位一體中的第三位格"聖靈"時，不僅少不了要與"智慧"掛鉤，而且特別加以突出。囿於資料，吾人尚無從判定"智慧"一詞在唐代景教會中流行的程度，但景僧已將佛教所宣揚、追求的智慧，格義到他們的漢文經典中，這是毋庸置疑的。例如，《蒙度讚》第3—5行有云：

　　一切善衆至誠礼，一切慧性稱讚歌，一切含真盡歸仰，蒙聖慈光救離魔。

經幢所勒刻的《大秦景教宣元至本經》第12行則有：

　　彌施訶應大慶原靈故，慧圓悟之，空有不空，無扵空不滯……

"慧圓"一詞亦見第17行：

> 景通法王說至既已，普觀衆晤，扵其會中，詮以慧圓……

因此，認爲洛陽景教徒在以地道的漢語來代替"盧訶寧俱沙"這個音譯名稱時，選用"大智慧"這三個字，應非憑空臆測。

查《大正藏》所見"清淨"一詞逾十四萬例，"大智慧"亦有一千餘例，而將"清淨"和"大智慧"組合使用，唐譯佛經已見，流播甚廣的《華嚴經》就有：

> 其般若波羅蜜所有資具，所有清淨、大智慧日、大智慧雲、大智慧藏、大智慧海、大智慧行、大智慧門，皆悉顯示。①

宋譯的《佛說大乘菩薩藏正法經》卷二八則更有"具足清淨大智慧，於精進力善安住"的詩句②，直把"清淨大智慧"作爲一個獨立詞組使用。可見將"清淨"和"大智慧"組合使用，已成佛門習慣。那麼，備受佛教影響的洛陽景門自可將該詞組信手拈來，用於指代本教的"神聖的聖靈"。

上面認爲第三個清淨或爲"大智慧"，如果這一推測不錯，那麼，在當時洛陽華化景教團所宣介的"三位一體"信條應是：阿羅訶是唯一的真主，聖子所體現的是祂的無窮威力，聖靈所體現的是祂的無窮智慧。由是，把這一信條表述爲"清净阿羅訶、清净大威力、清净大智慧"。其中的"清净"二字，如上面所已解讀，不過是表達神聖崇敬之意。

既然這十五個字已經涵蓋了整個三位一體的內容，而且亦表達了信徒崇敬之感情，備受佛教禮儀影響的洛陽景教徒必定經常默念或誦念這十五個字，類乎佛教徒之誦念南無阿彌陀佛、南無觀世音菩薩，認爲如此即可辟邪去災，吉祥如意那樣。亦正因爲如此，始會被作爲咒語、真言，勒刻於經幢

---

① 罽賓國三藏般若奉詔譯《大方廣佛華嚴經》卷一八《入不思議解脫境界普賢行願品》，《大正藏》（10），頁744下。于闐國三藏實叉難陀奉制譯《大方廣佛華嚴經》卷六九《入法界品》第三十九之十所譯略同，作"其般若波羅蜜所有資具，所有清淨、大智慧日、大智慧雲、大智慧藏、大智慧門，皆悉顯示。"見《大正藏》（10），頁375上。

② 《佛說大乘菩薩藏正法經》卷二八《精進波羅蜜多品第九之四》，《大正藏》（11），頁855上。

上。如果這一推斷不錯的話,那麽幢體第一面的禱祝詞,恐怕就僅有三個排比式的短語十五字耳。然耶?冀望幢體早日復原加以驗證。

五、結語

　　從上面分析,可以看到,三位一體這個基督教的基本信條,傳入唐代中國後,其漢文的表述至少產生過兩個版本。其一,即《尊經》所見的"妙身皇父阿羅訶,應身皇子彌施訶,證身盧訶寧俱沙,已上三身同歸一體"。由於抄錄《尊經》的敦煌寫本 P.3847 卷子已被證明是唐亡後始製作[1],那就意味著該版本一直流行於唐代中國西北地區的景教徒中。其二,即洛陽景教經幢所勒的"清净阿羅訶,清净大威力,清净大智慧"。這個版本對那些華化胡裔教徒來說,顯然更易理解接受,其比前者無疑更加佛化、民間化、通俗化。這個版本究竟最早出現於何時,目前尚乏資料可以考定,但無論如何,在經幢營建時,洛陽當地的景教徒對其早已耳熟能詳,如是始會被勒於石幢,由此看來,其在唐代後期應已出現。至於除洛陽當地外,還曾流行哪些地區,則有待新資料發現以揭秘。

　　如果本文這一番考證得實,則反過來進一步佐證:唐代後期的洛陽地區,確實存在著一個華化程度比西北地區更深的景教羣體。洛陽景教經幢發現的重大學術價值,如果從宗教傳播史的角度考察,恐怕就在於此。從方法論的角度,這一羣體的存在亦進一步啓示了我們:宗教文化傳播過程所發生的變異程度,不唯因時間的推移,而且因傳播空間的不同而產生差別;不注意歷史時段,不考慮特定區域的歷史背景及其社會氛圍,就容易陷入一般化的討論,無從深入客觀地認識歷史的真實面目。

　　(本文原題作《經幢版"三位一體"考釋——唐代洛陽景教經幢研究之三》,初刊《中華文史論叢》2009 年第 1 輯,總第 93 輯,頁 257—276)

---

[1] 參本書《敦煌景教寫本 P.3847 再考察》一文。

唐代洛陽景教經幢《幢記》若干問題考釋

一、引言

2006年5月洛陽發現的唐代《大秦景教宣元至本經》石幢，主體內容乃勒刻《大秦景教宣元至本經》，儘管經文殘缺不全，但可與現存敦煌殘經互補，對進一步了解該經整體內容，自大有助益。[1]然從宗教史的角度來看，該石幢更有歷史價值的，當是石刻的題記部分，即《大秦景教宣元至本經幢記》（以下簡稱《幢記》）。《幢記》披露及隱含的信息，對今人了解、認識唐代景教的傳播及其演變，實有不可估量的意義。《幢記》的文字，張乃翥先生《跋河南洛陽新出土的一件唐代景教石刻》[2]和羅炤先生《洛陽新出土〈大秦景教宣元至本經及幢記〉石幢的幾個問題》[3]均有著錄（以下簡稱"張本"、"羅本"），並作了開拓性的探索。本文擬在張羅二文的基礎上，就《幢記》若干問題略作考釋，狗尾續貂，就教方家。

二、《大秦景教宣元至本經幢記》釋文

爲便於討論，下面謹據文物出版社總編輯葛承雍教授提供的拓本，製作

---

[1] 參本書《唐代洛陽景教經幢〈宣元至本經〉考釋》一文。
[2] 張乃翥《跋河南洛陽新出土的一件唐代景教石刻》，《西域研究》2007年第1期，頁65—73；就石刻錄文，張先生又有《補正説明》，《西域研究》2007年第2期，頁132。
[3] 羅炤《洛陽新出土〈大秦景教宣元至本經及幢記〉石幢的幾個問題》，《文物》2007年第6期，頁30—42、48。

一個《幢記》釋文。

觀幢體共有八面,《幢記》見於第五面第 2 行至第八面,可見文字計 21 行;第八面頂部還有 16 個字的補題。筆者疑《幢記》勒刻時只有劃行而無打格,其文字不如經文部分工整規範,各行字距不一,字體大小有差。筆者已推算過幢體書寫版面高約 116.5 釐米(設計時蓋爲 46 寸)[①],遂以各行殘文的平均字距並參照其書寫格式,推算各行所缺失的大略字數,俾便估算其滿行的信息量。可以估算的缺字以方格"□"表示,無從估算者則標以省略號。據殘筆或上下文推補的缺字以方框標示備考。釋文盡量保持拓本使用的唐寫體,其間異體字則另用括號加注通用寫體。至於當今尚流行的手寫異形字,則徑用通用字,不另造字。如與張本、羅本有異,則以雙行小字夾注。對疑字、缺字或用語的討論另加注釋。

  1 大秦景(景)教宣元至本經幢記
  2 夫至聖應現,利冾(洽)無方,我无元真主匠帝阿羅訶□□□□□□□□□□□□□□□□□□□□□□□□□(滿行約 42 字)[②]
  3 海,而畜衆類,日月輝照,五星運行,即□□□□□□□□□□□□□□□□□□□□□□□□(滿行約 41 字)[③]

[①] 參本書《唐代洛陽景教幢〈宣元至本經〉考釋》一文。
[②] 該行殘文最後是"我无元真主匠帝",顯然是表述造物主之稱謂;而參照《幢記》第 6 行套式,"匠帝"之後必有"阿羅訶"三字纔算完整。又參第 3 行內容,其首字既爲"海",則該行佚文當係頌揚真主創造宇宙萬物之語,緣真主所造即包括了天地、江河、大海等,這些地方養育了萬物——"而畜衆類"。北圖 8470(字 56)《摩尼教經》13 至 16 行,述摩尼之創世說,曰:"其彼淨風及善母等,以巧方便,安立十天;次置業輪及日月宮,並下八地、三衣、三輪,乃至三灾、鐵圍四院、未勞俱孚山,及諸小山、大海、江河,作如是等,建立世界。"(圖版見拙著《敦煌文書與夷教研究》,上海古籍出版社,2011 年,頁 469)原始摩尼教的創世說吸收了基督教的成分,其在中國與景教同屬夷教,漢譯經典自多有互相效法,摩尼經既有"大海",景經可能亦採用該詞。
[③] 《幢記》開篇頌揚造物主創造宇宙萬物,從拓本看,該行末字"即"之後,有明顯的闕格,其後依稀可辨一二殘筆,但無從判斷爲何字。可以推測,失落的文字首先應包括造物主的名號,諸如"无元真主"、"匠帝"(或"玄化匠帝")、"无覺空皇"以及"阿羅訶"等。提到主神時,信徒總會念誦神的各種名號,這一點景教、摩尼教以及佛教等都相似。

4 戩（散）有終亡者，通靈伏識①，子〔張本初作承，後正爲子，羅本作了〕會無遺②，咸超□〔張本作淨〕□
□□□□□□□□□□□□□□□□□□□□□□□□□（滿行約 42 字）

5 海，窅窅冥冥。道不名，子不語，世莫得而也。③ 善□□□□□
□□□□□□□□□□□□□□□□□□□□□□□□□□（滿行約 44 字）

6 無始未來之境，則我　　匠帝阿羅訶也□□□□□□□□
□□□□□□□□□□□□（滿行約 39 字）

7 有能諷持者，皆獲景福，況書寫扵幢銘乎！④ □□□□□ □□
□□□□□□□□□□□□□□⑤（滿行約 40 字）

8 承家嗣嫡。恨未展孝誠，奄違庭訓。高堂□□□□□□□□
□□□□□□□□□□□□□□□（滿行約 40 字）

9 森沉感曰（因），卑情蓬心，建兹幢記，鐫經刻石，用□□□□□
□□□□□□□□□□□□□□□□（滿行約 41 字）

10 尉〔張本作慰〕。亡妣安國安氏太夫人神道及　　亡師伯和□□□□
□□□□□□□□□□□□□□□□□（滿行約 43 字）

11 願景日長懸，朗明闇府，真姓〔羅本疑爲性之訛〕不迷，即景性也。夫求

---

① "伏識"見于西安景碑正文第 7 行："齋以伏識而成，戒以靜慎爲固。"朱謙之釋讀此句碑文時稱："案齋戒二字見於《易·繫辭》，洗心曰齋，防患曰戒。景教齋戒時期，多而嚴謹，其齋戒時期，略舉之有四旬齋、聖徒齋、聖母遷徙齋、也里牙齋、通告節齋、尼尼微齋、聖母齋等。"見《中國景教》，東方出版社，1993 年，頁 169。西人注譯多有異，竊以爲英國穆爾（Moule）的譯文較接近中文原意：Purification is made perfect by seclusion and meditation; self-restraint grows strong by silence and watching（A. C. Moule, *Christians in China before the Year 1550*, London, New York and Toronto 1930; repr. New York 1972, Taipei 1972, p. 38）。此處，穆爾把"伏識"譯成"seclusion and meditation"，亦就是說，把其理解爲一種修持的方式。這與基督教流行的"靜觀"或"默觀"（contemplation）法相似，指的是深度的沉思靜禱、專注仰慕上主的一種修持，或狹義地專指一種與神密契相交的體驗，如在特定的節日夜晚，祈禱者瞑目靜坐於教堂，排除雜念，與神溝通（通靈）。

② "子"，拓本清楚可辨，著錄應無誤。蒙張乃翥先生賜示："子會無遺"乃"子遺"之反義對語。此解當是，接續上文"通靈伏識"，意思即爲：完全掌握溝通神靈的修持法。

③ 此行文字較前三行爲密，"窅窅冥冥"重複字用草書的省寫法。"世"字，僅剩"廿"，但從寫體及上下文意思看，作"世"應無誤。羅文係避太宗諱而缺筆；不過，在陳垣《史諱舉例·避諱缺筆例》（中華書局，1962 年，頁 6）一書中並無舉"世"字缺筆作"廿"字例；而經幢版《大秦景教宣元至本經》第 3 行所刻"民"字，則清晰可讀，未見缺筆，可見石幢的製作者似不刻意避太宗諱。若然，則該字之不完整，應爲石刻風蝕所致。

④ "乎"，拓本未見筆跡，筆者據文意加。

⑤ 據次行的"承家嗣嫡。恨未展孝誠，奄違庭訓……"，該行所缺失的字，當包括立幢人的名字，此人當爲死者嫡子。

□□□□□□□□□□□□□□□□□□□□□□（滿行約44字）

12 幽魂見在，支屬烝（亦）願無諸郶難，命等松筠，長幼□□□□
□□□□□□□□□□□□□□□（滿行約41字）

13 次叙立塋買兆之由。所管即洛陽縣感德鄉柏仁□[張本補作里]①□□□□
□□□□□□□□□□□□□□□□□□□（滿行約44字）

14 之始，即元和九年十二月八日，於崔行本處買保人□□□□
□□□□□□□□□□□□□□□（滿行約42字）

15 咸，歲時奠酹，天地志同。買南山之石，磨聾[羅本疑爲礱之訛]②瑩澈，刻勒
書經□□□□□□□□□□□□□□□（滿行約40字）

16 于陵文翼，自慙猥拙，抽毫述文，將來君子，無見哂焉！時□□
□□□□□□□□□□□□□□□□（滿行約42字）

17 勅（勑）東都右羽林軍押衙、陪戎校尉、守左威衛、汝州梁川府
□□□□□□□□□□□□□□□□□（滿行約43字）③

18 中外親族，題字如後　弟景僧清素　從兄少誠　舅安少連□□□
□□□□□□□□□□□□□□（滿行約41字）④

19 義叔上都左龍武軍散將、兼押衙寧遠將軍、守左武衛大將軍、
置（置）同政[張本作正]員□□□□□□□□□□□□□□□□□□□□□
（滿行約51字）⑤

20 大秦寺　寺主法和玄應俗姓米　威儀大德玄慶俗姓米　九階

---

① 此行文字僅止於"洛陽縣感德鄉柏仁"，張本補一"里"字，不無道理，緣觀文意，"柏仁"應爲"洛陽縣感德鄉"之下的村或里。若能進一步以鄉土資料佐證，則更無可置辯。
② 羅本疑"聾"爲"礱"之訛，應是。"磨礱"可作"磨治"解。（漢）趙曄《吳越春秋》卷九《勾踐陰謀外傳》有"雕治圓轉，刻削磨礱"之語，見《四部叢刊初編》縮本，商務印書館，頁62上，並參周生春《吳越春秋匯考》，上海古籍出版社，1997年，頁143。
③ "東都右羽林軍押衙、陪戎校尉、守左威衛"均爲唐制禁軍武官。汝州"在京師東九百八十二里，至東都一百八十里"。見《舊唐書》卷三八《地理志一》，中華書局，1975年，頁1430。梁川府隸屬汝州。由於下文殘缺，尚不能推斷其所領官職。從殘文看，皇上曾敕官員介入建墓立幢一事，而該官員兼領汝州梁川府的職務，故筆者疑原墓葬可能位於梁川府境內。
④ 據本行書寫格式推斷，如滿行，空缺處可多列四位親屬稱謂。
⑤ 由於無官銜的近親已見題第18行，該行顯爲專題有官銜的"義叔"，文字特密，滿行可寫51字，存28字，尚未見所題義叔之姓名，失落部分當續寫其官銜和姓名，而不可能另題他人名字。"同政員"，著錄無誤。按，"政"與"正"通假。《新唐書》卷四六《百官志一》記貞觀初："已有員外置，其後又有特置，同正員。"（中華書局，1975年，頁1178）爲正員之外，另設一員，視同正員之制。

大德志通俗姓康　□□□□□□□□□□□□□□□□□□
□□□□①

21 檢校塋及疘（莊）家人昌兒　　故題記之……②

（第八面頂部補題）

其大和三年二月十六

日壬寅遷舉大事

三、《幢記》撰人

現存《幢記》，未見落款題署撰人和書人，但據第15和16行文字，可推斷撰人名字：

15 咸，歲時莫酹，天地志同。買南山之石，磨礱（礱）瑩澈，刻勒書經……

16 于陵文翼，自慙猥拙，抽毫述文，將來君子，無見哂焉！時……

按第16行首端的"于陵"二字，不可能是接續上一行文字；緣第15行失落的文字，即便整行寫滿，亦應是"成就石幢"、"塵沾影覆"之類的內容，即關於立幢後將帶來的功德，與"于陵"二字絕不相涉。是以，竊意"于陵"應與"文翼"連讀，構成古漢語常見的四字格，與後面的"自慙猥拙，抽毫述文，將來君子，無見哂焉"連貫。其"抽毫"所述之文當指本篇《幢記》，因此，第16行實際是另起一段，爲《幢記》作者"于陵文翼"的

---

① 據本行書寫的格式推斷，如果滿行，可多列三位僧侶的姓名及法號、職務；然實際題名的僧侶數，仍有待斷幢復原始可確認。

② 經幢拓本的題記末端模糊，無從辨認是否尚有文字。究竟是有字無從拓現，抑或本來就沒有字？就此問題，筆者曾請教考察過該幢實物的羅炤先生，蒙賜示云："末端係打擊斷裂，字跡無法看清，在現場藉助器材可能多辨認幾個，但不完整。"按，佛教幢記多有落款，其間或包括撰文人、立幢人、書寫者和鐫刻者等，甚至有彼等的身份頭銜；但並不盡然，有關名字見於幢記本身，不另落款亦有之。本《幢記》現有拓本未見落款，當然有可能是石刻風化磨損所致，或是存於失落的幢體下半。不過，觀現存拓本《幢記》行文，撰人名字見於第16行，立幢人的名字亦應出現在第7行，由是，可能本來就未有落款。然耶非耶，唯俟日後幢體復原驗證。

自白。

　　考"于陵文翼"四字，從字面看，當然可作兩個人名解。古人以"于陵"或"文翼"爲名，均不乏見，見於經傳者亦有之。不過，迄今所見的古代石刻——幢記、碑文、墓誌之類的撰人，鮮見有兩人聯署者。就本文所討論的這篇《幢記》，委實亦無特殊理由，需要兩個撰人聯名；因此，若將"于陵文翼"解作兩個人，於慣例不合。

　　竊意"于陵"恐即古書"於陵"之省寫。於陵，《漢書·地理志八》云爲漢濟南郡十四縣之一，《舊唐書·地理志》云唐時改稱長山縣。① 又《風俗通·姓氏篇》記載："陳仲子齊世家辭爵灌園於於陵，因氏焉。漢《藝文志》有於陵欽。"② 亦就是說，"于陵"二字若作地名解，則在今山東鄒平縣境，是爲文翼之籍貫；若作姓氏解，則是一個古老且不常見的漢姓，那就意味著文翼乃複姓"于陵"。就這兩種可能性，筆者本寄望從唐代文獻和金石資料中找到相關綫索以予確認，惜迄今尚未如願。現只好據現存《幢記》文字，就撰人的身份作出初步的認定。

　　觀《幢記》第18行所題"中外親族"有"弟景僧清素"諸字。考景教一名本係來華聶斯脫里教徒所自命，漢人則稱爲波斯教、大秦教，其僧侶亦相應稱作"波斯僧"或"大秦僧"。"景僧"之謂，是本教人士的叫法。撰人使用"景僧"一詞而不用"波斯僧"或"大秦僧"，顯明其自身應爲景門中人。

　　查佛教經幢之幢記，多有士人執筆者，彼等雖非釋家，但於佛理亦了然於胸；緣佛教早已融入中華傳統文化，士人中粗通佛學者，大有人在；而精通佛理者，亦不乏其人。因此，士人爲佛教經幢撰寫幢記，乃屬常事。而唐代景教係夷教，迄今的研究尚無從證明該教對唐代社會文化生活有何重大影響③，有關景教的教理，蓋非一般士人之常識；因此，由教外士人來爲景教石刻題記或碑文潤色，或可有之；若云捉刀，則殆無可能。尤其像本文所討論的《幢記》，其開篇部分（2—6行），估算應有二百來字，僅就現存的七十餘字看，乃非宗教套語，係據教義精髓而寫，顯示撰文者對教理頗爲嫻熟。

---

① 《漢書》卷二八上《地理志八》，中華書局，1962年，頁1581；《舊唐書》卷三八《地理志一》，頁1454。
② （漢）應劭纂，（清）張澍編輯補注《風俗通姓氏篇》，叢書集成本，冊3283，頁12。參見吳樹平《風俗通義校釋》所輯佚文，天津人民出版社，1980年，頁468。
③ 參本書《李白〈上雲樂〉景教思想質疑》一文。

若與西安景碑開篇（正文7—8行）闡發教理的文字比較，可看出行文、氣勢相類。教外士人，未必會爲寫該篇《幢記》而專門潛研景經。因此，本《幢記》撰人，就其景學修養，更顯得係教中人；而且看來並非一般平信徒，當屬牧師一類者，始能如此諳於教理，闡發得體。

假如吾人認定撰人是個景士，則其必胡裔無疑，緣胡裔始有承繼先人景教信仰之可能。若云文翼係地道漢人，而又不僅信景教，而且通教理，甚或爲其神職人員，殊難置信。考西安景碑所題僧人，均具名而不標姓；若文翼出家爲僧，則更不可能把"于陵"當姓。

如果把"于陵"目爲文翼的籍貫，則文翼是來自山東濟南的胡裔，這對其景教信仰的因緣便不難解釋。陳寅恪先生曾在《論隋末唐初所謂"山東豪傑"》一文中指出："隋末唐初之史乘屢見'山東豪傑'之語，此'山東豪傑'者乃一胡漢雜糅，善戰鬥，務農業，而有組織之集團，常爲當時政治上敵對兩方爭取之對象。"① 文翼先祖倘爲陳先生所考隋末唐初"胡漢雜糅"之"山東豪傑"，則其本人之所以成爲景士，蓋可解釋爲承繼或弘揚先人之信仰。

筆者蠡測文翼爲信奉景教之胡裔，但據陳寅恪先生胡人華化的"世代層次"理論及其種族文化史觀②，更認爲文翼早已是華化的胡裔。文翼先祖入華，顯然已歷世代。其本人生於斯，長於斯，自小濡染的是中華文化，而且，必定還受過系統的漢文化教育。其名字是地道的漢名，固不待言。其漢文造詣之高，從現存《幢記》行文之流暢、精煉、典雅、規範，便可窺一斑。就這方面，其與那些直接來自西域的景士完全不同，後者的漢文不過爲在華傳教而勉力學得，儘管亦可很有造詣，但畢竟不是母語，在譯撰經典的格義表述時，即便有漢族士人協助，往往亦未能盡如人意；牽強附會、佶屈聱牙之處，難免俯拾皆是。文翼則不然，其於景教神學，融會貫通，直接用很地道的漢語表述，如《幢記》殘文所見的"而畜衆類，日月輝照，五星運行"，用如是漢文表述真主之創造萬物，何其地道！

另外其"自慙猥拙，抽毫述文，將來君子，無見哂焉"的自白，大有謙謙君子的風度；而在稱頌立幢之舉時，則著眼於孝義倫理、尊師重道，更是

---

① 陳寅恪《金明館叢稿初編》，上海古籍出版社，1980年，頁217。
② 即"種族之分，多繫於其人所受之文化，而不在其所承之血統"，詳參陳寅恪《元白詩箋證稿》，上海古籍出版社，1982年，頁308。

一派儒士口氣。

從上面的考察，可見《幢記》撰人雖屬胡裔，但除繼承先人夷教信仰，其文化背景實與漢族士人無異。而其被遴選爲《幢記》撰人，當然不止是因爲與幢主同爲教友，或華文造詣特高，其本人必定在社會或在教內頗有聲望地位，足以匹敵甚或超過幢主。

四、立幢人

張乃翥先生依據題記的殘存文字，對經幢有關羣體的"人文行事要點"作了如下概括：

1. 景僧清素弟兄與從兄少誠、舅氏安少連及義叔上都左龍武軍散將某某等人，元和九年（814年）十二月八日在"保人"某某參與下，於洛陽縣感德鄉柏仁里地主崔行本名下買地一所，爲其亡妣"安國安氏太夫人"及"亡師伯"某修建塋墓。與此同時，又於墓所神道旁側，效仿當地佛教信徒的傳統樹此幢石，刊刻《大秦景教宣元至本經》一部並以"幢記"行文記敘其緣由始末。①

2. 主持並參與、見證此事的景教神職人員，有"大秦寺寺主法和玄應，俗姓米"氏、"威儀大德玄慶，俗姓米"氏、"九階大德志通，俗姓康"氏與"檢校塋及莊家人昌兒"等等。②

下面對是次"人文行事"的主角作一討論。《幢記》第7、8行云：

7 有能諷持者，皆獲景福，況書寫扵幢銘乎！□□□□□□□□□□□□□□□□□□□□

8 承家嗣嫡。恨未展孝誠，奄違庭訓。高堂□□□□□□□□□□□□□□□□□□□

---

① 張乃翥《跋河南洛陽新出土的一件唐代景教石刻》，頁68。
② 同上文，頁69。

按第 7 行的"有能諷持者，皆獲景福，況書寫扵幢銘"，業已將刻立經幢的意義點明，意思已大體完整。照敘事邏輯，緊接著應是介紹立幢人及其身份。立幢人的名字應出現在失落的第 7 行末端，始可與第 8 行首端的"承家嗣嫡"接上，因此第 7 行當必寫滿。其失落的文字，除立幢人名字外，必定在名字之前冠以身份、職銜之類。

"承家嗣嫡"意味著立幢人爲死者嫡子，而第 18 行所題親族名字既有"弟景僧清素"，即意味著立幢人是景僧清素的兄長。其作爲死者的嫡子，又長於景僧清素，無疑就是此次人文行事的主角。有關立幢人身份、職銜的文字目前無從復原，不過，據《幢記》現存的文字，對其背景資料尚可作出某些蠡測或判斷：

（一）立幢人家族顯赫

觀《幢記》第 13—16 行敘述"立塋買兆"、買石磨礱、"勒刻書經"的經過，最後第 21 行又提到專門看守墓莊的僕人——"檢校塋及莊家人昌兒"，復在碑體第八面頂部補題"遷舉大事"的時日，整個人文行事顯得頗有規模，運作達 15 年之久，其耗資自不待言，在在顯示立幢人家族之富有；更據 19 行所勒，親族中有朝廷高官"義叔上都左龍武軍散將、兼押衙寧遠將軍、守左武衛大將軍、同政員"。更有，其建塋立幢，本應純屬家族行爲，與公益無關，但卻得到朝廷的關注；緣《幢記》第 17 行有"勅東都右羽林軍押衙、陪戎校尉、守左威衛、汝州梁川府"之語。儘管只有被"勅"官員的多個官銜，至於官員名字及其任務均屬缺字，但與是次人文行事有關，則毋庸置疑。由是，立幢人絕非尋常百姓，其本人或族人，更有先人諒必曾效勞朝廷，得到恩賜，家族不無耀眼之光環。

（二）立幢人爲出家景教徒

本經幢爲景教經幢，已毫無疑問。而在《幢記》所題列的親族中，除第 18 行的"弟景僧清素外"，還有第 20 行大秦寺寺主等諸位高僧，由是建幢人可能出身景教世家，其本人應爲景教徒，這應屬邏輯的結論。此處要特別指出的是，建幢人並非一般景教的平信徒，而應像其弟清素那樣，亦出家爲僧。

按佛教經幢的幢記，殆無例外地臚列建幢人直系親族的名字，其中包括妻妾、子侄、兒媳、直至孫輩等，以期共沾所立經幢帶來的福澤。而照《幢記》第 7 行所云，"有能諷持者，皆獲景福，况書寫扵幢銘"，足見其刻立此經幢，目的與佛教徒無異。《幢記》自第 18 行開始，題列建幢人親族名字，顯然是爲了讓他們分享刻石鐫經的"景福"。假如建幢人有家室，那麽，其焉會只題從兄、舅父之名，卻不題妻兒姓名，讓他們同受福蔭？彼等會不會鐫刻在失落的另一半幢體呢？竊意可能性不大；緣照書寫格式，第 18 行即便填滿，充其量亦只能多題四位親屬的稱謂，而妻兒既爲直系親屬，一般是不會置於旁系親屬之後的，即便是出於禮讓，亦會另行題寫。

（三）立幢人爲華化胡裔

以上論證立幢人乃生於景教世家。如上所述，景教爲唐代夷教，地道漢人鮮有信奉者；但就信仰而言，已可看到立幢人之胡裔背景。儘管現存《幢記》並未提及立幢人的生父，但第 10 行有"亡妣安國安氏太夫人"之語，無疑證明了立幢人的粟特血統；而《幢記》第 18 行所題中外親族，復有"舅安少連"；第 20 行所題三位親族，即大秦寺寺主法和玄應、威儀大德玄慶、九階大德志通，其俗姓或米或康，與安姓一樣，均屬粟特胡姓；該等胡姓親族益可爲立幢人之胡裔族性定讞。但吾人的認識不應僅止於此一層次，像上面對《幢記》撰人的考察那樣，如把立幢人定性爲華化的胡裔，則當更爲準確。

按《幢記》第 8 行載有"承家嗣嫡。恨未展孝誠，奄違庭訓。高堂……"，暗示立幢人自幼所受家庭教育便是儒家的孝倫理，其先祖雖來自西域，但在中土已歷世代，後世漸次華化，及至其父母輩，華化程度已極深，始有以儒家孝倫理、尊師重道之精神教誨子女。立幢人爲亡妣、亡師（或師伯）修建墓塋，並隆重遷葬，這純屬地道的儒家行爲。至於刻經立幢，則是效法中國主流宗教——佛教，亦爲華化的典型表現。

立幢人深知建墓立幢之舉，合乎中國傳統道德倫理，因而直接或間接地把此事上奏，遂有某一顯要官員奉旨參與其事，把本來純屬家族的私人活動變成官方行爲，藉以光宗耀祖、增輝家族。其策劃此事的價值取向、思維模式蓋與漢族士人如出一轍。至於爲"義叔"臚列顯赫官銜，爲大秦寺僧冠以耀目僧銜，蓋無不出於炫耀家族的目的，與漢人風尚無二。

五、立幢人的"中外親族"

按《幢記》第18行以"中外親族，題字如後"爲開始，爾後至第21行文字則是臚列諸多名字及其身份、稱謂等，第21行最後還有"故題記之"四字，呼應上面的"題字如後"；從這一表述格式看，顯然四行所列人士，均屬立幢人的"中外親族"。據書寫的格式估算，如果幢體復原，其所列親族可能應有15人之多。從文字的表述和書寫格式看，只是臚列親族名字，名字之前或冠以姓、稱謂，有的還有職務頭銜之類，即便幢體復原，名字之後亦不會有其他動詞、謂語、賓語之類，也就是說，《幢記》提及彼等，並非因爲參與刻經立幢的行動；至於見證遷舉事，則更屬未必，緣據《幢記》云，買地購石是在元和九年（814）十二月八日，但遷舉是在大和三年（829）二月十六日，乃發生於刻幢之後15年，是以，關於遷舉的十六個字應屬事後補題。該等親族之榜上有名，顯然是因爲彼等有權利共沾刻立經幢所能得到景福。

《幢記》所稱立幢人的"中外親族"，其"中外"究何所指？若作爲政治地域概念解，當指中國和外國，如是即意味著立幢人的親族既有中土人士，亦有域外居民。但從現存《幢記》所列親族名單來看，其均爲地道的漢名，未見半點胡名痕跡，這暗示了該等人物不過是繼承了先祖入華時的姓，其本身則是生於中土、長於大唐。自其先祖由西域遷入中國以來，已歷有世代，其間或胡胡通婚，或胡漢通婚，應是情理中事。既生活在漢人的社會裏，家族之胡漢雜糅，勢不可免，由是，更無從按種族血統來作中外之分。其具名的親族，尤其是三位大秦寺高級僧侶，均接受並認同親族出於儒家的"孝誠"，爲親人建塋遷墓，且在墓所神道側"效仿當地佛教信徒的傳統樹此幢石"。① 僅就此點，已足見彼等備受華夏文化之熏陶久矣，絕非剛入華之胡

---

① 張文已以豐富的鄉土文化史料證明唐代洛陽有佛門信徒於先亡、所親墓所建樹經幢的傳統做法。

人。至於未見名字之義叔，其既在唐朝做官，更不會是域外之親戚。因此，《幢記》中的"中外"不可能是政治地域的概念。由是觀之，其親族的分類，當非按種族、籍貫、國籍或居住地來劃分。《說文解字》曰："中，內也。"①在漢文表述中，"中外"一詞亦常指"內外"。是以，《幢記》中的"中外親族"，無妨按其婚姻和血緣關係，作內外親族解。

觀該親族羣體，除保有先人的夷教信仰外，應與一般漢人無異。正如業師蔡鴻生先生所指出："胡姓作爲標幟性的符號，如果脫離禮俗體系，就會失掉認知價值。在胡漢世系問題上，忽略世代感，也就沒有歷史感可言了。"② 從這個角度而言，《幢記》中的親族羣體，實際是業已華化的胡人後裔，絕不能與粟特或波斯本土的胡人等量齊觀。他們雖具胡族血統，但卻有漢人的文化思維，循漢人的社會禮俗，即便他們所隸屬的景教團，實際亦已佛化。

六、洛陽景教僧團

來華胡人雖然世代生活在中土，但仍然保持著先人的宗教信仰，這從宗教信仰的穩定性和世襲性來看，實不足奇。不過，按敍利亞聶斯脫里派總會的規定，除主教以上的神職人員外，一般神職人員均可結婚，遑論一般教徒；因此，基督教聶斯脫里派實際並不像羅馬天主教那樣強調教士禁慾，立幢人完全可以既繼承先人的景教信仰，亦結婚繁衍後代。但清素兄弟倆居然都出家爲僧，以至《幢記》親族名單中竟無一子侄之名，則發人深省了。像立幢人這樣出身於顯赫富有之家，最後卻選擇了出家的道路，儘管其出家因緣留給今人無限的遐思，但顯然與洛陽濃烈的佛教氛圍密切相關。其實，立幢人兄弟所厠身洛陽景教羣體，便已相當佛化了；其程度之深，實爲吾人原先所意料不到。按經幢本來就是佛教之物，彼等不唯效法之，而且還在經幢上，把基督教天使刻成佛教手持蓮花或手捧摩尼珠的飛天形象，如是佛教烙印，誠可歎爲觀止。更有，洛陽景教僧團與佛教僧團亦頗多類同。細察《幢

---

① 《說文解字》，中華書局，1963 年，頁 14 下。
② 蔡鴻生《〈陳寅恪集〉的中外關係史學術遺產》，見《仰望陳寅恪》，中華書局，2004 年，頁 82—83。

記》第 20 行文字，便可了然：

大秦寺　　寺主法和玄應俗姓米　　威儀大德玄慶俗姓米　　九階大德志通俗姓康

該行文字所見玄應、玄慶、志通三位僧侶名字之下，均以小字分別注明他們的俗姓——兩個"米"姓，一個"康"姓。標明俗姓，也就意味著他們一旦出家，就像佛僧那樣捨弃俗姓。[①] 如上面已提到的，西安景碑所題僧人，亦無一標姓，故就這一點而言，至少在表面上，洛陽與長安的教團是一致的。但該行文字所反映的佛化色彩絕非僅止於此，正如羅炤先生所揭示道：

這三位高級教士的中文法號，與佛教僧人的命名方式、意義、性質完全相同，僅從名字上區分不出他們是佛教僧人，還是景教教士。其中的法和玄應，應當是兩個名字的集合。當時佛教中勢力最大的是禪宗，盛唐以後的禪宗僧人一般都有兩個名字，而且合在一起稱呼，如圓寂於貞元四年（788 年）的著名禪僧馬祖道一，他的法號就是馬祖和道一兩個名字的集合。法和玄應之名，可能是仿照禪宗僧人的命名習慣而產生的。此外，法和玄應與玄慶，有可能是師兄弟，他們的法號中都有一個"玄"字。這也可能是效仿佛教僧人在法號中體現輩份和傳法世系的做法。[②]

洛陽景僧團仿效佛教，使用體現輩份和傳法世系的法號和頭銜，以顯示其教內地位，此爲西安景碑所未見。西安景教碑較洛陽景教經幢約早半個世紀，碑上文字"除漢文外尚刻敘利亞文字，共計景教士有姓名者得 82 人，內有敘利亞名之教士 77 人"[③]。筆者檢視碑上所有的漢文僧名，除法主、寺主外，漢字殆無顯示其教內職銜；至於所取漢文僧名，佛味、道味、儒味以至其他世俗味兼而有之，但難以確認彼等有何輩份或法統的關係。

---

① 如果我們確認洛陽景僧有捨俗姓的做法，那亦就意味著他們亦可能像佛僧均姓"釋"那樣，一旦出家，便都自認爲姓"景"了。由是，對於《幢記》第 11 行 "願景日長懸，朗明閤府，真姓不迷，即景性也" 一句所出現的"姓"字，即便爲"性"之筆誤，亦不必爲奇。
② 參閱羅炤《洛陽新出土〈大秦景教宣元至本經及幢記〉石幢的幾個問題》，頁 40。
③ 朱謙之《中國景教》，頁 74。

洛陽景教僧團之有輩份、法統，亦體現於《幢記》第 10 行的"亡妣安國安氏太夫人神道及亡師伯和……"。此句的"亡師伯和"四字，若讀爲"亡師/伯和"，則立幢人爲已故"伯和"的弟子；若讀爲"亡師伯/和"，則立幢人爲"和"某①之師侄。無論如何，都説明立幢人有師承關係。按在基督教會裹，教友之間並無所謂師徒關係。佛教則恰相反。一般人皈依佛教之時，即便不是出家僧侣，亦要拜師，既有師父，在教内當然也就演繹出師伯、師叔、師兄、師弟等輩份關係及相應稱謂。佛門僧傳，對傳主的法統尤爲重視，往往加以追溯，一一道明。《幢記》這"亡師伯和"四字，正好佐證當時洛陽景教僧團，確像佛教那樣，教徒之間有輩份、法統之分。

七、洛陽大秦寺始建年代

在此洛陽經幢面世之前，唐代景教研究多聚焦於長安，特別是義寧坊首所大秦寺（波斯寺）；而今《幢記》第 20 行所披露的"大秦寺"及其教團的信息，令人耳目一新。

按洛陽之有波斯寺，方志材料有載，清代《唐兩京城坊考》洛陽部分有云：

次北修善坊，波斯胡寺。②

如果我們能確認唐代洛陽只有一所景寺的話，則該波斯寺無疑就是《幢記》所云的大秦寺。唐代洛陽之有波斯寺，官方文獻記載頗爲明確，最早見於天寶四載（745）的詔令：

波斯經教，出自大秦，傳習而來，久行中國。爰初建寺，因以爲名，將欲示人，必修其本。其兩京波斯寺，宜改爲大秦寺，天下諸府郡

---

① 蒙葛承雍教授提示，見於西安景碑的景士，多有以"和"入名者，如大德佶和、僧和吉、僧延和、僧沖和、僧和明、僧太和、僧和光等。
② （清）徐松撰，李建超增訂《增訂唐兩京城坊考》，三秦出版社，1996 年，頁 293。

置者，亦準此。①

所謂"兩京波斯寺"，即指長安、洛陽原有的景寺。也就是說，早在天寶四載以前，洛陽就存在景教寺院。那麼，其最早是在何時建立的呢？為了釐清這個問題，我們有必要分析天寶以前各朝在洛陽建寺的可能性，再下結論。

（一）洛陽大秦寺當不建於武則天朝

吾人固知，西安景教碑對唐代歷朝皇帝，從太宗到德宗，無不讚揚備至；唯於武后和中宗，未讚一詞。中宗昏庸無為，自不必提；但對一代女皇武則天，竟亦毫無美言，個中原因就值得推敲尋味了。據景碑正文第14—15行所載，在華景教會曾遭受過兩次重大打擊：

> 聖曆年（698—700），釋子用壯，騰口於東周；先天末（713），下士大笑，訕謗於西鎬。有若僧首羅含，大德及烈並金方貴緒，物外高僧，共振玄綱，俱維絕紐。②

其中，"釋子用壯，騰口於東周"，乃指在華景教會所受到的第一次挫折，尤其指來自佛教方面的攻訐。此事發生在則天朝聖曆年間。從碑文看，景僧顯然是在委婉抱怨則天皇帝偏袒佛教，薄待甚或虐待景教。發生在聖曆年的佛景之爭，究竟所為何事，涉及的人物又有哪些，由於資料欠缺，尚待發覆。但顯然，其與武氏推崇並大力扶植佛教勢力直接相關。而且，從景教所處的劣勢來看，武氏於景教應無好感。③是次事件顯然沉重打擊了景教在

---
① 《唐會要》卷四九《大秦寺》，中華書局，1955年，頁864。
② 見本書《西安景碑釋文》一文。
③ 以往學界據清末洛陽附近出土的墓誌《阿羅憾丘銘》，認為銘文所歌頌的波斯移民領袖阿羅憾是位景教徒，他號召諸蕃王，為武后營建天樞，由是說明武后與景教有著良好的關係。就此問題，早在20世紀80—90年代，意大利著名東方學家富安敦教授（Antonino Forte）就撰寫了一系列文章進行探討，挑戰傳統看法，判定阿羅憾並非景教徒。參本書黃蘭蘭譯《所謂波斯"亞伯拉罕"——一例錯誤的比定》一文。從上揭西安景教碑文對武氏不僅無半字頌詞且有微詞這一點看，實際亦暗示了景教徒未曾為武后做過甚麼貢獻。

華的發展，碑文纔特別提出。至於事發地點何以在東京洛陽，亦不難理解。按唐顯慶五年（660），高宗病重，武則天掌執全權，爲排除長安李唐傳統勢力的干擾，以洛陽爲神都。天授元年（690），武則天廢唐爲周，立號爲聖神皇帝，定都洛陽；期間建明堂，鑄九鼎，企圖把整個政治中心從長安遷至洛陽。武周政權對洛陽以及佛教之倚重，是其發展政治勢力的重要手段。佛教一時顯赫，洛陽尤甚，即景碑所謂"用壯"是也。景教之不敵佛教，放置在當時的政治環境之下，實不出奇。既然武則天厚佛教而薄景教，洛陽大秦寺便當不在其時建立。試想，倘武氏所倚重的東京原無景寺，其焉會格外加恩置之？

（二）洛陽大秦寺不可能建於高宗朝

高宗朝是景教"法流十道"、"寺滿百城"的大發展時期，景碑也特別感恩並頌揚高宗皇帝（正文第15至16行）：

　　高宗大帝，克恭纘祖，潤色真宗；而於諸州各置景寺，仍崇阿羅本爲鎮國大法主。法流十道，國富元休；寺滿百城，家殷景福。①

正因爲高宗能繼承並進一步發展先朝對景教的優容政策，纔使景教得以在全國開花。按洛陽於高宗顯慶二年（657）立爲東都，與長安並稱"兩京"，均不能稱州，其重要性更不待言。在高宗所置寺的"諸州"之中，當然不會涵括兩京。假如當時洛陽尚無一所大秦寺，那麼以該城之重要地位，高宗亦必置之。碑文毫無提及，乃默證當地原已有寺。由是，洛陽大秦寺亦不會始建於高宗朝。

（三）洛陽大秦寺當建於太宗朝

既然武后和高宗都不可能在洛陽建大秦寺，則玄宗朝業已存在的洛陽大

---

① 見本書《西安景碑釋文》一文。

秦寺就只可能建於太宗時期。《唐會要》卷四十九有載：

> 貞觀十二年七月詔曰：道無常名，聖無常體，隨方設教，密濟羣生。波斯僧阿羅本，遠將經教，來獻上京，詳其教旨，玄妙無爲，生成立要，濟物利人，宜行天下。所司即於義寧坊建寺一所，度僧廿一人。①

此處僅提到東京長安首座景寺的位置。不過，作爲唐代兩京之一的洛陽，其政治地位僅次於長安（武則天朝甚或超過長安），阿羅本向朝廷請求在全國各地建寺時，當不會忽略洛陽。既然太宗已認同景教"濟物利人，宜行天下"，賦予其在各地建寺的合法依據；而西京既已建寺，那麼接著要爭取建寺的地區自非東京莫屬了。此乃從洛陽的政治地位考慮。

另一方面，洛陽這個古帝都是中古時代外來移民麇居之地，這亦爲阿羅本請置景寺提供了堅實的基礎。正如6世紀中葉楊衒之《洛陽伽藍記》所云：

> 永橋以南，圜丘以北，伊洛之間，夾御道：東有四夷館，一曰金陵，二曰燕然，三曰扶桑，四曰崦嵫。道西有四夷里：一曰歸正，二曰歸德，三曰慕化，四曰慕義。……西夷來附者，處崦嵫館，賜宅慕義里。自葱嶺以西，至於大秦，百國千城，莫不歡附。商胡販客，日奔塞下，所謂盡天地之區已。樂中國土風，因而宅者，不可勝數。是以附化之民，萬有餘家。門巷修整，閶闔填列，青槐蔭陌，綠樹垂庭，天下難得之貨，咸悉在焉。②

照當時基督教東方教會在中亞的活躍情況③，我們無理由排斥在洛陽這些西域移民中，包含一定數量基督教徒（尤其是平信徒）的可能性。正因爲如

---

① 《唐會要》，頁864。
② 周祖謨《洛陽伽藍記校釋》，中華書局，1963年，頁130—132；並參楊勇《洛陽伽藍記校箋》，中華書局，2006年，頁144—145。
③ 中亞歷史上著名的木鹿城（Merv），在公元544年便已具有都主教區（Metropolitanate）的地位，在聶斯脱里東方教會的眾多教區中，名列第七。Cf. Erica C. D. Hunter, "The Church of the East in Central Asia", *Bulletin of the John Rylands Library*, Vol. 78, No. 3, 1996, p.132. 另一個著名的中亞城市薩馬爾罕（Samarkand），亦大約在6—7世紀便成爲都主教的駐錫地。Cf. B. E. Colless, "The Nestorian Province of Samarqand", *Abr-nahrain* 24, 1986, pp. 51-57.

此，甚至有學者據《洛陽伽藍記》卷五"永明寺"條所記 6 世紀初中國佛教盛況，"百國沙門，三千餘人，西域遠者，乃至大秦國，盡天地之西垂"[1]，認爲此間大秦國沙門應爲景教徒。[2]

在阿羅本之前，來華的西域胡人中當有不少景教徒，但作爲一般平信徒，係隨商隊，以商人、伎人或其他職業者的身份來華，他們並不以傳教爲目的，時人不易識別其宗教信仰。當然，亦不排斥有個別或少量傳教士來華的可能姓，但畢竟由於其時尚未與朝廷正式接觸，官方對其毫無了解，亦就未見諸記錄；即便有所記錄，亦會與其他宗教徒相混淆。因此，迄今吾人尚無從指證 6 世紀中葉到 7 世紀初期，在華西域移民中究竟有多少景教徒，更別説要具體到洛陽等地的教徒數量。但依情依理，在該等政治、商業中心，其外來移民既夥，則信奉夷教者當亦不在少數。

寺院乃信徒們與神進行心靈溝通的重要場所，猶如精神的家園，不可或缺。既然太宗已認同景教在華活動的合法性，而長安亦已經建寺，那麽，洛陽的景教徒必定亦會相應提出建寺的訴求。阿羅本作爲教會派來的領袖，理所當然地要順應洛陽信衆的要求，相機請允在其地建寺。由是，無論是對文獻記錄的解讀，或據常理的推測，洛陽之建置景寺，都應是唐太宗貞觀年間的事，很可能是繼貞觀十二年義寧坊建寺之後若干年。然耶非耶？最後的確證自有待新資料的發現。

八、餘論

通過對《幢記》及其撰人、立幢人家族，尤其是所披露的三位大秦寺胡姓高僧的考察，我們可確知，除了西安景碑所反映的長安景教團外，在唐代的東都洛陽，亦活躍著一個頗具規模的景教羣體。囿於資料，其詳細情況目前尚無從掌握，但該羣體的華化程度較之長安景教團，有過之而無不及，這是肯定無疑的。筆者冀望日後幢體得以復原，新資料不斷發現面世，使學者能就長安、洛陽兩地景教團作深入的比較研究，揭示兩者的差

---

[1] 周祖謨《洛陽伽藍記校釋》，頁 173。
[2] 參林梅村《中國基督教史的黎明時代》，見氏著《西域文明》，東方出版社，1995 年，頁 448—461。

異及其產生的原因。如是,必令唐代景教研究面目一新,唐代景教的畫面益顯絢麗多姿。

(本文與殷小平合撰,原題作《幢記若干問題考釋》,初刊《中華文史論叢》2008年第2輯,總90輯,頁269—292)

景教"淨風"考

明季西安府出土的《景教流行中國碑》(以下簡稱"景碑"),碑文中有"淨風"二字,時學者多依漢字本義作解。至 20 世紀初,唐代景教、摩尼教寫經隨大量敦煌文書面世,該等經文亦見是詞,諸家研讀比對後,逐步改變原有看法,遂將景教文典中所見"淨風"一詞,直當該教三位一體第三位格 The Holy Spirit(今譯"聖靈")的漢文稱謂,學界殆成共識。本文擬從古代文化傳播變異角度,就景碑和敦煌景教文獻中所見該詞的含義,重作考察解讀,冀有助於澄清相關的認識。不妥之處,仰祈方家不吝賜教。

一、"設三一淨風無言之新教"句解

西安景教碑文題為"景教流行中國碑頌並序",落款"大秦寺僧景淨述"。景淨為碑文作者,蓋無疑問。景淨生卒年代不詳,但其所撰碑文落款為"大唐建中二年"(781),其本人更曾於貞元年間(785—804),與迦畢試高僧般若合譯佛經《六波羅蜜經》七卷[①],足見其活躍的年代當在安史之亂後。儘管景淨在撰作碑文過程中,或曾與中土儒釋道高手商較,但從碑文內容的恢弘、行文用典之嫻熟看,其漢文造詣之深,足可置信。景淨漢文落款下附有一行敘利亞文:'Ad^{h}àm qaššîšâ w^{e}k^{h}ôr'appèsqôpâ w^{e}p^{h}apšê d^{he}Ṣinèstân,伯希和(P. Pelliot)法

---

① J. Takakusu, "The Name of 'Messiah' Found in a Buddhist Book; the Nestorian Missionary Adam, Presbyter, Papas of China, Translating a Buddhist Sûtra", *T'oung Pao*, Vol. 7, No. 1, 1896, pp. 589-591;高楠順次郎《景教碑の撰者アダムに就て》,《語言學雜誌》1—10,1900 年。

譯爲 Adam [moine King-tsing], prêtre, chorévêque et «maître de la Loi» de la Chine。[1] 意爲"亞當（'Adhàm、Adam 景淨）、牧師（qaššîšâ）、鄉主教兼中國法師"; 穆爾（A. C. Moule）英譯爲 Adam priest and country-bishop and fapshi of Zinistan[2]，意同。據這一敍利亞文頭銜，景淨是否爲最高領袖，學術界尚有爭議[3]; 但屬中國教區高層僧侶，毋庸置疑。以撰者身份名勒永世豐碑，景淨在華之風光地位自不待言，於朝野中當最具知名度。本文要討論的"淨風"一詞，便見於該碑文之第 5 行。茲節引相關上下文如下：

> 於是我三一分身景尊彌施訶，戢隱真威，同人出代。神天宣慶，室女誕聖於大秦；景宿告祥，波斯覩耀以來貢。圓廿四聖有説之舊法，理家國於大猷。設三一淨風無言之新教，陶良用於正信。制八境之度，鍊塵成真；啓三常之門，開生滅死。懸景日以破暗府，魔妄於是乎悉摧。……（第 4—5 行）[4]

從這段碑文看，"設三一淨風無言之新教"一句，其主語無疑是引文起始的"我三一分身景尊彌施訶"，整段碑文無非是言景尊彌施訶，即耶穌之誕生，及其創新教之典故，緊接是頌該教之救世功效。就個中"設三一淨風無言之新教"一句，各家多有翻譯，茲依年代先後例舉權威者以比較。法國學者鮑狄埃（G. Pauthier，1801—1873）將此句法譯爲：

> Il établit la doctrine pure de l'UNITÉ TRINE, sans l'appeler une nouvelle religion.[5]
> （其建立三位一體的純潔教理，是爲不用語言的新宗教。）

---

[1] P. Pelliot & J. Dauvillier, *Recherches sur les Chrétiens d'Asie Centrale et d'Extrême-Orient, II, 1: La Stèle de Si-ngan-fou*, Oeurves posthumes de Paul Pelliot, Paris 1984, pp. 55, 56.

[2] A. C. Moule, *Christians in China before the Year 1550*, London, New York and Toronto 1930; repr. Taipei 1972, New York 1972, 1977, p. 35.

[3] 參朱謙之《中國景教》，人民出版社，1993 年，頁 158。

[4] 本文所引景碑文字據筆者製作的釋文，見拙著《中古夷教華化叢考》，蘭州大學出版社，2011 年，頁 259—268。

[5] G. Pauthier, *L'inscription syro-chinoise de Si-ngan-fou*, Paris 1858, p. 9.

英國漢學家理雅各（J. Legge，1814—1897）英譯爲：

He appoitinted His new doctrines, operating without words by the cleansing influence of the Tri-une.[①]

（其建立新的教理，不用語言而以三位一體起淨化之效。）

法國來華耶穌會士夏鳴雷（Henri Havret，1848—1901）翻譯爲拉丁文：

Instituite Trince Unitatis purissimi Spiritûs vixdum edictam novam religionem.[②]

（建立精神最爲純潔而殆不言宣的三位一體新宗教。）[③]

英國來華傳教士衛禮（A.Wylie）英譯爲：

He established the new religion of the silent operation of the pure spirit of the Triune.[④]

（其建立三位一體精神純潔之無聲新教。）

英國著名東方學家，基督教史學家穆爾最初英譯爲：

He founded the new teaching, unexpressed in words of the most pure Spirit of the Triune.[⑤]

[①] J. Legge, *The Nestorian Monument of Hsî-an Fû in Shen-hsî, China*, London 1888, reprinted by Paragon, New York 1966, p.7.
[②] H. Havret, *La Stèle Chrétienne de Si-ngan-fou*. Part 3: *Commentaire*, *Imprimèrie de la Mission Catholique*, Changhai 1902 (Varivétés Sinologiques, Nos. 20), p. 44.
[③] 此句的準確意思曾請教德國慕尼黑 Gaimersheim 學校拉丁文教師 Karina Möbius，誌謝！
[④] A. Wylie, "Translation of the Nestorian Inscription", in P. Carus (edit.), *The Nestorian Monument: An Ancient Record of Christianity in China, with Special Reference to the Expedition of Frits V. Holm*, Chicago 1909, p.12.
[⑤] A. C. Moule, "The Christian Monument at Si An Fu", *The Journal of the North-China Branch of the Royal Asiatic Society*, Vol. 41, 1910, pp. 76-115; Cambridge University Press, 1957, p. 26.

（其建立三位一體最純潔之神的無言新說。）

爾後修改爲：

He founded the new teaching unexpressed in words of the most holy Spirit of the Three in One.[1]

（其建立三位一體聖靈之無言新說。）

日本中國基督教史權威佐伯好郎英譯爲：

Establishing His New Teaching of Nonassertion which operates silently through the Holy Spirit, another Persion of the Trinity.[2]

（通過三位一體的另一位格聖靈建立不用宣揚之新說。）

伯希和生前曾譯釋景碑，不過成果是身後始由 Jean Dauvillier 整理出版的，該句法譯爲：

Il établit la doctrine nouvelle, quines'exprime pas en paroles, de holy Spirit de l'Unité Trine.[3]

（其建立三位一體聖靈的無言新說。）

從以上各家的翻譯看，於"三一"不論譯爲法語的 l'Unité Trine，拉丁語的 Trince Unitatis，抑或英語的 the Triune、Tri-une、the Three in One、the Trinity 都好，蓋指基督教的三位一體。就"新教"的西譯，法語作 nouvelle religion、la doctrine nouvelle，拉丁語作 novam religionem，英語作 new doctrines、the new religion、new teaching，意思咸同。

---

[1] A. C. Moule, *Christians in China before the Year 1550*, 1977, p. 37.
[2] Y. Saeki, *The Nestorian Monument in China*, London First Published 1916, repr. 1928, p. 163; *The Nestorian Documents and Relics in China*, Tokyo 1937, repr. 1951, pp. 55, 83 note 7.
[3] P. Pelliot, *Recherches sur les Chrétiens d'Asie Centrale et d'Extrême-Orient*, 1984, p. 44.

但就"無言"二字的翻譯，無論是用法文 sans l'appeler、qui ne s'exprime pas en paroles，拉丁文的 vixdum edictam，抑或英文的 operating without words、unexpressed in words、Nonassertion which operates silently、the silent operation，其意殆謂不形諸語言文字。也就是說，都認爲所創新宗教殆不用語言文字來宣揚。當代國人於該碑文"無言"的理解也跳不出西人的窠臼。例如江文漢先生將是句碑文譯成現代漢語"又立了《新約》'三位一體'中沉默無言的聖靈"。① 就此二字的翻譯，各家顯然止於漢詞的字面意思，但於理不通。按任何宗教都有自己的經典，即便不用文字傳寫，亦有口傳，否則就不成其爲宗教。基督教明明就有《聖經》，何以還說成"無言"？早期來華葡萄牙耶穌會士陽瑪諾（1574—1659）於崇禎十四年（1641）用漢文撰成的《唐景教碑頌正詮》，就此句的"無言"詮釋道："無言者，其教弗係于口，弗希多言，特貴善行也。"② 這一解釋，亦顯爲勉強，若謂"貴善行"，更爲古老的瑣羅亞斯德教早就力主善思、善言和善行了，足見並非基督教首創，何新之有？而"弗希多言"，更不合事實，其教徒每天都要祈禱，甚至飯前、睡前亦要禱告，豈非多言？是以就此句的"無言"應另求新解。

竊意"無言"應典出《周易》，《周易正義·卷首》有云："故《繫辭》云'形而上者謂之道'，道即无也；'形而下者謂之器'，器即有也。故以无言之，存乎道體；以有言之，存乎器用。"③ 依此，"無言"恐係取"大道無形"④之意，猶如耶穌會士利類思（Ludovic Bugli, 1606—1682）所云："吾道至明，不待言而自顯"⑤，楊榮鋕所詮釋的"至神無言"。⑥ 若然，"無言之新教"用現代漢語，庶幾可譯爲：至真無上的新宗教。

至於是句的"淨風"，陽瑪諾詮釋道："淨風者，至潔無污之化也。"⑦而從上面例舉的譯文看，早期各家的理解大致循此詮釋，因而，以 pure、cleansing、purissimi Spiritûs、the pure spirit、the most pure Spirit 來表達；爾後，

---

① 江文漢《中國古代基督教及開封猶太人》，知識出版社，1982 年，頁 42。
② 陽瑪諾《唐景教碑頌正詮》，土山灣印書館，1927 年，頁 46。
③ 十三經注疏整理委員會《十三經注疏·周易正義·卷首》，北京大學出版社，2000 年，頁 6—7。
④ 十三經注疏整理委員會《十三經注疏·孟子注疏》，頁 91。
⑤ 利類思《不得已辯》，見吳相湘主編《天主教東傳文獻》，臺北學生書局，1965 年，頁 230。
⑥ 楊榮鋕《景教碑文紀事考正》卷二，1895 年；光緒二十七年（1901）思賢書局重刻本，頁 62。
⑦ 陽瑪諾《唐景教碑頌正詮》，頁 45。

改以 holy Spirit、the Holy Spirit、l'Esprit Saint 譯之，則是認定"淨風"乃指三位一體中之"聖靈"。這可能是受到面世的真假敦煌景教文書之影響，緣其間經文有將"淨風"接續於父、子之下者，令人立與三位一體作聯想。

按"設三一淨風無言之新教"，從漢語表述看，所設之教無疑就是三位一體的新教，而"聖靈"本來就是"三位一體"題中之義，此處的淨風若指代"聖靈"，豈非重複？在三位一體中，爲什麽要特別突出聖靈？若果有三一聖靈之教，以華人的思維邏輯，意味著還有"三一聖子之教"、"三一聖父之教"？按"淨"，意謂"無垢也，潔也"，若作動詞用，便是使無垢，使清潔，相當於現代漢語的淨化；"風"則有風俗、政教之意。因此，從字面看，"淨風"可作淨化風俗政教解，即陽瑪諾所謂"至潔無污之化"。而從句法看，"淨風"在該句子中顯非主詞，不過是作形容詞，修飾賓語"新教"，言"淨化世風之新教"，其意完全可通。

查景碑正文"風"字 8 見，除本節討論的"淨風"外，尚有：

第 1—2 行："判十字以定四方，鼓元風而生二氣。"
第 6 行："法浴水風，滌浮華而潔虛白；印持十字，融四照以合無拘。"
第 8—9 行："大秦國有上德曰阿羅本，占青雲而載真經，望風律以馳艱險。"
第 11 行："宗周德喪，青駕西昇；巨唐道光，景風東扇。"
第 12 行："西望仙境花林，東接長風弱水。"
第 20 行："若使風雨時，天下靜，人能理，物能清，存能昌，歿能樂，念生響應，情發目誠者，我景力能事之功用也。"
第 27 行："聖日舒晶，祥風掃夜。祚歸皇室，祅氛永謝。"

以上七個"風"字，第 1 行的"元風"，陽瑪諾釋曰："元風者，萬物未分之前，其元料，中史所謂渾淪是也"[①]；而楊榮鋕則言"元風者，太極也"[②]。竊意彼等解釋並不離譜。第 6 行的"法浴水風"，陽瑪諾釋爲"領洗而入教

---

① 陽瑪諾《唐景教碑頌正詮》，頁 26。
② 楊榮鋕《景教碑文紀事考正》卷二，1895 年；光緒二十七年（1901）思賢書局重刻本，頁 19。

也"①,甚確,此處的"風",當作教化解。第9行的"風律",作海上季風解抑或作風教律令解,尚有爭議。②第11行的"景風",漢詞早已有之,《爾雅·釋天》作"四時和爲通正,謂之景風"。③唐詩更有"景風晨扇"之句④;景淨的"景風東扇"或變造自此句,當然語帶雙關,更射意景教之東來。第12行的"長風弱水",乃徵引漢籍,緣引文述大秦國地理位置,照語境當指地名;"長風"本謂狂風,古人或聞其地常颳風,遂以"長風"名之⑤。第20行的"風"與"雨"搭配,自指天氣無疑,其"風"自謂流動之空氣。至於第27行的"祥風"乃對仗下面的"祆氛",當謂祥瑞之風;《白虎通·封禪》有云:"德至八方,則祥風至,佳氣時喜。"⑥從以上多個"風"字的使用,或實指,或譬喻,蓋無一例用以指神靈者。故令人益信景碑之"淨風"不宜作聖靈解。

景碑碑文於聖父、聖子均有特別的稱謂,正文首行有曰:"妙衆聖以元尊者,其唯我三一妙身无元真主阿羅訶歟!"第4行則曰:"於是我三一分身景尊彌施訶,戢隱真威,同人出代。"如果"淨風"即爲聖靈的話,照例類推,當相應有"我三一分身淨風"之類的碑文,沒有如是碑文,實際就默證見於"設三一淨風無言之新教"的"淨風",應與"聖靈"無涉。

其實,既然三位一體的第一位格稱"阿羅訶",第二位格稱"彌施訶",均用音譯,假如需要提及第三位格時,焉有獨用地道的漢詞指代?難道第三位格特別深入華人之心,特別爲華人所理解青睞,以至直用地道漢名呼之?

據以上對有關詞語和句法的解讀,結合"設三一淨風無言之新教"上下文,竊意可把其翻譯成現代漢語:(彌施訶)新創三位一體淨化世風之至尚宗教。

---

① 陽瑪諾《唐景教碑頌正詮》,頁53。
② 詳參本書《西安景碑有關阿羅本入華事辨析》一文。
③ 十三經注疏整理委員會《十三經注疏·爾雅注疏》卷第六《釋天》第八,頁184—185。
④ 《全唐詩》卷31·10《郊廟歌辭·五郊樂章·蕭和》:"離位克明,火中宵見。峰雲暮起,景風晨扇。木槿初榮,含桃可薦。芬馥百品,鏗鏘三變。"見(清)彭定求等編《全唐詩》,中華書局,1960年,頁437。
⑤ 伯希和意譯作 Vents Violents,見 P. Pelliot, *Recherches sur les Chrétiens d'Asie Centrale et d'Extrême-Orient*, 1984, p. 45;穆爾音譯爲 Ch'ang-fêng,見 A. C. Moule, *Christians in China before the Year 1550*, 1977, p. 40。
⑥ (清)陳立撰,吳則虞點校《白虎通疏證》上冊,中華書局,1994年,頁285。

既然景碑的"淨風"並非基督教三位一體第三位格的漢譯，這至少提示吾輩，在唐代其他的景教文獻中，若出現"淨風"一詞，未必便可直當"聖靈"。下面再就《景教三威蒙度讚》（以下簡稱《讚經》）所出現的該詞續作考察。

二、《讚經》"淨風"辨

按《讚經》爲20世紀初敦煌出洞之珍，作爲一篇獨立經文，構成P.3847寫卷内容的一個部分。[①] 學界咸認爲其出自景淨之手。法國吳其昱先生在1986年發表的經典之作《景教三威蒙度讚研究》，將《讚經》的主要内容與1892年A. J. Maclean及W. H. Browne英譯的敘利亞文 Tšbwḥt' dml'k'（《天使頌》）比對，認爲兩者有密切關係。據考，《讚經》的敘利亞文本譯自希臘文 ἡ Δοξολογία Μεγάλη, Greater Doxology（偉大的讚詩），而其拉丁文本則題作 Gloria in excelsis Deo（《榮歸上帝頌》）。[②]

就《讚經》題目，宗教學家許地山先生最早作了解釋：

"三威"是父、子、聖靈底威力。"蒙度"今說"得救"。就是皈依三位一體而得救底意思。讚是禮拜時，會衆合唱底歌詞。[③]

爾後方豪先生復闡釋道：

"三威"即今稱"聖三"，言三位一體也。"蒙度"者仰望救贖也。蓋經中言"三才""三身"俱指三位一體而言；又所用"蒙"字"度"字，若："蒙依止""蒙聖慈光""蒙潤"，皆言承蒙或蒙受也；"廣度苦界""大師能爲普救度"，"度"字皆有拯拔之義。是"三威蒙度讚"即

[①] 有關寫本的考察及釋文見本書《敦煌景教寫本P.3847再考察》一文。
[②] 吳其昱《景教三威蒙度讚研究》，《"中央研究院"歷史語言研究所集刊》第57本第3分，1986年，頁411—438；有關說辭見頁413—414。
[③] 許地山《景教三威蒙度讚釋略》，《生命》第2卷第1期，1921年，"專門的研究"欄下，頁1—5，引文見頁1。

呼求聖三經也。①

吳其昱博士稱方先生這一解釋"甚確"。② 可見就該寫經的題解，學界已形成共識。顧《讚經》文第 6—7 行有曰：

慈父明子淨風王，扵諸帝中爲師帝，扵諸世尊爲法皇。

既然學界已據《讚經》題目，確認其内容是對三位一體的讚文，那麼"慈父明子淨風王"，也就順理成章被對應爲聖父、聖子和聖靈。

就《讚經》"慈父明子淨風王"一句，佐伯好郎將其英譯爲：

Oh, Merciful Father! Oh, Glorious Son! Oh, "Pure Wind" King!③

穆爾則英譯爲：

Merciful Father, shining Son, holy Spirit, King.④

前者呼叫三位一體，稱聖靈爲王；後者則把慈父、明子、聖靈和王（King）平列，意味著尊稱三位一體爲"王"。反正均把淨風目爲 holy Spirit（聖靈）。

吳其昱先生將是句與敍利亞文本《明使頌》的 abā oabrā oruḥā dqudšā 比對，其英譯作 Father, and Son and Spirit Holy。⑤ 論者據此益把"淨風"或"淨風王"直當"聖靈"。按敍文 abā，即"父"之意，如譯爲"慈父"，屬於擬譯；把 oabrā（"與兒子"）譯爲"明子"，亦可權且目爲擬譯；而 oruḥā（神靈）dqudšā（神聖的），倘以"淨風"或"淨風王"對譯，則令人莫名其妙，

---

① 方豪《中西交通史》第 2 冊，臺北中華文化出版事業委員會，1953 年，頁 217；嶽麓書社，1987 年，頁 415；氏文《唐代景教考略》（《中國史學》1936 年第 1 期，頁 120—134）、《唐代景教史稿》（《東方雜誌》第 41 卷第 8 號，1945 年，頁 44—50）所述類同。
② 吳其昱《景教三威蒙度讚研究》，頁 413。
③ Y. Saeki, *The Nestorian Documents and Relics in China*, repr. 1951, p. 266. 在注釋中稱淨風王意謂聖靈（the Holy Spirit），p. 271, note 2。
④ A. C. Moule, *Christians in China before the Year 1550*, 1977, p. 53.
⑤ 吳其昱《景教三威蒙度讚研究》，頁 417，第 4 句。

只能以約定俗成作解，景淨唯循例照譯耳。若然，則意味著景淨認同淨風就是聖靈，那爲何在其所撰的景教碑文中，不把"淨風"作爲聖靈，像對阿羅訶、彌施訶那樣，堂而皇之地加以呼頌？因此，不禁令人生疑。

像《讚經》這樣用地道漢語韻詩表述的經文，竊意不可能是敍文本的直譯。正如吳其昱先生所提示："此讚漢本共四十四句。每句七言（第二十三句八言），每八句換韻，惟三十三至三十六四句即換韻。或由於韻律、修辭等關係，漢譯本句數頗有增加，較今敍利亞文本多出十句。"[①]吳先生並舉列《讚經》第17行的"降杌使免火江漂"、第11行的"衆善根本復無極"、第16行的"其座復超無鼎高"不見於敍文。[②]例舉的該等詩句尚未見多少實質性內容，自可認爲出於韻律和修辭的需要添加；但筆者發現《讚經》第4句的"三才慈父阿羅訶"亦不見於敍文，是句無疑呼應題目的"三威"，是本讚所頌之主體，乃不可或缺者，如是具有實質性內容的句子，顯然就並非出於韻律和修辭的需要添加，而是屬於此兩者之外的"等"原因了。敍文本題作Tšbwḥt' dml'k'，不論照單詞的意思譯爲《天使頌》或《諸王頌》都可，與上揭學者於《讚經》的解題都不太吻合。由是，從《讚經》與敍文本之諸多差異看，與其說漢文本是譯自敍文，毋寧說是景淨參考敍文本的模式，直接用漢文撰寫"呼求聖三"的讚詩。

按"慈父明子淨風王"作爲一句七言詩，朗讀時分意群作"慈父/明子/淨風王"，"淨風王"應是一個詞組。如果認定"淨風"就是聖靈，"淨風王"便是對聖靈的尊稱。不過，無論佐伯氏尊"聖靈"爲"王"，抑或穆爾氏稱"三位一體"爲"王"都好，均無從與下文的"於諸帝中爲師帝，於諸世尊爲法皇"對接。緣此處之"諸帝"，無疑謂世間之諸多帝皇；而"世尊"本出佛家，爲佛陀之尊稱[③]，稱"諸世尊"，即非僅指佛陀耳，而指其他各宗教之教主。然依華夏國情，秦漢以下，凡諸侯皆稱王，天子伯叔兄弟分封於外者亦曰王，也就是說，皇帝纔是最高統治者。作爲唐代來華的景僧不會不了解這一華情，有同見於寫本P.3847的《尊經》爲證，其稱"皇父阿羅訶"，"皇子彌施訶"，而不用"王"字。若《讚經》之"王"係對三位一體，或其

---

① 吳其昱《景教三威蒙度讚研究》，頁414。
② 吳其昱《景教三威蒙度讚研究》，頁415—416。
③ 參聶志軍《唐代景教文獻詞語研究》，湖南人民出版社，2010年，頁271—272。

中某一位格的尊稱，從語境看，則無疑是將基督教之神置於人間帝皇之下。"天主之尊，又萬萬倍於帝王者"[1]，華夏明末天主教徒楊廷筠（1562—1627）尚且如是言，唐代來華景僧焉會顛倒之？

竊意"慈父明子淨風王"，如果不受"三位一體"先入爲主的影響，照字面意思，也可目慈父爲"明子"的修飾語，"慈父"自指"皇父阿羅訶"；"明子"的"明"可作睿智解，慈父睿智的兒子自指"皇子彌施訶"；而"淨風王"，淨化風氣之王也，即職司淨化世風者。作"明子"的同位語。若然，竊意"慈父明子淨風王"整句不過是對景碑所云彌施訶"設三一淨風無言之新教"一句的演繹，強調彌施訶作爲阿羅訶的兒子，行淨化世風之使命，以其新說教誨世人。由是，人間諸帝咸唯彌施訶之教是聽，各教教主均以耶穌是尊，是謂"扵諸帝中爲師帝，扵諸世尊爲法皇"也。

無獨有偶，就《讚經》"慈父明子淨風王"之句，摩尼教《下部讚·普啓讚文》（S.2659）亦有類似者，作"慈父明子淨法風"（見寫卷146、151行）。[2]考京藏摩尼經（宇56/北敦00256，以下簡稱《殘經》）徵引《應輪經》云：

若電那勿等身具善法，光明父子及淨法風，皆扵身中，每常遊止。其明父者，即是明界无上明尊；其明子者，即是日月光明；淨法風者，即是惠明。（第132—134行）[3]

《下部讚》的"慈父明子淨法風"無非脫胎於此，指的是明尊、日月光明和惠明使。[4] 與基督教的三位一體無涉，不過是對諸明神的"普啓"。學界多有將此句與《讚經》"慈父明子淨風王"互參，以證"淨風"即爲聖靈之說，蓋屬誤讀。但兩者如此雷同，倒可進一步佐證《讚經》是句並非直譯敍文本，應是套自《下部讚》。緣"明子"是華夏摩尼經的專用術語，狹義是指構成光明王國的五種光明成分，即氣、風、明、水、火，簡稱五明子；廣義是指大明尊所派遣的衆多明神，彼等都是大明尊直接間接所召喚出來的。

---

[1] 楊廷筠《天釋明辨·度世晳願》，見吳相湘主編《天主教東傳文獻續編》第1冊，臺北學生書局，1966年，頁363。
[2] 釋文見《敦煌文書與夷教研究》，頁445。
[3] 釋文見《敦煌文書與夷教研究》，頁416。
[4] 詳參拙文《唐代摩尼教"風"入神名考》，《西域研究》2014年第3期，頁65—76。

該詞在漢文摩尼經中頻現，而在現存唐代景教文獻中，"明子"僅於《讚經》一現，用於指代三位一體的第二格；同一經文的第 12 行"弥施訶普尊大聖子"，第 15 行"聖子端任①父右座"，咸稱"聖子"，足見"明子"並非景教的流行說法。由是可證"明子"一詞的使用，不可能是摩尼經效法景經而應是相反，後者藉用前者。據考，《下部讚》約成於寶應二年（763）至大曆三年（768）之間，或建中元年（780）至貞元二十一年（805）間。② 其之面世流行適與景淨活躍的年代同。既然景淨能與佛僧合譯佛經，與摩尼僧過從或瀏覽摩尼經自不足爲奇。當然，其套《下部讚》的詩句，不過是藉此摩尼教舊瓶裝景教之新酒，內涵不同。檢視漢文摩尼經，個中之諸明神有若干乃以"風"入名者，如淨風、淨活風、淨法風、微妙風等，實取漢文"風者，天地之使也"之義，射意其諸明神乃大明尊所派遣者，猶如"明使"然。③ 至於景教之"聖靈"，乃三位一體之分身，與摩尼教的眾明神概由大明尊召喚派遣不同，無從以"天地之使"爲喻。是以，在"風"字的取義上，摩尼僧顯與景淨大異其趣，前者取其天地使者之意以入神號，後者則取其教化之義以彰本教之功能。

"淨風"一詞尚見於《讚經》的末尾第 21 行，其上下文如下：

　　　大聖普尊弥施訶，我歎慈父海藏慈，大聖謙及淨風性，清凝法耳不思議。（第 21—23 行）

就"大聖謙及淨風性"一句，佐伯好郎英譯爲：

　　　O Thou who art Most Holy! Thy Meekness is ingrafted in the Nature of Pure Wind (i.e., Holy Spirit).④

---

① "任"，據吳其昱先生比對敍利亞文本、希臘文本，認爲應爲"在"之誤。見吳其昱《景教三威蒙度讚研究》，頁 414—415。
② 關於《下部讚》的年代考證，見虞萬里《敦煌摩尼教〈下部讚〉寫本年代新探》，《敦煌吐魯番研究》第 1 卷，商務印書館，1995 年，頁 37—46。
③ 詳參拙文《唐代摩尼教"風"入神名考》。
④ Y. Saeki, *The Nestorian Documents and Relics in China*, repr. 1951, p. 268.

穆爾則譯爲：

Most holy, humble, and the holy Spirit nature.[①]

　　從上面佐伯氏或穆爾氏於該句的英譯看，均把"淨風"目爲"聖靈"，又把"謙"當爲柔順（Meekness）謙卑（humble）解。其實，神至高無上，言其稟性慈悲、憐憫衆生則可，焉能把柔順謙卑作爲神的品性？譯者顯然不諳古漢語通假之法。竊意此處之"謙"應與"兼"通。[②]這句詩被對應敍文本的 olāk oalruḥā dqudšā，吳其昱先生就敍文各字附解道：olāk，又於汝；oalruḥā，又於（淨）風；dqudšā，神聖的。[③]可見各詞含義蓋與柔順、謙卑無涉，倒不乏連詞"又"的意味。就漢文"大聖謙及淨風性"一句，"大聖"無疑指代上面的"普尊弥施訶"，那麼，其所兼及的"淨風性"何所指？敍文本的 oalruḥā dqudšā 唯指"聖靈"，但沒有"性"的含義。儘管該句敍文本與漢文本多有含義類似的單詞，但後者的製作既面向漢人，自應循漢文之邏輯去解讀。如果把"淨風"比定爲"聖靈"，這句漢詩的意思便變成弥施訶兼具聖靈性，聖靈就不是三位一體之一分身，而是弥施訶所兼有的一種品性。這顯然有悖三位一體的基本概念。是以，是句之"淨風"，竊意仍是淨化風氣之意，"淨風性"即謂淨化世風的功能。該句無非是頌揚普尊弥施訶所立基督教拯救人類，而且兼行"至潔無污之化"。與上揭"慈父明子淨風王"一樣，都與"設三一淨風無言之新教"一脈相承。

　　饒有趣味的是"淨風性"一詞，竟出現在近年發現的霞浦科儀抄本《摩尼光佛》[④]，見抄本第66頁：

　　志心信礼：第二蘇路支，救淨風性下波斯，開化嚉多習，十二現灵

---

① A. C. Moule, *Christians in China before the Year 1550*, 1977, p. 55.
② 參徐中舒主編《漢語大字典》，四川辭書出版社、湖北辭書出版社，2010年，頁4009；宗福邦、陳世鐃、蕭海波主編《故訓匯纂》，商務印書館，2003年，頁2143。
③ 吳其昱《景教三威蒙度讚研究》，頁419、422、424。
④ 有關發現詳參陳進國、林鋆《明教的新發現——福建霞浦縣摩尼教史跡辨析》，李少文主編，雷子人執行主編《不止于藝：中央美院"藝文課堂"名家講演錄》，北京大學出版社，2010年，頁343—389。

奇,威声震鼻蛇,出去昏迷;爲有天神像妖幻,徃波毘放神光照,盡崩隳。(全本第525—529行)[1]

該抄本文字內容,有些是取自古代基督教文獻[2],因此竊疑此處的"淨風性"並非偶然巧合,而反映該詞在夷教經典中多流行出現,以至被抄本製作者所採入。從語境字面解讀,其自非指什麼聖靈,而是指人類所包含的善性,即摩尼教所謂"明性"。

《讚經》兩度出現的"淨風"均非指代聖靈,在《讚經》文中也可找到反證。上面已提到《讚經》文第15行有"聖子端任(在)父右座"之句,意謂聖子端坐在聖父的右面寶座上,假如淨風就是聖靈的話,依華人思維邏輯,相應當配有"淨風端任(在)父左座"之句,始能體現三位一體之確實存在。是句闕如,即默證《讚經》未把"淨風"當"聖靈",整篇讚詩淡化了"聖靈",唯"三才慈父阿羅訶"一句來默示其存於"三威"之中。

三、景淨於"聖靈"之漢文稱謂

景淨不唯撰作著名的景碑碑文,還至少"譯"了三十五部景經,見於敦煌寫本 P.3847 的《尊經》第10—18行,開列有關的經文:

10 敬礼:《常明皇樂經》,《宣元至本經》,《志玄安樂經》,
11《天寶藏經》,《多惠聖王經》,《阿思瞿利容經》,
12《渾元經》,《通真經》,《寶明經》,《傳化經》,《罄遺經》,
13《原靈經》,《述略經》,《三際經》,《徵詰經》,《寧思經》,
14《宣義經》,《師利海經》,《寶路法王經》,《刪訶律經》,
15《藝利月思經》,《寧耶頤經》,《儀則律經》,《毗遏啓經》,
16《三威讚經》,《牟世法王經》,《伊利耶經》,《遏拂林經》,

---

[1] 引文據林鋆宗長惠賜的抄本照片過錄,誌謝!
[2] 詳參拙文《跋〈摩尼光佛〉釋文》,見拙著《摩尼教華化補說》,蘭州大學出版社,2014年,頁457—486。

17《報信法王經》,《弥施訶自在天地經》,《四門經》,《啓真經》,
18《摩薩吉斯經》,《慈利波經》,《烏沙鄔經》。

寫本末附《尊經》之"按語",確認了上揭景經出自景淨之手:

1 謹案諸經目錄,大秦本教經都五百卅部,並是貝葉梵音。
2 唐太宗皇帝貞觀九年,西域太德僧阿羅本,居于中夏,並奏
3 上本音。房玄齡、魏徵宣譯奏言。後召本教大德僧景淨,譯
4 得已上卅部卷,餘大數具在貝皮夾,猶未翻譯。

此處之"卅部卷"當爲"卅五部卷"之筆誤,緣《尊經》開列經題計三十五個;至於所謂"翻譯",未必與現代意義的翻譯同,其雖有"貝葉梵音"可依,恐怕多像《讚經》那樣,以其爲參照耳,不題。見於第16行的《三威讚經》題目適與《讚經》題頗類似,是不是指同一經典,未必可以遽斷。緣《讚經》連同首題和尾題僅314字,若算爲一"部卷",似乎過於單薄。但如果說是《三威讚經》中之一篇,或者說是由《三威讚經》變造出來的一個縮略篇,或較穩妥。更有,從古漢語的運用表述看,《讚經》像景碑那樣,句子流暢,表述亦不晦澀,顯見作者頗諳華言。其中有些文字令人費解,並非其行文拙劣,而是緣於時空遠隔或傳抄有訛之故。因此,言《讚經》與景碑碑文同出景淨手筆,當可成立。若然,則就"淨風"一詞的含義,景淨當一以貫之,不大可能在碑文作淨化風氣用,而在經文則用於指代"聖靈"。查現存敦煌景教文書的《志玄安樂經》[①]、《宣元本經》[②],題目均見於上揭《尊經》,當屬景淨之作。兩經均未出現"淨風"一詞,前者"風"字三見:"風霜既至"(第92行),"譬如乘舩入大海水,逐風搖蕩,隨浪遷移"(第122—123行),"將渡大海,必資舩舶,方濟風波"(第139—140行),均屬傳統含義,並非有新的意涵。至於現存《宣元本經》殘本,不論敦煌版,抑或洛陽經幢版[③],連"風"字都未見。但在經幢版倒出現了"盧訶那",

---

① 本書《景教〈志玄安樂經〉敦煌寫本真偽及錄文補說》一文。
② 本書《敦煌遺書〈大秦景教宣元本經〉考釋》一文。
③ 本書《唐代洛陽景教經幢〈宣元至本經〉考釋》一文。

見第 13 行:"(上闕)……盧訶那體,究竟真凝,常樂生命,是知匠帝爲無競逐不(下闕)……"① 其"盧訶那",聶志軍先生認爲顯然是敍利亞文 Ruha da qudša 的省譯②,若然,則默證景淨於三位一體的第三位格乃用音譯,而不用"淨風"這樣的地道漢詞。

"淨風"尚見於富岡文書,與之類似的"涼風",則見於高楠文書。多有學者目其爲聖靈的漢文稱謂。顧該兩個文書所含各經題目,即《序聽迷詩所經》、《一神論》、《一天論第一》、《世尊布施論第三》等,均未見《尊經》所列者,由是,學界多把其目爲景淨之前即阿羅本時期的譯經。不過,吳其昱先生早就疑該兩個文書並非出自敦煌藏書洞之真跡,筆者在業師蔡鴻生先生提示下,判其爲"精抄贗品"。③ 若然,在沒有可確認其爲敦煌真跡或有其他確認的真跡文本參照前提下,唯據該等疑品來討論,風險不言自喻。例如,見於富岡文書的《一神論》寫本第 306—308 行:"弥師訶弟子分明處分,向一切處,將我言語示語一切種人,來向水字,於父、子、淨風,處分具足。"④ 個中的"父、子、淨風"相接,貌似表達三位一體的概念,但照古漢語的修辭習慣,三個並列的名詞,其字數必定力求對稱,焉有聖父僅單稱"父",聖子僅單稱"子",唯獨聖靈以"淨風"二字稱之?而且,作爲三位一體,一般只是在讚頌性文字,如讚詩、禱文等始有一併提及,而該寫本乃述弥師訶行狀,而其本來就是三位一體的"子",此處若認定父子淨風便是三位一體,豈非把所述弥師訶排除在三位一體之外。寫本下面還出現"淨風天"(第 311 行)、"度與淨風"(第 323、324 行)、"彼與從得淨風教"(第 325 行)等詞句,都頗費解。如是經文,如何句點,各家殆不同,見仁見智,莫衷一是,說明今人實難準確解讀。儘管現本或有所據,但古代漢籍之傳抄、編纂、重刻,除無意之筆誤、脫漏、錯簡外,尚且慣於隨意、刻意修改,遑論贗品。而且,這兩個文書承傳關係不清,在 20 世紀二三十年代始見市肆,時學界已多將淨風直當聖靈,其製作者或已有所聞,難以排除其拼湊"父子淨風"之可能性。

---

① 錄文見拙著《敦煌文書與夷教研究》,頁 263。
② 聶志軍《唐代景教文獻詞語研究》,頁 277。
③ 參本書《富岡謙藏氏藏景教〈一神論〉真僞存疑》、《高楠氏藏景教〈序聽迷詩所經〉真僞存疑》、《景教富岡高楠文書辨僞補說》三文。
④ 引文句點據聶志軍《唐代景教文獻詞語研究》,頁 348。

學界把"淨風"比定爲聖靈,當然亦從語言學上溯其詞源,稱"淨風"一詞乃意譯自敍利亞語或希臘語的聖靈。按敍利亞語的聖靈作 Ruha da qudša,無疑源自希伯來語的 Ruach Ha Kodesh,而希臘語的聖靈則作 Πνεύμα Άγιο。這三個專有名詞都是合成詞,均分別由主詞加修飾詞組成,後者分別作 daqudša、Ha Kodesh、Άγιο,均爲神聖的意思,英語一般譯作 holy 或 of holiness;其主詞則分別作 Ruha、Ruach、Πνεύμα,就這三個主詞而言,其原始含義均確有"風"(wind)的意思,即謂自然界空氣流動所形成者;但其與修飾語合成後被用以指三位一體第三位格,並非取該等詞"風"之義;而是取其另義 breath、breathe-soul,即謂體現生命之的氣息、靈氣、神氣之類①,現代漢譯《聖經》述神造人所用的"生氣",即取是義②。現代漢語所謂聖靈,拉丁文作 Spiritus Sancta,英文作 Holy Spirit。未聞有任何語種的翻譯取其主詞 wind 之義者。就這三個主詞的 breath、breathe-soul 的含義,中國傳統文化有很接近的用詞,即道家和醫家頻用的"氣"。《文子·守弱篇》有云:"夫形者,生之舍也;氣者,生之元也。"③該"氣"與人的生命、精神活動密切相關,道家養生講究氣法,與氣有關的術語多如牛毛;而中醫的"氣",謂人體各器官運作的動力,由此衍化出的中醫術語舉不勝舉,如元氣、氣血、寒氣、熱氣等等。至於漢語的"風",與生命、靈魂並無任何內在聯繫。在華人中,"氣"與"風"的區別屬於普通常識。來華景僧稍涉漢語,當會了然。因此,彼等如果要將 Ruha da qudša、Ruach Ha Kodesh、Πνεύμα Άγιο 意譯成漢語的話,無疑應用"氣"來對譯,把聖靈意譯爲"妙氣"、"淨氣"、"真氣"、"神氣"之類;而用"風"則顯屬不倫不類,與漢人的傳統觀念格格不入,令人困惑。

按古代外來宗教之譯經活動,以佛僧爲先驅,佛僧之譯經,遵"格義"之法:"以經中事數擬配外書,爲生解之例"④;夷僧之漢譯經典,自當循此

---

① 參閱 Alexander Souter, *A Pocket Lexicon to the Greek New Testament*, πνεύμα 條, Oxford 1917, pp. 206-207。
② 《聖經·創世紀》:"耶和華神用地上的塵土造人,將生氣吹在他鼻孔裏,他就成了有靈的活人,名叫亞當。"
③ (元)杜道堅撰《文子纘義》,《四部備要》第53冊,中華書局,1989年,頁110。
④ (梁)釋慧皎撰《高僧傳》卷第四《竺法雅傳》,《大正藏》(50),No. 2059,頁347上。有關"格義"的闡釋,詳參陳寅恪《支愍度學說考》,收入氏著《金明館叢稿初編》,上海古籍出版社,1980年,頁141—167;蔡鴻生《〈陳寅恪集〉的中外關係史學術遺產》,見林中澤主編《華夏文明與西方世界》,香港博士苑出版社,2003年,頁2—3;復見氏著《中外交流史史事考述》,大象出版社,2007年,頁415—421。

例，唯其"擬配"的"外書"除傳統漢籍外，尚可包括時已流行的漢譯佛經。由於大量古籍已被數據化，藉助現有的檢索工具，不難發現唐宋及前此的傳統漢籍，未見此詞入詩文。其時流行使用的是與其近義的涼風、清風等。而該時期的佛典亦然，僅偶有"清淨風"的用例[①]，另《金剛三昧經論》有"淨風不能動波浪"之譬喻[②]。當然，可能還有諸多失傳的文獻無從列入檢索範圍，但從傳世文獻的檢索結果，至少可以肯定"淨風"作爲一個漢詞，在唐代及唐前罕見使用。既然尚鮮見"淨風"一詞流行，景僧焉會用該詞來和三位一體的第三位格擬配呢？

"淨風"如作爲一個詞語，字面的意思不外謂清淨的風，是風當然亦可像成語"春風化雨"那樣，譬如教誨、熏陶之類，時至南宋仍有這樣用例，如陳著（1214—1279）《本堂集·代慶元府天寧寺起大殿上梁文》中有語云："拋梁東，觀音坐處，六鼇宮是中黃面老師父，日日受他清淨風。"[③]然僅就"淨風"一詞，即便到了明清時期，亦鮮入詩文。筆者唯檢得一例，見清代道光乙酉舉人黄文琛詩作《涼夜檢理舊書感賦》，個中有"素縑欲動林風静，淨風横斜窗月涼"之句。不過其"淨風"字，見於民國十八年退耕堂刻本則作"淨月"。[④]

其實，倘唐代景僧受 Ruha，Ruach，Πνεύμα 詞義的影響，以爲可用漢字"風"對譯，甚或有"風"情結的話，其時業已漢譯流行的佛典，也有較合適的詞語可資擬配，如妙風、微妙風。這兩個詞佛典頻用，如隋譯的《佛本行集經》有云"菩薩初生，四方空中，起微妙風，清涼無惱，一切八方，清淨光澤，無有烟雲塵埃翳障"[⑤]；東晉譯的《大方廣佛華嚴經》所錄普賢菩薩偈有"一切寶莊嚴，妙風常流行"之句[⑥]；唐譯《稱讚淨土佛攝受經》有"極

---

① 例見（西晉）竺法護譯《大寶積經》卷第十《第八梵身諸天呪》曰："清明，造清淨，清淨風，動清淨，是神呪護一切。"《大正藏》(11)，No. 0310，頁 58 中。
② （唐）新羅國沙門元曉述《金剛三昧經論》卷中，《大正藏》(34)，No. 1730，頁 989 中。
③ （南宋）陳著《本堂集》卷九二，文淵閣四庫全書本，第 1185 冊，頁 506 上—507 上，引文見頁 505 下。
④ 續修四庫全書編纂委員會編《續修四庫全書》第 1632 冊，集部·總集類，徐世昌輯《晚晴簃詩匯》卷 131，上海古籍出版社，2002 年，頁 100 下—101 上，引文見頁 101 上。
⑤ （隋）闍那崛多譯《佛本行集經》卷第八，《大正藏》(3)，No. 0190，頁 688 上。
⑥ （東晉）佛馱跋陀羅譯《大方廣佛華嚴經》卷第三，《大正藏》(9)，No. 0278，頁 412 中。

樂世界淨佛土中,常有妙風吹諸寶樹"之語①。"妙":"梵語 sat, su, Mañju,意譯不可思議、絕待、不能比較者。"②"微妙",佛家釋爲"法體幽玄故曰微,絕思議故曰妙"③,可見,若以佛家"妙風"或"微妙風"擬配,更具神秘的宗教意味,更爲接近聖靈的含義。由是,如果唐代景僧於三位一體第三位格無意音譯,而刻意要以漢詞擬配的話,置現成妙風、微妙風於不用,卻另生造一個稀見的淨風,豈非怪哉!

竊意,即便唐初景教文典果有以"淨風"指代聖靈者,亦不爲景淨所認同,是以棄而不用,另求新譯。三位一體乃基督教核心教義,而聖靈作爲其第三位格,景淨製作景教文獻時必定要揭及,既排除其用"淨風"指代的可能性,那就必定如經幢版《宣元本經》"盧訶那"所默示那樣,與第一、二位格同樣採用音譯。顧上揭敦煌寫本 P.3847 的《尊經》,在"敬禮"景淨所"譯"的三十多部景經之前,首先是敬禮:

妙身皇父阿羅訶,應身皇子弥施訶,證身盧訶寧俱沙,已上三身同歸一體。

由於《尊經》的內容包括"敬禮"景淨的譯經,流行的年代自在景淨之後。但此處把基督教三位一體以"三身"來表述,必是景淨之傑作,緣其無疑藉鑑變造自佛教術語:"金光明經所說之三身,即:法身(梵 dharma-kāya)、應身(梵 sajbhoga-kāya)、化身(梵 nirmāna-kāya)。"④ 如此擬配,出神入化,唯精於景復知佛之士始能爲之。景淨頗通唐代的主流宗教,其存世的作品,包括景教碑、《讚經》、《志玄安樂經》、《宣元本經》,充斥釋道術語和思想;特別是上面業已提及,其曾與佛僧合譯佛經《六波羅蜜經》,據《貞元新定釋教目錄》所載,譯本未爲朝廷所認同:"時爲般若,不閑胡語,復未解唐言;景淨不識梵文,復未明釋教。雖稱傳譯,未獲半珠。"⑤儘管如此,但此事已足見景淨於佛學必多有涉獵。因此,把三位一體表述爲妙身、

---

① (唐)玄奘譯《稱讚淨土佛攝受經》,《大正藏》(12),No. 0367,頁 349b。
② 星雲大師監修,慈怡法師主編《佛光大辭典》第三版,高雄佛光出版社,1989 年,頁 2842。
③ 丁福保編纂《佛學大辭典》,文物出版社,1984 年,頁 1198 欄一。
④ 星雲大師監修,慈怡法師主編《佛光大辭典》第三版,頁 555。
⑤ (唐)圓照撰《貞元新定釋教目錄》卷第十七,《大正藏》(55),No. 2157,頁 892 上。

應身、證身"三身同歸一體",微景淨其誰?① 何況,妙身已見景淨所撰的景碑碑文首行:"妙衆聖以元尊者,其唯我三一妙身无元真主阿羅訶歟!"

就上揭三身的音譯名,被冠以"證身"的"盧訶寧俱沙",無疑指聖靈,學者已將其還原爲上揭敍利亞語聖靈 Ruha da qudša 的音譯。② 景教三身的音譯是否出自景淨,囿於現有的資料,無從確認。但在碑文和《讚經》中,於聖父、聖子的稱謂分別作阿羅訶、弥施訶;而《宣元本經》亦有"太阿羅訶"(第11行)、"阿羅訶"(第18行)③;《志玄安樂經》則有"弥施訶"(第8、52、60、78、136、155行)④。上揭景教"三身"說既出自景淨,那麼,景淨在提及第三位格時,無疑必用"盧訶寧俱沙"。不過,由於該詞多達五字,爲了上下文的工整對稱或韻律的需要,或會採用三二字的省譯,就如上面提及的"盧訶那"之類。

按基督教的"三位一體"論,是個深奧的神學問題,而其中的"聖靈論"尤有甚焉。自中世紀以來,西方神學界爭論不休,見仁見智。而華夏崇尚的是陰陽哲學,類似"三位一體"這樣的命題,自更格格不入。就算明代的來華的耶穌會士,亦難以向士人講明白,不得不以"蓋神妙之極難以言語形容"敷衍。⑤ 因此,儘管景淨參照佛教"三身"來化解這個難題,但效果如何,不得而知。依國人的傳統思維,把基督教最高神奉爲"真主",與道教奉元始天尊同,不難理解;稱耶穌爲聖子,奉命降世,創立新教,拯救世人,與釋迦牟尼創立佛教普度衆生亦類似,不難接受;唯獨那個"受聖父之差遣運行於萬有之中"的"聖靈",於古代中國人來說,則是玄之又玄,看不見,摸不著,說不清,實在過於抽象了。因此,除了像《尊經》那樣音譯,緊接"妙身"、"應身"之後,作爲"證身"被"敬禮"外,難進一步向華人作具體的宣介,由是不得不淡化之,甚至迴避之。這有景碑碑文爲證,碑文頌"我三一妙身无元真主阿羅訶",頌"我三一分身景尊弥施訶",但就

---

① 參本書《經幢版"三位一體"考釋》一文。
② A. C. Moule, *Christians in China before the Year 1550*, 1977, p. 55, note 59.
③ 《大秦景教宣元本經》,日藏羽431,寫本照片見武田科学振興財団杏雨书屋編《敦煌秘笈》影片冊五,武田科学振興財団,2011年,頁397。
④ 《志玄安樂經》,日藏羽13,武田科学振興財団杏雨书屋編《敦煌秘笈》影片冊一,武田科学振興財,2009年,頁128—133。
⑤ 語出羅明堅(Michele Ruggieri,1543—1607)《天主聖教實錄·天主聖性章》,見吳相湘主編《天主教東傳文獻續編》第2冊,臺北學生書局,1966年,頁807。

沒有頌"我三一分身盧訶寧俱沙",不唯碑文如此,就連立題爲《三威讚經》也如是。現版《讚經》全篇24行,314字,去首題、末題18字,正文凡296字;個中第2—12行稱讚阿羅訶凡143字,餘頌弥施訶153字,全篇僅頌聖父、聖子"兩威",獨未見有特別稱頌第三"威"者。

綜上所述,認爲景淨用"淨風"指代基督教三位一體的聖靈,竊以爲應屬中外學界於其漢文作品的誤讀。由於這一誤讀,亦引發了對漢文摩尼教經寫經相關術語的誤釋[①],此屬後話,另文討論。

四、餘論

儘管在唐代中國活動的基督教或許不止聶斯脫里(Nestorianism)一宗[②],但該宗無疑是唐代最有影響的基督教派別,自名景教,在官方文書上則稱大秦。景教入傳中國的路線,除了像其他兩個夷教,即火祆教與摩尼教那樣,經由陸上絲綢之路逐步間接傳入外,還很有可能逕由敍利亞總部通過海路直接傳入。[③]但無論其直接抑或間接傳入中土,都逃不出"橘遷地而變爲枳"這一命運。[④]景教作爲一種外來精神文明,面對唐代中國儒釋道爲核心的高位文明,不得不依華情而自我變異,以適應華夏氛圍,求得生存或發展。從這個文化傳播觀出發,漢文景教文獻若與異域相應文本的比對有異,自屬正常;若是一模一樣,倒顯得反常。是以,在"取異族之故書與吾國之舊籍互相補正"時[⑤],不唯要勘其同,明其源,還要辨其異,發其因。就此,上揭吳其昱先生《景教三威蒙度讚研究》一文,已爲吾輩作了出色的演示。

---

① G. Mikkelsen, "Shared features in the terminology of Chinese Nestorian and Manichaean texts", Alois van Tongerloo, Luigi Cirillo (ed.), *Il Manicheismo nuove prospettive della richerca*, Turnhout 2005, pp. 263-275.
② 參閱林英《拂菻僧:關於唐代景教之外的基督教派別入華的一個推測》,《世界宗教研究》2006年第2期,頁103—112。
③ 參本書《西安景碑有關阿羅本入華事辨析》、《唐代景教與廣州》二文。
④ 就古代中西文化的傳播研究,陳寅恪先生曾以"橘遷地而變爲枳"之哲理喻示吾輩,見陳寅恪《蓮花色尼出家因緣跋》,收入氏著《寒柳堂集》,生活・讀書・新知三聯書店,2001年,頁169—175;引文見頁174。
⑤ 語出陳寅恪《王靜安先生遺書序》,收入氏著《金明館叢稿二編》,生活・讀書・新知三聯書店,2001年,頁247。

拙文不過是循先生的演示，就先生所提示的相異處加以闡發，作爲一篇學習心得，獻祭先生在天之靈。

（本文原題作《景教"淨風"考——夷教文典"風"字研究之一》，初刊《西域研究》2014 年第 3 期，頁 50—64）

唐代"景僧"釋義

一、引言

"景僧"者,顧名思義,景教之僧侶也。不過,至少在唐代,不唯官方文獻未見採用該術語來指稱景教之僧侶,教外詩文亦難檢索到如是用例,倒是近現代的詩文始見常用。學者使用該術語時,往往用以指代景教神職人員。一般認定景教就是傳入中國的基督教聶斯脫里派,而聶派只限定主教以上的神職人員不能結婚,其他可以娶妻生子[①];由是,如果將"景僧"用於指代景教神職人員,亦就意味著在中國,景僧與佛僧不同,前者可以結婚,後者則非出家不可。是以,段晴教授近年在解讀西安景碑諸多僧人的教內身份時,對景教之"僧"的內涵,重新作出界定:

> "僧"字源於梵文的 saṃgha,原本指佛教的出家人。佛教的出家人經過受戒等儀式,進入僧團成爲和尚,稱爲僧。唐之景教,藉用佛家的"僧"字來表示景教的僧俗信教者,但這個字卻無法揭示景教內部頗爲豐富和複雜的神職體系。[②]

根據這一新釋,所謂"景僧",便是泛指所有信仰景教的人,而不在乎

---

① 參閱朱謙之《中國景教》,東方出版社,1993年,頁134—135、140。段晴《唐代大秦寺與景教僧新釋》,榮新江主編《唐代宗教信仰與社會》,上海辭書出版社,2003年,頁434—472,有關論述見頁440。
② 段晴《唐代大秦寺與景教僧新釋》,頁439。此處謂"佛教的出家人經過受戒等儀式,進入僧團成爲和尚,稱爲僧",似不夠準確。一般來說,經過受具足戒,只可稱沙門、比丘或比丘尼,還不能稱和尚,一個寺院一般只有住持、方丈纔可稱和尚或大和尚。

出家與否。如此，則他們的家庭生活，或與俗人無異。竊思"景僧"一詞的解讀界定，與吾人認識景教的華化問題，實有密切的關係。是以，本文擬在段文基礎上，吸收前賢和諸同仁研究的成果，就漢文"景僧"的內涵，作一專門考察，以就教方家。

二、唐代官方文獻對景僧身份之認定

按漢文的"僧"字，源於梵文的saṃgha，原意爲"和合之眾"或"法眾"，本指一個團體，而非指個人，後來漢語之僧始可指個人。"和合之眾"，意味著必須離家獨身，與同修者結成一個團體。[①] 僧人若有妻室，即不得稱僧。西域龜茲高僧鳩摩羅什（343—413）的故事可資爲證，其被後秦姚興派人迎入長安，翻譯佛典：

> 姚主常謂什曰："大師聰明超悟，天下莫二，若一旦後世，何可使法種無嗣？"遂以妓女十人，逼令受之。自爾以來，不住僧坊，別立廨舍，供給豐盈。每至講說，常先自說譬喻："如臭泥中生蓮花，但採蓮花，勿取臭泥也。"[②]

因此，以理度之，朝廷倘要藉用這個"僧"字來指其他宗教人士，起碼應認爲其人係出家者，斷不至於明知其有妻室，但仍以"僧"稱之。考唐代官方文獻之稱景教徒爲"僧"，顯據此準則。

按唐代官方稱景教徒爲"僧"，迄今可稽的確鑿文獻，莫早於《唐會要》卷四九所載貞觀十二年（638）詔令：

> 貞觀十二年七月詔曰：道無常名，聖無常體，隨方設教，密濟羣

---

① 義淨謂"僧是僧伽，目乎大眾，寧容一己輒道四人，西方無此法也"（義淨著，王邦維校注《南海寄歸內法傳校注》卷三《受戒軌則》，中華書局，1995年，頁130）。又贊寧《僧史略》謂"若單云僧，則四人以上方得稱之。今謂分稱爲僧，理亦無爽"（《大正藏》[54]，頁251中）。本文對"僧"的釋義，曾請益何方耀教授。誌謝！

② 釋慧皎撰，湯用彤校注《高僧傳》卷二，中華書局，1992年，頁53。

生。波斯僧阿羅本,遠將經教,來獻上京,詳其教旨,玄妙無爲,生成立要,濟物利人,宜行天下。所司即於義寧坊建寺一所,度僧廿一人。①

此處,朝廷把漢人所熟悉的"僧"字用到阿羅本身上,顯然是認爲阿羅本與佛教的僧人相類,不過是來自波斯耳。這個相類,起碼應有兩點:其一,以宗教爲業;其二,出家獨身。

阿氏爲宗教職業者,朝廷十分清楚,緣詔令云其"遠將經教,來獻上京",若非像佛教僧侶那樣專事奉神,不可能不遠萬里,把自家宗教的經文來獻朝廷。其時阿氏來華,若非頂沙暴由磧路而來,便是冒風浪越重洋而至;其旨在中華傳教,而非一般移民那樣到中土定居創祖;姑不論其原籍有無家室②,但在他的隨行人員中,當不會有其家眷。故在華人心目中,他乃過著獨身生活,這恰與佛教出家人一樣。是以,朝廷藉用佛教之"僧"字稱阿羅本,可謂得當。

詔令末句還藉用佛教的"度僧"一詞:"所司即於義寧坊建寺一所,度僧廿一人。"這意味著建寺是朝廷批准的,而且數量限於一所;"度僧"亦得到朝廷批准,人數限於廿一個。從行文看,"度僧"顯爲建寺的配套行動。古代中國佛教,僧和寺往往是相互依存,不可分割。沒有僧,不能成其寺,故有"僧寺"之謂;沒有寺,則不能成其僧,故有"寺僧"之稱。"度僧廿一人",意味著吸收廿一個信徒作爲職業人士,住到寺裏,以成"和合之眾",一同修持。如果所"度"者只是一般平信徒,"度"後不必住寺,家庭生活與常人無異,那何必要朝廷批准?緣朝廷既認可該教"宜行天下",則一般人受洗入教,成爲平信徒,自不受官方干預。官方所要控制備案的是那些職業人士。是故,詔令既稱"度僧",即意味著將俗人變成出家人。儘管在"度"的儀式上,景教與佛教必有不同,但讓被度化者正式出家,獻身宗教,應無二緻。正因爲如此,詔令纔會把佛家這個術語用到阿氏的宗教上。

上面對貞觀十二年詔令的剖析,說明朝廷心目中的"僧",乃指出家奉

---

① 《唐會要》卷四九,中華書局,1955年,頁864。
② 段晴教授據碑判定,阿羅本是唐朝景教會的第一任主教(段晴《唐代大秦寺與景教僧新釋》,頁446),若然,按聶派的規定,其必獨身者。

行阿氏宗教的職業人士。

唐代官方文獻稱景教徒爲僧者，尚有數例。《冊府元龜》載曰：

> 柳澤，開元二年（714），爲殿中侍御史、嶺南監選使。會市舶使右衛威中郎將周慶立、波斯僧及烈等，廣造奇器異巧以進。澤上書諫曰……①

此處的"波斯僧"當與先期而來的阿羅本同道，否則不會被官方文獻採用同樣的稱謂。該等波斯人活躍於嶺南道，當係海路而來。彼等以奇器異巧，取悅官府、朝廷，無非是要爭取傳教的權益。既然獻身於主，跨越重洋，來到中土，很難想象他們會攜帶家眷。因此，至少在官府心目中，他們是一羣出家人，官方始會以"僧"稱之。

此外，《冊府元龜》卷九七一云：

> （開元二十年）九月，波斯王遣首領潘那密與大德僧及烈朝貢。②

同書卷九七五又云：

> （開元二十年）八月庚戌，波斯王遣首領潘那蜜與大德僧及烈來朝。授首領爲果毅，賜僧紫袈裟一副及帛五十疋，放還蕃。③

《冊府元龜》這兩條記載說的應是同一事件。④另所提到的"及烈"與上揭開元二年參與進奇珍異巧的"及烈"未必是同一人，緣兩者活動的時空與內容均存在差異。馮承鈞先生認爲此處"及烈"是敍利亞文鄉主教（korappiqopa）之省譯。⑤姑不論是否如此，但"及烈"一名既見於開元二年

---

① 《冊府元龜》卷五四六，中華書局，1960年，頁6547—6548。此事並見《舊唐書》卷八《玄宗本紀》，中華書局，1975年，頁174，《唐會要》卷六二"御史臺下"，頁1078。《新唐書》卷一一二《柳澤傳》有關此事的記述，略去"波斯僧"一語（中華書局，1975年，頁4176）。
② 《冊府元龜》，頁11409。
③ 《冊府元龜》，頁11454。
④ 詳參本書《唐代景僧名字的華化軌跡》一文。
⑤ 馮承鈞《景教碑考》，商務印書館，1931年，頁62。

之記載，亦見於西安景教碑①，故應是唐代基督教徒常見的漢文音譯名；是以，以往學者們咸把這位"及烈"定性爲景士。不過，其既爲景士，又何以竟成爲波斯王的使節，卻令人懷疑。按公元651年，哈里發奧斯曼已徹底征服伊朗，從公元661至867年，伊朗由哈里發統治。其時所謂波斯，不過是阿拉伯帝國的一個行省。開元二十年，正是阿拉伯倭馬亞王朝（661—750）統治時期，何來波斯王使節之有？②竊意"潘那蜜"不過是一介胡商，其跋涉來華，假朝貢之名，行貿易之實，是中古"朝貢貿易"的一例典型。不過，該等商胡亦有可能信奉景教，及烈始會被邀入夥，參加"朝貢"。作爲"隨團人員"，其即便原有家室，亦不太可能攜帶同行。因此，從朝廷的角度來看，完全是按照慣例將其目爲僧侶。至於"大德"，則可能是朝廷出於對及烈的敬重，仿照佛教的敬稱而冠上的；而賜以紫袈裟，則是比照對佛僧的禮遇。假如及烈乃攜眷同行，朝廷焉會以佛僧之禮待之？

　　以上考察說明，在唐代，被官方文獻稱爲"僧"的景教徒，很難確認其有家室；相反，給人的印象倒是不可能有。該等稱"僧"的教徒，不唯以宗教爲業，而且至少在華期間形同出家。這就意味著，儘管基督教聶派允許其一般神職人員結婚，但官方在認定景教徒的僧侶身份時，並未因此忽略其婚姻狀況，而是比照佛教，仍然把出家作爲基本條件。

　　唐代歷朝皇帝，除武宗李炎外，其餘諸帝即便置道教於先，對佛教亦予隆待。作爲佛教出家人專稱的"僧"字，在社會的主流意識中，並非一個隨便的稱謂，朝廷對這個字的使用，亦因教而異。依目前所見，除景教外，對其他夷教的職業人士，朝廷就頗吝用該字。摩尼教的職業教徒以嚴持戒律著稱，絕對是出家住寺修行，在漢文經典中亦藉用"僧"字自稱③；但由於李

---

① 景碑正文第14至15行："聖曆年，釋子用壯，騰口於東周；先天末，下士大笑，訕謗於西鎬。有若僧首羅含、大德及烈，並金方貴緒、物外高僧，共振玄綱，俱維絕紐。"
② 馮承鈞先生據《新唐書》卷二二一下所載，泥涅師病死長安以後，波斯"西部獨存，開元天寶間，遣使十輩，獻碼碯牀火毛繡舞筵"，認爲"此波斯使者，應屬大食藩鎮或薩珊遺族。"（馮承鈞《景教碑考》，頁61—62），按"碼碯牀火毛繡"確屬西亞波斯和中亞之物產（參〔美〕勞費爾著，林筠因譯《中國伊朗編》，商務印書館，2001年，頁328—331；〔美〕愛德華·謝弗著，吳玉貴譯《唐代的外來文明》，陝西師範大學出版社，2005年，頁289—290），當與南海波斯無涉。竊疑《新唐書》云薩珊波斯時至開元天寶年間仍"西部獨存"，乃不諳當時西亞之政治格局；而云"遣使十輩"，則係朝廷爲假冒使節的商胡所騙。
③ 摩尼教徒除一般平信徒即"聽者"外，其餘都是奉行嚴格戒律的出家僧侶，該教的漢文經典亦使用"僧"，如英藏《下部讚》行109載："眾生多被無明覆，不肯勤修真正路：謗佛毀法慢真僧，

唐各朝對該教持否定態度①，官方文獻對其僧侶，但稱"摩尼"、"大摩尼"、"小摩尼"等，唯對回鶻所支持的摩尼教僧侶較爲客氣，時或稱僧耳。至於祆教，其職業人士在唐代文獻上，稱祆正、祆祝、祆主、穆護等，唯未見稱"祆僧"者。宋代文獻亦如是，姚寬《西溪叢語》卷上有云："至唐貞觀五年（631），有傳法穆護何祿，將祆教詣闕聞奏，敕令長安崇化坊立祆寺。"②按古漢語的表述唯簡練是求，倘祆教職業人士有"祆僧"之謂的話，則對何祿就不必贅稱爲"傳法穆護"了。竊意祆教之不稱僧，乃緣其源頭波斯瑣羅亞斯德教不尚禁慾，對婚姻持積極態度。其《阿維斯陀經》訓示信徒曰："有妻者勝於無妻者，有家者勝於無家者，有兒女者勝於無兒女者。""我寧要有兒女者，而不要無兒女者。"③是以，作爲神職人員，更是要帶頭繁衍後代。經過變異入華的祆教亦如此。宋代有史世爽者，其世襲祆廟廟祝，直可溯至唐代，便是明證：

> 東京城北有祆呼煙切廟。祆神本出西域，蓋胡神也。與大秦穆護同入中國，俗以火神祠之。京師人畏其威靈，甚重之。其廟祝姓史，名世爽，自云家世爲祝累代矣。藏先世補受之牒凡三：有曰懷恩者，其牒，唐咸通三年（862）宣武節度使令狐綯給，令狐者，丞相綯也；有曰溫者，周顯德三年（956）端明殿學士、權知開封府王所給，王乃樸也；有曰貴者，其牒亦周顯德五年（958）樞密使、權知開封府王所給，亦樸也。自唐以來，祆神已祀於汴矣，而其祝乃能世繼其職，踰二百年，斯亦異矣。④

（接上頁）唯加損害不相護。"法藏《摩尼光佛教法儀略·寺字儀第五》載："經圖堂一，齋講堂一，禮儀堂一，教授堂一，病僧堂一。"京藏《摩尼教經》079 至 082 行："第三日者，自是七種摩訶羅薩本．每入清淨師僧身中，從惠明處，受得五施及十二時，成具足日，即像窣路沙羅夷大力記驗。如是三日及以二夜，於其師僧乃至行者，並皆具有二界記驗。"以上引文據拙著《摩尼教及其東漸·釋文》，臺北淑馨出版社增訂本，1997 年。

① 安史之亂以前，唯武后出於篡權變天的意圖，善待摩尼教外，其他各朝均對該教嚴加控制，不准在漢人中傳播。安史之亂以後，迫於回鶻的要求，始允其在內地建寺。回鶻國破後，旋對該教嚴加取締。參拙文《唐代三夷教的社會走向》，見拙著《中古三夷教辨證》，中華書局，2005 年，頁 346—351。
② （宋）姚寬撰，孔凡禮點校《西溪叢語》，中華書局，1993 年，頁 42。
③ 詳參拙文《瑣羅亞斯德教婚姻觀述略》，見拙著《波斯拜火教與古代中國》，臺北新文豐出版公司，1995 年，頁 71—77。
④ （宋）張邦基著，孔凡禮點校《墨莊漫錄》卷四，中華書局，1993 年，頁 110—111。

既然祆教的神職人員可以娶妻生子，世人自然認爲他們不配稱僧，朝廷的詔令對他們亦相應刻意避用"僧"字，有《唐大詔令集》卷一一三《拆寺制》爲證：

> 其天下所拆寺四千六百餘所，還俗僧尼二十六萬五千人，收充兩稅戶。拆招提蘭若四萬餘所，收膏腴上田數千萬頃，收奴婢爲兩稅戶十五萬人，並隸僧尼屬主客，顯明外國之教。勒大秦穆護祆二千餘人，並令還俗，不雜中華之風。①

此處的"二千餘人"，或作"三千餘人"，而"大秦"則謂景教無疑，"穆護祆"則指祆教。②詔令所要勒令還俗之人士，當然是指職業的宗教人士，要他們放棄宗教職業，從事世俗工作，過一般世俗人的生活。如果是針對所有信徒，要他們放棄原來信仰的話，那人數就斷不止二三千或數千人。因爲在唐代中國，新老西域移民及其後裔中信教者不知凡幾。詔令中之所以有一個大略的具體數字，必定是根據在官方備案的職業人士數字；至於平信徒，在當時的條件下，實際無從統計。司馬光在編修《資治通鑑》"武宗滅佛"一事時，似乎注意到詔令只點示教名，以爲表述不夠明確，遂在"大秦穆護祆"後補一"僧"字：

> 上惡僧尼耗蠹天下，欲去之，道士趙歸真等復勸之；乃先毁山野招提、蘭若，敕上都、東都兩街各留二寺，每寺留僧三十人；天下節度、觀察使治所及同、華、商、汝州各留一寺，分爲三等：上等留僧二十人，中等留十人，下等五人。餘僧及尼并大秦穆護、祆僧皆勒歸俗。寺非應留者，立期令所在毁撤，仍遣御史分道督之。財貨田產並沒官，寺材以葺公廨驛舍，銅像、鐘磬以鑄錢。③

---

① （宋）宋敏求編《唐大詔令集》，商務印書館，1959年，頁591；並見《唐會要》卷四七，頁841，文字略有出入。
② 詳參拙文《唐季"大秦穆護祆"考》（上、下），分載《文史》1999年第3輯、第4輯，頁39—46、101—122；修訂本收入拙著《中古三夷教辨證》，頁284—315。
③ 《資治通鑑》卷二四八，中華書局，1956年，頁8015—8016。

在司馬光看來，被勒令還俗的顯然是指大秦（景教）和祆教的職業者，爲把其明確化，遂稱爲"大秦穆護祆僧"。不過，此舉似類畫蛇添足。竊意《拆寺制》中的"大秦"，本可明確爲"大秦僧"，但制文既求簡省，與"穆護祆"連書，遂不便再示以"僧"字，緣"穆護祆"是職業人士，但畢竟有妻室，令其還俗，不過是要他們放棄宗教職業，撤離寺廟耳。可見制文起草者用心良苦。

上面對《拆寺制》"勒大秦穆護祆二千餘人，並令還俗"一句的分析，反證了在朝廷心中，景僧不唯是該教的職業人士，而且應是在籍的出家人。

三、唐朝對景僧管理之蠡測

中國歷代專制皇朝，都有約束僧侶的種種措施，包括設僧官、立僧籍等。① 有唐一代自不例外，對各種宗教也有較爲嚴格的管理制度。《唐會要》"僧籍"條載：

> 天下寺五千三百五十八，僧七萬五千五百二十四，尼五萬五百七十六。兩京度僧尼，御史一人涖之。每三歲，州縣爲籍，一以留州縣，一以上祠部。
>
> 新羅日本僧人入朝學問，九年不還者，編諸籍。
>
> 會昌五年，勅祠部檢括天下寺及僧尼人數，凡寺四千六百，蘭若四萬，僧尼二十六萬五百人。②

此處所錄者乃佛僧籍册，其統計的精確度已具體到個位數；而籍册登錄的內容，大和四年（830）祠部奏摺有所披露："起今已後，諸州府僧尼已得度者，勒本州府具法名俗姓，鄉貫戶頭，所習經業，及配住寺人數，開項

---

① 詳參嚴耀中《佛教戒律與中國社會》第九章《官方約束僧侶的制度》，上海古籍出版社，2007年，頁125—144。
② 《唐會要》卷四九，頁863—864。

分析，籍帳送本司，以明真偽。"①可見整個審批備案的程序並非馬馬虎虎。上引《拆寺制》數字也很明確："其天下所拆寺四千六百餘所，還俗僧尼二十六萬五千人，收充兩稅戶。拆招提蘭若四萬餘所。"唐代僧人不僅要持有祠部頒發的度牒，還必須登錄於僧尼冊籍，敦煌石窟所發見的數百件佛教寺院文書，亦包括了諸多僧籍和度牒，爲唐代的宗教管理提供了考古實物證據。②唐制僧人必隸"僧籍"，這在時人亦是常識，以至入詩。劉禹錫《送僧仲剬東遊兼寄呈靈澈上人》云"西遊長安隸僧籍，本寺門前曲江碧"③，張祜《贈貞固上人》云"南國披僧籍，高標一道林"④，均是明證。

就唐代宗教管理體制的沿革，《資治通鑑》卷二四八"會昌六年"條下胡三省有詳注，曰：

> 唐初，天下僧、尼、道士、女官皆隸鴻臚寺。武后延載元年，以僧、尼隸祠部。開元二十四年，道士、女官隸宗正寺。天寶二載，以道士隸司封。貞元四年，崇玄館罷大學士後，復置左·右街大功德使、東都功德使、脩功德使，總僧、尼之籍及功役。元和二年，以道士、女官隸左、右街功德使。會昌二年，以僧、尼隸主客。太清宮置玄元館，亦有學士，至六年廢，而僧尼復隸兩街功德使，即是年也。⑤

此處說的是對佛道二教的管理，但以理度之，對其他宗教，尤其是三夷教，當亦有相應的管理。如祆教，該教源遠流長，在阿拉伯征服之前，乃是西胡的主流信仰，亦是唐代在華胡人、胡裔的主流信仰，對該教的管理和對移民的管理實際密切相關，因此朝廷在管理西域僑民的機構即薩寶府中⑥，專設祆正、祆祝二職以主其事，事見《通典·職官典》：

---

① 《全唐文》卷九六六，中華書局，1983年，頁10032。
② 有關唐代對佛教僧尼、寺院的管理，詳參白文固、趙春娥《中國古代僧尼名籍制度》，青海人民出版社，2002年，頁48—79。
③ 《全唐詩》卷三五六，中華書局，1960年，頁4005。
④ 《全唐詩》卷五一一，頁5802。
⑤ 《資治通鑑》卷二四八，頁8024。
⑥ 參拙文《20世紀中國瑣羅亞斯德教研究述評》，《歐亞學刊》第2輯，中華書局，2000年，頁243—265。

視流內，視正五品，薩寶；視從七品，薩寶府祆正。……武德四年，置祆祠及官，常有羣胡奉事，取火呪詛……視流外，勳品，薩寶府祓（祆）祝；四品，薩寶府率；五品，薩寶府史。①

至於摩尼教，《通典》亦有載，開元二十年七月敕云：

未（末）摩尼法，本是邪見，妄稱佛教，誑惑黎元，宜嚴加禁斷。以其西胡等既是鄉法，當身自行，不須科罪者。②

既然詔令明確禁斷摩尼教在漢人中傳播，則意味著不存在對漢人僧徒管理的問題，一旦發現，地方官府自當取締。詔令又把該教目爲西胡鄉法，允許其自行信奉，不須科罪，這即意味著對該教的胡人僧徒，亦不必由甚麼專門機構去管理。因此，嚴格地說，把摩尼教納入朝廷的宗教管理體系，應在其藉助回鶻勢力，自大曆三年（768）始，先後獲允在華多處建寺之後。既然允其建寺傳教，對其僧徒、寺院自然亦相應地加以管理。不過與祆教不同，對摩尼教的管理，似無另立機構，而是由上揭朝廷管理佛道的部門兼管。《舊唐書》所錄"會昌三年二月制"披露了這一點：

其迴紇既以破滅，……應在京外宅及東都修功德迴紇，並勒冠帶，各配諸道收管。其迴紇及摩尼寺莊宅、錢物等，並委功德使與御史臺及京兆府各差官點檢收抽，不得容諸色人影占。如犯者並處極法，錢物納官。摩尼寺僧委中書門下條疏聞奏。③

領銜點檢的"功德使"已見上引《資治通鑑》的胡注，說明該管理佛道的機構，平時亦掌控摩尼教。

至於景教，據貞觀十二年詔，是年被獲允"宜行天下"，亦即享有佛道那樣的合法性；一些景士亦被看成佛教出家人一類，被稱爲僧；其禮拜

---

① 《通典》卷四〇，中華書局，1992年，頁1102—1106。
② 引文見《通典》卷四〇，頁1103。
③ 《舊唐書》卷一八上《武宗本紀》，頁594。參見李德裕《討回鶻制》，《全唐文》卷六九八，中華書局，1983年，頁7166。

修持的場所亦像佛教那樣被稱爲寺,而且景僧亦像佛僧那樣,向皇帝"請額"——題寫寺名,結果亦如願以償[①];至於教義,則又被目爲像道教那樣的"玄妙無爲"。尤其是在會昌滅佛之前,景教與李唐歷朝皇帝都有良好的關係,如是,其很可能享有類乎佛道那樣受保護的權益,像回鶻摩尼教那樣,亦由朝廷管理佛道的機構兼管。

官方既稱景教的一些職業人士爲僧,自按佛教的標準,登錄入僧籍;上引《拆寺制》勒令大秦穆護祆還俗時,能夠道出"二千餘人"這一具體數字,無疑證明這一點。至於是否有像佛僧那樣,由祠部頒發度牒,則目前尚無資料可資判斷。

正如上引《唐會要》卷四九"僧籍"條和"拆寺制"條所披露,唐代佛寺數以千計,僧尼數以萬計,在社會已形成舉足輕重的影響力,是以有關他們的管理體制等,即便官方文書佚失,由於士人多加措意,亦會有所記錄存世;而他們雖也曾偶遭挫折,但畢竟不像三夷教那樣,在唐季受到毀滅性的打擊;是以,彼等遺物遺跡存世亦很多,且時有新的發現。相反的,像景教這樣的夷教,其僧侶殆爲佛僧人數的零頭,會昌遭取締後便一蹶不振,故有關的原始文獻被忽略,不被士人重視整理保存下來,這是可以理解的。因而,就景教的管理,如上面所考,只能參照佛道的管理,參照其他夷教管理的零星記錄,以及有關文獻中的某些雪泥鴻爪進行推度。但無論如何,可以相信的是,唐代對景教的管理,即便不比佛道嚴格,亦沒有理由較爲寬鬆;緣佛道乃朝廷扶植的主流宗教,景教不論與宮廷有多密切的關係,都無從與佛道比肩。

假如我們承認唐朝對於景教並無疏於管理的話,那麼,在華的景教人士若要稱僧,就得一遵華情,按朝野對僧人認同的標準去修行,並像佛僧那樣,按規定登入冊籍。朝廷不可能因大秦教允許一般神職人員結婚而苟且之,爲其另立僧人標準。試想,唐人尚且不稱祆教的職業人士爲祆僧,怎麼會把有家室的景教徒載入僧籍呢?

漢語中的"僧"與"俗",猶如天與地,是對立的概念,區分的一個基本標準就是"出家"與否。在古代中國,能夠稱僧的人,必須是信徒,而且

---

① 景碑正文第16至17行文字披露(天寶)三載,玄宗"詔僧羅含、僧普論等一七人,與大德佶和,於興慶宮修功德。於是天題寺榜,額戴龍書"。

要求出家，兩者不可或缺。否則就是冒牌僧人、花和尚、淫僧，爲社會輿論所不容，固不待言；而遭懲戒取締、革除僧籍者，亦屢見不鮮。《大唐西域記》撰人辯機被唐太宗處以腰斬，儘管另有隱情，但表面的理由無非是其觸犯淫戒。① 武宗滅佛，甚至對過往曾"犯淫養妻"的僧人進行追究。會昌二年十月九日敕："天下所有僧尼解燒煉咒術禁氣、背軍身上杖痕烏文、雜工巧、曾犯淫養妻不修戒行者，並勒還俗。"② 職是之故，竊以爲，儘管西亞的聶派規定除主教以上神職人員外，餘者包括牧師等均可結婚，但到了中國，一旦要以僧人身份進行傳教，就得出家，至少在形式上要過獨身生活。因此，聶派教徒有無擔任神職或結婚是一回事，其在唐代中國能否稱僧又是另一回事，兩者不能混淆。

論者認爲唐代景僧可以娶妻生子，依筆者所知，迄今所能舉的唯一例證，乃榮新江教授所考"僧文貞"，見西安景碑碑體左側題名第三行。榮教授據"新發現的波斯人李素及夫人卑失氏墓誌"，認爲李素是個景教徒，而其"字文貞"，恰好與景碑的"僧文貞"對上號。③ 據墓誌，李素不僅一再娶妻，而且生有多個子女，諸子之名，均取"景"字；於是陳懷宇博士進而據唐音，把李素墓誌所云的"季子景伏"與景碑的右側第二行的"僧景福"對號。④ 查景碑上的"僧文貞"和"僧景福"所匹對的敘利亞文都僅有教名，前者爲 Lûqâ，後者爲 Îšôʿdàdʰ，均無神職。⑤ 是否可將此二僧與李素父子對號入座，固然要排除名字巧合的可能性，還不得不面對一個問題，即：假如李素父子都是碑上有名的景僧，其家族對景教的虔誠程度自不待言；那麼，在爲李素製作墓誌時，何以沒有像一般宗教徒那樣，留下其信仰的標識，諸如勒刻十字架、宗教套語之類？這個問題如果找不到合理的解釋，則彼等的劃

---

① 參陳垣《大唐西域記撰人辯機》，《陳垣學術論文集》第 1 集，中華書局，1980 年，頁 449—473。
② 釋圓仁著，白化文、李鼎霞、許德楠修訂校注《入唐求法巡禮行記校注》卷三，花山文藝出版社，1992 年，頁 408。
③ 榮新江《一個入仕唐朝的波斯景教家族》，見葉奕良編《伊朗學在中國論文集》第 2 集，北京大學出版社，1998 年，頁 82—90；並收入氏著《中古中國與外來文明》，生活·讀書·新知三聯書店，2001 年，頁 238—257。
④ 陳懷宇《景教在中古中國的命運》，見饒宗頤主編《華學》第 4 輯，紫禁城出版社，2000 年，頁 286—298，有關論證見頁 296，注 16。
⑤ P. Pelliot, *Recherches sur les Chrétiens d'Asie Centrale et d'Extrême-Orient, II, 1: La Stèle de Si-ngan-fou*, Oeuvres posthumes de Paul Pelliot, Paris 1984, pp. 59, 61.（以下縮略爲 *Pelliot* 1984）

等號尚有疑問；而作爲疑似的孤證，自不足以確認在華景教徒，即便不棄婚姻，亦可自稱爲"僧"。

四、西安景碑碑文中"僧"字的使用

上面考察了唐代官方對景僧身份的認定，乃參照佛僧，即應是景教的職業人士，而且必須出家；同時亦論證了唐代中國景教，像佛教道教那樣，被納入朝廷宗教管理的體制。如果以上的論證得以成立的話，那就意味著景教會想在華生存，就得與官方保持一致；其教徒若要稱僧，必須得到官方的認同，符合官方既定的標準。西安景碑上對"僧"字的使用，正好印證這一點。

按西安景碑，主體文字用漢文書寫；而書寫者，乃一位朝廷命官，見碑文末端落款的"朝議郎前行台州司士參軍呂秀巖書"。更有，碑文下端右起第一行題以"助檢校試太常卿賜紫袈裟寺主僧業利"十六個漢字。太常卿係九卿之一，掌宗廟祭祀、禮樂諸事務；而前面所冠的"助檢校"和"試"，當係表示臨時或署理的意思，檢索唐代文獻便可知該等用詞並非罕見。朝廷之所以賜給業利這個臨時官銜，很可能就是認同他主持景碑的開光儀式。從碑上這兩行落款，吾人有理由相信景碑之立，絕非背著朝廷的教內事務，而是爲朝廷所認可。這就意味著，碑不僅是立給教內人看的，更是展示給華人社會眾人看的，難怪碑文不惜筆墨頌揚歷朝皇帝。正因爲如此，碑上題名的人物，誰能稱僧，誰不能稱僧，必須符合官方的認定規範，與唐代社會的主流觀念一致。立碑之時，景教已正式入華傳播約一個半世紀，教徒之中，自不乏在華土生土長的胡人後裔，而景教會之諳於華情，更是毋庸置疑。試想，西安景碑全高279 釐米，碑身上寬92.5 釐米，下寬102 釐米，在如此令人矚目的巨碑上所見的僧人，若不倫不類，就算瞞得了官府，亦難逃周遭羣眾之譏笑，更少不了授人以柄，成爲當時主流宗教，即佛道兩家攻擊的口實。由是，教會斷不至於無知若是，將一些保有家室的神職人員或教徒，冠以"僧"字，勒於碑上，自討世人之譏。下面，無妨就碑上"僧"字的使用，略作辨釋。

首先考察碑文正文中的"僧"字，其出現凡八處，其中用於泛指者三處，即：

正文第 11 行，"所司即於京義寧坊造大秦寺一所，度僧廿一人"；

正文第 14 行，"有若僧首羅含，大德及烈，並金方貴緒、物外高僧，共振玄綱"；

正文第 23 行，"更効景門，依仁施利：每歲集四寺僧徒，虔事精供，備諸五旬"。

按第 11 行的"度僧廿一人"係轉引詔令，是與造寺相應的行動，上面已有討論，不贅。第 14 行的"物外高僧"，本來"高僧"已指修持有素的僧人，而冠以"物外"，自更應超脫塵俗。第 23 行的"集四寺僧徒"，更暗示景僧亦像佛僧那樣，與一般平信徒不同，乃隸籍於某一寺院，即所謂"寺僧"，當應在寺修持。

其餘五個"僧"字，均冠於具體人身上，即：

正文第 14 行，"僧首羅含"；

正文第 16 行，"大秦國有僧佶和，瞻星向化，望日朝尊。詔僧羅含、僧普論等一七人，與大德佶和，於興慶宮修功德"；

正文第 20 至 21 行，"大施主、金紫光祿大夫、同朔方節度副使、試殿中監、賜紫袈裟僧伊斯"；

"僧首羅含"與"僧羅含"，無疑指同一個人，因此，上揭提到的具體僧人實僅四位耳。據碑文，僧羅含與僧普論、僧佶和，都爲拓展本教在華的生存空間做出貢獻，彼等曾應詔進宮，爲玄宗"修功德"。這意味著此三位的僧人身份，已得到朝廷認可，當屬出家人。其中的佶和，據段晴教授考，還是唐代中國教區的第三任主教[①]，若然，則更應獨身無疑。

碑文中的僧人，以伊斯最爲顯赫，頭戴三頂世俗官帽。景碑正文的第 21 至 24 行對伊斯備加讚揚，有關他的記述逾二百五十字，竟佔全碑正文一千七百餘字的百分之十五，以至前賢或以爲該碑乃爲伊斯墓碑。[②] 不過，

---

① 段晴《唐代大秦寺與景教僧新釋》，頁 464。
② 法國夏鳴雷神父因碑文末尾有"建豐碑兮頌元吉"一句，遂把該碑文理解爲墓碑，疑即碑文所頌揚的伊斯其人之墓碑，見 H. Havret, *La Stèle Chrétienne de Si-ngan-fou, II: Histoire du Monument*, Varivétés Sinologiques Nos: 12, Imprimèrie de la Mission Catholique, Changhai 1897, p. 135。馮承鈞先生考證伊斯乃爲景教徒，徵引碑文頌揚其功德的有關文字，更明確地把該碑定性爲"伊斯之墓碑"（馮承鈞《景教碑考》，第 69 頁）。

在這二百多字中,不像常見碑文那樣,在頌揚碑主時當提及其子孫後裔,以彰顯碑主後輩昌盛。就此一點,若非暗示伊斯乃爲出家者,則是顯明該碑並非墓碑。其實,碑文稱伊斯"効節於丹庭"、"策名於王帳",爲朔方軍首領郭子儀之爪牙,其戎馬倥傯的生活自然不可能帶家眷。因此,其給人的印象應是出家獨身的,朝廷始會像對待上揭開元二十年來華朝貢的大德僧及烈那樣,以其軍功而比照佛僧賜紫袈裟。

除碑文正文所出現的"僧"字外,碑文的撰者署名,時間落款,還有碑文下端的漢文、敘利亞文字,以及碑體兩側的題字中,亦多有"僧"字出現。據筆者檢視,發現凡漢文僧名,均配有敘利亞文;但敘文的題名,則未必均配有漢文名字。由於該等並非景碑的主體文字,以往國人少有專門考察。按碑體上的敘文,國外有諸多摹本、轉寫本並翻譯,目前被認爲最權威者似推法國著名學者 Jean Dauvillier 整理的伯希和遺著《中亞和遠東基督徒研究》第 2 卷第 1 分冊之《西安府石碑》①,故下面有關敘文的拉丁轉寫謹據伯氏本;至於釋讀,除引錄伯氏的法譯外,並參考穆爾名著《一五〇年前的中國基督教史》。②當然,對有疑問者,亦盡量斟酌其他各家,尤其是近年學者的觀點,但不一定一一臚列。就敘文的教名,學者不過是加以轉寫音譯耳,不存在什麼爭議,唯若干名字的族源尚待確認,蓋與本文主旨無關,不加評介;至於身份,尤其是具體職務的解讀對譯,則不乏歧見,與本文主旨關係不密切,或順便提及,唯不多加討論。

景碑碑文在"景教流行中國碑頌并序"題下次行,即署:

大秦寺僧景淨述 'Adʰàm qaššîšâ wᵉkʰôr'appèsqôpâ wᵉpʰapšê dʰᵉṢinèstân③

據敘文,景淨本名 'Adʰàm(即亞當),是位 qaššîšâ(即牧師、教士或長老),而且是位 kʰôr'appèsqôpâ(鄉主教,或譯爲省主教),至於其在中國(Ṣinèstân)的具體職務,即 pʰapšê,伯氏認爲是中國佛教術語"法師"的音

---

① Pelliot 1984, pp. 55-61.
② A. C. Moule, *Christians in China before the Year 1550*, pp. 34-52. London, New York and Toronto 1930; repr. New York 1972, Taipei 1972, pp. 34-52.(以下縮略爲 *Moule* 1972)
③ Pelliot 1984, p. 55.

譯。① 由是，把該行敘文法譯爲 Adam [moine King-tsing], prêtre, chorévêque et «maître de la Loi» de la Chine，即"亞當，牧師、鄉主教兼中國的法師"②；穆爾英譯爲 Priest and country-bishop and fapshi of Zinistan③，意思同。不過，對景淨在華具體職務的比定，多年來學界是有分歧的。④ 近年日本學者川口一彥把其譯爲"長老兼地方主教兼中國總主教"。⑤ 當然，在唐代華人中，不會用"總主教"之類的現代術語稱景淨，稱他爲"法師"則更有可能，猶如唐人稱一位摩尼教領袖爲"呼祿法師"那樣。⑥ 景淨在當時中國基督教會中的地位是否爲至尊，現有的資料似乎還不足以下結論，但其屬於最高層，則應無疑；若不，其便沒有資格以碑文撰寫人之身份，在立於京城長安這樣高規格的本教歷史性碑刻上署名。景淨在中國教會中的崇高地位亦有敦煌寫本《尊經》所臚列的諸多景教經名爲證，據該經按語所云，該等經典均係"本教大德僧景淨"所"譯"。⑦ 像他這樣一位教會的代表人物，如果竟然有妻室，這當然更不可能爲中國朝野所接受。景淨之所以特別自我標示爲"大秦寺僧"，把"僧"與"寺"密切聯繫，顯然是效法佛僧，表明其爲寺僧，出家無疑。敦煌寫本之稱其爲"大德僧"，更是強調其僧人的身份。另據《貞元新定釋教目錄》卷一七載，貞元三年（787）前後，迦畢試（罽賓）國僧人般若翻譯佛經，"乃與大秦寺波斯僧景淨依胡本《六波羅蜜經》譯成七卷"。⑧ 既然連佛僧都承認景淨爲"僧"，並願意與之合作譯經，其出家人的身份益可定讞。

碑文末端落款：

時法主僧寧恕知東方之景衆也　　B^{e}yàumai 'abbâ d^{he}'abbàhàt^{h}â Màr(i) H^{e}nànîsô' qat^{h}ôlîqâ paṭrîyarkîs...⑨

---

① 見 P. Pelliot, "Deux Titres Bouddhiques Portés par des Religieux Nestoriens", *T'oung Pao*, Vol. 12, No. 5, 1911, pp. 664-670；馬幼垣漢譯《景教所用之二佛教稱謂》，《景風》1967 年第 14 期，頁 49—58。
② *Pelliot* 1984, p. 56.
③ *Moule* 1972, p. 35.
④ 詳參段晴《唐代大秦寺與景教僧新釋》，頁 456—463。
⑤ 川口一彥《景教》，東京桑原製本有限會社，2003 年，頁 45。
⑥ 詳參（明）何喬遠《閩書》卷七《方域志》"華表山"條下，廈門大學校點本，第 1 册，福建人民出版社，1994 年，頁 171—172。
⑦ 詳參本書《敦煌景教寫本 P.3847 再考察》一文。
⑧ 《大正藏》（55），頁 892 上。
⑨ *Pelliot* 1984, p.55.

伯希和法譯爲 Dans les jours du Père des Pères Monseigneur Ḥᵉnànîšôʿ [moine Ning-chou], catholicos patriarche。① 即 "時尊者 Ḥᵉnànîšôʿ 職居眾主教之長總主教"。諸多學者都把漢文 "寧恕" 考定爲曾任聶派巴格達總主教 Ḥᵉnànîšôʿ 的省譯，而 Ḥᵉnànîšôʿ 之在位時間，或認爲是公元774—778 年②，或作 774—780 年③，或作 773—780 年④。但無論如何，在建中二年（781）景淨撰畢碑文時，尚不知道其已蒙主寵召。碑文把總主教意譯爲 "法主"，頗爲得當，符合古代譯經 "格義" 的原則。其遠離中土，云其爲 "法主僧"，不必朝廷認可。何況總主教肯定是不結婚的，正類乎中國僧人，稱之爲僧，不亦宜乎？

綜上所述，碑文上 "僧" 字的使用，無論在正文或落款並不存在有悖漢文規範的現象，即符合華人社會主流意識對僧人內涵的認定，即出家專事奉神之人。至於碑文下端和碑體兩側的諸多題名，看來是屬於景淨的同時代人或其後輩，而不是像正文所提到的某些僧人及其行狀，乃屬 "過去式"。是以，該等人士是否可以稱僧，就不止是要符合當時社會認識規範，更是事關是否遵循朝廷法度的問題；因此，益不可能馬虎造次。

從外表形式看，碑文下端文字是以敘文爲主，直行書寫，由左而右，間以漢字署名。爲便於討論，兹據其意思，加標序號，過錄敘文轉寫⑤和漢字如下：

1. Bašᵉnatʰ ʼàlépʰ wᵉtʰèšʿîn wᵉtʰartên dʰᵉYàunàyê Màr(i) Yazdbôzêd qaššîšâ wᵉkʰôrʼappèsqôpâ dʰᵉKʰûmdân mᵉdʰînatʰ malkûtʰâ bar nîḫ napʰšâ Mîlês qaššîšâ dʰᵉmèn Balḥ mᵉdʰî (n)ttâ dʰᵉTʰaḥôrèstan ʼaqqîm lûḥâ hànâ dʰᵉkʰêpʰâ dʰakʰᵉtʰîbʰàn bèh mᵉdʰabʰrànûtʰéh dᵉpʰàrôqan wᵉkʰàrôzûtʰhôn dᵉʼabʰàhain dalᵉwàtʰ malkê dʰᵉṢinàyê...

2. ʼAdʰàm mᵉšammᵉšànâ bar Yazdbôzêd kôrʼappèsqôpâ 僧靈寶

3. Màr Sargîs qaššîšâ wᵉkʰôrʼ appèsqôpâ...

---

① *Pelliot* 1984, p. 56. 穆爾英譯爲：In the days of the father of fathers Mar Hananishu Catholicos Patriarch (*Moule* 1972, p. 47)。意思與伯氏法譯同。
② James Legge, *The Nestorian Monument of Hsî-an Fû in Shen-hsî, China*, London 1888, p. 29.
③ *Moule* 1972, p. 47.
④ *Pelliot* 1984, p. 56, n. 3.
⑤ *Pelliot* 1984, p. 55.

4. Sab^hranîšô' qaššîšâ① 撿挍建立碑僧行通

5. Gab^hrî'él qaššîšà w^e'arkîd^hîyaqôn w^eréš' é(d)ttâ d^heK^hûmdân wad^heSarag^h② 助撿挍試太常卿賜紫袈裟寺主僧業利

  第1節敘文，據伯氏解讀③，可漢譯爲 "希臘紀元1092年（公元781年），吐火羅（Thahôrèstan）巴爾赫（Balkh）城米利斯（Mîlês）牧師之子、京城長安主教尊者耶兹卜玆（Yazdbôzêd）牧師立此石碑，以誌救世主之法並吾等景士對中國諸皇帝所宣之道。" 根據這節敘文，結合第4節的漢字 "撿挍建立碑僧行通"，吾人似可相信，碑文下端所勒敘漢文字，是專爲直接參與立碑事務的頭面人物而設的。因此，其與碑文之間，應有內在聯繫，不是可有可無的附加部分。從漢字書體看，亦同屬書寫碑文的呂秀巖手筆。勒刻時，按照漢文直行書寫規範，由右而左，依身份高低次序排列，正好與敘文相反。看來，是先刻漢字，中間預留敘文的空間，然後始行補入。筆者疑漢字勒刻者或出於什麼原因，並未準確估算將要補入的敘文篇幅，因而空間的留置顯得欠協調，影響了版面文字鋪排的勻稱。是以，竊意碑文下端的文字內容，漢字部分在勒刻碑文時便已敲定，敘文部分則是經反復斟酌後纔定稿補刻。畢竟該等文字，見於碑體正面，令人矚目，主事者勢必持很審慎的態度。

  或以爲碑文第21—24行所述的伊斯，即此Yazdbôzêd之省譯。④有些非專業性的宣傳資料，亦直把該伊斯當立碑人介紹。竊以爲事實未必如此。即便敘文Yazdbôzêd在唐代可以省譯爲 "伊斯"，但在下面將討論的敘文人名中，可發現多有同名而不同人者，因此，如要確認碑文正文中所提到的 "伊斯"，就是作爲立碑者Yazdbôzêd的漢字音譯，實還需要排除同名而不同人的可能性。何況，古代漢文碑刻，一般多有立碑人之落款，像景碑這樣的巨型碑刻，自更少不了；而碑文中既稱僧伊斯爲 "金紫光祿大夫、同朔方節度

---

① 伯希和法譯爲：Sab^hranîšô' [moine Hing-t'ong], prêtre（*Pelliot* 1984, p. 57）。
② 伯希和法譯爲：Gabriel [moine Ye-li], prêtre et archidiacre, chef de l'église de Kumdān et Sarag（*Pelliot* 1984, p. 57）。
③ 伯希和法譯爲：En l'année mille quatre-vingt-douze des Grecs, Monseigneur Yazadbōzīd, prêtre et chorévêque de Kumdān, ville impériale, fils de feu Mîlês, prêtre de Balkh, ville du Taḥorèstân, a fait élever cette stèle de pierre, sur laquelle sont écrites l'Économie de Notre Sauveur et prédication de nos pères aux empereurs des Chinois（*Pelliot* 1984, pp. 56-57）。
④ 見段晴《唐代大秦寺與景教僧新釋》，頁464。

副使、試殿中監、賜紫袈裟僧",即有漢名,又有諸多官方頭銜,若其果爲立碑人,則照此直書,再配以敘文,豈不更爲完美,何必隱諱,單用敘文示人。更有,碑文中既然對伊斯其人備加讚揚,照常理推度,焉有自己立碑頌揚自己者?故此,竊意伊斯蓋與立碑者 Yazdbôzêd 殊難劃以等號。無論如何,耶兹卜兹(Yazdbôzêd)沒有以漢文亮相,顯然不無苦衷。竊意立碑者耶兹卜兹的父親米利斯既是吐火羅巴爾赫城牧師,其本人則大有可能屬中亞某教區的神職人員。而在公元7—8世紀的中亞地區,聶派教會不唯允許牧師結婚生子,連鄉主教亦同樣照准。下面即將提到的僧靈寶,其父即爲鄉主教。因而,耶兹卜兹在出任京城長安主教之前,或許就已結過婚;來華後,恐怕並未取得僧人資格。是以,儘管身爲立碑人,貴爲長安主教,但仍不便以漢文明示。

第2節敘文是與僧靈寶相匹對的,伯氏釋爲 Adam, diacre, fils de Yazadbōzīd, le chorévêque[①],即"鄉主教耶兹卜兹(Yazdbôzêd)之子、助祭教士亞當"。由此可見,在敘文中,亞當('Adʰàm)乃基督教徒的常用名,僧靈寶和景淨都名此;而耶兹卜兹(Yazdbôzêd),也很常見,不唯立碑者以此爲名,靈寶的父親亦然。靈寶的父親身爲鄉主教,照樣結婚生子。在敘文中,對靈寶的介紹文字緊挨在立碑者之後,顯示靈寶之得以在碑體正面留名,當直接與立碑事務有關。其神職爲助祭教士,也許在碑的開光儀式上,扮演著一個重要角色。靈寶出身景教世家,其父是否早已入華並不清楚,但明顯不合華俗之僧人身份,倒是其本人必定已遵華俗,出家入僧籍,遂得以在碑上稱僧。

第3節敘文 Màr Sargîs qaššîšâ wᵉkʰôr'appèsqôpâ...,並無漢字匹對,Màr 在敘文或其他西亞、中亞文字中常見,表尊敬之意。而 Sargîs 也屬常見教名。就該節敘文,伯氏釋爲 Monseigneur Serge, prêtre et chorévêque[②],即"尊者薩吉斯(Sargîs),牧師兼鄉主教"。薩吉斯其人可能曾參與立碑事而敘文失載,但亦可能敘文有載而因碑體風化失拓,緣從拓片看有空白處,當年伯氏似乎也懷疑有脫漏,故敘文轉寫時用省略號。但無論如何,其與 Yazdbôzêd 一樣,居鄉主教之尊而竟沒有用漢文稱僧留名,看來只能以不符中國僧人的資格作解釋。

---

① *Pelliot* 1984, p. 57.
② *Pelliot* 1984, p. 57.

第4節敍文 Sabʰranîšôʻ qaššîšâ① 乃匹對漢文"撿挍建立碑僧行通"。但在敍文中，只道出僧行通的教名爲薩卜拉寧恕（Sabʰranîšôʻ），神職爲牧師（qaššîšâ）。按行通不但稱僧，且名字冠以"撿挍建立碑"五字，竊意此五個字乃指行通在立碑事上所起的作用，即"撿挍"。19世紀西方漢學家就已認定此處的"撿挍"二字爲"檢校"的異寫②，不過，卻狹義地理解爲"檢查校對"之意。③倒是20世紀的穆爾始把"檢校"理解爲監督、管理的意思，把該行漢字英譯爲 Superviser of the erection of the stone tablet, the monk Hsing T'ung。④顯然，穆爾認爲僧行通爲整個立碑工程的監督管理者。既然有這等身份，與立碑者一道勒名於碑文下端，當然合適。不管怎樣，行通無疑具體參與甚或主管大秦寺立碑事務；其既被稱"僧"，則意味著他應與景淨一道同修於長安大秦寺。

匹對"助撿挍試太常卿賜紫袈裟寺主僧業利"的敍文，被伯希和法譯爲：Gabriel [moineYe-li], prêtre et archidiacre, chef de l'église de Kumdān et Sarag。伯氏還加注指明 Kʰûmdân（Kumdān 克姆丹）即爲長安；Saragʰ（Sarage 薩拉格）即洛陽。⑤如是，該節敍文可譯爲"迦伯列（業利，Gabʰri'él、Gabriel），牧師（qaššîšà）兼副主教，長安、洛陽兩地教會的領袖"，西方學者多認同伯氏這一解讀。段晴教授則把業利身份解讀爲"牧師、執事長及長安、洛陽的教堂主"。⑥無論對敍文的神職如何解讀，都可看出並非是碑上漢文頭銜的對譯。"助撿挍試太常卿"乃世俗官銜，固不待言。而賜紫袈裟，亦非僧銜，緣唐代尚紫，朝廷遂以紫袈裟賜某些佛僧，以示嘉勉，而佛僧亦以得賜紫袈裟爲榮。按僧伊斯、僧業利均以"賜紫袈裟"冠於名字之前，顯然，朝廷對彼等，乃比照佛僧，給以同樣賞賜，而景教亦像佛教那樣，把"賜紫袈裟"

---

① 伯希和法譯爲：Sabʰranîšôʻ [moine Hing-t'ong], prêtre（Pelliot 1984, p.57）。
② 見夏鳴雷《西安府基督教碑》的景碑異體字比較表，H. Havret, La Stèle Chrétienne de Si-ngan-fou, IIᵉ Partie: Histoire du Monument, Varivétés Sinologiques Nos. 12, Imprimèrie de la Mission Catholique, Changhai 1897, pp. 234-235。
③ 如英國漢學家理雅各（J. Legge, 1814—1897）把"撿挍建立碑僧行通"直譯爲 Examiner and Collator at the erection of the stone tablet, the priest Hsing T'ung, 即"立碑的檢查校對者行通牧師"（James Legge, The Nestorian Monument of Hsî-an Fû in Shen-hsî, China, p.31），日本學者佐伯好郎亦照抄這一英譯（見 P. Y. Saeki, The Nestorian Documents and Relics in China, Tokyo 1937, repr. 1951. p.69）。
④ Moule 1972, p.48.
⑤ Pelliot 1984, p.57.
⑥ 段晴《唐代大秦寺與景教僧新釋》，頁466。

當成一種榮銜。從"賜紫袈裟"一事，可窺見朝廷、景門與佛門對"僧"的認知，並不存在實質性的迥異。至於"寺主"一銜，無疑是效法佛教，梵音作"摩摩帝"，或云"毘呵羅莎弭"。① 作爲景教會的一種職務，亦見於2006年洛陽發現的唐代景教經幢石刻，其《大秦景教宣元至本經幢記》第20行便出現該詞。② 在佛教，寺主統掌一寺之庶務③，景教的寺主是否亦如此，目前還未有其他文獻資料可資説明。不過，其在碑上以漢文亮出"寺主"這一職銜，其所主之寺，當應是長安的大秦寺，即便亦主洛陽的大秦寺，恐怕僅屬掛名耳。業利既爲寺主，當駐錫大秦寺裏修持，若保有家眷，朝廷焉會賜紫袈裟？

按上揭漢字碑文下面題字，交待與立碑事相關的一些景士的姓名、身份等，作爲對碑文的補充，因此，學者一般都把其目爲碑文的組成部分加以著錄，儘管景淨所撰碑文原來未必就有該等文字。

五、西安景碑兩側題名考察

西安景碑碑體兩側題名凡70人，其中敍漢二文對配者凡62人，僅有敍文而乏漢文者8名。④ 漢文很簡單，除一名稱"大德曜輪"，一名稱"老宿耶俱摩"外，其餘60名但稱"僧××"耳，沒有其他任何漢文榮銜或僧銜。至於敍文內容，除教名外，有的還加上教內之身份。現先檢視60名稱"僧××"者。

（一）所匹對的敍文，僅有教名而無職務身份者凡40名：

左第三行：僧軋佑、僧元一、僧敬德、僧利見、僧明泰、僧玄真、僧仁惠、僧曜源、僧昭德、僧文明、僧文貞、僧居信、僧來威；

---

① 《大正藏》（54），《翻譯名義集一》，頁1074下。
② 見本書《唐代洛陽景教經幢〈幢記〉若干問題考釋》一文。
③ 《大正藏》（54），《翻譯名義集一》，頁1074下。據佛教辭書，"寺主：梵語vihārasvāmin，指統掌一寺之庶務者。與'住持'、'住職'同義。亦爲統領寺院內綱規之'三綱'之一。我國東晉即有此種職稱，以梁武帝任命法雲爲光宅寺寺主爲始，唐以後稱爲監寺；日本則以大化元年（645）敕命惠明爲百濟寺寺主爲最早（《續高僧傳》卷五、《敕修百丈清規》卷四）"。見星雲監修、慈怡主編《佛光大辭典》，臺灣佛光出版社，1989年，頁2410下—2411上。
④ 詳參本書《西安景碑釋文》一文。

左第四行：僧敬真、僧還淳、僧靈壽、僧靈德、僧英德、僧沖和、僧凝虛、僧普濟、僧聞順、僧光濟、僧守一；

右第二行：僧崇德、僧太和、僧景福、僧和光、僧至德、僧奉真、僧元宗、僧利用、僧玄德、僧義濟、僧志堅、僧保國、僧明一；

右第三行：僧廣德、僧去甚、僧德建。

其中，左第四行的僧靈德、僧凝虛的敘文均作 Màr Sargîs，伯希和法譯作 Monseigneur Serge[1]，可漢譯爲"尊者薩吉斯"。

（二）所匹對的敘文除教名外，還有教內職務 qaššîšâ（牧師、長老、教士）者凡 15 人：

左第一行：僧日進、僧遙越、僧廣慶、僧和吉、僧惠明、僧寶達、僧拂林、僧福壽；

右第一行：僧寶靈、僧審慎、僧法源、僧立本、僧和明、僧光正、僧內澄。

（三）所匹對的敘文除教名、教內職務 qaššîšâ 外，還兼有 îḥîd^{h}àyâ（修士）身份者凡 2 人：

左第二行：僧崇敬、僧延和。

（四）所匹對的敘文除教名外，另有其他神職者凡 3 人：

左第二行第 6 名的僧惠通，伯氏序列第 17，其所匹對的神職敘文作 m^{e}šamm^{e}šànâ w^{e}î[ḥî]d^h[ày]â，伯希和法譯爲 diacre et moine[2]，即助祭教士兼修士；

右第一行第 2 名的僧景通，伯氏序列第 43，其所匹對的神職敘文作 qaššîšâ w^{e}k^{h}ôr'appèsqôpâ šî'angtswâ[3]，伯希和法譯爲 prêtre et chorévêque, supérieur de monastère[4]，即"牧師兼鄉主教、修道院院長"；穆爾英譯爲 priest and country-bishop shiangtsua[5]，郝鎮華漢譯爲"長老兼鄉主教上座"[6]；段晴教授認

---

[1] Pelliot 1984, p. 60.

[2] Pelliot 1984, p. 58.

[3] 據伯希和考證，Šîangtswâ 係音譯、藉用漢語佛教"上座"。見 P. Pelliot, "Deux Titres Bouddhiques Portés par des Religieux Nestoriens", *T'oung Pao*, Vol. 12, No. 5, 1911, pp. 664-670；馬幼垣漢譯《景教所用之二佛教稱謂》，頁 49—58。

[4] Pelliot 1984, p. 60.

[5] Moule 1972, p. 51.

[6] 〔英〕穆爾著，郝鎮華譯《一五五〇年前的中國基督教史》，中華書局，1984 年，頁 51。

爲 wᵉkʰôr'appèsqôpâ 應對譯爲 "準主教"①。

右第一行第 3 名的僧玄覽，伯氏序列第 44，其所匹對的神職敍文作 qaššîšâ wᵉ'arkîdʰîaqôn dᵉKʰûmdân wᵉmaqrᵉyànâ②，伯希和法譯爲 prêtre, archidiacre de Kumdān (Khumdān) et maître de lecture③，即 "牧師、克姆丹（長安）副主教兼宣講師"；段晴教授認爲應作 "牧師及長安的執事長及講師"④。

上面對 60 名漢字題名僧及其匹對的敍文的考察，可以發現，稱僧者，有作爲人數最多的牧師這一基層神職人員，個中尚有若干兼任更高神職者，或兼有修士身份者。除此之外，更有過半人士並沒有擔任神職，其中還有兩位名字之前冠以 Màr，顯示其資深地位。由此可見，能否在碑上勒名稱僧，實際與其在教內是否有神職或地位資深高低無關。但這並不意味，凡受洗入教者，皆可稱僧。碑上的漢文題名除上述稱僧某某的 60 位外，就還有兩位未稱僧者：

其一，左第一行首位之 "大德曜輪"，伯氏序列第 1，敍文作 Màr(i) Yôḥannàn 'appèsqôpâ，伯譯 Monseigneur Jean, évêque⑤，穆爾譯 My lord Iohannan Bishop⑥，即 "尊者約翰主教"。儘管就兩側題名的次序而言，曜輪居先，但以其主教之尊，名字本應出現在碑體正面纔是，但卻刻於碑體側面。竊意可用於解釋的一個原因是：在立碑之前，他尚未到任。段晴教授認爲曜輪是最新一任主教⑦，不無道理，緣碑文歷數中國教會各屆領袖，唯未提及其名；因而，其之就任主教，應在立碑之後，名字可能是立碑後始補刻上去的。不過，其漢文名唯冠以 "大德"，而未稱僧。按曜輪作爲最新一任的中國主教，必定保持獨身，即便其時聶派教會允許某些異域教區的主教結婚，亦不可能任命有妻室者出任中土主教，因爲碑文中景淨之自我稱僧，便已明示其時教會對華情已深有了解，知道取得僧人資格的重要性。因此，就出家而言，曜輪應符合中國僧人的條件，如果不是勒碑脫漏的話，則可能因其剛到中國履

---

① 段晴《唐代大秦寺與景教僧新釋》，頁 465。
② *Pelliot* 1984, p. 60.
③ *Pelliot* 1984, p. 60.
④ 段晴《唐代大秦寺與景教僧新釋》，頁 453。
⑤ *Pelliot* 1984, p. 57.
⑥ *Moule* 1972, p. 49.
⑦ 參段晴《唐代大秦寺與景教僧新釋》，頁 446—447。

新，還未在官方僧籍備案，不便擅自稱"僧"，唯冠以"大德"二字。"大德"一詞，原出梵文佛經 Bhadanta，音譯"婆檀陀"，意譯"大德"，是爲佛僧，尤其是小乘派佛僧的尊稱。① 中國的佛教徒也用來稱長輩僧侶。唐義淨譯《根本說一切有部毘奈耶雜事》卷一九曰："年少苾芻應喚老者爲大德，老喚少年爲具壽，若不爾者得越法罪。"② 唐代摩尼教亦曾藉用該詞，尊稱教內高僧。漢文摩尼教經《摩尼光佛教法儀略》卷首題下落款云："開元十九年六月八日大德拂多誕奉詔集賢院譯。"③ 由是看來，在唐代宗教界中，大德一詞蓋以特指高僧。唐代景教會顯然是藉用該詞來尊稱教內高層或資深人物。④ 如果曜輪是刻意但稱大德不稱僧的話，則當旨在避開僧籍這個敏感問題。

其二，右第一行首位之"老宿耶俱摩"，伯氏序列第 42，敘文作 Yaʿqôbʰ qaššîšâ，伯譯 Jacques, prêtre，即"雅各，牧師"。按"耶俱摩"當爲 Yaʿqôbʰ 的唐代音譯，今譯"雅各"；"老宿"在古漢語中乃謂年長資深者。"老宿"之謂，在全碑衆多漢文景門名字中，獨此一例，與其餘稱"僧某某"相較，別見一格。如果單就敘文 qaššîšâ（牧師）身份看，耶俱摩顯然並無特別之處，與他同具此職者，甚至職位高於他的大有人在。其被用漢文尊爲"老宿"，但卻沒有地道的漢名，而是取音譯名字。這可能暗示其在華有年，地位資深，但又未能入僧籍，不便稱"僧"。至於未能入僧籍的原因，看來只能求諸其婚姻狀況了。也許其早已成家，亦無意放棄原有的家庭生活。

----

① Ernest J. Eitel, *A Sanskrit-Chinese Dictionary*, Tokyo 1904, p. 29a.
② 《大正藏》（24），頁 292 下。
③ 該寫本圖版見《英藏敦煌文獻》（5），四川人民出版社，1992 年，頁 223—225。
④ 若以大德曜輪的敘利亞文職銜 évêque 義指主教，遂推定唐代景教會把主教格義爲"大德"，則有簡單化之嫌。按敦煌景教寫本《尊經》（P.3847）的按語也提到"西域太德僧阿羅本"（"太"通"大"）、"本教大德僧景净"。2006 年 5 月洛陽發現的唐代《大秦景教宣元至本經》石幢的幢記亦出現兩個"大德"字，見第 20 行"大秦寺僧主法和玄應俗姓米，威儀大德玄慶俗姓米，九階大德志通俗姓康"，若唐代景教會果藉用"大德"一詞來指主教，則中國教區的主教何其多？因而羅炤先生質疑把大德對等主教的觀點，不無道理（羅炤《洛陽新出土〈大秦景教宣元至本經及幢記〉石幢的幾個問題》，《文物》2007 年第 6 期，頁 30—42、48）。竊以爲，從語境看，與其把大德目爲古代景教會主教職銜的漢文對譯，毋寧把其視爲對包括主教在內的資深景士的一種尊稱。其實，學界把"大德"等同主教的觀點，由來有自，近年出版的《泉州宗教石刻》（增訂本），披露了 1963 年 6 月 3 日日本順天堂大學、日本語言學會委員村山七郎先生致郭沫若院長信，其間辨釋"大德黃公墓碑"時，就認爲"大德"是 episkupa 的譯文，意爲聶斯脫里教的主教。見吳文良原著，吳幼雄增訂《泉州宗教石刻》（增訂本），科學出版社，2005 年，頁 401—404。村山氏有關泉州聶斯脫里碑刻的文字研究後來以德文發表，即 S. Muramatsu, "Eine nestorianische Grabinschrift in türkischer Sprache aus Zaiton", *Ural-Altaische Jahrbücher* 24, 1964, pp. 394-396。

總而言之，景教碑中是否稱僧，與其在教內的身份地位無關。這意味著所謂僧人的標準，並非源自本教總會的規定，而是唯獨中國教區所不得不遵守的另一套準則。竊以爲，這套準則就是：能否符合唐人所認同的僧人條件，並在官方備案，名登僧籍。

爲了進一步支撐上述觀點，即碑上題名、能否稱僧取決於是否僧籍有名，下面就碑側八個不配漢文的敍文名字續加考察。按該等名字可分三種不同情況：

其一，本已出家成修士而不加漢文稱僧者，凡二例：

1. 左第二行第 3 名，伯氏序列第 14，敍文 Môšê qaššîšâ wᵉîḥîdʰàyâ，伯氏法譯爲 Moïse, prêtre et moine①，即"摩西，牧師兼修士"；

2. 左第二行第 4 名，伯氏序列第 15，敍文 ʽAbʰdîšôʽ qaššîšâ wᵉîḥîdʰàyâ，伯氏法譯爲 ʽAbʰdîšôʽ, prêtre et moine②，即"阿巴迪索，牧師兼修士"；

其二，身爲牧師而不配漢文稱僧者，凡四例：

1. 左第一行第 9 名，伯氏序列第 9，敍文 ʼAbʰày qaššîšâ，伯氏法譯爲 ʼAbʰày, prêtre③，即"阿比，牧師"；

2. 左第一行第 10 名，伯氏序列第 10，敍文 Dàwîdʰ qaššîšâ，伯氏法譯爲 David, prêtre④，即"大衛，牧師"；

3. 左第二行第 4 名，伯氏序列第 16，敍文 Šèmʽôn qaššîšâ dʰeqabʰrâ，伯氏法譯爲 Simon, prêtre du tombeau⑤，即"西蒙，聖墓牧師"；

4. 右第一行第 11 名，伯氏序列第 52，敍文 Šèmʽôn qaššîšâ wᵉsàbʰâ 伯氏法譯爲 Simon, prêtre et doyen⑥，即"西蒙，資深牧師"。

其三，僅具敍文名字而乏神職者，凡二例：

1. 右第三行第 2 名，伯氏序列第 67，敍文 Yôḥannàn，伯氏法譯爲 Jean⑦，即現代漢譯常見的基督教名字"約翰"；

---

① *Pelliot* 1984, p. 58.
② *Pelliot* 1984, p. 58.
③ *Pelliot* 1984, p. 57.
④ *Pelliot* 1984, p. 57.
⑤ *Pelliot* 1984, p. 58.
⑥ *Pelliot* 1984, p. 60.
⑦ *Pelliot* 1984, p. 61.

2. 右第三行第 4 名，伯氏序列第 69，敘文 'Isḥàq，伯希和法譯爲 Isaac[①]，即現代漢譯常見的基督教名字"以撒"。

上揭有漢名匹對的 62 人，實際亦存在以上三種類型，即有神職兼修士身份者，有神職者以及無神職者。像第一類有神職兼修士身份者，本來最能與"僧"對號，但未能稱僧，看來只能解釋爲來華不久，未及入僧籍，或只是遊方長安，無意在華定居入籍，遂不以"僧"留名。至於其他兩類，自是因爲本來就不合中國僧人的條件。

上揭碑體兩側所題人士，無疑均屬教中人，儘管大多數冠以"僧"字，但畢竟亦有少數人與僧無緣，這正好反證景教會本身對漢文"僧"的內涵是明確的，對朝廷有關僧人的規定是清楚的。並非凡是教徒或凡是神職人員都可以在碑上以僧人身份留名。

觀兩側所勒文字，僅限於名字、身份，與碑文或立碑事毫無關係。儘管其中不少是神職人員，甚至有像"大德曜輪"這樣的主教，但畢竟亦有不具任何神職的平信徒。所以，碑體兩側所勒人名，雖然不乏長安大秦寺的神職人員，但顯然並非都屬於該寺的"在編人士"。由於所刻名字僅 70 人耳，而當時長安的景教徒，尤其是平信徒，斷不止於此數；因此，沒有理由認爲是按長安教徒名冊刻勒。而其勒刻該等名字的原因，似應從宗教心理學的層面去探尋。按宗教信徒，常常通過各種形式，希望在本教建築物上留名甚至留下形象，以表達自己的虔誠，更以爲由是可得相應的功德。比如，佛教和基督教都本著"隨緣樂助"的精神，組織募捐錢款、建寺刻經，在類似的慈善活動中，教會或寺院往往用刻石留名或者繪畫故事的形式，來表彰捐助人。無論是西方哥特式教堂的浮雕和彩色玻璃畫題材，還是中國佛教寺院的功德碑，都是這一宗教文化的產物。竊意西安景碑作爲景教徒心目中的聖物，信徒們若能在碑上留名，自是他們無上的光榮，景福無量也。因此，其時的長安大秦寺或許有一套相應措施，鼓勵信徒在碑側勒名；居於長安或路過長安的教徒，必定亦趨之若鶩，爭取這一機會。是以，碑上有名者，固然可能與其在教會中的地位、身份有關，更可能緣其對教會有所貢獻，特別是經濟上的施助。筆者細察兩側所勒文字的拓本，乃以敘文爲先、爲主，漢字不過

---

① *Pelliot* 1984, p. 61.

是其搭配，而各行漢字大小間隙有差，顯欠工整；手跡亦不統一，與碑文不同，很可能不是出自同一人之手筆。是以，筆者懷疑兩側的題字，即便不是全部，至少亦有部分是在景碑開光以後，始陸陸續續刻上去的。由於側面的漢字部分"僧××"是刻於敘文之下的，所以不排除一種可能性，即漢敘兩種文字未必是同步進行勒刻的，有的可能是在僧人身份被官方確認後始予補刻。在碑石補刻名字或其他內容，古今均非罕見，宗教石刻自不例外。承蒙故宮博物院碑拓專家施安昌先生賜示，這種補刻的情況，在古代造佛像碑拓本中的善信題名，時有發現。竊以爲，西安景碑之續刻信徒名字，如果不是遭遇會昌法難（845）的話，可能還不止現有的人數，緣現存碑體尚餘不少可供勒名的空間。

在"僧"字的使用上，唐代景教會是與朝廷保持一致的，並未把"僧"的內涵擴大化。這從景碑上未見"景僧"一詞，亦可得到反證。查阿羅本所帶來的宗教，朝廷最初稱之爲"波斯教"，爾後始正名爲"大秦教"。景碑正文第 8 行云："真常之道，妙而難名，功用昭彰，強稱景教。"這看來是景淨的夫子自道。"景教"一名，顯係該教人士所自命。而由景教一詞，派生出諸多帶景字頭的專用術語，見於西安景碑者，有"景尊"、"景宿"、"景日"、"景風"、"景門"、"景寺"、"景福"、"景衆"、"景命"、"景力"、"景士"等。其間"景士"、"景衆"顯然是專指景教信徒，前者見正文第 24 行，把所頌揚的伊斯稱爲"白衣景士"。從語境看，"景士"看來是對具有神職者之尊稱。後者出現凡二處，其一見正文第 18 行，"代宗文武皇帝，恢張聖運，從事無爲，每於降誕之辰，錫天香以告成功，頒御饌以光景衆"；其二見上引的碑文落款，即"時法主僧寧恕知東方之景衆也"。此兩處之"景衆"，從語境看，當泛指所有教徒，不論有無神職，不論是否出家修道，涵蓋了所有領洗入教之人。值得吾人注意者，儘管景碑出現"僧"字的頻率達 70 次，景字則凡 21 見，但從未把"景"和"僧"兩字連用而出現"景僧"一詞。這絕非是因為在唐代景教會中並未流行該詞，洛陽新出土的景教石幢的幢記就有出現該稱謂，見碑文第 18 行"弟景僧清素"。[①] 倘所有信徒都可稱"僧"的話，則碑文何不直用"景僧"指代衆信徒，卻反覆使用"景衆"一詞？唐代

---

① 參張乃翥《跋河南洛陽新出土的一件唐代景教石刻》，《西域研究》2007 年第 1 期，頁 65—73。

景教會對"僧"字之慎用,由此可窺一斑。

按景碑題名,用漢字亮出僧人身份,實際亦是向異教宣示本教之力量,張揚朝廷對其認可的程度。因此,凡有資格稱僧者,當必盡量以"僧××"顯示,不會含糊,不至脫漏。至於不用漢文標示神職,竊意不外乎兩個原因:其一,當時長安景教團尚未將本教複雜的神職體系完全華化,未能一一以漢文的稱謂相對應,這與上揭景教幢記所見洛陽景教團不同,後者已出現"威儀大德"、"九階大德"之類的佛化神職稱謂。[1] 其二,教內的身份、職務畢竟由本教內部決定,與朝廷所授予的官銜或榮銜性質不同,因此對教外漢人昭示該等身份意義不大。這兩個原因,前者恐怕更有可能,或者更爲主要,然耶?當有待新資料來確認。

六、餘論

對中國古代外來宗教的研究,前輩學術大師,無論是陳寅恪先生、陳垣先生抑或法國的沙畹、伯希和,無不著眼於其華化的表現和過程。所謂華化,用當今時髦的術語,即與中華傳統文化"接軌";而所謂中華傳統文化,在唐代中國,乃以儒釋道三家爲主體。儘管武宗仍把浮屠當爲"外夷之教"加以取締排斥,但實際上,其時中國流行的佛教,尤其是惠能所創的禪宗,已把印度佛教和中國儒家、道家文化融爲一體了,成爲中華文化的一個有機組成部分,絕非"外夷"之物。景教的華化,實際就是走佛化、道化、儒化的道路。這種華化,以往學界多著重其經文的傳譯、教義的表述等方面,而於該教的教規、教儀、修持制度等是否有實質性變化,則未多措意,或囿於資料,無從研討。

唐代景教之稱僧,並非局限於古代翻譯的"格義",即不是僅僅藉用一個佛教名詞而已。聶斯脫里教徒在中土濃烈之佛教氛圍下,得以稱僧,敢於稱僧,實際暗示著該教的教階制度、教士戒行制度等已發生微妙的變化。看來,景教爲了與佛教、道教並存發展,除了學者們業已注意的一些華化表現

---

[1] 參張乃翥《跋河南洛陽新出土的一件唐代景教石刻》,《西域研究》2007年第1期,並參羅炤《洛陽新出土〈大秦景教宣元至本經及幢記〉石幢的幾個問題》。

外,更實質性的是:其不得不遵華情,循華俗,效法佛教,在神職人員以及有志獻身於神的虔信徒中,推行禁慾主義,像佛僧那樣出家,過獨身的生活,以取得僧人的資格,擴大本教的社會影響。對此,景碑正文實際已有所披露,其第7行有云:

> 存鬚所以有外行,削頂所以無内情。不畜臧獲,均貴賤於人。不聚貨財,示罄遺於我。齋以伏識而成,戒以靜慎爲固。

對這段話的真正詮釋當然尚需一番工夫,但至少從字面看,其所強調的禁慾修持理念與佛教似無多大差異。如果景士們果是如此修持,自不難登入官方僧籍。冀望日後有新文獻或新金石資料發現,使這個問題得以深入探討下去。

正如段晴教授所指出,景教使用"僧"這個字,"無法揭示景教内部頗爲豐富和複雜的神職體系"。本文不過是在這一提法的啓發下,從另一個角度考察,認爲唐代景教之稱僧,暗示了基督教聶斯脫里派在中土傳播過程中所發生的實質性華化,證明了傳入中國的基督教聶派,亦像其他入華的異質文明那樣,要因應華情而發生變異。

本文認爲"景僧"一詞,在唐代應指那些出家修持的景教徒,而且一般還要名入僧籍。若此論得實,則意味著唐代景教之稱僧,包含著頗爲豐富的文化内涵。有鑑於此,本文對"景僧"一詞的討論,其學理價值當就不止於咬文嚼字耳。

(本文與殷小平合撰,初刊《文史》2009年第1輯,總86輯,頁181—204)

唐代景僧名字的華化軌跡

一、引言

　　本篇文所用"華化"的內涵，用當今時髦的術語，即謂與中華文化"接軌"；而所謂中華文化，在唐代中國，乃以儒釋道三家爲主體。佛教作爲最早入華的外來宗教，不僅在中國成功華化，而且"征服"了中國（"化華"），與原有的中華文化溶成一體，成爲其中的有機組成部分。由是，後來的夷教，自免不了師法佛教。是故，佛化與華化對唐代夷教來說，實際是同義詞。

　　就唐代景教的華化進程，以往學者或以敦煌發見的景教寫本作爲研究的出發點，把高楠文書《序聽迷詩所經》和富岡文書《一神論》作爲早期譯經，比對其他景教寫經。但由於這兩個文書的真僞受到質疑[1]，其他被認爲屬於後期譯經的若干寫本中，有兩個所謂"小島文書"又被確認爲係今人製作之贋品，遂使這種比較失去了堅實的資料基礎。幸好唐代洛陽景教經幢的面世，提供了難得一見的新資料，使相關的研究得以柳暗花明，進入一個新的境地。本文避開尚有爭議的譯經比較，擬從洛陽景教經幢《幢記》所見若干僧人的稱謂，以摩尼僧爲參照，考察景教華化的深度，並參比景碑和教外文獻所存景僧名字，追溯、勾勒唐代景僧名字華化的軌跡，冀以此一斑，窺景教華化歷程之全豹。

---

[1] 詳參本書《富岡謙藏氏藏景教〈一神論〉真僞存疑》、《高楠氏藏景教〈序聽迷詩所經〉真僞存疑》、《景教富岡高楠文書辨僞補說》三文。

二、《幢記》所見僧人名字之深度華化

經幢所刻景僧名字，見於《幢記》所臚列的立幢人中外親族名單。由於幢體下半尚未找到，現存《幢記》所示僧名僅四個。第一個為立幢人之"弟景僧清素"，見《幢記》第18行。其他三名見第20行殘存的文字：

大秦寺　寺主法和玄應俗姓米　威儀大德玄慶俗姓米　九階大德志通俗姓康

在考釋《幢記》時，筆者據本行書寫的格式推斷，如果滿行，可多列三位僧侶的姓名及法號、職務；另外還推測立幢人亦係景僧。[1] 因此，日後如找到斷幢下半，或可多發現若干個僧名。

僅就現存這四個僧名，已可顯示該等僧人所取華名，乃地地道道的漢人名字，每一個名字的漢字組合，都包涵著一定的意義，而且不存在半點胡味。仔細琢磨這些名字，還可以體味到其摒棄塵俗的含意；無論是"清素"，抑或是"法和"、"玄應"、"玄慶"、"志通"，都富有宗教修持的味道。因此，這與一般胡人之取華名不同，後者所取華名，無論是否有義可解，都不過是用漢字來作為自己的符號，便於與華人打交道耳。而《幢記》景僧名字的宗教味，則表明可能並非其人固有的名字，而是在出家成為僧侶時纔起的法號。這從大秦寺三名高僧名下加注"俗姓米"、"俗姓康"可得到反證。緣既有俗姓，自意味著其原來還有俗名。考"米"姓、"康"姓等，在隋唐時代都屬胡姓。筆者已論證《幢記》的作者文翼本人應是胡裔，《幢記》所示立幢人的整個親族羣體，亦殆為胡人胡裔。[2] 是以，在高僧的法號下特別加注俗姓，可能出於數典不忘祖，意在申明大秦寺的高僧們與《幢記》作者本人，還有立幢人等，都源自胡族。

按取法號、捨俗名、棄本姓，本屬佛僧的禮儀，與基督教無涉，而《幢記》所示的洛陽景教團的做法，無疑是效法佛教。除此之外，在僧人的命名

---

[1] 見本書《唐代洛陽景教經幢〈幢記〉若干問題考釋》一文。
[2] 見本書《唐代洛陽景教經幢〈幢記〉若干問題考釋》一文。

上，還有進一步的效法。如寺主的名字"法和玄應"，羅炤先生認爲"可能是兩個名字的集合。當時佛教中勢力最大的是禪宗，盛唐以後的禪宗僧人一般都有兩個名字，而且合在一起稱呼，如圓寂於貞元四年（788年）的著名禪僧馬祖道一，他的法號就是馬祖和道一兩個名字的集合。法和玄應之名，可能是仿照禪宗僧人的命名習慣而產生的"①。雖然目前僅此一例，尚不足以説明當時景僧是否普遍流行這種雙名稱謂，但羅先生云其"仿照禪宗僧人的命名習慣"這一説法，當屬確論。羅先生還指出"法和玄應與玄慶，有可能是師兄弟，他們的法號中都有一個'玄'字。這也可能是效仿佛教僧人在法號中體現輩份和傳法世系的做法"②。毋庸諱言，玄應與玄慶之同取一個"玄"字，或許亦出於偶合；但據《幢記》第10行所出現"亡師伯和"這樣的字眼，已見其時洛陽景教僧團，確像佛教那樣，教徒之間有輩份、法統之分。③而今，玄應與玄慶，一爲"寺主"④，一爲"威儀大德"，儘管後者的確實職責尚難確定，但其與寺主同屬寺內之高僧當屬無疑，也即其輩份很可能相同，由是，法號之同取"玄"字，自更可能是刻意的行爲。

　　無論如何，就《幢記》所示，其時景僧之命名，即便没有體現輩份、法統或普遍流行雙法號，但就其取法號、捨俗名、棄本姓這一點，便足已表明其華化之程度了。就僧人名號華化這一點，如果將景僧與同屬夷教的摩尼僧作一比較，其程度不同立見。

　　本來，就經典的表述而言，無論是景教或摩尼教，都是格義自中國傳統文化和其時流行的主流宗教，其華化幾乎是不相伯仲的。然摩尼教由於與武

---

① 羅炤《洛陽新出土〈大秦景教宣元至本經及幢記〉石幢的幾個問題》，《文物》2007年第6期，頁30—42、48，引文見頁40。
② 羅炤《洛陽新出土〈大秦景教宣元至本經及幢記〉石幢的幾個問題》，頁40。
③ 見本書《唐代洛陽景教經幢〈幢記〉若干問題考釋》一文。
④ "寺主"，佛教辭書作如是解："梵語 vihārasvāmin，指統掌一寺之庶務者。與'住持'、'住職'同義。亦爲統領寺院內綱規之'三綱'之一。我國東晉時即有此種職稱，以梁武帝任命法雲爲光宅寺寺主爲始，唐以後稱爲監寺；日本則以大化元年（645）敕命惠明爲百濟寺寺主爲最早（《續高僧傳》卷五、《敕修百丈清規》卷四）。"見慈怡主編《佛光大辭典》，書目文獻出版社影印臺灣佛光出版社，1989年，頁2410下—2411上。竊意洛陽大秦寺之"寺主"當格義自佛教，"指統掌一寺之庶務者"；至於其時大秦寺的"編制"是否有類乎佛教的"三綱"，有待幢體復原，確認《幢記》是否還有提及大秦寺其他高僧後再行討論，若就僅存三名高僧的僧銜來作推想，易陷臆斷。

則天有著特殊的關係①，更是投武氏之所好，以佛教之一宗標榜，以至玄宗開元年間敕禁該教時，斥其爲"妄稱佛教"。不過，就摩尼僧的稱謂，卻完全不像洛陽景僧那樣，未見其有多少佛教色彩。唐玄宗開元十九年（731）來華摩尼傳教師撰寫的解釋性文件《摩尼光佛教法儀略》第五章《寺宇儀》，專門介紹了摩尼寺管理層的組成：

每寺尊首，詮簡三人：
第一，阿拂胤薩，譯云讚願首，專知法事；
第二，呼嚧喚，譯云教道首，專知獎勸；
第三，遏換健塞波塞，譯云月直，專知供施。皆須依命，不得擅意。②

其第四章《五級儀》則介紹摩尼教團的等級制：

第一，十二慕闍，譯云承法教道者；
第二，七十二薩波塞，譯云侍法者，亦號拂多誕；
第三，三百六十默奚悉德，譯云法堂主；
第四，阿羅緩，譯云一切純善人；
第五，耨沙喭，譯云一切淨信聽者。③

這些稱謂，其漢文音譯固無任何字義可尋，而漢文意譯也殆循漢字的世俗含義，並非像洛陽大秦寺那樣，刻意套用佛教的"寺主"，或採用帶有佛教味道的"威儀大德"、"九階大德"之類的詞語。在唐代，有關摩尼僧的稱謂大體都離不開《儀略》這些範式，而教外文獻則往往簡而化之，但云"大摩尼"、"小摩尼"、"摩尼僧"或"摩尼法師"耳。至於僧侶個人，是否有專取華名，甚至效法佛家，取漢文法名，據現有的資料，並不多見。上揭

---

① 詳參拙文《唐代三夷教的社會走向》，榮新江主編《唐代宗教信仰與社會》，上海辭書出版社，2003年，頁359—384；修訂稿見《中古三夷教辨證》，頁346—351。
② 《法藏敦煌西域文獻》（29），上海古籍出版社，2003年，頁86下。
③ 《英藏敦煌文獻》（5），四川人民出版社，1992年，頁224下—225上。參見拙著《摩尼教及其東漸》附錄的漢文摩尼經"釋文"，臺北淑馨出版社增訂本，1997年，頁285；圖版見該書頁486—491。

的《摩尼光佛教法儀略》是開元十九年在華的摩尼傳教師奉朝廷旨意，直接用漢語撰寫的一個解釋性文件。① 但其落款作"開元十九年六月八日大德拂多誕奉詔集賢院譯"，並沒有亮出"譯"者個人的華名。後來的另一部譯經，即摩尼教禮讚詩《下部讚》，始出現譯者的華名。該經見敦煌寫本 S.2659，其末尾的譯後語有云：

  吉時吉日，翻斯讚唄。上願三常捨過及四處法身，下願五級明群乃至十方賢哲，宜爲聖言无盡，凡識有厓。梵本三千之條，所譯二十餘道；又緣經、讚、唄、願，皆依四處製焉。但道明所翻譯者，一依梵本。如有樂習學者，先誦諸文，後暫示之，即知次第；其寫者，存心勘校，如法裝治；其讚者，必就明師，須知訛舛。於是法門蕩蕩，如日月之高明；法侶行行，若江漢之清肅。②

  從上引這段文字的口氣看，顯示自稱"道明"的譯者不但精通經典，諳於翻譯，而且有資格訓示教徒如何學經，無疑是個地位頗高的外來摩尼僧。據筆者的考證，該經的翻譯不可能早於大曆三年（768）③，也就是說，道明應活躍於唐代後期。"道明"自是個地道華名，但吾人不能因此推論在當時實際生活中，摩尼僧普遍取用華名。緣道明其名，畢竟是作爲譯者出現於漢文經典上，而不是見於其他文獻，不是他人對其之稱呼。古代漢譯佛經，譯者均標以華名，最初華名採用音譯，而後或徑用漢字另取，如玄宗朝來華的密宗大師梵僧"戍婆揭羅僧訶"（subhakarasimha），自取華名"善無畏"，其譯經便均以此落款。④ 這種譯經通例顯然影響到唐代夷教。竊以爲，"道明"這一華名的採用，與其說是出於實際生活與華人打交道的需要，毋寧說是爲適應當時譯經的時尚。

---

① 參閱拙文《敦煌本〈摩尼光佛教法儀略〉的產生》，《世界宗教研究》1983 年第 3 期，頁 71—76；修訂稿見《摩尼教及其東漸》，頁 198—203。
② 該經釋文和寫本照片見拙著《摩尼教及其東漸》，引文見頁 316，釋文第 415—421 行，圖版見頁 506。
③ 拙文《摩尼教〈下部讚〉漢譯年代之我見》，《文史》第 22 輯，1984 年，頁 91—96；修訂稿見《摩尼教及其東漸》，頁 227—238。
④ 《宋高僧傳》卷二，中華書局，1987 年，頁 17—22。

唐代摩尼僧在實際生活中鮮用地道華名，文獻記載有例可證。《閩書》卷七《方域志》"華表山"條下有云："會昌中汰僧，明教在汰中。有呼祿法師者，來入福唐，授侶三山，遊方泉郡，卒葬郡北山下。"① "呼祿"顯爲胡名音譯。學者或認爲其即上引《儀略·寺宇儀》的"呼嚧喚"的異讀②，即中古波斯語 xrwxw'n、xrwḫxw'n 的音譯。③ 若然，則證明時至會昌法難，摩尼教的神職稱謂仍照用音譯，不像洛陽大秦寺那樣，已另建一套地道的漢文模式，諸如"寺主"、"威儀大德"、"九階大德"之類。按"呼嚧喚"，若照《儀略》的意譯，即係"教道首"，其間實已包含了漢文法師的意思；而稱"呼祿法師"，即在音譯 xrwxw'n 後，又加"法師"二字，豈非疊牀架屋？如是稱謂，當源自不明就裏的教外漢人。這實際也默證該摩尼僧本人並無另取華名。這樣一位敢於抗命朝廷，扎根到東南沿海傳教的僧侶尚且如此，遑論他僧。

唐代景教石刻已一再發現，但迄今並無任何唐代摩尼教石刻出土，唯著名的《九姓回鶻可汗碑》因述及回鶻改奉摩尼教事，而被目爲摩尼教研究的碑石資料。該碑提到一個摩尼僧的華名，見"國師將睿息等四僧入國"一句。事件謂寶應元年（762）回鶻可汗入寇洛陽時，接觸駐錫當地的摩尼傳教師，次年帶睿息爲首的四名摩尼高僧歸國，最後舉國改奉摩尼教。④ 此處的"睿息"，沙畹、伯希和認爲是一個中國典型的佛家法名，意爲 sérénité perspicace（明敏寧靜）。⑤ 不過，其與洛陽景僧玄應、玄慶、志通不同，後三者在《大正藏》中都可以檢索到同名佛僧，像玄應更是大名鼎鼎，《一切經音義》的撰者就叫玄應，歷朝尚有諸多同名玄應之高僧。但在漢文佛典中，則檢索不到以"睿息"爲名的僧人。這至少說明該名即便屬佛僧法名，也不常用。就"睿息"這一名字而言，儘管沙、伯二氏解讀了其漢語的意思，但

---

① （明）何喬遠《閩書》第 1 册，廈門大學校點本，福建人民出版社，1994 年，頁 172。
② S. N. C. Lieu, "Precept and Practice in Manichaean Monasticism", *Journal of Theological Studies* 32, 1981, pp. 153-162.
③ Éd. Chavannes & P. Pelliot, "Un traité manichéen retrouvé en Chine, traduit et annoté (Deuxième partie)", *Journal Asiatique*, Jan.-Feb. 1913, p. 113, n. 4.
④ 事見著名的《九姓回鶻可汗碑》，有關史實考證，詳參 Éd. Chavannes et P. Pelliot, "Un traité manichéen retrouvé en Chine, traduit et annoté (Deuxième partie)", pp. 177-199。漢譯本見沙畹、伯希和撰，馮承鈞譯《摩尼教流行中國考》，收入《西域南海史地考證譯叢八編》，商務印書館，1958 年，頁 58—63。
⑤ Éd. Chavannes et P. Pelliot, "Un traité manichéen retrouvé en Chine, traduit et annoté (Deuxième partie)", p. 190, n. 1.

似顯勉強。法名取"睿"字，可解，緣睿通叡，其本意"深明也，通也"①，檢索《大正藏》的電子文本，可知佛僧取法名時多有用此字者②。而"息"，"喘也"③；"喘"，"疾息也"④。日常雖可作安息、休息、平息等解，唯引申作"靜"解，佛經中鮮見；僧傳所載眾僧名，亦鮮見取用是字。因此，筆者懷疑"睿息"一名，可能本來就是撰碑者爲便於明晰表述，臨時參照胡名或教職之類，給"四僧"之一安上的音譯名字，而未必是該僧原來已有，更未必是該僧刻意自取的法名。就時代背景看，該四僧在洛陽傳教，實際只局限於胡人；緣開元二十年（732）七月敕，已明令禁止摩尼僧侶在漢人中進行傳教活動。⑤既然如此，"睿息等四僧"之自取漢文法名，豈非多餘？除非他們無視朝廷敕令，一直在漢人中秘密傳教。因此，即便"睿息"確係摩尼僧所取漢文法名，但畢竟亦屬極個別的現象。

至於教外文獻提及唐代摩尼教徒名字者，學者唯知"吳可久"耳。事載宋人編《太平廣記》卷一〇七："吳可久，越人，唐元和十五年（820）居長安，奉摩尼教。妻王氏，亦從之。"按，吳可久既有妻室，應屬摩尼教的一般信徒，即"聽者"，很難與僧侶掛靠；而從其姓名和籍貫看，即便先祖來自西域，也已在華歷經世代，更不屬外來摩尼僧。而故事出自佛門《報應記》，可信度已不言自喻；如果引錄全文，從整個情節之荒誕無稽看⑥，更顯係佛僧杜撰，旨在揚佛貶摩耳。主人翁姓吳，名可久，竊以爲乃諧音"無可久"——不能長久也。單就姓名，已可看出其破綻。是以，就該故事，吾人未必可目爲信史徵引，更不宜用作摩尼僧有地道華名之例證。

---

① 《說文解字·部》，中華書局，1963年，頁85上。
② 例如：《錦江禪燈目錄》卷一五"大鑒下"第三十八世敏睿禪師，見《續藏經》（85）；道宣《續高僧傳》卷一五《唐綿州隆寂寺釋靈睿傳》、《宋高僧傳》卷二四《唐太原府崇福寺思睿傳》。
③ 《說文解字·心部》，頁217上。
④ 《說文解字·口部》，頁31下。
⑤ 《通典》卷四〇《職官二十二》開元二十年七月敕："末摩尼法，本是邪見，妄稱佛教，誑惑黎元，宜嚴加禁斷。以其西胡等既是鄉法，當身自行，不須科罪者。"（中華書局，1988年，頁1103）
⑥ 《太平廣記》卷一〇七："吳可久，越人，唐元和十五年居長安，奉摩尼教。妻王氏，亦從之。歲餘，妻暴亡，經三載，見夢其夫曰：'某坐邪見爲蛇，在皇子陂浮圖下，明旦當死，願爲請僧，就彼轉金剛經，冀免他苦。'夢中不信，叱之。妻怒，唾其面。驚覺，面腫痛不可忍。妻復夢於夫之兄曰：'園中取龍舌草，搗傅立愈。'兄寤走取，授其弟，尋愈。詰旦，兄弟同往，請僧轉金剛經。俄有大蛇從塔中出，舉首偏視，經終而斃。可久歸佛，常持此經（出《報應記》）。"（中華書局，1961年，頁727）

唐代景僧自取地道華名，從《幢記》和西安景碑可找到相當一批例證；但唐代摩尼僧之用華名，就現有資料看，簡直是鳳毛麟角。至於像上述洛陽景僧那種體現輩份和法統的法號，或者出家改法姓的做法，則更未之見也。

從上面粗略的比較，不難看出在僧侶稱謂的華化上，唐代摩尼教顯然難望景教之項背。其間原因，或與其時兩者與宮廷關係的親疏有關。摩尼教曾因適逢武后變天奪權的需要，得到青睞，一度得以在宮廷課經；但在其他各朝，實際都受到嚴格的監控，不讓在漢人中傳教。後來該教雖被回鶻奉爲國教，其僧侶登上了回鶻的政治舞臺，"可汗常與共國者"[①]，並倚仗回鶻的勢力，獲准在唐朝建立一些寺院，"江淮數鎮，皆令闡教"[②]。但對朝廷來説，這畢竟是事出無奈。因而一旦回鶻國破，即將外來僧侶盡行驅逐，甚至迫害至死。至於後唐出現的個別摩尼僧，實有特別的背景。[③] 就整個唐代的摩尼教史來説，摩尼僧與朝廷的關係，除武后時期外，一直是緊張的。在華的摩尼僧不能在漢人中進行公開的宗教活動，這必定大大制約了其個人的華化。而景教恰恰相反，西安景碑大力宣揚該教如何得到朝廷的重視，對唐朝歷代皇帝，從太宗到德宗，除中間的則天皇帝及繼位的短命皇帝中宗和睿宗外，個個備受歌頌。這至少説明該教與宮廷相處較爲和諧。景僧爲了討好朝廷，與朝廷打交道，爭取朝廷更大程度的認可，除獻方伎外，在個人的行爲方式上加強華化，包括取華名，識漢字，重倫理等，顯然是必要的。

洛陽景僧名號之華化，自非朝夕之功。從唐初景教正式入華，到《幢

---

① 《新唐書》卷二一七《回鶻傳上》，中華書局，1975年，頁6126。
② 李德裕《賜回鶻可汗書意》："摩尼教天寶以前中國禁斷。自累朝緣回鶻敬信，始許興行；江淮數鎮，皆令闡教。近各得本道申奏，緣自聞回鶻破亡，奉法因茲懈怠。蕃僧在彼，稍似無依。吳楚水鄉，人性嚚薄。信心既去，禽習至難。且佛是大師，尚隨緣行教，與蒼生緣盡，終不力爲。朕深念異國遠僧，欲其安堵，且令於兩都及太原信嚮處行教，其江淮諸寺權停，待回鶻本土安寧，即却令如舊。"（《全唐文》卷六六九，中華書局，1983年，頁7182；又見傅璇琮、周建國校箋《李德裕文集校箋》，河北教育出版社，2000年，頁67）摩尼教藉助回鶻勢力在華傳教事，詳參陳垣《摩尼教入中國考》，《陳垣學術論文集》第1集，中華書局，1980年，頁329—374。
③ 如《冊府元龜》卷九七六《外臣部·褒異三》"明宗天成四年（929）八月"條："癸亥，北京奏葬摩尼和尚。摩尼，回鶻之佛師也，先自本國來太原。少尹李彥圖者，武宗時懷化郡王李思忠之孫也，思忠本回鶻王子盟（溫）沒斯之，歸國錫姓名。關中大亂之後，彥圖挈其族歸。太祖宅一區，宅邊置摩尼院以居之。至是卒。"（中華書局，1960年，頁11468下—11469上）是條資料，陳垣先生最先徵引，見其《摩尼教入中國考》。從該記載看，所云"摩尼和尚"得以善終，乃因少尹李彥圖係歸化的回鶻王子後裔，正由於這一特殊背景，始得以在"宅邊置摩尼院以居之"，而這實際也意味著其由李彥圖私人供養，而不在社會從事宗教活動。

記》提到的諸僧人生活的年代，大約歷一個半世紀，也就是說，如果是景教世家，其在華起碼也已傳了好幾代人了。因此，《幢記》所見僧名的華化，不過是在中華文化氛圍下世代逐步演變的必然結果，而這當然也離不開外來景教徒主動融入華人社會的努力。歷史研究的任務不能止於揭示結果，更重要的是追溯這一結果形成的過程，找出該過程形成的各個過渡環節及其相應的原因。下面擬就此略試探索。

三、首位來華景僧名字辨析

基督教何時傳入中土，這是一個頗有爭論的問題。但於史有徵、有名可考、最早來華傳教者，依迄今已知的資料，非阿羅本莫屬。阿羅本之確有其人，不僅有西安景碑爲證，且官方記錄在案。《唐會要》卷四九"貞觀十二年七月詔"提到他，稱其爲"波斯僧阿羅本"。① 景碑正文第 9—11 行，轉引該詔令，不過有所增改，將"波斯僧阿羅本"改稱爲"大秦國大德阿羅本"；碑文第 8—9 行還云其"貞觀九祀（635），至於長安"；第 13 行則云高宗大帝仍崇其爲"鎮國大法主"。據該等內外典記載，可認定阿羅本乃活躍於太宗（627—649 年在位）和高宗（649—683 年在位）兩朝。不過，"阿羅本"其名，漢語無義可循，景碑上也沒有對應的敘利亞文。因此，該碑被翻譯成西文時，唯將這三個漢字音譯耳。或認爲其源自敘利亞語②，或以爲源自中古波斯語③，無論如何，其純係胡名音譯蓋無疑。在唐代碑石文獻中，還有一個類似的音譯名字，見清末洛陽附近出土的墓誌《波斯國酋長阿

---

① 《唐會要》卷四九《大秦寺》："貞觀十二年七月詔曰：道無常名，聖無常體，隨方設教，密濟羣生。波斯僧阿羅本，遠將經教，來獻上京，詳其教旨，玄妙無爲，生成立要，濟物利人，宜行天下。所司即於義寧坊建寺一所，度僧廿一人。"（中華書局，1955 年，頁 864）有關考證參見本書《西安景碑有關阿羅本入華事辨析》一文。

② P. Pelliot, *Recherches sur les Chrétiens d'Asie Centrale et d'Extrême-Orient, II, 1: La Stèle de Si-ngan-fou*, Oeuvres posthumes de Paul Pelliot, Paris, 1984 (以下縮略爲 *Pelliot* 1984), p. 21; A. C. Moule, *Christians in China before the Year 1550*, London, New York and Toronto 1930, pp. 34-52; repr. New York 1972, Taipei 1972 (以下縮略爲 *Moule* 1972), p. 38, n. 22.

③ P. Y. Saeki, *The Nestorian Documents and Relics in China*, Tokyo 1951, pp. 84-85.

羅憾丘銘》。①據該銘所云，該波斯國酋長阿羅憾曾爲高宗出使蕃域，建立大功；又曾號召諸蕃王，爲武后營建天樞。竊以爲，此處的"波斯國"與阿羅本的波斯應屬同一方位。兩人的名字都出現"阿羅"二字，説明彼等胡名的發音有所類同。對相類或相同的音節，唐人多慣用相同的漢字音譯之。筆者曾撰文認爲阿氏初來中土，要與華人，尤其是官方打交道，自應有漢字姓氏可報。按漢人姓名多以三字爲度的通例，其名字看來是由譯人據其胡名發音，酌情略音而成。②若然，則"阿羅本"三個漢字不過是用來代表某位波斯僧的符號，就像"阿羅憾"三個字用於指代某位波斯國酋長那樣，其間並没有任何宗教的内涵。至於其所源的胡名，是否有宗教含義，那是另外一回事。反正，他們的漢文名字乃由譯人代勞，在音譯時，顯然没有考慮其原胡名的意藴。

四、玄宗朝若干景僧名字考察

繼阿羅本之後，尚有幾位有名可考的景僧，其華名均只取兩個漢字，而兩個漢字的組合又看不出有何意思。景碑正文第14—15行有云：

聖曆年（698—700），釋子用壯，騰口於東周；先天（712—713）末，下士大笑，訕謗於西鎬。有若僧首羅含、大德及烈，並金方貴緒、物外高僧，共振玄綱，俱維絶紐。

而正文第16行復云：

（天寶）三載（744），大秦國有僧佶和，瞻星向化，望日朝尊。詔僧羅含、僧普論等一七人，與大德佶和，於興慶宫修功德。

---

① 參閱本書富安敦教授（Antonino Forte）撰，黄蘭蘭譯《所謂波斯"亞伯拉罕"——一例錯誤的比定》、《阿羅憾丘銘録文並校勘》。
② 見本書《西安景碑有關阿羅本入華事辨析》一文。

這兩段碑文提到的若干位僧人，最引學者矚目的是"僧首羅含"和"僧羅含"。或把其當爲兩個人，筆者則不以爲然。竊意當屬同一個人，緣兩者所經歷的事件都發生在玄宗朝，在事件中又都扮演主角，在同一碑文中，如果是兩人同名的話，作者在表述時，必定要對兩者刻意區別，不可能只限於稱"僧首"和"僧"這樣含糊不清。其實，前段碑文屬於評價前賢的貢獻，遂冠以"僧首"，冠以"大德"；後段碑文引述詔令，當然便只稱"僧某某"。但既然云"詔僧羅含、僧普論等一七人"，把"羅含"列首位，亦就意味著其乃"一七人"之首了。因此，所冠"僧首"和"僧"這少許的差別，並非意味著在玄宗朝，景教會中有兩個名曰"羅含"的高僧。[1] 羅含之名，漢語並無實義，顯爲音譯。"羅含"二字又與"羅憾"近音，故疑其與阿羅本、阿羅憾那樣，音譯自西亞胡名。不過，略音爲兩個漢字，恐與其僧人的身份不無關係。西安景碑所提到的僧名，除最早的阿羅本有三個字外，其餘蓋只有兩個字。然觀景碑所示 77 個敍利亞文教名，如果用漢字音譯，多可用三個甚至更多的漢字。以此作爲參照，僧侶們普遍取兩個字顯然是刻意略音，很可能是效法佛僧法名多取兩字的做法，俾便登入僧籍。[2] "羅含"之名，當屬這種情況。觀景碑敍利亞文的名字，首個音節可對音爲"路"者有之[3]；至於可對音爲"羅"者，則未之有；而以"阿"作爲首音者則有多例。因此，"羅含"原名首音或許就是"阿"，音譯時被省略了。

上揭第一段碑文所提到的"大德及烈"，"大德"是對及烈的敬稱，該詞涵義，學者多所討論，不贅。[4] 而"及烈"一名，屬音譯名字無疑。該名亦見教外文獻，《冊府元龜》卷五四六《諫諍部·直諫》有云：

---

[1] 如果我們確認在玄宗朝，名曰"羅含"的景教高僧只有一個，那麼，把上揭《波斯國酋長阿羅憾丘銘》中的阿羅憾等同於景碑的僧首羅含，認爲是同名異譯（見羅香林《景教徒阿羅憾等爲武則天皇后造頌德天樞考》，臺灣《清華學報》新 1 卷第 3 期，1958 年，頁 13—22；收入氏著《唐元二代之景教》，香港，1966 年，頁 57—59），便難成立。緣銘文提到阿羅憾在高宗顯慶年（656—661）中，曾受封爲"充拂林國諸蕃招慰大使"，而碑文的羅含於天寶三載還參與"興慶宮修功德"事，兩者距離八十多年，不是同一個人所能跨越的。
[2] 參本書《唐代"景僧"釋義》一文。
[3] 見景碑左側題名第 3 行的"僧利見"和"僧文貞"，兩人對應的敍利亞文名字均作 Lûqâ，參 Pelliot 1984, p. 59。
[4] 參本書《唐代"景僧"釋義》一文。

柳澤，開元二年（714），爲殿中侍御史、嶺南監選使。會市舶使右衛威中郎將周慶立、波斯僧及烈等，廣造奇器異巧以進。澤上書諫曰：……①

這位"波斯僧及烈"的活動年代與碑文的"大德及烈"恰好相同。筆者曾論證其爲同一個人。②只不過，官方文獻直稱其爲"波斯僧"，而景淨撰碑，對教內前賢自應敬稱"大德"。教外文獻《冊府元龜》尚有兩條提及"及烈"的資料，卷九七一云：

（開元二十年，732）九月，波斯王遣首領潘那密與大德僧及烈朝貢。③

同書卷九七五又云：

（開元二十年）八月庚戌，波斯王遣首領潘那蜜與大德僧及烈來朝。授首領爲果毅，賜僧紫袈裟一副及帛五十疋，放還蕃。④

《冊府元龜》關於波斯王朝貢這兩條資料，應是同一回事而被誤當兩件事記載，把時間順序也混淆了。按，事件的主角和緣起應是"波斯王遣首領潘那密與大德僧及烈朝貢"，照邏輯他們應在開元二十年"八月庚戌"來朝貢；逗留閱月，而到開元二十年九月，朝廷始"授首領爲果毅，賜僧紫袈裟一副及帛五十疋，放還蕃"。因爲不可能同一班人馬，八月來朝貢時未見領賞，次月重新來朝始得賞賜，這有悖常理。而照當時的中西交通狀況和條件，亦不可能有如此快速的來回往返。該"及烈"，學者多定性爲景僧，不贅。不過，其與碑文所云開元初年參與"共振玄綱"的"大德及烈"，當非同人。後者在開元初年已是中國景教會的臺柱，不可能又回波斯參與朝貢活

---

① 《冊府元龜》卷五四六，頁6547下—6548上。此事並見《舊唐書》卷八《玄宗本紀》（中華書局，1975年，頁174）、《唐會要》卷六二《御史臺下》（頁1078）。《新唐書》卷一一二《柳澤傳》（頁4176）有關此事的記述，略去"波斯僧"一語。
② 參本書《西安景碑有關阿羅本入華事辨析》一文。
③ 《冊府元龜》，頁11409上。
④ 《冊府元龜》，頁11454上。

動再度來華,受賞後又"放還蕃"。此於事理不合。假如不是同一個人,那就意味著在唐代,至少有兩名景教高僧稱"及烈"。馮承鈞先生認爲"及烈"是敍利亞文鄉主教(korappiqopa)之省譯。① 若然,則意味著其並非自主命名,而是譯人因應官方或其他華人需要,簡略其神職稱謂的發音,姑以兩個諧音漢字對之。不過,參與"共振玄綱"的"及烈"本人顯然已接受這一華名,並在教内流行,景淨纔會在碑上採用;至於被"放還蕃"的另一"及烈",可能未對中國教區有大貢獻,碑文沒有提及。

如果說,"及烈"是敍利亞文鄉主教之省譯的話,則筆者疑上引景教碑文第 16 行的"佶和"亦應如是。"佶和"一名,如改爲"吉和",則有義可循,作"吉利祥和"解。但"佶和"則難解其意。"佶",古漢語作"正"解,作"壯健之皃"解②,與"和"配搭極爲勉强;而檢索佛經,用"佶"音譯梵文則俯拾皆是。因此,目"佶和"爲音譯名字自無不可。按,敍文的鄉主教,伯希和轉寫作 kʰôr'appèsqôpâ③,漢文或譯爲省主教。玩碑文所云"(天寶)三載,大秦國有僧佶和,瞻星向化,望日朝尊",該"佶和"當非小可,很可能就是由敍利亞總會派到大唐的一位主教級人物④,也就是説,在教會内部,或許也被稱爲 kʰôr'appèsqôpâ。既然唐人可把 kʰôr'appèsqôpâ 省音爲 kʰôr'a 而對譯爲及烈,那麽,爲示區別,選其中 kʰô 和 qô 的發音,用唐代的近音字名其爲"佶和",諒亦不無可能。

至於碑文第 16 行所提到的"僧普論",名字亦難解其意。佛經中可檢索到若干個"普論",不過並非名詞,"普"作狀語,"論"爲動詞,即泛論、概論之意。這作爲名字,不合華俗。是以,取名"普論",顯屬音譯。其實,假如名字的主人果有意取個地道華名的話,只要把"論"改作"法輪"之"輪",其名字就不無意藴了;緣"普輪",佛典多見。"入般若波羅蜜門,名曰普輪。"⑤ 佛典尚有"普輪山"、"南無普輪佛"、"南無普輪頂佛"、"南無普輪到聲佛"等之謂。由是,可推斷"僧普論"之名,亦屬音譯。

---

① 馮承鈞《景教碑考》,商務印書館,1931 年,頁 62。
② 《説文解字注·人部》,上海古籍出版社,1988 年,頁 369 上。
③ Pelliot 1984, p. 55.
④ 段晴教授認爲佶和是唐代中國教區的第三任主教。見其《唐代大秦寺與景教僧新釋》,榮新江主編《唐代宗教信仰與社會》,頁 434—472,有關論述見頁 464。
⑤ 《大方廣佛華嚴經入法界品》,《大正藏》(10),頁 876 下。

以上幾位僧人，根據碑文或文獻的記載，活躍的主要年代都在玄宗朝（712—756）。其名字均以兩字爲度。考唐代胡人之取華名，如果本屬九姓胡，則以國爲姓，名字則多音譯，二字三字不等。[①] 僧名僅取兩字，如上面已指出的，有可能是師法佛僧。不過，這種效法可能多非自覺主動，而是由譯人主導；像"及烈"、"佶和"這樣的名字，有可能是官方譯人據其教内職務稱謂的發音，直接選用兩個近音漢字名之；其他音譯僧名，亦當係由他人協助選用諧音字。名字主人在主觀上，並非有意師法佛僧取名，但求以漢字指代自身耳。倒是那些協助取名者，目他們與佛僧相類，故按兩字爲度名之。如是，就彼等的華名，一看即可知道名字的主人必非中土人氏。

五、僧伊斯名字解讀

在景碑所頌揚的諸多前輩僧人中，以"伊斯"所佔篇幅爲最大，其事跡亦最令人矚目。碑文第 20—23 行寫道：

> 大施主金紫光禄大夫、同朔方節度副使、試殿中監、賜紫袈裟僧伊斯，和而好惠，聞道勤行，遠自王舍之城，聿來中夏；術高三代，藝博十全。始効節於丹庭，乃策名於王帳。中書令、汾陽郡王郭公子儀，初總戎於朔方也。肅宗俾之從邁。雖見親於臥内，不自異於行間。爲公爪牙，作軍耳目，能散禄賜，不積於家。獻臨恩之頗黎，布辭憩之金罽。或仍其舊寺，或重廣法堂。崇飾廊宇，如翬斯飛。更効景門，依仁施利，每歲集四寺僧徒，虔事精供，俯諸五旬。餒者來而飯之，寒者來而衣之，病者療而起之，死者葬而安之。清節達娑，未聞斯美。白衣景士，今見其人。

[①] 詳參蔡鴻生《唐代九姓胡禮俗叢考》，見氏著《中外交流史事考述》，大象出版社，2007年，頁 27—50。

據上引碑文所云，伊斯曾服務於郭子儀的朔方軍，"策名於王帳"①，又爲肅宗所賞識，其最活躍的年代當在玄宗天寶年間（742—756）後期與肅宗朝（756—761）期間。當德宗建中二年（781）立碑時，可能還健在，或作古未久。因爲從整段碑文的敍述，顯明碑文作者對伊斯的事跡十分清楚，當屬耳聞目睹，特別是最後一句"白衣景士，今見其人"，更暗示時人對伊斯其人仍很熟悉。查古今各種語言，都少不了"伊"（Yi）、"斯"（Si）這兩個基本音素，是以，在音譯的場合，這兩個字經常可派上用場。學界多認定"伊斯"爲音譯名，甚或把碑文下端敍文所提到的 Yazdbôzêd 直當其人，將伊斯當爲該敍名之省譯。不過，照碑上敍文所述，該 Yazdbôzêd 乃爲立此景碑者。作爲立碑者，當不會在碑文中自我表彰若是。伊斯必非其人固明矣。② 當然，胡人之名多類同，取名 Yazdbôzêd 者自非獨此一家，碑文下面敍利亞文中，就還有一位同名的鄉主教，他是僧靈寶的父親。③ 故碑文中"伊斯"的本名作 Yazdbôzêd 也有可能。但即便如是，稱"伊斯"二字爲其音譯，就敍漢對音而言，亦顯得較爲勉強。其實，下面將討論的碑體兩側題名，序號27的"僧文明"和序號55的"僧景福"，其敍文名字均作 Îšô'dàd^{h}④，其間 Îšô' 的發音顯然要比 Yazd 更接近"伊斯"。按，基督教的耶穌（Jesus），東敍利亞文作 išō'，西敍利亞文作 yēšū'⑤；據歐洲敍利亞文專家 Wassilos Klein 博士和 Erica C. D. Hunter 博士電郵賜示，略云："Îšô'dàd^h 實際是由兩個部分組成。前部分 Îšô' 爲敍利亞文'耶穌'，後邊的 dàd^h 係中古波斯語'賜給'的意思。整個名字意謂'耶穌所賜'，古代不少基督教徒都喜歡給孩子起這樣的名字。"由於摩尼教把耶穌也當成本教的先知，因此摩尼教的文獻也出現這一字眼，其中粟特文作 yyšw，或 yyšw'、yšw'yy、yyšwyy⑥，而中古波斯文

---

① "王帳"，諸家解釋多異。按"王"，古寫通"玉"，"王帳"可作"玉帳"解。《唐音癸籤》卷一八載：【玉帳】杜子美《送嚴公入朝》云："空留玉帳術，愁殺錦城人。"又《送盧十四侍御》云："但促銀壺箭，休添玉帳旂。"玉帳乃兵家厭勝方位，其法出黃帝遁甲，以月建前三位取之。如正月建寅，則巳爲玉帳，於此置軍帳，堅不可犯，主將宜居（《雲谷雜記》）。（明）胡震亨《唐音癸籤》，上海古籍出版社，1981年，頁196。從碑文的語境看，"王帳"當指主帥所居之帳幕。
② 詳參本書《唐代"景僧"釋義》一文。
③ 詳參本書《唐代"景僧"釋義》一文。
④ Pelliot 1984, pp. 59, 61.
⑤ Ilya Gershevitch, *A Grammar of Manichean Sogdian*, Oxford 1954, p. 4.
⑥ Ilya Gershevitch, *A Grammar of Manichean Sogdian*, p. 3.

和帕提亞文中，則作yyšwʿ、yyšw、yšwʿ①。20世紀初吐魯番出土的中古波斯語《摩尼教讚美詩集》(Mahrnāmag，文書編號M1)跋文，包括一份教徒名單（1—159行），其間一些人名亦含有耶穌的名字，如 yyšwwrz（耶穌的神力）、yyšwʿzyn（耶穌的武器）、yyšwβʿm（耶穌的光輝）等。② 由是可見，在西亞和中亞胡人中，以"耶穌"作爲自家名字之組成部分者，乃大有人在。因此，如果"伊斯"一名與音譯有關的話，那麼，與其說是出自 Yazdbôzêd，倒不如說是省譯自 Îšôʿdàʰ 之類的基督教徒常用名字。

儘管碑上未見匹對伊斯的敍利亞文，學者亦未能確定伊斯的實際神職，但碑文如此爲其歌功頌德，其在教內的崇高威望自毋庸置疑。碑文稱其"術高三代，藝博十全"，雖有諛辭之嫌，但"爲公爪牙，作軍耳目"云云，至少説明其與郭子儀已十分稔熟，是生活在漢人文化圈中。出於與華族打交道的需要，尤其是參與華族的軍旅活動，取一個諧口的華名，顯然是很重要的。伊斯其人無疑已嫻漢語，諳華俗，依其華文化之素養，取華名時當自覺或不自覺地遵循漢人習慣，總不至生硬地尋找兩個與胡名近音的漢字湊合之。按，漢族士人的習慣，取名號是一樁頗爲嚴肅的事情，少不了反覆推敲，不唯用字要有意義，而且發音也要講究平仄；至於從玄學角度，則還要講究五行、筆畫數等等，實際已成爲一種學問。當然，在取"伊斯"一名時，究竟曾考慮過多少因素，如今難以考實。竊意"伊斯"之"伊"，爲古代中國名姓，商湯有名臣伊尹；而"斯"在古漢語中含義較多，既可作虛詞用，也可作實詞用，古人也不乏單以"斯"字爲名者，最著名的莫如秦朝著名的政治家、文學家和書法家李斯；因此，"伊斯"二字，即便不是直接用漢字自我命名，而是原來胡名的諧音，其在選擇諧音字時，也已考慮到漢文中的某種含義，即有所寄意，音譯孕義。上面已分析"伊斯"若爲音譯的話，可能源自基督教所崇拜的救世主"耶穌"Îšôʿ，而在唐代摩尼教經《下部讚》中，Îšôʿ音譯爲"夷數"。考"夷數"二字，如解讀其漢字本意，"數"雖屬中性詞，無褒貶之意；但"夷"在唐代則不無貶

---

① M. Boyce, *A Word-List of Manichaean Middle Persian and Parthian*, Leiden: E. J. Brill 1977, p. 103.
② 詳參王媛媛《中古波斯文〈摩尼教讚美詩〉跋文譯注》，朱玉麒主編《西域文史》第2輯，科學出版社，2007年，頁129—153。

義，"鄙夷"一詞，在唐代業已流行①；把外來佛教稱爲"外夷之教"②，貶意更溢於言表。"伊"、"夷"同音，用前者而不用後者，看來並非偶然，暗示名字的主人在選用諧音字時，已考慮到字的含義和褒貶了，這至少表明其華學根柢與摩尼譯經僧相比，實未遑多讓。不過，"伊斯"一名，即便取意耶穌，寓有宗教意味，但畢竟並非像洛陽大秦寺僧人那樣，屬於刻意效法佛僧取法號的行爲。該名字的含義，不論如何解讀，都難以與當時的主流宗教，即佛教、道教聯繫起來。這一華名，實際是從一個側面顯示了伊斯其人的華化程度，要比他的前輩，即上揭阿羅本到玄宗朝的幾位僧人深化了一層，這與他深深介入朝廷的軍事活動正好成正比。像伊斯這樣一位重要人物，期日後有古代東方教會新資料發現，查清其人的來龍去脈，這於唐代景教研究實有重要意義。

六、景淨名考

在景碑上，對應景淨名字的敍利亞文是：

'Adʰàm qaššîšâ wᵉkʰôr'appèsqôpâ wᵉpʰapšê dʰᵉṢinèstân③

伯希和與穆爾都把其解讀爲"亞當，牧師、鄉主教兼中國的法師"。④ 據

---

① 韓愈《柳州羅池廟碑》："柳侯爲州，不鄙夷其民，動以禮法。"（《全唐文》卷五六一，中華書局，1983 年，頁 5679 上）
② 李德裕《賀廢毀諸寺德音表》："臣聞仲尼祖述堯、舜，憲章文武。大宏聖道，以黜異端。末季以來，斯道久廢。不遇大聖，孰能拯之。臣某等中謝伏於三王之前，皆垂拱而理，不可得而言也。厥後周美成康，漢稱文景。至化深厚，大道和平。人自稟於孝慈，俗必臻於仁壽。豈嘗有外夷之教，玷中夏之風？"（《全唐文》卷七〇〇，頁 7194 上）
③ Pelliot 1984, p. 55. 參本書《西安景碑釋文》一文。
④ 據伯希和法譯：Adam [moine King-tsing], prêtre chorévêque et "maître de la Loi" de la Chine（Pelliot 1984, p. 56）。穆爾英譯爲 Priest and country-bishop and fapshi of Zinistan（Moule 1972, p. 35）。意同。朱謙之先生認爲景淨是"中國景教的最高領袖，是"司鐸兼省主教並中國總監督"（朱謙之《中國景教》，東方出版社，1993 年，頁 153—154）；近年日本學者川口一彦把對應景淨的敍利亞文譯爲"長老兼地方主教兼中國總主教"（川口一彦《景教》，東京桑原製本有限會社，2003 年，頁 45）。儘管對景淨在華具體職務的比定，學界不無分歧（詳參段晴《唐代大秦寺與景教僧新釋》，有關論述見頁 456—463），但把其目爲當時中國景教會的最高層的領袖人物，當不會有誤。詳參本書《唐代"景僧"釋義》一文。

该行敍文，可知景淨本來的名字曰'Adʰàm，用漢字音譯則爲"亞當"。由於《聖經》云人類的始祖叫"亞當"，這也就成爲很多基督教徒的名字。在景碑上，除景淨外，上面已提到的僧靈寶，其敍文名字亦作'Adʰàm；另外，下面將討論的碑體兩側題名序號 47 的"僧法源"的敍文名字亦然。

以"景"入名，在景教僧侶中，就已知的資料，景淨實爲首例，緣碑文所提到的諸前輩僧人名字，多爲音譯，固沒有與"景"掛鈎；即便是諳於華俗的伊斯，看來亦未想到自己的華名可冠以"景"字。至於碑體兩側題名，雖亦有兩例以"景"入名，即序號 43 的"僧景通"、序號 55 的"僧景福"，但均屬景淨後輩。景淨對"景"字情有獨鍾，率先將該字入名，顯示其對該字曾作過一番研究。其實碑文第 8 行所云的"真常之道，妙而難名，功用昭彰，強稱景教"，從語境看，不過是景淨的夫子自道，"景教"之名就是景淨所取。① 基督教聶斯脫里派入華多年後，由景淨選取這樣一個地道的漢文名稱，顯然旨在淡化其教的外來色彩，便於傳教士在華人社會中活動。景淨之努力推動景教華化，其功不可沒也。

景淨的"淨"，看來是效法佛僧。以"淨"入名，佛僧多見，最著名的如《南海寄歸內法傳》的撰者"義淨"。"淨"爲"清淨"之簡略。② 古漢語的"清淨"，可作"安定不煩"解，如《史記·秦始皇本紀》所云泰山刻石就有"昭隔內外，靡不清淨，施于後嗣"③ 之語；《後漢書》卷二九《鮑昱傳》亦有"後爲沘陽長，政化仁愛，境內清淨"④ 之謂。但該詞更有謂心靈潔淨，不受外物所移之意。例見《戰國策》卷一一《齊策四》："晚食以當肉，安步以當車，無罪以當貴，清淨貞正以自虞。"⑤ 佛僧看來是藉用該詞這個含義來格義梵文 śuddhā，用以指"離惡行之失，離煩惱之染"。⑥ 在《大正藏》檢索該詞，逾十四萬見，足見"清淨"在佛教修持中之核心地位。唐代傳入的摩

---

① 參本書《唐代"景僧"釋義》一文。
② 慈怡主編《佛光大辭典》"清淨"條，頁 4667 中—4668 上。
③ 《史記》，中華書局，1959 年，頁 243。
④ 《後漢書》，中華書局，1965 年，頁 1021。
⑤ 《戰國策》，上海古籍出版社，1978 年，頁 413。
⑥ 參荻源雲來《梵漢對譯佛教辭典》，東京，1959 年，頁 16；慈怡主編《佛光大辭典》"清淨"條，頁 4667 中—4668 上；丁福保編纂《佛學大辭典》"清淨"條，文物出版社，1984 年，頁 989 欄二。

尼教亦引進"清淨"這一概念，把其目爲靈魂修持之本①，顯然是受佛教的影響。其敦煌寫經《下部讚》（S.2659）現存約一萬零九百字，"清淨"一詞凡四十四見。景教亦採用這一術語，最明顯的見於洛陽景教經幢，其第2行的祝詞就是"清淨阿羅訶、清淨大威力、清淨……"。②這裏的"清淨"當謂人們向往追求的靈魂境界，其涵義應類乎佛教的"離惡行之失，離煩惱之染"。景教之引進"清淨"這一概念，看來亦得追溯到景淨。被認爲景淨編譯的《大秦景教宣元本經》就有"諸明淨士"之謂③；而景淨所撰寫的景碑碑文第5行也有"設三一淨風無言之新教，陶良用於正信"之語。因此，如果沒有更可靠的新資料發現，似可設定景淨最早把"清淨"一詞引進其宗教。事實上，景淨之把"淨"字入名，正體現了他對"清淨"這一概念的深刻認識。是以，"景淨"一名不止是一個地道華名，而且散發濃郁的宗教味道。

筆者曾論證過，景淨把基督教名爲景教，是音譯孕義的傑作。④從其撰寫的景教碑文，我們還可以找到類似的譯例。碑文落款有云：

> 大唐建中二年，歲在作噩，太蔟月七日，大耀森文日建立，時法主僧寧恕知東方之景衆也。⑤

此行字下面還刻有一行敘利亞文，伯希和轉寫如下：

> B^{e}yàumai 'abbâ d^{he}'abbàhàt^{h}â Màr(i) Ḥ^{e}nànîšô' qat^{h}ôlîqâ paṭrîyarkîs...⑥

法譯爲 Dans les jours du Père des Pères Monseigneur Ḥ^{e}nànîšô' [moine Ning-

---

① 拙文《福建明教十六字偈考釋》，《文史》2004年第1輯，頁230—246；修訂稿見《中古三夷教辨證》，頁5—32。
② 詳參本書《唐代洛陽景教經幢"三位一體"考釋》一文。
③ 《宣元本經》寫本第2—5行："時景通法王，在大秦國那薩羅城和明宮寶法雲座，將與二見，了決真源。應樂咸通，七方雲集。有諸明淨士，一切神天等妙法王，无量覺衆，及三百六十五種異見中民。"見本書《敦煌本〈大秦景教宣元本經〉考釋》一文。
④ 見本書《唐代首所景寺考略》一文。
⑤ 見本書《西安景碑釋文》第29行。
⑥ Pelliot 1984, p. 55.

chou], catholicos patriarche①, 即 "時尊者 Hʰnànîšôʻ 位居眾主教之長總主教"。諸多學者把漢文"寧恕"考定爲曾任聶派巴格達總主教 Hʰnànîšôʻ 的省譯, 該總主教在位時間爲公元774—778年②, 或作774—780年③, 或作773—780年④。竊意景淨把東方教會總主教漢譯爲"法主僧"固然高明, 但把其名字 Hʰnànîšôʻ 音譯爲"寧恕"則更令人叫絶。"寧恕"的發音與 Hʰnànîšôʻ 接近, 而在漢文上又有義可解, 可釋讀爲"寧靜寬恕", 亦可釋讀爲"寧可寬恕", 而這正是基督教所倡導的精神, 也不悖儒、釋、道的倫理道德。如此音譯孕義, 當係出自景淨的大手筆。因爲身居敍利亞的總主教自不會用漢字取名, 漢碑落款既要提到他, 就非用漢字來道出其尊諱不可, 碑文撰者爲其取華名自責無旁貸。景淨既有如此的翻譯技巧, 益令人相信景教之取名者當非景淨莫屬。

學者之研究唐代景教華化問題, 多把景淨作爲一個劃時代的人物。這是不無道理的。根據敦煌景教寫本 P.3847, 其間《尊經》部分臚列漢文景教經典三十五部, "按語"稱該等經典爲景淨所譯。⑤ 而從落款景淨撰的西安景教碑文以及被認爲屬景淨編譯的經典, 尤其是新近發現的經幢《大秦景教宣元至本經》看, 其藉用中國傳統文化思想, 藉用中國傳統理念和主流宗教的概念、術語, 來表述基督教的義理, 幾乎是達到爐火純青的境地。因此, 即便有漢族士人爲之潤色, 甚至參與撰譯, 其華學造詣之高亦是毋庸置疑的。上面就景淨華名及寧恕譯名的考察, 或可佐證這一判斷。

景淨取名之華化, 在其同時代人中, 並非絶無僅有。由於碑體兩側的題名未必與立碑行動同步, 因此不宜逕定爲景淨的同時代人。但在碑體正面碑文下端的敍文漢文之間的文字, 交待與立碑事相關的一些景士的姓名、身份等, 作爲對碑文的補充⑥, 其中用漢文所提到的三名僧人無疑是與景淨同

---

① *Pelliot* 1984, p. 56, 穆爾英譯爲 In the days of the father of fathers Mar Hananishu Catholicos Patriarch (*Moule* 1972, p. 47), 意思與伯氏法譯同。
② James Legge, *The Nestorian Monument of Hsî-an Fû in Shen-hsî, China*, London 1888, p. 29.
③ *Moule* 1972, p. 47.
④ *Pelliot* 1984, p. 56, n. 3.
⑤ P.3847《尊經》:"謹案諸經目錄, 大秦本教經都五百卅部, 並是貝葉梵音。唐太宗皇帝貞觀九年, 西域太德僧阿羅本, 屆于中夏, 並奏上本音。房玄齡、魏徵宣譯奏言。後召本教大德僧景淨, 譯得已上卅部卷, 餘大數具在貝皮夾, 猶未飜譯。"(《法藏敦煌西域文獻》[28], 上海古籍出版社, 頁357下)
⑥ 詳參本書《唐代"景僧"釋義》一文。

修，因此兩者就有可比性。其中的一名僧人，即上面已提到的僧靈寶，其匹對的敍文被伯希和解讀爲"鄉主教耶兹卜兹（Yazdbôzêd）之子助祭教士亞當（'Adʰàm）"。① 該亞當自是胡人無疑。另一名僧人，即"撿挍建立碑僧行通"。行通因"撿挍建立碑"而名刻碑文下端，起碼説明其在西安大秦寺中屬於高僧階層。其匹對的敍文作 Sabʰranîšôʻ qaššîšâ，即"牧師（qaššîšâ）薩卜拉寧恕（Sabʰranîšôʻ）"。② 敍文名字的詞尾 nîšôʻ 正好與巴格達總主教名字 Ḥʻnànîšôʻ 同，身份又是牧師，看來亦是直接來自西域。還有一名即"助撿挍試太常卿賜紫袈裟寺主僧業利"，其敍文作 Gabʰrîʼél qaššîšâ wʻeʻarkîdʰîyaqôn wʻeʻréš ʻé(d)ttâ dʰeKʰûmdân wadʰeSaragʰ，可漢譯爲"迦伯列（Gabʰrîʼél），牧師兼副主教，長安、洛陽兩地教會的領袖"。③ 就其教内所擔任的高級職務，可推測其是受命於上級教會而直接從西域來到中國。就以上三名僧人，其胡族血統毋庸置疑，即便並非直接來自西域，在華也非已歷世代。因此，即使從陳寅恪先生的種族文化史觀看，也不能把他們目爲漢人。④ 然而，無論是"靈寶"、"行通"，抑或"業利"，其並非與敍文名字對音固明，而用漢字所組合的名字均有義可循，因此均屬地道華名無疑。這説明景淨時代，在華的景教神職人員取地道華名已成爲一種風尚。

按現有的資料，景淨生卒年代不可考。不過，景碑落款的年代爲唐德宗建中二年，景淨的活躍年代當在這個時間的前後。又據學界週知的《貞元新定釋教目錄》卷一七載，貞元三年（787）前後，迦畢試（罽賓）國僧人般若"與大秦寺波斯僧景淨依胡本《六波羅蜜經》譯成七卷"⑤，説明其時景淨尚健

---

① 轉寫作 'Adʰàm mʻešammʻešànâ bar Yazdbôzêd kôrʼappèsqôpâ，法譯爲 Adam, diacre, fils de Yazadbōzīd, le chorévêque（Pelliot 1984, p. 57）。
② 據伯希和法譯：Sabʰranîšôʻ [moine Hing-tʼong], prêtre（Pelliot 1984, p. 57）。
③ 據伯希和法譯：Gabriel [moine Ye-li], prêtre et archidiacre, chef de lʼéglise de Kumdān et Sarag（Pelliot 1984, p. 57）。
④ 詳參拙文《陳寅恪先生"胡化"、"漢化"説的啓示》，《中山大學學報》2000 年第 1 期，頁 42—47；收入胡守爲主編《陳寅恪與二十世紀中國學術》，浙江人民出版社，2000 年，頁 268—278。
⑤ "乃與大秦寺波斯僧景淨依胡本《六波羅蜜經》譯成七卷。時景般若，不閑梵語，復未解唐言；景淨不識梵文，復未明釋教，雖稱傳譯，未獲半珠。圖嬌虚名，匪爲福利，錄表聞奏，意望流行。聖上濬（睿）哲文明，允恭釋典。察其所譯，理昧詞疏，且夫釋氏伽藍、大秦僧寺，居止既别，行法全乖。景淨應傳彌尸訶教，沙門釋子，弘闡佛經。欲使教法區分，人無濫涉；正邪異類，涇渭殊流。"《大正藏》（55）《貞元新定釋教目錄》，頁 892 上；並見《大正藏》（55）《大唐貞元續開元釋教錄》卷上，頁 755 下。

在。另上引景碑正文第16行所云（天寶）三載，"詔僧羅含、僧普論等一七人，與大德佶和，於興慶宮修功德"事，對景教在唐代中國的傳播有著劃時代的意義，因爲景僧進宮修功德，贏得皇上歡心，次年即爲該教正名，由原來不著邊際的稱謂"波斯經教"正名爲大秦教。[①] 但對這樣一樁重大而又體面的事件，景淨卻略略帶去，沒有多加渲染，當然更沒有提到自己，足見對此事他只是記述，而不是回憶。而此事距貞元三年有43年之久，即便其時他已來華，也屬後生小子，並未進入教會的高層，參與是次活動的可能性極小。倒是上引景文第20—23行，對協助郭子儀平亂的伊斯事跡記述甚詳，推崇備至，對伊斯的事跡顯得十分熟悉，特別是上面已提過的"白衣景士，今見其人"一句，更意味著作者乃認識伊斯其人。景淨熟悉伊斯這樣一位大人物，實際暗示在伊斯最活躍的年代，景淨已進入了教會的高層，中國景教會正在逐步進入了景淨時代，這個時代大體相當於肅宗（756—762年在位）、代宗（762—779年在位）和德宗（779—804年在位）三朝。

景淨時代，距景教之正式入傳唐代中國已逾百年，教會對中國的國情已有較深入的了解並相當程度的適應，始有伊斯參與官方平亂之舉；景教與中土主流宗教看來也已完成了磨合的過程，出現較爲融洽和諧的局面，如是方可能出現佛僧與景僧合譯經典之事。因此，景淨時代外來傳教士取地道華名，正是從一個側面折射他們力圖融入華夏社會，這正是該教華化之一重要表徵。

七、景碑兩側題名剖析

西安景碑碑體兩側，可見70人的題名，其中敍漢二文對配者凡62人，僅有敍文而乏漢文者8名。這些題名者，無論是否有神職，其信仰基督教蓋無疑問。按勒石紀功，乃華夏的傳統，景碑之立，自是效法這一傳統。景眾題名，位於碑體兩側，又未見文字説明彼等是立碑的捐助者；其間雖有平信

[①] 《唐會要》卷四九《大秦寺》天寶四載（745）詔："波斯經教，出自大秦，傳習而來，久行中國。爰初建寺，因以爲名。將欲示人，必修其本。其兩京波斯寺，宜改爲大秦寺。天下諸府郡置者，亦準此。"（《唐會要》卷四九，頁864）

徒，但不少是神職人員，甚至位至主教，故題名者當非一般供養人，亦與正面的碑文不存內在聯繫。勒名於碑，在唐代士人中，則是一種時尚。大唐御史臺精舍題名碑固不待言，而新科進士集體到雁塔勒名，始於中宗，更是京城人文盛事。景碑兩側的題名，看來與這種時尚不無關係。不過，未必是效法御史臺精舍題名，勒刻長安大秦寺的僧人名錄。查1955年西安出土的《米繼芬墓誌》記載米國質子米繼芬"有二男，長曰國進，任右神威軍散將，寧遠將軍，守京兆府崇仁府折衝都尉同正。幼曰僧思圓，住大秦寺"。該"僧思圓"自是景僧無疑①；而據誌文，米氏於唐順宗永貞元年（805）死於長安醴泉里私第，終年92歲，由是可推測公元781年立景碑時，僧思圓應還在大秦寺，然其名卻不見於碑體兩側，據此可推所題者應非當時大秦寺僧人名錄。而細察所勒名字的字體、行距有差，也顯示所勒人名，並非一步到位，而是陸陸續續刻上的，這倒類乎雁塔的進士題名。按進士題名，乃出於世俗動機，希冀"與雁塔並高"、"與雁塔同永"，名垂千秋；而景眾題名，恐宜從宗教心理追因。該等信眾的題名，動機當類乎洛陽景僧之立經幢，把該碑視爲聖物，在上面勒名，冀以獲得"景福"。若然，勒名的行爲未必與立碑同步。② 這就意味著，該等勒名者可能與景淨同輩同修，也可能屬於晚輩，甚至是後景淨時代的人物。因此，這些信徒的名字，可目爲由景淨時代到洛陽經幢刻立時的過渡環節。爲便於討論，兹據景碑兩側拓本著錄如下，其間敍文部分均據伯希和的轉寫，括號內爲伯氏之法譯。③

碑體左側題名凡四行：

第一行

1 Màr(i) Yôḥannàn 'appèsqôpâ④ 大德曜輪

---

① 該墓誌的考證參閱文儒《唐米繼芬墓誌考釋》，《西北民族研究》1989年第2期，頁154—160；而將該墓誌目爲唐代景教史料，將"思圓"界定爲景僧，發凡者乃葛承雍教授，見其《唐代長安一個粟特家庭的景教信仰》，初刊《歷史研究》2001年第3期，收入氏著《唐韵胡音與外来文明》，中華書局，2006年，頁232；羅炤《再談洛陽唐朝景教經幢的幾個問題》《世界宗教研究》2007年第4期，頁96—104）對此問題續有討論。
② 另參本書《唐代"景僧"釋義》一文。
③ Pelliot 1984, pp. 55-61.
④ 伯希和法譯爲 Monseigneur Jean, évêque（Pelliot 1984, p. 57）。穆爾英譯爲 My lord Iohannan Bishop（Moule 1972, p. 49）。意同，漢譯可作"尊者約翰主教"。

2 'Isḥàq qaššîšâ (Isaac, prêtre) 僧日進

3 Yô'él qaššîšâ (Joël, prêtre) 僧遙越

4 Mîkʰà'él qaššîšâ (Michel, prêtre) 僧廣慶

5 Gîwargîs qaššîšâ (Georges, prêtre) 僧和吉

6 Màhdàdʰgûšnasp qaššîšâ (Māhdādgušnasp, prêtre) 僧惠明

7 Mᵉšîḥâdâdʰ qaššîšâ (Mᵉšîhâdâd, prêtre) 僧寶達

8 'Apʰrêm qaššîšâ (Ephrem, prêtre) 僧拂林

9 'Abʰày qaššîšâ ('Abʰāy, prêtre)

10 Dàwîdʰ qaššîšâ (David, prêtre)

11 Môšê qaššîšâ (Moïse, prêtre) 僧福壽

第二行

12 Bakkôs qaššîšâ îḥîdʰàyâ (Bacchos, prêtre, moine) 僧崇敬

13 'Elîyâ qaššîšâ îḥîdʰàyâ (Élie, prêtre) 僧延和

14 Môšê qaššîšâ wᵉîḥîdʰàyâ (Moïse, prêtre et moine)

15 ʿAbʰdîšôʿ qaššîšâ wᵉîḥîdʰàyâ ('Abhdîšôʿ, prêtre et moine)

16 Šèmʿôn qaššîšâ dʰᵉqabʰrâ (Simon, prêtre du tombeau)①

17 Yôḥannîs mᵉšammᵉšànâ wᵉî[ḥî]dʰ[ày] â (Jean, diacre et moine)② 僧惠通

第三行

18 'Abrôn (Aaron) 僧軋佑

19 Pàṭrôs (Pierre) 僧元一

20 'Iyôbʰ (Job) 僧敬德

21 Lûqâ (Luc) 僧利見

22 Mattai (Matthieu) 僧明泰

23 Yôḥannàn (Jean) 僧玄真

24 Îšôʿemméh (Îšôʿemmeh) 僧仁惠

25 Yôḥannàn (Jean) 僧曜源

26 Sabʰrîšôʿ (Sabʰrîšôʿ) 僧昭德

---

① 漢譯可作"西蒙，聖墓牧師"（*Pelliot* 1984, p. 58）。
② 漢譯可作"約翰，助祭教士兼修士"（*Pelliot* 1984, p. 58）。

27 Îšôʿdàdʰ (Îšôʿdàdʰ) 僧文明

28 Lûqâ (Luc) 僧文貞

29 Qûsṭanṭînôs (Constantin) 僧居信

30 Nôḥ (Noé) 僧來威

第四行

31 'Izadsᵉpâs ('Izadsᵉpās) 僧敬真

32 Yôḥannàn (Jean) 僧還淳

33 'Ânôš (Anōš) 僧靈壽

34 Màr Sargîs (Monseigneur Serge)① 僧靈德

35 'Isḥàq (Isaac) 僧英德

36 Yôḥannàn (Jean) 僧沖和

37 Màr Sargîs (Monseigneur Serge) 僧凝虛

38 Pûsay (Pusāy) 僧普濟

39 Šèmʿôn (Simon) 僧聞順

40 'Isḥàq (Isaac) 僧光濟

41 Yôḥannàn (Jean) 僧守一

碑體右側題名凡三行：

第一行

42 Yaʿqôbʰ qaššîšâ (Jacques, prêtre) 老宿耶俱摩

43 Màr Sargîs qaššîšâ wᵉkʰôr'appèsqôpâ šî'angtswâ (Monseigneur Serge, prêtre et chorévêque, supérieur de monastère)② 僧景通

44 Gîgʰôy qaššîšâ wᵉ'arkîdʰîaqôn dᵉKʰûmdân wᵉmaqrᵉyànâ (Gīgōy [Gīghōy], prêtre, archidiacre de Kumdān [Khumdān] et maître de lecture)③ 僧玄覽

---

① 即"尊者薩吉斯"（Pelliot 1984, p. 60）。

② Pelliot 1984, p. 60. Šìangtswâ，據伯希和考證，係漢語佛教"上座"的音譯（見 P. Pelliot, "Deux Titres Bouddhiques Portés par des Religieux Nestoriens", T'oung Pao, Vol. 12, No. 5, 1911, pp. 664-670；馬幼垣漢譯《景教所用之二佛教稱謂》，《景風》1967年第14期，頁49—58）。若然，則敘文可漢譯爲"尊者薩吉斯，牧師兼鄉主教上座"。

③ 即"基高伊，牧師、長安副主教兼宣講師"，Pelliot 1984, p. 60。

45 Pàulôs qaššîšâ (Paul, prêtre) 僧寶靈

46 Šèmšôn qaššîšâ (Samson, prêtre) 僧審慎

47 'Adʰàm qaššîšâ (Adam, prêtre) 僧法源

48 'Elîyâ qaššîšâ (Élie, prêtre) 僧立本

49 'Isḥàq qaššîšâ (Isaac, prêtre) 僧和明

50 Yôḥannàn qaššîšâ (Jean, prêtre) 僧光正

51 Yôḥannàn qaššîšâ (Jean, prêtre) 僧內澄

52 Šèmʿôn qaššîšâ wʿsàbʰâ (Simon, prêtreetdoyen)[1]

第二行

53 Yaʿqôb qankàyâ (Jacques, sacristain)[2] 僧崇德

54 ʿAbʰdîšôʿ 僧太和

55 Îšôʿdàdʰ 僧景福

56 Yaʿqôbʰ (Jacques) 僧和光

57 Yôḥannàn (Jean) 僧至德

58 Šubʰḥâlmàran 僧奉真

59 Màr Sargîs (Monseigneur Serge) 僧元宗

60 Šèmʿôn (Simon) 僧利用

61 'Apʰrêm (Ephrem) 僧玄德

62 Zᵉkʰarîyâ (Zacharie) 僧義濟

63 Qûrîyaqôs (Cyriaque) 僧志堅

64 Bakkôs (Bacchos) 僧保國

65 ʿAmmànû'él (Emmanuel) 僧明一

第三行

66 Gabʰrî'él (Gabriel) 僧廣德

67 Yôḥannàn (Jean)

68 Šᵉlêmôn (Salomon) 僧去甚

69 'Isḥàq (Isaac)

70 Yôḥannàn (Jean) 僧德建

[1] 即"西蒙，資深牧師"（*Pelliot* 1984, p. 60）。
[2] 即"雅各，教堂司事"（*Pelliot* 1984, p. 61）。

在上錄 70 個題名中，敘文爲先，其間有 62 名下面附有漢字華名，而序號第 9、10、14、15、16、52、67、69 等八名則僅敘文耳，儘管與之同名者都另有華名。在匹對敘文的華名時，有一些顯然係據敘文名字音譯，如序號 42 "Yaʿqôbʰ qaššîšâ 老宿耶俱摩"，qaššîšâ 相當於漢語的 "教士、牧師" 或 "長老" 之意；Yaʿqôbʰ 則是一個常見的基督教徒名字，現代漢語多音譯爲 "雅各"。"耶俱摩" 顯然就是 Yaʿqôbʰ 的音譯。另序號 8 "'Apʰrêm qaššîšâ 僧拂林"，"拂林" 二字無疑音譯自 pʰrêm。"拂林"，古籍中作西域某地名之音譯，本身無義可解。還有若干華名有義可循，但選字又與胡名某些發音近似者，如序號 3 "Yô'él qaššîšâ，僧遙越"。"遙越" 與 Yô'él 近音，而又可作 "遠遠超越" 之類解。序號 45 "Pàulôs qaššîšâ，僧寶靈"，序號 38 "Pûsay，僧普濟"，亦類似。序號 22 "Mattai，僧明泰"，"泰" 可與 tai 對音。序號 5 "Gîwargîs qaššîšâ，僧和吉"，"和吉" 可與 wargîs 對音；序號 64 "Bakkôs，僧保國"，序號 46 "Šĕmšôn qaššîšâ，僧審慎"，敘名與華名的發音均接近；而序號 1 "Màr(i) Yôḥannàn 'appèsqôpâa，大德曜輪" 和序號 25 "Yôḥannàn，僧曜源"，敘文名字都是 Yôḥannàn，顯然都把 Yô 音譯爲 "曜"。

從上面的分析，可看出景碑上這批教徒均有敘文名字，至於漢文名字，顯屬因應在華的需要另取的，並非原來所固有。因此，可判斷該等題名者當非漢人。另外，上錄有華名的題名者，據其對應的敘文，身任神職者有二十多位，既然有敘文名字和職務稱謂，説明他們和東方教會關係密切，很可能是受派來華，而不像洛陽大秦寺僧那樣，多屬土生胡。不過，有敘文的名字，不一定意味著名字的主人都是直接來自敘利亞教會，或都是敘利亞人。因爲古代東方教會，把敘利亞文作爲教會用語，其屬下的各個教區雖然也把敘文經典譯成當地文字，但畢竟敘文經典作爲 "原著"，更具權威性，在非敘文教區，教徒取敘文教名即便不是絕對的要求，也當屬一種時尚。因此，儘管西方學者諳於從語言學角度追蹤名字的族源，並由此追溯名字主人的族屬，但實際上，如果沒有其他相應資料佐證，則結論未必可靠。學者的研究業已證明，基督教之傳入中亞粟特地區可追溯到公元 6—7 世紀[1]，基督教的

---

[1] E. C. D. Hunter, "Syriac Christianity in Central Asia", *Zeitschrift für Religions- und Geistesgeschichte*, Vol. 44, No. 4, 1992, pp. 362-368; "The Church of the East in Central Asia", *Bulletin of the John Rylands Library*, Vol. 78, No. 3, 1996, pp. 129-142.

粟特文寫經，考古亦多所發現[1]。因此，唐代來自粟特地區的九姓胡移民及其後裔有基督教信仰，這絕非稀奇。而唐代中國之有九姓胡景僧活動，不唯見於經幢《幢記》所載，亦有上面提到的《米繼芬墓誌》爲證。按唐代中國九姓胡移民甚夥，而其間又已確證有身爲景僧者，因此，推測景碑題名者有其同胞，應非無稽之談。

儘管上揭景教徒在取華名時，或與原來敍文名字諧音，但畢竟區區數例耳；絕大多數是完全另起爐竈。據上面著錄的題名，敍文名字爲 Yôḥannàn 者凡 12 例，見序號 1、17、23、25、32、36、41、50、51、57、67、70，其中除序號 67 缺取華名外，其他的華名分別是："曜輪"、"惠通"、"玄真"、"曜源"、"還淳"、"沖和"、"守一"、"光正"、"内澄"、"至德"、"德建"。按 Yôḥannàn，伯希和音譯爲 Jean，即現代漢譯常見的基督教名字"約翰"。而在這 11 個華名中，除上面已指出的"曜輪"、"曜源"的首字"曜"與 Yô 諧音外，其他華名蓋無從與 Yôḥannàn 對音，完全是另具實義的地道華名。又如序號 69 的敍文名字 'Isḥàq，伯希和音譯 Isaac，即現代漢譯常見的基督教名字"以掃"。該號教徒未見華名，但與其同名的序號 2、35、40、49 號教徒的華名分別爲"日進"、"英德"、"光濟"、"和明"，該等名字都有實義，也完全不能與 'Isḥàq 對上音。敍文名字作 Sargîs 者凡四例，見序號 34、37、43、59；其華名分別作"靈德"、"凝虛"、"景通"、"元宗"。類似這樣敍文同名而華名各異的例子尚有 Šèmʿôn（見序號 16、39、52、60），Yaʿqôbʰ（見序號 42、53、56），'Apʰrêm（見序號 8、61），Bakkôs（見序號 12、64），'Elîyâ（見序號 13、48），Lûqâ（見序號 21、28），Îšôʿdàdʰ（見序號 27、55）。此外，'Abʰdîšô' 有二例，見序號 15、54，前者不具華名，後者作"太和"；Môšê 亦有二例，見序號 11、14，前者作"福壽"，後者不具華名。

從以上分析，可看到自景淨以後，外來景教徒除了自己固有的敍利亞教名外，還普遍另取一華名。就該等華名，除個別是照敍文音譯，絕大多數

---

[1] 20 世紀初年，德國探險隊在吐魯番葡萄溝（Bulayiq）附近水盤的一所寺院遺址，發現了一個基督教藏書室，得到八百五十個抄本，係用敍利亞文、基督教粟特文、基督教古突厥文書寫，還有若干抄本用新波斯文書寫。有關該等抄本的研究已立項，由歐洲若干著名語言學家負責。不久當可讀到相應的研究報告。*Manichaean Studies Newsletter*, 22 (2007), Belgium/Belgique, Brepols Publishers, p. 25.

是有義可尋的。命名者顯然是刻意從漢字中選字擇義，使名字具有一定的意蘊。這些華名中，或富有基督教味道，如序號19的"僧元一"、41的"僧守一"，65的"僧明一"，都取一個"一"字。這個"一"可能意味著基督教所崇拜的唯一造物主。有的是像景淨那樣，直接取用景教的"景"字，如上面提及的序號43、55的"僧景通"、"僧景福"。但這些帶有本教味道的名字畢竟數量很有限，而那些染有佛道色彩的名字反而多些，如序號6的"僧惠明"、17的"僧惠通"、23的"僧玄真"、24的"僧仁惠"、31的"僧敬真"、37的"僧凝虛"、38的"僧普濟"、44的"僧玄覽"、51的"僧内澄"、58的"僧奉真"、61的"僧玄德"等皆然。不過，更多的名字看來卻是受儒家或民間世俗的影響，典型的如序號11的"僧福壽"、20的"僧敬德"、26的"僧昭德"、27的"僧文明"、28的"僧文貞"、29的"僧居信"、46的"僧審慎"、48的"僧立本"、53的"僧崇德"、60的"僧利用"、63的"僧志堅"、64的"僧保國"、66的"僧廣德"、70的"僧德建"，等等。

　　上揭景眾之取華名，看來主要是出於入鄉隨俗的原因，就像近現代一些在華活動或從事漢學研究的西人那樣，爲便於與華人交往，或張揚自己的華學興趣，喜歡精心選字，取一地道華名。而對於在華景僧來說，取華名更是爲便於登入官方僧籍，取得合法的僧人資格。[①] 儘管上列華名中，或有宗教意涵者，但這畢竟與佛僧皈依佛門時捨俗姓俗名、改用法號不同。因爲他們本來就沒有漢字的俗名，而原來的敘文名字也沒有放棄，仍然刻在碑上，而且列於華名之前。或云景碑之漢字僧名已顯法統輩份，則更未必。碑上有若干僧名確有一字相同者，但這未必意味著彼等法統輩份相同。如上面舉列的景淨、景通、景福，雖同有一"景"字，但絕非同輩；緣景淨乃當時中國教區的最上層人物，其地位之尊並非景通、景福之可比。就算後兩者，景通列於碑右側第一行第10名，景福列於碑右側第二行第11名，兩者中間隔了11位非景字號的僧侶，如果他倆是同一輩份的話，恐應並列在一起。還有三位僧人，同樣取一"玄"字，即序號23的玄真、44的玄覽、61的玄德。玄真位於碑左側第三行第8名，玄覽位於碑右側第一行第9名，玄德位於碑右側第二行第5名，單就排列的次序，已暗示"玄"字未必是代表輩序。碑兩側

---

① 詳參本書《唐代"景僧"釋義》一文。

漢字題名有 62 位，除序號 1 的"大德曜輪"和序號 42 的"老宿耶俱摩"可能因未入官方僧籍，沒有冠以"僧"字外①，其餘 60 名概以"僧"稱。這 60 名僧人，即便只是其時全國景僧的一小部分，但數以十計，也具有抽樣統計的意義了。假如當時全國的景僧，或者長安的景僧已如《幢記》所反映的洛陽大秦寺僧人那樣，取華名時"效仿佛教僧人在法號中體現輩份和傳法世系的做法"，那在碑上這 60 名景僧題名中，必定要有明顯的反映。既沒有明顯的反映，則至少意味著這一做法尚未普遍流行。

八、結語

有案可稽的最早傳教士，即貞觀年間入華的阿羅本，其名字不過是譯人據其胡名發音，按漢人姓名多以三字為度，酌情音譯。玄宗朝的僧人名字，也多屬音譯，不過其間或據胡名，或據神職稱謂，而且都省音為兩個字，即類乎佛僧稱號，以兩字為度；該等名字的定奪，譯人扮演重要角色。至玄宗朝末的伊斯，其名已隱約包含某些意蘊，取華名正在成為景僧的主動行為。而後的景淨時代，取有實義的地道華名已成景僧風尚。這可以說是一個跳躍式的質變。不過，其時尚未流行體現輩份和法統的做法，至少在長安地區的教團是如此。《幢記》所反映的 9 世紀初葉洛陽大秦寺景僧稱謂所體現的輩份和法統，無疑是基督教聶斯脫里派入華近一個半世紀逐步華化的結果。不過，如此高度華化，是洛陽當地景教團所特有抑或是當時中原的普遍現象，由於缺乏其他地區同時性資料作比較，目前尚無從判斷。業師蔡鴻生先生提示對於唐代景教華化的研究，要注意地域的差異。洛陽景教經幢所反映的洛陽教團的華化程度，無疑可作為日後深入研究的一個參照坐標。

入華景僧以漢字作為自己名稱，從被動到主動，由音譯胡名到自選漢字直接命名，以至取用法號，體現輩份法統，其間經歷了從個別到普遍，由逐步量變到質變的過程，體現了僧人們華化之由淺入深，顯示彼等為融入華人社會而不斷努力。景僧名字的普遍華化，在一定程度上折射了整個僧侶階層

---

① 詳參本書《唐代"景僧"釋義》一文。

的華化，而從辯證的觀點看，如果沒有廣大平信徒的華化，也不可想象會出現僧侶階層的華化。當然，在這個過程中，僧侶階層和平信徒之間是相輔相成的，互相促進的。而教徒的華化與整個宗教，包括教會組織、教義、禮儀等的華化即便不是同步，也理當成正比。這方面的深入探討和具體論證自有待更多資料的發現。但無論如何，透過僧人名字的華化軌跡，吾人已或多或少可以推想整個宗教華化的輪廓。是爲本文立意之所在。

九、餘論

自 2006 年 5 月洛陽唐代景教經幢面世，張乃翥先生率先於 10 月 11 日《中國文物報》發表《一件唐代景教石刻》的報導以來，相關報導以及研究文章已陸續見諸報刊。現有的研究顯示該幢的發現，已使學界進一步深化對唐代景教的認識。

按基督教聶斯脫里派入傳唐代中國不久，便在中國政治環境、文化氛圍下，自覺或自發、被動或主動地不斷華化。從經幢的製作動機及其整個行爲方式，從所勒文字對本教教義的表述，從所披露的景僧名字等等，在在顯示了在唐代後期的洛陽地區，存在著一個華化程度幾達爐火純青的景教羣體。該羣體由華化胡裔組成，繼承發展其先人的宗教理念，奉行著一種業已佛化的景教信仰。這就是說，在會昌年間三夷教遭到迫害之前，至少在洛陽地區已存在一種以華化胡裔爲基本信眾的佛化景教。像這樣一種業已華化的信仰，難道會因爲唐武宗一紙禁教敕令便完全失去生存的空間？由是，對於傳統所認爲的唐代景教在會昌宗教迫害後就銷聲匿跡、無影無蹤的觀點，看來似有重新檢討的必要。

其實，敦煌景教寫本 P.3847 已披露唐亡後，敦煌地區尚有虔誠的景教徒在整理傳抄保存本教的經典[1]；而敦煌莫高窟北區 B 105 窟亦出土了一件青銅十字架，據云"時代爲宋朝或宋朝以前"[2]。是以，敦煌地區在唐代之後尚有

---

[1] 詳參本書《敦煌景教寫本 P.3847 再考察》一文。
[2] 有關報導見彭金章、王建軍、敦煌研究院編《敦煌莫高窟北區石窟》第 2 卷，文物出版社，2000 年，頁 42、43，圖見標本 B 105：2；相關研究見姜伯勤《敦煌莫高窟北區新發現中的景教藝術》，《藝術史研究》第 6 輯，中山大學出版社，2004 年，頁 337—352。

景教徒活動，這應殆無疑問。至於中國東南地區，近期也發現了一幅流入日本的元代或早於元代的宗教神像絹畫，其間所繪之神掌托十字架。[①] 筆者認爲，只要排除該畫中的十字架與元代也里可温存在聯繫，則該神像很可能就是衍化自唐代的景教。

此外，泉州吴文良先生所發現的雙語合璧元代墓碑石，其漢文字云：

> 管領江南諸路明教、秦教等，也里可温、馬里、失里門、阿必思古八、馬里哈昔牙
> 皇慶二年歲在癸丑（1313）八月十五日，帖迷答掃馬等泣血謹誌[②]

學者把第一行文字解讀爲"獻給江南諸路摩尼教和景教等的管領者，最尊敬的基督教主教馬里失里門"。[③] 碑文的"秦教"當應指代景教。緣從語境看，"秦教"與"明教"都被目爲夷教，由一位具有也里可温身份的人管領。而以"秦"爲名的外來宗教，唯唐代大秦教耳。

更有，業師蔡鴻生先生所惠示的房山石刻横額"玉皇寶誥"下經題記有曰：

> 大明國景教慶壽寺僧人超然經匠道□四名遊於□□　　正統三年四月廿九日遊到□□□□小西天石經堂瞻礼[④]

該題記落款正統三年（1438），遠早於西安景碑發現的天啓年間（1621—1627），因而，個中的"大明國景教"不可能是受景碑啓發而冒出的新教派；而正統年間，西方的耶穌會士也還未到中國，該"大明國景教"亦不可能與明末海路新傳入的西方基督教有涉；是以，其無疑應是本土原來所固有的，

---

① 詳參泉武夫《景教聖像の可能性——栖雲寺藏傳虛空藏畫像について》，《國華》第1330号，2006年，頁7—17；王媛媛《中國東南摩尼教使用十字架符號質疑》，提交"中西交通與文明網絡學術研討會"（廣州中山大學歷史系，2008年6月21—22日）論文，《藝術史研究》第12輯，2010年，中山大學出版社，頁39—60。
② 吴文良原著、吴幼雄增訂《泉州宗教石刻》（增訂本），科學出版社，2005年，頁396。
③ 學界有關該碑文的考釋，參閲拙著《中古三夷教辨證》，頁384—386。
④ 北京圖書館金石組、中國佛教圖書文物館石經組編《房山石經題記匯編》，書目文獻出版社，1987年，頁76。

是否就是唐代景教的餘緒，這是一個很值得探討的有趣問題。假如答案是肯定的，那就意味著唐代景教遭武宗迫害後，民間還有其信眾；從其僧人到房山佛教聖地"瞻礼"的題刻，暗示其或以佛教一宗之面目存在於社會。

（本文初刊《中華文史論叢》2009年第2輯，總94輯，頁149—193）

李白《上雲樂》景教思想質疑

一、問題的提出

《上雲樂》是李白樂府詩中著名的一首，全詩如下：

> 金天之西，白日所沒。康老胡雛，生彼月窟。巉巖容儀，戌削風骨。碧玉炅炅雙目瞳，黄金拳拳兩鬢紅。華蓋垂下睫，嵩嶽臨上唇。不覩詭譎貌，豈知造化神。大道是文康之嚴父，元氣乃文康之老親。撫頂弄盤古，推車轉天輪。云見日月初生時，鑄冶火精與水銀。陽烏未出谷，顧兔半藏身。女媧戲黄土，團作愚下人。散在六合間，濛濛若沙塵。生死了不盡，誰明此胡是仙真？西海栽若木，東溟植扶桑。別來幾多時，枝葉萬里長。中國有七聖，半路頹洪荒。陛下應運起，龍飛入咸陽。赤眉立盆子，白水興漢光。叱咤四海動，洪濤爲簸揚。舉足蹋紫微，天關自開張。老胡感至德，東來進仙倡。五色師子，九苞鳳凰。是老胡雞犬，鳴舞飛帝鄉。淋漓颯沓，進退成行。能胡歌，獻漢酒。跪雙膝，並兩肘。散花指天舉素手。拜龍顏，獻聖壽。北斗戾，南山摧。天子九九八十一萬歲，長傾萬歲杯。①

作爲一首樂府詩，學者自多從文學的角度進行探討評論；不過，把其作爲宗教史資料加以闡發者間亦有之。發其端者，似可溯至1924年上海《申報》所刊署名邠牟的《李太白與基督教》一文，是文把該詩作爲李白與基督

---

① 過錄自瞿蜕園、朱金城校注《李白集校注》，上海古籍出版社，1980年，頁258—259。

教關係之例證,並高度評價該詩的重大史料價值,曰:"此唐代基督教輸入之徵也。其價值不在景教流行中國碑之下。"①受這篇文章的啓發,日本文學博士中村久四郎於 1926 年發表文章②,進一步對這首詩逐句解釋,闡發其中的景教內涵,把詩中的"老胡"界定爲"老景教士"③,認爲該詩乃描述景教徒到唐朝廷爲皇帝祝壽④。

李白這首樂府詩,陳垣先生也早已注意到。1930 年 6 月,他在師範大學講授宗教史所印發之講義《基督教入華史略》公刊於《青年會季刊》第 2 卷第 2 期,其間特別提到這首詩:

> 最近在李白集第三卷中,有一篇叫上雲樂裏,蛛絲馬跡,不無發現。這裏是講異教外人替皇祝壽事。所描寫外人則眼深鼻高,我想這指的是景教僧,然無確實證據。⑤

揣摩陳垣先生這段話,他之所以懷疑詩中所描寫外人是景教僧,不過是因其"眼深鼻高"這一胡貌耳;而我們知道,胡人之宗教信仰是多元的,景教不過是其中一種,其流行的程度至少比不上祆教,故要確認該外人爲景教僧,無疑尚需其他證據。所以陳垣先生並沒有像上揭邵牟和中村久四郎那樣把話說死;而且,更沒有像他們那樣去演繹詩中的基督教內涵。以陳垣先生當時對基督教史的關注,以及他與日本學者的密切交往,很難認爲他並未讀過他們的文章,其謂"然無確實證據",恐有可能就是不以他們的論證爲然,儘管他亦懷疑詩中所寫外人可能是景教僧。其實,就景教於唐代文化的影響,在該首詩未被提出來討論之前的 1924 年 7 月,陳垣先生就已說過,唐代景教除"以醫傳道"外,"於當時文化,無何等影響"。⑥即便他已注意到李白《上雲樂》中所留下的蛛絲馬跡,也未因此修正自己前此的看法。

---

① 邵牟《李太白與基督教》,《申報》1924 年 12 月 2 日第二張《常識》版"宗教"欄。
② 中村久四郎《李太白樂府の景教的解釋》,《史學雜誌》第 37 編第 2 號,1926 年,頁 143—148。
③ 中村久四郎《李太白樂府の景教的解釋》,頁 147 下。
④ 中村久四郎《李太白樂府の景教的解釋》,頁 148 下。
⑤ 《陳垣學術論文集》第 1 集,中華書局,1980 年,頁 96。
⑥ 陳垣《基督教入華史略》,初刊《真理週刊》第 2 年第 18 期,1924 年;收入《陳垣學術論文集》第 1 集,頁 83—92,引文見頁 85。

倒是專治唐代中外交通史的名家向達先生，在他1933年刊行的《中外交通小史》中，表達過類似邨牟和中村久四郎的觀點。其在該書第七章《景教與也里可溫教》中"附注"道：

> 唐朝的景教對當時的思想界究竟發生甚麽影響，以材料不足，很難考索。但是從當世人的著作中偶然可以窺見一二，如李白的《上雲樂》一詩，據近人的研究，其中所詠，便屬景教教理也。①

向達先生過錄了李白《上雲樂》全詩後指出：

> 所謂大道元氣，即是景教的上帝。而撫頂弄盤古以下十二句，則爲基督教的創世說同中國相傳的神話糅雜而成。全篇中充滿了異國情調，同景教的風趣，以前注釋家多未留意及此。②

就向達先生所云，看來只是認同並轉述他人的觀點耳。作爲治中外交通史的專家，對唐代景教的思想文化影響問題，正苦於材料匱乏，一旦有學者在李白《上雲樂》中發現某些蛛絲馬跡，自然很樂於轉介，甚或接納。但對向先生所述觀點，任半塘先生很不以爲然：

> "大道"、"元氣"，中國自有其名，自有其義，難於移屬外國。創世說中國原自有之；既表外教之說，何爲糅雜中國化？李辭全篇所含者，究爲異國情調，抑本國情調？最多還是見仁見智，同一不足以爲定論。③

---

① 向達《中外交通小史》，商務印書館，1933年，頁67。由於向達先生沒有指實"近人"是誰，對上述立論也未加以論證，故頗受詬病。任半塘先生在其20世紀50年代完成的著作《唐戲弄》中批評道："按景教對唐代思想界曾發生何等影響，材料並非不足，而是闕如。向氏指近人曾有此說，然未指實何人。向氏書內引近人之說而指實何人者頗多，此說果出何人，不應獨不指實。"（任半塘《唐戲弄》，上海古籍出版社，1984年，下冊，頁1270）任先生看來是懷疑他在自彈自唱。竊以爲，向達先生所謂"近人的研究"，很可能就是指邨牟和中村氏的文章，因爲筆者尚未發現前此有誰提出過這一問題。
② 向達《中外交通小史》，頁67—68。
③ 任半塘《唐戲弄》，下冊，頁1270—1271。

其實，邠牟和中村久四郎文章發表後，學術界像向達先生這樣呼應者並不多，尤其是研究中國古代基督教的權威學者，對他們的觀點似乎一直持保留態度。例如，英國穆爾1930年出版的《一五五〇年前的中國基督教史》[①]就完全沒有提及李白這首詩。假如說，穆爾在撰寫這部著作時尚無從讀到上揭中村氏用日文發表的文章的話，那麼，同屬日本學者、畢生研究景教的佐伯好郎，當應知道中村氏1926年的文章，但無論在他用英文撰寫的1937年初版、1951年再版的《中國景教文獻和遺物》[②]，抑或用日文撰寫1943年出版的《支那基督教研究》[③]，均未論及該詩。這即便不足以說明佐伯不以中村氏的觀點爲然，至少也默證他並未多措意。

不過，到了1965年，香港羅香林教授發表文章《景教入華及其演變與遺物特徵》[④]，其中有一大段文字專門討論李白《上雲樂》與基督教的關係。羅教授肯定詩中包含著基督教內容：

> 聶派基督教在西土，雖亦重視君主，然無爲樂舞以祝君主壽年者。而唐代景教據李白所擬作之《上雲樂》一樂府，原註云"老胡文康辭"，竟藉一景教徒口吻。其樂名雖沿襲於梁武帝時所作原名，演奏時由樂人扮作胡人狀況，牽珍禽奇獸，演爲胡舞，以祝天子萬壽，然李白所擬之內容，則迥與前異，此實反映唐代景教徒或嘗有特殊禮節，以祝君主壽年諸表現。不然，則李白與樂人，亦何能如是爲歌爲舞耶。[⑤]

羅教授就該詩的一些用詞，從基督教的角度加以解讀，他認爲"大道是文康之嚴父"一句的"大道"一詞，"當指'天父'，即'上帝'而言，蓋即

---

① A. C. Moule, *Christians in China before the Year 1550*, London, New York and Toronto 1930; repr. New York 1972, Taipei 1972.〔英〕穆爾著，郝鎮華譯《一五五〇年前的中國基督教史》，中華書局，1984年。
② P. Y. Saeki, *The Nestorian Documents and Relics in China*, Tokyo 1937, repr. 1951.
③ 佐伯好郎《支那基督教の研究》第1卷，東京春秋社，1943年。有關唐代基督教部分見第一卷第一篇。
④ 羅香林《景教入華及其演變與遺物特徵》，臺灣《華岡學報》第1卷第1期，1965年；收入氏著《唐元二代之景教》，香港中國學社，1966年，頁1—55。
⑤ 引文據羅香林《唐元二代之景教》，頁17—18。

《聖經新約·約翰福音》所謂'太初有道，……道就是上帝'之意也"。① 這一解釋與上揭的中村久四郎同。② 羅教授又稱：

> 所謂"中國有七聖"，殆指唐之高祖、太宗、高宗、武后、中宗、睿宗及玄宗，蓋唐人多如是稱也。所謂"陛下應運起"之陛下，殆指平定安祿山禍亂之肅宗，即《景教流行中國碑頌並序》所云之"重立景寺"者，以樂舞爲天子祝壽，"跪雙膝，並兩肘"，"拜龍顏，獻聖壽"，乃中國禮俗，景教徒或亦受當日風氣所左右也。此其變異者四。③

此處對"七聖"的解釋亦同中村氏④；而對肅宗的認定，作者有另加注釋曰：

> 見王琦輯注《李太白全集》卷三《上雲樂》"天闕自開張"句下詳注。

這亦與中村氏一樣。通過比較，我們不難發現，羅教授對該詩基督教內涵的討論，可能與中村氏不謀而合，更可能是對中村氏觀點的進一步闡發，儘管他並沒有提到中村氏的文章。至於上揭任半塘先生的觀點，其時定居香港的羅教授當然無從獲悉。

1995 年，內地學者劉陽先生發表專文《李白〈上雲樂〉宗教思想探》。⑤ 文中提到任先生的觀點，但並未接受。作者依據古代中西交通以及景教傳入唐代中國這一大背景，論證景教思想進入李白詩作的可能性；除對羅教授所持觀點多所闡發外，最後還明確得出結論："李白此篇樂府實爲基督教創世說與我國神話糅雜而成，說明基督教思想已逐步滲入中國文學之中。"⑥ 這顯然與

---

① 羅香林《唐元二代之景教》，頁 18。
② 中村久四郎《李太白樂府の景教的解釋》，頁 145 下。
③ 羅香林《唐元二代之景教》，頁 18—19。
④ 中村久四郎《李太白樂府の景教的解釋》，頁 146 下。
⑤ 劉陽《李白〈上云樂〉宗教思想探》，《解放軍外語學院學報》1995 年第 3 期，頁 101—104。
⑥ 劉陽《李白〈上云樂〉宗教思想探》，頁 104。

上揭向達先生所表述的觀點類同，儘管文章並沒有提及向氏的有關著作。

論者把李白《上雲樂》目爲唐代景教的重要史料，認爲這篇樂府實際是描述來華景僧爲肅宗祝壽的情景，裏面包含了某些景教概念和思想。言下之意，就是不可低估景教對唐代社會思想文化的影響。但事實上，自20世紀20年代以來，儘管學術界對唐代景教的本土化現象不無發現，認識亦不斷深化[1]，但對其思想文化影響，如果把本文正討論的李白《上雲樂》苟置不論，則殆無新文獻或新文物可資實質性的證明。亦正因爲如此，到了21世紀伊始，業師蔡鴻生先生對唐代景教仍提出這樣一個評價："如果著眼於一種文明的命運，建中二年（781）建立的景教碑就不是甚麽流行中國的光荣榜，而是一塊驗證大秦景教從流亡到流產的墓誌銘了。"[2] 這一評價與上引陳垣先生認爲唐代景教"於當時文化，無何等影響"的論斷，實際是一脈相承，異曲同工。職是之故，論者對李白《上雲樂》基督教内涵的論證是否能得到確認，關係到我們對唐代景教歷史地位、社會影響的整個評價，我們不得不加以謹慎檢驗。

檢驗李白《上雲樂》是否果有基督教的内涵，似不必贅證李白生活年代是否有景教在中土傳播的問題。因爲自明季西安發現《大秦景教流行中國碑》以來，近三百年來經中外衆多學者的研究，該問題已徹底解決了，毫無懷疑的餘地。檢驗李白《上雲樂》是否果有基督教的内涵，亦不在乎考證唐代景教徒是否"嘗有特殊禮節，以祝君主壽年"。因爲中國向無國教，自來宗教只能服從政治，尤其是在唐代中國，朝廷至上，皇帝至尊，各種宗教無不爭相討好宮廷，即便西方基督教根本沒有祝君主壽年的特殊禮節，但進入中土後，亦自可發明創新。[3] 檢驗李白《上雲樂》是否果有基督教的内涵，

---

[1] 學界有關該問題討論的概況詳參胡戟等主編《二十世紀唐研究》，中國社會科學出版社，2002年，頁607—608。
[2] 蔡鴻生《〈唐代景教再研究〉序》，見氏著《仰望陳寅恪》，中華書局，2004年，頁209。
[3] 葛承雍教授提交2006年6月1—6日奥地利薩爾茨堡舉行的"中國與中亞的景教"國際學術研討會論文《景教歌詠音樂在唐元時代的傳播與影響》中，特别注意到西安景教碑所載天寶三載（744）的事件："大秦國有僧佶和，瞻星向化，望日朝尊。詔僧羅含、僧普論等一七人，與大德佶和於興慶宮修功德"，認爲"這條錄文表明來自敍利亞的新主教佶和到達中國的第一年，便接到了皇帝的詔書，與大秦寺僧羅含、普論等17人前往興慶宮修功德"（該文修訂稿《唐元時代景教歌詠音樂思想考述》發表於《中華文史論叢》2007年第3輯，頁157—178）。既然能爲君主舉行修功德的儀式，爲君主祝壽自然也就不在話下了。

關鍵是考證詩中所描寫的主體情節，即老胡爲唐天子祝壽事，是寫實或接近寫實，抑或純屬文學虛構；在這個基礎上，進一步釐清論者所云的其中一些術語是否果與景教有關。如是，問題始可望迎刃而解。

在歷史學家心目中，詩歌、小説、戲劇、散文等古代文學作品，都可以反映或折射某些歷史的真實，都可以作爲史料使用。不過，史籍的使用，尚且要甄別真偽或差錯，文學作品作爲史料使用，自然更應注意其所寫內容的真實程度，是否虛構，有無誇張或隱諱等等。論者既要把李白《上雲樂》目爲史料，認爲其反映西域老景教士東來向唐天子拜壽，這自然首先要鑑定其內容的可信度。在這個大前提解決後，始能進一步討論其宗教內涵。下面擬就該問題略作考察。

二、老胡祝壽是史實還是文學虛構

諸多討論李白《上雲樂》的文章，都注意到清代學者王琦輯注的《李太白文集》在該詩題下有如下注釋：" 原注：老胡文康辭，或云范雲及周捨所作，今擬之。" 郭沫若先生認爲李白《上雲樂》是 " 根據梁代周捨的原辭發展了的 "。[①] 學術界大體是這樣認定的。因此，吾人無妨將其與被擬的周捨（？—524）《上雲樂》略作比較。今把周捨《上雲樂》迻錄如下：

西方老胡，厥名文康。遨遊六合，傲誕三皇。西觀濛汜，東戲扶桑。南泛大蒙之海，北至無通之鄉。昔與若士爲友，共弄彭祖扶牀。往年暫到崑崙，復值瑤池舉觴。周帝迎以上席，王母贈以玉漿。故乃壽如南山，志若金剛。青眼眢眢，白髮長長。蛾眉臨髭，高鼻垂口。非直能俳，又善飲酒。簫管鳴前，門徒從後。濟濟翼翼，各有分部。鳳皇是老胡家雞，師子是老胡家狗。陛下撥亂反正，再朗三光。澤與雨施，化與風翔。覘雲候呂，志遊大梁。重馴修路，始居帝鄉。伏拜金闕，仰瞻玉堂。從者小子，羅列成行。悉知廉節，皆識義方。歌管愔

---

① 郭沫若《李白與杜甫》，人民文學出版社，1971 年，頁 13。

悟，鏗鼓鏘鏘。響震鈞天，聲若鵷皇。前却中規矩，進退得宮商。舉技無不佳，胡舞最所長。老胡寄篋中，復有奇樂章。齎持數萬里，願以奉聖皇。乃欲次第說，老耄多所忘。但願明陛下，壽千萬歲，歡樂未渠央。①

比較李、周兩篇《上雲樂》，都是以西方老胡向中國天子祝壽爲主題，儘管作爲祝壽的具體對象不同；周捨生活在梁武帝時代，心目中的壽翁自是梁武帝蕭衍；而李白撰詩的具體年代，學術界的意見尚不統一，但可以肯定，不是在玄宗朝，便是在肅宗朝②；亦即是説，其心目中的壽翁不是唐玄宗李隆基，就是唐肅宗李亨。兩篇樂府所描述的祝壽活動，其主要祝壽者均是老小胡人，而且均非一般凡人。在周詩中，老胡的形貌是"青眼眢眢，白髮長長。蛾眉臨髭，高鼻垂口"；在李詩中，則描寫爲"巉巖容儀，戌削風骨。碧玉炅炅雙目瞳，黄金拳拳兩鬢紅。華蓋垂下睫，嵩嶽臨上唇。不覩詭譎貌，豈知造化神"。益顯神仙風貌。總之，都是以西域非凡人來向中國天子祝壽爲主題。祝壽舞蹈中亦都突出西域獅子和鳳凰的形象。兩篇詩歌的文辭雖不同，但情節無疑類似。因此，即便歷史上果有老胡向梁武帝祝壽引發周捨詩興，亦很難想象李白適有同樣緣遇，因睹老胡向唐天子拜壽遂擬周捨《上雲樂》以誌。較合理的解釋是：李白沿襲一個以華夏爲中心、四裔歸順、頌揚聖上豐功偉績的傳統主題，根據周詩的基本情節進行再創作。假如歷史上果有西域老胡以特有的技藝表演來向中國皇帝祝壽，並且已經形成習慣定式，那歷代的史書應有所記錄纔是，何以僅見於文學作品呢？因此，就老胡拜壽事，與其目爲史實，毋寧視爲文學的虛構，視爲李白刻意向皇帝獻媚的

---

① （宋）郭茂倩《樂府詩集》卷五一《清商曲辭八》，中華書局，第3冊，1979年，頁746—747。
② 分歧的理據之一是對詩中"陛下應運起，龍飛入咸陽。赤眉立盆子，白水興漢光"的解讀，或釋讀爲"將肅宗之定亂與繼統，比作漢光武之中興"，見任半塘《唐戲弄》，頁1254。或認爲"謂玄宗舉兵平韋后之亂"，"以光武喻玄宗"，見安旗主編《李白全集編年注釋》，巴蜀出版社，1990年，頁474—475。另一理據是對"中國有七聖"的解讀不同，有的認爲是指"唐之高祖、太宗、高宗、武后、中宗、睿宗及玄宗"，有的排除非李姓的武后，則包括肅宗。按《舊唐書·王縉傳》有云："五臺山有金閣寺，鑄銅爲瓦，塗金於上，照曜山谷，計錢巨億萬。縉爲宰相，給中書符牒，令臺山僧數十人分行郡縣，聚徒講説，以求貨利。代宗七月望日於内道場造盂蘭盆，飾以金翠，所費百萬。又設高祖已下七聖神座，備幡節、龍傘、衣裳之制，各書尊號於幡上以識之，舁出内，陳於寺觀。"見《舊唐書》卷一一八《王縉傳》，中華書局，1975年，頁3418。據此，則"七聖"乃排除武后而包括肅宗也。緣與本文主旨無關，不詳細討論。

一種藉託。

其實，多年來文藝理論家對周捨、李白這兩首《上雲樂》十分關注，作過很深入的研究。一般都把《上雲樂》當爲一種文學體裁，源於6世紀的梁武帝，作爲"致語"，誦於神仙向天子拜壽舞蹈之前。① 著名的戲曲理論家周貽白先生根據周捨《上雲樂》，對詩中老胡作了具體的詮釋：

> 所謂"老胡文康"，不過裝扮成一個西域老翁，帶領一班門徒，和用人扮成的鳳凰、獅子、孔雀、文鹿等禽獸的形兒。主要的表演卻是舞蹈，其間或有隊舞、獨舞，禽獸的形兒舞。有器樂作伴奏，也許有歌唱。②

周先生進一步點明該"老胡文康"，"係由當時的俳優所扮裝，或戴面具，或化裝成白髮長眉，高鼻垂口"。③ 如果周先生這一判斷不錯，則老胡不過是當時流行樂舞中"偽作假形，謂如神也"的"仙倡"④，絕非真來自西域的神仙或甚麼高人。就老胡的角色功能，伏俊璉先生根據前輩學者的研究，更明確表述道：

> 在舞蹈之前，由文康先誦一段開場白，誇述其來歷，並自表形貌和技藝，並藉機頌揚"聖德"。⑤

李白的《上雲樂》無疑是繼承這一套式。不過，由於作爲拜壽對象的具體天子不同，所頌的"聖德"各自有別，歌辭也就相應翻新，但主旨都是一致的：獻媚天子。

當然，作爲"西方神仙"的創作源泉是否與基督教有關，這還有進一

---

① 就這方面，任半塘先生作過很專門深入的研究，見氏著《唐戲弄》，下冊，頁1250—1287。
② 周貽白《中國戲劇的形成和發展》，見氏著《中國戲曲論集》，中國戲劇出版社，1960年，頁4。
③ 周貽白《中國戲劇的形成和發展》，頁4。
④ 《文選》張平子《西京賦》薛綜注，見饒宗頤編《敦煌吐魯番本文選》，中華書局，2000年，圖版，頁16。
⑤ 伏俊璉《〈漢書·藝文志〉"雜行出及頌德"、"雜四夷及兵"賦考》，《西北師大學報（社會科學版）》2001年第4期，頁53。

步討論的餘地。不過，假如像論者認定的那樣，李白詩中的"老胡文康"就是"老景教士"的話，那周捨所寫的"老胡文康"又是甚麼？難道在梁武帝時代就已有景教士入華並專門向他祝壽？難道周捨對基督教也有所了解？基督教入華的年代當然有可能早於傳統所認爲的唐代，但目前還沒有發現確鑿的證據。① 而上錄周捨的詩明顯是"演王母與穆天子故事"②，其中，"師子是老胡家狗"，尤與基督教《聖經》格格不入。檢索《聖經》（英文版），提及獅子（lion）凡一百七十五處③，從各種語境中，不難看出《聖經》賦予獅子的主要品性是勇猛，而且亦多次提到人與獅子你死我活的搏鬥。正如學者所指出："《聖經》是西方文學的一大源泉，是《聖經》確立了獅子與勇猛之間的聯繫。"④ 如果周捨所寫的老胡與基督教有關的話，恐不可能把獅子當爲馴服的家犬。而李白的詩更突出對獅子的描寫："五色師子，九苞鳳凰。是老胡雞犬，鳴舞飛帝鄉。淋漓颯沓，進退成行。"研究舞蹈史的學者認爲，此間所描寫的獅舞乃是古代獸舞之一。"獸舞，與百戲中弄獸不同，以舞者扮獸類舞，或模倣獸類跳躍回旋的動作。"⑤ 一提到獅舞，學者往往把其與《西涼伎》聯繫起來。⑥ 一般認爲："《西涼伎》是古代西域音樂、歌舞進入玉門關後，在河西走廊長期流傳並吸收了部分漢族文化而定型的一個極富有地域特色的文化品類，其內容起初包括音樂、舞蹈、雜技等。到了中唐時期，它又成了元稹、白居易'新樂府'詩歌中'即事名篇'的詩題。"⑦ 此處提到的元白"即事名篇"，即元稹《和李校書新題樂府十二首·西涼伎》（《全唐詩》卷四一九）和白居易《西涼伎》（《全唐詩》卷四二七，《樂府詩集》卷九八《新樂府辭九》）。學者又認爲："在《西涼伎》中，最有名也最具有生命力的藝術形式莫過於獅子舞了。"⑧ 此語良有以也。請看白居易《西涼伎》

---

① 學界有關該問題討論的概況詳參胡戟等主編《二十世紀唐研究》，頁606。
② 任半塘語，見《唐戲弄》，下冊，頁1251。
③ 網址爲 http://www.hti.umich.edu/r/rsv/simple.html，主網址爲：http://www.hti.umich.edu/r/rsv/，版本爲 Bible, Revised Standard Version。
④ 傅存良《李白〈上雲樂〉中的獅子形象》，《中國比較文學》1996年，頁65—74；引文見頁67。此文對《聖經》中有關獅子的經文多有引證，不贅。
⑤ 中國舞蹈藝術研究會舞蹈史研究組編《全唐詩中的樂舞資料》，人民音樂出版社，1958年，頁196。
⑥ 參陳寅恪《元白詩箋證稿》，上海古籍出版社，1980年，頁223—232。
⑦ 陳國學《西涼伎瑣議》，《社科縱橫》1999年第2期，頁44—45；引文見頁44。
⑧ 陳國學《西涼伎瑣議》，頁44。

首節："西涼伎，西涼伎，假面胡人假師子。刻本爲頭絲作尾，金鍍眼睛銀帖齒，奮迅毛衣擺雙耳，如從流沙來萬里。紫髯深目兩胡兒，鼓舞跳梁前致辭。"元稹《西涼伎》："獅子搖光毛彩豎，胡騰醉舞筋骨柔。"兩詩都突出了獅子舞。吐魯番考古亦發現了唐代獅舞俑[①]，可見當時流行的普遍。又據楊憲益先生考證，17世紀顧景星的《蘄州志》記載其時蘄州民間社戲尚保存唐代的《西涼伎》，其間顯著的特色就是獅子舞。[②]當今各地民間所流行的舞獅，據業師蔡鴻生先生的考證，乃"唐宋時代的遺風餘韻"。[③]中日學者的研究也證明獅子舞曾傳到日本。[④]不過，必須強調的是，儘管獅子來自西域，但獅子舞實際是一種頗爲華化的舞蹈。因爲古代波斯藝術中流行的風格是"人獅搏鬥"，而"人獅共舞"，顯然是爲適應中國人文環境而產生的變異，"因爲，按華夏文化的傳統，人（人文界）與天（自然界）的關係，應該是和諧的，而不是對抗的"。[⑤]

以上所論，無非是要說明景教藝術中是不可能出現人獅共舞的場面的。當然，無論是李白抑或周捨的《上雲樂》，除了老胡是西域打扮外，所描寫的種種技藝表演亦確有不少異域情調，尤其是李詩。其所寫"五色獅子"舞，很可能出自龜茲。正如陳寅恪先生考證上揭"白（居易）詩首節敍舞師戲情狀諸句"時，引"樂府雜錄龜茲部條云"：

> 戲有五常獅子，高丈餘，各衣五色。每一獅子，有十二人。戴紅抹額，衣畫衣，執紅拂子。謂之獅子郎，舞太平樂曲。[⑥]

這裏的"五常獅子"、"各衣五色"，當即李白詩中的"五色師子"。"五色"，照辭書的傳統解釋，謂"青黃赤白黑"。在周詩裏，雖提到獅子、鳳

---

① 王克芬《中國宮廷舞蹈發展的歷史軌跡及深遠影響》，榮新江主編《唐研究》第10卷，北京大學出版社，2004年，頁94。
② 楊憲益《民間保存的唐〈西涼伎〉》，見氏著《譯餘偶拾》，生活・讀書・新知三聯書店，1983年，頁67—71。
③ 蔡鴻生《唐代九姓胡與突厥文化》，中華書局，1998年，有關考證見《獅在華夏》章，即頁195—211。
④ 參閱葛曉音、戶倉英美《日本吳樂"獅子"與南朝樂府》，榮新江主編《唐研究》第10卷，頁111—138。
⑤ 蔡鴻生《唐代九姓胡與突厥文化》，頁203。
⑥ 陳寅恪《元白詩箋證稿》，頁230。

鳳，但對其舞姿並無具體描述；而李詩不僅有具體描述，而且特別指出參加舞蹈的獅子有五色。這實際暗示我們，在李白撰詩的年代，獅舞比周捨所生活的年代更有所發展，至少是在演出規模上更加壯觀。正如著名的舞蹈史家王克芬先生所指出：

> 唐代的"獅舞"已從"百戲"的綜合性表演中"獨立"出來，不僅在服飾化妝上做到形似，並採用豐富的舞蹈辭彙，刻畫獅子的各種情態，力圖做到神似。"獅子舞"已發展到一個新的水平。①

當然，這種發展與盛唐年代胡漢交往的空前密切自不無關係。更有，李白的"五色師子"，實際亦暗示我們，其所描述的樂舞表演確是面向天子，屬於舞蹈史家所指的"隋、唐宮廷宴享典禮所用樂舞"，即所謂隋唐"燕樂"。②因爲據陳寅恪先生的考證，"黃獅子者，非天子不舞也"。③既然是"五色師子"，自然包括黃獅子。李白對"五色師子"表演的渲染，顯然是爲了彰顯唐天子的崇高地位。此外，其詩中所云的"中國有七聖"，儘管今人對七聖的認定是包括武則天抑或肅宗尚有疑義，但指大唐開國以來諸皇帝則無爭議。突出中國諸皇帝，同樣是爲了強調大唐爲中心、四裔來朝的帝國思想。就這一點來說，是周詩所無的，也是周詩所不可能有的；因爲畢竟梁朝的國力遠不可與唐朝倫比。

誠如任半塘先生所指出，白詩中"含有不少百戲情形"，"並可能暗示一些幻術表演"。④這些在某種程度上亦反映了異域情調。王克芬先生把"百戲"定義爲"雜技、武術、幻術、滑稽表演、音樂演奏、演唱、舞蹈等多種民間技藝的綜合表演"。⑤若然，則任先生所提到的幻術表演，當亦屬於百戲內容之一。王克芬先生還在西漢桓寬所編著的《鹽鐵論》中找到有關百戲的詳細記載，並認爲百戲在漢代已頗爲盛行："'百戲'中的各種表演項目，不

---

① 王克芬《中國舞蹈史》（隋、唐、五代部分），文化藝術出版社，1987年，頁152—153。
② 參閱王克芬《中國舞蹈史》（隋、唐、五代部分），頁89。
③ 大唐傳載（參見語林伍補遺）云："王維爲太常丞，被人嗾令舞黃獅子，坐是出官。黃獅子者，非天子不舞也。"（見陳寅恪《元白詩箋證稿》，頁230）
④ 任半塘《唐戲弄》，下冊，頁1251。
⑤ 王克芬《中國舞蹈發展史》（增補修訂本），上海人民出版社，2003年，頁81。

僅廣泛盛行於民間，還以最具代表性，最能顯示漢王朝表演水平的藝術形式經常出現在宮廷，出現在皇帝招待域外使節及少數民族首領的集宴中。"[1] "漢代匯集了前代和外來的多種民間表演技藝，組成大型的綜合性表演藝術——'百戲'，廣泛流傳在宮廷、貴族和平民中間，這是漢代最主要的表演藝術形式。"[2] 根據這些經過嚴謹考證的結論，我們認爲李白所描寫的唐代百戲，固然由於唐代中西交通的發達增加不少異域情調，但基調還是對前代的繼承和發展。新增加的一些異國情調可能來自基督教教派流行的地區，如拜占廷、敘利亞等，但與基督教都沒有甚麼直接或內在的聯繫，緣在基督教進入該等地區之前，早就有這些百戲表演了，何況該等表演的形式和內容，於基督教的教義或禮儀均無徵。其無疑屬於西域文化，但非景教文化。在漢籍文獻的記載中，來華從事這些技藝表演的西域胡人，確有祆教徒[3]，但迄今未聞有任何學者能指證其中也有景教徒。即便論者認爲李詩中百戲表演的胡人就是景教徒，那亦不過是孤證，缺乏説服力。

當然，否定周捨《上雲樂》中有景教的成分，否定李白《上雲樂》中老胡拜壽事的歷史真實性，不等於就能否定李白在《上雲樂》的再創作過程中可以添加某些新的宗教成分，即如論者所云的景教教理。下面擬就該詩的所謂教理問題略作探討。

三、"大道"、"元氣"有無可能指景教的上帝

在李白《上雲樂》中，"大道是文康之嚴父，元氣乃文康之老親"兩句被認爲最具景教的味道。按，"大道"本來就是道家固有的術語，"言道乃萬物之母也"[4]。《老子道德經》有云："大道氾兮，其可左右，萬物恃之以生

---

[1] 王克芬《中國舞蹈發展史》（增補修訂本），頁82。
[2] 王克芬《中國舞蹈發展史》（增補修訂本），頁85。
[3] 如陳寅恪先生所考證的"伎女石火胡"的雜技表演，見氏著《元白詩箋證稿》，頁156；陳垣先生在《火祆教入中國考》所考證的唐張鷟《朝野僉載》卷三河南府立德坊、南市西坊胡天神廟以及涼州祆神祠祆主的幻術表演，見《陳垣學術論文集》第1集，頁317。
[4] 參閱李叔還《道教大辭典》，浙江古籍出版社，1987年，頁210上。

而不辭。""元氣"亦爲道家的術語,謂"大化之始氣也"①,即"天地未分前混一之氣"②。《漢書·律曆志》第一上有云:"太極元氣,涵三爲一。"③這些均爲辭書的常識。本來從字面上是不難解讀這兩句詩的,因爲學者們已確認這位祝壽的老胡名曰文康,那麼既然稱大道和元氣是他的父母,無非就是言其於開天闢地時就已誕生,是名符其實的"仙真"。其與基督教毫無關係,因爲按基督教的創世說,萬物爲上帝所造,造物主只有一個,如果李白有意藉用基督教的創世說,就不會把造物主變成爲"大道"和"元氣"一對父母。更有,如果李白知道並認同基督教上帝造人之說,在其詩中就不可能再來胡謅甚麼"女媧戲黃土,團作愚下人。散在六合間,濛濛若沙塵"。因爲把女媧當爲人類始祖,不過是古代中國母性崇拜的產物④,與基督教上帝造人說絶對不相容,斷不能"雜糅"在一塊。如果說,李白是藉道教"仙真"來爲唐天子祝壽,那就完全順乎情、合乎理。道教之所以對歷代統治者有吸引力,實際不在其教理,而在於其講究長生不老之術。像文康這樣一位開天闢地就已有之仙真,都來向天子拜壽,那麼天子自然是長生不老了。亦正因爲如此,任半塘先生認爲李白《上雲樂》"道教思想濃厚"。⑤其實,李白心目中的老胡宗教屬性在詩裏已夫子自道了:"生死了不盡,誰明此胡是仙真?""仙真",是道教對那些修煉得道、已經超脱凡俗的人,即所謂仙子、真人的稱謂,並無半點景味。而唐代基督教史的常識告訴我們,傳入的基督教派最初被官方稱爲波斯教或波斯經教,至天寶四載(745)九月,又被官方改稱大秦教。⑥假如李白果認爲該老胡就是景教師的話,恐怕就不該用"仙真"稱之,起碼應有來自大秦或波斯之類的某些暗示。

被李白附會到老胡身上的這些地道的道教或道家術語,卻被論者解讀成是指代上帝的景教術語。最初提出這一說法的邵牟和中村久四郎並没有就此

---

① 參閲李叔還《道教大辭典》,頁93下。
② 參閲《辭源》修訂本,商務印書館,1987年,頁271右。
③ 《漢書》卷二一上,中華書局,1962年,頁964。
④ 參閲楊堃《女媧考——論古代的母性崇拜與圖騰》,見《楊堃民族研究文集》,民族出版社,1991年,頁497—520。
⑤ 任半塘《唐戲弄》,下册,頁1251。
⑥ 《唐會要》卷四九"大秦寺"條下載天寶四載(745)九月詔曰:"波斯經教,出自大秦,傳習而來,久行中國。爰初建寺,因以爲名。將欲示人,必修其本。其兩京波斯寺,宜改爲大秦寺;天下諸府郡置者,亦準此。"(中華書局,1955年,頁864)

作出甚麽解釋，倒是上揭羅香林教授稱，"蓋即《聖經新約·約翰福音》所謂'太初有道，……道就是上帝'之意也"。劉陽先生除引證了這一段《聖經》的漢譯文外，同時並著錄其英文："In the beginning was the Word, and the Word was with God, and the Word was God."① 按，此處所引的漢譯《聖經》，並非唐代譯本，而是今人的譯本。其中把西文的 Word 意譯爲"道"，爲"上帝"，這完全是出自諳於中國傳統文化的近現代傳教士的傑作，絕非是繼承唐代景教徒的譯法。如此引用近人的譯例來證明古人亦必如此理解，乃以後證前也。嚴謹的論證應是：援引唐代以"道"或"元氣"來指代景教上帝的譯例。惜迄今沒有學者能就此作出成功的舉證。論者復云：

> 《聖經》中說上帝用泥土造人，始有人類。景教碑說："先先而无元，鼓元風而生二氣，暗空易而天地開，日月運而天地作。匠成万物，然立初人。"可見"大道""元氣"有指稱胡人創造萬物的"天父"的意思。②

此處論者並沒有忠實引證景教相關碑文，現據中山大學圖書館所藏景教碑乾隆朝的拓片著錄如下：

> 先先而无元，窅然靈虛，後後而妙有，惣玄摳而造化，妙衆聖以元尊者，其唯我三一妙身无元真主阿羅訶歟！判十字以定四方，鼓元風而生二氣，暗空易而天地開，日月運而晝夜作，匠成万物，然立初人。③

就這個問題的論證，上揭論者在引證相關的西安景教碑文時，漏了中間最關鍵的一句，而正是這一句，明確地道出立景教碑時，在華的景教徒把其心目中的造物主，即上帝乃稱爲"阿羅訶"，而不是甚麽"大道"或"元氣"。在敦煌發現的唐代景教寫本《宣元本經》，還用了114個字來解釋這個

---

① 劉陽《李白〈上云樂〉宗教思想探》，頁103。
② 劉陽《李白〈上云樂〉宗教思想探》，頁103。
③ 見本書《西安景碑釋文》第1—2行。

"阿羅訶"：

> 吾曰太阿羅訶，開无開異，生无心浣，藏化自然，渾元發无發，无性，无動。靈虛空置，因緣機軸。自然著爲象本，因緣配爲感乘。剖判參羅，三生七位，浣諸名數，无力任持；各使相成，教了返元真體。夫爲匠无作，以爲應旨順成，不待而變，合无成有，破有成无；諸所造化，靡不依由，故号玄化匠帝、无覺空皇。①

從這一解釋中，表明當時的景教徒無疑是以"阿羅訶"來指造物主。"阿羅訶"一詞，係敘利亞語 Aloha 的音譯，相當於希伯來語 Eloh 或 Elohim，即今通稱的耶和華，這在學界已成定論。由於這個名稱畢竟是音譯，中國人未必樂於接受，故又給其安上了一個頗有道教味道的漢文稱謂——"玄化匠帝无覺空皇"。在這篇討論萬物起源的經文中，儘管藉用了不少道家的術語、概念，但未見採用"大道"和"元氣"這兩個詞。筆者曾考釋過該經，認爲其出自景淨的手筆。② 該經曾流行於唐代，亦爲新近文物發現所證實。③ 在現存的敦煌本唐代景教寫經中，一般被認爲是同屬景淨作品的《景教三威蒙度讚》（P.3847），也是用"阿羅訶"來指造物主：

> 无上諸天深敬歎，大地重念普安和，人元真性蒙依止，三才慈父阿羅訶。④

同樣被認爲屬景淨作品的《志玄安樂經》，道味甚濃，全經沒有出現"阿羅訶"一名，但也未見使用"大道"和"元氣"二詞。如果學者對這些經文撰譯者的判斷無誤的話，則益證明至少在景淨年代，景教徒對造物主的稱謂，並不習慣用"大道"或"元氣"來指代。由是，吾人不得不認爲論者的立論，正是應了陳垣先生"無確實證據"那句話。

---

① 錄文參閱本書《唐代洛陽景教經幢〈宣元至本經〉考釋》一文。
② 拙文《敦煌遺書〈大秦景教宣元本經〉考釋》，初刊香港《九州學刊》第6卷第4期"敦煌學專輯"，1995年，頁23—30；修訂稿見本書《敦煌本〈大秦景教宣元本經〉考釋》一文。
③ 詳參本書《唐代洛陽景教經幢〈宣元至本經〉考釋》一文。
④ 參閱本書《敦煌景教寫本 P.3847 再考察》一文。

由於現存的唐代景教文獻，確實攙雜了某些道家的成分，因此，如果文獻中出現某些帶有道家色彩的域外高人，難免引起懷疑其或與景教有關。既然李白筆下的老胡頗類"仙真"，論者懷疑其爲景士，亦是可以理解的。但大膽的假設，需要小心地求證，慎下結論。要徹底落實這個問題，吾人不但得釐清在李白生活的年代，中國境內的景教徒是否曾經，或有無可能把這"大道"、"元氣"這兩個道家術語用於指代其所崇拜的最高神，還得查清李白本人在生時，是否曾與景教士接觸，是否曾讀過或研究過景教的經典，以至認爲景教的造物主就相當於道家的"大道"、"元氣"。

　　按一般認爲，李白出生於武則天長安元年（701），卒於代宗寶應元年（762）；但新近亦有學者認爲李白應生於神龍初年（約705），卒於大曆初年（約766）[1]，但無論如何，他一生主要活動於玄宗朝（712—756）和肅宗朝（756—761）。而景淨之立景教碑是在唐德宗建中二年（781），時李白已去世多年。有關景淨活動的另一個可考年代，見日本學者高楠順次郎所發現的《貞元新定釋教目錄》卷十七有關記載，云景淨於貞元年間（785—804）與迦畢試高僧般若合譯佛經，結果吃力不討好，遭到皇上批評。[2] 由是看來，景淨之活躍於中土傳教譯經，應在肅宗之後，應爲李白的後輩。從西安景教碑的碑文和景淨撰譯的一系列經文看，學界咸認爲景淨爲景教的本土化做出了巨大的貢獻。但由於李白所處年代早於景淨，殆不可能接觸景淨，亦不可能讀到他這些道化的作品。因此，即便論者所舉證的景淨用語能與李白的作品"對號入座"，亦缺乏說服力，更遑論用以比附的例證都"貨不對板"。

　　既然李白主要生活於玄宗、肅宗年代，其時已流行的景教經文中，是否有或可能有採用"大道"或"元氣"這類道家術語或概念呢？就迄今已知的唐代景教寫經中，不僅已確認爲真品的經文無從找到這些用語，就是那些疑

---

[1] 見舒大剛《再論李白生卒年問題》，《四川大學學報》2005年第5期，頁101—108。
[2] 原文爲："時爲般若，不閑胡語，復未解唐言；景淨不識梵文，復未明釋教。雖稱傳譯，未獲半珠；圖竊虛名，匪爲福利。錄表聞奏，意望流行。聖上濬哲文明，允恭釋典，察其所譯，理昧詞疏。且夫釋氏伽藍、大秦僧寺，居止既別，行法全乖。景淨應傳彌尸訶教；沙門釋子，弘闡佛經。欲使教法區分，人無濫涉；正邪異類，涇渭殊流。"《大正藏》（55），頁892上；參閱 J. Takakusu, "The Name of 'Messiah' Found in a Buddhist Book; the Nestorian Missionary Adam, Presbyter, Papas of China, Translating a Buddhist Sûtra", *T'oung Pao*, Vol. 7, No. 1, 1896, pp. 589-591。

爲贗品的敦煌寫本中①，亦未能找到。例如學界所熟悉的小島文書，其屬贗品，已沒有甚麼人提出異議；但其依據甚麼文本，現在尚未確認。其《大秦景教大聖通真歸法讚》，首句便是"敬礼大聖慈父阿羅訶"，對造物主的稱呼乃與景教碑同，用音譯"阿羅訶"。另外兩個寫本向被目爲唐代景教的早期譯經，即日人富岡謙藏氏收藏的《一神論》和高楠順次郎氏收藏的《序聽迷詩所經》，但依筆者的考證，現存的寫本顯爲今人僞造的贗品，但其內容或依據已佚失的敦煌古本。② 在這兩個抄本上，都提到造物主，但均未見有關的兩個術語。《序聽迷詩所經》起始 7 行有云：

尒時弥師訶說天尊序娑法云，異見多少？誰能說經義難息事？誰能說天尊在後顯何在？停止在處其何？諸佛及非人平章天、阿羅漢。誰見天尊；在於衆生，無人得見天尊，何人有威得見天尊？爲此，天尊顏容似風，何人能得見風？天尊不盈少時，巡歷世間居徧，爲此人人居帶天尊氣，始得存活。③

在這段話中，"天尊"無疑是指造物主。"天尊"乃道教術語，也就意味著該寫本即便抄自唐代景教的早期譯本，亦只能證明其時景教徒乃藉用道教術語"天尊"來稱造物主。

富岡謙藏氏收藏的《一神論》寫本，其中也有專論造物主之神力，起始 7 行有云：

万物見一神。一切万物既是一神一切所作，若見所作，若見所作之物，亦共見一神不別。以此故知一切萬物，並是一神所作，可見者不可見者，並是一神所造。之時當今，現見一神所造之物，故能安天立地，至今不變天。無柱支託，若非一神所爲，何因而得久立不從上落？此乃

---

① 有關敦煌景教寫經的收藏及研究詳參拙文《敦煌漢文景教寫本研究述評》，初刊余太山主編《歐亞學刊》第 3 輯，中華書局，2002 年，頁 251—287。修訂本見拙著《中古三夷教辨證》，中華書局，2005 年，頁 161—214。
② 參閱本書《富岡謙藏氏藏景教〈一神論〉真僞存疑》、《高楠氏藏景教〈序聽迷詩所經〉真僞存疑》二文。
③ 見本書圖版。

一神術妙之力，若不一神所爲，誰能永久住持不落？①

這裏的"一神"指的無疑也是造物主，該詞屬於漢語一般詞彙，並非某個宗教所專用。是以，假如古本確有這樣的經文，則證明當時景教師對本教經典的漢譯，亦力圖用現成漢字組成適當的詞彙，以表述自己的概念。這即意味著其對關鍵術語的"格義"，亦未必唯道家或道教的經典是瞻。

其實，要把"大道"、"元氣"這類比較複雜的道家哲學概念納入景教的思想體系中，與簡單藉用某一具體事物的名稱不同，必需對其有過相當的研究，有較深入的了解始能辦到。因此，景教是否能吸收、引入這些概念，實際亦標誌著其華化的深度。景淨所撰寫的西安景教碑文，所撰譯的景教經文，儘管不排斥有中土士人幫助潤色，但讀後無不令人感歎其漢文造詣之高，其對中華傳統文化思想了解之深。以景淨如此高的漢文程度，尚且未見其領會、接納、運用"大道"和"元氣"這樣的概念，以常理推測，在他之前的傳教士當然更難於做到，儘管目前還找不到甚麼具體資料可資佐證。

當然，儘管排除了李白生活年代景教已引進"大道"和"元氣"這類道門概念的實在可能性，但還不足以證明李白心目中，不可能把這些概念雜糅到景教中，假如他對兩者都感興趣、都有所領會的話，特別是像他這樣一位充滿想象力的大詩人。問題在於：李白生前是否曾對景教有過興趣，曾與景教徒有所過從。衆所周知，李白以"謫仙人"著稱，就迄今的資料，吾人可以找到李白與道教關係密切、深受其影響的種種證據，正如郭沫若先生所指出：

> 李白在出蜀前的青少年時代，已經和道教接近。在出蜀後，更常常醉心於求仙訪道、採藥煉丹。特別在天寶三年在政治活動中遭到大失敗，被"賜金還山"，離開了長安以後，他索性認真地傳受了道籙。②

儘管學界對郭老有關李白的觀點和評論未必認同，但對其所舉列李白與道教關係的史實殆無疑問。本文不擬另加贅證。李白作爲一個道教迷，單從

---

① 見本書圖版。
② 郭沫若《李白與杜甫》，頁134。

古代宗教的排他性角度考慮，吾人便難以想象他會對外來的基督教信仰亦感興趣。事實上，歷代有關李白研究的論著汗牛充棟，有關李白的生平年譜等資料，學者也作了很詳細的爬梳整理，但迄今未見有任何涉及李白與景教徒過從的蛛絲馬跡。依筆者觀之，李白在生時恐連景教都未曾關注過，更遑論與景教徒有所交往。

按，入傳唐代中國的景教，自太宗朝就被正式承認，在武宗會昌滅法之前，亦一直與李唐各朝皇帝保有密切關係，獲允在兩京和全國諸多州府建寺。[①]李白經常出入朝廷，應當知道朝廷對景教的態度，對該教必有所聞；他又周遊各地，對兩京和各州的大秦寺諒必不至於一無所知。應當說，李白是生活在一個很容易接觸到景教的環境氛圍之中，以他當時的地位、名氣、才學，只要他願意，他完全有條件與景教士對話溝通，他亦完全可以得到該教的漢譯甚或原版的經典。但看來，他對該教毫無興趣，毫不關注，否則，在他傳世的近千首詩篇中，詠懷抒情、敍事述物、記人寫景，無所不包，吾人至少可找到一些與基督教有關的詩篇進行互證；但遺憾的是，迄今卻僅有論者所舉證的《上雲樂》這一很難"確診"的"疑似病例"。

在唐代中國，不僅李白對景教不在意，其他的士人，即便由於種種原因，與景教徒有所交往，但亦未必以景教信仰為然，或情有所鍾。假如他們對景教有所留意，少不了要形諸文字，特別是形諸當時最盛行的詩歌。然而數量浩瀚的唐詩，儘管已被學者紛紛用以證史，但能用以證唐代景教史者，以筆者所知，唯沙畹、伯希和首先注意到的杜甫作於乾元二年（759）的詩歌《石筍行》[②]：

　　君不見益州城西門，陌上石筍雙高蹲。古來相傳是海眼，苔蘚蝕盡波濤痕。雨多往往得瑟瑟，此事恍惚難明論。恐是昔時卿相墓，立石為表今仍存。惜哉俗態好蒙蔽，亦如小臣媚至尊。政化錯迕失大體，坐看傾危受厚恩。嗟爾石筍擅虛名，後來未識猶駿奔。安得壯士擲天外，使人不疑見本根。[③]

---

① 詳參本書《西安景碑有關阿羅本入華事辨析》一文。
② Éd. Chavannes & P. Pelliot, "Un traité manichéen retrouvé en Chine, traduit et annoté (Deuxième partie, suite et fin)", *Journal Asiatique*, Mars-Avril 1913, p. 308, n. 5.
③ 《全唐诗》卷二一九，中華書局，1960年，頁2303。

該詩實際並未提到大秦寺,亦沒有對所寫"益州城西門陌上石筍"與大秦寺的關係作出任何暗示,他只是把石筍作爲一個景點,藉以抒發個人的情懷。學者們是通過宋代趙清獻《成都古今集記》等有關該地大秦寺的記載[①],遂得以對號入座。[②] 因此,該詩不僅不能説明杜甫對景教有所關注,相反的,恰好證明他對景教也毫不在意。

查康熙版《全唐詩》輯入唐代詩人1966位,詩作五萬多篇,爾後還不斷有所發現,加以輯補。該等詩篇反映了唐代社會歷史的方方面面,但迄今尚未見有誰能從中找出景教入詩的確實例證,這無異反證了唐代的知識階層——士人對當時基督教的淡漠。

四、餘論

論者之所以力證李白《上雲樂》包含著基督教思想,竊以爲,這恐怕與某種學術情結有關。緣照景教碑所述,景教在唐代中國頗爲興盛、備受禮遇,但吾人卻看不到其於當時思想文化的影響,作爲研究者,即便自身並非基督教徒,於此亦難免耿耿於懷,對疑似的資料自特別敏感。這完全可以理解,畢竟景教作爲一種外來的思想體系,既然已傳入中土,對當時的思想文化是應有影響的,問題是多還是少,大還是小。我們不能因爲資料稀缺、年代久遠、難以稽考,就斷言其毫無影響;但也不能想當然,認爲既然在唐代中國興盛過,就必定多所影響。依筆者觀之,景教傳入中國

---

① "石筍在衙西門外,二株雙蹲,云真珠樓基也,昔有胡人,於此立寺,爲大秦寺;其門樓十間,皆以真珠翠碧,貫之爲簾……蓋大秦國多璆琳琅玕,明珠夜光璧……多出異物,則此寺大秦国人所建也。"趙氏所記,後人多有轉錄,如見於南宋吳曾《能改齋漫錄》卷七《事實》"杜石筍行"條下,上海古籍出版社,1979年,頁190。

② 學者有關的考證參閱 A. C. Moule, *Christians in China before the Year 1550,* London 1930, pp. 71-72. F. S. Drake, "Nestorian Monasteries of the T'ang Dynasty and the Site of the Discovery of the Nestorian Tablet", *Monumenta Serica*, Vol. 2, No. 2, 1937, pp. 293-340. P. Y. Seaki, *The Nestorian Documents and Relics in China,* Tokyo 1937, repr. 1951, pp. 473-474, 476-479. 榎一雄《成都の石筍と大秦寺》,《東洋學報》第31卷第3號,1947年,頁247—261;謝海平《唐代留華外國人生活考述》,臺灣商務印書館,1978年,頁372—373;榮新江《〈曆代法寶記〉中的末曼尼和彌師訶》,見氏著《中古中國與外來文明》,生活·讀書·新知三聯書店,2001年,頁358—359;黃蘭蘭未發表之博士論文《唐代景教與宮廷——圍繞西安景教碑文内容的歷史考察》,中山大學,2003年。

是一回事，朝廷對景教的態度寬容甚或優禮又是一回事，景教對中國思想文化有多大影響更是另一回事，三者之間當然有聯繫，但並非有必然的因果關係。景教能否傳入中國，主要取決於該教在西域擴張及當時中西交通的狀況；朝廷對景教的態度主要取決於當時朝廷對自身地位、實力的自我評估及其對外政策；至於景教對中國思想文化的影響，這則涉及更複雜的原因。以當時中國所處的"高勢文化"，作爲中華傳統文化的主要載體——士人，要接受當時尚處低勢的西方基督教思想，談何容易？唐武宗《毀佛寺制》有云：

> 況高祖太宗，以武定禍亂，以文理華夏，執此二柄，是以經邦。而豈可以區區西方之教，與我抗衡哉！
> 收奴婢爲兩稅戶十五萬人，隸僧尼屬主客，顯明外國之教。勒大秦穆護祆三千餘人還俗，不雜中華之風。①

玩味這兩段制文，就不難想象唐代景教除非像宋元摩尼教那樣，徹底華化，成爲中國的民間宗教，否則，是很難在古代中國的思想文化中產生實質性的影響的。其實在唐代，不唯景教，摩尼教亦是如此。唐代摩尼教曾藉助回鶻的勢力，其盛行尤勝於景教矣，但有誰能舉證摩尼教對當時思想文化有何影響呢？倒是祆教，迄今雖未見其翻譯甚麽經典，但其種種禮俗，作爲胡俗的重要組成部分，卻流行於華夏民間，見載於士人筆端。有鑑於此，如果我們能找到唐代景教影響當時思想文化的某些蛛絲馬跡，甚或明確證據，固然是好事，是成績；但找不到，實在也不必去湊合或附會。竊以爲，與其勉強去尋找唐代基督教影響當時思想文化的痕跡，毋寧去深入探索其對當時思想文化難以產生影響的原因。

（本文初刊《文史》2007年第2輯，總79輯，頁169—186）

---

① 《唐會要》卷四七，頁840、841。

西安景碑有關阿羅本入華事辨析

一、問題的提出

儘管學者認爲唐代之前，中國應有基督教徒活動，但作爲基督教的一個重要教派聶斯脫里派（Nestorianism），即漢文所稱波斯教、大秦教、大秦法、景教等，其有文獻可考的入華年代，則只能追溯到唐太宗貞觀年間。首位有名可考的來華景教僧侶是阿羅本，就中國景教史而言，阿羅本無疑是中國景教會的開山祖。阿羅本到達長安的時間，大多數學者都相信是在唐太宗貞觀九年（635）。根據是西安景碑正文第8至9行所云：

太宗文皇帝，光華啓運，明聖臨人，大秦國有上德曰阿羅本，占青雲而載真經，望風律以馳艱險。貞觀九祀，至於長安。帝使宰臣房公玄齡，惣仗西郊，賓迎入內。翻經書殿，問道禁闈。深知正真，特令傳授。[1]

不過，此事教外典籍尚未見錄，景碑所云，不過是孤證一條。是以，陳垣先生早在1927年講演"基督教入華史"時便已質疑道：

唐貞觀九年，景教傳至今陝西省城。這樣興盛的教，同時中國大詩人杜甫、李白，對這樣的事，無論贊成、反對或批評，總應有意見發表才對，然而他們沒有，這是很奇怪的一件事。[2]

---

[1] 見本書《西安景碑釋文》一文。
[2] 引文據《陳垣學術論文集》第1集，中華書局，1980年，頁96。

事隔80年，儘管有先進的古籍數據庫檢索技術可資利用，但仍未能在明代天啓年前歷代官方文獻或詩文筆記中，找到阿羅本入華事跡的相關綫索，遂更令人懷疑景碑所述的可信度。

按景碑立於德宗建中二年（781），碑文的記述，距阿羅本之來華約一個半世紀，但作者景淨對中國景教史如此光輝的開篇，居然全不引經據典，唯以"講古"的形式加以陳述。這不可能是景淨一時疏忽，或認爲無此必要；緣其在碑文，就不厭其詳地引錄貞觀十二年認可景教的詔令，還徵引《西域圖記》及漢魏史策"有關大秦國的記載。① 然像"帝使宰臣房公玄齡，惣仗西郊，賓迎入內"這樣體面的禮遇，假如有典可據的話，焉會不加援引，以增可信度、權威性。是以，前賢質疑此事，良有以也。竊以爲，如此一次高規格的官方外事活動，史籍絕無失載之理，即便當時官方記錄佚失，但歷代士人亦不可能"集體失語"。由是提示吾人：對景碑這段文字所述事件的真實性，或真僞程度，不得不持審慎的態度，細加檢驗。下面擬就有關資料作一辨析，庶幾有助於更實事求是地構建唐代基督教史。

二、景碑版貞觀十二年詔辨析

阿羅本確有其人，不過，見於官方文獻的最早記錄是貞觀十二年，《唐會要》卷四九有載：

貞觀十二年七月詔曰：道無常名，聖無常體，隨方設教，密濟羣生。波斯僧阿羅本，遠將經教，來獻上京，詳其教旨，玄妙無爲，生成立要，濟物利人，宜行天下。所司即於義寧坊建寺一所，度僧廿一人。②

此詔文未見於現存宋敏求所輯《唐大詔令》，馮承鈞先生推測"或在所

---

① 景碑正文第12至13行："案《西域圖記》及漢魏史策，大秦國南統珊瑚之海，北極衆寶之山，西望仙境花林，東接長風弱水。其土出火綄布、返魂香、明月珠、夜光壁，俗無寇盜，人有樂康。"參見本書《西安景碑釋文》一文。
② 《唐會要》卷四九，中華書局，1955年，頁864。

闕二十三卷之中"。①該詔令對景教在華傳播的劃時代意義,景淨比教外人自更清楚,爲譜寫其中國教區的"光輝歷程",遂在碑文正文第 9 至 11 行,詳加徵引:

> 貞觀十有二年秋七月,詔曰:道無常名,聖無常體,隨方設教,密濟群生。大秦國大德阿羅本,遠將經像,來獻上京,詳其教旨,玄妙無爲,觀其元宗,生成立要。詞無繁說,理有忘筌,濟物利人,宜行天下。所司即於京義寧坊造大秦寺一所,度僧廿一人。

只要仔細比較上面《唐會要》和碑文兩者的引錄,就會發現如下的差異:

其一,《唐會要》稱阿羅本爲"波斯僧",景碑卻冠以"大秦國大德";

其二,《唐會要》稱阿羅本帶來中國的是"經教",景碑稱作"經像";

其三,對阿羅本所攜"經教"的詞章義理,《唐會要》沒有"詞無繁說,理有忘筌"八字褒評;

其四,《唐會要》但云"建寺一所",景教碑明確爲"造大秦寺一所"。

上揭詔令景碑版與會要版的四點差異,看來並非像前賢以爲那樣,"不過稍改過幾個名詞而已"②,亦未必如西方學者所判斷那樣,即《唐會要》是對原詔文的節錄,景碑版則是完整著錄原文,而稱大秦則是按當時的一般叫法③。竊以爲,兩者的不同應是徵引者對原詔令刻意增改的結果。理由如次。

其一,《唐會要》尚保有天寶四載(745)的改名詔令:

> 波斯經教,出自大秦,傳習而來,久行中國。爰初建寺,因以爲名。將欲示人,必修其本。其兩京波斯寺,宜改爲大秦寺。天下諸府郡置者,亦準此。④

---

① 馮承鈞《景教碑考》,商務印書館,1936 年,頁 59。
② 陳垣《基督教入華史略》,《陳垣學術論文集》第 1 集,頁 84。
③ Cf. Antonino Forte, "The Edict of 638 Allowing the Diffussion of Christianity in China", in P. Pelliot, *L'inscription Nestorienne de Si-ngan-fou*, edited with supplements by Antonino Forte, Kyoto, Paris 1996, pp. 349-367.
④ 《唐會要》卷四九,頁 864。

據該詔令，要到天寶四載之後，亦即上揭貞觀十二年詔之後107年，景教始與"大秦"掛靠。在此之前，在漢人心目中，其不過是源自波斯的一種胡教，其寺亦相應稱爲波斯寺、波斯胡寺。即便在此改名詔頒佈以後，方志著作仍沿襲原先的叫法，對天寶四載之前所建的景寺，照稱波斯寺不變。[①]查中古波斯不過是基督教的傳播地之一，如果按宗教的發祥地或宗教最高教主駐錫地來命教名，亦沒有理由將阿氏帶來的宗教稱爲波斯教。把基督教這一企圖使中華歸主的普世宗教，當爲波斯人所信奉的一種胡教，即族羣宗教，對華人來說，自是無所謂，不過是出於誤解；但在景士們看來，則當認爲是被大大矮化，勢必耿耿於懷。

就天寶四載這道詔令，儘管在現存唐代文獻，尚未能找到其起草的背景綫索，但只要仔細審視，便可看出其應非朝廷所主動頒發，而是對景教徒奏請的回應。按詔文既稱波斯經教已久行中國，則意味著朝野已接受了這一稱謂，把其寺相應稱爲波斯寺亦就無可厚非；而今竟鄭重其事，爲其正本清源，修正先朝的叫法，改稱"大秦"，如果不是景士一再向朝廷澄清，當今皇上或其近臣已得到景士的好處，朝廷何以會發現當初命名之不確，而且居然不爲先皇諱，下詔正名？詔文中用以正名的理由是："將欲示人，必修其本。"該教早在逾百年前便已正式在中國亮相，並非到天寶年間始"將欲示人"，難道在既往的百年裏，該教的信徒都沒有"修其本"？是以，這一理由不過是不成理由的理由，很可能是按景士"辯本"的口氣擬的。因此，吾人蓋可肯定地說：景士在詔令下達之前，必定曾有千方百計討好朝廷、獻媚玄宗的行動；正如碑文正文第16至17行文字所披露：

> （天寶）三載，大秦國有僧佶和，瞻星向化，望日朝尊。詔僧羅含，僧普論等一七人，與大德佶和，於興慶宮修功德。於是天題寺榜，額戴龍書。

此事雖不見載正史，但與次年爲景教正名事聯繫起來考察，不由令人相

[①] 如清代董祐誠編纂的《長安縣志》，成書於嘉慶十七年（1812），其卷二十二云及長安義寧坊的景寺，仍稱波斯胡寺："案《長安志》，皇城西第三街，從北第三義寧坊波斯胡寺，太宗爲大秦國胡僧立，其地正鄰唐城西垣，直今城西五里。今大秦景教碑在崇聖寺中，疑即古波斯胡寺也。"

信所述並非憑空編造。據段晴教授的考證，佶和是敍利亞大主教派來唐朝的第三任主教。① 由是筆者推測這位新任主教來華伊始，諒必對其宗教在華被矮化成波斯胡教特別敏感，因此力圖與朝廷溝通，澄清其教的本源。其必定是抓到某一機緣，主動奏請帶一批高僧到宮裏爲玄宗"修功德"（當爲祈禱之類的宗教儀式），最後獲允。此事到了景淨筆下，自然就變成玄宗主動詔請了。無論如何，新任主教這一行動必定使龍顏大悅，遂得以乘機提出正名的請求，結果亦如願以償："於是天題寺榜，額戴龍書。"所題的"寺榜"當然不再是"波斯寺"，而是"大秦寺"了。不過，這一題字很可能是到次年改名詔頒下後纔得到。

景士們勒石刻碑，旨在讓其宗教流芳百世，名垂青史。竊以爲，碑文不引錄上揭天寶四載的詔文，徑自修改貞觀十二年的詔文，目的無非掩飾景教入華早期的尷尬處境，塑造其教一貫體面的形象。

其二，上揭《唐會要》貞觀十二年和天寶四載的兩個詔令，都明確表述阿羅本帶來的是波斯"經教"，這"經教"二字，意味著其帶來的是文字經典。這暗示阿氏初到時，必沒有向官方展示甚麼聖像。碑文本身敍述阿氏貞觀九年到長安時，亦但言"占青雲而載真經"，而不是"載經像"，這實際是景淨無意中露出的破綻。其實，基督教本來就不尚神像崇拜，上帝無形不可見，自不待言；而聶斯脫里派更認爲基督有二主體，一爲有形可見之人，一爲無形不可見之天主聖子，既然聖子是無形的，就更不用設像崇拜了；該派認爲聖母"僅爲天主聖子所結合之人之母"，"聖母不能稱爲天主之母"，因而其教徒亦不拜瑪麗亞。② 可見，即便基督教的其他教派有拜耶穌、有拜聖母，但阿氏所奉聶派，亦不會流行聖像崇拜。阿氏來華前，焉知其未來的教民乃崇尚形象化的神，而且爲遷就他們，竟違反教規，製作神像隨身攜帶呢？

當然，阿氏之教，入華初期不可能流行聖像崇拜，但不等於爾後亦堅持不拜聖像。其教必定要因應華情，始可望有所成就。1908年，斯坦因在敦煌第17窟發現唐代一幅高88英寸、寬55英寸的絹畫，畫的是一位頭戴十字

---

① 段晴《唐代大秦寺與景教僧新釋》，收入榮新江主編《唐代宗教信仰與社會》，上海辭書出版社，2003年，頁434—472，有關討論見頁446。
② 參閱羅香林《唐元二代之景教》，香港中國學社，1966年，頁2—3。

架王冠,手持十字架權杖,背有光環的景僧形象,學者多認爲其應是耶穌。①若然,則當時中國較爲流行的應是耶穌行教的圖像。這顯然是投中國人之所好,緣古代國人所塑造、描繪的諸神形象,多爲"菩薩低眉"那樣慈悲衆生,或是"金剛怒目"那樣威鎮四魔。至於是否有耶穌受難的圖像,目前考古尚未發見;不過,竊意即便有,亦不會很流行,緣其垂死於十字架的形象,與國人所想象法力無邊之神,截然不同,難以接受爲宗教儀式的崇拜對象。②上揭的絹畫,看來是用於祈禱等宗教儀式。由是,可以推測,至遲到了景淨時代,中國景教已有聖像崇拜;否則,景淨不會把"經教"改爲"經像"。這一改動,實際暗示吾人,就中國景教徒的聖像崇拜的行爲,即便敍利亞總會鞭長莫及,未加責難,新來的傳教士也當不以爲然。景淨身爲中國教區的領袖人物③,把中國景教聖像崇拜之源,直溯至開山祖阿氏身上,至少可以減少或省卻内部的爭論。

其三,"大德"一詞,爲中國佛教的術語,原係對長輩僧侶的敬稱。④阿羅本所屬的基督教聶斯脱里派,對各級神職自有一套稱謂,對尊者亦不無敬稱,但格義成佛門"大德",無疑不在入華伊始的時候。何況,教外文獻在行文中對景僧一直唯稱"波斯僧"、"胡僧"耳,未見採用過"大德"或"上德"之類的尊稱。即便到了景淨年代,亦不例外,如貞元三年(787)前後,迦畢試(罽賓)國僧人般若曾與其合譯《六波羅蜜經》,佛典但云"乃與大秦寺波斯僧景淨依胡本譯成七卷"。⑤時至宋代,亦未改變這一習慣。宋敏求《長安志》,撰成於熙寧九年(1076),其卷十所記唐義寧坊波斯胡寺,注稱阿羅本爲"大秦國胡僧":

---

① 該畫復原圖見佐伯好郎的《景教の研究》(東京東方文化學院東京研究所,1935 年)、《支那基督教の研究》第 1 卷(東京春秋社,1943 年)及 *The Nestorian Documents and Relics in China* (Tokyo 1937, repr. 1951);近時出版物則見載於克里木凱特著、拙譯《達·伽馬以前中亞和東亞的基督教》(臺北淑馨出版社,1995 年),川口一彥編著《景教》(東京桑原製本有限會社,2003 年)、顧衛民《基督宗教藝術在華發展史》(香港道風山基督教叢林出版社,2003 年;上海書店出版社,2005 年)等。
② 在元代松州地區(今内蒙古赤峰市松山區松州古城遺址)曾發現一枚青銅製帶鏈十字架,十字架上有基督受難像(見《道出物外——中國北方草原絲綢之路》,香港大學美術博物館,2007 年,頁 222—223)。就造型看,應爲歐洲天主教徒的佩戴物,可能是到蒙古活動的歐洲傳教士之遺物。
③ 有關景淨身份的考證詳參本書《唐代景僧名字的華化軌跡》一文。
④ 詳參本書《唐代"景僧"釋義》一文。
⑤ 《大唐貞元續開元釋教録》卷一七,《大正藏》(55),頁 755 下。

義寧坊 本名熙光坊,義寧元年改,街東之北,波斯胡寺 貞觀十二年大宗爲大秦國胡僧阿羅斯立。 ①

足見原詔令不可能出現"大德"這樣的字眼,景淨顯然是以其時教會對阿氏的敬稱,套到早年的詔令上。竊以爲,如此添改,並非單純出於對先賢的敬畏,其下意識是向教內外人士昭示朝廷對其景教的一貫尊崇。就行爲本身,實際就是假詔令之名,擡高景教在中國的社會地位。

其四,西方學者或以爲景碑版是詔令完本,而會要版則爲略本。竊以爲未必也。其實,兩個版本的詔文,除對阿羅本和景寺稱謂不同、"經教"和"經像"不同外,就詔令的實質性內容,會要版較景碑版不過是少了"詞無繁說,理有忘筌"八字。難道《會要》編者會出於個人的好惡,輯此詔令時獨略此八字?若就現存詔令的上下文看,這八個字應非原來固有,而是景淨擅自添加的,理由如下。

按《會要》版詔令陳述阿羅本宗教"宜行天下"原因,不外是"詳其教旨,玄妙無爲,生成立要,濟物利人"十六個字。其中"生成立要,濟物利人"八個字,並非是對其教的特有評價,因爲任何宗教何嘗不可這樣自我標榜,統治者要批准哪一宗教,實際都可以套用這一評語。而"玄妙無爲"四字,本是道教的自我標榜。如唐代著名道士吳筠所云:"夫道者,無爲之理體,元妙之本宗,自然之母,虛無之祖。"②吾人固知,原教旨的基督教,無論是其核心,抑或是外表的特色,實際都很難與"玄妙無爲"相聯繫;而阿氏時期的譯經,亦未必能像景淨所譯那樣華化,充滿道味。不過,阿氏在自我推介宗教時,可能爲迎合朝廷口味,刻意以道教的"玄妙無爲"自況,詔文起草者亦信以爲然,遂亦用之。從評價阿氏宗教這十六字,吾人實在看不出朝廷對該教有多少了解;相反的,倒可透視出朝廷對該教的誤會或無知。竊意太宗之所以同意"宜行天下",自權衡過利弊,認爲尚可讓其在華流行,而詔令的起草者遂揣摩聖意,苟美言幾句,權作理由,並藉以搪塞那些有異議之人士,尤其是站在儒釋道立場持反對態度的臣僚。至於"詞無繁說,理有忘筌"八字,對該教辭章義理揄揚有加,並非應酬客氣之話。若未對其經典認真讀過,或對該教確

---

① (宋) 宋敏求撰,(清) 畢沅校正《長安志》卷一〇,臺北成文出版社,1970 年,頁 245。學者咸認爲"阿羅斯"應爲"阿羅本"之誤。
② 《全唐文》卷九二六,吳筠(二)《守道》,中華書局,1983 年,頁 9653。

有感情的話，斷難口出此言。如上面已論及的，朝廷連該教的源流宏旨都一無所知，把其矮化爲波斯胡教，説明臣僚們根本就未讀過或讀不懂其經文，而今何以竟會對其經文褒獎若是？試想，阿羅本之前，景教全無漢譯經典的經驗，而其甫入華譯經，焉能以辭章折服朝廷飽學之士？因此，竊意這八字與其説是朝廷對阿氏宗教的佳評，毋寧説是景淨自我欣賞之詞。查敦煌本《尊經》臚列三十五部景經名稱，據按語所云，該等經典係"本教大德僧景淨"所"譯"（其實應爲撰、撰譯或編譯）[①]；從現存可歸景淨名下的漢文景經看，應當説，文筆是不錯的；而他所撰的碑文，辭章亦未必有多可詬病者。因而，在景淨的潛意識中，或許對自己的説教，蓋以"詞無繁説，理有忘筌"自詡；在篡改先皇詔令時，便自覺不自覺地把此八字植入。

按原詔令頒於公元 638 年，景淨勒碑則在公元 781 年，兩者相隔 143 年。他或許通過什麽關係，從朝廷的檔案過錄該詔令。此外，當時適逢蘇弁、蘇冕兩兄弟，正在類輯唐初至德宗時事，編纂《會要》，上揭有關大秦寺的這兩道詔令，正好見諸蘇氏兩兄弟所編《會要》的最後一卷，即第四十九卷；景淨或許找到蘇氏兄弟過錄該詔令。不過，上述這兩種做法都涉及教外人士，亦容易引起他人對該詔令的關注，這難免使景淨添改詔文不得不有所顧忌，故可能性不大。竊以爲最大的可能性是：這一道專爲景教頒發的詔令，長安大秦寺世代保存著；景淨諒必以爲事隔幾朝，教外人當不會關注，遂在撰寫碑文時敢於隨意"加工"。

以上的分析如果尚可接受，則至少可目景淨爲篡改朝廷詔令的"疑犯"。景碑之立，諒必有一番隆重儀式，但畢竟是教内盛事，教外士人未必參與，朝廷亦未必有官員光臨。即便有，亦可能惑於碑文中頌揚諸皇帝的諛詞，未必會注意到其篡改詔令的行徑。實際上，其所篡改的是逾百年前的詔令，與當今皇上無關，與當時現實無關；所以，即便被發現，亦未必會受追究。吾人之所以"偵查"此"陳年舊案"，無非是要説明：景淨出於宣揚本教的目的，連引錄詔文都敢隨意改動，那麽其關於阿羅本貞觀九年入華記述，未必就會忠實於歷史，會不會亦出於同一目的，或是杜撰，或加誇張渲染呢？

---

① 詳參本書《敦煌景教寫本 P. 3847 再考察》一文。

三、貞觀九年禮遇阿羅本事質疑

儘管景淨對貞觀十二年的詔令有所增改，但朝廷認可阿氏宗教這一基本內容，《唐會要》與景碑是一致的，足見確有其事。當然，據該詔令，亦可以合理推想：阿氏可能在此之前一段時間到達中國，對華情已有所了解，並努力與朝廷溝通，終於在貞觀十二年取得認可。正因爲存在這種實在可能性，在景淨之前，如果教會內部有流傳祖師在貞觀九年到達長安一說，是事出有因，而非空穴來風。不過，碑文所云的"帝使宰臣房公玄齡①，惣仗西郊，賓迎入内"，則未必就是事實。因爲照常理推測，帝使宰臣到西郊迎接阿羅本，説明朝廷對阿氏十分敬重，對其宗教早有深知，認爲很有必要請其來傳教，始會如此隆重接待。假如事情果是如此，則貞觀十二年詔令的内容當應在貞觀九年頒發，何以待到三年後始下詔認可其教，爲其建寺度僧呢？我們無妨把阿羅本所受之的禮遇，與十年後，即貞觀十九年接待玄奘法師歸國到京作一比較，後者是由"京城留守左僕射梁國公房玄齡"，"遣右武侯大將軍侯莫陳實、雍州司馬李叔眘、長安縣令李乾祐等奉迎，自漕而入，舍於都亭驛"。② 兩者很相似，主角都是房玄齡。不過前者似乎規格更高，因爲是房玄齡親自到城郊迎接。其實，在唐代佛教史上，儘管求法歸來的高僧不少，但享有朝廷如此高規格接待的僧人，除玄奘外，唯義淨耳。③ 至於外來高僧，諸如被稱爲"开元三大士"金剛智、善无畏、不空等，還有見諸《宋高僧傳》的其他衆多著名梵僧，在彼等初到京城時都未受到如此禮遇。我們實在無從想象當時阿羅本以何德、何能、何功，竟能先聲奪人，震動聖聽，以至勞動宰臣到城郭恭迎。筆者懷疑，對阿羅本禮遇之高，既於史無徵，於理不通，

---

① 貞觀三年，房玄齡"拜太子少師，固讓不受，攝太子詹事，兼禮部尚書"，次年"代長孫無忌爲尚書左僕射，改封魏國公，監修國史"，"九年，護高祖山陵制度，以功加開府儀同三司"。（《舊唐書》卷六六，頁2461）

② （唐）慧立、彦悰著，孫毓棠、謝方點校《大慈恩寺三藏法師傳》卷六，中華書局，1983年，頁126。

③ 義淨"慕玄奘之高風"而求法，"經二十五年，歷三十餘國，以天后證聖元年乙未仲夏，還至河洛，得梵本經律論近四百部，合五十萬頌，金剛座真容一鋪、舍利三百粒。天后親迎于上東門外，諸寺緇伍具旛蓋歌樂前導，勑於佛授記寺安置焉"（[宋]贊寧撰，范祥雍點校《宋高僧傳》卷第一"譯經篇第一之一"《唐京兆大薦福寺義淨傳》，中華書局，1987年，頁1）。

但碑文卻又言之鑿鑿，時、地、人俱全，很可能是參照接待玄奘法師歸國的規格編造出來。至於碑文所稱"翻經書殿，問道禁闈。深知正真，特令傳授"這些話，似乎就不必另有版本參照，直由貞觀十二年詔便可演繹而出。

此外，就阿羅本帶來的"波斯經教"，貞觀十二年詔令雖給予肯定的評價，但行文中對阿氏本人並沒有表示特別的崇敬，但稱其爲"波斯僧"耳。如果貞觀九年確已高規格接待他，經三年的"考察"，更"深知正真"的話，對阿氏即便不稱聖僧、神僧，恐怕至少亦得尊稱大德、上德之類。由此益見阿羅本即便是在貞觀九年到達長安，朝廷亦不當一回事。

當然，景淨所述，雖可筆下生花，但未必純係自己杜撰，亦或有所本。竊意這個"本"，只能求諸教會內部歷代景士的口頭傳說。其實，這一口碑在景淨之後，隨著時間的推移，還不斷被加工。見諸敦煌景教寫本P.3847《尊經》之後的"按語"有云："唐太宗皇帝貞觀九年，西域太德僧阿羅本，屆于中夏，並奏上本音。房玄齡、魏徵宣譯奏言。"這裏，把魏徵也擡出來！魏徵乃一代諍臣，身後尤有令名。[1] 假如當時連他亦出來爲阿羅本捧場，景淨在上揭碑文中焉會漏其大名？由於該按語是唐亡後，敦煌景教徒抄錄整理景教經文時所撰[2]，是以，其說無疑是景碑之後的新版本。

阿羅本貞觀九年到達長安事，儘管孤證難立，但不少學者還是信以爲真。諸前輩學者亦曾力圖從同時代的中西交通史事中，尋找事情的綫索和根據。就陸路交通而言，馮承鈞先生尤力排他說，獨倡于闐說，即據《新唐書·于闐傳》，推測介紹阿羅本到中國者乃"是年入侍之于闐王子"，"阿羅本隨于闐王子至長安"。[3] 若此論得實，而一代名相房玄齡又確到城郊迎接的話，則教會可能把朝廷對于闐王子的高規格接待，用移花接木的手法，說成是對其祖師的禮遇。不過，筆者對此不無懷疑。按，《新唐書·于闐傳》對此事的有關記載是：

> 王姓尉遲氏，名屋密，本臣突厥，貞觀六年，遣使者入獻，後三

---

[1] 魏徵本傳見新舊《唐書》。《舊唐書》卷七一載：太宗即位其年（627）"遷尚書左丞"，貞觀二年"遷秘書監，參與朝政"，貞觀十六年（642）薨；《新唐書》卷九七則稱其卒於貞觀十七年（643）。

[2] 詳參本書《敦煌景教寫本P.3847再考察》一文。

[3] 馮承鈞《景教碑考》，頁56。

年，遣子入侍。①

馮承鈞先生據此處的"後三年"，把于闐王子入侍事推算爲貞觀九年，正好與景碑所云阿羅本到達長安的時間同年。但成書更早、資料更翔實的《舊唐書》，其《于闐傳》有關的記載卻作：

先臣于西突厥。其王姓尉遲氏，名屈密。貞觀六年，遣使者獻玉帶，太宗優詔答之。十三年，又遣子入侍。②

這就是說，如果按《舊唐書》的記載，于闐王子入侍事，完全與阿羅本掛不上鈎。即使于闐王子是在貞觀九年入侍，那亦未必帶阿氏同來。按7世紀的于闐王室尊崇佛教，文獻記載鑿鑿，且有當年翻譯的于闐語佛典爲據；③若云其亦信基督，則於史無徵，亦乏考古遺物可證。④故如果說，于闐王向唐朝推介一位佛教高僧，吾人不敢不信；若云推介的是一位基督教傳教士，則令人懷疑。或云，開元七年（719），吐火羅國王不亦推薦摩尼高僧給唐朝嗎？⑤同理，于闐王推介景僧亦無不可。竊以爲，兩者不可相提並論也。吐火羅之流行摩尼教，已被19世紀末20世紀初吐魯番考古發現所證明，其間出土了吐火羅文摩尼教寫本殘片；是以，當地有該教高僧活動，王室與之有過從，這不難理解；何況國王是否爲摩尼教信徒，與其推薦該僧並無實質性之關係，緣其推薦的首要理由乃該僧能"解天文"，亦就是說，其有實用

---

① 《新唐書》卷二二一上，頁6235。
② 《舊唐書》卷一九八，頁5305。
③ 參閱張廣達、榮新江《于闐史叢考》，上海書店出版社，1993年，頁14—19。
④ 有關新疆基督教的記載和考古遺物，就目前所知，殆未有可追溯至7世紀初葉者。參閱 E. C. D. Hunter, "Syriac Christianity in Central Asia", *Zeitschrift für Religions- und Geistesgeschichte*, Vol. 44, 1992, pp. 362-368; "The Church of the East in Central Asia", *Bulletin of the John Rylands Library*, Vol. 78, No. 3, 1996, pp. 129-142.
⑤ 事見《冊府元龜》卷九七一："（開元七年）六月，大食國、吐火羅國、康國、南天國遣使朝貢。其吐火羅國支汗那王帝賒上表獻解天文人大慕闍。其人智慧幽深，問無不知。伏乞天恩喚取慕闍，親問臣等事意及諸教法，知其人有如此之藝能，望乞令其供養，并置一法堂，依本教供養。"（並見同書卷九九七及《太平寰宇記》卷一八六）法國沙畹、伯希和最早把這一記載當爲摩尼教史料徵引，見 É. Chavannes et P. Pelliot, "Un traité manichéen retrouvé en Chine, traduit et annoté (Deuxième partie)", *Journal Asiatique*, 1913, pp. 152-153.

本領，可爲朝廷效力。至於阿羅本，無論內典外典，均未提及其有何實用本領可資效力朝廷。即便他本人或隨行人員兼有這方面之才幹，但未見推薦者著力介紹，何能取悅太宗？

此外，無論新舊《唐書》，對于闐王子入侍事，都是一筆帶過，並沒有提及受到甚麼禮遇。其實，所謂"入侍"，不過是入質唐朝示忠。于闐乃區區小國，朝廷實無必要以上賓之禮去隆重接待其王子。因此，阿羅本即便隨于闐王子到京，亦叨不了甚麼光。反過來，如果是于闐王子帶著阿羅本進京，那倒是前者叨後者之光。因爲于闐王子所帶來的阿氏後來畢竟成就一番功業。尤其是在高宗朝，由於阿氏的努力，其宗教臻於"法流十道，國富元休；寺滿百城，家殷景福"鼎盛局面。此外，碑文還特別提到高宗"仍崇阿羅本爲鎮國大法主"。[1] 儘管對"鎮國"二字的解讀，尚有疑義[2]；但整句的意思當爲：高宗仍承認阿羅本爲中國景教徒的最高領袖。這應是無毋庸爭議的。該等記述，雖屬景士一家之言，其中不無浮誇之詞，但畢竟貞觀十二年詔已正式認可景教，天寶四載又下詔爲該教正名，修史者於此恐不至一無所知。從詔文看，太宗、玄宗對阿羅本是予以肯定的。因此，阿氏作爲一代名僧，如其入華是由於闐王室推介，隨于闐王子入朝，修史者恐不至吝筆不提。那麼，這豈非成全了該王子的美名？讓其在中國景教史上留芳，不至於連名字亦不爲後人所知。

由是，上述馮先生有關阿羅本隨于闐王子入華之推測，即便被證實，亦無助於解釋阿氏備受禮遇的原因。

四、阿羅本海路入華之蠡測

有唐一代，中西交通頻繁，由西亞到中國不唯可取磧路（"絲綢之路"），亦可取海道。隨商隊或商舶而來西域移民何其多，見載史籍者萬中無一。既然無數西域人能移民華夏，由宗教精神支撐的阿羅本之到中國，當更不在話

---

[1] 見景碑正文第 13 行："高宗大帝，克恭纘祖，潤色真宗，而於諸州各置景寺，仍崇阿羅本爲鎮國大法主。"
[2] 參閱段晴《唐代大秦寺與景教僧新釋》，頁 450—463。

下。阿羅本來華，無疑是由其上級教會領袖所派遣，但在貞觀年代，朝廷根本不知道西域的基督教會是怎麼回事，亦不會去承認教會的什麼遣派文書；而迄今我們又無從證明西亞、中亞諸世俗王權，曾經或有可能推介阿羅本給中國皇帝；因而，不難想象，阿氏不過像歷朝成批西域人那樣，以私人身份來華。一旦撤開其特別背景，在他初到中國時，必定像其他大量西域移民那樣籍籍無名。其實，摩尼教、祆教又何嘗不是如此？明代何喬遠《閩書》"華表山"條下有云："慕闍，當唐高宗朝，行教中國。至武則天時，慕闍高弟密烏沒斯拂多誕復入見。群僧妬譖，互相擊難，則天悅其說，留使課經。"[①] 宋姚寬《西溪叢語》亦載："至唐貞觀五年，有傳法穆護何祿，將祆教詣闕聞奏，敕令長安崇化坊立祆寺。"[②] 無論是摩尼教的"慕闍"、"密烏沒斯拂多誕"，還是祆教的"穆護何祿"，都當是從中亞隨商隊來華的，他們沒有任何官方背景，故均未見受過甚麼隆重接待；其最終能爲朝廷所聞，當係他們入華後通過種種途徑活動的結果。因此，在阿羅本未被官方認可之前，其活動亦不太可能見諸官方文獻；而教內的傳說，如上所述，實不宜當爲信史。但這並不意味著對阿羅本入華的路綫完全無從蠡測。通過對現有資料文獻的辨析，進行邏輯的推理，相信還是可以勾勒出一個粗略的概貌的。下面姑作一嘗試。

按"阿羅本"一名，無疑純係音譯的胡名，因華夏鮮見"阿"姓，而"羅本"亦乏義可尋。阿氏初來中土，要與華人，尤其是官方打交道，自應有漢字姓氏可報。其名字看來是由譯人據其西域發音，按漢人姓名多以三字爲度的通例，酌情略音而成。西方學者多認爲其名源自敍利亞語[③]，佐伯好郎則認爲源自中古波斯語[④]；但即使我們未能確認其名字的語源，照隋唐的習慣，移民中土的九姓胡，以母國名稱爲姓。譯人在爲阿氏定漢名時，不取康羅本或米羅本之類，蓋已暗示其非中亞人士，而朝廷直云其爲"波斯僧"，則益明其應來自西亞。其實，假如阿氏原屬中亞的基督教團，則其奉行的應

---

① （明）何喬遠《閩書》第 1 册，廈門大學校點本，福建人民出版社，1994 年，頁 172。
② （宋）姚寬撰，孔凡禮點校《西溪叢語》卷上，中華書局，1993 年，頁 42。
③ 參 P. Pelliot, *Recherches sur les Chrétiens d'Asie Centrale et d'Extrême-Orient, II, 1: La Stèle de Si-ngan-fou*, Oeuvres posthumes de Paul Pelliot, Paris 1984, p. 21; A. C. Moule, *Christians in China before the Year 1550*, p. 38, n. 22。
④ P. Y. Saeki, *The Nestorian Documents and Relics in China*, pp. 84-85.

是被佛教徒視爲"外道"的"彌師訶"或"波斯佛"之類。[①] 古代中亞地區，諸多宗教匯聚，基督教在此流傳，沾上其他宗教成分，尤其是染上佛教色彩，在所難免。正因爲如此，佛僧始刻意甄別其爲"外道"。佛教作爲源自印度的外來宗教，在朝野留下極爲深刻的印象，對朝廷來說，任何新傳入的外來宗教，最容易引起聯想的，自是佛教。阿氏離家來華傳教，即以佛教之"僧"稱之，就是明證。假如阿氏來自佛教流行的中亞，其在推介自己宗教時，難免習慣於與佛經格義，自覺不自覺地流露某種中亞佛味，使朝廷易參以佛教。然而其給朝廷的印象顯然不是類乎佛教，而是貌似本土的道教，始被稱以"玄妙無爲"。這實際亦暗示阿氏並未受過中亞佛教氛圍的熏染，其與中亞教團應無隸屬關係，其散發的道味當屬來華後始蓄意添加，以迎合朝廷尊老子、先道教的政策傾斜。

段晴教授據景碑判定，阿羅本是唐朝景教會的第一任主教，又據東方教會文獻，斷言"主教必須由聶斯脱利派基督教會本部派出"。[②] 若然，則益證明阿氏乃來自位於波斯西端之敍利亞。而由敍利亞到中國，當然可以走陸路穿越西亞、中亞廣袤地帶，但更可以直接選擇海路，即由濱臨教會總部所在地泰錫封（Ctesiphon）的波斯灣下海，越印度洋，入太平洋，經"南海道"，從中國嶺南廣州等口岸登陸，然後再北上到長安。姑不論當時海路相對陸路的艱險度如何，對於阿氏及其隨行人員來說，他們是到中國開闢新教區，而不是單純的旅行考察或移民，因此，除生活用品，其無疑還必須攜帶大量的傳教用品，以及交際用的種種禮物，這就迫使其首選的交通工具是海舶，而

---

① 大約成書於大曆九年（774）至十四年的《曆代法寶記》提到西域的罽賓國，"其王不信佛法，毀塔壞寺，殺害眾生，奉事外道末曼尼及彌師訶等。"（《大正藏》[51]，頁180中）參見榮新江《〈曆代法寶記〉中的末曼尼和彌師訶——吐蕃文獻中的摩尼教和景教因素的來歷》，收入氏著《中古中國與外來文明》，生活・讀書・新知三聯書店，2001年，頁343—368；並參氏文《唐代の佛・道二教から見た外道——景教徒》，收入京都大學人文科學研究所編《中國宗教文獻研究》，京都臨川書店，2006年，頁427—445。完稿時間約在公元930年前後的一篇佛教講經文（敦煌文書S6551）記載了西州回鶻早期有關情況："門徒弟子言歸依佛者，歸依何佛？且不是磨尼佛，又不是波斯佛，亦不是火祆佛，乃是清淨法身，圓滿報身，千百億化身釋迦牟尼佛。……且如西天有九十六種外道，此間則有波斯、摩尼、火祆、哭神之輩，皆自我已出家，永離生死，並是虛誑，欺謾人天，唯有釋迦弟子，是其出家，堪受人天廣大供養。"（參閲張廣達、榮新江《有關西州回鶻的一篇敦煌漢文文獻——S6551講經文的歷史學研究》，張廣達《西域史地叢稿初編》，上海古籍出版社，1995年，引文見頁219）儘管上引《曆代法寶記》和敦煌講經文的撰寫年代都晚於阿羅本，但信仰的形成和流行並非一朝一刻，往往由來有自，故可資藉鑑。

② 段晴《唐代大秦寺與景教僧新釋》，頁446、454。

不是駱駝或馬。陳垣先生早就懷疑阿羅本係由海路來華：

> 景教於唐貞觀九年至中國今陝西省城，傳教者爲阿羅本。彼時中華與波斯大食交通頻繁，伊大約由海路來也，景教碑有"望風律以馳艱險"句。①

此間陳先生可能是把"風律"當海上的季風解，遂將該句碑文作爲阿氏經由海路而來的證據。所引碑文，即出自本文開篇所引一段文字，如就整句"太宗文皇帝，光華啓運，明聖臨人，大秦國有上德曰阿羅本，占青雲而載真經，望風律以馳艱險"的語境看，把"風律"作風教律令解②，藉以頌太宗治國有方，亦未嘗不可。③雖然，憑這句意蘊模糊的碑文，尚不足以證明阿氏之來華與海路有關，但景僧曾活躍在唐代嶺南沿海，則記載是明確的，見於前賢已徵引的《冊府元龜》卷五四六《諫諍部·直諫》：

> 柳澤，開元二年爲殿中侍御史、嶺南監選使。會市舶使右威衛中郎將周慶立、波斯僧及烈等，廣造奇器異巧以進。澤上書諫曰：……④

此事《舊唐書·玄宗本紀》亦有載，但略去了"及烈"的名字：

> （開元二年十二月乙丑）時右威衛中郎將周慶立爲安南市舶使，與波斯僧廣造奇巧，將以進內。監選使、殿中侍御史柳澤上書諫，上嘉納之。⑤

《新唐書·柳澤傳》有關此事的記述，則連"波斯僧"都略去：

---

① 陳垣《基督教入華史略》，引文據《陳垣學術論文集》第 1 集，頁 84。
② 《管子·宙合第十一》："君失音則風律必流，流則亂敗。"上海古籍出版社，1989 年，頁 40。
③ 法國夏鳴雷曾考釋此處碑文所謂"青雲"和"風律"，認爲當與氣候無關，而是喻太宗之德行。見 H. Havret, *La stèle chrétienne de Si-ngan-fou. Quelques notes extraites d'un commentaire inédit*, Leiden 1897, pp. 21-24. 英國穆爾亦注意到夏氏的觀點，見 A. C. Moule, *Christians in China before the Year 1550*, p. 38, n. 22。
④ 《冊府元龜》，中華書局，1960 年，頁 6547 下—6548 上。
⑤ 《舊唐書》卷八，頁 174。

>　　開元中，轉殿中侍御史，監嶺南選。時市舶使、右威衛中郎將周慶立造奇器以進，澤上書曰：……①

而《唐會要》對此事的相關記述則較詳備，曰：

>　　嶺南市舶司右威衛中郎將周慶立、波斯僧及烈等，廣造奇器異巧以進。監選司殿中侍御史柳澤上書諫曰：……②

儘管《唐會要》把"市舶使"訛爲"市舶司"，把"監選使"訛爲"監選司"③，但實質性内容並無二緻，尤其是與本文討論有關的"波斯僧及烈等，廣造奇器異巧以進"一句，更是一字不差。由是，就"及烈"等波斯僧參與"廣造奇器異巧以進"一事，竊以爲應可採信。

按唐市舶使之設，就現在所見，最早的記錄莫早於"開元二年十二月"這一條。據寧志新先生的研究，"唐代市舶使設置之初，只不過是一個拱手監臨地方官向宮廷進奉海外珍品的督察官而已"。④那麽，透過上述記載的文字，竊以爲可以解讀出如下幾點信息：

其一，周慶立本來不過是"拱手監臨地方官向宮廷進奉海外珍品的督察官"，而他竟不避"求媚聖意，搖蕩上心"之嫌，"廣造奇器異巧以進"。該等"奇器異巧"，必非傳統的海外奇珍，亦非本地能工巧匠所能製作，始被周氏所青睞，以爲可作邀寵之物進獻宮廷。

其二，其時嶺南沿海地區，確有一批波斯僧在活動。⑤因爲行文中有"廣造"二字，即意味所造並非少量，亦正因爲並非少量，柳澤上書直諫始有理由。由於是批量製作，那就不是個別波斯僧參與，是以，文中在及烈的名字之後，上加一"等"字，意味著"及烈"不過是知名者或爲首者，除他之

---

① 《新唐書》卷一一二，頁4176。
② 《唐會要》卷六二，頁1078。
③ 有關考證見寧志新《唐代市舶制度若干問題研究》，《中國經濟史研究》1997年第1期，頁114—121、160。
④ 寧志新《試論唐代市舶使的職能及其任職特點》，《中國經濟史研究》1996年第1期，頁9—14，引文見頁10。
⑤ 有關唐代嶺南景教的傳播，參閱羅香林《唐嶺南道之景教流傳與劉蛻父子不祀祖等關係》，《唐元二代之景教》，頁71—86。

外，尚有其他波斯僧。

其三，參與製作奇珍異巧的波斯僧們，應是由海路到達嶺南沿海的，因爲彼等不可能是周慶立從北方請到嶺南，或者彼等本在北方，風聞周氏有此好，專門南下應募。合理的解釋應是周氏出任嶺南市舶使後，得知當地有一批能製作奇珍異巧的波斯僧，遂利用他們。而當地有擅長製作奇珍異巧的波斯僧，應是由來有自，而周氏到嶺南後即有所聞。

其四，該等由海路而來的波斯僧，顯然是有備而來；如果説，那些奇珍異巧確是他們製作的，那就意味著他們來華前已先練就一番製作奇巧的專門技能；如果實際不是他們在華製作，則意味著他們已事先備好成品隨舶來華。竊以爲，實際情況恐是兩者兼有之，柳澤但指控其"造"，當據周氏本人的進獻表章；而周氏稱所獻奇巧之物是嶺南波斯僧所"造"，推其原因，可能有二：一是顯示所獻奇巧，自己有策劃組織之功，並非單純搜羅或轉手耳，以此自表赤誠忠心；二是受了及烈的好處，因而在表章中刻意提到他的名字，實際就是爲及烈説話，婉轉地向皇上推薦他有這方面的藝能，冀望皇上會予賞識。當然，周氏如此煞費苦心，進獻奇珍異巧，最後落得被柳澤彈劾的下場，這是他始料所未及的。但無論如何，波斯僧與奇珍異巧相聯繫，這暗示我們：來華波斯僧乃職業傳教士，與明季耶穌會士一樣，他們除了有專業的神學素養外，也在教會内部接受了專門的世俗職業訓練，除製作"奇珍異巧"外，有案可稽的更有醫術方面的專長。① 景士們正是憑藉這類絕技作爲傳道的手段，以達到傳教的目的。簡言之，及烈等人，不是以商賈或藝人之類身份來華的基督教平信徒，而是奉教會之命，直接從波斯本部取海路而來的職業傳教士。

上述嶺南濱海地區波斯僧參與進獻奇珍異巧一事，見於記載乃開元初年之事；吾人之所以有幸知道這回事，不過是因爲當事人周慶立過於張揚，遂遭殿中侍御史、嶺南監選使柳澤的彈劾，史家爲表彰柳澤的直諫精神、頌揚玄宗登基初年樂於納諫的雅量氣度，始刻於汗青。而在開元二年之前，難道沒有波斯僧製作奇巧之物，饋送官員，收買皇上寵信，輾轉進獻聖上？回答應是肯定的，只因爲該等活動並未造成大的影響，並未涉及其他引人矚目的

---

① 參閲拙文《唐代三夷教的社會走向》，見榮新江主編《唐代宗教信仰與社會》，頁359—384；另見拙著《中古三夷教辨證》，中華書局，2005年，頁361—366。

事件，因而也就沒有被特別或附帶記錄下來。

及烈一名，顯爲音譯，是地道胡名，這暗示我們，其人是外來僧侶，而非在華經歷過世代的胡裔；而景碑正文第14—15行亦提到一位名曰"及烈"的高僧：

> 聖曆年（698—700），釋子用壯，騰口於東周；先天（712—713）末，下士大笑，訕謗於西鎬。有若僧首羅含、大德及烈，並金方貴緒、物外高僧，共振玄綱，俱維絕紐。

碑文"聖曆年，釋子用壯，騰口於東周；先天末，下士大笑，訕謗於西鎬"，披露了一個重要信息，即在武周後期到玄宗即位初年，景教遭遇了重大挫折。而開元初波斯僧之進獻行動，顯然應與這一情況有關。因爲景士要扭轉這一局面，唯有依靠即位不久的玄宗，進獻顯然是爲接近玄宗、溝通玄宗所採取的策略。姑不論碑文中的"大德及烈"是否如段晴教授所說，爲唐代景教會的第二任主教①，其無疑屬於教會的領袖人物，而且爲重振景教做出重要的貢獻。名字相同，不一定是同一個人，尤其是音譯名字。②但其活躍的年代，正好與開元二年參與進獻奇珍異巧的"波斯僧及烈"吻合，這就不無同一的可能性。後者已經聞名於朝，儘管其所參與的進獻活動被彈劾，但並不等於沒有積極的效果。因爲玄宗肯定柳澤對周慶立的彈劾，不過是出於政治的考慮，如柳澤諫文所云"陛下新即位，固宜昭宣菲薄，廣示節儉，豈可以怪好示四方哉！"③但內心未必就不喜歡那些奇珍異巧，未必不賞識及烈的藝能。而當時景士中有可能與玄宗溝通者，首選自非這位有藝能的"及烈"莫屬。因此，竊以爲，這兩個"及烈"很可能就是同一個人。該"及烈"之由海路而來，並以方伎作爲傳教媒介，作爲交際手段，爲本教爭取權

---

① 段晴《唐代大秦寺與景教僧新釋》，頁446。
② 前賢尚發現唐代景僧名爲"及烈"者，見載於《冊府元龜》卷九七一，云："（開元二十年）九月，波斯王遣首領潘那密與大德僧及烈朝貢。"（頁11409上）又卷九七五："（開元二十年）八月庚戌，波斯王遣首領潘那密與大德僧及烈來朝。授首領爲果毅，賜僧紫袈裟一副及帛五十疋，放還蕃。"（頁11454上）或以爲該"及烈"即爲景碑上的"及烈"，馮承鈞則不以爲然，詳參氏著《景教碑考》，頁62。
③ 《新唐書》卷一一二，頁4177。《唐會要》作"陛下即位日近，萬邦作孚，固宜昭宣菲薄，廣教節儉，則萬方幸甚"（頁1078），恐輾轉抄錄有誤。

益，未必是其首創，而當有前驅可效法。

上面不厭其煩，剖析及烈進獻奇珍異巧一事，不過是要藉鑑此事，就當年阿羅本如何來華並爭得傳教權益作一遊思冥想：

阿氏一行受總會之派遣，取道海路到中國傳教，由於搭乘海舶，除生活和宗教物資外，還有可能攜帶大批海外奇珍，作交際之用；儘管阿氏本人未必有特別的藝能，但其隨行人員必定多有一技之長者，足可爲朝廷所用。他們到達嶺南沿海，逐步北上，沿路了解風俗人情，用中土所無之物或技藝，鋪墊通向宮廷之路，最後得以奏請行教中國，並如願以償，在貞觀十二年得到太宗的認可。太宗本人未必有收受阿氏什麼特別厚禮，其認可阿氏宗教的根本原因，當然更不是由於得到什麼"奇珍異巧"，即便他賞識阿氏本人或其隨員的甚麼特別藝能，亦不會因此而認同其宗教。但在專制皇權下，阿氏等如沒有自下而上疏通各個關節，根本就不可能有通向皇帝的渠道，更遑論"詣闕聞奏"。爲了和太宗有共同的語言，阿氏抵達長安後，必定還千方百計、直接或間接地通過皇帝近臣寵幸，了解太宗個人的經歷、愛好，尤其是最新的心態。查李世民登基之前，殺人無數，爲奪皇位，甚至殺弟殺兄殺叔。就尋求心靈安寧這一點而言，太宗未嘗不可與基督教有所溝通。① 竊意基督教宣稱懺悔自己的罪孽便可得到神的寬恕，畢竟要比佛教的輪迴報應更易爲太宗所接受。或許，阿氏正是點到太宗這一"穴位"，使他有興趣與之對話。當然，作爲中國歷史上一位大有作爲的皇帝，其對待外來宗教的政策，自然首先取決於當時形勢下政治外交的需要，具體到太宗時期，無疑是出於"招徠西域"的政治目的；但在這個大前提下，並不排斥個人某一時期心態對某一宗教取捨的重大影響。

對阿羅本取道海路來華的蠡測如得以成立的話，那景碑所云的"占青雲而載真經，望風律以馳艱險"兩句話，不無可能語帶雙關，既獻媚太宗，表

---

① 早年馮承鈞先生在分析唐太宗優容各種宗教時，已提到這個心理因素："太宗或因父死，天良激發，懺悔其從前殺弟殺兄殺叔之罪惡，一反其以前'詔私家不得輒立妖神、妄設淫祀，祠禱一皆禁絕；其甌易五兆之外，諸雜占卜亦皆停斷'（《舊唐書》卷二）之行爲，故於諸種宗教皆優容之。而阿羅本適應時而至，乃有翻經問道之舉。"（《景教碑考》，頁56—57）爾後羅香林先生亦持有類似看法："意阿羅本或先居盤屋，以認罪悔改之基督福音，傳之華人，值貞觀九年，太上皇（唐高祖）去世，太宗中懷懺悔，故魏徵等得將阿羅本事奏知太宗，因得命宰臣房玄齡迎入大內傳宣也。"（羅香林《唐元二代之景教》，頁49，注九）

示阿羅本之來中國，是因爲景仰太宗是個有道之君；但亦暗示，阿羅本冒著航海之風險到達中土，藉以彰揚祖師爲主獻身的無畏精神。若然，則阿氏之最終到達長安，當然不是由西城門而進，而應是由南門或東門，但後來景士把對玄奘法師的接待禮儀移植到自己祖師身上，就把其說成是由西郊而來。既暗示阿羅本由海路而來，又稱其受歡迎於京城西門，如此自相矛盾的破綻，顯然是傳說歷經多人加工的結果。

若阿羅本如陳垣先生所推測，上面筆者所論證那樣，是取道海路來華的話，則意味著：作爲基督教在華傳播的第一時期——唐代景教[①]，其總會派出的傳教士是取海道到達嶺南濱海地區，而後北上進京；這與明末來華的耶穌會士，由海路於澳門登陸並逐步潛入內地正好類同。這一歷史的巧合，適爲嶺南沿海在古代中西文明交流中的重要地位又添一例證。

五、結語

貞觀十二年詔確認了阿羅本的來華，其所攜"經教"同時得到了朝廷的承認。基於這一事實推想，阿羅本可能在此前就已到達長安，但限於在民間活動，還未進入官方的視野。所以，景教碑稱阿羅本在貞觀九年便到了長安，未必純屬無稽之談，但這畢竟是教會內部的口碑。事件本身，本無形諸文字的記錄，在教內歷代相傳過程中，必多經文學加工，最後又被景淨刻意渲染，遂顯得有枝有葉，仿佛阿羅本未來華之前，便已蜚聲長安，以至太宗使宰臣到城郊恭迎，待以特高禮遇似的。這無非是給景教在華歷史增光，爲中國景教的祖師添輝。類似這種"加工"本教歷史，或爲本教名僧，尤其是開山祖塗脂抹粉的現象，在各種教派乃司空見慣的事；即便是世俗社會，爲先人、爲英雄，或爲成功奪權的帝皇及其將相等，炮製虛構早年的超凡事跡，比比皆是，不足爲奇。

如上所述，景碑記載阿羅本於貞觀九年到達長安事，不過是景士一面之

[①] 陳垣先生把基督教入華史分爲四個時期："第一期是唐朝的景教。第二期是元朝的也里可溫教。第三期是明朝的天主教。第四期是清朝以後的耶穌教。"（陳垣《基督教入華史》，見《陳垣學術論文集》第1集，頁93）

詞，尚缺乏其他資料支撐。把教會的傳說作爲基督教最早入華的依據，從學術研究的角度看，顯然有欠謹嚴。這猶如：耶穌十二宗徒之一的聖多默，早就被傳說到過中國；但學者畢竟未予採信，因爲查無實據。其實，在唐之前，已有大量西域人移民中國，其中無疑包括一些西亞、中亞的基督教信徒；但他們在華的宗教信仰活動，顯然未對漢人社會有何影響，遂未見載於文字；即便有吉光片羽，考證坐實亦殊不易，因而如果把他們移民中土的年代界定爲基督教入華之始，亦難爲學界所普遍認同。職是之故，竊以爲，就景教入華濫觴之標誌，與其據景碑所云貞觀九年事，倒不如以貞觀十二年詔爲妥。

陳垣先生早年推測阿羅本係由海路來華，從當時海路交通的情況，這是很有可能的事；開元年間波斯僧在嶺南沿海活動的記載，無疑佐證了這一可能性。而據9、10世紀阿拉伯旅行家遊記《中國印度見聞錄》，公元879年黃巢攻克廣府（廣州）時，曾屠殺十二萬外來移民，其中包括回教徒、猶太人、基督教徒和瑣羅亞斯德教徒。[①] 如果這個記載屬實的話，則益證明唐代嶺南道確有不少基督教徒在活動，他們很可能是由沿海直接登陸的。而阿羅本作爲聶斯脫里派波斯本部派往中國傳道的主教，更可能是直接由波斯灣航海而來。照此類推，唐代景教會中相繼接任主教的外來僧侶，很可能亦是效法阿羅本，取道印度洋，經南海道在嶺南登陸。這一蠡測當然尚有待地方考古發現的佐證，有待學者，尤其是南粤學者發掘地方文獻加以證實。

如果唐代景教有取海道傳入之一路得以確認，則意味著基督教之首期入華，既有像摩尼教那樣經由陸路的間接傳播，又有像明季耶穌會士那樣經由海路直接來華傳播。就唐代基督教的陸路傳播而言，應以西域移民爲主要載體，他們多來自中亞的教團，所信奉的基督教實際已在中亞傳播過程中，爲適應當地佛教的生態環境而發生變異，這種變異了的基督教自然較容易在中土生存和發展。而由敍利亞教會直接傳播而來的基督教，自然較習慣於保持原教旨的面目。由是，基督教在唐代中國的表現未必千孔一面。不同地區、不同時期的景教羣體，自難免多所差異。這一認識，對於我們解讀新近發現

---

① 穆根來、汶江、黃倬漢譯《中國印度見聞錄》，中華書局，1983年，頁96。有關這條資料的發現和引用，詳參 A. C. Moule, *Christians in Asia before the Year 1500*, p. 76；郝鎮華譯中譯本《一五五〇年前的中國基督教史》，中華書局，1984年，頁82—83。

的唐代洛陽景教經幢的濃郁佛味[1]，揭示其與西安景碑迥異的原因，或許會有所幫助。因此，本文辨析阿羅本入華的真相，其學理價值就不止局限於恢復歷史的本來面目，而且更有助於我們深化對歷史複雜性、多樣性的認識。

末了，筆者還要特別申明：就阿羅本貞觀九年到達長安備受禮遇事，筆者雖不以爲然，但絕非藉此質疑明季西安景碑發現的重大意義，尤其是碑文對解讀唐代景教史的巨大歷史價值。碑文無疑可與文獻互爲參證，於構建唐代基督教史有不可替代的作用。筆者所要藉題提示的是：對碑文所述的諸多人和事，如要用於補史料之不足，則審慎爲尚。務必先下功夫，綜合考察，由表入裏，細加辨析，如是始能從中發現真正的歷史；切忌在甄別真僞程度之前，便視爲信史，並演繹出其他種種的結論。

（本文初刊《文史》2008年第1輯，總82輯，頁149—165）

---

[1] 參本書《唐代洛陽景教經幢〈幢記〉若干問題考釋》一文。

唐代景教與廣州

唐代中國流行的摩尼教、景教及祆教被學界併稱爲三夷教,其中與廣州關係最爲密切的是景教。可以說,廣州是敍利亞基督教僧侶之"西來初地",是景教在華傳播的根據地。廣州在唐代景教傳播中的這一重要地位,以往學界多未措意。本文擬在前賢研究的基礎上,就有關的文字記載重加考辨,申論這一愚見,庶幾能得到嶺南文博工作者的呼應,除在地方文獻上甄別景教的鴻爪外,更在出土物中留意其遺址遺物,冀以進一步彰顯廣州在古代中西文化交流中的輝煌。

一、景教入華時間的界定

一般認爲,基督教之入華傳播可分爲四個時期:"第一期是唐朝的景教。第二期是元朝的也里可溫教。第三期是明朝的天主教。第四期是清朝以後的耶穌教。"[①] 而照傳統看法,唐朝的景教乃源於其時基督教的東方教會,即以敍利亞巴格達爲總部的基督教聶斯脫里派(Nestorianism)。儘管學者或認爲唐代流行的基督教還另有其他教派[②],但無論如何,主流羣體是聶斯脫里派,則是毋庸置疑。朝廷最初稱該教爲"波斯經教",爾後又正名爲"大秦教",

---

① 陳垣《基督教入華史》,收入《陳垣學術論文集》第 1 集,中華書局,1980 年,頁 93。
② 林英《拂菻僧——關於唐代景教之外基督教派別入華的一個推測》,《世界宗教研究》2006 年第 2 期,頁 103—112;修訂稿收入氏著《唐代拂菻叢說》第二章《"拂菻僧"疑非"景士"說》,中華書局,2006 年,頁 37—56。

但來華的敍利亞聶斯脫里派教徒卻寧願自稱景教。① 爲行文簡潔明了，下面或直以敍利亞基督教稱之。

依古代中西交通史的一般知識，只要人能走過，則不論如何艱險，就存在民間的交通；實際的交通遠早於史料記載。《史記》有例爲證："及元狩元年（前122），博望侯張騫使大夏來，言居大夏時見蜀布、邛竹杖，使問所從來，曰：'從東南身毒國，可數千里，得蜀賈人市'。"② 同理，宗教文化的傳播往往是先在民間悄悄進行，然後始見諸文字。是以，儘管三夷教的名稱唐代文獻始見，但此前資料亦不乏摩尼教、祆教之依稀遺痕。③ 至於敍利亞東方基督教會，早在公元544年，便在中亞歷史上著名的木鹿城（Merv），建立了都主教區（Metropolitanate），在教會的衆多教區中，名列第七。④ 另一中亞名城薩馬爾罕（Samarkand），亦於6—7世紀左右成爲都主教的駐錫地。⑤ 而唐之前，中國與四夷的往來已十分頻繁，正如6世紀中葉楊衒之《洛陽伽藍記》卷三所云：

> 永橋以南，圜丘以北，伊洛之間，夾御道：東有四夷館，一曰金陵，二曰燕然，三曰扶桑，四曰崦嵫。道西有四夷里：一曰歸正，二曰歸德，三曰慕化，四曰慕義。……西夷來附者，處崦嵫館，賜宅慕義里。自蔥嶺已西，至於大秦，百國千城，莫不款附。商胡販客，日奔塞下，所謂盡天地之區已。樂中國土風因而宅者，不可勝數。是以附化之民，萬有餘家。門巷修整，閭閻填列。青槐蔭陌，綠柳垂庭，天下難得之貨，咸悉在焉。⑥

---

① 詳參張小貴《從波斯經教到景教——唐代基督教華名辨析》，載陳春聲主編《海陸交通與世界文明》，商務印書館，2013年，頁154—176。
② 《史記》卷一一六《西南夷列傳》，中華書局，1982年，頁2995。
③ 參 Liu Ts'un-yan, "Traces of Zoroastrian and Manichaean Activities in Pre-T'ang China", in Liu Ts'un-yan, *Selected Papers from the Hall of Harmonious Wind*, Leiden: E. J. Brill, 1976, pp. 3-55；拙譯《唐前前火祆教和摩尼教在中國之遺痕》，《世界宗教研究》1981年第3期，頁36—61。
④ Cf. Erica C. D. Hunter, "The Church of the East in Central Asia", *Bulletin of the John Rylands Library*, Vol. 78, No. 3, 1996, p. 132.
⑤ Cf. B. E. Colless, "The Nestorian Province of Samarqand", *Abr-nahrain* 24, 1986, pp. 51-57.
⑥ 周祖謨《洛陽伽藍記校釋》，中華書局，2010年，頁114—117；並參楊勇《洛陽伽藍記校箋》，中華書局，2006年，頁144—145。

由是，照當時敍利亞基督教在中亞的活躍情況，我們無理由排除在洛陽的西域移民中，包含某些基督教徒（尤其是平信徒）的可能性。正因爲如此，甚至有學者據《洛陽伽藍記》卷五"永明寺"條所記6世紀初中國佛教盛況，"百國沙門，三千餘人。西域遠者，乃至大秦國，盡天地之西垂"[1]，認爲此間大秦國沙門應爲景教徒。[2]

然而推理是一回事，若要目爲史實則必須有明確的文獻記載或遺址遺物爲憑。因此，就三夷教而言，傳統認爲摩尼教是武則天朝入傳中國的，緣《佛祖統紀》保存了延載元年（694）"波斯國人拂多誕（西海大秦國人）持《二宗經》僞教來朝"這條記載[3]；而祆教則是貞觀五年（631）入傳的，緣《大宋僧史略》有載"貞觀五年，有傳法穆護何祿，將祆教詣闕聞奏。勅令長安崇化坊立祆寺，號大秦寺，又名波斯寺"[4]。可見，學界是以其高僧爲朝廷所接見記錄在案的時間爲標誌。至於景教，有關的文獻更權威，見立於德宗建中二年（781）的著名西安景碑正文第8—11行：

　　太宗文皇帝，光華啓運，明聖臨人。大秦國有上德曰阿羅本，占青雲而載真經，望風律以馳艱險。貞觀九祀，至於長安。帝使宰臣房公玄齡，惣仗西郊，賓迎入內。翻經書殿，問道禁闈，深知正真，特令傳授。貞觀十有二年秋七月，詔曰："道無常名，聖無常體，隨方設教，密濟群生。大秦國大德阿羅本，遠將經像，來獻上京。詳其教旨，玄妙無爲；觀其元宗，生成立要。詞無繁說，理有忘筌。濟物利人，宜行天下。"所司即於京義寧坊造大秦寺一所，度僧廿一人。[5]

上揭碑文中的"貞觀九祀，至於長安，帝使宰臣房公玄齡，惣仗西郊，賓迎入內"，迄今未發現有其他文獻可資佐證，但顧其下面所引"貞觀十二

---

[1] 周祖謨《洛陽伽藍記校釋》，頁158。
[2] 參林梅村《中國基督教史的黎明時代》，見氏著《西域文明》，東方出版社，1995年，頁448—461。
[3] （宋）釋志磐《佛祖統紀》卷三九，《大正藏》(49)，No.2035，頁370上。
[4] （宋）贊寧《大宋僧史略》卷下"大秦末尼"，《大正藏》(54)，No.2126，頁253中。
[5] 見本書《西安景碑釋文》一文。

年七月詔"的基本內容，倒與《唐會要》卷四九所載相符①；竊意在該詔頒下三年之前到達長安，順理成章，應可徵信。至於"帝使宰臣房公玄齡"云云，如此高規格的待遇，有悖常理，唐代文獻亦全無提及，前賢早已質疑；竊意當係碑文作者爲彰顯本教的光輝歷程，將貞觀十九年迎接玄奘法師歸國的盛況嫁接到阿羅本身上。②因此，儘管唐代之前波斯或中亞的基督教徒大有可能已移民華夏，但以傳教譯經的名義正式入華並獲得朝廷許可，當如碑文所載的"貞觀九祀"或"貞觀十二年"。

二、唐代景教傳播類型

依陳寅恪先生之識見，文化傳播可分爲直接傳播和間接傳播兩種類型；就後者，陳先生還特別闡明其利害二端。③本師蔡鴻生先生早在 1995 年，就據陳先生這一識見，提示唐宋火祆教"已非波斯本土之正宗，而爲昭武九姓之變種"。④緣在唐代中國流傳的祆教，蓋以九姓胡爲載體，屬於波斯瑣羅亞斯德教的粟特版⑤，其祆主巫氣甚濃。⑥當然，其時亦有波斯胡商直接泛海而來，個中必多有信仰正宗的瑣羅亞斯德教者；但照該教傳統，一般不對異族主動傳教，而彼等因經商而來，作爲海胡，在廣州居留期間，更不會刻意向粵人佈道，其宗教影響殆可忽略不計。

---

① 《唐會要》卷四九"大秦寺"條下作"貞觀十二年七月詔曰：道無常名，聖無常體，隨方設教，密濟羣生。波斯僧阿羅本，遠將經教，來獻上京，詳其教旨，玄妙無爲，生成立要，濟物利人，宜行天下。所司即於義寧坊建寺一所，度僧廿一人"（中華書局，1955 年，頁 864）。
② 有關考證詳參本書《西安景碑有關阿羅本入華事辨析》一文。
③ "間接傳播文化，有利亦有害。利者如植物移地，因易環境之故，轉可發揮其特性而爲本土所不能者。如基督教移植歐洲，與希臘哲學接觸，而成歐洲中世紀之神學、哲學及文藝是也。其害則輾轉間接，致失原來精意，如吾國自日本、美國販運文化中之不良部分，皆其近例。然其所以致此不良之果者，皆在不能直接研究其文化本原。"（《陳寅恪集·讀書札記三集·高僧傳箋證稿本》，生活·讀書·新知三聯書店，2001 年，頁 307）
④ 見拙著《波斯拜火教與古代中國·序》，臺北新文豐出版公司，1995 年，頁 I；是序收入蔡鴻生《學境》，香港博士苑出版社，2001 年，頁 154—155。
⑤ 參拙文《〈伊朗瑣羅亞斯德教村落〉中譯本序》，余太山主編《歐亞學刊》第 4 輯，中華書局，2004 年，頁 255—259；另見拙著《中古三夷教辨證》，中華書局，2005 年，頁 432—439。
⑥ 蔡鴻生《蔡鴻生史學文編》，廣東人民出版社，2014 年，頁 642—643；拙文《霞浦抄本祆教信息探源——跋〈霞浦抄本所見"蘇魯支"史事考釋〉》，《文史》2016 年第 2 輯。

入華的摩尼教，向具善變的傳統，以"變色龍"著稱[1]，在中亞傳播時便已頗染佛教色彩。唐代的摩尼教正是由其中亞教團輸入，更無疑屬於間接傳播一類。[2] 正緣其本多佛化，當媚佛的武則天當權時，遂能輕車熟路，迎合武氏胃口，得到優容禮待。爾後雖亦曾遭殘酷迫害，但其善於因應華情而進一步佛化、道化，故不絕如縷，直至歸宿地方民間宗教。夷教在華之影響，以其最爲深遠。近年霞浦發現的明清時期民間法師使用的科儀本，尚保存其諸多遺跡[3]，可資爲證。

至於唐代景教的傳播類型，竊以爲，則是間接、直接兼有之。既往學界多注重其由陸路傳入的信息，唯目其爲來自中亞的間接傳播；甚至把阿羅本之進入京城亦考爲隨"入侍之于闐土子"，從陸路到長安。[4] 就景教之間接傳播而言，其載體乃以中亞移民中土的九姓胡景教徒爲主。在阿羅本入華之前，實際應已在民間自發進行，以口頭傳播爲主，代代繼承。他們的活動多未入官方史家"法眼"，故未見史書之明晰記載。阿羅本入華建立教會後，該等信徒自歸附之。由於彼等所奉者乃中亞基督教，像中亞摩尼教那樣，在當地濃烈佛教氛圍的熏陶下，已頗具佛味，較爲容易與華夏民間佛教磨合，融入下層民衆。近年出土的一些景教文物，多見彼等遺痕。例如：

轟動學界的洛陽唐代景教經幢，立於元和九年（814），便是模仿佛教勒刻經幢的習俗，幢記上所記大秦寺寺主法和玄應、威儀大德玄慶、九階大德志通三位景僧名字下，均以小字注出他們的俗姓"米"和"康"姓，意味著彼等屬於"昭武九姓胡"後裔，記中提及的其他人物亦然，並非來自敍利亞。其大秦寺實際爲當地中亞胡人所用。[5] 洛陽出土的唐代"花獻墓誌"，其

---

[1] 古代拜占廷學者評歐洲的摩尼教徒曰："他們像水螅或變色龍那樣，根據時間、地點和人物而變化。"（Ch. Astruc, "Les source grecques pour l'histoire des Pauliciens d'Asie Mineure", *Travaux et Mémoires* 4, 1970, p. 13）

[2] 參拙文《唐代摩尼教與中亞摩尼教團》，《文史》第 23 輯，1984 年，頁 85—93；修訂本見拙著《摩尼教及其東漸》，中華書局，1987 年，頁 64—75；臺北淑馨出版社，1997 年，頁 61—71；收入《敦煌文書與夷教研究》（當代敦煌學者自選集），上海古籍出版社，2011 年，頁 167—178。

[3] 參陳進國、林鋆《明教的新發現——福建霞浦縣摩尼教史跡辨析》，見李少文主編，雷子人執行主編《不止於藝：中央美院"藝文課堂"名家講演錄》，北京大學出版社，2010 年，頁 343—389；拙文《清代霞浦"靈源法師"考論》，《中華文史論叢》2015 年第 1 期，頁 246—284。

[4] 馮承鈞《景教碑考》，商務印書館，1931 年，頁 56；有關辨釋見本書《西安景碑有關阿羅本入華事辨析》一文。

[5] 學界有關洛陽景教經幢研究成果多收入於葛承雍主編《景教遺珍——洛陽新出土唐代景教經幢研究》，文物出版社，2009 年。

墓主爲武郡人，生前"常洗心事景尊，竭奉教理。爲法中之柱礎，作徒侶之笙簧"，據考，其族源亦爲中亞人，是爲虔誠的景教徒無疑。①

另據報道，龍門石窟紅石溝處，有一個一小型窟龕羣，爲"唐代埋葬佛教僧俗屍體或荼毗遺物之用"，即所謂瘗窟和瘗穴；個中一個瘗穴上方，發現一貌似十字架的摩崖陰刻石刻，"高26釐米，寬24釐米，由四個梯形組成"，國內學者或目其爲景教十字架。②不過，據云歐洲學界於此發現反應冷淡，多所質疑。③按基督教十字架的造型猶如中文的"十"字。《說文解字》卷三"十"部釋"十"爲"數之具也。一爲東西，丨爲南北，則四方中央備矣。凡十之屬皆从十"④；《周易》卷一一《繫辭上疏》有"天九地十"之語⑤。由於論者已確認該窟龕羣爲佛教僧俗的瘗窟和瘗穴，毗鄰處又未發現其他任何有基督教味道的文字遺跡，是以，把摩崖陰刻的符號作爲唯一理據，目其爲基督教的標識，界定爲景教遺跡，未必能令人信服。竊意，該十字符號即便並非鬼斧神工、造化之物，還有必要排除所刻符號另有其他用途、其他意涵的可能性。若果爲人工勒刻的十字架，則意味著該窟龕羣應是佛化基督教徒的墓地，至少其下方的瘗穴，埋葬的是一位佛化很深的景教徒，該教徒的族源無疑應屬西域胡人。

至於學界討論唐代景教所依據的漢文內典，實際都是由敘利亞教會神職人員直接導入，該等內典與敘利亞原典的不同則是直接因應華情所現的變異。官方頒發的涉及景教的詔文敕令，乃主要針對來自敘利亞的景僧。該等敘利亞景僧得以在華活動，與廣州關係至爲密切，是爲本文所要重點討論者。

---

① 毛陽光《洛陽新出土唐代景教徒花獻及其妻安氏墓誌初探》，《西域研究》2014年第2期，頁85—91。引文參校張乃翥先生製作惠賜的"經眼錄文"，誌謝！
② 焦建輝《龍門石窟紅石溝唐代景教遺跡調查及相關問題探討》，《石窟寺研究》第4輯，文物出版社，2013年，頁17—22；常書香、石玲玲《龍門西山發現唐代景教遺跡》，《洛陽日報》2014年1月10日星期五第2版。
③ 奧地利景教學者唐莉博士讀有關該發現的報告和文章後，並不以爲然，經其比對，認爲摩崖所刻符號並非基督教十字架，曾於2014年2月8日電郵垂詢愚見。
④ （漢）許慎撰，（清）段玉裁注《說文解字注》，上海古籍出版社，1981年，頁179。
⑤ 文淵閣四庫全書本，第7冊，頁540下。

三、阿羅本海路入華說及其爭論

唐代景教的直接傳播說，首先是基於阿羅本及其繼承者乃直接由敘利亞泛海而來這一前提；而這一前提的確認，則首先是基於上揭景教碑文有關詞句之釋讀。

上揭碑文述景教之初入唐土，云"大秦國有上德曰阿羅本，占青雲而載真經，望風律以馳艱險。貞觀九祀，至扵長安"，明代來華的葡萄牙耶穌會士陽瑪諾（Emmanuel Diaz，1574—1659）將其疏解爲：

> 太宗之時，有上德阿羅本者，自大秦國，航海歷險，至于中國。貞觀九年，首獻經像，計吾主降世後，六百三十五年也。[1]

此處，陽氏顯然是把青雲和風律理解爲海上的風雲，因而認爲阿羅本"航海歷險"來到中國，這或與明末耶穌會士航海而來的體驗有關；但無論如何，有關景教海路入華說，當濫觴於陽氏此解。

陽氏把碑文的"青雲"和"風律"目爲自然現象，多得西人認同。如法國鮑狄埃（G. Pauthier）《西安府的敘利亞—漢文碑》，便把"占青雲"法譯爲 consultant les nuages azurés du Ciel（參考天上碧雲）；而"望風律"，則譯爲 observa avec attention la règle des vents（觀察風吹規律）。[2] 英國漢學家理雅各（J. Legge，1814—1897）《中國陝西西安府景教碑》則將其分別英譯爲 Guiding himself by the azure clouds（以青雲爲導），Watching the laws of the winds（觀察

---

[1] 陽瑪諾《唐景教碑頌正詮》，是著完成於崇禎十四年（1641），三年後始刊行，爾後時有重刻；此處據土山灣印書館，1927 年，頁 63；該書已收入吳相湘主編《天主教東傳文獻續編》第 2 冊，臺北學生書局，1966 年，頁 653—751，引文見頁 738。

[2] 原譯作："A l'époque de l'Empereur accmpli Thai-tsoûng, dont le règne fut si brillant et si florissant (627-650), et qui étendit au loin l'empire des Thâng; de ce saint Empereur si éclairé, qui s'occupait avec tant de sollicitude du honheur des hommes, il y en eut un d'une vertu éminente, du royaume de Syrie, nommé Olopen, qui, consultant les nuages azurés du Ciel, et portant avec lui les véritables Écritures sacrées, observa avec attention la règle des vents pour fuir les périls auxquels il était exposé (dans / son voyage). La neuvième année tching-kouân (635 de notre ère), il arriva dans la ville de Tchang-ngan." G. Pauthier, *L'Inscription Syro-Chinoise de Si-ngan-fou*, Paris 1858, pp. 13-15.

風吹規律）①；而英國來華傳教士衛禮（A. Wylie，1815—1887）《西安府景教碑》的英譯則爲 Observing the azure clouds（觀青雲），beholding the direction of the winds（察風向）②。以上諸家所稱阿羅本之來華要觀天雲、察風向之類，自意味著其乃經由海路入華。日本佐伯好郎（P. Y. Saeki）諳於漢語，把"占青雲"一句英譯爲 Auguring (of the Sage, i.e., Emperor) from the azure sky（占卜青天而知有明皇），雖亦認爲其間有藉喻之意；但仍把"望風律"譯爲 observing the course of the winds，即看風向③，則與陽氏之解讀無差。

國人本亦多持此說，如陳垣先生在其 20 世紀初葉《基督教入華史略》的講演中有曰：

> 景教於唐貞觀九年至中國今陝西省城，傳教者爲阿羅本。彼時中華與波斯大食交通頻繁，伊大約由海路來也，景教碑有"望風律以馳艱險"句。④

至 20 世紀 80 年代初，江文漢先生用現代漢語今譯是句碑文："波斯主教阿羅本攜帶著《聖經》，跟隨著東方的雲彩，觀望著風的旋律，馳騁了多少艱險的路程。"⑤當本自這一傳統看法。

不過，於有關碑文的解讀亦不乏異議。查古漢語的"風律"，可作"政

---

① 原譯作："When the Accomplished Emperor T'âi Tsung (A.D. 627-649) commenced his glorious reign over the (recently) established dynasty (of T'ang), presiding over men with intelligence and sagehood, in the kingdom of Tâ Ts'in there was a man of the hightest virtue called Olopun. Guiding himself by the azure clouds, he carried with him the True Scriptures. Watching the laws of the winds, he made his way through difficulties and the perils. In the ninth year of the period Chang-kwan (A.D. 635), he arrived at Ch'ang- ân." J. Legge, *The Nestorian Monument of Hsî-an Fû in Shen-hsî, China*, London 1888, pp. 9-11.

② 原譯作："In the time of the accomplished Emperor Taitsung, the illustrious and magnificent founder of the dynasty, among the enlightened and holy men who arrived was the Most-virtuous Olopun, from the country of Syria. Observing the azure clouds, he bore the true sacred books; beholding the direction of the winds, he braved difficulties and dangers. In the year A.D. 635 he arrived at Chang-an." A. Wylie, "Translation of the Nestorian Inscription", in Paul Carus (ed.), *The Nestorian Monument: An Ancient Record of Christianity in China, with Special Reference to the Expedition of Frits V. Holm*, Chicago 1909, p. 13.

③ P. Y. Saeki, *The Nestorian Documents and Relics in China*, Tokyo, 1937, repr.1951, p. 57.

④ 陳垣《基督教入華史略》，初刊《真理週刊》第 2 年第 18 期，1924 年；引文據《陳垣學術論文集》第 1 集，頁 84。

⑤ 江文漢《中國古代基督教及開封猶太人》，知識出版社，1982 年，頁 43。

法"解①，謂音律，喻風教律令，《管子·宙合第十一》云"君失音則風律必流，流則亂敗"②。著名的法國漢學家伯希和（P. Pelliot，1878—1945）遂把碑文的風律直譯爲 les notes music ales des vents（風的音符）。③倘把此處的"風律"釋爲風教律令，結合其前面的"太宗文皇帝，光華啓運，明聖臨人"，則"望風律以馳艱險"應釋讀爲阿羅本欽佩太宗治下的中國風教律令，故不避艱險到中國，自與航海無關。不過，如此阿諛的表述，顯得過於虛偽，有悖該教所倡導的誠信道德，與碑文第 5 行所云景尊弥施訶"設三一淨風無言之新教"更自相矛盾。緣該句的意思即謂耶穌"新創三位一體淨化世風之至尚宗教"④，照此推理，阿羅本之來華傳教，便是爲了用耶穌的新教來淨化中國的世風。假如大唐社會風教已令阿羅本推崇有加，其"馳艱險"來中國何爲，難道是來歸化或"取經"？顯然，伯氏之把"風律"理解爲音律，雖於典有據，但演繹出來的意思經不起推敲，故鮮見呼應者。倒是法國耶穌會士夏鳴雷（Henri Havret，1848—1901）的別解多得認同。

就該段話，夏氏雖亦照字面直譯爲拉丁文⑤，但卻在評注中提出碑文所謂"青雲"和"風律"，應與氣候無關，而是喻太宗之德行。⑥其所據者即東方

---

① 参林尹、高明主編《中文大辭典》"風律"條，臺北中國文化大學出版部，1980 年，頁 16163 中。
② 《管子》，上海古籍出版社，1989 年，頁 40。
③ 原譯作："Lorsque l'Empereur Lettré T'ai- tsong avec éclat et magnificence inaugurait la fortune [impériale] et avec clairvoyance et sainteté laissait tomber ses regards sur les hommes, il y avait dans le royaume de Ta-ts'in [un homme d'] une vertu supérieure, nommé A-lo-pen. Ayant observé les pronostics des nuages azurés, il prit avec lui les Écritures véridiques; ayant examiné les notes musicales des vents, il affronta les difficultés et les périls." P. Pelliot, *Recherches sur les Chrétiens d'Asie Centrale et d'Extrême-Orient, II,1: La Stèle de Si-ngan-fou, Oeuvres posthumes de Paul Pelliot*, Paris 1984（以下縮略爲 Pelliot 1984), p. 44.
④ 有關該句的解讀参本書《景教"淨風"考》一文。
⑤ 原譯初作："*T'ai-tsong* Expolito Lmperatorio principe, gloriosè floridèque auspicante fortunam, consp-icuè sapienterque gubernante populum Magnæ Ts'in regni, fuit Magnæ virtutis dictus *O-lo-pen*: augurans cœruleis nubibus, tunc attulit sanctos libros; intendensque auræ harmoniæ, inde obiit difficultates periculaque." H. Havret, *La stèle chrétienne de Si-ngan-fou. Quelques notes extraites d'un commentaire inédit*, Leiden 1897, p. 24. 爾後略有修改，作："*T'ai-tsong* Expolito Lmperatorio principe, gloriosè floridèque auspicante fortunam, conspicuè sapienterque gubernante populum, Magnæ Ts'in regni, fuit Magnæ virtutis dictus: *O-lo-pen* conjiciens cœruleas nubes, tunc attulit sanctos libros; intendensque auræ harmoniæ, inde obiit difficultates periculaque." H. Havret, *La Stèle Chrétienne de Si-ngan-fou. Part 3: Commentaire, Imprimèrie de la Mission Catholique*, Changhai 1902. (Varivétés Sinologiques, Nos. 20), p. 56.
⑥ H. Havret, *La stèle chrétienne de Si-ngan-fou. Quelques notes extraites d'un commentaire inédit*, Leiden 1897, pp. 22-24.

朔《海內十洲記》的"聚窟洲"節下。是節記征和三年（前90），西胡月支國王遣使來獻神香，使者對武帝自稱"臣國去此三十萬里，國有常占，東風入律，百旬不休，青雲干呂，連月不散者，當知中國時有好道之君"。英國穆爾（A. C. Moule，1873—1955）在英譯上揭碑文句子時，同樣與他人無實質性的區別①，但特別據夏氏的觀點加注云："是句的'雲'和'風'與旅途中的天氣無關，而是喻一位有道明君。"②夏著用拉丁文撰寫，雖把"聚窟洲"節下文字譯成拉丁文，於關鍵詞句卻未多闡釋。夏著復未見漢譯，而穆著則在20世紀80年代便作爲"中外關係史名著"漢譯並廣爲流行，故國人於夏氏之別解鮮有所知，誤以爲目是句的"雲"、"風"爲藉喻乃穆氏之發明。③時至21世紀初，聶志軍先生或受穆氏啓發，揚國人訓詁之長，從古漢語角度重解"大秦國有上德曰阿羅本，占青雲而載真經，望風律以馳艱險"的含義，其所依據者恰與夏氏不謀而合：

> 通過檢索，我們找到一例書證，和此處的表述頗爲相似，如下：
> 天漢三年，月氏國獻神香。使者曰："國有常占，東風入律，百旬不休；青雲干呂，連月不散。意中國將有妙道君，故搜奇異而貢神香。"（漢·東方朔《十洲記》）
> 從上例文意來看，大意是說月氏國有經常負責占卜的機構，發現"東風入律"、"青雲干呂"這樣的異象之後，推測"中國將有妙道君"，於是"搜奇異而貢神香"……這種表述，和景教碑中的內容不謀而合，也是"占青雲"、"望風律"，暗含"中國將有妙道君"，所以就"載真經"、"馳艱險"來到中國傳播景教。因此，此處應該是互文，即"占青雲"、"望風律"之後"載真經"、"馳艱險"。因此，景教碑中"占青

---

① 原譯作："When T'ai Tsung, the polished Emperor, was beginning his prosperous reign in glory and splendour, with light and wisdom ruling the people, there was in the land of Ta-ch'in one of high virtue called A-lo-pên, who, auguring by the blue clouds, carried the true Scriptures; watching the harmony of the winds, hastened to meet difficulties and dangers." A. C. Moule, *Christians in China before the Year 1550*, London et al.,1930, p. 38.

② 原注作："The phrases about the clouds and wind have nothing to do with weather conditions of the jou-rney, but refer to omens of a virtuous emperor. cf. HAVRET, *La Stèle Chrétienne: quelques notes extraites d'un commentaire inédit*, pp. 22-24." A. C. Moule, *Christians in China before the Year 1550*, p. 38, n. 22.

③ 見〔英〕穆爾著，郝鎮華譯《一五五〇年前的中國基督教史》，中華書局，1984年，頁54，注釋8。

雲而載真經，望風律以馳艱險”的出處有可能就是上例。景教碑的作者景淨顯然是化用東方朔《十洲記》中“月氏國獻神香”的典故，來表達“景風東扇”的原因，是因爲“中國將有妙道君”，向唐朝統治者示好，與景教碑中對唐代帝王極盡歌頌、讚美的內容也是吻合的。①

照上錄聶氏所解，碑文的“占青雲”、“望風律”乃屬古文常見的用典，有力地支撐了夏氏、穆氏的觀點。倘用典說得以成立，則將碑文“占青雲”、“望風律”理解爲阿羅本航海而來，自屬誤讀。不過，景碑向被目爲研究唐代景教史首屈一指的一手資料，上揭關於阿羅本“貞觀九祀，至扵長安”的碑文，更是現存有關景教正式入華的唯一文字記錄。因此就該碑文的文字，除了從古漢語角度進行訓詁外，還得藉助歷史文獻學方法，全面解讀其中的真實內涵，揭示其所隱藏的歷史信息。下面試在夏、穆、聶三氏研究的基礎上，就有關碑文作進一步的考釋。

四、“占青雲”、“望風律”出典質疑

聶氏節引自《海内十洲記》的文字，古籍多見。《太平御覽》卷八《天部八·雲》作：

> 東方朔《十洲記》曰：天漢三年，月氏國獻神香。使者曰：“國有常占。東風入律，百旬不休；青雲干呂，連月不散。意中國將有好道君，故搜奇藴而貢神香也。”②

《記纂淵海》作：

> 《東方朔傳》：漢武帝天漢三年，月氏國獻神香。使者曰：“國占東風

---

① 聶志軍《唐代景教文獻詞語研究》，湖南人民出版社，2010年，頁238—239。
② （宋）李昉等撰、夏劍欽等校點《太平御覽》第1册，河北教育出版社，2000年，頁70；文淵閣四庫全書本，893册，頁227下。

入律,百旬不休;青雲干呂,經月不散。意中國有好道之君,故來貢。"①

其中,聶引本的"意中國將有妙道君",在其他版本多作"意中國有好道之君",而清代官修大型類書《佩文韻府》卷一二之"青雲"條,則與聶氏所引者一字無差。②是以,竊意聶氏當據該清代詞藻典故辭典。不過,無論作"意中國將有好道君"、"意中國有好道之君",抑或"意中國將有妙道君",均用了一個"意"字。按"意","志也,从心察言而知意也"③,當可訓爲揣度之意。照現代語法術語,該句屬虛擬語氣,並非確認有其事。如果進一步細審出典的原文,就不難明白使者所用占語,不過是託辭,實際是藉以"教訓"中國皇帝。

典出《海内十洲記》,現存該記的版本最通用者諒必爲正統《道藏》本,入編"洞玄部記傳類"④,還有《四庫全書》所收"兩江總督採進本"本,歸屬"子部,小說家類,異聞之屬"⑤,是爲夏氏所據以翻譯者。考兩個版本文字僅稍異耳,足見四庫本未被多加刪改,遂依夏氏,同用該版本。顧《四庫全書》主編者於該書提要寫道:

> 舊本題漢東方朔撰。十洲者,祖洲、瀛洲、懸洲、炎洲、長洲、元洲、流洲、生洲、鳳麟洲、聚窟洲也。又後附以滄海島、方丈洲、扶桑、蓬邱、昆侖五條。其言或稱臣朔,似對君之詞;或稱武帝,又似追記之文。又盛稱武帝不能盡朔之術,故不得長生,則似道家誇大之語。大抵恍惚支離,不可究詰。考劉向所錄朔書無此名。書中載武帝幸華林園射虎事,案《文選》應貞晉武帝《華林園集》詩李善注,引《洛陽圖經》曰:"華林園在城内東北隅,魏明帝起,名芳林園,齊王芳改爲華林。"武帝時安有是號?蓋六朝詞人所依託。……⑥

---

① (宋)潘自牧《記纂淵海》卷二,見文淵閣四庫全書本,930 册,頁 34 上。
② 《佩文韻府》卷一二《雲・青雲》,光緒丙戌仲秋同文書局石印,頁 7。
③ (漢)許慎撰,(清)段玉裁注《說文解字注》,頁 895。
④ 《道藏》(11),上海書店、文物出版社、天津古籍出版社,1894 年,頁 51—55 上;現代校點本見張繼禹主編《中華道藏》(48),華夏出版社,2004 年,頁 75—79。
⑤ 文淵閣四庫全書本,1042 册,頁 273—280。
⑥ 文淵閣四庫全書本,1042 册,頁 273。

竊意，既屬後人僞託西漢東方朔之作，則文章所記異聞未必止於飯後談資，作者或另有寄意。與碑文有關的文字見於該記的"聚窟洲"節下。是節首先介紹該洲之地理位置："在西海中申未之地，地方三千里，北接崑崙二十六萬里，去東岸二十四萬里。"然後便述其奇山異獸名產。有關故事的主要情節則是：

征和三年（前90），武帝幸安定。西胡月支國王遣使獻香四兩，大如雀卵，黑如桑椹。帝以香非中國所有，以付外庫。又獻猛獸一頭，形如五六十日犬子，大似狸而色黃。命國使將入呈。帝見之，使者抱之似犬，羸細禿悴，尤怪其，非也。問使者："此小物可弄，何謂猛獸？"使者對曰："夫威加百禽者，不必繫之以大小。是以神麟故爲巨象之王，鸑鳳必爲大鵬之宗，百足之蟲制於螣蛇，亦不在於巨細也。臣國去此三十萬里，國有常占，東風入律，百旬不休，青雲干呂，連月不散者，當知中國時有好道之君。我王固將賤百家而貴道儒，薄金玉而厚靈物也。故搜奇蘊而貢神香，步天林而請猛獸，乘毳車而濟弱淵，策驥足以度飛沙。契闊途遙辛苦蹊路，于今已十三年矣。神香起夭殘之死疾，猛獸却百邪之魅鬼。夫此二物，實濟衆之至要，助政化之昇平，豈圖陛下反不知真乎？是臣國占風之謬矣。今日仰鑒天姿，亦乃非有道之君也。眼多視則貪色，口多言則犯難，身多動則淫賊，心多飾則奢侈，未有用此四者而成天下之治也。"……①

從上錄這段文字看，月支國貢使係在遭遇冷待後，始假託出使前曾通過占卜，知道"中國時有好道之君"，不料武帝愚蠢，目不識寶，使者未得禮遇，遂歸咎占卜失誤，接著對武帝不客氣地訓斥一番。故事的結局是武帝發怒，使者失蹤，爾後國家發生瘟疫，多所死亡，試用奇香後，始知靈驗，後悔不已。顯然，這不過是個寓言故事，作者藉以對皇帝進言爲君之道，希望皇帝不要淪爲無道昏君。若碑文出典於此，則景僧給唐朝皇帝戴高帽是"表"，欲告誡皇上好好善待景教、免得重蹈漢武覆轍纔是"裏"。如是用典，

---

① 文淵閣四庫全書本，1042 冊，頁 277。

難免有冒犯皇帝之虞，若果出典於茲，稍被進讒，其後果可想而知。

五、"占青雲而載真經，望風律以馳艱險"再解讀

考占雲氣以測吉凶，華夏自古有之。《洞冥記》有云：

朔曰："臣至東極，過吉雲之澤，多生此草，移於九景之山，全不如吉雲之地。"帝曰："何謂吉雲？"朔曰："其國俗以雲氣占吉凶，若樂事，則滿室雲起，五色照人，著於草樹，皆成五色露珠，甚甘。"[1]

《藝文類聚》卷五五引梁元帝《職貢圖序》有曰：

皇帝君臨天下之四十載，垂衣裳而賴兆民，坐巖廊而彰萬國。梯山航海，交臂屈膝，占雲望日，重譯至焉。[2]

唐《開元占經》卷九四至九七專述占雲，如卷九五"尾宿雲氣干犯占"條下言：

青雲氣入尾，故臣有來歸者；出尾，臣有死者。白氣入尾，故臣有謀來歸而受誅者。黑氣入尾。故臣有來歸骸骨者。赤黃氣入尾，有使來言兵事。黑氣出尾，人民流亡。青氣出尾，臣作亂。赤黃氣出尾，君遣使于諸侯言兵事。[3]

至於"青雲"，除謂晴空，指自然現象之雲外，古漢語更有多義。例如，喻美德令譽，喻高位者等等。明代周嬰《卮林》卷六闢有"青雲"專

---

[1] （漢）郭憲《洞冥記》，文淵閣四庫全書本，1042冊，頁305下。
[2] （唐）歐陽詢撰，汪紹楹校《藝文類聚》，上海古籍出版社，1982年，頁996。
[3] （唐）瞿曇悉達撰，常秉義點校《開元占經》，中央編譯出版社，2006年，頁1012—1013；文淵閣四庫全書本，807冊，頁880下—881上。

條，一一辨釋其各種含義。①所謂"青雲干呂"，本"謂時令之順調溫和也"②，照上揭《海內十洲記》的語境，則象徵有明君出。唐令狐楚有《青雲干呂》詩曰：

  鬱鬱復紛紛，青霄干呂雲。色令天下見，候向管中分。遠覆無人境，遙彰有德君。瑞容驚不散，冥感信稀聞。湛露羞依草，南風恥帶薰。恭惟漢武帝，餘烈尚氛氳。③

其實，用"占青雲"來喻明君，亦非始於南朝詞人偽託的《海內十洲記》，西漢京房（前77—前37）的《易占》已有之。現存四庫版的《京氏易傳》三卷本雖未見是條④，但後世多有轉引者，如上揭明代周嬰《卮林》卷六"青雲"條下：

  《京房易占》："青雲所覆，其下有賢人隱。"⑤

依理而言，碑文既稱"太宗文皇帝，光華啟運，明聖臨人"，已是極盡阿諛了，未必還要另用隱喻頌之。若爲了賣弄辭藻，要藉助隱喻手法的話，則稍涉中國典籍，尤其是雲占之書，就自然而然會採擷"青雲"一詞，未必要據《海內十洲記》來用典。

復顧"占"字，除釋爲"視兆問也"⑥外，古人在使用中已演繹出多種含義，《故訓匯纂》僅該字就列舉57個義項。⑦在碑文的具體語境中，"占"作"窺測"解亦未嘗不可。漢代揚雄撰《揚子法言》卷六《五百篇》有"史

---

① （明）周嬰撰，王瑞明點校《卮林》（八閩文獻叢刊）卷六，福建人民出版社，2006年，頁144—148；文淵閣四庫全書本，858冊，頁117下—121上。
② 林尹、高明主編《中文大辭典》，頁15868下。
③ 《全唐詩》卷三三四，中華書局，1960年，頁3748。
④ （漢）京房《京氏易傳》，文淵閣四庫全書本，808冊，頁439—469。
⑤ （明）周嬰撰，王瑞明點校《卮林》卷六，頁144；文淵閣四庫全書本，頁117。是條又見（明）楊慎《升庵集》卷四七，文淵閣四庫全書本，1270冊，頁378下；（明）楊慎《譚苑醍醐》卷四，文淵閣四庫全書本，885冊，頁703；（明）陳耀文《正楊》卷二，文淵閣四庫全書本，856冊，頁92。
⑥ （漢）許慎撰，（清）段玉裁注《說文解字注》，頁249。
⑦ 宗福邦、陳世鐃、蕭海波主編《故訓匯纂》，商務印書館，2003年，頁57。

以天占人，聖人以人占天"①；其"占"即取此義。而《一切經音義》卷二五，有收入"占相星宿"條，更釋"占，觀也"②；就碑文的語境看，"占"若取此義尤可解通。

"占青雲"可作觀察天氣解，而所配搭的"載真經"，則更明示阿羅本是通過海路到中國。據古漢語字書，"載，乘者、覆也。上覆之則下載之。故其義相成"。③在古代能運載物的工具無非是車或船。是以漢語成語有"車載斗量"，婦孺皆知；《詩經·小雅·菁菁者莪》則有"泛泛楊舟，載沉載浮。"之語。④而阿羅本所來自國度，遠在西亞。⑤假如其取陸路，即古籍所謂"磧路"，今美稱"陸上絲綢之路"，途中要穿越沙漠、綠洲、江河、大山，運輸的工具不可能是車，祇能用駱駝、馬匹之類的牲口，古漢語的表述要用"馱"而非"載"，是以始有白馬馱經、象教東來之典故。⑥阿羅本的真經既是"載"，意味著其乃循海泛舶而來，即從波斯灣下海，越印度洋，入太平洋，經著名的"南海道"，從中國嶺南廣州等口岸登陸。航海要觀天雲，自不在話下。由是，可推度所謂"占青雲而載真經"，本意無非謂阿羅本帶著大量的真經，乘船舶到中國。其"占青雲"不過是把觀雲色典雅化，若另有隱喻明君之意，那亦只是語帶雙關。至若與"占青雲而載真經"對仗的"望風律以馳艱險"，更是進一步表述阿羅本之到中國，乃冒著航海的種種艱險。按該句配搭的"馳艱險"，其"馳"字，意謂飛奔。沙漠的駱駝固不能飛奔，

---

① （漢）揚雄《揚子法言》，文淵閣四庫全書本，696 冊，頁 317 上。
② （唐）釋雲公撰，慧琳再刪補《一切經音義》，《大正藏》（54），No. 2128，頁 467 下。
③ （漢）許慎撰，（清）段玉裁注《說文解字注》，頁 1271。
④ "楊木爲舟，載沉亦浮；載浮亦浮。箋云：舟者，沉物亦載，浮物亦載。喻人君用士，文亦用，武亦用，於人之材，無所廢。"（十三經注疏整理委員會《毛詩正義》，北京大學出版社，2000 年，頁 737）
⑤ 西方學者蓋將碑文所稱"大秦國"對號當今的敘利亞，自可成立，緣阿羅本無疑來自基督教的敘利亞教會，景教碑亦出現大量敘利亞文的教會職銜、僧人名字；而就"阿羅本"其名，亦多認爲是個敘利亞名字（G. Pauthier, *L'Inscription Syro-Chinoise de Si-ngan-fou*, p. 15; J. Legge, *The Nestorian Monument of Hsî-an Fû in Shen-hsî, China*, p. 9, n. 8）。若照景碑的自述和漢文獻記載，則大秦國係在遙遠之西海，爲基督教之發祥地。余曾據元人朱德潤（1294—1365）《異域說》，考其乃在毗鄰著名死海的以色列、約旦和巴勒斯坦一帶，是爲耶穌的故土。參拙文《霞浦抄本元代天主教讚詩辨釋——附：霞浦抄本景教〈吉思呪〉考略》，《西域研究》2015 年第 4 期，頁 115—134，有關論述見頁 122—123。
⑥ 張繼《宿白馬寺》："白馬馱經事已空，斷碑殘刹見遺蹤。蕭蕭茅屋秋風起，一夜雨聲羈思濃。"（《全唐詩》卷二四二，頁 2725）

馱經之馬匹亦飛奔不了，倒是海上船舶，可乘風破浪，呈飛奔狀。"馳艱險"實際意味著經歷航海之艱險，既然是航海，自受制於海風，豈能不觀察風向變化？

按風律，依辭書的解釋，除上面提及的"政法"，即風教律令解外，亦爲占法之一，"陰陽家有風律之占"。① 如果碑文的"風律"指占法的話，則應稱"占風律"，而不是"望風律"。辭書謂"風律"亦指"八風與六律"。② 查班固《白虎通義》卷上"禮樂"篇有云："樂者，陽也。故以陰數，法八風、六律、四時也。八風、六律者，天氣也。助天地成萬物者也。"③ 足見"風律"亦可解作天氣。而"八風"，據《易緯》所釋：

> 八節之風，謂之八風。立春條風至，東北風。春分明庶風至，東方風。立夏清明風至，東南方風。夏至景風至，南方風。立秋涼風至，西南方風。秋分閶闔風至，西方風。立冬不周風至，西北方風。冬至廣莫風至，北方風。又《呂氏春秋》説八風：東北曰炎風。高誘注曰：亦曰融風。東方曰滔風，東南曰薰風，南方曰巨風，西方曰飂風，西北曰厲風，北方曰寒風。④

此處所釋"八風"，似無異於現代自然地理所謂"季風"。至於古漢語之"律"字，《漢語大字典》第4個釋義作"規律；規則"解⑤，並引漢高誘注《淮南子·覽冥訓》爲據：

> 昔者黃帝治天下，而力牧、太山稽輔之，以治日月之行律（高誘注：律，度也），治陰陽之氣，節四時之度，正律歷之數。⑥

---

① （宋）朱震《漢上易傳》卷五，文淵閣四庫全書本，11冊，頁154上。
② 林尹、高明主編《中文大辭典》，頁16133中。
③ （清）陳立撰，吳則虞點校《白虎通疏證》，中華書局，1874年，頁104—105；（漢）班固《白虎通義》，文淵閣四庫全書本，850冊，頁14上。
④ 見《太平御覽》卷九《天部九·風》，文淵閣四庫全書本，893冊，頁236上；錄文據（宋）李昉等撰，夏劍欽等校點《太平御覽》第1冊，河北教育出版社，2000年，頁79。
⑤ 《漢語大字典》，四川出版集團、湖北長江出版集團、四川辭書出版社、崇文書局，2010年，頁821。
⑥ 《淮南子集釋》卷六《淮南子》，中華書局，1998年，頁476。

如是，碑文的"風律"完全可用現代漢語的刮風規律作解。古代海舶，沒有動力設備，唯看風勢、藉風力耳。

從以上對"占青雲而載真經，望風律以馳艱險"這一互文的解讀，竊以爲碑文作者所要表達的本意，無疑應是阿羅本帶著大批經典，冒著遠涉重洋的艱險來到中國。因此，無論夏鳴雷抑或穆爾，認爲碑文的"'雲'和'風'與旅途中的天氣無關，而是對一位有道德皇帝的比喻"，即便單從古漢語的訓詁角度，亦經不起推敲，頂多只是語帶雙關，本意還是指天氣。

復就碑文的表述，"占青雲而載真經，望風律以馳艱險"的主語乃"上德阿羅本"，其"上德"，謂至上之德，當取自《老子·四十一章》的"上德若谷，大白若辱"①，以迎合李唐奉老子爲祖先的心態，亦示意阿羅本在教會地位崇高，並非等閒之輩。碑文還强調阿羅本自大秦國出發，載的是"真經"，該等實際在於强調阿羅本乃東方教會法主之特使，帶去的是教會指定的經典，亦就暗示此前即便有基督教人士在中土活動，彼等亦非敍利亞宗教會的正式代表。由是，碑文之突出阿羅本泛海，更屬理所當然。

上面不厭其煩地辨釋有關碑文之真意，無非是爲了確認阿羅本乃帶著本教的經典，直接由敍利亞經海路抵達中土，應屬於文化之直接傳播一類。

六、唐代廣州大秦寺蠡測

如果阿羅本泛海而來，依現有古代中西海路交通的歷史知識，阿羅本無疑應在廣州登陸，亦就是說，廣州是阿羅本在華傳教之始點。

據《新唐書·地理志》：

> 唐置羈縻諸州，皆傍塞外，或寓名於夷落。而四夷之與中國通者甚衆，若將臣所征討，敕使之所慰賜，宜有以記其所從出。天寶中，玄宗問諸蕃國遠近，鴻臚卿王忠嗣以《西域圖》對，纔十數國。其後貞元宰相賈耽考方域道里之數最詳，從邊州入四夷，通譯于鴻臚者，莫不畢

---

① 朱謙之《老子校釋》，中華書局，1984年，頁168。

紀。其入四夷之路與關戍走集最要者七：一曰營州入安東道，二曰登州海行入高麗渤海道，三曰夏州塞外通大同雲中道，四曰中受降城入回鶻道，五曰安西入西域道，六曰安南通天竺道，七曰廣州通海夷道。①

該志還於通海夷道一路所經地名、里程一一詳載②，方豪先生已予以一一注解③，爾後，國人亦多有考釋，不贅。大體而言，這條海道就是通往東南亞、印度洋北部諸國、紅海沿岸、東北非和波斯灣諸國的海路，即當今雅稱的"海上絲綢之路"或"海上絲瓷之路"。國人目廣州港爲通海夷道的始點，而諸夷泛海來華者，則目其爲終點。

貞元宰相賈耽得有如此翔實記載，自是拜前人所賜。其所言通四夷之路，至晚秦漢便已有之。作爲通海夷道起始點的廣州，則更是胡舶最爲熟悉的中國口岸。20世紀下半葉廣東考古，亦陸續發現薩珊波斯的諸多銀幣④，證明波斯商人由波斯灣下海來到廣州的史實。何方耀教授曾在前賢研究的基礎上，勾沈索隱，列表統計晉初唐季五百年間，來往於南海道之中外弘法僧俗236人，其中東來傳教僧尼53人，西行求法僧俗183人。⑤實際的人數無疑不止這個數字，緣文獻可稽者往往是某一知名僧人，而與其同行者多不入載，何況更有失載者。既然佛僧早就絡繹不絕於廣州通海夷道，若有敍利亞景僧來華，沿此海道不亦可乎！

阿羅本既從敍利亞航海而來，在當時就只能取這一條航路。當然，從理論上說，其到達廣州港後可以輾轉到沿海其他港口登陸；但就實際而言，廣

---

① 《新唐書》卷四三下，中華書局，1975年，頁1146；並見（宋）王應麟輯《玉海》第1冊，江蘇古籍出版社，上海書店，1987年，頁289下—290上。
② 《新唐書》卷四三下，頁1153—1155。
③ 方豪《中西交通史》第二章第四節《廣州通海夷道》，嶽麓書社，1987年，頁238—240。
④ 廣東省文物管理委員會、華東師範學院歷史系《廣東英德、連陽南齊和隋唐古墓的發掘》，《考古》1961年第3期，頁139—141；遂溪縣博物館《廣東遂溪發現南朝窖藏金銀器》，《考古》1986年第3期，頁243—246。另詳參夏鼐《中國最近發現的波斯薩珊朝銀幣》，《考古學報》1957年第2期，頁49—60；收入《夏鼐文集》下冊，社會科學文獻出版社，2000年，頁112—116，有關論述見頁18—30；夏鼐《綜述中國出土的波斯薩珊朝銀幣》，《考古學報》1974年第1期，頁91—111，收入《夏鼐文集》下冊，頁51—70。
⑤ 何方耀《晉唐時期海路交通中往來佛僧的群體考察》，高雄《普門學報》2006年第32期，頁115—176，有關引文見頁145。

州時爲府治所在，阿拉伯人稱爲Khanfou，即廣府。[1] 阿羅本爲傳教而來，自必選擇嶺南地區政治、經濟、文化中心的這一濱海城市作落腳點，焉有另尋無名小港登陸之理？

唐代廣州港之繁盛，有詩聖杜甫所作《送重表姪王砅評事使南海》爲證，其間言及王砅清廉，在其治下，廣州港海胡舶衆多：

> 番禺親賢領，籌運神功操。大夫出盧宋，寶貝休脂膏。洞主降接武，海胡舶千艘。[2]

當然"千艘"並非實數，喻多耳。至於實數的記載，則有《新唐書·李勉傳》所云者：

> 尋拜嶺南節度使。番禺賊馮崇道、桂叛將朱濟時等負險爲亂，殘十餘州，勉遣將李觀率容州刺史王翃討斬之，五嶺平。西南夷舶歲至纔四五，讥視苛謹。勉既廉絜，又不暴征，明年至者乃四十餘柂。居官久，未嘗攴飾器用車服。後召歸，至石門，盡搜家人所蓄犀珍投江中。時人謂可繼宋璟、盧奐、李朝隱；部人叩闕請立碑頌德，代宗許之。進工部尚書，封汧國公。[3]

引上揭兩條唐史資料，無非證明廣州通海夷道一直暢通無阻，若主治嶺南的官員廉潔奉公，則海胡船舶更加紛至沓來。而只要有商舶來往於該條海道，則僧人自可依附之。竊意敍利亞景教士由海路成功抵達中國，阿羅本未必空前，但成功到達並能上達聖聽、爲景教取得合法地位者，阿羅本無疑爲第一個。因而，無妨目其爲敍利亞教會在華直接傳教的先驅。

當初阿羅本泛海來華，並非像一般蠻夷使者那樣，完成了傳遞書信和朝貢任務，領賞後即還蕃；彼乃奉法旨開闢新教區，就算不終老於華夏，亦必定要留居有年。爲了完成這一教命，除"載真經"外，還應配有多名傳教士

---

[1] 參穆根來、汶江、黃倬漢譯《中國印度見聞錄》，中華書局，1983年，頁39，注釋11。
[2] 《全唐詩》卷二二三，頁2373。
[3] 《新唐書》卷一三一，頁4507—4508。

和譯經人員，因此同行必定是一班人馬，更準確的表述應是"阿羅本們"。既然彼等已通過海路成功到達中國，爾後教會續派的人員實際就不必費事另覓陸路。緣海陸兩路雖都九死一生，但海路的風險多屬自然因素，於富有"占青雲"、"望風律"經驗的船師來說，乃習以爲常；何況，海舶更便於運載"真經"和各種傳教用品、疏通官府的海外奇珍等。因此，雖不排斥供職於中亞教會的敘利亞僧人沿陸路來華的可能性，但直接由敘利亞來華的傳教士，恐多寧可選擇海路。景碑亦披露繼阿羅本之後，尚多有僧人航海來華。景碑正文第16—17行載道：

> （天寶）三載（744），大秦國有僧佶和，瞻星向化，望日朝尊。詔僧羅含、僧普論等一七人，與大德佶和，於興慶宮修功德。於是天題寺榜，額戴龍書。

個中"佶和"、"羅含"、"普論"無疑是敘利亞文的音譯名字，照碑文的表述，"僧羅含、僧普論等一七人"，應此前已到京者，唯佶和爲新來者①，其"瞻星向化，望日朝尊"而來，與阿羅本之"占青雲"、"望風律"蓋似曾相識，雖有阿諛大唐皇帝的味道，但更反映其泛海而來的實際。緣航行於茫茫大海，始常要瞻星望日。奉詔進宮修功德（當屬祈福祝壽之類的宗教儀式）者凡十八位，"二九十八"，適符合玄宗所尚道教數取以倍的習慣。此舉雖不見載正史，竊意未必杜撰。何況次年，玄宗便爲其教正名大秦教，事見《唐會要》卷四九所載天寶四載詔：

> 波斯經教，出自大秦，傳習而來，久行中國。爰初建寺，因以爲名。將欲示人，必修其本。其兩京波斯寺，宜改爲大秦寺。天下諸府郡置者，亦準此。②

諒必彼等之祈福祝壽，令龍顏大悅，遂乘機乞請天恩，爲其寺題額。在

---

① 據段晴教授所考，佶和是敘利亞大主教派來唐朝的第三任主教，見氏文《唐代大秦寺與景教僧新釋》，收入榮新江主編《唐代宗教信仰與社會》，上海辭書出版社，2003年，頁434—472，有關討論見頁446。
② 《唐會要》卷四九，頁864。

商較題字時，必對皇上澄清了其教之本源，朝廷遂於次年下詔正式爲之正名曰大秦教。①

按景碑落款"大秦寺僧景淨述"，配有敍利亞文，伯希和法譯爲 Adam prêtre, chorévêque et «maître de la Loi» de la Chine，即"亞當牧師，鄉主教兼中國法師"②，是爲景淨的敍利亞教名和神職頭銜，"鄉主教"自是敍利亞教會法主所賜，其無疑來自敍利亞。

碑文備極稱頌的"大施主金紫光禄大夫、同朔方節度副使、試殿中監、賜紫袈裟僧伊斯"，碑文未配以敍文。就其名字與敍文人名的具體對號，學界尚多爭議，但源於敍文則無異議。③觀碑文言其"術高三代，藝博十全"，服務於郭子儀的朔方軍而屢建奇功，竊意當爲精通天文地理之敍利亞方伎僧。

碑體正面下端有漢字題名兼配敍文。其間"僧靈寳"所配敍文，伯氏譯爲 Adam, diacre, fils de Yazadbōzīd, le chorévêque④，即"亞當，助祭教士，鄉主教耶兹卜兹之子"；而"撿挍建立碑僧行通"所配敍文，伯氏則譯爲 Sabʰranîsôʿ qaššîšâ⑤，即"薩卜拉寧恕牧師"。

景碑碑體兩側題名凡 70 人，其中敍漢二文對配者凡 62 人，僅有敍文而乏漢文者 8 名。其敍文西方學者蓋已翻譯，均有教名，有的加上神職名稱和敬稱。彼等蓋爲立碑期間或爾後相繼來華的敍利亞僧人。⑥認定該等教中人來自敍利亞，另有實例可資反證：

查 1955 年西安出土的《米繼芬墓誌》記載米國質子米繼芬"有二男，長曰國進，任右神威軍散將，守京兆府崇仁府折衝都尉同正。幼曰僧思圓，住大秦寺"。該"僧思圓"自是景僧無疑⑦；復據誌文，米氏於唐順宗永貞元年（805）死於長安醴泉里私第，終年 92 歲，由是可推測公元 781 年立景碑

---

① 參本書《西安景碑有關阿羅本入華事辨析》一文。
② Pelliot 1984, p. 56.
③ 詳參本書《唐代景僧名字的華化軌跡》一文。
④ Pelliot 1984, p. 57.
⑤ Pelliot 1984, p. 57.
⑥ 詳參本書《唐代景僧名字的華化軌跡》一文。
⑦ 該墓誌的考證參閲文儒《米繼芬墓誌考釋》，《西北民族研究》1989 年第 2 期，頁 154—160；葛承雍教授首將該墓誌目爲唐代景教史料，將思圓界定爲景僧，見氏文《唐代長安一個粟特家庭的景教信仰》，初刊《歷史研究》2001 年第 3 期，收入氏著《唐韵胡音与外来文明》，中華書局，2006 年，頁 232；羅炤《再談洛陽唐朝景教經幢的幾個問題》（《世界宗教研究》2007 年第 4 期，頁 96—104）於此問題續有討論。

時，僧思圓應還在大秦寺，然其名卻不見於碑體兩側。據此可推斷有資格勒名於碑者，非敍籍僧人莫屬。

顯然，見於景碑的敍利亞僧人已近百，該等自是教內有相當地位者，倘加上品級較低者之一般人員，則不知凡幾，其中直接泛海來華者自不乏其人。來往於通海夷道的敍利亞僧人絡繹不絕，倘廣州沒有可資掛單的寺院實不可思議。竊意當初阿羅本們平安抵達廣州後，不可能立馬進京，當先在廣州同胞胡商處下榻；在同胞協助下，先行熟悉"華情"，研習華夏文化，疏通關節，上達聖聽，然後始有進京的可能。因此，若如碑文所稱，阿羅本"貞觀九祀，至於長安"，則其必定早已落腳廣州多時甚至逾年。廣州乃其"西來初地"，即便京城尚未建寺，廣州胡人所居處附近亦可能悄悄有之。

復顧景碑正文第 13—14 行有云：

> 高宗大帝，克恭纘祖，潤色真宗；而於諸州各置景寺，仍崇阿羅本爲鎮國大法主。法流十道，國富元休；寺滿百城，家殷景福。

此處之"法流十道"和"寺滿百城"所用的數字蓋屬虛數，唯言其多耳。[1] 但廣州所處之嶺南道屬"法流"之道，廣州屬"百城"之一，則毫無疑問。考唐代廣州乃以聚居海舶胡商著稱，成書於唐代的《中國印度見聞錄》(舊譯《蘇萊曼遊記》) 便記載公元 879 年黃巢攻克廣府時，屠殺了十二萬外來移民，其中包括回教徒、猶太人、基督教徒和瑣羅亞斯德教徒。[2] 這一事件的死亡數字究竟怎樣統計出來，當時有無這麼多外國移民，受到學者的質疑。[3] 但廣州若非以海舶胡商麇居蜚聲四海，爲各路航海家們所津津樂道，焉會有這樣的傳聞見載於書。從這一記載中，不僅可以佐證唐代廣州舶胡衆多，而且相當富有，否則不可能成爲黃巢屠殺的對象。由此，亦不難推

---

[1] 參本書《西安景教碑有關景寺數量詞考釋》一文。
[2] 穆根來、汶江、黃倬漢譯《中國印度見聞錄》，頁 96。有關該條資料的發現和引用，詳參 A. C. Moule, *Christians in Asia before the Year 1500*, London, New York and Toronto 1930, repr. New York 1972, p. 76; 郝鎮華中譯本《一五五〇年前的中國基督教史》，頁 82—83。
[3] 見陳堅紅《關於唐代廣州港年外舶數及外商人數之質疑》，《海交史研究》1987 年第 2 期，頁 71—74。蒙蔡師鴻生先生提示："關於四種外來宗教在廣州被殺教徒的人數，岑仲勉先生早已詳述'不信'的四點理由，予以實事求是的駁正，見岑仲勉《隋唐史》，中華書局，1982 年，頁 526—527。"

度其中的基督教商人無疑就是阿羅本們的施主,是爲廣州大秦寺的社會群衆基礎,廣州無形中成爲敍利亞僧人在中土傳教的根據地。

考古代基督教的寺院,有供廣大信徒禮拜祈禱者,即當今所稱的教堂,亦有供苦行者潛心修持的修道院。因此,竊意大秦寺當存於胡人多所居住之地,或許就在後來所劃定的蕃坊,即"位於廣州城外西郊,範圍包括今廣州市中山路以南、人民路以東、大德路以北、解放路以西一帶,以光塔街及其附近爲中心"①;此外,在其時廣州城郊較爲僻靜之地,可能還有小型修道院的存在,以供遠道來華個別僧人潛修之用。

七、嶺南"波斯僧"於唐代景教的貢獻

唐代嶺南不僅有敍利亞僧人聚居,而且,該等僧人曾在武周時期景教遭遇困厄時做出了重大貢獻,令景教轉危爲安。此事史料有跡可循,見於前賢已徵引的《册府元龜》卷五四六《諫諍部·直諫》:

柳澤,開元二年(714)爲殿中侍御史、嶺南監選使。會市舶使右威衛中郎將周慶立、波斯僧及烈等,廣造奇器異巧以進。澤上書諫曰:……②

《舊唐書·玄宗本紀》亦有載,但略去了"及烈"的名字:

(開元二年十二月乙丑)時右威衛中郎將周慶立爲安南市舶使,與波斯僧廣造奇巧,將以進內。監選使、殿中侍御史柳澤上書諫,上嘉納之。③

而《唐會要》卷六二載此事曰:

嶺南市舶司右威衛中郎將周慶立、波斯僧及烈等,廣造奇器異巧以

---

① 黄啓臣主編《廣東海上絲綢之路史》,廣東經濟出版社,2003年,頁209。
② 《册府元龜》,中華書局,1960年,頁6547下—6548上。
③ 《舊唐書》卷八,頁174。

進。監選司殿中侍御史柳澤上書諫曰：……①

以上三條記載，文字稍有異，但就"波斯僧及烈等，廣造奇器異巧以進"一句則無差。按官方原稱阿羅本帶來的宗教曰"波斯經教"，其僧人則曰波斯僧，直到上揭天寶四載（745）詔始爲其正名大秦教。上揭官方文獻所云開元年間"波斯僧及烈等"自是居於嶺南的敍利亞僧侶無疑，否則官居嶺南市舶使的周慶立不會找到彼等合作。彼等既是僧人，來華自以傳教爲主旨，所進貢的"奇器異巧"，如蔡師鴻生先生所提示，應多從異域所帶來；而僧人本身善於製作"奇器異巧"，則猶如通曉醫藥、天文之類，不過是傳教士藉助本身的方伎以聯絡官員、親近民眾和維持生活的手段。至於勾結周慶立進貢，顯然旨在通過他影響朝廷的決策，爭取朝廷對該教的優容。② 竊意此事之背景當與景碑正文第14—15行所言事件有關：

聖曆年（698—700），釋子用壯，騰口於東周；先天末（712—713），下士大笑，訕謗於西鎬。有若僧首羅含、大德及烈，並金方貴緒、物外高僧，共振玄綱，俱維絕紐。

上揭碑文披露了一個重要信息，即在武周後期到玄宗即位初年，因教敵在朝廷進讒景教，景教地位危殆，幸好有"僧首羅含、大德及烈"等齊心合力，始挽回局勢，轉危爲安。事件的具體情況如何，未見教外文獻提及。不過以理度之，僧首羅含當是繼阿羅本之後的中國教區領袖，爲敍利亞宗教會委派而來。後人立碑紀功，自把其列第一。"羅含"，西方學者或疑爲Abraham的對音，而"及烈"即等同Gabriel③，馮承鈞先生則認爲"及烈"是敍利亞文鄉主教（korappiqopa）之省譯。④ 諸前賢之判斷然耶非耶苟不論，但與本文立論有關的是，觀彼等名字，顯非中亞人，無疑應是敍利亞人，即

---

① 《唐會要》，頁1078。
② 見本書《西安景碑有關阿羅本入華事辨析》一文。
③ A. C. Moule, *Christians in China before the Year 1550*, p. 41, note 28.
④ 馮承鈞《景教碑考》，商務印書館，1931年，頁62。

繼阿羅本之後來華者。名字既屬音譯，在文獻上發現同名者就不奇怪；至於是否爲同一人，則要據其行狀始可判斷。[1] 就碑文的"大德及烈"活躍的年代，正好與開元二年參與進獻奇珍異巧的"波斯僧及烈"吻合，兩者便不無同一的可能性。"及烈"之名冠以"大德"，不過是碑文作者對前輩的一種敬稱。官方文獻自不必在意其敬稱，直點其名就可。名爲史官所點，默證其人已聞達於朝廷。復玩味柳澤的諫文：

> 臣聞不見可欲，使心不亂，是知見欲而心亂必矣。臣竊見慶立等，雕鐫詭物，置造奇器，用浮巧爲真玩，以詭怪爲異寶，乃理國者之巨蠹，明王之所嚴罰，紊亂聖謀，汨斁彝典。昔露臺無費，明君尚或不忍；象筯非多，忠臣猶且憤歎。王制曰：作異服奇器，以疑衆者殺。月令曰：無作淫巧，以蕩上心。巧謂奇伎怪好也，蕩謂惑亂情欲也。今慶立等皆欲求媚聖意，搖蕩上心，若陛下信而使之，是宣奢淫於天下，必若慶立矯而爲之。是禁典之所無赦也。陛下即位日近，萬邦作孚，固宜昭宣菲薄，廣教節儉，則萬方幸甚。[2]

上錄行文，周慶立名下一再綴以"等"字，當指"波斯僧及烈等"，意味著柳澤目該等波斯僧爲腐蝕新皇帝的共謀或從犯，或因彼等並非朝廷命官，不屬御史監督彈劾的對象，故不直點其名；而朝臣則心照不宣。作爲史官，爲交代"監選司殿中侍御史柳澤上書諫"的原委，便直書"周慶立、波斯僧及烈等"。柳澤彈劾周慶立等，正好是上揭碑文所云的"聖曆年"和"先天末"事件之後、景教企圖東山再起之時。竊意阿羅本們畢竟從敍利亞直接來華傳教，不像摩尼僧那樣經歷過中亞佛教的薰陶，故難適應李唐發生的政治變局，一時適應不了武則天的媚佛，以致被教敵進讒，頻臨危亡。而

---

[1] 前賢尚發現唐代景僧名爲"及烈"者，見載於《冊府元龜》卷九七一，云："（開元二十年）九月，波斯王遣首領潘那密與大德僧及烈朝貢。"又卷九七五："（開元二十年）八月庚戌，波斯王遣首領潘那密與大德僧及烈來朝。授首領爲果毅，賜僧紫袈裟一副及帛五十疋，放還蕃。"或以爲該"及烈"即是景碑上的"及烈"，馮承鈞則不以爲然（詳參氏著《景教碑考》，頁62）。余亦認爲兩者不可能同一。

[2] 《唐會要》卷六二，頁1078；末句"陛下即位日近……則萬方幸甚"，《新唐書》卷一一二作"陛下新即位，固宜昭宣菲薄，廣示節儉，豈可以怪好示四方哉"（頁4177）。

所謂"有若僧首羅含、大德及烈，並金方貴緒、物外高僧，共振玄綱，俱維絕紐"，不過就是景僧聯合在華的西域質子（金方貴緒）、生活在中國的富有粟特景教徒（物外高僧）共同疏通朝臣進言玄宗，恢復李唐原來禮待景教的政策。在這個過程中，最重要的手段無非就是行賄朝臣，進獻皇上，而及烈旗下的一批嶺南方伎僧正好派上了用途，做出了重要的貢獻。因此，周慶立為升官，波斯僧為傳教，兩者目的雖異，但在華夏專制皇朝下，要達到目的，捨"求媚聖意"外，豈有他法？彼等之合夥行事，亦就不難理解。儘管進獻活動被彈劾，但並不等於沒有積極的效果。因為玄宗肯定柳澤對周慶立的彈劾，不過是出於政治的考慮，如柳澤諫文所云"陛下新即位，固宜昭宣菲薄，廣示節儉，豈可以怪好示四方哉"，但內心未必就不喜歡那些奇珍異巧，未必不賞識及烈等波斯僧的藝能。何況太宗和高宗本來就優容景教，玄宗繼承先祖政策亦是名正言順，猶如景碑所頌：

> 玄宗至道皇帝，令寧國等五王親臨福宇，建立壇場。法棟暫橈而更崇，道石時傾而復正。天寶初，令大將軍高力士送五聖寫真，寺內安置，賜絹百疋，奉慶睿圖。龍髯雖遠，弓劍可攀；日角舒光，天顏咫尺。（正文第15—16行）

從以上所論，不僅可見聚居嶺南的敘利亞景僧在爭取本教權益時，曾發揮了舉足輕重的作用，而且從中亦可以看到，儘管在華夏活動的外來景教徒不乏來自中亞的九姓胡，人數或比敘利亞人多得多，但主事溝通朝廷者卻是敘利亞僧人。

八、敘利亞景僧主導下的譯經活動

敘利亞景僧不僅在向朝廷爭取傳教權益中占主導地位，在譯經活動中亦扮演主要角色。在阿羅本來華之前，未見華夏有任何漢文基督教經典流行的痕跡；而在現存的景教漢文寫經中，亦難以找到譯自中亞語言的基督教術語。阿羅本既"載真經"來朝，到京後自當著手譯經。阿羅本究竟譯了哪些經，如今難於稽考，儘管學界多把日本富岡氏收藏的《一神論》寫卷和高楠氏藏的《序聽迷詩所經》目爲阿羅本時期的景教譯經，但據蔡師鴻生先生的提示，這兩個寫卷屬於"精抄贋品"，即造僞者據殘破之敦煌寫本重新謄寫，製作出漂亮之卷子高價而沽。① 現存可確認的景教寫經，蓋產於阿羅本之後，且多與碑文撰者景淨有關。

據法藏敦煌景教寫卷 P.3847，景淨是繼阿羅本之後，漢譯敍利亞"真經"的領軍人物。該卷凡四十六行，包含三個部分：其一《景教三威蒙度讚》，其二《尊經》，其三爲卷子製作者所撰的一個《尊經》"按語"。② 其《尊經》，除敬禮基督教的"三位一體"和二十二位"法王"外，還有"敬禮"三十五部景教經典：

1.《常明皇樂經》，《宣元至本經》，《志玄安樂經》，
2.《天寶藏經》，《多惠聖王經》，《阿思瞿利容經》，
3.《渾元經》，《通真經》，《寶明經》，《傳化經》，《罄遺經》，
4.《原靈經》，《述略經》，《三際經》，《徵詰經》，《寧思經》，
5.《宣義經》，《師利海經》，《寶路法王經》，《删訶律經》，
6.《藝利月思經》，《寧耶頤經》，《儀則律經》，《毗遏啓經》，
7.《三威讚經》，《牟世法王經》，《伊利耶經》，《遏拂林經》，
8.《報信法王經》，《彌施訶自在天地經》，《四門經》，《啓真經》，
9.《摩薩吉斯經》，《慈利波經》，《烏沙郍經》。

繼該等經名之後，復有"按語"四行：

1. 謹案諸經目録，大秦本教經都五百卅部，並是貝葉梵音。
2. 唐太宗皇帝貞觀九年，西域太德僧阿羅本，屆于中夏，並奏
3. 上本音。房玄齡、魏徵宣譯奏言。後召本教大德僧景淨，譯
4. 得已上卅部卷，餘大數具在貝皮夾，猶未翻譯。

---

① 參本書《富岡謙藏氏藏景教〈一神論〉真僞存疑》、《高楠氏藏景教〈序聽迷詩所經〉真僞存疑》二文。
② 有關該寫卷的釋文和考察見本書《敦煌景教寫本 P.3847 再考察》一文。

"謹案"所稱的"卅部卷"當爲"卅五部卷"之筆誤。"貝葉",本指貝多羅樹之葉,印度人用於書寫佛經,亦指佛經。① 此處藉該佛語指代來自敍利亞教會的"真經"。當然,該等經典未必用貝多羅樹之葉抄寫,倒可能用古代基督教徒常用的羊皮紙。而"梵音",更屬藉用佛語無疑,本指大梵王發出的清淨之音、佛所發出的聲音②,此處則自指基督教上帝之玉音。同屬夷教的摩尼教亦多藉用"梵"字,例如,其《下部讚》(S.2659)的"梵本",(第416、418行)指用中古伊朗語撰寫的本教經典;而"梵響"(第397行)、"梵音"(第402行),則指其教明神之音響。至於"都五百卅部",即總共五百三十部,在古漢語中,並非虛數,而是實數。但在此處,亦未必是準確的數字,或祇是個大致數目。該等"貝葉梵音"自屬當初阿羅本"占青雲"所"載真經"。當然,其間或有部分是爾後始運進華夏的。

該"按語"稱"唐太宗皇帝",意味著抄經者應生活在唐代之後,緣唐人但稱太宗,不可能冠以"唐"字。而且"按語"用"貝葉梵音"來指聖經,如此佛化,更是現存唐代景教文典所未見。觀其行文語氣,倒頗類摩尼教《下部讚》的"跋"。③ 是以,所謂《尊經》及其"按語"應是唐後之物,所提供的信息亦不一定很準確,不宜直當唐代景教文典使用。不過,就其稱《尊經》所列經名爲景淨所譯,則並非太離譜。

《尊經》所臚列三十五部經典,有若干殘篇見於20世紀初葉敦煌出洞之珍。日藏的敦煌本《大秦景教宣元本經》(羽431)④,無疑爲名列《尊經》第二部的《宣元至本經》之殘篇。愚曾將該經行文風格、遣詞造句與景淨撰寫的西安景碑比較,可確認應出自景淨手筆。⑤ 日藏的《志玄安樂經》(羽13)則名列《尊經》第三部⑥,愚亦曾將其比對《大秦景教宣元本經》和《景碑》,

---

① 參林尹、高明主編《中文大辭典》"貝葉"條,頁1286下。
② 參丁福保編纂《佛學大辭典》"梵音"條,文物出版社,1984年,頁936欄一。
③ 《下部讚》編撰譯者道明在"跋"中有云:"梵本三千之條,所譯二十餘道;又緣經、讚、唄、願,皆依四處製焉。但道明所翻譯者,一依梵本"(第416—418行),見拙著《敦煌文書與夷教研究》,頁464。
④ 寫本見武田科學振興財団杏雨书屋編《敦煌秘笈》影片冊五,大阪武田科學振興財団,2011年,頁397。該經文亦刻於2006年5月洛陽發見的唐代景教經幢,參本書《唐代洛陽景教經幢〈宣元至本經〉考釋》一文。
⑤ 有關考釋參本書《敦煌本〈大秦景教宣元本經〉考釋》一文。
⑥ 武田科學振興財団杏雨书屋編《敦煌秘笈》影片冊一,大阪武田科學振興財団,2009年,頁128—133。

同樣可肯定爲景淨作品。① 至於《尊經》所列《景教三威蒙度讚》，見於同一寫卷，學界更咸認其爲景淨譯作。法國吳其昱先生在 1986 年發表的經典之作《景教三威蒙度讚研究》，將該經主要內容與 1892 年 A. J. Maclean 及 W. H. Browne 英譯的敍利亞文 Tšbwḥt' dml'k'（《天使頌》）比對，認爲兩者有密切關係。據考，其敍利亞文本譯自希臘文 ἡ Δοξολογία Μεγάλη，即 Greater Doxology（偉大的讚詩），而其拉丁文本則題作 Gloria in excelsis Deo（榮歸上帝頌）。②

當然，景淨之作品，並非現代意義的譯作。其所謂翻譯，並非限於當今譯界所稱的直譯、擬譯或意譯三種模式；其爲了因應華情，還多所改寫，添枝插葉，嚴格地說，應屬編譯或撰譯之類。③ 但無論如何，其以敍文爲底本，而非依據中亞文本，乃毋庸置疑。《景教三威蒙度讚》已找到其對應的敍文本，固不必說；而《志玄安樂經》，個中之"囉稽"乃敍文 Lakhumara 之省譯④，意指基督教東敍利亞教會於週日和宗教節日之禮拜儀式⑤，可見其亦有敍文底本可依。《大秦景教宣元本經》亦然，其間之"阿羅訶"，係敍利亞語 Aloha 的音譯，相當於希伯來語 Eloh 或 Elohim，即今譯《聖經》的耶和華，這在學界已成定論。⑥

宗教傳播，無論是直接抑或間接，都逃不出先哲喻示"橘遷地而變爲枳"的命運⑦，都不得不因應新傳播地的實際情況而發生變異，特別是面對唐代中國的高位文明。阿羅本初來之際，於其教義理之介紹便已顯見變異。其極力迎合李唐奉老子爲先祖的心態，把基督教打扮成可與道教相通的宗教。若非如此，上揭"貞觀十二年七月詔"中，焉會稱阿羅本所帶來的宗教"玄妙無爲，生成立要，濟物利人，宜行天下"？按基督教之義理何"玄妙無爲"

---

① 見本書《景教〈志玄安樂經〉敦煌寫本真僞及錄文補說》一文。
② 吳其昱《景教三威蒙度讚研究》，《"中央研究院"歷史語言研究所集刊》第 57 本第 3 分，1986 年，頁 411—438；有關說辭見頁 413—414。
③ 參見本書《景教"淨風"考》一文。
④ 參見本書《景教〈志玄安樂經〉敦煌寫本真僞及錄文補說》一文。
⑤ Arthur John Maclean, *East Syrian Daily Offices: Translated from the Syriac with Introduction, Notes, and Indices and an Appendix Containing the Lectionary and Glossary*, London: Rivington, Percival & Co. 1894, p. 3.
⑥ 見本書《敦煌本〈大秦景教宣元本經〉考釋》一文。
⑦ 參陳寅恪《蓮花色尼出家因緣跋》，收入氏著《寒柳堂集》，生活・讀書・新知三聯書店，2001 年，頁 169—175；有關喻示見頁 174。

之有？而能給人"玄妙無爲"之感覺，自非止於藉用某些道教術語以格義耳。若非經文的表述風格、所表達的思想亦類乎《老子》，焉能給朝廷以如此之印象？由是，不難推度敍利亞基督教直接入華後，首先依託的是李唐最尊崇的道教。上揭富岡、高楠文書，未能確認其爲敦煌出洞之珍，亦就不便以其作爲立論的依據；但即便其爲敦煌真品，亦不能推翻阿羅本依託道教的提法，緣其間道門痕跡比比皆是。

考唐開國之初，高祖李淵爲抬高門第，神化統治，認李耳爲先祖："老子姓李名耳；唐祖之，乾封元年，尊爲玄元皇帝。"高宗上元元年（674）"壬寅，天后上表，以爲：國家聖緒，出自玄元皇帝，請令王公以下皆習《老子》。"[①] 竊意阿羅本即便在敍利亞未知李唐崇道，立足廣州後亦必趕緊補課。廣州道教之流行由來有自，位於廣州市越秀山南麓道教著名宮觀三元宮，始建於東晉元帝大興二年（319），至今仍保存完整。是以，可信阿羅本一登華土，便進入道教氛圍。

時到景淨時代，仍一依阿羅本依託道教之風，《景碑》開篇即爲：

粵若！常然真寂，先先而无元，窅然靈虛；後後而妙有，惣玄樞而造化。妙衆聖以元尊者，其唯我三一妙身无元真主阿羅訶歟！

如是行文，誠如朱謙之先生所指出，"採用了道家所常用的語句，幾疑乎是出於道家者之手"。[②]

顯然，景淨於《老子道德經》相當嫺熟，以至遣詞造句、行文風格頗見類同，苟舉《大秦景教宣元本經》的一段經文爲例：

時景通法王，端嚴進念，上觀空皇，親承印旨，告諸衆曰："善來法衆，至至无來。今柯通常，啓生滅死。各圖其分，静諦我宗。如了无元，礙當隨散。"即宣玄化匠帝真常旨：无元，无言，无道，无緣，妙有非有，湛寂然。吾因太阿羅訶，開无開異，生无心浼，藏化自然渾元發。无發，无性，无動。靈虛空冥，因緣機軸。自然著爲象本，因緣配

---

① （宋）司馬光編著，（元）胡三省音注《資治通鑒》卷二〇二，中華書局，1956年，頁6374。
② 朱謙之《中國景教》，東方出版社，1993年，頁141。

爲感乘。剖判槃羅，三生七位，浼諸名數，无力任持；各使相成，教了返元真體。夫爲匠无作，以爲應旨順成，不待而變，合无成有，破有成无；諸所造化，靡不依由，故号玄化匠帝、无覺空皇。（第6—16行）

經文散發如此濃烈道味，自非藉用一些道家術語便能臻此境界。個中將敍文的音譯術語"阿羅訶"釋讀爲"玄化匠帝无覺空皇"，顯不是照譯敍文，而是景淨所添插。如是做法，摩尼教已有先例，摩尼僧在玄宗朝所"譯"的《摩尼光佛教法儀略》①中，也有類似解釋法號的一段經文：

> 佛夷瑟德烏盧詵者，本國梵音也。譯云光明使者，又號具智法主，亦謂摩尼光佛，即我光明大慧無上醫王應化法身之異号也。當欲出世，二耀降靈，分光三體；大慈愍故，應敵魔軍。親受明尊清淨教命，然後化誕，故云光明使者；精真洞慧，堅疑克辯，故曰具智法王；虛應靈聖，覺觀究竟，故號摩尼光佛。（S.3969，第5—11行）②

顯然，《宣元本經》和《摩尼光佛教法儀略》這些解說性的經文，都是專門針對中國讀者而撰，非夷文版所固有。

九、敍利亞基督教在華本土化的努力

敍利亞景僧既生活於華夏，日長月久，自逐漸明白中國主流宗教除李唐最尊奉的本土道教外，尚有佛教，其朝野的影響實際不亞於道家，尤其在底層百姓，更有其根基。景教之"玄妙無爲"實無補於溫飽無著的民衆，於彼等未必有多大的魅力。在這方面，經中亞在中土間接傳播的摩尼教，由於其佛化程度高，容易爲民衆所接受。因而，儘管其正式入華譯經傳教的時間晚於景教，但在民間的傳播效果卻比後者爲佳。有長慶年間（821—824）舒元

---

① 有關該經的性質，詳見拙文《敦煌本〈摩尼光佛教法儀略〉的產生》，《世界宗教研究》1983年第3期，頁71—76；並見拙著《摩尼教及其東漸》，中華書局，1987年，頁168—176；臺北淑馨出版社增訂本，1997年，頁189—197。
② 引文據筆者所作釋文，見《敦煌文書與夷教研究》，頁429。

興所撰《唐鄂州永興縣重巖寺碑銘并序》爲證：

> 故十族之鄉，百家之間，必有浮圖爲其粉黛。國朝泝近古而有加焉，亦容雜夷而來者，有摩尼焉，大秦焉，祆神焉，合天下三夷寺，不足當吾釋寺一小邑之數也。其所以知西人之教，能蹳踏中土，而内視諸夷也。①

該段碑銘不僅顯明當時佛教被民衆普遍信仰的事實，亦默證摩尼教在華之傳播成績優於景教。就如陳垣先生所云："重巖寺碑著於長慶間，其列舉三夷寺，以摩尼居首，此必當時社會之一種現成排次，如儒釋道者焉，而元興隨筆引用者也。"②

景教所處之劣勢，景淨内心自當清楚，亦力圖彌補自己的短缺。在景淨的作品中，不難見到其爲景教塗以梵色的努力。但畢竟景淨直接來自敍利亞，其佛教知識恐怕是來華後始修學的；因此，其所能做到的不外是藉用一些佛教術語以格義，與摩尼僧那樣將摩、釋、道匯合，渾然一體③，把本教衆神都敬稱爲佛④，顯然不可同日而語。亦正因爲如此，敦煌景教寫經雖不乏佛教術語，但散發出來的是道味，以至僞造敦煌文書的行家，竟抄襲道家詞句以冒充景教經文，如所謂小島文書之一的《大聖通真歸法讚》，便有《老子道德經》第六十二章的詞句。⑤

竊以爲，景淨於佛學之捉襟見肘迫使其不得不設法接觸佛僧以熟悉佛教。從景淨於德宗貞元年間（785—804）與迦畢試高僧般若合譯佛經而受皇

---

① 《全唐文》卷七二七，中華書局，1983年，頁7498。
② 陳垣《摩尼教入中國考》，《陳垣學術論文集》第1集，頁346。
③ 拙文《〈摩尼光佛教法儀略〉的三聖同一論》，《摩尼教及其東漸》，中華書局，1987年，頁183—190；臺北淑馨出版社增訂版，1997年，頁204—210；《敦煌文書與夷教研究》，頁40—48。
④ 尤以《下部讚》（S.2659）爲甚，最新釋文見拙著《敦煌文書與夷教研究》，頁434—466；《摩尼教華化補說》，蘭州大學出版社，2014年，頁523—553。
⑤ 參本書《所謂李氏舊藏敦煌景教文獻二種辨僞》一文。羽田亨教授認爲，該經"酷似《老子道德經》，有些句子直接抄自該經第六十二章"（見氏著《大秦景教大聖通真歸法讚及び大秦景教宣元至本經殘卷について》，《東方學》1951年第1輯，頁1—11；該文已收入《羽田博士史學論文集》下卷，京都大學文學部東洋史研究會，1958年，頁292—307，有關論述見頁300）；就此，日本學者西脇常記更詳加考證比較，見氏著《〈大秦景教宣元至本經〉殘卷について》，《禪文化研究所紀要》1988年第15號，京都，頁107—136。

上批評一事便可看出：

> 時爲般若，不閑胡語，復未解唐言；景淨不識梵文，復未明釋教。雖稱傳譯，未獲半珠；圖竊虛名，匪爲福利。錄表聞奏，意望流行。聖上濬哲文明，允恭釋典，察其所釋，理昧詞疏。且夫釋氏伽藍、大秦僧寺，居止既別，行法全乖。景淨應傳彌尸訶教；沙門釋子，弘闡佛經。欲使教法區分，人無濫涉；正邪異類，涇渭殊流。①

查此處二僧合譯的佛經名爲《大乘理趣六波羅密經》，是經與景教風馬牛不相及；而景淨既不識梵文，又不懂佛理，這種合譯之無佳果可期，乃意料中事。或責其"貪圖虛名，而不專心於傳道任務"②，應屬誤解；緣景淨乃奉"法旨"來華傳教的高級僧侶，亦已撰譯諸多本教文典傳世，貢獻至偉，其對傳教事業之虔誠實毋庸置疑。或疑其"另有企圖"③，倒屬客觀。就此事，竊意景淨不過是受摩尼教成功之啓發，藉口合作譯經，旨在了解佛教知識，使其傳教活動更接華夏地氣耳。景净與佛僧合譯佛經以失敗告終，但事情本身亦反映就古代華夏而言，宗教的直接傳播要比間接傳播難度高得多，敘利亞基督教在華本土化若與間接傳播的摩尼教相比，顯見步履維艱。但景淨竟然放下身段學佛，此舉亦足證景僧致力本土化的決心。

如本文開篇所已提到，敘利亞基督教會在公元6世紀便已竭力向東擴張勢力，在中亞各地設立多個都主教教區。這些教區由於遠離敘利亞教會總部，因此被授予相對獨立的權力，每四年（後改爲六年）向總部述職一次，有權建立主教區。④阿羅本到中國傳教，自然希望把中國變爲一個大教區。當景

---

① （唐）圓照撰《貞元新定釋教目錄》，《大正藏》（55），No. 2157，頁892上；並見〔唐〕圓照集《大唐貞元續開元釋教錄》卷上，《大正藏》（55），No. 2156，頁755下。這段有趣的資料係日本學者高楠順次郎所最先發現徵引，見 J. Takakusu, "The Name of 'Messiah' Found in a Buddhist Book; the Nestorian Missionary Adam, Presbyter, Papas of China, Translating a Buddhist Sûtra", *T'oung Pao*, Vol. 7, No. 1, 1896, pp. 589-591。
② 楊森富《唐元兩代基督教興衰原因之研究》，見劉小楓主編《道與言——華夏文化與基督文化相遇》，上海三聯書店，1995年，頁57。
③ 龔天民《唐朝基督教之研究》，香港基督教輔僑出版社，1960年，頁82。
④ 參閱 Erica C. D. Hunter, "The Church of the East in Central Asia", *Bulletin of the John Rylands Library*, Vol. 78, No. 3, 1996, pp. 129-142。

教碑樹立時，中國景教會可能已如願以償，享有都主教區的地位。緣 8 世紀的宗主教提摩太一世（Patriarch Timothy）在其《使徒書信》（Epistoles）一書中，提到大約在公元 790 年，"中國的都主教已去世"，而這個都主教的名字，在 9 世紀景教史家托馬斯·馬爾格（Thomas of Marga）的《教堂司事書》（Liber Superiorum）中稱爲"大衛"（David）。① 這個大衛相當於漢文獻誰人，仍然是個謎。但從碑文落款的"時法主僧寧恕知東方之景衆也"之語，亦透露其時中國教區已具有都主教區的規格。據考，該"法主僧寧恕"便是聶斯脱利巴格達宗主教 Hanan-Yeshu'，其於公元 774 年登位，不過 778 年便已經去世了。② 景教碑立於公元 781 年，碑文作者景淨顯然不知道該法主僧寧恕業已"蒙主寵召"。這固然緣於距離遙遠，信息不通之故；但亦暗示了中國教區已升格爲直轄於宗主教的都主教區，可以每四年（或六年）始向總部述職，已有相對的獨立性，否則無理由不知道寧恕業已去世。作爲一個都主教區，自可少受總部的掣肘，因應華情而權宜行事，有利於加速本土化。

唐代景教的本土化固然離不開敍利亞景僧的自覺努力，實際亦多得力於間接傳播的載體九姓胡之推進，該等基督教徒移民中土有年甚或已歷多代。當阿羅本入華正式傳教後，彼等咸投其麾下，成其教民，上面提及的米姓僧侶思圓住大秦寺便是例證。彼等直接使用敍利亞景僧所"譯"的"真經"，同奉阿羅訶、弥施訶，以十字架爲標誌。不過，在宗教行爲模式上，九姓胡教徒顯得更本土化。例如，經幢本是佛教徒樹於墓側，用於度亡魂之物，本與基督無緣，而洛陽九姓胡教徒竟亦採用這一模式，只是把佛教經幢常刻的《佛頂尊勝陀羅尼經》改爲景經；至於經幢圖案，則更將佛教的飛天形象當爲天使。③

既然敍利亞基督教入華後，自始就因應華情而變異，而阿羅本之繼承者們更致力於本土化，已逐漸適應華夏環境，形成規模，自可生存下去。由是，若言景教只因會昌宗教迫害一役，便自此絶跡於華夏，於華夏文化無留下何等影響，便於學理難通。實際上，學者近年亦已發現彼等在唐後江南地

---

① A. Mingana, "The Early Spread of Christianity in Central Asia and the Far East: A New Document", *Bulletin of the John Rylands Library*, Vol. 9, No. 2, 1925, p. 325.
② James Legge, *The Nestorian Monument of Hsî-an Fû in Shen-hsî, China*, London 1888, p. 29.
③ 參殷小平、張展《洛陽景教經幢圖像再考察》，《暨南史學》第 12 輯，廣西師範大學出版社，2016 年，頁 1—25。

帶的諸多行蹤。① 尤其在近年發見的福建霞浦明清抄本，除見到摩尼教、祆教的遺跡，亦驚現了敍利亞基督教《吉思呪》（即聖喬治讚詩）的遺存，供奉"夷數佛"（耶穌）的痕跡。② 可見會昌之後，虔誠的三夷教僧侶並沒有輕易就範，而是潛逃東南沿海地區活動，其宗教經長年的流傳變異，最後像摩尼教那樣，爲地方民間宗教所吸收，歸宿於華夏文化。③

查武宗會昌年間迫害外來宗教時，摩尼教首當其衝，乃受回鶻所累④，外來摩尼僧殆被殺盡趕絕，但仍有落網之魚，逃亡福建，延續法脈者⑤。至於景教、祆教，從未開罪朝廷，雖未幸免於難，但畢竟發落最輕。武宗對景、祆二教的處置方法，於會昌五年七月中書奏折和八月的制文表述爲詳：

> 五年秋七月庚子，中書又奏："……其大秦穆護等祠，釋教既已釐革，邪法不可獨存。其人並勒還俗，遞歸本貫充稅戶。如外國人，送還本處收管。"⑥

同年八月，制：

> 其天下所拆寺四千六百餘所，還俗僧尼二十六萬餘人，收充兩稅戶。拆招提、蘭若四萬餘所，收膏腴上田數千萬頃，收奴婢爲兩稅戶十五萬人。隸僧尼屬主客，顯明外國之教。勒大秦、穆護祆三千餘人還俗，不雜中華之風。⑦

---

① 參王媛媛《唐後景教滅絕說質疑》，《文史》2010 年第 1 輯，頁 145—162。
② 見拙文《福建霞浦抄本元代天主教讚詩辨釋——附：霞浦抄本景教〈吉思呪〉考略》。
③ 參拙文《霞浦抄本祆教信息探源——跋〈霞浦抄本所見"蘇魯支"史事考釋〉》，《文史》2016 年第 2 輯，頁 279—287。
④ 參陳垣《摩尼教入中國考》第九章《唐季摩尼受迫害》，見《陳垣學術論文集》第 1 集，頁 347—350。
⑤ （明）何喬遠《閩書》卷七《方域志》有載："會昌中汰僧，明教在汰中。有呼禄法師者，來入福唐，授侣三山，游方泉郡，卒葬郡北山下。"（廈門大學校點本，第 1 册，福建人民出版社，1994 年，頁 172）
⑥ 《舊唐書》卷一八，第 605 頁；《資治通鑒》卷二四八，中華書局，1956 年，頁 8016；《全唐文》卷九六七《勒令僧人還俗奏》，中華書局，1983 年，頁 10045。
⑦ 《唐會要》卷四七，頁 841；又見《舊唐書》卷一八，頁 606；《資治通鑒》卷二四八，頁 8017；《全唐文》卷七六《毀佛寺勒僧尼還俗制》，頁 802。

照上揭奏折和制文,朝廷於景教的處置比起摩尼教和佛教要輕得多,敘僧頂多是被"送還本處收管"。若果認真執行的話,那亦得先到廣州,等待季風,搭乘海舶,沒有一年半載離不開嶺南。而如上面所考,廣州衆多海舶胡商中多有基督教徒,爲當地大秦寺的羣衆基礎,彼等自可得到胡商教胞掩護;而自身復懷方伎,不乏銀兩,更不難與當地官員周旋。何況,嶺南遠離政治中心,而次年武宗即駕崩,人死而政亡。因此,被逐的敘僧固有回國述職聽候宗主教指示者,但至少有部分仍繼續潛伏嶺南或轉移江南等地活動。當然,彼等諒必改變傳教形式,由公開變隱蔽,甚至改頭換面。但無論如何,廣州既見證了阿羅本之到達中國,亦見證了其後繼者之最後離開中國或繼續潛伏中國。

一〇、寄望

就唐代基督教的研究,既往的注意力多集中於其由波斯經陸上絲路漸次東漸間接傳播的一面,忽視其還另由敘利亞經海路直接入華傳播這一事實,於是把西安景碑、敦煌景教寫經等咸目爲間接傳播的基督教遺物。本文考釋西安景碑有關的表述,依據現有漢籍資料、敦煌遺書,論證唐代景教乃以來自敘利亞的基督教僧侶爲主導,以文化的直接傳播爲主要模式。若此論得實,則不得不承認唐代景教與廣州的密切關係。若非以廣州爲始終港的通海夷道,唐代景教也許只停留在波斯和中亞胡人的自發傳播上,焉有景碑所述的輝煌?廣州乃敘利亞基督教在華傳播的重要根據地,曾爲唐代中國基督教的傳播做出了傑出的貢獻,幾乎見證了敘利亞基督教在華傳播的全過程。就整個唐代中國而言,實際沒有其他任何都市與景教存在如此長期密切的關係。拙文這一觀點,不過是從純學術的角度,揭示歷史的真實罷了。以往學界之所以於此未多措意,固緣於景碑關鍵詞句的重視不足或解讀有差,但更主要的原因恐在於嶺南地區迄今未聞有何唐代景教遺址遺物的發現,遂以爲廣州與唐代景教無甚關係,於該教的傳播更無足輕重;而西安、洛陽時爲帝國之政治中心,復有景教重要遺物面世,遂得以獨領風騷,殆吸盡學術界之眼球。①

　　衆所周知，遺址、遺物的發現蓋多有偶然性，而沒有發現並不等於不存在。唐代廣州既與景教有著長期密切的關係，其文物之存在乃屬必然；至於何時得以面世曝光，則有其偶然性。考古今中外，多少發現往往是"踏破鐵鞋無覓處，得來全不費功夫"；或者只緣缺乏相應知識儲備，"近在眼前"而不識。機會總是屬於有心人、素心人，就如吳文良先生之找到著名的摩尼教遺址——晉江草庵②，張乃翥先生等之發現洛陽景教經幢③，林順道先生等之發現摩尼教《選真寺記》元碑④，林鋆先生、陳進國先生之發現霞浦科儀抄本⑤，等等，例子不勝枚舉。

　　蒙廣州市文物博物館學會會長程存潔研究員、廣州博物館曾玲玲副館長鼓勵，撰寫此文，雖自知所論"理多於證"，仍藉《廣州文博》寶貴的篇幅刊發，實寄望與嶺南廣大文博工作者同聲相應，同氣相求，冀盼南粵景教遺址遺物重見天日，補寫嶺南古史新章，共證廣州古城輝煌！

　　附啓：本文撰寫過程中，蒙黃佳欣君及時搜索下載傳賜各種急需的文獻資料，謹此誌謝！ 2016年2月23日於廣州南湖

　　（本文原題《唐代景教與廣州——寄望嶺南文博工作者》，見廣州市文化廣電新聞出版局、廣州市文物博物館學會編《廣州文博·玖》，文物出版社，2016年，頁54—94）

---

① 余孤陋聞寡，唯知羅香林注意及此，見氏文《唐嶺南道之景教流傳與劉蛻父子不祀祖等關係》，1964年9月亞洲史學家第3屆會議論文，收入氏著《唐元二代之景教》，香港中國學社，1966年，頁71—86。
② 參林悟殊、王媛媛《泉州草庵遺址明教屬性辨識之學理與方法》，《中華文史論叢》2010年第3輯，頁343—369；修訂本見拙著《摩尼教華化補說》，頁320—342。
③ 張乃翥《一件唐代景教石刻》，《中國文物報》2006年10月11日，第7版；《跋河南洛陽新出土的一件唐代景教石刻》，《西域研究》2007年第1期，頁65—73；《補正說明》，《西域研究》2007年第2期，頁132。
④ 林順道《摩尼教〈選真寺記〉元碑》，《中國文物報》1997年7月27日第3版。
⑤ 參陳進國、林鋆《明教的新發現——福建霞浦縣摩尼教史跡辨析》。

霞浦鈔本《吉思呪》爲唐代景教遺偈考

一、《吉思呪》所在鈔本

近年學界披露了一批清代霞浦靈源法師群體曾使用的科儀鈔本①，由於其中不乏摩尼教（明教）的術語、詞章，遂引起了社會轟動效用，以至海外傳言，中國還有摩尼教徒，福建仍有摩尼教村落存世。②其中最受矚目者，亦即本文擬討論的《吉思呪》所在科册。其由保藏者陳培生法師加封命名，題簽爲"摩尼光佛"。③內文現存82頁，665行，可錄得8000字有多。④鈔本開篇繼開壇詞之後，即爲"衆唱大聖：元始天尊那羅延佛，神變世尊蘇路支佛，慈濟世尊摩尼光佛，大覺世尊釋迦文佛，活命世尊夷數和佛"（見鈔本第2頁，總007—012行）。檢視鈔本內容，無論請福抑或薦亡，無不以上揭五佛爲禮讚和祈禱對象。除總體性的祈禱稱頌外，還分別有專文禱告禮讚，一一頌其神跡。⑤此五佛分别是印度教、祆教、佛教、基督教、摩尼教的主神或教主。就該鈔本內容，與摩尼光佛有關者，畢竟祇佔小部分，更大部分

---

① 有關該等鈔本的發現詳參陳進國、林鋆《明教的新發現——福建霞浦縣摩尼教史跡辨析》，見李少文主編，雷子人執行主編《不止於藝：中央美院"藝文課堂"名家講演錄》，北京大學出版社，2010年，頁343—389；有關靈源法師群體的初步考察見拙文《清代霞浦"靈源法師"考論》，《中華文史論叢》2015年第1期，頁246—284。
② "太湖文化論壇2014年巴黎會議"（2014 Paris Conference of World Forum）楊富學教授的報告。日本大阪大學於2011年9月1—2日舉行題爲"日本新発見的摩尼教繪書和中國福建省的摩尼教村"的學術研討會，乃因霞浦的發現而將"摩尼教村"入題。
③ 原封皮失落，現封皮赫然題以"摩尼光佛"四字，落款"陳培生存修"，上下款字跡一致，顯見現封和題名即爲陳法師所作。
④ 《摩尼光佛》鈔本錄文見拙著《摩尼教華化補說》，蘭州大學出版社，2014年，頁457—486。
⑤ 有關鈔本"五佛"的考察，參拙文《明教五佛崇拜補說》，《文史》2012年第3輯，頁385—408；修訂本見拙著《摩尼教華化補說》，頁343—371。

實與之無涉。鈔本以"摩尼光佛"爲名，顯不符合內容的實際，且有悖科儀本命題常式，故疑原本並非如此。

該鈔本剛披露時，便有學者力證其爲唐代摩尼教之物，而由當地北宋明教徒林瞪（1003—1059）所傳。從歷史文獻學角度考察，將該科儀鈔本定爲林瞪傳下的唐宋之物，顯然經不起推敲。例如，鈔本第46—47行的"溪山便是廣長舌，山色無非清淨身"之句，乃源於蘇軾（1037—1101）《贈東林總長老》名偈："溪聲便是廣長舌，山色豈非清淨身？"[1] 據《蘇軾年譜》，該名偈作於元豐七年（1084）五月，時林瞪已成仙二十五年了。復有，鈔本第503—505行頌釋迦文佛的唱詞："三佛釋迦文，四生大慈父，得道毘藍苑，度生死苦。金口演真言，咸生皆覺悟。"其間的"金口演真言"，竊疑襲自佛教《加持閻羅王真言》的"如來金口演真言"。[2] 該真言集於宋釋元照（1048—1116）《地藏慈悲救苦薦福利生道場儀》，而元照生活年代比蘇軾尤晚。更有，鈔本第155—156行頌曰："明家因此戰得強，誰通善信奏明王。勢至變化觀音出，直入大明降吉祥。"末句的"大明"顯屬明朝人對本朝的稱謂，鈔本輯入明人詞章，其定型自不可能早於明代。[3] 此外，鈔本一再出現恭祝今上"萬歲"之套語，首見於第59—60行："恭祝當今皇帝萬萬歲，文武官僚同資祿位"；復見第311—312行："上祝當今皇帝千秋萬萬歲，海清萬國盡皈依"。默示此鈔本定型之時代，社會正在大颳"萬歲風"，而這自非明清莫屬。[4] 由是，也佐證了該科儀本之產生，不可能早於其時。

---

[1] 是條首爲楊富學、包朗教授所揭示，見氏文《霞浦摩尼教新文獻〈摩尼光佛〉校注》，見秋爽主編，李尚全執行主編《寒山寺佛學》第10輯，甘肅人民出版社，2015年，頁74—115，有關文字見頁82。

[2] "加持閻羅王真言：仰瞻教主諸賢聖，下有閻羅大鬼神。如來金口演真言，誦念鬼神獲安慰。"見（宋）釋元照集《地藏慈悲救苦薦福利生道場儀》，《藏外佛教文獻》第6冊，No.0052，頁298上。

[3] 參拙文《明教五佛崇拜補說》。

[4] 參閱拙文《霞浦鈔本詩偈〈下生讚〉再解讀——兼說〈摩尼光佛〉非唐宋摩尼經》，《文史》2018年第3輯，頁251—278。

二、《吉思呪》的過錄及訂正

《吉思呪》題目見鈔本第 39 頁末行下端；內文見頁第 40—42，總第 315—333 行，凡 19 行，231 字：

> 志心敬稱讚，移活吉思大聖，為佛林計薩照滅夷數佛教，對二大光明，誓願行正教，殄滅諸妖神，刀梯及鐵銃、鐵靴滅藜等劍輪刑害，具甘心，不辞苦。稱念夷數佛，暨死而復蘇；稱念夷數佛，枯木令茲茂；稱念夷數佛，沉輪具解脫；稱念夷數佛，朽骨再甦還活。是身在囚繫，令彼所居舍，柱化為大樹。病兒請乞願，救我諸疾苦。再念夷數尊佛，瘖瘂及盲聾，能言復聞見；破彼妖神唇，喝禁諸魔鬼；摧倒坭龕像，邪祟俱殄滅。計薩復祚恕，四毒加刑害，所作皆已辦，戰敵魔軍已畢日，即欲歸疾滅。仰啓夷數佛，同弘無盡願。若人有惡夢，或被官司囚繫，及一天亢旱、苦難逼身者，稱念吉思聖，尋聲皆如應，發願已，竟還真寂，衆皆懺悔求捨過，願求斷惡盡，成如上道。

但就該呪具體行文而言，顯見有錯字錯簡，甚或脫漏，蓋源傳抄之訛，這在古代漢籍中屢見不鮮。爲便於解讀，筆者先據呪文上下文語境，訂正其錯字（見括號），調整其錯簡處（見粗體字），重錄如下：

> 志心敬稱讚，移活吉思大聖，為佛林計薩照（詔）滅夷數佛教，對二大光明，誓行正教，殄滅諸妖神，**破彼妖神唇，喝禁諸魔鬼；摧倒坭龕像，邪祟俱殄滅。所作皆已辦，戰敵魔軍已畢日，即欲歸疾滅。計薩復祚恕（作怒），四毒加刑害，刀梯及鐵銃、鐵靴、滅（蒺）藜等劍輪刑害，具甘心，不辞苦。仰啓夷數佛，同弘無盡願。發願已竟還真寂，衆皆懺悔求捨過，願求斷惡盡，成如上道。**①

---

① 佛典中有"無上道"一詞，即爲無出其上之道。如《長阿含經》卷第四有"忉利天王復作頌曰：於億千萬劫，求成無上道；解群生苦縛，究竟入寂滅。"見《大正藏》(1)，No. 0001，頁 27 上，"成如上道"當衍自佛典。

稱念夷數佛，暨死而復蘇；稱念夷數佛，枯木令茲茂；稱念夷數佛，沉輪俱解脫；稱念夷數佛，朽骨再甦還活。是身在囚繫，令彼所居舍，柱化為大樹。病兒請乞願，救我諸疾苦。再念夷數尊佛，瘖瘂及盲聾，能言復聞見。若人有惡夢，或被官司囚繫，及一天亢旱、苦難逼身者，稱念吉思聖，尋聲皆如應。

　　竊意呪文詞句經如此整理後，意思顯得較爲通順，應更接近原作的面目。無論如何，整個呪文大意無非是頌"吉思"其人，不畏迫害，堅持信仰"夷數"，死後而成聖；更頌"夷數"之神跡神力。全呪"夷數"七現，其中六處稱"夷數佛"，一處稱"夷數尊佛"，一處稱"夷數佛教"；而"吉思"連同題目則僅見三處。足見呪文雖以"吉思"爲名，但尤以"夷數"爲尊。"夷數"與"吉思"無疑是該呪的關鍵詞；而要確定該呪的宗教屬性，則"夷數"是關鍵之關鍵。

三、"夷數"辨釋

　　按基督教教主的名諱，英語作 Jesus，其他語種之音譯，字母有異，發音殆同。當今漢譯通用的耶穌則源自明代來華的耶穌會士："耶穌，譯言救世，以示其降世乃救世人也。"[1] 唐代景教，出自基督教東方教會的聶斯脫利派（Nestorianism），教會語言爲敍利亞，Jesus 作 Yšwʿ。[2] 摩尼教吸收了諸多基督教的成分，尤其是在創世說中，藉用基督教主之名，作爲大明尊第三批召喚之明神，遣往大地啓迪人類元祖亞當，拯救人類靈魂，西文曰"Jesus the Splendour（光明耶穌）"。[3] 由是，Jesus 一名，遂爲二教共用。唐代摩尼教源自中亞的摩尼教會，該教會通用中古波斯語或帕提亞語，其 Jesus 發音

---

[1] 利類思《不得已辯》，見吳相湘主編《天主教東傳文獻》，臺北學生書局，1976 年，頁 246—247。

[2] François de Blois and Nicholas Sims-Williams (ed.), *Dictionary of Manichaean Texts, Vol.II, Texts from Iraq and Iran (Texts in Syriac, Arabic, Persian and Zoroastrian Middle Persian)*, Brepols n.v., Tunhout, Belgium 2006, pp. 9, 152.

[3] Mary Boyce, *A Reader in Manichaean Middle Persian and Parthian, Texts with Notes*, Leiden 1975, p. 10. 參〔德〕克里木凱特撰，拙譯《古代摩尼教藝術》，臺北淑馨出版社增訂版，1995 年，頁 30。

作 Yišōʿ。① 無論敍利亞語的 Yšwʿ，抑或中古波斯語的 Yišōʿ，於古代華人來說，蓋無從辨聽出其間有何差別，兩者均可與"夷數"對音。復據諸古漢語字書，"夷"者，平也，易也，大也，安也，悅也。含義頗佳。而"數"者，計也。可引申之義甚多，殆無貶意，屬中性詞。因此，Jesus 其名，無論是Yišōʿ，抑或 Yšwʿ，用"夷數"對譯之，發音與含義皆無不妥，於該神名諱的音譯，顯經一番深思熟慮。

摩尼教進入唐土後，雖漸次雜糅了諸多佛教、道教的成分，但於夷數的崇拜則有增無已。京藏摩尼寫經（宇 56/ 北敦 00256）流行於武后時代，"夷數"其名赫然可見："十二時者，即是十二次化明王，又是夷數勝相妙衣，施与明性。"（第 204—205 行）回鶻摩尼教時期流行的《下部讚》（S.2659），夷數更頻被稱讚祈禱，見於各偈題簽者有：

006 □□□覽讚夷數文
045 讚夷數文第二疊
176 初聲讚文夷數作義理幽玄，宜從依梵。
368 此偈讚夷數訖，末後結願用之。

而在諸偈中，固有直呼"夷數"名諱而頌之者，但更多的是綴以"佛"字以敬稱，復冠以其他修飾語，如作："廣惠莊嚴夷數佛"（第 29 行）、"具智法王夷數佛"（第 76 行）、"十者知恩夷數佛"（第 171 行）等。在《下部讚》中，"夷數"、"夷數佛"之稱頻頻出現。令人可異者，景僧早於摩尼僧入唐傳教譯經，但在現存可以確認的景教文典，卻未見提及教主名諱者。由是，難怪時人一見"夷數"其名，輒與摩尼教聯想。

觀目前所知的唐代景教文典，見於金石資料者有西安景教碑、洛陽景教經幢，可確認的敦煌寫本則有 P.3847 卷子的《景教三威蒙度讚》、《尊經》及其按語，日藏的《大秦景教宣元本經》（羽 431，洛陽經幢亦見勒此經）、《至玄安樂經》（羽 013）等。依《尊經》按語，上揭敦煌諸經，咸出自景淨手筆。立於建中二年（781）的景教碑，碑文更落款爲此僧所撰。檢視景淨該

---

① M. Boyce, *A Reader in Manichaean Middle Persian and Parthian, Texts with Notes*, p.10.

等作品，令人不禁讚歎其漢文造詣之高，於華俗了解之深。竊意該等作品之所以不逕稱教主名諱，但稱以"景尊"、"弥施訶"等尊號，乃緣景淨一遵華俗，爲尊者諱之故。當然，不能據此推論在華景教徒不言教主名字，或未將教主名字音譯。畢竟，《聖經·馬太福音》開篇便濃筆重墨，大述基督誕生的瑞應。個中特別稱其尊名 Jesus 乃上帝所起，由天使托夢給約瑟。《聖經》述教主行狀神跡，蓋直呼 Jesus 其名，是名在《聖經》中頻頻出現，次數幾達二千。景淨入華時代較晚，華化程度尤深，其爲尊者諱，不敢直呼教主名字，不等於其先輩亦如此。可以想象，貞觀年間景僧入華之際，自當首先亮出教主名字，以其種種神跡，先聲奪人。

被疑爲20世紀二三十年代"精抄贗品"的高楠文書《序聽迷詩所經》和富岡文書《世尊布施論》，倒赫然可見到教主名諱，高楠文書稱"移鼠"（見第121、124行），富岡文書稱"翳數"（見第214、363—364行）。若對音敍利亞語的 Yšwʿ，無論用"移鼠"抑或"翳數"都不離譜，可見這兩個文書並非純屬今人僞造，而應有所本。[①]論者多目這兩個文書同爲景教阿羅本時代的譯經。但既出自同時代之物，於教主名諱所用對音漢字卻不一致，一作"移鼠"，一作"翳數"，前者頗見揶揄之意，自不必說；後者之"翳"，古代可作障蔽、掩蔽物、眼疾的障膜等解，義不可人。如此音譯教主名諱，毫無敬畏之心，形同兒戲，阿羅本麾下僧人焉會不恭若是？比較合理的解釋應是原件本作"夷數"，而爲贗品製造者所刻意篡改。

Jesus 本爲基督教教主名諱，而景僧先於摩尼僧入華傳譯經文，Jesus 之漢文音譯，理所當然由景僧導夫先路，而摩尼僧步趨其後。是以，竊意"夷數"之謂，當爲景僧所首創。就此，《下部讚·普啓讚文》有兩頌提到"新夷數"可資反證：

> 138 一切諸佛常勝衣，即是救苦新夷數，其四清淨解脫風，真實大法證明者。
>
> 152 又啓真實平等王，能戰勇健新夷數，雄猛自在忙你尊，并諸清淨光明衆。

[①] 參本書《富岡謙藏氏藏景教〈一神論〉真僞存疑》、《高楠氏藏景教〈序聽迷詩所經〉真僞存疑》二文。

把本教的"夷數"冠以"新"字，意味著此前已另有一"夷數"。而在摩尼的神話體系中，夷數作爲大明尊派下世間的拯救之神，一以貫之，並無新舊之分。故其以"新"標榜，當爲區別於前此已在華夏流行之基督夷數。亦就意味著其"夷數"之名，不過是藉用自景經現成的音譯。

上面所考，無非論證"夷數"之名，乃爲唐代景教、摩尼教所共享同用，那麼《吉思呪》所言的"夷數"，究竟指景教教主抑或摩尼教明神，就得視呪文所述有關神跡而定。呪文臚列"稱念夷數佛"的諸多靈驗，包括"暨死而復蘇"、"枯木令茲茂"、"沉輪俱解脫"、"朽骨再甦還活"等，殆可徵諸《聖經》福音書；而"死而復蘇"、"朽骨再甦還活"，更體現基督教復活的核心理念，爲摩尼教所無。是以，呪文之"夷數佛"指代"耶穌基督"，"夷數佛教"即爲基督教，當屬無疑。

四、"吉思"考實

"吉思"二字，望文生義，自可作"吉利之思考"、"吉祥想法"之類解，含義甚佳。雖然作爲一個地道漢詞，傳統漢語字辭書稀見收入，然民間自不乏以其取名者。至若用以音譯外族人名，則尤多見，如成吉思汗、闊里吉思等便是。選此二字入名，是否與其含義可心有關，則屬見仁見智，不贅。

值得注意的是，入題之"吉思"並非全名，而是省稱。據漢語的表述習慣，呪文首行所見的"移活吉思"纔是"吉思"的全稱，無疑是個音譯名字。而名字所綴的"大聖"，則是對名字主人的敬稱。無獨有偶，敦煌景教寫卷P.3847《尊經》所敬禮的22位法王，便有三位以"吉思"入名者，即：摩薩吉思法王，宜和吉思法王，摩沒吉思法王。其中的"宜和吉思法王"，在名單中排次第13，其音譯與"移活吉思大聖"雖字有異而音殆同。按"宜"、"移"二字，現代漢語發音同。而中古發音："宜，魚羈切"(《宋本廣韻》目次"上平五支")，國際音標ŋǐe；"移，弋支切"(《廣韻》目次"上平五支")，音標jǐe；"和，胡卧切"(《廣韻》目次"去三十九過")，音標ɣuɑ；"活，戶括切"(《廣韻》目次"入十三末")，音標ɣuɑt。據此，可確認呪文的"移活吉思"與景教寫本"宜和吉思"，應爲同一名字的不同音譯。而後者據法國吳其昱博士考證，即爲 4 世紀初在巴勒斯坦殉教的聖喬治（St. George）；該聖者在敍語中曰 Gîwergîs，對音吻合。[①] 由是，就對音而論，言"Gîwergîs"、"宜和吉思"、"移活吉思"三者同一，當可成立。就該呪内容的解讀、宗教定性，學界雖不無分歧[②]，但於"吉思"的對號卻比較一致。當然，鈔本之"移活吉思大聖"是否能等同敦煌寫經"宜和吉思法王"，不能僅靠名字對音裁定，還得佐以行狀與史事的契合。

顧呪文繼"移活吉思大聖"之後，有"爲佛林計薩照（詔）滅夷數佛教"一句，乃點示與吉思殉道有關之地點、人物和原因。其中，"爲"作"因爲"解；"夷數佛教"，上面已考指基督教，與之搭配的"照滅"二字，則意不可解，古漢語未見該詞。觀"照"之字形與讀音接近"詔"，疑爲後者之訛。"詔"謂皇帝之命令，"詔滅夷數佛教"，即謂皇帝命令消滅基督教。由是，"佛林計薩"當屬頒發詔令之主語，指某一皇帝。

"計薩"，漢詞未見，當屬音譯。"計"，中古讀音 kiei；"薩"，中古讀音 sat。查羅馬帝國皇帝戴克里先（Diocletian，284—305）以迫害基督教徒著稱[③]，其拉丁文全名作 Gaius Aurelius Valerius Diocletianus，首字 Gaius 的發音適與"計薩"中古漢音接近。用"計薩"作爲 Gaius Aurelius Valerius Diocletianus 全名之省譯，符合古漢語之習慣。該"計薩"當指戴氏，聖喬治就是殉難其手，時在公元 303 年 4 月 23 日。[④] 海外學者或以爲"計薩"應是 Caesar 的音譯，即當今所譯之"凱撒"，是爲古羅馬帝國對皇帝的尊稱。不過，這一尊稱一般認爲僅流行於開國皇帝奧古斯都（Gaius Octavius Augustus，公元前 63—公元 14 年 8 月 19 日），到哈德良皇帝（Publius Aelius Hadrianus，76—138）這一時期。殺害聖喬治的羅馬皇帝是戴克里先，晚於哈德良近一百五十年，之

---

① 吳其昱《唐代景教之法王與尊經考》，《敦煌吐魯番研究》第 5 卷，北京大學出版社，2000 年，頁 13—58；有關論述見頁 25。
② 見馬小鶴《〈聖喬治受難記〉與〈吉思呪〉》，余太山、李錦繡主編《歐亞學刊》新 4 輯，2016 年，商務印書館，頁 156—172。
③ 羅馬帝國於基督教的迫害見 M. Mitchell & Frances M.Young (ed.), *The Cambridge History of Christianity*, Vol. 1, part 6, "Persecutions: genesis and legacy" (by W. H. C. Frend), Cambridge University Press, 2006, pp. 503-523, see pp. 518-523；另參畢爾麥爾（Bihlmeyer）等編著，雷立柏（L. Leeb）譯《古代教會史》，《從教會的創立到官方的承認》第一章第 16 節"教會的勝利，從 Decius（德西烏斯）到 Diocletianus（戴克里先）的大規模迫害"，宗教文化出版社，2009 年，參頁 53—60。
④ 參 "GEORGE, ST." 條，in *New Catholic Encyclopedia*, Vol. 6, p. 143。

間相隔的皇帝亦數以十計,當未必享有 Caesar 這一美譽。何況,古代中國人提及所惡者,直呼其姓名而未加作踐已算厚道,焉可能對其另有溢美。因此,"計薩"當與"凱撒"無涉,確爲 Gaius 的音譯。

"佛林",無疑是某一地名之音譯。《明史·外國傳》云:"拂菻,即漢大秦,桓帝時始通中國。晉及魏皆曰大秦,嘗入貢。唐曰拂菻,宋仍之,亦數入貢。……萬曆時,大西洋人至京師,言天主耶穌生於如德亞,即古大秦國也。"① 從語境看,曰"拂菻",曰"大秦",無疑指基督教之發祥地。而《景碑》第 12—13 行將景教發源地比定爲漢籍的大秦:"案《西域圖記》及漢魏史策:大秦國南統珊瑚之海,北極衆寶之山,西望仙境花林,東接長風弱水;其土出火綄布、返魂香、明月珠、夜光璧;俗無寇盗,人有樂康。"此處所言大秦地理特徵顯爲依山傍海。元人朱德潤(1294—1365)《存復齋文集》卷五《異域説》載元延祐年間(1314—1320):

> 有佛㾿國使來朝,備言其域當日没之處,土地甚廣,有七十二酋長,地有水銀海,周圍可四五十里。國人取之之法,先於近海十里掘坑井數十,然後使健夫駿馬馳驟可逐飛鷹者,人馬皆貼以金薄,迤邐行近海,日照金光晃曜,則水銀滚沸如潮,而來勢若粘裹,其人即迴馬疾馳,水銀隨後趕至,行稍遲緩,則人馬俱爲水銀撲没。人馬既迴速,於是水銀之勢漸遠,力漸微,却復奔回,遇坑井,則水銀溜積其中。然後其國人旋取之,用香草同煎,皆花銀也。……②

"佛㾿國使"據考就是羅馬教皇克列蒙特五世(Clement V,1305—1314)所遣來華方濟各會士安德烈·佩魯賈(Andrea da Perugia)等一行人。③ 按此處之"佛㾿"作爲國名,應是據來使所稱加以音譯。"㾿",讀 lín,元以前未見此字。竊意很可能是因來使"備言其域當日没之處",遂刻意將傳統音譯字"林"或"菻"變造爲"㾿"。④ "佛林"、"佛 "、"拂菻"、"拂林"都是

---

① 《明史》卷三二六《外國傳》,中華書局,1974 年,頁 8457—8458。
② 引文見李修生主編《全元文》第 40 册,鳳凰出版社,2004 年,頁 553。
③ 陳得芝《元仁宗時教皇使者來華的一條漢文資料》,見氏著《蒙元史研究叢稿》,人民出版社,2005 年,頁 524—528。
④ 康熙年間吳任臣據前朝梅膺祚《字彙》增補之而成的《字彙補·日部》:"㾿,國名。朱澤民《異

同音字，無疑是音譯同一詞語。而個中所述的"水銀海"，若其"水銀"謂汞，則稍有化學知識的人都知道地球上不可能存在。撥開個中的神話色彩，單就其提取"花銀"的工藝過程而論，所產者乃原鹽無疑。因此，"水銀海"或指內含鹽分極高的海域或湖泊，最可能對上號的就是著名的死海，即《舊約・申命記》（3:17；4:49）、《舊約・列王記下》（14:25）所提到的亚拉巴海，亦即鹽海（希伯来语作 Yam ha-Melah）。其位處以色列、约旦和巴勒斯坦交界，正是基督耶穌的故鄉。來使既爲傳教士，諒必要介紹其教之發祥地，而聽者則誤以爲是使者的來處。

　　疑難詞既解，呪文首段："志心敬稱讚，移活吉思大聖，爲佛林計薩照滅夷數佛教，對二大光明，誓願行正教，殄滅諸妖神，刀梯及鐵銃、鐵靴、滅藜等劍輪刑害，具甘心，不辞苦。"大意即可歸納爲：羅馬皇帝敕令滅絕基督教，但聖喬治堅持自己的信仰，鬥爭到底，雖備遭種種酷刑，仍毫不動搖。這與史書所載聖喬治事跡大體相同。因此，可確認該"移活吉思大聖"便是指聖喬治。

　　唯個中的"對二大光明"，應非原先聖喬治讚文所有。刪去此五字，上下文可照樣讀通。疑爲鈔本製作者採錄該讚文時自行添插。按"二大光明"，乃漢文摩尼經術語，指日月宮，據云宮中各居住三位主要明神。查《下部讚》追薦死者禱文有"唯願二大光明、五分法身、清净師僧、大慈悲力救拔彼性……"之語（第 406—407 行）；復把"疑常住三寶並二大光明"（第 412 行）列入"你逾沙"（一般信徒）應懺悔的內容。呪文所在的鈔本，採入《下部讚》詩文凡十二則，包括所舉第 412 行一句；頌及"夷數佛"的《下部讚・收食單偈》亦被採入①，足見鈔本製作者於《下部讚》之熟悉，疑其把《吉思呪》與《下部讚》目爲同類，信手添插"對二大光明"五字。

　　查基督教史，聖喬治是著名的殉道聖徒，其事跡隨基督教的傳播而彰顯，19、20 世紀之交的吐魯番考古發現，就包括了回鶻文的《聖喬治殉難記》。② 既然《尊經》已出現"宜和吉思法王"，其殉道事諒必在唐代便已傳

（接上頁）域苑〉：'景祐間有佛㗌國來朝，自言當日沒之處。'"（參《康熙字典・日部》）別無他解。足見此字應始於朱氏。

① 參拙文《霞浦科儀本〈下部讚〉詩文辨異》，《世界宗教研究》2012 年第 3 期，頁 170—178；修訂本見《摩尼教華化補說》，頁 372—387。

② A. Von Le Coq, "Ein christliches und ein manichäisches Manuskriptfragment in Türkischer Sprache aus

入。從《吉思呪》的現存文字內容看，應是歷經數代演繹傳抄的結果，但其原型出自唐代景教自毋庸置疑，目其爲唐代景教遺詩不亦順理成章乎！

從已披露的霞浦資料看，"移活吉思大聖"亦進入當地某些民間教壇，成爲彼等普請或敬奉諸神之一。如《明門初傳請本師》①繼請"本壇祖師，明門統御威顯相，洞天興福雷使真君，濟南四九真人"之後，便亮出"夷活吉思大聖"（見第 26—27 行）之名，唯將名號首字的"移"別寫爲同音字"夷"。與該文檢類似的《樂山堂神記》②，亦見"移活吉思大聖"（第 13 行），同樣位居"四九真人"之後；而在一個題爲《牒本壇》的禱雨文疏，則把"天門威顯靈相、洞天興福度師、濟南四九真人、夷活吉思大聖"四者並列祈禱。③復有陳進國先生披露的"清乾隆五十一年（1786）《吉祥道場門書》鈔本"，其中禱詞所列諸神祇有"吉師真爺"者④，竊疑衍自"移活吉思"。

霞浦的靈源法師群體所用科儀本竟出現《吉思呪》，這意味著唐代入傳中國之景教，並不因會昌年間的宗教迫害而絕跡，而是像摩尼教那樣潛入民間，最後爲民間宗教所吸收，成爲其新的成分。霞浦鈔本《吉思呪》的發現，爲中國景教史研究新添難得一見的資料。至於聖喬治這一西方早期基督教的殉道聖徒，華化成明清霞浦民間教壇之神祇，作爲古代外來異質文明變異之實例，則尤令人歎爲觀止！

（本文原作《霞浦鈔本景教〈吉思呪〉考略》，附錄於拙文《福建霞浦抄本元代天主教讚詩辨釋》，刊《西域研究》2015 年第 4 期，頁 130—134，收入本書時多有修訂）

（接上頁）Turfan (Chinesisch-turkistan)", *Sitzungsberichte der Preussischen Akademie der Wissenschaften*, 1909, pp. 1202-1218; W. Bang, "Türkische Bruchstücke einer nestorianischen Georgspassion", *Le Muséon*, Vol. 39, 1926, pp. 41-75.

① 陳進國先生曾過錄部分文字刊佈，見陳進國、林鋆《明教的新發現——福建霞浦縣摩尼教史跡辨析》，頁 355—357；完整釋文見拙著《摩尼教華化補說》，頁 451—456。
② 陳進國先生曾過錄部分文字刊佈，見陳進國、林鋆《明教的新發現——福建霞浦縣摩尼教史跡辨析》，頁 353—354；完整錄文見黃佳欣《霞浦科儀本〈樂山堂神記〉再考察》，收入陳春聲主編《海陸交通與世界文明》，商務印書館，2013 年，頁 227—255，錄文見頁 251—255。
③ 該文檢見"後學陳寶華存修"的《禱雨疏奏申牒狀式》，題目見第 22 頁，正文見第 23 頁。林鋆宗長惠賜照片，至感！
④ 見陳進國、林鋆《明教的新發現——福建霞浦縣摩尼教史跡辨析》，頁 377。

附錄：西安景碑釋文

說明：景碑自發現後，國內外錄文版本甚多，唯大陸20世紀50年代後，殆無刊行傳統漢字本。[1] 古代文獻用當今簡化漢字轉寫，這對於研究者來説，自是十分無奈之事。有鑒於此，黄蘭蘭君在撰寫其博士論文《唐代景教與宫廷的關係——圍繞西安景教碑文字内容的歷史考察》時，特據中山大學圖書館藏拓本，逐字過錄碑文，力圖與拓本文字保持一致。本釋文漢文部分，便是在黄君博士論文錄本基礎上修訂製作。釋文盡量保持原碑所用的唐代異體字（首次出現以括號加注正體）。碑體上的敘利亞文，國外有諸多摹本、轉寫本並翻譯，目前被認爲最權威者似推法國敘利亞文專家 Jean Dauvillier 整理的伯希和遺著《中亞和遠東基督徒研究》第二卷第一分冊《西安府石碑》。[2] 本釋文採用該書的拉丁轉寫，加注伯氏的法譯，另附漢譯；漢譯除據伯氏法譯外，主要參考穆爾名著《一五五〇年前的中國基督教史》。[3]

景（景）教流行中國（國）碑（碑）頌并序
大秦寺僧景淨述 'Adʰàm qaššîšâ wᵉkʰôr'appèsqôpâ wᵉpʰapšê dʰᵉṢinèstân[4]
1 粵若！常然真寂，先先而无元，窅然靈虚（虚）；後後而妙有，惣

---

[1] 最新的景碑錄文見路遠《景教與〈景教碑〉》，西安出版社，2009年，頁321—328；書中並附景碑全拓的清晰圖版，爲國内出版物所首見。
[2] P. Pelliot, *Recherches sur les Chrétiens d'Asie Centrale et d'Extrême-Orient, II, 1: La Stèle de Si-ngan-fou*, Oeuvres posthumes de Paul Pelliot, Paris 1984, pp. 55-57.（以下縮略爲 *Pelliot* 1984）
[3] A. C. Moule, *Christians in China before the Year 1550*, pp. 34-52. London, New York and Toronto 1930; repr. New York 1972, Taipei 1972 (以下縮略爲 *Moule* 1972), pp. 34-52.
[4] Adam [moine King-tsing], prêtre, chorévêque et «maître de la Loi» de la Chine. *Pelliot* 1984, p. 56. 可漢譯爲"亞當（'Adhàm, Adam 景淨），牧師（qaššîšâ）、鄉主教兼中國法師"，穆爾譯爲 country-bishop and fapshi of Zinistan (*Moule* 1972, p. 35)，意同。

附錄：西安景碑釋文 | 503

（惣）玄摳（樞）而造化。妙衆聖以元尊者，其唯（唯）　我三一妙身无元真主阿羅訶歟！判十字以㝎（定）四方，皷（鼓）元風而生

2 二氣。暗空易而天地開，日月運而晝夜作。匠成万物，然立初人。別賜良和，令鎮化海。渾元之性，虛而不盈。素蕩（蕩）之心，本無希（希）嗜。洎乎娑殫施妄，鈿飾純（純）精。間平大扵

3 此是之中，隟冥（冥）同於彼非之內。是以三百六十五種，肩随結轍（轍），覔（競）織法羅。或（或）抇（指）物以託宗，或空有以淪二，或祷（禱）祀以邀福，或伐善（善）以矯人。智應（慮）營營，恩①情伇（役）伇。茫然

4 無得，煎迫轉（轉）燒，積昧亡途，久迷休復。於是　我三一分身景尊彌施訶，戢（戢）隱（隱）真威，同人出代。神天宣慶（慶），室女誕（誕）聖於大秦；景宿告祥，波斯覩耀以来貢。圓廿四聖

5 有説之舊（舊）法，理家國扵大猷。設　三一浄風無言之新教，陶（陶）良用於正信。制八境之度，鍊塵成真；啓（啓）三常之門，開生滅死。懸景日以破暗府，魔妄於是乎悉（悉）摧。棹慈

6 航（航）以登明宮，含（含）靈於是乎既濟。能（能）事斯畢，亭午昇（昇）真。經留廿七部，張元化以發（發）靈關（關）。法浴水風，滌（滌）浮華而潔虛白；印持十字，融（融）四照（照）以合無拘（拘）。擊（擊）木震仁惠之音，東

7 礼趣生榮之路。存鬚（鬚）所以有外行，削頂所以無內情。不畜臧獲，均貴賤於人。不聚貨財，示罄（罄）遺於我。齋以伏識而成，戒（戒）以靜慎為固。七時礼讚，大庇存亡。七日一薦，

8 洗心反素。真常之道，妙而難名；㓛（功）用昭（昭）彰，強稱（稱）景教。惟道非聖不弘，聖非道不大；道聖符契（契），天下文明。太宗文皇帝，光華啓（啓）運，明聖臨人。大秦國有上德曰阿

9 羅本，占青雲而載真經，望（望）風律以馳艱（艱）險（險）。貞觀九祀，至扵長安。　帝使宰（宰）臣房公玄齡（齡），惣仗西郊，賔

---

① 多有版本錄作"思"，誤。揚州詩局本《全唐詩》卷八六七《袁長官女詩（題峽山僧壁）》："剛被恩情役此心，無端變化幾涅沈。不如逐伴歸山去，長笑一聲煙霧深。"

（賓）迎入內。翻（翻）經（經）書殿（殿），問道禁闈（闈），深知正真，特令傳（傳）授。貞觀十有二

10 年秋七月，詔（詔）曰："道無常名，聖無常體；隨方設（設）教，密（密）濟群生。大秦國大德阿羅本，遠將（將）經像（像），來獻（獻）上京（京）。詳其教旨（旨），玄妙無為；觀其元宗，生成立要。詞無繁說，理有忘筌（筌）。

11 濟物利人，宜行天下。"所司即於京義寧坊造大秦寺一所，度僧廿一人。宗周德喪（喪），青駕西昇；巨唐道光，景風東扇。旋令有司，將　帝寫（寫）真，轉摸寺壁。天姿汎（汎）彩，英朗

12 景門，聖跡騰（騰）祥，永輝法界。案《西域（域）圖記》及漢魏（魏）史策（策）：大秦國南統珊（珊）瑚之海，北極眾寶之山，西望仙境花林，東接長風弱水；其土（土）出火綄布、返寬（魂）香、明月珠、夜光璧；

13 俗無寇（寇）盜，人有樂康。法非景不行，主非德不立。土宇廣闊，文物昌明。　高宗大帝，克恭（恭）纘祖，潤（潤）色真宗，而於諸州各置（置）景寺，仍崇阿羅本為鎮國大法主。法流（流）十

14 道，國富（富）元休；寺滿（滿）百城，家殷（殷）景福。聖曆（曆）年，釋（釋）子用壯，騰口於東周；先天末，下士大笑（笑），訕謗於西鎬。有若（若）僧首羅含、大德及烈，並金方貴緒、物外高僧，共振玄綱（綱），俱（俱）維

15 絕（絕）紐。　玄宗至道皇帝，令寧國等五王親臨福宇，建立壇（壇）場。法棟暫橈（橈）而更崇，道石時傾而復正。天寶初，令大將軍高力士送　五聖寫真，寺內安置，賜絹（絹）百

16 疋，奉慶睿（睿）圖。龍髯（髯）雖（雖）遠，弓劍（劍）可攀（攀）；日角舒（舒）光，天顏咫尺。三載，大秦國有僧佶和，瞻（瞻）星向化，望日朝尊。詔僧羅含、僧普論等一七人，與大德佶和，於興慶宮修功德。於

17 是天題寺牓，額戴龍書。寶裝璀翠（翠），灼爍丹霞。睿札宏空，騰凌激日。寵賚（賚）比南山峻極，沛澤與東海齊深。道無不可，所可可名；聖無不作，所作可述。　肅宗文明皇

18 帝，於靈武等五郡，重立景寺。元善資而福祚開，大慶臨而皇業建。　代宗文武皇帝，恢（恢）張聖運，從事無為。每於降誕之辰，錫天香以告成功，頒御（御）饌以光景衆。且

19 軋（乾）以美（美）利，故能廣生；聖以體元，故能亨（亨）毒。我建中聖神文武皇帝，披八政以黜（黜）陟幽明，闡九疇以惟新景命。化通玄理，祝無愧（愧）心。至扵方大而虗，專（專）靜而恕，廣

20 慈救衆苦，善貸（貸）被羣生者，我修行之大猷（猷），汲引之階漸也。若使風雨時，天下靜，人能理，物能清，存能昌，殁（殁）能樂，念生響（響）應，情發目誠者，我景力能事之功用也。大施

21 主金紫光祿大夫、同朔（朔）方即（節）度副使、試殿中監、賜紫袈裟僧伊斯，和而好惠，聞道勤（勤）行，遠自王舍之城，聿來中夏；術高三代，藝博十全（全）。始効卽（節）於丹庭，乃策名於王

22 帳。中書令、汾陽郡王郭公子儀，初惣式（戎）於朔方也。　肅宗俾（俾）之從邁。雖見親於臥內，不自異於行間。為公爪牙，作軍耳目，能散（散）祿賜，不積於家。獻臨恩之頗黎（黎），布

23 辝（辭）憇（憩）之金罽（罽）。或仍其舊寺，或重廣法堂。崇飾廊宇，如翬斯飛。更効景門，依仁施利。每歲集四寺僧徒，虔（虔）事精供，俻諸五旬。餒者來而飰（飯）之，寒者來而衣之，病者療而

24 起之，死者葬而安之。清節達娑，未聞斯美。白衣景士，今見其人。顒（願）刻洪碑，以揚休烈。詞曰：　真主无元，湛寂常然。攉（權）輿匠化，起地立天。分身出代，救度無邊（邊）。日昇暗

25 滅，咸證真玄。　赫赫文皇，道冠（冠）前王，乘時撥亂，軋廓坤張。明明景教，言歸我唐。翻經建寺，存殁舟（舟）航。百福偕作，萬邦之康。　高宗纂（纂）祖，更築（築）精宇。和宮敞朗，遍

26 滿中土。真道宣明，式封法主。人有樂康，物無災苦。　玄宗啓聖，克修真正。御（御）牓揚輝，天書蔚映。皇圖璀璨（璨），率土高敬。庶績咸凞（熙），人賴其慶。　肅宗來復，天威引

27 駕。聖日舒晶，祥風掃夜。祚歸（歸）皇室，祅（祅）氛永謝。止沸定塵，造我區夏。　代宗孝義，德合天地。開貸生成，物資羙利。

香以報（報）功，仁以作施。暘谷来威，月窟畢萃。　　建

28 中統極，聿修明德。武肅四溟（溟），文清萬域。燭臨人隐，鏡觀物色。六合昭蘇（蘇），百蠻（蠻）取則。道惟廣兮（兮）應惟密，強名言兮演三一。　　主能作兮臣能述，建豐碑兮頌元吉。

29　　大唐建中二年，歲在作噩，太蔟（蔟）月七日，大耀森文日建立，　　時法主僧寧恕知東方之景衆也。B^{e}yàumai 'abbâ d^{he}'abbàhàt^{h}â Màr(i) Ḥ^{e}nànîšô' qat^{h}ôlîqâ paṭrîyarkîs...①

30　　　　朝議郎前行台州司士叅（叅）軍呂秀巖書

説明：碑體正面下端有敘利亞文並漢字題署，按直行由左而右排列，依次爲：

Baš^{e}nat^h 'àlép^h w^{e}t^{h}èš'în w^{e}t^{h}artên d^{he}Yàunàyê Màr(i) Yazdbôzêd qaššîšâ w^{e}k^{h}ôr'appèsqôpâ d^{he}K^{h}ûmdân m^{e}d^{h}înat^h malkût^{h}â bar nîḥ nap^{h}šâ Mîlês qaššîšâ d^{he}mèn Balḥ m^{e}d^{h}î (n)ttâ d^{he}T^{a}ḥôrèstan 'aqqîm lûḥâ hànâ d^{he}k^{h}êp^{h}â d^{h}ak^{he}t^{h}îb^{h}an bèh m^{e}d^{h}ab^{h}rànût^{h}éh d^{e}p^{h}àrôqan w^{e}k^{h}àrôzût^{h}hôn d^e'ab^{h}àhain dal^{e}wàt^h malkê d^{he}Ṣinàyê...②

'Ad^{h}àm m^{e}šamm^{e}šànâ bar Yazdbôzêd kôr'appèsqôpâ③ 僧靈寶

---

① 伯希和法譯爲 Dans les jours du Père des Pères Monseigneur Ḥ^{e}nànîšô' [moine Ning-chou], catholicos patriarche，即"時尊者 Henànîšô' 位居眾主教之長總主教"（Pelliot 1984, p. 56）。穆爾英譯爲 In the days of the father of fathers Mar Hananishu Catholicos Patriarch（Moule 1972, p. 47）。兩者都把"寧恕"一名作爲東方教會總主教的 Henànîšô' 的省譯。就此問題，學界已殆無異議。不過，Ḥ^{e}nànîšô' 之在位時間，理雅各認爲是公元 774—778 年（James Legge, The Nestorian Monument of Hsî-an Fû in Shen-hsî, China, London 1888, p. 29），穆爾認爲是 774—780 年（Moule 1972, p. 47），伯希和則作 773—780 年（Pelliot 1984, p. 56, n. 3）。

② En l'année mille quatre-vingt-douze des Grecs, Monseigneur Yazadbōzīd, prêtre et chorévêque de Kumdān, ville impériale, fils de feu Mîlês, prêtre de Balkh, ville du Ṭaḥorèstân, a fait élever cette stèle de pierre, sur laquelle sont écrites l'Écomie de Notre Sauveur et la prédication de nos pères aux empereurs des Chinois. Pelliot 1984, pp. 56-57. 即"希臘紀元 1092 年，吐火羅（Taḥorèstân）巴爾赫（Balkh）城米利斯牧師之子、京城長安主教尊者耶兹卜兹（Yazadbōzīd）牧師立此石碑，以誌救世主之法並吾等景士對中國諸皇帝所宣之道"。

③ Adam, diacre, fils de Yazadbōzīd, le chorévêque, Pelliot 1984, p. 57. 即"亞當，助祭教士，鄉主教耶兹卜兹之子"。

附錄：西安景碑釋文 | 507

  Màr Sargîs qaššîšâ wᵉkʰôr'appèsqôpâ ...①
  Sabʰranîšôʻ qaššîšâ② 擔挍建立碑僧行通
  Gabʰri'él qaššîšâ wᵉ'arkîdʰîyaqôn wᵉréš ʻé(d)ttâ dʰᵉKʰûmdân wadʰᵉSaragʰ③
助擔挍試太常卿賜紫袈裟寺主僧業利

  説明：以下爲碑體兩側的敍利亞文和漢文題名，其間敍文係名字的發音，多數還有教内的稱謂，如 qaššîšâ（牧師、教士或長老），îhîdʰàyâ（修士、修道士）之類。敍文拉丁轉寫及括號内法譯據伯希和④，如稱謂特别，則酌加注釋，僅有敍文而乏漢名，則加括號漢譯。

  碑體左側有景士題名凡四行：

  第一行：

  1 Màr(i) Yôḥannàn 'appèsqôpâ（Monseigneur Jean, évêque 尊者約翰主教）⑤ 大德曜輪

  2 'Isḥàq qaššîšâ（Isaac, prêtre）僧日進

  3 Yô'él qaššîšâ（Joël, prêtre）僧遙越

  4 Mîkʰ à'él qaššîšâ（Michel, prêtre）僧廣慶

  5 Gîwargîs qaššîšâ（Georges, prêtre）僧和吉

  6 Màhdàdʰgûšnasp qaššîšâ（Māhdādgušnasp, prêtre）僧惠明

  7 Mᵉšîḥâdâdʰ qaššîšâ（Mᵉšîḥâdâdʰ, prêtre）僧寶達

  8 'Apʰrêm qaššîšâ（Ephrem, prêtre）僧拂林

  9 'Abʰày qaššîšâ（'Abʰāy, prêtre 牧師阿比）

  10 Dàwîdʰ qaššîšâ（David, prêtre 牧師大衛）

  11 Môšê qaššîšâ（Moïse, prêtre）僧福壽

---

① Monseigneur Serge, prêtre et chorévêque, *Pelliot* 1984, p. 57. 即"尊者薩吉斯，牧師兼鄉主教"。
② Sabʰranîšôʻ [moine Hing-t'ong], prêtre, *Pelliot* 1984, p. 57. 即"薩卜拉寧恕（僧行通），牧師"。
③ Gabriel [moine Ye-li], prêtre et archidiacre, chef de l'église de Kumdân et Sarag, 按, 伯氏在注釋中認爲 Khûmdân（Kumdān）乃指長安，Saragʰ（Sarag）則指洛陽（*Pelliot* 1984, p. 57）。若是，該行則可漢譯爲"迦伯列（Gabriel 業利），牧師兼副主教，長安、洛陽兩地教會的領袖"，西方學者多認同伯氏這一解讀。
④ *Pelliot* 1984, pp. 57-61.
⑤ 穆爾英譯爲 My lord Iohannan Bishop（*Moule* 1972, p. 49）。

第二行

12 Bakkôs qaššîšâ îḥîdʰàyâ（Bacchos, prêtre, moine）[①] 僧崇敬

13 'Elîyâ qaššîšâ îḥîdʰàyâ（Élie, prêtre, moine）僧延和

14 Môšê qaššîšâ wᵉîḥîdʰàyâ（Moïse, prêtre et moine 牧師兼修道士摩西）

15 ʿAbʰdîšôʿ qaššîšâ wᵉîḥîdʰàyâ（ʿAbʰdîšôʿ, prêtre et moine 牧師兼修道士阿巴迪索）

16 Šèmʿôn qaššîšâ dʰᵉqabʰrâ（Simon, prêtre du tombeau 聖墓牧師西蒙）

17 Yôḥannîs mᵉšammᵉšànâ wᵉî[ḥî]dʰ[ày]â（Jean, diacre et moine 助祭教士兼修士約翰）僧恵通

第三行

18 'Abrôn 僧軋佑

19 Pàṭrôs 僧元一

20 'Iyôbʰ 僧敬德

21 Lûqâ 僧利見

22 Mattai 僧明泰

23 Yôḥannàn 僧玄真

24 Îšôʿemméh 僧仁惠

25 Yôḥannàn 僧曜源

26 Sabʰrîšôʿ 僧昭德

27 Îšôʿdàdʰ 僧文明

28 Lûqâ 僧文貞

29 Qûsṭanṭînôs 僧居信

30 Nôḥ 僧來威

第四行

31 'Izadsᵉpâs 僧敬真

32 Yôḥannàn 僧還淳

33 'Ânôš 僧霊壽

34 Màr Sargîs（Monseigneur Serge 尊者薩吉斯）僧霊德

---

① qaššîšâ îḥîdʰàyâ，牧師、修道士（*Pelliot* 1984, p. 58）。

35 'Isḥàq 僧英德

36 Yôḥannàn 僧沖和

37 Màr Sargîs（Monseigneur Serge 尊者薩吉斯）僧凝虛

38 Pûsay 僧普濟

39 Šèmʿôn 僧聞順

40 'Isḥaq 僧光濟

41 Yôḥannàn 僧守一

碑體右側有景士題名凡三行：

第一行

42 Yaʿqôbʰ qaššîšâ（Jacques, prêtre）老宿耶俱摩

43 Màr Sargîs qaššîšâ wᵉkʰôr'appèsqôpâ šî'angtswâ（Monseigneur Serge, prêtre et chorévêque, supérieur de monastère）① 僧景通

44 Gîgʰôy qaššîšâ wᵉ'arkîdʰîaqôn dᵉKʰûmdân wᵉmaqrᵉyànâ（Gīgōy, [Gīghōy] prêtre, archidiacre de Kumdān [Khumdān] et maître de lecture）② 僧玄覽

45 Pàulôs qaššîšâ（Paul, prêtre）僧寶靈

46 Šèmšôn qaššîšâ（Samson, prêtre）僧審慎

47 'Adʰàm qaššîšâ（Adam, prêtre）僧法源

48 'Elîyâ qaššîšâ（Élie, prêtre）僧立本

49 'Isḥàq qaššîšâ（Isaac, prêtre）僧和明

50 Yôḥannàn qaššîšâ（Jean, prêtre）僧光正

---

① 即"尊者薩吉斯，牧師、鄉主教兼修道院長"（Pelliot 1984, p. 60）。按，Šî'angtswâ，據伯希和早年考證，係音譯藉用漢語佛教"上座"（見 P. Pelliot, "Deux Titres Bouddhiques Portés par des Religieux Nestoriens", *T'oung Pao*, Vol. 12, No. 5, 1911, pp. 664-670；馬幼垣漢譯《景教所用之二佛教稱謂》，《景風》1967 年第 14 期，頁 49—58）。穆爾遂據此把該行敘文英譯為 Mar Sargis priest and country-bishop shiangtsua（即"尊者薩吉斯，牧師兼鄉主教上座"）（Moule 1972, p. 51）。段晴教授認為 wekhôr'appèsqôpâ 應對譯為"準主教"。詳參本書《唐代"景僧"釋義》一文。

② 即"牧師、長安副主教兼宣講師基高伊"（Pelliot 1984, p. 60）。段晴教授認為 arkîdʰîaqôn 應作"執事長"解，見段晴《唐代大秦寺與景教僧新釋》，榮新江主編《唐代宗教信仰與社會》，頁 434—472，有關論述見頁 466。

51 Yôḥannàn qaššîšâ（Jean, prêtre）僧內澄

52 Šèmʿôn qaššîšâ wᵉsàbʰâ（Simon, prêtre et doyen 資深牧師西蒙）

第二行

53 Yaʿqôb qankàyâ（Jacques, sacristain 教堂司事雅各）僧崇德

54 ʿAbʰdîšôʿ 僧太和

55 Îšôʿdàdʰ 僧景福

56 Yaʿqôbʰ 僧和光

57 Yôḥannàn 僧至德

58 Šubʰḥâlmàran 僧奉真

59 Màr Sargîs（Monseigneur Serge 尊者薩吉斯）僧元宗

60 Šèmʿôn 僧利用

61 ʾApʰrêm 僧玄德

62 Zᵉkʰarîyâ 僧義濟

63 Qûrîyaqôs 僧志堅

64 Bakkôs 僧保國

65 ʿAmmànûʾél 僧明一

第三行

66 Gabʰrîʾél 僧廣德

67 Yôḥannàn

68 Šᵉlêmôn 僧去甚

69 ʾIsḥàq

70 Yôḥannàn 僧德建

（本釋文初刊拙著《中古夷教華化叢考》，蘭州大學出版社，2011年，頁259—268）

唐代景教研究論著目錄

一、中文部分

（按作者、譯者姓名拉丁拼音排列）

阿里木·朱瑪什《高昌回鶻王國時代景教殘卷研究》，《新疆社會科學研究》1983年第18期，頁12—15。

艾儒略《西學凡一卷附景教流行中國碑頌一卷》，明刻天學初函本，收入《四庫全書存目叢書》，子部第93冊，齊魯書社，1997年，頁625—634。

安西孟《景教在唐朝衰落的原因》，《社會科學報》1992年3月5日"人文世界"版。

包基娜《淺析景教消亡的原因》，《黑龍江史志》2013年第13期，頁59—61。

包兆會《中國基督教圖像歷史進程之一：唐代的大秦景教流行中國碑》，《天風》2018年第1期，頁38—39。

卞浩宇《唐元時期來華傳教士漢語學習和研究》，《宗教學研究》2011年第3期，頁251—255。

蔡晶玫《唐朝景教興衰原因之探討》，《史學會刊》（臺灣東海大學）1983年第12期，頁64—82。

蔡立娜《論中國古代的反基督教事件》，《聊城大學學報》2010年第2期，頁243—244。

曹琪、彭耀《基督教在唐、元時期的傳播》，見氏著《世界三大宗教在中國》，中國社會科學出版社，1985年，頁66—74。

曹仕邦《唐代的崇一法師是"景教僧"嗎？》，臺北《幼獅學誌》第18卷第3期，1985年，頁1—8。

——《唐代的崇一法師是"景教僧"嗎？靜陳援菴先生的論說》，《香港佛教》1984年第292期，頁16—20。

曹新華《房山十字寺的變遷》，《中國宗教》2000年第3期，頁42—43。

曹再飛《從圖像藝術看中國景教》，南京大學碩士學位論文，2006年。

岑仲勉《景教碑書人呂秀巖岩非呂巖》，《真理雜誌》第1卷第1期，1944年，頁114。

——《景教碑之SARAG爲"洛師"音譯》，原刊《東方雜誌》第42卷第11期，

1946年，頁24—26；收入氏著《金石論叢》，上海古籍出版社，1981年，頁323—327。

——《景教碑內好幾個沒有徹底解決的問題》，1951年寫，收入氏著《金石論叢》，上海古籍出版社，1981年，頁302—322。

——《西方宗教之輸入》，見氏著《隋唐史》上冊，中華書局，1982年，頁316—330。

查時傑《中國基督教史研究書目》，臺北中華福音神學院出版社，1981年。

常書香、石玲玲《龍門西山發現唐代景教遺跡》，《洛陽日報》2014年1月10日星期五第2版。

車煒堃《唐朝景教之危難時期及其衰亡原因》，臺北《國立編譯館刊》創刊號（第1卷第1期），1971年，頁59—71。

陳崇新《大秦景教流行中國碑文之研究》，香港培英中學，1955年。

陳登原《景教》，見氏著《國史舊聞》第4冊，第710條，中華書局，2000年，頁5—12。

陳鼎亮《景教東漸——〈大秦景教流行中國碑〉再讀》，《金陵神學誌》2005年第4期，頁173—190。

陳懷宇《書評：〈達·伽馬以前中亞和東亞的基督教〉、〈中國景教〉》，榮新江主編《唐研究》第2卷，北京大學出版社，1996年，頁475—480。

——譯，〔英〕辛姆斯·威廉斯著《從敦煌吐魯番出土寫本看操粟特語和突厥語的基督教徒》，《敦煌學輯刊》1997年第2輯，頁138—146。

——《所謂唐代景教文獻兩種辨偽補說》，榮新江主編《唐研究》第3卷，北京大學出版社，1997年，頁41—53。

——《高昌回鶻景教研究》，《敦煌吐魯番研究》1999年第4卷，頁165—214。

——《景教在中古中國的命運》，饒宗頤主編《華學》第4輯，紫禁城出版社，2000年，頁286—298。

——《從比較語言學看〈三威蒙度讚〉與〈大乘本生心地觀經〉的聯繫》，《西域文史》2006年第1輯，頁111—119。

——《唐代景教與佛道關係新論》，《世界宗教研究》2015年第5期，頁51—61。

陳繼春《唐代景教繪畫遺存的再研究》，《文博》2008年第4期，頁66—71。

陳靜《基督教在甘肅早期史事發隱》，《西北民族研究》1983年第2期，頁81—85。

陳少傑《唐景教在中國的流傳及原因初探》，《宗教》1989年第1期，頁90—97。

陳濤《唐代景教經典〈志玄安樂經〉的流向問題》，《五邑大學學報（社會科學版）》2012年第3期，頁38—41。

陳偉《中國基督教聖詩發展概況》，《中央音樂學院學報》2003年第3期，頁38—43、62。

陳偉《基督教傳入中國最早的教堂之一——大秦寺》，《天風》2012年第7期，頁38—39。

陳義海《論景教的"他者"特徵與景教碑的文化身份》，《鹽城師範學院學報（人文社會科學版)》2002年第3期,頁52—57。

——《變了形的福音——唐代景教研究之二》,《鹽城師範學院學報(人文社會科學版)》2003年第2期,頁73—77。

——《唐代景教的傳教模式和譯經模式研究——唐代景教研究之三》,《鹽城師範學院學報(人文社會科學版)》2004年第2期,頁85—90。

——《從當代翻譯理論看唐代景教的譯經模式》,《河南社會科學》2006年第4期,頁167—170。

陳垣《基督教入華史略》,1923年講稿,收入《陳垣學術論文集》第1集,中華書局,1980年,頁83—92。

——《基督教入華史》,1927年講稿,收入《陳垣學術論文集》第1集,中華書局,1980年,頁93—106。

陳增輝《敦煌景教文獻〈志玄安樂經〉考釋》,《1983年全國敦煌學術討論會文集:文史·遺書編》(下),甘肅人民出版社,1987年,頁371—384;收入段文傑主編《中國敦煌學百年文庫:宗教卷》第3冊,甘肅文化出版社,1999年,頁467—474。

成祖明、羅琤《再析唐代景教之興衰》,《天風》2006年第7期,頁36—39。

川頁《介紹景教碑文內容》,《鐸聲》第18卷第2期,1980年,頁1—8。

戴淮清《揭開大秦景教的秘密》,《明報月刊》1989年3月號,頁88—91。

——《關於大秦及景教的種種誤解》,《明報月刊》1989年7月號,頁92—94。

〔意〕德禮賢《中國天主教傳教史》,商務印書館,1934年;臺灣商務印書館,1983年。

丁建嶺《唐以前基督教來華史料》,《金陵神學志》1991年第1—2期,頁225—228。

〔美〕丁韙良《天道溯原》,原序1858年,天津排印本,1913年;中國聖教會鉛印本,1917年;漢口中國基督教書會,1924年重印(〔英〕包爾騰譯本《天道溯源》,中國基督教書會,1913年;津漢基督教協和書局,1917年)。是書中卷有景教碑錄文。

董方《專家學者縱談〈中國景教〉》,《世界宗教研究》1994年第3期,頁145—146。

董康《書舶庸譚》,1928年武進董氏景印本,四卷;1939年誦芬室重校本,九卷;是書卷二述及日藏景教寫本,見四卷本頁6,九卷本頁6—12。

董立方《大秦景教流行中國碑跋》,見《董立方遺書·文甲集》卷下。

董太和《評介天主教會與東方敘利亞教會發表的〈共同聲明〉及其對中國"景教"的意義》,《中國天主教》1997年第6期,頁43—46。

段琪《從基督教歷史看教會的本色化》,《世界宗教研究》1998年第1期,頁137—141。

段晴《唐代大秦寺與景教僧新釋》,榮新江主編《唐代的宗教信仰與社會》,上海辭書出版社,2003年,頁434—472。

——《景教碑中"七時"之說》,北京大學東方研究院主辦《東方學研究通訊》

2003 年第 1 期，頁 35—41；收入葉奕良編《伊朗學在中國論文集》第 3 集，北京大學出版社，2003 年，頁 21—30。

——《大秦寺的守望者》，《書城》2005 年第 11 期，頁 70—72。

段玉明《雲南景教考》，《雲南民族學院學報》1993 年第 4 期，頁 58—63。

方豪《唐代景教考略》，《中國史學》1936 年第 1 期，頁 120—134；另載《西北民族宗教史料文獻》新疆分冊（下），甘肅省圖書館，1985 年，頁 862—870。

——《唐代景教史稿》，《東方雜誌》第 41 卷第 8 號，1945 年，頁 44—50。

——《唐宋之景教》，見氏著《中西交通史》，臺北中華文化出版事業委員會，1953 年，第二十章；嶽麓書社，1987 年，上冊，頁 412—429。

——《影印〈景教流行中國碑頌正詮〉序》，吳相湘主編《天主教東傳文獻續編》第 1 冊，臺北學生書局，1966 年；收入《方豪六十自定稿》，臺北學生書局，1969 年，下冊，頁 2133。

——《評〈唐元二代之景教〉》，《現代學苑》第 4 卷第 10 期，1967 年；收入《方豪六十自定稿》，臺北學生書局，1969 年，下冊，頁 2432—2433。

——《中國天主教史人物傳》，台中光啓出版社，1970 年；中華書局，1988 年。

——《耶穌基督漢文異譯考初稿》，見《總統蔣公逝世周年紀念文集》，臺北"中央研究院"，1976 年。

范愛侍《景教碑・景教・基督教》，《天風》1999 年第 10 期，頁 20—21。

封保羅《由景教資料而淺談適應文化問題》，《景風》1971 年第 30 期，頁 37—38。

馮承鈞《景教碑考》，商務印書館，1931 年。

——譯，〔法〕伯希和撰《景教碑中敍利亞文之長安洛陽》，見《西域南海史地考證譯叢》一編，商務印書館，1962 年，頁 34—35。

——譯，〔法〕伯希和撰《唐元時代中亞及東亞之基督教徒》，見《西域南海史地考證譯叢》一編，商務印書館，1962 年，頁 49—70；1995 年合訂本，第 1 卷，頁 49—70。

馮其庸《〈大秦景教宣元至本經〉全經的現世及其他》，《中國文化報》2007 年 9 月 27 日"國學專欄"，轉載於《新華文摘》2007 年第 23 期；另見葛承雍主編《景教遺珍——洛陽新出土唐代景教經幢研究》，文物出版社，2009 年，頁 60—66。

馮英、林中澤《唐代耶穌名號和形象的入華及其結局》，《寧夏社會科學》2006 年第 4 期，頁 184—190。

付馬《唐元之間絲綢之路上的景教網絡及其政治功能——從丘處機與"迭屑頭目"的相遇談起》，《文史》2019 年第 3 輯，頁 181—196。

傅修海《從哪里開始思考——讀〈唐代景教文獻詞語研究〉有感》，《語文知識》2012 年第 2 期，頁 125—126。

蓋佳擇、楊富學《唐代兩京、敦煌景教寫本文獻研究述評》，《唐史論叢》第 24 輯，2017 年第 1 期，頁 323—355。

高雄《景教與中國邊疆》，《中國邊政》1970 年第 32 期，頁 11—12。

高永久《西域景教考述》，《西北史地》1994 年第 3 期，頁 64—70。

——《景教的產生及其在西域的傳播》,《世界宗教研究》1996 年第 3 期,頁 91—101。

——《西域古代民族宗教綜論》,高等教育出版社,1997 年。

葛承雍《從景教碑試論唐長安景教的興衰》,西安碑林博物館編《碑林集刊》第 6 輯,陝西人民美術出版社,2000 年,頁 212—224。

——《唐代長安一個粟特家庭的景教信仰》,《歷史研究》2001 年第 3 期,頁 181—186。

——《唐元時代景教歌詠音樂考述》,《中華文史論叢》2007 年第 3 期,頁 157—178。

——主編《景教遺珍——洛陽新出土唐代景教經幢研究》,文物出版社,2009 年。

——《西安、洛陽唐兩京出土景教石刻比較研究》,《文史哲》2009 年第 2 期,頁 61—65。

——《景教天使與佛教飛天比較辨識研究》,《世界宗教研究》2014 年第 4 期,頁 1—7。

——《洛陽唐代景教經幢表現的母愛主題》,《世界宗教研究》2016 年第 3 期,頁 149—154。

——《從新疆吐魯番出土壁畫看景教女性信徒的虔誠》,《世界宗教研究》2017 年第 3 期,頁 11—17。

耿昇、鄭德弟譯,〔法〕沙伯里著《中國基督教徒史》,中國社會科學出版社,1998 年。

耿昇《外國學者對於西安府大秦景教碑的研究》,《世界宗教研究》1999 年第 1 期,頁 56—64。

——《中外學者對大秦景教碑的研究綜述》,中外關係史學會編《中西初識》,大象出版社,1999 年,頁 167—200。

耿世民《古代突厥語揚州景教碑研究》,《民族語文》2003 年第 3 期,頁 40—45。

——《中國和中亞景教研究國際會議在奧地利舉行》,《世界宗教研究》2003 年第 3 期,頁 14。

恭思道《基督教在中國之概況》,中華聖公會,1941 年。

龔方震《唐代大秦景教碑古敘利亞文字考釋》,《中華文史論叢》1983 年第 1 輯,頁 1—25。

——《景教:中國化的基督教》,見氏著《融合四方文化的智慧》(中國的智慧叢書),浙江人民出版社,1992 年,頁 27—46。

——《景教和突厥》,《當代宗教研究》1999 年第 2 期,頁 17—22。

龔天民《唐朝基督教之研究》,香港基督教輔僑出版社,1960 年。

——《唐代基督教中的佛教影響》,臺北《中央日報》1960 年 3 月 8 日。

——《景教碑中的佛教用語解釋》,《教牧》1972 年第 7 期,頁 101—109。

——《漢譯景教回鶻文經典》,《生命》1972 年第 291 期。

——《景教中佛教術語的解釋》,《道風》1965 年第 47 期,頁 101—109。

顧衛民《耶穌門徒多默來華傳說的宗教意義》,《上海教育學院學報》1993 年第 2 期,頁 37—43。

——《推介翁紹軍先生注釋之〈漢語景教文典詮釋〉》,臺北《神學論集》1996 年 108 號,頁 289—294。

——《基督宗教藝術在華發展史》,上海書店出版社,2005 年。

顧炎武《金石文字記》,四庫全書本;上海古籍出版社,1987 年。(卷四、卷六述及景教碑)

關英《話說景教》,《絲綢之路》2000 年第 5 期,頁 50。

——《周至大秦寺新考》,卓新平、許志偉主編《基督教研究》第 5 輯,宗教文化出版社,2002 年,頁 288—301。

桂林譯,〔德〕維爾納·桑德曼著《一九七〇年以來吐魯番波斯語文書的研究》,《敦煌學輯刊》1994 年第 2 期,頁 127—131。

韓晗《評"杜甫基督關係說"並與張思齊教授商榷》,《杜甫研究學刊》2015 年第 2 期,頁 25—29,78。

韓香《唐代外來宗教與中亞文明》,《陝西師範大學學報(哲學社會科學版)》2006 年第 5 期,頁 57—62。

郝鎮華譯,〔英〕穆爾著《一五五〇年前的中國基督教史》,中華書局,1984 年。

何高濟譯,〔葡〕曾德昭著《大中國志》,上海古籍出版社,1998 年。(該書第 31 章《許多世紀前基督教已移植中國,近期發現一塊可作爲證明的古碑石》,專論西安景教碑,是有關該碑研究的最早資料之一。)

何健民譯,〔日〕桑原騭藏撰《隋唐時代西域人華化考》,《武漢大學文哲季刊》1936 年第 5 卷第 2 號,頁 423—458;第 3 號,頁 679—694;第 4 號,頁 877—942;中華書局,1939 年。

何誼萍《李白〈上雲樂〉》中基督教成分試探》,上海師範大學碩士學位論文,2006 年。

賀忠輝《〈大秦景教流行中國碑〉的歷史價值》,《文史雜誌》1987 年第 6 期,頁 23—24。

洪鈞《附景教考》,見氏著《元史譯文證補》卷二九,收入王雲五主編《叢書集成初編》,編號 1397 上,1936 年。

洪業《駁景教碑出土於盩厔說》,《史學年報》第 1 卷第 4 期,1932 年,頁 1—12。

侯冠輝《大秦景教在中國的傳播與中西方醫藥交流》,中央民族大學碩士學位論文,2006 年。

侯昕譯,〔奧〕霍夫力著《唐代波斯基督教會向中國的擴張》,《陝西歷史博物館館刊》1999 年第 6 輯,頁 278—284。(英文原文 Peter Hofrichter, "The expansion of the Christian Church of Persian to China during the T'ang Dynasty",周偉洲、王欣主編《西北大學史學叢刊》第 2 輯,三秦出版社,1999 年,頁 222—238)

侯昕《唐代景教若干問題研究》,西北大學碩士學位論文,2000 年。

胡雷川《基督教與中國文化》,上海青年協會書局,1936 年。

黃昌淵《中國古代基督教研究——以 7 至 14 世紀景教爲中心》，陝西師範大學博士學位論文，2013 年。

黃傑《基督教四次傳入中國》，《山西民族與宗教》1996 年第 2 期，頁 17—18。

黃蘭蘭《唐代秦鳴鶴爲景醫考》，《中山大學學報（社會科學版）》2002 年第 5 期，頁 61—67、99。

黃珊《唐代景教在華傳播規模探討》，《長沙大學學報》2011 年第 3 期，頁 72—73、76。

黃夏年《〈中國景教〉簡介》，《中國天主教》1994 年第 1 期，頁 45—46。

——《漢文史料與世界宗教研究——讀〈中國景教〉》，《傳統文化與現代化》1994 年第 2 期，頁 92—95。

——《中國唐代景教的再認識》，《段文傑敦煌研究五十年紀念文集》，世界圖書出版公司，1996 年，頁 521—535。

——《景教與佛教關係之初探》，《世界宗教研究》1996 年第 1 期，頁 83—90。

——梁曉儉《唐代景教四則》，《貴州社會科學》1996 年第 6 期，頁 45—50。

——《景教〈一神論〉之"魂魄"初探》，卓新平、許志偉主編《基督宗教研究》第 2 輯，社會科學文獻出版社，2000 年，頁 446—460。

——《景教〈一神論〉之"魂魄"探》，刊梁尉英主編《2000 年敦煌國際學術討論會文集：紀念藏經洞發現暨敦煌學百年：1900—2000（歷史文化卷）》（下冊），甘肅民族出版社，2003 年，頁 16—28。

黃心川、戴康生編著《世界三大宗教》，生活·讀書·新知三聯書店，1979 年。

——《朱謙之與〈中國景教〉》，《世界宗教研究》1993 年第 1 期，頁 132—135。

計翔翔《明末奉教官員李之藻對"景教碑"的研究》，《浙江學刊》2002 年第 1 期，頁 130—136。

——《"大秦景教流行中國碑"出土時間考析》，《文史》2002 年第 1 輯，頁 261—268。

焦建輝《龍門石窟紅石溝唐代景教遺跡調查及相關問題探討》，《石窟寺研究》第 4 輯，文物出版社，2013 年，頁 17—22。

——《龍門石窟發現的景教遺跡及相關問題》，《文物世界》2013 年第 6 期，頁 38—39。

姜伯勤《敦煌莫高窟北區新發現中的景教藝術》，《藝術史研究》第 6 輯，中山大學出版社，2004 年，頁 337—352。

江文漢《中國古代基督教及開封猶太人》，知識出版社，1982 年。

——《景教》，見《中國大百科全書·宗教卷》，中國大百科全書出版社，1988 年，頁 212—213。

蔣童《佛教與基督教在中國傳播之比較》，《西安教育學院學報》1999 年第 1 期，頁 45—50。

康興軍《景教與中國醫藥學》，《醫古文知識》2005 年第 3 期，頁 10—13。

郎曉玲《中國最早的基督教文本特點探析》，《山東省農業管理幹部學院學報》

2004年第1期,頁106—107。

黎薔《西亞諸教對敦煌樂舞影響之研究》(上、下),《交響:西安音樂學院學報》1995年第3期,頁50—53;第4期,頁14—17。

李伯毅《唐代陝西景教與大秦寺遺址》,《中國天主教》1993年第1期,頁29—31。

——《唐代景教與大秦寺遺址》,《文博》1994年第4期,頁35—38。

李伯元《景教碑》,見氏著《南亭四話》卷九《莊諧叢話》第四則,薛正興校點本,江蘇古籍出版社,2000年,頁441—442。

李承祥《景教碑之Kumdan與Sarag音譯商兌》,《新中華》(復刊)第6卷第23期,1948年,頁45、2。

李崇峰《陝西盩厔大秦寺塔記》,《文物》2002年第6期,頁84—93。

李弘祺《景教碑出土時地的幾個問題》,《傅樂成教授紀念論文集:中國史新論》,臺北學生書局,1985年,頁547—574。

李經緯《回鶻文景教文獻殘卷〈巫師的崇拜〉譯釋》,《世界宗教研究》1983年第2期,頁143—151、142。

——主編《中外醫學交流史》,湖南教育出版社,1998年,有關部分見第三章第五節《中國與西域諸國的醫藥交流》,頁87—97。

李靜蓉《"刺桐十字架"風格初探》,《閩臺文化交流》2009年第2期,頁106—111。

——《元代泉州基督教石刻圖像研究》,福建師範大學博士學位論文,2013年。

〔韓〕李寬淑《中國基督教史略》,社會科學文獻出版社,1998年。有關部分見是書第二章《景教》,頁5—23。

李明偉《關於公元九世紀中葉吐魯番"景教"壁畫的說明》,《中國天主教》2002年第3期,頁39—39。

李默《景教興而覆滅》,見氏編《中華文明大博覽》,廣東旅遊出版社,1997年,頁778。

李聖華、劉楚堂《耶穌基督在中國古籍之發現》,香港春秋雜誌社,1950年。

李天綱《"景風東扇"第一葉》,《讀書》1996年第2期,頁86—88。

李文田《論景教碑事》,收入楊榮鋕《景教碑文紀事考正》卷一,1895年。

李興國《景教在中國的興亡》,《中國宗教》1996年第3期,頁44—45。

李玉昆、楊欽章、陳達生《泉州外來宗教文化之研究》,《世界宗教研究》1986年第4期。

李兆強《初期教會及中國教會史》,香港基督教輔僑出版社,1964年。

李貞明《景教碑後的中國基督教史料》,《中華基督教會香港合一堂銀禧紀念特刊》1951年,頁59—61。

李之藻《讀景教碑書後》,見陽瑪諾《唐景教碑頌正詮》,土山灣印書館,1927年,頁13—17。

梁鴻飛、趙躍飛《中國隋唐五代宗教史》,人民出版社,1994年。相關內容見第六章《西來新宗教的流行》,頁156—170。

梁琳《唐代景教興亡之原因淺析》,《金陵神學誌》1994年第1期,頁61—62、50。

梁廷枏《基督教難入中國說》，見氏著《海國四說》（歷代史料筆記叢刊：清代史料筆記），中華書局，1993年，頁38—41。

梁子涵《馮承鈞景教碑考裏的一點錯誤》，《大陸雜誌》第9卷第12期，1954年，頁28、32。

——《唐代景教之文獻》，《大陸雜誌》第14卷第11期，1957年，頁351—355；第12期，頁387—396。

——《唐代景教譯經考》，初刊《新鐸聲》1956年第8期；復修訂刊臺灣《大陸雜誌》第27卷第7期，1963年，頁212—219。

林德智《書評：唐元二代之景教》，《現代學苑》第4卷第10期，1967年，頁39。

林玖譯，〔日〕羽田亨著《中世紀中亞地方的諸宗教及其典籍》，《中國新論》第3卷第3期，頁45—51。

林梅村《中國基督教史的黎明時代》，原刊《文物天地》1992年第3期，頁45—48；第4期，頁44—47；收入氏著《西域文明》，東方出版社，1995年，頁448—461。

——《洛陽出土唐代波斯僑民阿羅憾墓誌跋》，王元化主編《學術集林》卷4，遠東出版社，1995年，頁284—299。

林仁川《唐朝景教的傳播及其影響》，《安徽史學》1998年第3期，頁15—18。

林瑞琪《景教並不是希臘正教——向戴淮清先生請教》，《明報月刊》1989年5月，頁110—111。

林悟殊、榮新江《所謂李氏舊藏敦煌景教文獻二種辨偽》，香港《九州學刊》第4卷第4期，1992年，頁19—34；收入榮新江《鳴沙集》，臺北新文豐出版公司，1999年，頁65—102。

林悟殊譯，〔德〕克里木凱特撰《達·伽馬以前中亞和東亞的基督教》，臺北淑馨出版社，1995年。

林悟殊《敦煌遺書〈大秦景教宣元本經〉考釋》，《九州學刊》第6卷第4期"敦煌學專輯"，1995年，頁23—30；經修訂附錄於氏譯《達·伽馬以前中亞和東亞的基督教》，臺北淑馨出版社，1995年，頁212—224。

——《摩尼教"三常"考——兼論景教碑"啓三常之門"一句之釋讀》，饒宗頤主編《華學》第1輯，中山大學出版社，1995年，頁18—24；收入氏著《摩尼教及其東漸》，臺北淑馨出版社增訂本，1997年，頁242—251。

——《唐朝三夷教政策論略》，榮新江主編《唐研究》第4卷，北京大學出版社，1998年，頁1—14。

——《景教在唐代中國傳播成敗之我見》，饒宗頤主編《華學》第3輯，紫禁城出版社，1998年，頁83—95。

——《唐季"大秦穆護祆"考》（上），《文史》1999年第3輯（總第48輯），頁39—46。

——《唐季"大秦穆護祆"考》（下），《文史》1999年第4輯（總第49輯），頁101—112。

——《唐代首所景教寺院考略》，饒宗頤主編《華學》第 4 輯，紫禁城出版社，2000 年，頁 275—285。

——《西安景教碑有關景寺數量詞句考釋》，袁行霈主編《國學研究》第 7 卷，北京大學出版社，2000 年，頁 97—113。

——《鰲屋大秦寺爲唐代景寺質疑》，《世界宗教研究》2000 年第 4 期，頁 1—12。

——《西安景教碑研究述評》，劉東主編《中國學術》第 4 輯，商務印書館，2000 年，頁 239—260。

——《富岡謙藏氏藏景教〈一神論〉真僞存疑》，榮新江主編《唐研究》第 6 卷，北京大學出版社，2000 年，頁 67—86。

——《敦煌景教寫本伯 3847 之再研究》，《敦煌吐魯番研究》第 5 卷，北京大學出版社，2001 年，頁 59—77。

——《敦煌漢文唐代景教寫本研究述評》，余太山主編《歐亞學刊》第 3 輯，中華書局，2002 年，頁 251—287。

——《敦煌本景教〈志玄安樂經〉佐伯錄文質疑》，《中山大學學報（社會科學版）》2001 年第 4 期，頁 1—7。

——《高楠氏藏景教〈序聽迷詩所經〉真僞存疑》，《文史》2001 年第 2 輯（總第 55 輯），頁 141—154。

——《二十世紀唐代景教研究述評》，胡戟等主編《二十世紀唐研究》，中國社會科學出版社，2002 年，頁 585—611。

——《唐代景教研究述評》，胡戟、李斌城主編《唐研究回顧·文化卷》，中國社會科學出版社，2001 年，頁 582—607。

——《唐代三夷教的社會走向》，榮新江主編《唐代的宗教信仰與社會》，上海，辭書出版社，2003 年，頁 359—384。

——《漢文摩尼經與景教經之宏觀比較》，高田時雄主編《中國宗教文獻研究國際ツンポウムモナッノナッ報告書》，京都大學人文科學研究所，2004 年，頁 131—149。

——《景教富岡高楠文書辨僞補說》，《敦煌吐魯番研究》第 8 卷，中華書局，2005 年，頁 35—43；收入氏著《中古三夷教辨證》，中華書局，2005 年，頁 215—226；《敦煌文書與夷教研究》（當代敦煌學者自選集），上海古籍出版社，2011 年，頁 269—380。

——《李白〈上雲樂〉景教思想質疑》，《文史》2007 年第 2 輯（總第 79 輯），頁 169—186，修訂本見《中古夷教華化叢考》（余太山主編：歐亞歷史文化文庫），蘭州大學出版社，2011 年，頁 93—114。

——《西安景碑有關阿羅本入華事辨析》，《文史》2008 年第 1 輯（總第 82 輯），頁 149—165。

——、殷小平《經幢版〈大秦景教宣元至本經〉考釋》，《中華文史論叢》2008 年第 1 輯，頁 325—352。修訂本見林悟殊《中古夷教華化叢考》（余太山主編：歐亞歷史文化文庫），蘭州大學出版社，2011 年，頁 168—188；《敦煌文書與夷教研究》，上海古籍出版社，2011 年，頁 259—283。

——《經幢版"三位一體"考釋》,《中華文史論叢》2009 年第 1 期,頁 257—276;修訂本見《中古夷教華化叢考》(余太山主編:歐亞歷史文化文庫),蘭州大學出版社,2011 年,頁 211—225。

——《唐代景僧名字的華化軌跡》,《中華文史論叢》2009 年第 2 期,頁 149—193;修訂本見《中古夷教華化叢考》(余太山主編:歐亞歷史文化文庫),蘭州大學出版社,2011 年,頁 226—259。

——、殷小平《唐代"景僧"釋義》,《文史》2009 年第 1 輯(總第 86 輯),頁 181—204;修訂本見《中古夷教華化叢考》(余太山主編:歐亞歷史文化文庫),蘭州大學出版社,2011 年,頁 138—167。

——《景教"淨風"考》,《西域研究》2014 年第 3 期,頁 50—64。

——《唐代景教與廣州——寄望嶺南文博工作者》,廣州市文化廣電新聞出版局、廣州市文物博物館學會編《廣州文博·玖》,文物出版社,2016 年,頁 54—94。

——《岑仲勉先生唐代三夷教觀試詮釋》,遞交"紀念岑仲勉先生誕辰 130 周年國際學術研討會"(2016 年 11 月 25 日—11 月 28 日)論文,收入《紀念岑仲勉先生誕辰 130 周年國際學術研討會論文集》,中山大學出版社,2019 年,頁 513—534。

林英《拂菻僧——關於唐代景教之外基督教派別入華的一個推測》,《世界宗教研究》2006 年第 2 期,頁 103—112;修訂本收入氏著《唐代拂菻叢說》,中華書局,2006 年,頁 37—56。

劉強《基督教在古代中國的傳播及其與儒學的對立衝突》,《昭烏達蒙族師專學報(漢文哲學社會科學版)》1998 年第 6 期,頁 18—26、17。

劉銘恕《南詔來襲與成都景教之摧殘》,徐益棠編輯《邊疆研究論叢》(民國卅一至卅三年),私立金陵大學中國文化研究所出版,1945 年,頁 29—34。

劉師培《景教源流考》,見氏著《劉申叔先生遺書·讀書隨筆(中)》,甯武南氏校印,1936 年,頁 4—5。

劉偉民《唐代景教之傳入及其思想之研究》,香港《聯合書院學報》1962 年第 1 期,頁 1—64。

劉陽《最早的漢譯景教文獻與翻譯中的誤解誤釋》,《中國翻譯》1994 年第 4 期,頁 53—55。

——《最早的漢譯基督教文獻與翻譯中的誤解誤釋》,《暨南學報(哲學社會科學版)》1995 年第 1 期,頁 66—71。

——《李白〈上雲樂〉宗教思想探》,《解放軍外國語學院學報》1995 年第 3 期,頁 101—104。

劉再聰《吐蕃佔領時期的敦煌宗教文明》,《絲綢之路》2000 年第 1 期,頁 82—84。

劉振寧《唐代景教入華之際的時空環境及其影響》,《貴州大學學報(社會科學版)》2007 年第 1 期,頁 51—59。

——《"格義":唐代景教的傳教方略——兼論景教的"格義"態勢》,《貴州大學學報(社會科學版)》2007 年第 5 期,頁 19—31。

樓宇烈、張志剛主編《中外宗教交流史》,湖南教育出版社,1998 年,頁 159—

171。

路遠《〈景教碑〉移藏西安碑林經過》,《文博》1997年第5期,頁76—79。

——《景教與景教碑》,西安出版社,2009年。

陸翔譯,〔法〕伯希和撰《中古時代中亞細亞及中國之基督教》,《說文月刊》第1卷第12期,1939年,頁36—38。

羅季美《從經文翻譯看景教本土化的失敗》,《同濟大學學報(社會科學版)》2016年第1期,頁119—124。

羅金聲《東方教會史》,廣學會出版,1941年;有關部分見第三編《非正統教會》,頁98—150;該書收入《民國叢書》第五編,第15冊,上海書店,1996年。

羅尚賢《從大秦景教看道學與神學的關係》,《廣東社會科學》1999年第5期,頁64—70。

羅錫爲《唐代景教探微》,《信義宗》1,1978年8月,頁49—58。

羅香林《景教徒阿羅憾等爲武則天皇後造頌德天樞考》,臺灣《清華學報》新1卷第3期,1958年,頁13—22;收入氏著《唐元二代之景教》,香港中國學社,1965年,頁57—69。是文西方書評見 E. G. Pulleyblank, "Rev. Of Luo Xianglin", *Revue bibliographique de sinologie* 4, 1958, No. 887, pp. 410-411。

——《唐代景教傳入泉州及其在泉遺跡》,泉州海外交通史博物館、泉州市文物管理委員會主編《泉州海外交通資料彙編》第1輯,1959年;1983年合編本,頁55—56。

——《景教與中國文化》,《新亞書院文化講座錄》,香港新亞書院,1962年,頁102—108。

——《唐嶺南道之景教流傳與劉蜕父子不祀祖等關係》,1964年9月亞洲史學家第3屆會議論文,收入氏著《唐元二代之景教》,香港中國學社,1965年,頁71—86。

——《景教入華及其演變與遺物特徵》,臺灣《華岡學報》第1卷第1期,1965年;收入氏著《唐元二代之景教》,頁1—55。

——《呂祖與景教之關係》,《景風》1966年第11期;收入氏著《唐元二代之景教》,香港中國學社,1965年,頁135—152。

——《唐元二代之景教》,香港中國學社,1966年。是著西方書評見 Ta Trong Hiep, "Rev. Of Luo Xianglin", *Revue bibliographique de sinologie* 12, 1966-67, No. 980, pp. 518-519。

——《唐代景教之傳入、發展與遭禁》,《景風》1967年第14期,頁34—48。

羅炤《洛陽新出土〈大秦景教宣元至本經及幢記〉石幢的幾個問題》,《文物》2007年第6期,頁30—42、48。

——《再談洛陽唐朝景教經幢的幾個問題》,《世界宗教研究》2007年第4期,頁96—104。

羅振玉《敦煌本景教三威蒙度讚跋》,《羅振玉校刊群書敘錄》卷下,江蘇廣陵古籍刻印社,1998年,頁322—323;又見《羅雪堂先生全集》初編,臺灣大通書局,1986年,第1冊,頁334—335;《羅雪堂先生全集》三編,臺北文華出版公司,1970

年,第 6 冊,頁 2309。

——《景教碑跋》,見《貞松老人遺稿乙集之四》卷二,頁 15—17;又見《貞松老人外集》卷二,頁 16—17,收入《羅雪堂先生全集》續編,臺北文華出版公司,1970 年,第 4 冊,頁 1736—1738。

馬靜、劉銘《簡議進入文化網格的聖經漢譯》,《燕山大學學報(哲學社會科學版)》2007 年第 8 卷增刊,頁 168—169。

馬小鶴《摩尼教、基督教、佛教中的"大醫王"研究》,余太山主編《歐亞學刊》第 1 輯,中華書局,1999 年,頁 243—258。

——《唐代波斯國大酋長阿羅憾墓誌考》,北京大學"古代中外關係史:新史料的調查、整理與研究"國際學術研討會論文,2002 年 11 月 15—16 日。

——《中國學術國際化 暫 ——以"三夷教"研究爲例》,《暨南史學》第 9 輯,2014 年,頁 451—469。

馬幼垣譯,〔法〕伯希和撰《景教所用之二佛教稱謂》,《景風》1967 年第 14 期,頁 49—58。

馬肇椿《唐時景教的東傳及其對中國與歐洲關係的影響》,見氏著《中歐文化交流史略》,遼寧教育出版社,1993 年,頁 20—27。

毛陽光《洛陽新出土唐代景教徒花獻及其妻安氏墓誌初探》,《西域研究》2014 年第 2 期,頁 85—91。

牟鍾鑒、張踐《中國宗教通史》,社會科學文獻出版社,2007 年。相關內容見頁 570—572、579—581。

那婷、沈雙喜《景教在中國傳播未中國化的原因探析》,《時代報告月刊》2013 年第 1 期,頁 485—486。

聶志軍《景教碑中"伊斯"也是景醫考》,《敦煌學輯刊》2008 年第 3 期,頁 119—127。

——《唐代景教文獻詞語研究》,湖南人民出版社,2010 年。

——《唐代景教的本土化策略——以詞語釋義爲例》,《社會科學家》2010 年第 3 期,頁 148—150。

——《敦煌景教寫經〈序聽迷詩所經〉中"勤伽習俊"考辨》,《中國訓詁學研究會 2010 年學術年會論文摘要集》,2010 年,頁 57。

——《"經教"、"波斯經教"是"景教"的別名嗎?》,《宗教學研究》2011 年第 1 期,頁 207—212。

——《唐代景教寫經中的訛誤字例釋》,《敦煌研究》2012 年第 1 期,頁 106—111。

——《唐代景教〈序聽迷詩所經〉中"移鼠"漢譯釋疑》,《宗教學研究》2012 年第 3 期,頁 191—196。

——、賀衛國《唐代景教寫經中的疑難俗字例釋》,《寧夏大學學報(人文社會科學版)》2010 年第 4 期,頁 7—11。

——《景教碑書寫者呂秀岩官銜中的"前行"辨正》,《史學月刊》2010 年第 11 期,頁 128—131。

——《唐代墓誌中"舉大事"考辨》，《賀州學院學報》2014年第1期，頁25—28。

——《唐代景教文獻研究》，中國社會科學出版社，2016年。

牛汝極、彭燕譯，〔德〕克里木凱特撰《絲綢之路上的基督教藝術》，《新疆文物》1996年第1期，頁96—102。

牛汝極《敘利亞文和回鶻文景教碑銘在中國的遺存》，余太山主編《歐亞學刊》第1輯，中華書局，1999年，頁172—180。

——《泉州敘利亞—回鶻雙語景教碑再考釋》，《民族語文》1999年第3期，頁33—34。

——《中國突厥語景教碑銘文獻概說》，《民族語文》2000年第4期，頁62—67。

——《莫高窟北區發現的敘利亞文景教—回鶻文佛教雙語寫本再研究》，《敦煌研究》2002年第2期，頁56—63，112。

——《中國敘利亞文景教碑銘和文獻的發現》，卓新平、許志偉主編《基督教研究》第5輯，宗教文化出版社，2002年，頁302—320。

——《從出土碑銘看泉州和揚州的景教來源》，《世界宗教研究》2003年第2期，頁73—79。

——《吐魯番出土景教寫本綜述》，《新疆大學學報（哲學社會科學版）》2006年第4期，頁57—59。

——《中國與中亞景教研究新信息與新成果——"第三屆中國與中亞景教研究國際學術研討會"綜述》，《世界宗教研究》2009年第3期，頁141—143。

——《近十年海外中國景教研究綜述》，《宗教學研究》2011年第3期，頁112—117。

努爾蘭·肯加哈買提《唐代碎叶的景教遺跡》，《新疆文物》2007年第1期，頁69—76。

潘紳《景教碑文注釋》，上海聖公會，1925年。

彭鑒道《從基督宗教在中國的興衰看中華民族的皈依》，《中國天主教》2004年第3期，頁30—31。

——《從景教在中國傳播的經驗中反思》，《中國天主教》2013年第3期，頁31—32。

彭金章《敦煌新近發現的景教遺物——兼述藏經洞所出景教文獻與畫幡》，《敦煌研究》2013年第3期，頁57—64。

齊思和《中國和拜占廷帝國的關係》，上海人民出版社，1956年。

錢大昕《景教流行中國碑》，見氏著《錢研堂金石文跋尾》卷七，收入《嘉定錢大昕全集》第陸集，江蘇古籍出版社，1998年，頁194。

錢稻孫譯，〔日〕羽田亨撰《景教經典序聽迷詩所經考釋》，《北平北海圖書館月刊》第1卷第6號，1928年，頁433—456。

——譯，〔日〕羽田亨著《景教經典〈志玄安樂經〉考論》，《清華週刊》第32卷10期，1929年，頁23—30。

錢恂《大秦景教流行中國碑跋》，收入單士厘《歸潛記》，丁編之一。

錢謙益《景教考》，見（清）錢謙益著，（清）錢曾箋注，錢仲聯標校《牧齋有學集》卷四四，上海古籍出版社，1996 年，第 3 冊，頁 1481—1484。

錢潤道《書景教流行中國碑後》，附錄於 H. Havret, *La Stèle Chrétienne de Si-ngan-fou*. Imprimèrie de la Mission Catholique, Changhai 1897, p.389。

邱樹森《元亡後基督教在中國湮滅的原因》，《世界宗教研究》2002 年第 4 期，頁 56—64。

——、王秀麗《唐代景教之流行及其消亡》，《歷史教學》2002 年第 6 期，頁 22—24。

——《唐元二代基督教在中國的流行》，《暨南學報（哲學社會科學版）》2002 年第 5 期，頁 107—112。

邱永旭、郭麗紅《試論〈大秦景教流行中國碑〉的話語建構》，《西華師範大學學報（哲學社會科學版）》2013 年第 6 期，頁 83—86。

屈均遠譯，石田幹之助撰《羅香林氏〈景教徒阿羅憾等爲武則天皇後造頌德天樞考〉述評》，《大陸雜誌》第 23 卷第 11 期，1961 年，頁 355—356。

饒宗頤《從石刻論武后之宗教信仰》，見《選堂集林》，香港中華書局，1982 年，頁 587—613。該文第四節專論"武后與景教"，見頁 600—601。

榮新江《西域粟特移民考》，《西域考察與研究》，新疆人民出版社，1994 年，頁 157—172。

——《一個入仕唐朝的波斯景教家族》，葉奕良編《伊朗學在中國論文集》第 2 集，北京大學出版社，1998 年，頁 82—90；又見氏著《中古中國與外來文明》，生活・讀書・新知三聯書店，2001 年，頁 238—257。

——《〈曆代法寶記〉中的末曼尼和彌師訶——吐蕃文獻中的摩尼教和景教因素的來歷》，刊《藏學研究叢刊——賢者新宴》，北京出版社，1999 年，頁 130—150；又見氏著《中古中國與外來文明》，生活・讀書・新知三聯書店，2001 年，頁 343—325。

——《北朝隋唐粟特人之遷徙及其聚落》，袁行霈主編《國學研究》第 6 卷，北京大學出版社，1999 年，頁 27—85；又見氏著《中古中國與外來文明》，生活・讀書・新知三聯書店，2001 年，頁 37—110。

——《中古中國與外來文明》，生活・讀書・新知三聯書店，2001 年。

——《波斯與中國：兩種文化在唐代的交融》，劉東主編《中國學術》2002 年第 4 期，頁 56—76。

——《導言：唐代宗教信仰與社會——新問題與新探索》，榮新江主編《唐代的宗教信仰與社會》，上海辭書出版社，2003 年，頁 1—12。

芮傳明《中亞居民與基督教之東傳》，見氏著《中亞與中亞文化交流誌》，上海人民出版社，1998 年，頁 327—341。

——《武則天的宗教信仰探討》，《中華文史論叢》2001 年第 4 輯，頁 32—61。

山本澄子、蔣松岩《中國的基督教和祖先崇拜》，《世界宗教文化》1989 年第 1

期，頁28—34。

單倫理譯，林仰山撰《唐代之景教文獻》，《香港大學學生會會刊》1943年第7期；《一九五四年度香港大學學生會會刊》重刊，1954年，頁3—11；又見香港大學藏景印訂裝本稿《林仰山教授中文存》第6篇，總頁38—60。

沈福偉《中西文化交流史》，上海人民教育出版社，1988年（有關部分見頁165—168）。

石明培《略論景教在中國的活動與北京的景教遺跡》，《北京聯合大學學報》2003年第1期，頁90—93。

石韞玉《唐景教流行碑跋》，見氏著《獨學廬金石跋》卷下。

宋劍華《略論基督教在中國的傳播》，《理論與學習月刊》1989年第10期，頁41—45。

蘇瑩輝《中外敦煌古寫本纂要》，《東海大學圖書館學報》1962年第4期，收入氏著《敦煌論集》，臺北學生書局，1983年，頁309—342。文中有《景教經卷》一節，見頁332—333。

孫昌武《隋唐五代文化誌》，上海人民出版社，1998年。（有關部分見頁391—393）

孫景堯《成在此，敗在此：解讀唐代景教文獻的啓示》，《上海師範大學學報（哲學社會科學版）》2003年第1期，頁72—78。

孫巧蘭《唐代景教傳流考》，臺北《新時代》第5卷第3期，1965年，頁34—36；第4期，頁32—34。

孫婷《唐代高昌古城景教壁畫風格探究》，《卷宗》2015年第5期，頁545—545。

湯孝昌《唐景教碑觀感》，《天主教研究資料彙編》第9輯，1988年第4期。

覃光廣《唐代景教碑的發現和研究》，《百科知識》1986年第9期，頁19—20。

譚立鑄《從基督教的漢化說開去》，《讀書》1997年第6期，頁89—94。

唐曉峰《北京房山十字寺的研究及存疑》，《世界宗教研究》2011年第6期，頁118—125。

唐逸《中國基督教信仰本土化之類型》，《世界宗教研究》1999年第2期，頁43—50。

天下第一傷心人《天主邪教入中國考略》，見氏著《闢邪紀實》卷上，同治九年（1870）刻印，頁15。

田海華《〈序聽迷詩所（訶）經〉之"十願"芻議》，《宗教學研究》2009年第4期，頁119—122。

汪娟《敦煌景教文獻對佛教儀文的吸收與轉化》，《"中央研究院"歷史語言研究所集刊》第89本第4分，2018年，頁631—661。

王昶《金石萃編》卷一〇二，引有關景教碑考文七則：1. 林侗《來齋金石刻考略》；2. 葉奕苞《金石錄補》；3. 畢沅《關中金石記》；4. 錢大昕《錢研堂金石文跋尾》卷七；5. 錢謙益《景教考》（《有學集》卷四四）；6. 杭世駿《景教續考》（《道古堂文集》卷二五）；7. 王昶按語。

王春輝《唐代西域多元宗教文化的特徵與影響探究》,《石河子大學學報(哲學社會科學版)》2001年第3期,頁115—119。

王賜慧《唐代五種漢語景教文獻語言研究》,浙江財經大學碩士學位論文,2015年。

王丁《陳垣先生〈景教三威蒙度讚跋〉書後》,《東方早報》2011年9月18日。

王菲譯,牛汝極校,〔英〕森姆斯威廉著《敦煌吐魯番文獻所記突厥和粟特基督教徒》,《西域研究》1997年第2期,頁66—74。

王靜《15世紀前西域的基督教》,周偉洲、王欣主編《西北大學史學叢刊》第2輯,三秦出版社,1999年,頁191—203。

——《唐代中國景教與本部教會的關係》,《長安大學學報(社會科學版)》2006年第3期,頁64—69。

王敬義譯,〔英〕卡來愛爾維斯著《明前來華的傳教士》,臺北華明書局,1965年。

王俊《大秦景教流行中國碑》,《天風》2002年第7期,頁57—57。

王珺、肖占鵬《試論景教初傳時期的傳教策略及其影響——基於文化傳播的視角》,《文學與文化》2016年第4期,頁91—97。

王蘭平《以〈志玄安樂經〉"十觀"爲例看唐代景教與佛道之間的關係》,《敦煌學輯刊》2008年第1期,頁157—162。

——《〈唐朝漢語景教文獻研究〉述評及相關問題》,《西域研究》2014年第3期,頁132—137、144。

——《再論敦煌景教寫本P.3847〈尊經〉之譯撰時間》,《寧波工程學院學報》2014年第3期,頁51—54。

——《日本杏雨書屋藏唐代敦煌景教寫本〈序聽迷詩所經〉釋考》,《敦煌學輯刊》2014年第4期,頁27—47。

——《唐代敦煌漢文景教寫經研究》,民族出版社,2016年。

王三三《基督教四入中國及其特點初探》,《大慶師範學院學報》2007年第4期,頁129—131。

王紹峰《〈漢語景教文典詮釋〉指謬》,《古籍整理研究學刊》2001年第4期,頁46—50。

王桐齡譯,〔日〕桑原騭藏撰《隋唐時代西域歸化人考》,《師大月刊》1935年第22期,頁317—334;1936年第26—27期,頁138—169。

王繡中《唐代景教滅絕原因探討》,《龍岩學院學報》2004年第2期,頁48—49。

王堯《敦煌P.T.351吐蕃文書及景教文獻紋錄》,《第二屆敦煌學國際研討會論文集》,臺北,1991年,頁539—550。

——《我國古代的天主教文獻——敦煌P.T.351吐蕃文書及景教文獻紋錄》,香港《明報月刊》第26卷第1期(總第301期),1991年,頁90—95。

——《吐蕃景教文書及其他》,見氏著《西藏文史考信錄》,中國藏學出版社,1994年,頁208—224。

王媛媛《唐後景教滅絕說質疑》,《文史》2010年第1輯,頁145—162。

——《武周时期的景教》，遞交"紀念岑仲勉先生誕辰 130 周年國際學術研討會"（2016 年 11 月 25 日—11 月 28 日）論文，收入《紀念岑仲勉先生誕辰 130 周年國際學術研討會論文集》，中山大學出版社，2019 年，頁 543—550。

王越群《基督教在唐代傳播之頓挫及其原因探析》，《唐都學刊》2003 年第 2 期，頁 12—15。

王政林《唐代河西走廊基督教傳播述論》，《昌吉學院學報》2012 年第 1 期，頁 19—22。

王治心《中國宗教思想史大綱》，1931 年，上海三聯書店，1988 年；東方出版社，1996 年。有關部分見第五章第二節《景教的輸入與傳佈》，上海版，頁 118—132；東方版，頁 126—141。

——《中國基督教史綱》，文海出版社，1940 年。見第五章《基督教在唐朝的傳佈》，頁 34—45。

王宗祥《〈景教創世頌〉（擬題）非宋人詩》，《敦煌研究》1995 年第 3 期，頁 169—170。

汪維藩《中國古代基督教思想初探》，《金陵神學誌》1992 年第 1 期，頁 1—4、29。

魏源《海國圖志》，有關考論見卷二六、二七，其中引錄前人有關景教碑論述三則：1. 南懷仁《坤輿圖說》卷下；2. 俞正燮《癸巳類稿》卷一五《天主教論》；3. 徐繼畬《瀛寰志略》卷三。是書有嶽麓書社點校注釋本，1998 年。

翁紹軍《論漢語景教經文的傳述類型》，《世界宗教研究》1996 年第 4 期，頁 110—118。

——《漢語景教文典詮釋》，香港卓越書樓，1995 年；生活·讀書·新知三聯書店，1996 年。

〔匈〕烏瑞著，王湘雲譯《景教和摩尼教在吐蕃》，《國外敦煌吐魯番文書研究選譯》，甘肅人民出版社，1992 年，頁 56—72。

吳昶興《論〈志玄安樂經〉的安樂世界》，《台灣浸信會神學院學術年刊》2007 年，頁 101—128。

——《唐朝景教大秦寺塔的踏勘與研究》，《中華文史論叢》2001 年第 4 輯，頁 80—110。

——編注《大秦景教流行中國碑：大秦景教文獻釋義》，香港橄欖出版有限公司，2015 年。

吳莉葦《關於景教研究的問題意識與反思》，《復旦學報（社會科學版）》2011 年第 5 期，頁 95—106。

吳景山《絲綢之路上的宗教勝跡》，《中國宗教》2007 年第 5 期，頁 6—9。

吳其昱《景教三威蒙度讚研究》，《"中央研究院"歷史語言研究所集刊》第 57 本第 3 分，1986 年，頁 411—438。

——《唐代景教之法王與尊經考》，《敦煌吐魯番研究》第 5 卷，北京大學出版社，2001 年，頁 13—58。

吳玉貴譯，〔美〕謝弗著《唐代的外來文明》，中國社會科學出版社，1995 年。

郗琳《景教碑出土於大崇仁寺》，《陝西歷史博物館刊》第 5 輯，1998 年，頁 206—211。

夏燮著，陳高志點校《中西紀事》卷二，嶽麓書社，1988 年。

向達《唐代長安與西域文明》，《燕京學報》專號之二，1933 年；生活·讀書·新知三聯書店，1957 年。

項秉光《三種景教敦煌寫卷考釋》，上海師範大學碩士學位論文，2011 年。

蕭若瑟譯《聖教史略》，河北獻縣張家莊勝世堂，1917 年，1919 年，1932 年。有關部分見卷三，頁 135—138 "內斯多略異端"。

蕭若瑟《天主教傳行中國考》，河北獻縣天主堂，1931 年，1932 年；收入《民國叢書》第 1 編第 11 卷。

曉楚《〈大秦景教流行中國碑〉新考》，《人文雜誌》1997 年第 4 期，頁 78—80。

謝海平《唐代留華外國人生活考述》，臺灣商務印書館，1978 年。

徐光啓《景教堂碑記》，見《徐光啓集》卷一二，上海古籍出版社，頁 531—533。

——《鐵十字著·天啓丁卯六月朔書》，《徐文定公集》未收，附錄於 H. Havret, *La Stèle Chrétienne de Si-ngan-fou.* Imprimèrie de la Mission Catholique, Changhai 1897, p.412。

徐繼畬《瀛寰志略》卷三、卷六；該書收入白清才、劉貫文主編《徐繼畬集》，山西高校聯合出版社，1995 年。

徐珂《景教》，見氏著《清稗類鈔·宗教類》，中華書局，1984 年，頁 1959—1960。

徐蘋芳《大秦景教流行中國碑》，《中國大百科全書·考古學卷》，中國大百科全書出版社，1986 年，頁 79。

徐謙信《唐朝景教碑文注釋》，《臺灣神學論壇》1979 年第 1 期，頁 125—166；收入劉小楓主編《道與言 —— 華夏文化與基督文化相遇》，上海三聯書店，1995 年，頁 1—42。

徐若夢《唐代景教經典翻譯研究》，《海外英語》2012 年第 16 期，頁 149—150。

徐曉鴻《唐代景教人物考略》，《金陵神學誌》2006 年第 2 期，頁 25—53。

——《唐代景教頌贊詩歌（一）》，《天風》2009 年第 4 期，頁 42—43。

——《唐代景教頌贊詩歌（二）》，《天風》2009 年第 5 期，頁 38—41。

——《古代懷古詩與基督教》，《天風》2009 年第 6 期，頁 42—43。

——《昭武九姓與景教信仰》，《天風》2014 年第 3 期，頁 28—31。

——《大秦景教流行中國碑》，《天風》2015 年第 2 期，頁 68。

——《〈大秦景教流行中國碑頌並序〉新釋（一）》，《天風》2016 年第 5 期，頁 26—27。

——《〈大秦景教流行中國碑頌並序〉新釋（二）》，《天風》2016 年第 6 期，頁 24—25。

——《〈大秦景教流行中國碑頌並序〉新釋（三）》，《天風》2016 年第 7 期，頁 20—21。

——《〈大秦景教流行中國碑頌並序〉新釋（四）》,《天風》2016 年第 8 期,頁 30—31。
——《〈大秦景教流行中國碑頌並序〉新釋（五）》,《天風》2016 年第 9 期,頁 24—25。
——《〈大秦景教流行中國碑頌並序〉新釋（六）》,《天風》2016 年第 10 期,頁 22—23。
——《〈大秦景教流行中國碑頌並序〉新釋（七）》,《天風》2016 年第 11 期,頁 30—31。
——《〈大秦景教流行中國碑頌並序〉新釋（八）》,《天風》2016 年第 12 期,頁 21—21。
——《〈志玄安樂經〉釋義（一）》,《天風》2017 年第 6 期,頁 24—25。
——《〈志玄安樂經〉釋義（二）》,《天風》2017 年第 7 期,頁 22—23。
——《〈志玄安樂經〉釋義（三）》,《天風》2017 年第 8 期,頁 22—24。
——《〈志玄安樂經〉釋義（四）》,《天風》2017 年第 9 期,頁 22—23。
——《〈志玄安樂經〉釋義（五）》,《天風》2017 年第 10 期,頁 24—26。
——《〈序聽迷詩所經〉釋義（一）》,《天風》2017 年第 1 期,頁 20—22。
——《〈序聽迷詩所經〉釋義（二）》,《天風》2017 年第 2 期,頁 24—26。
——《〈序聽迷詩所經〉釋義（三）》,《天風》2017 年第 3 期,頁 24—26。
——《〈序聽迷詩所經〉釋義（四）》,《天風》2017 年第 4 期,頁 26—28。
——《〈序聽迷詩所經〉釋義（五）》,《天風》2017 年第 5 期,頁 26—27。
徐永志《景教在中國少數民族地區的傳播》,《中央民族大學學報（哲學社會科學版）》2003 年第 1 期,頁 101—106。
徐自強《〈大秦景教流行中國碑〉考》,閻文儒、陳玉龍編《向達先生紀念文集》,新疆人民出版社,1986 年,頁 312—329。
徐宗澤《景教碑出土史略》,《聖教雜誌》第 25 卷第 6 期,1936 年,頁 322—333。
——《唐景教論》,《聖教雜誌》第 25 卷第 7 期,1936 年,頁 388—398。
——《中國天主教傳教史概論》,上海聖教雜誌社,1938 年；上海書店,1990 年。
許地山《景教三威蒙度讚釋略》,《生命》第 2 卷第 1 期,1921 年,"專門的研究"欄,頁 1—5。
薛正昌《唐代長安——靈州道：歷史與文化》,《江漢論壇》2004 年第 4 期,頁 64—67。
顏廷亮《敦煌文化中的祆教、摩尼教和景教》,段文傑主編《敦煌學與中國史研究論集：紀念孫修身先生逝世一周年》,甘肅人民出版社,2001 年,頁 418—429。
閻萬鈞《唐代昭武九姓之宗教的東傳》,《世界宗教研究》1988 年第 1 期,頁 132—140；有關部分見頁 134—138。
嚴錫禹《"景風東扇"——景教的經典譯述及教義倫理化初探》,《金陵神學誌》2005 年第 2 期,頁 73—87。
——《唐代景教讚美詩》,《天風》2016 年第 2 期,頁 22—23。

——《中國神學三人行（十一）——景教的制度》，《天風》2016年第4期，頁20—21。

雁子《天下第一碑——記"大秦景教流行中國碑"》，《收藏界》2008年第8期，頁122—124。

陽達、賀衛國《文獻·語言·宗教〈唐代景教文獻詞語研究〉述評》，《河池學院學報》2001年第1期，頁125—128。

陽瑪諾《唐景教碑頌正詮》，崇禎甲申歲（1644）武林天主教堂；1878年，上海慈母堂刻本；土山灣印書館，1927年；收入吳相湘主編《天主教東傳文獻續編》第二冊，臺北學生書局，1966年，頁653—751。

楊葆初《唐景教碑考》，《中華公教青年會季刊》第2卷第2期，1930年。

楊二祥《景教碑與景教》，《中國天主教》2014年第4期，頁19—21。

楊富學《古代柯爾克孜人的宗教信仰》，《西北民族研究》1997年第1期，頁130—137。

——《西域敦煌宗教論稿》，甘肅文化出版社，1998年，頁197—208。

——譯，〔德〕茨默著《1970年以來吐魯番敦煌回鶻文宗教文獻的整理與研究》，《敦煌研究》2000年第2期，頁168—178。

——《回鶻景教研究百年回顧》，《敦煌研究》2001年第2期，頁167—173。

——《回鶻宗教文學稽考》，《西北民族大學學報（哲學社會科學版）》2004年第3期，頁116—123。

——、蓋佳擇《李白〈上雲樂〉景教意蘊探蠡》，《石河子大學學報（哲學社會科學版）》2014年第6期，頁108—114。

楊共樂《對〈大秦景教流行中國碑〉若干問題的重新思考》，《中央民族大學學報（哲學社會科學版）》2003年第6期，頁75—78。

——《〈大秦景教流行中國碑〉若干史實考析》，《史學史研究》2009年第2期，頁120—121。

楊鍊譯，〔日〕足立喜六著《波斯胡寺》，見氏著《長安史蹟考》，商務印書館，1935年，頁187—196。

楊民康《中國古代基督教（景教）音樂傳入史綱》，《大音》2009年第1期，頁14—44。

楊榮鋕《景教碑文紀事考正》，光緒廿一年（1895），楊大本堂刊本三卷二冊；光緒二十七年（1901），湖南思賢書局重刻本。

楊森富《景教僧阿羅本其人其事》，《現代學苑》第5卷第7期，1968年，頁19—20。

——《中國基督教史》，臺灣商務印書館，1968年（第二章《唐朝景教傳教史》，頁8—31）。

——《景教經典的佛教用語變義考》，臺北《中華學術院天主教學術研究所學報》1968年第1期，頁69—78。

——《景教經典和古代教會信條》，《景風》1969年第23期，頁29—41。

——《景教會名的思想背景研究》,高雄《智慧雜誌》第 2 卷第 4 期,1970 年,頁 28—32。

——《景教僧伊斯軼聞》,《現代學苑》第 7 卷第 12 期,1970 年,頁 29—30。

——《景教尊經中的〈三際經〉——在華景教與摩尼教之相互影響探討之一》,《輔大神學論集》第 8 集,1971 年,頁 175—182。

——《景教碑中的福音》,《聖經報》1971 年第 26 卷,頁 45—47。

——《見於景教碑中的風俗信仰》,《聖經報》1971 年第 26 卷,頁 36—39。

——《摩尼教經典中的耶穌》,《道風》1971 年第 27 期,頁 23—25。

——《中國基督教本色神學的回顧和展望》,臺北《中華學術院天主教學術研究所學報》,1972 年,頁 89—122。

——《唐元二代基督教興衰原因之研究》,林治平主編《基督教入華百七十年紀念集》,臺灣宇宙光出版社,1977 年,頁 31—79;收入劉小楓主編《道與言——華夏文化與基督文化相遇》,上海三聯書店,1995 年,頁 43—73。

楊曉春《二十年來中國大陸景教研究綜述(1982—2002)》,《中國史研究動態》2004 年第 6 期,頁 11—20。

楊欣章《中國景教遺物》,《世界宗教文化》2003 年第 4 期,頁 67—67。

楊蔭杭《〈大秦景教流行中國碑〉書後》,《申報》1922 年 2 月 4 日;收入楊絳整理氏著《老圃遺文輯》,長江文藝出版社,1993 年,頁 504—505。

——《說一》(一)、(二),《申報》1922 年 2 月 24—25 日;收入楊絳整理氏著《老圃遺文輯》,長江文藝出版社,1993 年,頁 523—526。

楊志玖《唐代景教》,《歷史教學》1997 年第 4 期,頁 13—14。

葉蓉《唐代景教之地域背景及名稱質疑》,《浙江萬里學院學報》2007 年第 4 期,頁 34—38。

葉少鈞《宗教與回鶻語言》,《喀什師範學院學報》第 20 卷第 3 期,1999 年,頁 32—45。

殷小平《樂爲景碑撰新傳——〈景教與景教碑〉評介》,《考古與文物》2010 年第 4 期,頁 92—95。

殷小平、林悟殊《〈幢記〉若干問題考釋——唐代洛陽景教經幢研究之二》,《中華文史論叢》2008 年第 2 輯,頁 269—292;修訂本見《中古夷教華化叢考》(余太山主編:歐亞歷史文化文庫),蘭州大學出版社,2011 年,頁 192—210。

——、張展《洛陽景教經幢圖像再考察》,《暨南史學》第 12 輯,廣西師範大學出版社,2016 年,頁 1—25。

——《唐元景教關係考述》,《西域研究》2013 年第 2 期,頁 51—59。

陰星月《由〈大秦景教流行中國碑〉看唐代外來宗教發展》,《文物世界》2018 年第 1 期,頁 35—37、42。

于光《天主教是怎樣傳入中國的》,《世界宗教文化》2000 年第 4 期,頁 35—38。

于貴信《關於基督教在中國傳播的幾個問題》,《史學集刊》1988 年第 2 期,頁 60—67。

于曉蘭、樊志輝《漢語語境下佛耶對話的歷程與走向》,《哲學研究》2011 年第 7 期,頁 121—125。

于徵《大秦景教碑的發現與考釋》,《春秋》第 14 卷第 1 期,1971 年,頁 25—26。

虞恕《"入華"與"融華"——比較景教與佛教東漸來華的不同遭遇》,《宗教學研究》2002 年第 1 期,頁 120—123。

張伯齡《日本兩通翻刻〈大秦景教流行中國碑〉》,《文博》1989 年第 3 期,頁 96。

——《考與〈景教碑〉有關的人和事》,《文博》1991 年第 1 期,頁 99—102。

張德麟《敦煌景教文獻〈尊經〉中的一些問題》,《孔孟月刊》第 27 卷 11 期,1989 年,頁 31—36。

張奉箴《福音流傳中國史略》,臺北輔仁大學,1970 年。

張廣達、榮新江《有關西州回鶻的一篇敦煌漢文文獻——S.6551 講經文的歷史學研究》,《北京大學學報(哲學社會科學版)》1989 年第 2 期,頁 24—36;收入張廣達《西域史地叢考初編》,上海古籍出版社,頁 217—248。

張濟猛《日本學者與景教經典》,《東西文化》1969 年第 27 期,頁 50—55。

張莉莉《基督教在早期蒙古部落中的傳播》,《北京師範大學學報(社會科學版)》1999 年第 1 期,頁 61—66。

張鳴鐸《〈大秦景教流行中國碑〉述略》,《陝西地方志》1991 年第 6 期,又見《中原文獻》29 卷第 3 期,1997 年,頁 1—9。

張乃翥《跋河南洛陽新出土的一件唐代景教石刻》,《西域研究》2007 年第 1 期,頁 65—73;後又發表《補正説明》,《西域研究》2007 年第 2 期,頁 132。

——《洛陽景教經幢與唐東都"感德鄉"的胡人聚落》,《中原文物》2009 年第 2 期,頁 98—106。

——、鄭瑤峰《文化人類學視域下伊洛河沿岸的唐代胡人部落——以龍門石窟新發現的景教瘞窟爲緣起(上)》,《石窟寺研究》第 5 輯,2014 年,頁 154—174。

——、鄭瑤峰《文化人類學視域下伊洛河沿岸的唐代胡人部落——以龍門石窟新發現的景教瘞窟爲緣起(下)》,《石窟寺研究》第 6 輯,2015 年,頁 255—299。

張思齊《從詠鵝詩看基督精神對杜甫潛移默化的影響》,《大連大學學報》2013 年第 2 期,頁 1—8。

張淑瓊《〈景教與景教碑〉讀後》,《碑林集刊》第 16 輯,三秦出版社,2011 年,頁 401—403。

張小貴《從波斯經教到景教——唐代基督教華名辨析》,陳春聲主編《海陸交通與世界文明》,商務印書館,2013 年,頁 154—176。

張星烺《中西交通史料彙編》,輔仁大學圖書館,1930 年;有關部分見第 1 册《古代中國與歐洲之交通》,頁 179—204。該書收入《民國叢書》第 5 編,第 28 册,上海書店,1996 年。該書朱傑勤校訂本,中華書局,1977 年。有關部分見第 1 册,頁 113—130。

張曉華《景教東漸初探》,《史學月刊》1997 年第 6 期,頁 85—90。

——《從佛教景教傳播中國的成與敗看外來宗教本土化的若干理論問題》,《史學理論研究》1999 年第 4 期,頁 60—70;《宗教》2000 年第 1 期,頁 22—30。

——《佛教景教與中國傳統文化關係之比較》,《吉林大學學報(社會科學版)》2000 年第 6 期,頁 67—72。

——《佛教景教初傳中國歷史及其比較研究概況》,《中國史研究動態》2001 年第 1 期,頁 2—8。

——《7 世紀前後國內外環境對景教傳播中國的影響》,《陝西師範大學學報(哲學社會科學版)》2001 年第 3 期,頁 61—67。

——《佛教與景教在華早期傳教策略的比較研究》,《史學月刊》2001 年第 6 期,頁 63—69。

張緒山《景教東漸及傳入中國的希臘—拜占庭文化》,《世界歷史》2005 年第 6 期,頁 76—88。

——《"拂菻"名稱語源研究述評》,《歷史研究》2009 年第 5 期,頁 143—151。

張亞武《景教經幢洛陽出土"絲路起點"再添力證》,《洛陽日報》2008 年 3 月 1 日。

張豔琴《析漢語景教經典的改寫譯經思想》,《暨南學報(哲學社會科學版)》2006 年第 6 期,頁 141—145。

——《生存空間與立身之本——析漢語景教文典的變譯歸化策略》,《外語藝術教育研究》2006 年第 1 期,頁 8—12、7。

張之宜《大秦景教流行中國碑攄微》,刊《遠景》1972 年第 3、4、6 期。

趙璧礎《〈揭開大秦景教的秘密〉的部分錯誤》,香港《明報月刊》1989 年 7 月號,頁 107—110。

——《就景教碑及其文獻試探唐代景教本色化》,載林治平主編《基督教與中國本色化》,臺北宇宙光出版社,1990 年,頁 173—191。

趙崇民譯,〔德〕勒柯克著《高昌——吐魯番古代藝術珍品》,新疆人民出版社,1998 年。

趙崇民、楊富學譯,〔德〕克雷恩·士巴奇著《敦煌出土敘利亞文基督教文獻殘卷》,《甘肅民族研究》2000 年第 4 期,頁 114—119。

趙家棟、聶志軍《淺論唐代景教文獻的整理與研究》,《古籍整理研究學刊》2010 年第 6 期,頁 8—13。

趙靜《唐代來華的波斯使臣、僧侶和商人》,《黑龍江史志》2009 年第 20 期,頁 33—34。

趙麗雲《漢唐時人對大秦的認知及其域外觀念——以〈大秦景教流行中國碑〉所記"大秦"爲中心》,《石河子大學學報(哲學社會科學版)》2014 年第 4 期,頁 120—124。

趙文朝《景教碑研究中張賡之辨》,《華夏文化》2014 年第 3 期,頁 20—22。

趙曉軍、褚衛紅《洛陽新出大秦景教石經幢校勘》,《河南科技大學學報(社會科學版)》2007 年第 3 期,頁 29—32。

曾陽晴《小島文書真偽考——李盛鐸氏舊藏敦煌景教文獻二種辨偽再商榷》，《中原學報》2005 年第 2 期，頁 253—272。

——《唐朝漢語景教文獻研究》，臺北花木蘭文化工作坊，2005 年。

鄭連明《中國景教的研究》，臺灣基督教長老會，1965 年。

鄭曦原《紐約〈大秦景教流行中國碑〉複製品"身世"之謎》，《文博》2006 年第 4 期，頁 56—59。

鄭學稼《中國化的大秦景教》，《中華文化復興月刊》第 5 卷第 10 期，1972 年，頁 17—27；第 11 期，1972 年，頁 44—51。

宗亦耘《宋元時期景教文獻的中土接受與詮釋》，《上海大學學報（社會科學版）》2013 年第 5 期，頁 77—86。

鍾麗娟《淺談唐代絲路之景教繪畫》，《當代藝術》2011 年第 4 期，頁 10—11。

周葆菁《西域景教文明》，《新疆文物》1994 年第 1 期，頁 66—75；《新疆師範大學學報》1994 年第 2 期，頁 30—38。

周聯華《基督教信仰與中國》，臺北浸信會文字傳道中心，1973 年初版，1975 年再版。

——《景教與聶斯脫利派的辯正》，《天風》2012 年第 4 期，頁 28—29。

周良霄《元和元以前中國的基督教》，《元史論叢》第 1 輯，中華書局，1981 年，頁 137—163。

周燮藩《中國的基督教》，商務印書館，1991 年。

——《景教傳播的幾個特徵》，《文史知識》1995 年第 12 期，頁 43—49。

周禎祥《從景教碑所鎸僧寺看中西交通和基督教在中國的傳佈》，《文博》1993 年第 5 期，頁 21—31。

——《關於"景教碑"出土問題的爭議》，《文博》1994 年第 5 期，頁 42—50。

——《唐代景教雜談四則》，《宗教研究論集》1994 年。

——《淺識景教碑幾個敘利亞文字考釋之歧異》，《文博》1996 年第 6 期，頁 16—26。

——《試析唐代景教會的組織與制度》，《文博》2003 年第 1 期，頁 18—33。

朱炳耀譯，〔美〕凱恩思·斯科特·拉托洛德撰《景教之東傳》，《新疆文物》1989 年第 2 期，頁 100、101—109。

朱謙之《中國景教——唐景教碑新探》，1965 年稿本；世界宗教研究所內部發行，1982 年。

——《中國景教》，東方出版社，1993 年；人民出版社，1998 年。

朱萬源《唐朝景教的神學思想點滴》，《金陵神學誌》1994 年第 1 期，頁 57—60。

朱維之《大秦景教三威蒙度讚及尊經考》，《基督教叢刊》1946 年第 14 期，頁 14—17。收入氏著《文藝宗教論集》，上海青年協會書局，1951 年，頁 151—158。

——《景教經典一神論》，《基督教叢刊》1947 年第 18 期，頁 49—55；收入氏著《文藝宗教論集》，上海青年協會書局，1951 年，頁 178—191。

——《大秦景教宣元本經及志玄安樂經考》，原刊《金陵神學誌》1948 年第 1 期，收入氏著《文藝宗教論集》，上海青年協會書局，1951 年，頁 159—177。

——《序聽迷詩所經》，見氏著《文藝宗教論集》，上海青年協會書局，1951 年，頁 192—217。

——《景教碑文章句》，見氏著《文藝宗教論集》，上海青年協會書局，1951 年，頁 218—230。

朱偀《大秦景教流行中國碑英譯與 Barry O'Toole 之序文》，天津《益世報·學術週刊》1929 年 2 月 26 日。

朱倓《〈景教碑文記事考正〉跋》，《文史雜誌》第 2 卷第 7—8 期，1942 年，頁 77—78。

朱一新《評黎佩蘭的景教流行中國碑攷》，見氏著《無邪堂答問》卷二，廣雅書局，光緒二十一年（1895）；中華書局，2000 年，頁 48—74。

卓新平《基督教猶太教誌》（中華文化通志宗教民俗典），上海人民出版社，1998 年 10 月。

——《基督教音樂在中國的傳播》，《中國宗教》2007 年第 8 期，頁 32—34。

二、日文部分（韓文隨附）

（按作者、譯者漢字姓氏筆劃排列）

三島一《支那の景教に関する史料》，《歷史學研究》3，1913 年，頁 395—404。
山口昇《ネストリウス教に就いて》，《支那研究》1，1920 年，頁 312—340。
川口一彥《景教》，東京桑原製本有限會社，2003 年。
——《景教のたどった道》，キリスト新聞社，2005 年。
——《景教》（改定新裝版），イーグレープ，2014 年。
比屋根安定《支那基督教史》，東京生活社，1940 年。
中川正信《大秦景教流行中國碑に就いて》，《東洋哲學》6—5，1899 年。
中西裕樹訳，林悟殊撰《漢文摩尼教經典漢文景教景典巨視比較》，京都大學人文科學研究所編《中國宗教文獻研究》，京都臨川書店，2007 年，頁 377—409。
中村久四郎《李太白樂府の景教的解釋》，《史學雜誌》第 37 編第 2 號，1926 年，頁 143—148。
中野三男《支那に於ける景教について》，《歷史と地理》35，1937 年。
中野美代子《碑文のなかの旅人 景教僧アロポン》，《ユリイカ》2008（5），頁 39—47。
田村俊郎訳，王振芬、孫惠珍撰《大谷探檢隊将来品において新發見された景教の特徵をもつ地蔵麻布画についての考察：高昌ウイグル国時期の景教と仏教の関係》，《佛教文化研究所紀要》48，2009 年，頁 178—191。
矢野三治《景教碑考》，《立正大學論叢》9，1944 年，頁 103—119。

石田幹之助《景教》,《東洋文化史大系·隋唐の盛世》, 1938 年, 頁 315—319。
——《唐代にける西來の三宗教》,《支那》第 20 卷第 5 號, 1929 年, 頁 2—17; 第 6 號, 頁 13—20。
——《支那に於ける耶穌教》, 岩波講座·東洋思潮 1, 1934 年, 東京。
——《羅香林氏の〈景教徒阿羅憾等爲武則天皇後造頌德天樞考〉》,《東方學》18 輯, 1959 年, 頁 116—119。
——《唐代支那に於けるクリスト教》, 見氏著《東亞文化史叢考》, 1973 年發行, 1978 年重版, 東京東洋文庫, 頁 309—358。
吉田寅《中國景教史研究文獻目錄》,《立正大學東洋史論集》8, 1995 年, 頁 33—41。
——《〈天道溯原〉附錄景教碑文訳注》,《中國キリスト教傳道文書の研究》, 東京都汲古書院, 1993 年, 頁 206—209。
池内宏《ネストル派の支那布教》,《東洋時報》116—118, 1908 年。
羽田亨《波斯國酋長阿羅憾丘銘》,《東洋學報》第 3 卷第 3 號, 1913 年, 頁 395—405, 收入《羽田博士史學論文集》下卷, 京都, 1958 年, 頁 385—395。
——《景教經典一神論解說》,《藝文》第 9 卷第 1 號, 1918 年; 收入《羽田博士史學論文集》下卷, 京都, 1958 年, 頁 235—239。
——《漢譯景教經典に就きて》,《史林》第 8 卷第 4 號, 1923 年, 頁 157—158。
——《景教經典序聽迷詩所經に就いて》,《内藤博士還曆紀念支那學論叢》, 1926 年, 頁 117—148; 收入《羽田博士史學論文集》下卷, 京都, 1958 年, 頁 240—269。
——《景教經典志玄安樂經に就いて》,《東洋學報》第 18 卷第 1 號, 1929 年, 頁 1—24; 收入《羽田博士史學論文集》下卷, 京都, 1958 年, 頁 270—291。
—— 編修《一神論卷第三, 序聽迷詩所經一卷》(影印版), 東方文化學院京都研究所, 1931 年。
——《大秦景教大聖通真歸法讚及び大秦景教宣元至本經殘卷について》,《東方學》第 1 輯, 1951 年, 頁 1—11; 收入《羽田博士史學論文集》下卷, 京都, 1958 年, 頁 292—307。
西脇常記《〈大秦景教宣元至本經〉殘卷について》,《禪文化研究所紀要》第 15 號, 1988 年, 頁 107—138。
宍倉保《支那に於ける一神教》,《東亞經濟研究》4—1·2, 1920 年。
李家正文《天平の客, ベルシア人の謎—李密翳と景教碑—》, 東方書店, 1986 年。
足立喜六《外教の寺院—波斯胡寺—》, 見《長安史蹟の研究》, 1933 年。
佐伯好郎《景教碑文研究》, 東京待漏書院, 1911 年。
——《景教》,《世界聖典外纂》, 1923 年, 頁 209—242。
——《大秦寺の所在地に就いて》,《東方學報》第 3 冊, 1932 年, 頁 97—140。
——《景教研究の歷史と現狀》,《宗教研究》第 10 卷第 2 輯, 1933 年, 頁 117—

143（485—511）。

——《景教の研究》，東方文化學院東京研究所，1935 年。

——《支那基督教の研究》第 1 卷，東京春秋社，1943 年。

——《大秦景教大聖通真歸法讚及大秦景教宣元至本經の解說》，附錄於《支那基督教の研究》第 4 卷（《清朝基督教の研究》），東京春秋社，1949 年，頁 1—24。

——《西教東漸の跡を顧みて》，《史學研究》1，1949 年，頁 73—81。

——《景教文獻及遺物目錄》，東京丸善株式會社，1950 年。

——《中國に於ける景教衰亡の歷史》，京都同志社，1955 年。

——（遺稿），井出勝美（訳）《極東における最初のキリスト教王國—弓月及びその民族に関する諸問題—》，《史觀》第 74 冊，1966 年，頁 14—28。

佐佐木功成《唐代の外來宗教》，《龍大史學會報》1，1928 年；《龍谷史壇》第 1 卷第 1 號，1928 年。

村上博輔《唐景教考》，《密教研究》8，1922 年，頁 1—61。

那波利貞《唐の長安義寧坊の大秦寺の敷地に關する支那地志類の記載に就いて》（上、下），分刊《史林》第 12 卷第 1、2 號，1927 年，頁 78—85、212—221。

松本榮一《特殊なる敦煌畫—景教人物図—》，《國華》493、496，1931 年。

——《景教〈尊經〉の形式に就て》，《東方學報》第 8 冊，1938 年，頁 21—32。

松村壽軒訳，F. S. Drake 講《支那に於ける景教徒》，《滿蒙》16—4，1935 年。

岩本篤志《杏雨書屋藏〈敦煌秘笈〉概觀——その構成と研究史》，《西北出土文獻研究》8，2010 年，頁 55—81。

——《敦煌秘笈所見印記小考：寺印・官印・藏印》，《内陸アジア言語の研究》28，2013 年，頁 129—169。

——《敦煌景教文獻と洛陽景教経幢：唐代景教研究と問題点の整理》，《唐代史研究》19，2016 年，頁 77—97。

神田喜一郎《或る支那學者の景教に就て》（上），《歷史と地理》第 13 卷 5 號，1924 年，頁 41—46（461—466）。

——《或る支那學者の景教に就て》（下），《歷史と地理》第 14 卷第 2 號，1925 年，頁 34—40（126—132）。

神直道《景教碑文・遺經漢字の表記にみえる塞外的要素について》，《日本オリエント學會創立二十五周年オリエント論集》，刀水書屋，1979 年，頁 321—340。

——《景教入門》，東京教文館，1981 年。

——《大秦景教流行中國碑に就いて》，《東西交涉》（春の號），1983 年。

——《景教遺文の研究》（私家版），1986 年。

泉武夫《景教聖像の可能性——栖雲寺藏傳虛空藏畫像について》，《國華》第 1330 號，2006 年，頁 7—17。

畑野忍《景教直接資料の研究》，《神学と人文大阪基督教学院・大阪基督教短期大学研究論集》，1955。

秦敏之《唐代の西教》，《史學界》第 1 卷第 9 號，頁 836—842；第 1 卷第 10 號，

1899 年，頁 907—914。

高井貞橘《ネストリウス破門の經緯について—景教正統論の序說として》，《明治學院論叢》22，1951 年，頁 47—61。

高田時雄《李滂と白堅：李盛鐸舊藏敦煌寫本日本流入の背景》，《敦煌寫本研究年報》1（創刊號），2007 年，頁 1—26。

——《李滂と白堅（补遗）》，《敦煌寫本研究年報》2，2008 年，頁 185—190。

高楠順次郎《景教碑の撰者アダムに就て》，《語言學雜誌》1—10，1900 年。

桑原騭藏《西安府の大秦景教流行中國碑》，《藝文》第 1 卷第 1 號，1910 年。

——《ネストル教の僧及烈に関する逸事》，《藝文》第 6 卷第 11 號，1915 年；收入《桑原騭藏全集》第 1 卷，東京岩波書店，1968 年，頁 341—345。

——《佐伯の The Nestorian Monument in China》，《史林》第 2 卷第 1 號，1917 年，頁 119—127；收入《桑原騭藏全集》第 1 卷，東京岩波書店，1968 年，頁 411—418。

——《隋唐時代に支那に來往した西域人に就いて》，《内藤博士還曆紀念支那學論叢》，1926 年，頁 565—660；收入《桑原騭藏全集》第 2 卷，東京岩波書店，1968 年，頁 270—360。

——《大秦景教流行中國碑に就いて》，見氏著《東洋史說苑》，1927 年；收入《桑原騭藏全集》第 1 卷，東京岩波書店，1968 年，頁 387—409。

桑野淳一《中国景教の故地を歩く：消えた十字架の謎を追う旅》，彩流社，2014 年。

野村博《景教に就いて》，《東洋史苑》4，1971 年，頁 25—30。

張娜麗《羽田亨博士收集"西域出土文獻寫真"について》，《お茶の水史学》50，"中國史特集"，2006 年，頁 1—64。

森部豊《中國洛陽新出景教經幢の紹介と史料的価値》，《東アジア文化交涉研究》5，2012 年，頁 351—357。

森田眞円《唐初の景教と善導大師》，《眞宗研究》55，2011 年，頁 70—86。

貴志晃、山口謠司《大秦景教流行中国碑翻訳資料》，大東文化大学人文科学研究所，2007 年。

賀川豐彥、熱田俊貞訳，ジョン・スチュアート著《東洋の基督教景教東漸史》，東京豐文書院，1940 年。

落合俊典《李盛鐸と敦煌秘笈》，日本印度學佛教學會編《印度學佛教學研究》52，2004 年，頁 660—666。

塚田康信《大秦景教流行中國碑の研究》，《福岡教育大學紀要》22，1973 年，頁 1—13。

——《大秦景教流行中国碑年表（貞観 9—中華民国 54）》，大秦景教流行中国碑の研究，《福岡教育大学紀要》22，1973 年，頁 11—12。

——《大秦景教流行中國碑の研究—碑文の通釈—》，《福岡教育大學紀要》23，1974 年，頁 63—74。

福井康順《景教の末徒呂祖について》,《宗教研究》第 41 卷第 3 輯（第 194 號）, 東京, 1968 年, 頁 200—201（410—411）。

福島恵《唐代における景教徒墓誌: 新出"花献墓誌"を中心に》,《唐代史研究》19, 2016 年, 頁 42—76。

関根真保訳, Deeg, Max 撰《古代の修辞法 —— 西安のネストリウス派キリスト教碑文にみる政治宗教の布教》,《歴史文化社会論講座紀要》2016 年第 3 號, 京都大学大学院人間・環境学研究科歴史文化社会論講座編, 頁 1—13。

榮新江《唐代の佛・道二教から見た外道 —— 景教徒》, 收入京都大學人文科學研究所編《中國宗教文獻研究》, 京都臨川書店, 2007 年, 頁 427—445。

榎一雄《成都の石筍と大秦寺》,《東洋學報》第 31 卷第 2 號, 1947 年, 頁 247—261。

——《唐代の拂菻國關する一問題（波斯國酋長阿羅憾丘銘の拂菻國）》,《北亞細亞學報》1943 年第 2 期, 頁 203—244。

藤田精一《大秦景教の古碑銘》,《精美》43, 1893 年。

藤枝晃《景教瑣記》,《東洋史研究》第 8 卷第 5、6 號, 1944 年, 頁 86—92。

龔天民《中國景教に於ける佛教的影響について》,《印度學佛教學研究》第 6 卷第 1 號, 通卷第 11 號, 1958 年, 頁 138—139。

乏署名文章《佐伯好郎學位請求論文〈支那に於いて近頃發見せられたる景教の經典研究〉（英文）審查報告》,《史學雜誌》第 52 編第 4 號, 1941 年, 頁 472—475。

デーク, マックス《瓦礫の山から神を掘る: 景教文獻と研究のイデオロギー》, 京都大學人文科學研究所編《中國宗教文獻研究》, 京都臨川書店, 2007 年, 頁 411—426。

濱田直也《景教経典"一神論"とその思想》（特集共生する神・人・仏: 日本とフランスの学術交流）,《アジア遊学》79, 2005 年, 頁 244—257。

——《景教經典"一神論"とその佛教的性格について》,《文芸論叢》68, 2007 年, 頁 61—75。

Immoos Thomas《景教の碑文: 異なる宗教と宗教が対話したとき》,《ソフィア》35（1）, 1986 年, 頁 97—101。

附: 韓文書目

이경운（李敬雲）,《景教》(경교: 동양에 전파된 기독교), 동서남북, 1996。（李敬雲《景教》, 韓國東西南北出版社, 1996 年。）

이경규（李京圭）,《景教東傳에 관한 一考: 당대 경교의 전래를 중심으로》(A Study on the Propagation of Nestorianism to the East Asia, Concentration the Introduction of Nestoianism in Dang Dynasty),《大邱星 Catholic 大学校研究文集》55, 1997 年, 頁 207—221。

——《"大秦景教流行中國碑"考 —— 以景教碑發現的歷史爲中心》,《Catholic

教育研究》8, 1998 年。

Muhamak-Kansu《"大秦景教流行中國碑"碑文考》,《東亞史研究：金文經教授停年退任紀念》, 首爾, 1996 年, 頁 714—717。

趙晟佑《唐代景教教團의 活動과 그 性格：外來宗教에 대한 唐의 태도와 관련하여》,《중국고중세사연구》4, 1998 年, 頁 187—212。(《唐代景教教團的活動及其特性——與唐朝對外來宗教的態度相聯繫》,《中國古中世史研究》)

황정욱 (Hwang, JungWook)《從耶路撒冷到長安》(예루살렘에서 장안 까지), 首爾, 韓神大學出版部, 2005 年。

김호동 (Kim, HoDong)《東方基督教和東西文明》(동방 기독교와 동서 문명), 首爾, 2002 年。

Suh Won Mo《唐代景教和東亞文化：文化·神學·教會》, 首尔, Somang Forum, 2008 年。

三、西文部分

Abraham, Meera, "Religion and Trade: Nestorian Christianity arrives in T'ang China", in *The Harp*, Vol. 16 (2003), pp. 35-42.

Abramowski, L., and Alan E. Goodman (ed. and trans.), *A Nestorian Collection of Christogical Text*, 2 Vols., Cambridge 1972.

Albanese, Andreina, "La stele di Xi'an, I gesuiti e Ripa", in Maurizio Scarpari and Tiziana Lippiello (eds.), *Caro Maestro...Scritti in onore di Lionello Lanciotti per l'ottantesimo compleanno*, Cafoscarina, Venezia 2005, pp. 73-83.

Allegra, G. M., "Due testi nestoriani cinesi", *Euntes Docete* 26, 1973, pp. 300-319.

Almond, P. C., "The Medieval West and Buddhism", *The Eastern Buddhist*, N.S. 19/2, 1986, pp. 85-101.

Ammassari, Antonio, "La soteriologia della stele di Xian-fu e il sutra pneumatologico 'Riposo e gioia'", in *Orientalia Christiana Periodica* 69 (2), 2003, pp. 381-428.

Aprem, Mar, *Nestorian Missions*, Trichur/Kerala/India 1976, repr. 1985.

——*The Assyrian Church of the East in the Twentieth Century*, Kottayam 2003.

Arlotto.A., "Old Turkic Oracle Books", *Mser* 29, 1970-71, pp. 685-696.

Ashbrook-Harvey, Susan, "Women in Syriac Christian Tradition", *Journal of the Canadian Society for Syriac Studies*, Toronto, Vol. 3, 2003, pp. 44-58.

—— "La struttura carismatica della Comunità Siro-Cinese a Xian-fu (635-845) e il suo Tempio di Daqin. Tradizioni proto-evangeliche del Sutra di Gesù Messia", *OCP* 69 (1), 2003, pp. 29-71.

Asmussen, J. P., "Das Christentum in Iran und sein Verhältnis zum Zoroastrismus",

Studia Theologica 16, 1962, pp. 1-22.

——"Iranische neutestamentliche Zitate und Texte und ihre textkritische Bedeutung" *AoF* 2, 1975, pp. 79-92.

——"The Sogdian and Uighur-Turkish Christian Literature in Central Asia before the Real Rise of Islam: A Survey", in L. A. Hercuset al (ed.), *Indological and Buddhist studies, Volume in Honour of Professor J. W. de Jong on His sixtieth Birthday*, Canberra 1982, pp. 11-29.

——"Christians in Iran", in Yarshater, E., (ed.), *The Cambridge History of Iran* 3 (2), Cambridge 1983, pp. 924-948.

Assemani, J. A., *De Catholicis-seu Patriarchis Chaldaerum et Nestorianorum, Commentarius Historico-Chronologicus*, Rome 1775; repr. Farnborough 1969.

Assemani, J. (ed.), *Bibliotheca Orientalis Clementino-vaticano* (Syriac Mass., Italian), 4 Vols. Rome 1719-28.

Atiya, A. S., *A History of Eastern Christianity*, London 1968 (enlarged edition), Millwood, N. Y. 1980.

Attwater, D., *The Christian Churches of the East. Vol. II: Churches Not in Communion with Rome*, Milwaukee 1947.

Ayyer, L. K., Anantakrishna. *Anthropology of the Syrian Christians*, Ernakulam 1926.

Badger, G. P., *Nestorians and their Rituals*, 2 Vols. London: Joseph Masters 1852; repr. Gregg International Publishers 1969.

—— *The Nestorians and their rituals: with the narrative of a mission to Mesopotamia and Coordistan in 1842-1844, and of a late visit to those countries in 1850: also, researches into the present condition of the Syrian Jacobites, papal Syrians, and Chaldeans, and an inquiry into the religious tenets of the Yezeedees*, Kessinger Publishing Co, 2004.

Баринова, Е. Б., "Контакты Китая с Центральной Азией в духовной сфере в I тысячелетии", Вестник Российского университета дружбы народов. Серия: Всеобщая история 1 (2013), pp. 33-39.

Bang, W., "Türkische Bruchstüche Einer Nestorianischen Georgspassion", *Muséon*, Tome 29, 1926, pp. 41-75.

——, A. Von Gabain, "Türkische turfantexte V. Aus buddhistischen Schriften", *SPAW*, 1931, pp. 323-349.

Barbati, Chiara, "La documentation sogdienne chrétienne et le monastère de Bulayïq", in *Le christianisme syriaque en Asie centrale et en Chine*, edited by Pier Giorgio Borbone and Pierre Marsone, Paris: Geuthner, 2015, pp. 89-120.

Barat, Kahar, "Aluoben, a Nestorian Missionary in 7th Century China", in *JAH* 36 (2), 2002, pp. 184-198.

Barrett, T. H., "Buddhism, Taoism and the Eighth-century Chinese Term for Christianity: A Response to Recent Work by A. Forte and Others", *BSOAS* 65 (3), 2002, pp. 555-560. A reprinted version is in *Jingjiao: The Church of the East in China and Central Asia*, edited by R. Malek, Sankt Augustin: Institut Monumenta Serica, 2006, pp. 45-53.

——"Tang Taoism and the mention of Jesus and Mani in Tibetan Zen: a comment on recent work by Rong Xinjiang", *BSOAS* 66 (1), 2003, pp. 56-58.

Barthold, W., *Zur Geschichte des Christentums in Mittel-Asien bis zur Mongolischen Eroberung*, R. Stübe (ed.), Tübingen & Leipyig 1901.

Bartoli, D., *Dell' Historia della Compagnia di Giesu. La Cina. Terza parte Dell'Asia*, Roma 1663; Repr. Torino 1825.

Bauer, W. (ed.), *China und die Fremden,* München 1960.

Baum, Wilhelm and Winkler, Diemar, *Die Apostolische Kirche des Ostens: Geschichte der sogenannten Nestorianer*, Klagenfurt: Verlag Kitab, 2000.

——*The Church of the East: A Concise History*, London and New York: Routledge Curzon, 2003.

Baum, Wilhelm, "Shirin-Christian Queen of Persia, History and Myth", in *Jingjiao: The Church of the East in China and Central Asia*, edited by R. Malek, Sankt Augustin: Institut Monumenta Serica, 2006, pp. 475-483.

Baumer, Christoph, "Survey of Nestorianism and of Ancient Nestorian Architectural Relics in the Iranian Realm", in *Jingjiao: The Church of the East in China and Central Asia*, edited by R. Malek, Sankt Augustin: Institut Monumenta Serica, 2006, pp. 445-474.

——*The Church of the East: An Illustrated History of Assyrian Christianity*, I. B. Tauris, 2008.

Bays, Daniel H., *A New History of Christianity in China, Malden and Oxford*, Wiley-Blackwell, 2012.

Baumstark, A., *Geschichte der syrischen Literatur*, Bonn 1922, repr. Berlin 1968.

Bedjan, M. (ed.), *Gregorii Barhebraei Chronicon Syriacum*, Paris 1980.

Bernard, H., "Notes sur l'histoire ancienne du chrietianisme en Extrême-Orient", *Mser* 1, 1935-1936, pp. 478-486.

Bethune-Baker, J. F., *Nestorius and His Teaching*, Cambridge 1908, repr. New York 1969.

Billings, Timothy, "Jesuit Fish in Chinese Nets: Athanasius Kircher and the Translation of the Nestorian Tablet", in *Representations* 87 (2004), pp. 1-42.

Biscione, R., "The So-called 'Nestorian Seals': Connection Between Ordos and Middle Asia in Middle-Late Bronze Age", in G. Gnoli, et Lanciotti (ed.), *L'Orientalia Iosephi Tucci Memoriae Dicata*, Roma 1985, pp. 95-109.

Black, M., "The Syriac Inscription on the Nestorian Monument", *Transactions*, Vol. 8 (Glasgow University Oriental Society), 1938, pp. 18-25.

Bonin, C., "Notes sur les anciennes Chrétientés nestoriennes de l'Asie Centrale", *JA*, 9e série, 25, 1900, pp. 584-592.

Bridgman, E. C., "The Syrian Monument, Commemorting the Progress of Christianty in China, Erected in the Year of the Christian era seven hundred and eighteen (781) at Singanfu", *Chinese Repository* 26, 1845, pp. 201-229.

Brock, S. P., "Christians in the Sasanid Empire: A Case of Divided Loyalties", *Studies in Church History* 18, 1982, pp. 1-19.

──── "The 'Nestorian Church': A Lamentable Misnomer", *BJRL* 78 (3), 1996, pp. 23-25.

Browne, L. E., *The Eclipse of Christianity in Asia from the Time of Mohammed till the Fourteenth Century*, Cambridge 1933, repr. New York 1967.

Buchanan, C., *Christian Researches in Asia: With Notices of the Translation of the Scriptures into the Oriental Languages*, 2nd ed. Boston 1811.

Budge, Sir E. A.W. (ed.), *The Historia Monastica of Thomas, Bishop of Margâ. A.D. 840*. 2 Vols. London, 1893 (The Book of Governors).

Bugge, S., "The History of the Nestorian Church in China", *The Moslem World*, Vol. 24, 1934, pp. 370-390.

Bundy, D., "Missiological reflections on Nestorian Christianity in China", in F. K. Flinn & T. Hendricks (eds.), *Religion in the Pacific Area*, New York 1985, pp. 75-92.

Burkitt, F. C., *Early Christianity Outside the Roman Empire*, Cambridge 1899.

──── *Early Eastern Christianity Outside the Roman Empire. St. Margaret's Lectures on the Syriac Speaking Church*, London 1904.

────"New Nestorian Monument in China", *Journal of Theological Studies* 22, 1921, p. 269.

Cable, A. M., "Central Asia as a Mission Field", *The International Review of Missions* 18, April 1929, pp. 179-187.

Carrington, P., *The Early Christian Church*, Cambridge 1957.

Carus, P., *The Nestorian Monument: An Ancient Record of Christianity in China, with Special Reference to the Expedition of Frits V. Holm*, Chicago 1909.

Cary-Elwes, C., *China and the Cross: Studies in Missionary History*, London and New York 1957.

Chabot, J. B., "Les évêques Jacobites du VIIIe au XIIIe siecle, d'après la Chronique de Michel le Syrien", *Revue de l'Orient Chrétien*, 1899, pp. 444-451, 459-511; 1900, pp. 605-636; 1901, pp. 189-220.

────(ed.), *Synodicon Oriental ou receuil Synodes nestoriens*. (Notices et Extraits des Manuscrits de la Bibliotheque Nationale et autres Bibliotheques, 37), Paris 1902.

Chan Sui-Jeng, "Revisiting Xi'an's Da Qin Temple", in *Sunday Examiner*, 2005, p. 12.

Chang Hsing-lang, "The Causes which Induced the Monk, I-szu (伊斯), the Nestorian Archbishop of Chang'an to Come to China and the Exact Date of His Arrival", *JNCB* 73, 1948, pp. 69-88.

Chapman, G. H., "Christianity Comes to Asia", in *The Church in Asia*, ed. by Donald E. Hoke. Chicago 1975.

Charbonnier, Jean-Pierre, *Histoire des Chrétiens de Chine,* Paris 1992.

——*Christians in China: A.D. 600 to 2000*, San Francisco: Ignatius Press, 2007.

Chavannes, Éd., "Le Nestorianisme et L'inscription de Kara-Balgassoun", *JA*, neuvième série Tome 9, 1897, pp. 43-85.

——"Histoire générale: Chine. Les origines, la Chine avant l'ère chrétienne, le religions trangères", *Revue de synthèse historique*, Vol. 1, No. 3, 1900, pp. 273-303.

——et P. Pelliot, "Un traté manichéen retrouvé en Chine", *JA*, nov.-déc. 1911, pp. 499-617; jan.-fév. 1913, pp. 99-199; mars-avril 1913, pp. 261-294.

Chen, Huaiyu, "The Connection between *Jingjiao* and Buddhist Texts in Late Tang China", in *Jingjiao: The Church of the East in China and Central Asia*, edited by R. Malek, Sankt Augustin: Institut Monumenta Serica, 2006, pp. 93-113.

——"The Encounter of Nestorian Christianity with Tantric Buddhism in Medieval China", in D. W. Winkler & Li Tang (eds.), *Hidden Treasures and Intercultural Encounters. Studies on East Syriac Christianity in China and Central Asia*, Münster: LIT Verlag, 2009, pp. 195-213.

Chi-hung, Lam, *Political Activities of the Christian Missionaries in the T'ang Dynasty*, University of Denver, Ph. D., 1975, Xerox University Microfilms.

Chiu, Peter C. H., *An Historical Study of Nestorian Christianity in the T'ang Dynasty between A.D. 635-845*, Southwest Baptist Theological Seminary, 1987.

Chong, Hung Ho, "Critique on Nestorianism from the Perspective of Contextualization", *Journal of Youngsan Theology*, Vol. 34, 2015, pp.149-174.

Cleize, A., *Étude sur les Missions Nestoriennes en Chine, au VIIe et VIIIe Siècles, d'aprés l'inscription Syso-Chinese de Si-ngan-Fou*, Paris 1880.

Coakley, J. F. and Parry, K. (eds), *The Church of the East: Life and Thought*, Manchester: John Rylands University Library of Manchester, 1996.

Colless, B. E., "The Nestorian Province of Samarqand", *Abr-Nabrain* 24, 1986, pp. 51-57.

Comneno, Maria Adelaide Lala, "*Nestorianism* in Central Asia during the First Millennium: Archaeological Evidence", *Journal of the Assyrian Academic Society*, 1997, pp. 20-53.

Couling, C. E., *The Luminous Religion: A Study of Nestorian Christianity in China, with a Translation of the Inscriptions upon the Nestorian Tablet*, London 1925.

Daffina, P., "La Persia sassanide secondo le fonti cinesi", *Rivista degli studi orientali*, Vol. 57, 1983, pp. 121-170; Roma 1985.

Danby, C., "A Chinese Nestorian Pope", *Chinese Social and Political Science Review* 9, 1929, pp. 659-678.

Dauvillier, J., "Témoignages nouveaux sur le christianisme nestorien chez les Tibétains", *Bulletin de la société archéologique du Midi de la France, 3e serie, IV.* Toulouse

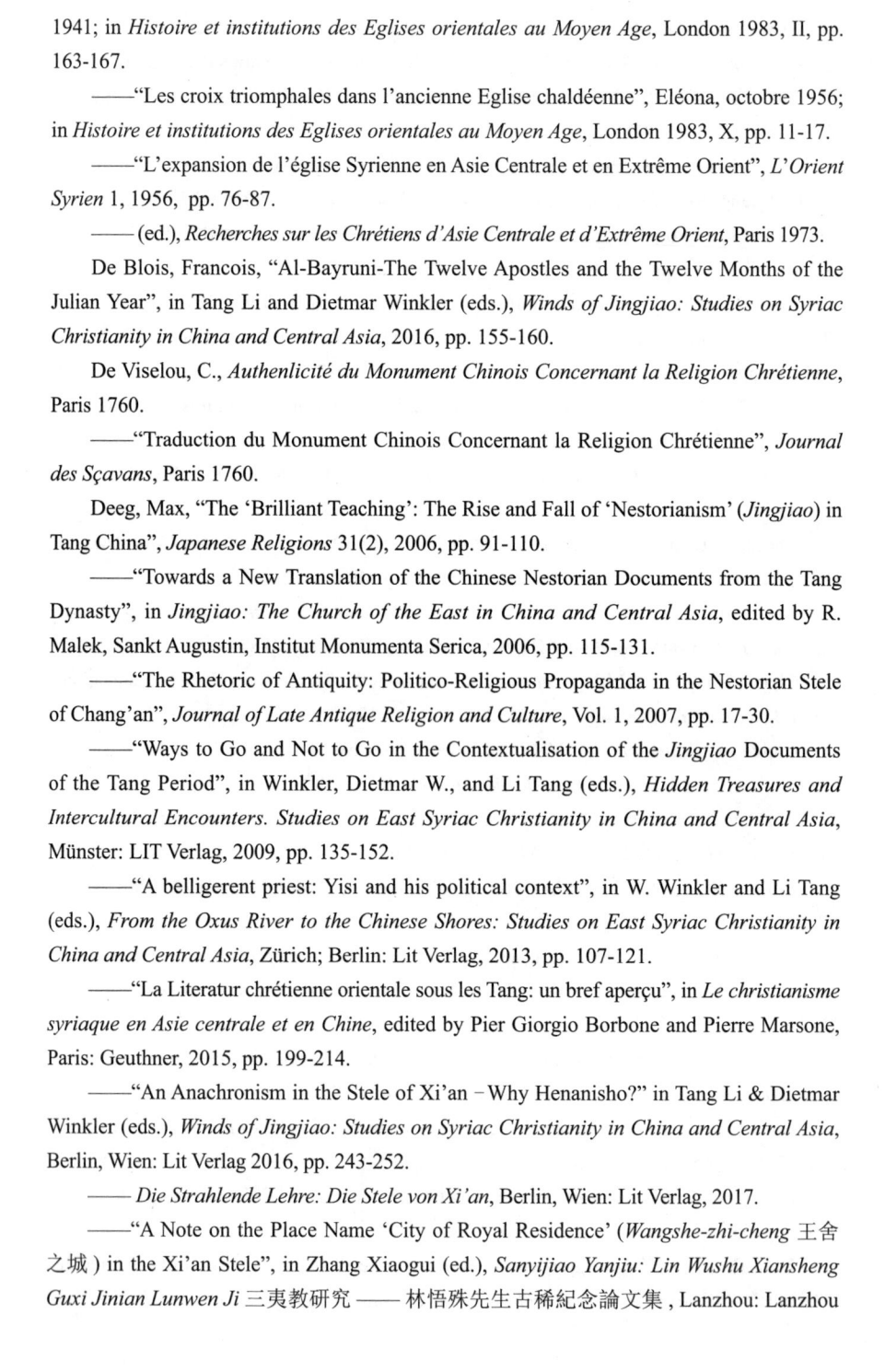

1941; in *Histoire et institutions des Eglises orientales au Moyen Age*, London 1983, II, pp. 163-167.

——"Les croix triomphales dans l'ancienne Eglise chaldéenne", Eléona, octobre 1956; in *Histoire et institutions des Eglises orientales au Moyen Age*, London 1983, X, pp. 11-17.

——"L'expansion de l'église Syrienne en Asie Centrale et en Extrême Orient", *L'Orient Syrien* 1, 1956, pp. 76-87.

—— (ed.), *Recherches sur les Chrétiens d'Asie Centrale et d'Extrême Orient*, Paris 1973.

De Blois, Francois, "Al-Bayruni-The Twelve Apostles and the Twelve Months of the Julian Year", in Tang Li and Dietmar Winkler (eds.), *Winds of Jingjiao: Studies on Syriac Christianity in China and Central Asia*, 2016, pp. 155-160.

De Viselou, C., *Authenlicité du Monument Chinois Concernant la Religion Chrétienne*, Paris 1760.

——"Traduction du Monument Chinois Concernant la Religion Chrétienne", *Journal des Sçavans*, Paris 1760.

Deeg, Max, "The 'Brilliant Teaching': The Rise and Fall of 'Nestorianism' (*Jingjiao*) in Tang China", *Japanese Religions* 31(2), 2006, pp. 91-110.

——"Towards a New Translation of the Chinese Nestorian Documents from the Tang Dynasty", in *Jingjiao: The Church of the East in China and Central Asia*, edited by R. Malek, Sankt Augustin, Institut Monumenta Serica, 2006, pp. 115-131.

——"The Rhetoric of Antiquity: Politico-Religious Propaganda in the Nestorian Stele of Chang'an", *Journal of Late Antique Religion and Culture*, Vol. 1, 2007, pp. 17-30.

——"Ways to Go and Not to Go in the Contextualisation of the *Jingjiao* Documents of the Tang Period", in Winkler, Dietmar W., and Li Tang (eds.), *Hidden Treasures and Intercultural Encounters. Studies on East Syriac Christianity in China and Central Asia*, Münster: LIT Verlag, 2009, pp. 135-152.

——"A belligerent priest: Yisi and his political context", in W. Winkler and Li Tang (eds.), *From the Oxus River to the Chinese Shores: Studies on East Syriac Christianity in China and Central Asia*, Zürich; Berlin: Lit Verlag, 2013, pp. 107-121.

——"La Literatur chrétienne orientale sous les Tang: un bref aperçu", in *Le christianisme syriaque en Asie centrale et en Chine*, edited by Pier Giorgio Borbone and Pierre Marsone, Paris: Geuthner, 2015, pp. 199-214.

——"An Anachronism in the Stele of Xi'an – Why Henanisho?" in Tang Li & Dietmar Winkler (eds.), *Winds of Jingjiao: Studies on Syriac Christianity in China and Central Asia*, Berlin, Wien: Lit Verlag 2016, pp. 243-252.

—— *Die Strahlende Lehre: Die Stele von Xi'an*, Berlin, Wien: Lit Verlag, 2017.

——"A Note on the Place Name 'City of Royal Residence' (*Wangshe-zhi-cheng* 王舍之城) in the Xi'an Stele", in Zhang Xiaogui (ed.), *Sanyijiao Yanjiu: Lin Wushu Xiansheng Guxi Jinian Lunwen Ji* 三夷教研究——林悟殊先生古稀紀念論文集, Lanzhou: Lanzhou

University Press, 2015, pp. 338-359.

D'Elia, P. M., *Le Origini dell' Arte Christiana Cinese*, Roma 1939.

——*The Catholic Missions in China*, Shanghai 1934, repr. 1941.

——*Fonti Ricciane. Storia dell' Introduzione del Cristianesimo in Cina*, 3 Vols. Rome 1942-1949.

Desreumaux, Marsone and Niu, Ruji, "Les Inscriptions syriaques de Chine, in Briquel Chatonnet", in F. F. Debié, M. and Desreumaux, Alain (eds.), *Les inscriptions syriaques, études Syriaques* I, 2004, pp. 143-154.

Dickens, Mark, *The Church of the East*, 2002. (www.oxuscom.com/ch-of-east.htm)

——"Patriarch Timothy I and the Metropolitan of the Turks", *JRAS*, Third Series, Vol. 20, No. 2, April 2010, pp. 117-139.

—— "The importance of the Psalter at Turfan", in W. Winkler and Li Tang (eds.), *From the Oxus River to the Chinese Shores: Studies on East Syriac Christianity in China and Central Asia*, Münster: LIT Verlag, 2013, pp. 341-353.

——"Le christianisme syriaque en Asie centrale", in *Le christianisme syriaque en Asie centrale et en Chine*, edited by Pier Giorgio Borbone and Pierre Marsone, Paris: Geuthner, 2015, pp. 5-39.

——"More Gravestones in Syriac Script from Tashkent, Panjikent & Ashgabat", in Tang Li and Dietmar Winkler (eds.), *Winds of Jingjiao: Studies on Syriac Christianity in China and Central Asia*, Lit Verlag, 2016, pp. 105-130.

——"Multilingual Christian Manuscripts from Turfan", *Journal of the Canadian Society for Syriac Studies*, Vol. 9, 2009, pp. 22-42.

Desreumaus, Alain, "Stèles syriaques nestoriennes", in *Bulletin des musées et monuments Lonnais*, No. 2-3, 2000, pp. 58-73.

Dieterich, K., *Byzantinische Quellen zur Länder- und Völkerkunde (5-15. Jahrhundert)*, Vol. 1, Leipzig 1912.

Donnithorne, V. H., "A Link with Nestorianism", *CR* 65, 1934, pp. 306-308.

Drake, F. S., "The Nestorian 'Gloria in Excelsis Deo' ", *CR* 66, 1935, pp. 291-300.

——"The Nestorian Literature of the T'ang Dynasty I-III", *CR* 66, 1935, pp. 608-617, 677-687, 738-742.

——"The Nestorian Monasteries of the T'ang Dynasty and the Site of the Discovery of the Nestorian Tablet", *Mser* 2, 1937, pp. 293-340.

Drijvers, H. J. W.,"Thomasakten", in W.Schneemelcher (ed.), *Neutestamentliche Apokryphen in deutscher Übersetzung*, Vol. 2. (5th ed.), Tübingen 1989, pp. 288-376.

Duan, Qing, "Bericht über ein neuentdecktes syrisches Dokument aus Dunhuang/China", in *Orien Christianus,* 85 (2001), pp. 84-93.

Dudink, Adrian, "Christ Described in a Poem by Li Bai (701-762). Interpretation proposed by Wu Aiming", in Roman Malek (ed.), *The Chinese Face of Jesus Christ*, Vol. 1, Institute

Monumenta Serica, Sankt Augustin-Netteal (2002), pp. 385-391.

Duchesne, L., *Early History of the Christian Church*, Vols. 2 and 3, London 1912, 1924. Duval, R., *Littérature-syriaque*, Paris 1899.

Džumagulov, Č., "Die syrisch-türkischen (nestorianischen) Denkmäler in Kirgisien", *MIO* 14, 1968, pp. 470-480.

—— *Jazyk siro-tjurkskich (nestorianskich) pamjanikov Kirgizii*, Frunze 1971.

Ebied, R. Y. & M. J. L. Young, "An Arabic Treatise on the History of the Nestorian", *Parole de l'Orient* (Kaslik, Lebanon) 3, 1972, pp. 375-400.

——"Atreatise in Arabic on the Nestorian Patriarchs", *Muséon* 87, 1974, pp. 87-114.

Eccles, Lance, Franzmann, Magellan and Lieu, Samuel, "Observations on select Christian inscriptions in Syriac script from Zayton", in *From Palmyra to Zayton: Epigraphy and Iconography*, (Silk Road Studies X), edited by Gardner, Iain, Lieu, Samuel and Parry, Ken, Turnhout: Brepols, 2005.

Eichhorn, W., "Materialien zum Auftreten iranischer Kulte in China", *Die Welt des Orients* 14, 1954-59, pp. 531-541.

—— *Die Religionen Chinas*, Stuttgart 1973.

Emhardt, W. C. and George M. Lamsa, *The Oldest Christian People: A Brief Account of the History and Traditions of the Assyrian People*, New York 1926.

Enoki, K., "The Nestorian Christianism in China in Medieval Time according to Recent Historical and Archaeological Researches", *Problemi Attuali di Scienza e di Cultura. Atti dei Convegno Internazionale sul Tema: L'Oriente Crstiano nella storia della civiltà* (Accademia Nazionale dei Lincei 1964, Nr. 62), Rome 1964, pp. 45-81.

Ertl, Thomas, "Repercussions from the Far East: A Comparison of the Catholic and Nestorian Presence in China", *Transcultural Studies*, 2015(2), pp. 38-63.

Esbroeck, Michelcan, "Caucasian Parallels to China Cross Representations", in *Jingjiao: The Church of the East in China and Central Asia*, edited by R. Malek, Sankt Augustin: Institute Monumenta Serica, 2006, pp. 425-444.

——, Eskildsen Stephen, "Parallel Themes in Chinese Nestorianism and Medieval Daoist Religion", in *Jingjiao: The Church of the East in China and Central Asia*, edited by R. Malek, Sankt Augustin: Institute Monumenta Serica, 2006, pp. 57-91.

Ferguson, E., Michael P. McHugh & Frederick W. Norris, *The Encyclopedia of Early Christianity*, New York 1990.

Ferguson, J. C., "The Nestorian Tablet", *China Journal* 10, 1929, pp. 171-173.

Ferrand, G., *Voyage du marchant arabe Sulaymân en Inde et en Chine rédigé en 851, suivi de remarques par Abû Zayd Hasan (vers 916)*, Paris 1922.

——*Relations de voyages et textes géographiques arabes,persans et turks relatifs à l'Extrême-Orient du VIIIe au XVIIIe siècle*, 2 Vols., Paris 1913.

Fiey, J.-M., "Sur un traité arabe sur les patriarches nestoriens", *OCP* 41, 1975, pp. 57-75.

Foster, J., *The Church of the T'ang Dynasty*, London 1939.

—— *The Nestorian Tablet and Hymn*, London 1939.

Forte, A., "Il persiano Aluohan (616-710) nella capitale cinese Luoyang, sede del Cakravartin", in L. Lanciotti (ed.), *Incontro di religioni in Asia tra il III e il X secolo d. C.*, Olschki, Firenze, 1984, pp. 169-198.

——"On the Persian Warhrān (616-710), Promoter of the Axis of the Sky, Messenger of China to the Byzantine Empire", paper presented on May 1993 in Kyoto, at the 38th International Conference of Orientalists in Japan.

——"On the Identity of Aluohan (616-710), A Persian Aristocrat at the Chinese Court", paper presented at "La Perse et l'Asie Centrale: d'Alexandre au 10e siècle", an international symposium organized by the Accademia Nazionale dei Lincei and the Istituto Italiano per il Medio ed Estremo Oriente, held in Rome, November 9-12,1994.

——"The Edict of 638 Allowing the Diffussion of Christianity in China", appendix in Paul Pelliot, *L'inscription Nestorienne de Si-ngan-fou*, Kyoto, Paris 1996, pp. 349-373.

——"On the so-called Abraham from Persia. A case of mistaken identity", appendix in Paul Pelliot, *L'inscription Nestorienne de Si-ngan-fou*, Kyoto, Paris 1996, pp. 375-414.

——"The Chongfu-si 崇福寺 in Chang'an. A Neglected Buddhist Monastery and Nestorianism", appendix in Paul Pelliot, *L'inscription Nestorienne de Si-ngan-fou*, Kyoto, Paris 1996, pp. 429-472.

——"A literary model for Adam. The Dhūta Monastery Inscription", appendix in Paul Pelliot, *L'inscription Nestorienne de Si-ngan-fou*, Kyoto, Paris 1996, pp. 473-487.

Franke, O., "Die Spuren der Nestorianer in China", *Orientalistische Literaturzeitung* 42, 1939, pp. 201-209.

——*Geschichte des Chinesischen Reiches. Eine Darstellung seiner Entstehung, seines Wesens und seiner Entwicklung bis zur neuesten Zeit. Vol. IV Der konfuzianische Staat II. Krisen und Fremdvolker*, Berlin 1948.

Franzmann, Majella and Lieu, Samuel N. C., "A New Nestorian Tombstone from Quanzhou: Epitaph of the Lady Kejamtâ", in *The Church of the East in China and Central Asia*, edited by R. Malek, Sankt Augustin: Institute Monumenta Serica, 2006. pp. 293-302.

Frye, R. N., *The History of Ancient Iran* (Handbuch der Altertumswiss-enschaften 3,7,1), München 1984.

Fujieda, A., "The Tunhuang Manuscripts. A General Description", *Zinbun* 9, 1966, pp. 1-32; 10, 1969, pp. 17-39.

Gaillard, L., "La Pierre de Si-Ngan-Fou", in *Croix et Swaslike en Chine*, Shanghai 1904, pp. 102-133.

Ge, Chengyong, Nicolini-Zani, Matteo (au.). "The Christian Faith of a Sogdian Family in Chang'an during the Tang Dynasty", Annali / Università degli studi di Napoli, *L'Orientale*, Vol. 64, 2004, pp. 181-196.

Ge, Chengyong, "A Comparative Study of Two Nestorian Stone Steles Unearthed in the Two Capital Cities of the Tang Dynasty: Xi'an and Luoyang", in W. Winkler & Li Tang (eds.), *From the Oxus River to the Chinese Shores: Studies on East Syriac Christianity in China and Central Asia*, Zürich; Berlin: Lit Verlag, 2013, pp. 161-176.

——"The Unique Features of Chanting in Jingjiao Liturgy, as Revealed in Unearthed Jingjiao Documents", *Yearbook of Chinese Theology 2018*, Brill, 2018, pp. 22-35.

Geng Shimin & H.-J. Klimkeit & J. P. Laut, "Eine neue nestorianische Grabinschrift aus China", *UAjb* N. F. 14, 1996, pp. 164-175.

Gensichen, H.-W., "Christliche Mission in Asien", *TRE* 4, 1979, pp. 173-195.

Gernet, Jacques, "Remarques sur le contexte chinois de l'inscription de la stèle nestorienne de Xi'an", in C. Jullien (ed.), *Chrétiens en terre d'Iran II: Controverses des chrétiens dans l'Iran sassanide*, Cahiers de Studia Iranica, 36, 2008, pp. 227-244.

——, "L'inscription de la stèle nestorienne de Xi'an de 781 vue de Chine", Comptes-rendus des séances de l'Académie des Inscriptions et Belles-Lettres, Paris 151:1 (2007), pp. 237-246.

Gero, S., "The Nestorius Legend in the Toledoth Yeshu", *Oriens Christians* Band 59, Wiesbaden 1975, pp. 108-120.

Gibbs, J. W., "The So-called Nestorian Monument in Si-ngan-Fu", *JAOS*, Vol. 4, 1854, pp. 444-445.

Giles, L., "Notes on the Nestorian Monument at Sianfu", *BSOS*, Vol. 1, 1917-1920, pp. 93-96, 16-29, 15-26.

Gillman, I. and H.-J. Klimkeit, *Christians in Asia before 1500*, Michigan 1999.

Godwin, R. Todd, *Persian Christians at the Chinese Court, The Xi'an Stele and the Early Medieval Church of the East*, London, New York: I. B. Tauis, 2018.

—— "'Eunuchs for the Kingdom of God': Rethinking the Christian-Buddhist Imperial Translation Incident of 787", in Tang Li and Dietmar Winkler (eds.), *Winds of Jingjiao: Studies on Syriac Christianity in China and Central Asia*, Lit Verlag 2016, pp. 267-282.

Grant, A., *The Nestorians, or the Lost Tribes*, New York 1841, repr. Amsterdam 1973.

—— *History of the Nestorians*, London 1855.

Greater, Geoffrey, "Khusrow II and the Christians of his empire", in *Journal of the Canadian Society for Syriac Studies*, Vol. 3, 2003, pp. 78-88.

Grenet, F. & Zhang Guangda, "The Last Refuge of the Sogdian Religion: Dunhuang in the Ninth and Tenth Centuries", *Bulletin of the Asia Institute*, Vol. 10, 1996, pp.175-186.

Groodspeed, E. J., "The Nestorian Tablet", *The Biblical World*, April 1909.

Groot, J. J. M. de, *Sectarianism and Religious Persecution in China*, Amsterdam 1903, 1904, Taipei 1963.

Gropp, G., *Archäologische Funde aus Khotan. Chinesisch Ostturkestan. Die Trinkler-Sammlung im Ubersee-Museum Bremen*, Bremen 1974.

Gueluy, A. et T. J. Lamy, *Le Monument Chrétien de de Si-ngan-fou, son texte et sa signification*, Bruxelles 1898.

Gulácsi, Zsuzsanna, "The Passion of Jesus in Manichaean Painting", in Zhang Xiaogui (ed.), *Sanyijiao Yanjiu: Lin Wushu Xiansheng Guxi Jinian Lunwen Ji* 三夷教研究 —— 林悟殊先生古稀紀念論文集, Lanzhou: Lanzhou University Press, 2014, pp. 162-178.

Hage, W., "Das Nebeneinander christlicher Konfessionen im mittelalterlichen Zentralasien", in W. Vogt (ed.), *XVII. Deutscher Orientalistentag vom 21-27. Juli 1968 in Würzburg. Vorträge*. Teil 2, Wiesbaden 1969 (*ZDMG*, Supplementa 1, 2), pp. 517-525.

——"Die oströmische Staatskirche und die Christenheit des Perserreiches", *ZKG* 84, 1973, pp. 174-787.

——"Christentum und Schamanismus: Zur Krise des Nestorianertums in Zentralasien", in *Traditio-Krisis-Renovatio aus theologischer Sicht, Festschrift W. Zeller zum 65. Geburtstag*, herausgeben von B. Jaspert und R. Mohr, Marburg 1976, pp. 114-124.

——"Nonchalcedonensische Kirchen. Apostolische Kirche des Ostens (Nestorianer)", in F. Heyer (ed.), *Konfessionskunde*, Berlin, New York 1977, pp. 202-214.

——"Der Weg nach Aisen: Die ostsyrische Missionskirche", in K. Schaferdiek (ed.), *Die Kirchen des Frühen Mittelalters*. Münich 1978 (Kirchengeschitchte als Missionsgeschichte, II, 1), pp. 360-393.

——"Einheimische Volkssprachen und syrische Kirchensprachen in der nestorianischen Asienmission", in G. Wiessner (ed.), *Erkenntnisse und Meinungen* 2, Wiesbaden 1978 (Göttinger Orientforschungen I: Reihe Syriaca, Bd. 17), pp. 131-160.

——"Religiöse Toleranz in der nestorianischen Asienmission", in T. Rendtorff (ed.), *Glaube und Toleranz. Das theologische Erbe der Aufklärung*, Gütersloh 1982, pp. 99-112.

——"Kulturelle Kontakte des ostsyrischen Christentums in Zentralasien", in R. Lavenant (ed.), *Les contacts du monde syriaque avec les autres cultures*, Rome 1983, pp. 143-159.

——"Das Christentum in der Turfan-Oase. Zur Begegnung der Religionen in Zentralasien", in W. Heissig & H.-J. Klimkeit (eds.), *Synkretismus in den Religionen Zentralasiens*, Wiesbaden 1987, pp. 46-57.

——"The Christian Community in the Oasis of Turfan", in *Syriac Christianity in the East*, Kottayam 1988, pp. 42-54.

—— *Syriac Christianity in the East*, Kottayam 1988 (Mōrān' Eth'o Series. I).

——"Nestorianische Kirche", *TRE* 24, 1994, pp. 264-276.

—— *Syriac Christianity in the East*, Kottayam 1996.

Hansen, O., *Berliner Sogdische Texte I. Bruchstüche einer soghdischen Version der Georgspassion (C1)*, Berlin 1914 (*APAW*, 1941, Nr. 10).

——"Die christliche Literatur der Sogdier, ein Übersicht", in *Akademie der Wissenschaften und der Literatur. Jahrbuch 1951*, Wiesbaden 1951, pp. 296-302.

—— "Die Literatur der Sogdier", in W. von Einsiedel (ed.) *Die Literaturen der Welt in ihrer mündlichen und schriftlichen Überlieferung*, Zürich 1965, pp. 929-932.

——"Über die verschiedenen Quellen der christlichen Literatur der Sogder", in J. P. Asmussen & J. LæssØe (eds.), *Iranian Studies Presented to Kaj Barr on his Seventieth Birthday, June 26, 1966*, Copenhagen 1966, pp. 95-102.

——"Der buddhistische und christliche Litertur", in I. Gershevitch et al., *Literatur*, Leiden & Cologne 1968 (*HO* 1, 4, 2, 1), pp. 77-99.

——"Der Anteil der Iranier an der Ausbreitung des Christentums nach Zentralasien", in W. Vogt (ed.), *XVII.Deutscher Orientalistentag vom 21-27. Juli 1968 in Würzburg. Vorträge.* Teil 3. Wiesbaden 1969 (*ZDMG*, Supplementa 1, 3), pp. 1032-1035.

Harleze, C. de, *Le pretendu Nestorianisme de l'nscription de Si-ngan-fu*, 1899.

Haussig, H. W., "La missione critiana nell'Asia Centrale e Orientale nei secoli VI e VII e le sue tracce archeologiche e letterarie", in *Corsi di Cultura sull'arte ravennate e bizantina*, Ravenna 1979, pp. 171-195.

Havret, H., *La Stèle Chrétienne de Si-ngan-fou*, Part I, Imprimèrie de la Mission Catholique (Varivétés Sinologiques, Nos. 7), Changhai 1895.

—— *La Stèle Chrétienne de Si-ngan-fou*. Part 2: *Histoire du momument*, Imprimèrie de la Mission Catholique (Varivétés Sinologiques, Nos. 12), Changhai 1897.

—— *La Stèle Chrétienne de Si-ngan-fou*. Part 3: *Commentaire*, Imprimèrie de la Mission Catholique (Varivétés Sinologiques, Nos. 20), Changhai 1902.

Hayman, H., "The Si-ngan-fu Christian Monument", *Calcutta Review*, Vol. 89, 1889, pp. 43-52.

Heller, J. E., "Prolegomena zu einer neuen Ausgabe der nestorianischen Inschrift von Singan-fu", *Verhandlungen des VII internationalen Orientalisten-Congresses* (1886), 2 Vols, Wien 1889; repr. Nendeln / Liechtenstein 1968.

——*Das Nestorianische Denkmal in Singan-fu*, Innsbruck 1885, Budapest 1897.

——"Beleuchtung d. Bemerkungen Kühnert's zu meinen Schriften über d. Nestorianische Denkmal zu Si-ngan-fu", *Wiener Zeitschrift für die Kunde des Morgenlandes*, Vol. 9, 1895.

Hermann, A., *China, Reallexikon für Antike und Christentum* II, Stuttgart 1954, pp. 1078-1100.

Hickley, D., *The First Christians of China. An Outline History and Some Considerations concerning the Nestorians in China during the Tang Dynasty* (China Study Project), London 1980.

Hill, H., "The Assyrians: The Church of the East", in *Light from the East*, ed. by Henry Hill, Toronto 1988.

Hirth, F., *China and the Roman Orient*, Shanghai 1885.

Hjelt, A., *Drei syrisch-nestorianische Grabinschriften*, Helsinki 1909 (Annales Academiae Scientiarum Fennieae, Series B, 1, 2).

Hoffmann, H. H. R., "Manichaeism, Christianity, and Islam in the Kālacakra Tantra",

CAJ, Vol. 13, No.1, 1969, pp. 52-73.

Hofrichter, P., "The Expansion of the Christian Church of Persian to China during the T'ang Dynasty", Weizhou Zhou & Xin Wang (eds.), *Xibei Daxue Shixue Congkan* 西北大學史學叢刊, Vol. 2, Xi'an, Sanqin chubanshe, 1999, pp. 222-238.

Holm, F. V., *The Nestorian Monument: An Ancient Record of Christianity in China*, edited by Dr. Paul Carus, Chicago 1909.

—— *My Nestorian Adventure in China. A Popular Account of the Holm-Nestorian Expedition to Sian-Fu and Its Results*, London 1924.

Holme, H., *The Oldest Christian Church*, London 1896.

Holth, S., "The Encounter between Christianity and Chinese Buddhism during the Nestorian Period", *Ching Feng* 景風, Vol. 11, 1968, pp. 20-29.

Hopkins, E. W., "The Cult of Fire in Christianity", *Oriental Studies in Honor of Cursetji Erachji Pavry*, London 1933, pp. 142-150.

Houston, G. W., "An Overview of Nestorians in Inner Asia", *CAJ*, Vol. 24, 1980, pp. 60-68.

Hsü, C. Y., "Nestorianism and the Nestorian Monument in China", *Asian Culture Quarterly*, Vol.14, No. 1, Taipei 1986, pp. 41- 81.

Huc, M., *Christianity in China, Tartary and Thibet*, Vol. 1, London 1857.

—— *Le Christianity en Chine, en Tartarie et au Thibet*, Vol. 1, Paris 1857.

Hughes, P. J., "The Perservation of the Nestorian Tablet and Other Ancient Monuments at Si-An-Fu", *JNCB* 24, 1889-1990, pp. 136-139.

Hunter, E. C. D., "Syriac Christianity in Central Asia", *ZRGG* 44, 1992, pp. 362-368.

——"The Church of the East in Central Aisa", *BJRL*, Vol. 78, No. 3, 1996, pp. 129-142.

——"The Persian Contribution to Christianity in China: Reflections in the Xi'an Fu Syriac Inscriptions", in Dietmar W. Winkler & Li Tang (eds.), *Hidden Treasures and Intercultural Encounters, Studies on East Syriac Christianity in China and Central Asia*, Münster: LIT Verlag, 2009, pp. 71-85.

——"Syriac Onomastica in the Xian Fu Inscriptions", *Parole de l'Orient*, 2010 (35), pp. 357-369.

——"The Christian Library from Turfan: Syr HT 41-42-43, an Early Exemplar of the Ḥudrā", *Hugoye* 1 (15), 2012, pp.15-67.

—— "Traversing Time and Location: A Prayer-amulet of Mar Tamsis from Turfan", in W. Winkler & Li Tang (eds.), *From the Oxus River to the Chinese Shores: Studies on East Syriac Christianity in China and Central Asia*, Münster: LIT Verlag, 2013, pp. 25-41.

—— "Commemorating the Saints at Turfan", in Tang Li and Dietmar Winkler (eds.), *Winds of Jingjiao: Studies on Syriac Christianity in China and Central Asia*, Münster: LIT Verlag, 2016, pp. 89-104.

—— and Coakley, James F., *A Syriac Service-book from Turfan. Museum für Asiatische*

Kunst, Berlin MS MIK III 45, Turnhout: Brepols, 2017.

—— and Dickens, Mark, *Syriac Texts from the Berlin Turfan Collection,* Stuttgart: Steiner Verlag, 2014.

Hutterm Manfred, "Die texte von Turfan. Einmalige Zeugnisse verschwundener Religionsgemeinschaften", in *Welt und Umwelt der Bibel*, Sonderheft (2002), pp. 47-49.

Inglis, J. W., "The Nestorian Share in Buddhist Translation", *JNCB* 49, 1917, pp. 12-25.

Johnson, Scott Fitzgerald, "Silk Road Christians and the Translation of Culture in Tang China", *Studies in Church History* 53 (2017), pp. 15-38.

Jones, B. H., "The History of the Nestorian Liturgies", in *Anglican Theological Review*, Vol. 46 (Evanston, IL, 1964), pp. 155-176.

Joseph J., *The Nestorians and Their Muslim Neighbors. A Study of Western Influence on Their Relations*, Princeton 1961 (Princeton Oriental Studies 20).

Kaschewsky, Rudolf, "Das Sogdische-Bindeglied zwischen christlicher und buddhistischer Terminologie", in Wolfgang Gantke, Karl Hoheisel and Wassilios Klein (eds.), *Religionsbegegnung und Kulturaustausch in Asien. Studien zum Gedenken an Hans-Joachim Klimkeit*, Harrassowits, Wiesbaden 2002 (Studies in Oriental Religions 49), pp. 120-139.

Kawerau, P., *Ostkirchengeschichte, I: Das Christentum in Asien und Afrika bis zum Auftreten der Portugiesen im Indischen Ozean*, Louvain 1983.

Kesson, J., *The Cross and the Dragon*, London 1854.

Kidd, B. J., *The Churches of Eastern Christendom from A.D. 451 to the Present Time*, London 1927.

King, G. R. D., "A Netorian Monastic Settlement on the Island of Sīr Banī Yās, Abu Dhabi: A Preliminary Report", *BSOAS* 60 (3), 1997, pp. 221-235.

Kircher, A., *Prodromus Coptus Sive Aegyptiacus*, Rome 1636.

—— *China monumentis qua Sacris qua Profanis, Illustrata*, Amsterdan 1672.

Klatt, N., *Literarkritische Beiträge zum Problem christlich-buddhisscher Parallelen*, Cologne 1982 (Arbeitsmaterialien zur Religionsgeschiehte 8).

Klein W. und J. Tubach, "Ein syrisch-christliches Fragment aus Dunhuang/China", *ZDMG* 144, No. 1, 1994, pp. 1-13.

Klimkeit, H.-J., "Das Kreuzessymbol in der Zentralasiatischen Religionsbegegnung", *ZRGG* 31, 1979, pp. 99-115.

——"Christentum und Buddhismus in der innerasiatischen Religionsbewegung", *ZRGG* 33, 1981, pp. 208-220.

——"Christians, Buddhists and Manichaeans in Central Asia", *Buddhist-Christian Studies* 1, 1981, pp. 46-50.

——"Christian-Buddhist Encounter in Medieval Central Asia", in G. W. Houston (ed.), *The Cross and the Lotus*, Delhi 1985, pp. 9-24.

――― *Die Begegnung von Christentum, Gnosis und Buddhismus an der Seidenstraße*, Opladen: Westdeutscher Verlag, 1986.

――― "Jesus' Entry into Parinirvāṇa: Manichean Identity in Buddhist Central Asia", *Numen* 33,1986, pp. 225-240; repr. In: M. Heuser & H.-J. Klimkeit, *Studies in Manichaean Literature and Art*, Leiden: Brill, 1998, pp. 254-269.

Kwanten, L. H., M., *Imperial Nomads: A History of Central Asia, 500-1500*, Philadelphia 1979.

Kyčanov, E. I., "Siriskoe nestorianstvo v Kitae I central' noj Azii" ("Syriac Nestorianism in China and Inner Asia"), *Palestinskij Sbornik* 26 (89), 1978, pp. 76-85.

Labourt, J., *Le Christianisme dans l'Empire Perse sous la dynastie Sassanide (224-632)*, Paris 1904.

Lamy, T. J. et A. Gueluy, *Le Monument Chrétien de Si-ngan-fou, Son tente et Sa signification*, Bruxelles 1896, 1897, 1898.

Latourette, K. S., *A History of Christian Missions in China*, London 1929.

――― *A History of the Expansion of Christianity*, New York and London 1938-1940.

Laufer, B., "King Tsing, the Author of the Nestorian Inscription", *The Open Court*, Aug. 1912; *Kleinere Schriften Von Berthold Laufer*, Wiesbaden 1979, pp. 319-324.

Le Coq, A. Von, "Ein christliches und ein manichäisches Manuskriptfragment in Türkischer Sprache aus Turfan (Chinesisch-turkistan)", *SPAW*, 1909, pp. 1202-1218.

―――*Chotscho. Facsimile-Wiedergaben der wichtigeren Funde der ersten königlich-preussischen Expedition nach Turfan in Ost-Turkistan*. Berlin: Dietrich Reimer und Ernst Vohnsen, 1913 (repr. Graz: Akademische Druck-u.Verlagsanstalt Graz-Austria, 1979).

Lee, Shiu-Keung, *The Cross and the Lotus*, Hong Kong 1971.

―――"Nestorianism in China", *Ching Feng* 景風, Vol. 16, 1973, pp. 113-135.

Legge, F., *Forerunners and Rivals of Christianity*, 2 Vols, Cambridge 1915.

Legge, J., *The Nestorian Monument of Hsî-an Fû in Shen-hsî, China*, London 1888, reprinted by Paragon, New York, 1966.

Leslie, D. D., "Persian Temples in T'ang China", *Mser* 35, 1981-1983, pp. 275-303.

Lewis, W. J., "Nestorianism in China", *CR* 25, 1895, pp. 51-260.

Li, Zhu, "Über die Enkulturation der persisch-syrischen Christen im tangzeitlichen China. Am Beispiel der abgewandelten Form der 'Zehn Gebote' im. 'Buch uber Jesus den Messias'", in Tang Li & Dietmar Winkler (eds.), *Winds of Jingjiao: Studies on Syriac Christianity in China and Central Asia*, Münster: LIT Verlag, 2016, pp. 367-386.

Li-Layec, Zhu, "From 'Shiyuan 十願' (Ten Vows) to 'Shijie 十誡' (Ten Commandments): Importance of Absent Elements in Translation as Case Study of Inculturation of Christianity during the Early Tang Dynasty (7th Century)", *Yearbook of Chinese Theology 2018*, Brill, 2018, pp. 143-152.

Lietzmann, H., *A History of the Early Church*, English translation by B. Lee Wolf. 4 Vols. London 1937-1951.

Lieu, Samuel N. C., "The Luminous religion (Ch'ing-chao, i.e. the Church of the East or Nestorianism) in China: A Historical Survey", Mustafa, Arafa; Tubach, Jürgen and Vashalomidze, G. Sophia (eds.), *Inkulturation des Christentums im Sasanidenreich*, Wiesbaden: Reichert Verlag, 2007, pp. 307-332.

——"The 'Romanitas' of the Xi'an Inscription", in W. Winkler & Li Tang (eds.), *From the Oxus River to the Chinese Shores: Studies on East Syriac Christianity in China and Central Asia*, Münster: LIT Verlag, 2013, pp. 123-140.

——"Liturgical Tradition & Theological Reflections Lost in Transcription? – The Theological Vocabulary of Christian Texts in Central Asia and China", in Tang Li and Dietmar Winkler (eds.), *Winds of Jingjiao: Studies on Syriac Christianity in China and Central Asia*, Münster: LIT Verlag, 2016, pp. 349-366.

——, Eccles, Lance, Franzmann, Majella, Gardner, Iain and Parry, Ken, *Medieval Christian and Manichaean Remains from Quanzhou (Zayton)*, Turnhout: Brepols, 2012.

Lin, Wushu and Rong, Xinjiang, "Doubts Concerning the Authenticity of Two Nestorian Christian Documents Unearthed at Dunhuang from the Li Collection", *China Archaeology and Art Digest*, Vol. 1, No. 1, 1996, pp. 5-14.

Lin, Wushu, "A General Discussion of the Tang Policy Towards Three Persian Religions: Manichaeanism, Nestorianism and Zoroastrianism", *China Archaeology and Art Digest*, Vol. 4, No. 1, 2000, pp. 103-116.

——"Personal Views on the Success and Defeat of the Nestorian Mission in Tang Dynasty China", *China Archaeology and Art Digest*, Vol. 4, No. 1, 2000, pp. 208-209.

—— "Additional Notes on the Authenticity of Tomioka's and Takakusu's Manuscripts", in *Jingjiao: The Church of the East in China and Central Asia*, edited by R. Malek, Sankt Augustin: Institute Monumenta Serica, 2006, pp. 133-142.

Litvinsky, B. A.(ed.), *History of Civilizations of Central Asia, Volume III: The Crossroads of Civilizations: A.D.250 to 750*, UNESCO Publishing 1996.

Lo, Hsiang-lin, "Spread of Nestorianism in Kwangtung Province in the Tang Era", *Zhuhaixuebao* 珠海學報, Vol. 8, September 1975, pp. 218-231.

Loofs, F., *Netorius and His Place in the History of the Christian Doctrine*, Canmbridge 1914, repr. New York 1975.

——*Nestoriana: Die Fragmente des Nestorius*, Halle 1905.

Maclean, A. J. & W. H. Browne, *The Catholicos of the East and His People*, London 1892.

Malech, G. D., *History of the Syrian Nation and the Old Evangelical-Apostolic Church of the East*, Minneapolis 1910.

Malek, Roman (ed.), *The Chinese Face of Jesus Christ*, Vol. 1, Sankt Ausustin: Institute

Monumenta Serica, 2002.

—— (ed.), *The Chinese Face of Jesus Christ*, Vol. 2, Sankt Augustin: Institute Monumenta Serica, 2003.

——and Hofrichter, Peter (eds.), *Jingjiao: The Church of the East in China and Central Asia*, Sankt Augustin: Institute Monumenta Serica, 2006.

Maróth, M., "Ein Fragment eines syrischen pharmazeutischen Rezeptbuches aus Turfan", *AoF* 11, 1984, pp. 115-125.

——"Die syrischen Handschriften in der Turfan-Sammlung", in Klengel, H. & W. Sundermann (eds.), *Ägpten, Vorderasien, Turfan. Probleme der Edition und Bearbeitung altorientalischer Handschriften*, Berlin 1991 (SGKAO 23), pp. 126-128.

McCullough, W. S., *A Short History of Syriac Christianity to the Rise of Islam*, Chico, Cal. 1982 (Scholars Press General Series 4).

Menges, K. H., "Manichaeismus, Christentum und Buddhismus in Zentralasien und ihr gegenseitiges Verhältnis", *CAJ* 35, 1991, pp. 81-95.

Mehlhose, R., "Der Niedergang der nestorianischen Kirche in China", in Göttinger Arbeitskreis für syrische Kirchengeschichte (ed.), *Paul de Lagarde und die syrische Kirchengeschichte*, Göttingen: Lagarde-Haus 1968, pp. 135-149.

——"Nestorianische Texte aus China", *ZDMG*, Suppl. 1, Teil 2, 1969, pp. 443-449.

Messina, G., *Christianesimo, buddhismoe manichaessmo nell'Asia antica*, Roma 1947.

Mikkelsen, Gunner B, "Sickly Guide Me to the Peace of the Pure Land, Christology and Buddhist Terminology in the Chinese Manichaean Hymnscroll", in Malek, Roman (ed.), *The Chinese Face of Jesus Christ*, Vol. 1, Monograph Series L/1, Monumenta Serica, Sankt Augustin, 2002, pp. 219-242.

—— "(Review) A Study of the History of Nestorian Christianity in China and Its Literature in Chinese: Together with a New English Translation of the Dunhuang Nestorian Documents. Second Revised Edition, European University Studies, Series 27, Asian and African Studies, Vol. 87 by Li Tang", *China Review International*, Vol. 14, No. 1 (SPRING 2007), pp. 232-235.

Mingana, A., "The Early Spread of Christianity in Central Asia and the Far East: A New Document", *BJRL*, Vol. 9, No. 2, 1925, pp. 297-371.

Moffett, S. H., *A History of Christianity in Asia, Vol. I: Beginnings to 1500*, San Francisco 1992, second revised edition, New York 1998.

Mollier, Christine, *Buddhism and Taoism Face to Face: Scripture, Ritual, and Iconographic*, Hawaii University Press, 2008.

Moosa, M., "Nestorian Church", in *The Encyclopedia of Religion*, Mircea Eliade Editor in Chief, New York 1987, pp. 369-372.

Moule, A. C., "The Christian Monument at Si An Fu", Addendum: "Notices of the Nestorian Mission from Chinese Sources other than the Nestorian Monument", *JNCB*, Vol.

41, 1910, pp. 76-115.

―――"The Failure of Early Christian Missions to China", *The East and The West*, Vol. 12, 1914, pp. 383-410.

――― *Christians in China before the Year 1550*, London, New York and Toronto 1930; repr. New York 1972, Taipei 1972.

―――"The Use of the Cross among the Christians in China", *TP*, Vol. 28, 1931, pp. 78-86.

―――"The Nestorians in China", *JRAS*, 1933, pp. 116-120.

――― *The Nestorians in China. Some Corrections and Additions*. (Sinological Series I) London 1940.

Müller, F. W. K., "Soghdische Texte I", *APAW*, Nr. 2, 1912; Berlin 1913.

――― und W. Lentz, "Soghdische Texte II", *SPAW*, Nr. 21, 1934, pp. 504-607; Berlin 1934.

Murayama, S., "Eine nestorianische Grabinschrift in Türkischer Sprache aus Zaiton", *UAjb* 35, 1964, pp. 394-396.

―――"Über die nestorianischen Grabinschriften in der Inneren Mongolei und in Südchina", in *Atti di Convegno Internationale sul Tema: L'Oriente Cristiano nella storia della civiltà*, Rome 1964 (Problemi attuali di Scienza e di Cultura 62), pp. 77-81.

Nau, F., *Documents pour servir à l'Histoire de l'Eglise nestorienne*, Paris 1913.

―――"L'expansion Nestorienne en Asie", in *Annales du Musée Guimet. Bibliothèque de vulgarisation, Vol. 40: Conférences faites en 1913*, Paris 1914, pp. 193-300.

―――"Les pierres tombales nestoriennes en Asie", in *Annales du Musée Guimet. Bibliothèque de vulgarisation, Vol. 40: Conférences faites en 1913*, Paris 1914, pp. 193-388.

―――"La stèle nestorienne de Si-ngan-fou", in *Annales du Musée Guimet, Bibliothèque de vulgarisation, Vol. 40: Conférences faites en 1913*, Paris 1914, pp. 347-383.

Naymark, Aleksandr, *Sogdiana, Its Christians and Byzantium, a Study of Artistic and Cultural Connections in Late Antiquity and Early Middle Ages*, Doctoral thesis, Indiana University, Bloomington 2001.

Neumann, "Die erdichtete Inschrift von Singan Fu", *ZDMG*, Vol. 4, 1850, pp. 33-43.

Nicolini-Zani, Matteo, *La via della Luce. Stele di Xi'an; Inno di lode e di invocazione alle tre Maestà della Luce,* Magnano: Monastero di Bose, Edizioni Qiqajon, 2001 (Testi dei padri della chiesa 51).

――― *Sulla via del Dio unico. Discorso del Venerabile dell'universo sull'elemosina, Parte terza,* Magnano: Monastero di Bose, Edizioni Qiqajon, 2003 (Testi dei padri della chiesa 66).

――― "*Christiano-Sogdica:* An Updated Bibliography on the Relationship between Sogdians and Christianity throughout Central Asia and into China", *Ērān ud Anērān, Studies Presented to Boris Ilich Marshak on the Occasion of His 70th Birthday*, 2003.

―――*La via del cielo. Libro sull'ascolto del Messia-Primo rotolo*, Magnano: Monastero di Bose, Edizioni Qiqajon, 2005 (Testi dei padri della chiesa 75).

———"L'insegnamento luminoso proveniente da Da Qin: Alcune considerazioni sul cristianesimo siriaco nella Cina dei Tang (secc. VII-IX)", in *OCP*, 2005, Nr. 2, pp. 387-412.

——— "Past and Current Research on Tang Jingjiao Documents: A Survey", in *Jingjiao: The Church of the East in China and Central Asia*, edited by R. Malek, Sankt Augustin: Institute Monumenta Serica, 2006, pp. 23-44.

——— *La via radiosa per l'Oriente. I testi e la storia del primo incontro del cristianesimo con il mondo culturale e religioso cinese (secoli VII-IX)*. Spiritualità orientale. Magnano: Monastero di Bose, Edizioni Qiqajon, 2006.

———"Christian Approaches to Religious Diversity in Premodern China", in Schmidt-Leukel P., Gentz J. (eds), *Religious Diversity in Chinese Thought*, Palgrave Macmillan, New York, 2013, pp. 99-111.

———"The Dunhuang Jingjiao Documents in Japan: A Report on Their Reappearance", in Tang Li & Dietmar Winkler (eds.), *Winds of Jingjiao: Studies on Syriac Christianity in China and Central Asia*, 2016, pp. 15-26.

———"Religious Heritages in the Christianity of Eastern Asia: Some Examples from the Christian History of China and Japan", in *Concilium* 45, No. 2 (2009), pp. 68-78.

———"The Tang Christian Pillar from Luoyang and Its Jingjiao Inscription: A Preliminary Study", *Mser* 57, 2009, pp. 99-140.

———"Luminous Ministers of the Da Qin Monastery: A Study of the Christian Clergy Mentioned in the Jingjiao Pillar from Luoyang", in W. Winkler and Li Tang (eds.), *From the Oxus River to the Chinese Shores: Studies on East Syriac Christianity in China and Central Asia*, Zürich, Berlin: Lit Verlag, 2013, pp. 141-160.

———"Tang Christianity as Perceived by Jesuit Missionaries and Chinese Converts in the Seventeenth Century", *Sino-Western Cultural Relations Journal* 32 (2010), pp. 63-88.

———"A New Christian Stone Inscription of the Tang Dynasty from Luoyang, China", *Studi e Materiali di Storia delle Religioni* 76, No. 1 (2010), pp. 267-274.

———"Xu Guangqi, discepolo dell'insegnamento luminoso: studio dell' 'Epigrafe per la chiesa dell'insegnamento luminoso' (*Jingjiaotang beiji*) a Jiangzhou (ca 1632)", in *Un cristiano alla corte dei Ming: Xu Guangqi e il dialogo interculturale tra Cina e Occidente*. Edited by Giunipero, Elisa. Contemporanea 29. Milano: Guerini e Associati, 2013, pp. 125-142.

O'Leary, De Lacy, *The Syriac Church and Fathers*, London 1909.

Olschki, L., "The Wise Men of the East in Oriental Traditions", *University of California Publications in Semtic Philology*, 1951, pp. 375-395.

Oppenheim, R. L., *The First Nestorian Mission to China and Its Failure*, Berkley 1940.

Outerbridge, L. M., *The Lost Churches of China*, Philadelphia 1952.

Palladius, "Ancient Traces of Christanity in China according to Chinese Sources", Востчный сборник I, 1873, pp. 18-20.

Palmer, M., "The Chinese Nestorian Stories of Christianity", in *Living Christianity*,

Dorset, 1993, pp. 95-133.

—— *The Jesus Sutras. Rediscovering the Lost Scrolls of Taoist Christianity*, Ballantine and New York 2001, (repr.) London 2001.

Pang, Garry Moon Yuen, "Monumenti Sinici: A Remarkable Chinese Hymn", in D. W. Winkler & Li Tang (eds.), *Hidden Treasures and Intercultural Encounters, Studies on East Syriac Christianity in China and Central Asia*, Münster: LIT Verlag, 2009, pp. 353-381.

——"The Contributions of the Theology of *Jingjiao* to the Society in China during the Tang Dynasty", in W. Winkler & Li Tang (eds.), *From the Oxus River to the Chinese Shores: Studies on East Syriac Christianity in China and Central Asia*, Münster: LIT Verlag, 2013, pp. 397-416.

——"The Theological and Historical Significance of the Chinese-Syriac Jingjiao Monument in China", *The Harp* 29 (2014), pp. 193-232.

Parker, E. H., "Notes on the Nestorians in China", *Sinologica*, Vol. 7, 1890; *JNCB* 24, 1893, pp. 289-301.

——"The Earliest Christianity in China", *The Dublin Review*, Vol. 131, London 1902, pp. 380-404.

——"The Preaching of the Gospel in China", *China Review*, Vol. 18, No. 3, pp. 152-177.

——"The Earliest Christianity Road to China", *Imp & Asiatic Quarterly Review*, July-October, 1903, pp. 350-354.

—— *China and Religion*, London 1905.

—— *Studies in Chinese Religion*, London 1910.

Parry, K. M., "Images in the Church of the East. The Evidence from Central Asia and China", *BJRL* 78 (3), 1996, pp. 143-162.

Parry, Ken, "The Art of the Church of the East in China", in *Jingjiao: The Church of the East in China and Central Asia*, edited by R. Malek, Sankt Augustin, Institute Monumenta Serica, 2006, pp. 321-339.

Pauthier, G., *De l'authenticité de l'inscription nestorienne de Si-ngan-fou;relativ à l'introduction de la religion chrétienne en Chine des le VIIe Siècle de notre ére*, Paris 1857.

—— *L'inscription syro-chinoise de Si-ngan-fou*, Paris 1858.

Pelliot, P., "Deux titres Bouddhiques portés par des religieux nestoriens", *TP*, Vol. 12, No. 5, 1911, pp. 664-670.

——"Les influence iraniennes en Asie Centrale et en Extrême-Orient", *RHLR*, N. S. 3, 1912, pp. 97-119.

——"Chrétiens d'Asie Centrale et d'Extrême-Orient", *TP*, Vol. 15, 1914, pp. 623-644.

——"L'évêché nestorien de Khumdan et Sarag", *TP*, Vol. 25, No. 1/2, 1927, pp. 91-92.

——"Christianity in Central Asia in the Middle Ages", *JRCAS* 17, 1930, pp. 301-312.

——"Une phrase obscure de l'inscription de Si-ngan-fou", *TP*, vol. 28, No. 3/5, 1931, pp. 369-378.

―――"Les Nestoriens en Chine Après 845", *JRAS*, No. 1, 1933, pp. 115-116.

―――*Recherches sur les Chrétiens d'Asie Centrale et d'Extrême-Orient*, edited by Jean Dauvillier, Paris 1973.

―――*Recherches sur les Chrétiens d'Asie Centrale et d'Extrême-Orient, Vol. II, 1: La Stèle de Si-ngan-fou, Oeuvres posthumes de Paul Pelliot*, edited by Jean Dauvillier & Thérèe Sonnerville-David, Paris 1984.

―――*L'inscription Nestorienne de Si-ngan-fou*, edited with supplements by Antonino Forte, Kyoto, Paris 1996.

Paykova, A. V., "The Syrian Ostracon from Panjikant", *Le Muséon* 92, 1979, pp. 159-169.

Perkins, J., *A Residence of Eight Years in Persia, among the Nestorian Christians*, New York 1843.

Pigoulewsky, N., "Fragments Syriaques et Syro-Turcs de Hara-Hoto et de Tourfan", *Revue de l'Orient Chrétien* 30, 1935-1936, pp. 3-46.

Pittard, William J. and Sims-Williams, Nicholas, "Fragments of Sogdian Gospel Lectionaries: Some New Identifications", in D. W. Winkler and Li Tang (eds.), *From the Oxus River to the Chinese Shores: Studies on East Syriac Christianity in China and Central Asia*, Münster: LIT Verlag, 2013, pp. 43-50.

Platt, Andrew, "Changing Mission at Home and Abroad: Catholico Timothy I and the Church of the East in the Early Abbasid Period", in Tang Li and Dietmar Winkler (eds.), *Winds of Jingjiao: Studies on Syriac Christianity in China and Central Asia*, Münster: LIT Verlag, 2016, pp. 161-182.

Poppe, N., "A Middle Turkic Texte of the Apostle's Creed", *MSer* 25, 1965, pp. 272-306.

Raguin, Y., "Le Patriarche Lü Yen. Le Grand Immortel", *Studia Missionalia*, Universite Grégorienne, Rome, Vol. 35, 1986, pp. 369-394.

―――"Le Jésus-Messie de Xi'an", in *Le Christ chinois Héritages et espérance*, Bellarmine 1998, pp. 35-55.

―――"Xuan Zang, Fa Zang, Jing Jing", in *Ways of Contemplation East and West*, 4, Taipei Ricci Institute, 2001.

―――"China's First Evangelization by the 7th and 8th Century Eastern Syrian Monks. Some Problems Posed by the First Chinese Expressions of the Christian Traditions", in Roman Malek (ed.), *The Chinese Face of Jesus Christ*, Vol. 1, Institute Monumenta Serica, Sankt Augustin, 2002, pp. 159-179.

―――"Jesus-Messiah of Xi'an", *Tripod*, Vol. 124 (2002), pp. 39-54.

―――"Mission Im Dialog. Die erste Evangelisieren China durch 'nestorianische' Mönche", in *Welt und Umwelt der Bibel*, Sonderheft, 2002, pp. 51-55.

―――"Die Stele von Xi'an", in *Welt und Umwelt der Bibel*, Sonderheft (2002), pp. 56-57.

Reck, Christiane, "A Survey of the Christian Sogdian fragments in Sogdian Script in the Berlin Turfan Collection", in C. Jullien (ed.), *Chrétiens en terre d'Iran II: Controverses des chrétiens dans l'Iran sassanide*, Cahiers de Studia Iranica, 36, 2008, pp. 191-206.

Riboud, Pénélope, "*Le christianisme syriaque à l'époque Tang*", in Le christianisme syriaque en Asie centrale et en Chine, edited by Pier Giorgio Borbone and Pierre Marsone, Paris: Geuthner, 2015, pp. 41-62.

Richard, J., "Le Christianisme dans l'Asie Centrale", *JAH* 16, 1982, pp. 101-124.

——"Recherches sur la Propagation du Christianisme dans l'Asie aux epoches medievale et moderne", in Herausgegeben von Walther Heissig, *Altaica Collecta: Berichte und Vorträgeder XVII, Permanent International Altaistic Confernce 3-8, Juni 1974 in Bonn/Bad Honnef*, Otto Harrassowitz-Wiesbaden 1976, pp. 199-207.

Rong, Xinjiang, "The Li Shengduo Collection: Origin or Forged Manuscripts?" in Susan Whitifield (ed.), *Dunhuang Manuscripts Forgeries, The British Library*, London 2002 (British Library Studies in Conservation Science 3), pp. 62-69.

Rosenkranz, G., "Die älteste Christenheit in China: in den Quellenzeugnissen der nestorianer-Texte der Tang-Dynastie", *ZMR* 52, 1937, pp. 133-226, 241-280.

—— *Die älteste Christenheit in China: in den Quellenzeugnissen der Nestorianer-Texte der Tang-Dynastie*, Berlin 1938 (Schriftenreihe der Ostasien-Mission 3/4).

Sachau, E., "Literatur-Bruchstücke aus Chinesisch-Turkistan", *SPAW*, 1905, pp. 964-978.

——"Die Christianisierungs-Legende von Merw", in W. Frankenberg & F. Küchler (eds.), *Abhandlungen zur semitischen Religionskundes und Sprachwissenschaft. Festschrift Wolf Wilhelm Graf von Baudussin*, Giessen 1918 (*ZAW* Beiheft 33).

—— *Zur Ausbreitung des Christentums in Asien*, Berlin 1919 (*APAW* 1919, Nr. I).

Saeki, P. Y., *The Nestorian Monument in China*, London 1916, repr. 1928.

——"The Hsü-T'ing Mi-shi-so Sutra or, Jesus-Messiah-Sutra", *JNCB*, Vol. 63, 1932, pp. 31-45.

——"The Translation of Fragments of the Nestorian Writings in China", *JNCB*, Vol. 64, 1933, pp. 87-105; Vol. 65, 1934, pp. 111-127.

——"The Sutra on Mysterious Rest and Joy", *BCUP* 9, 1934, pp. 105-132.

——"The Ta-ch'in Luminous Religion Sutra on the Origin of Origins", *BCUP* 9, 1934, pp. 133-135.

——"Old Problems Concerning the Nestorian Monument in China Re-examined in the Light of Newly Discovered Facts", *JNCB*, Vol. 67, 1936, pp. 80-99.

—— *The Nestorian Documents and Relics in China*, Tokyo 1937, repr. 1951.

—— *Catalogue of the Nestorian Literature and Relics*, Tokyo 1950.

—— *The Ups and Downs of the Nestorian Church in China*, Tokyo: Harvard-Yenching-Doshisha Eastern Cultural Lectures Committee 1955.

Salisbury, E. E., "On the Genuiness of the So-called Nestorian Monument of Si-ngan-fu", *JAOS*, Vol. 3, 1853, pp. 399-419.

Saunders, J. J., "The Decline and Fall of Christianity in Medieval Asia", *JRH* 5 (2),

1968-1969, pp. 93-104.

Schafer, E. H., *The Golden Peaches of Samarkand, A Study of T'ang Exotics*, Berkeley & Los Angeles 1963.

Schlegel, G., "The Term 達娑 Tarsa", *TP*, Vol. 6, 1895, pp. 533-534.

Schurhammer, G., "Der 'Tempel des Kreuzes' 十字寺", *AM*, Vol. 5, 1928-30, pp. 247-255.

Schwaigert W. und Steinheim Murr, "Die Theologenschule von Bet Lapat-Gundaisabur: Ein Beitrag Zur Nestorianischen Schulgeschichte", *ZDMG*, Supplementa 4, 1980, pp. 185-187.

Schwartz, M., *Studies in the Texts of Sogdian Christians*, Ph.D. Thesis, Berkeley, 1967, Ann Arbor and London 1978.

——"Sogdian Fragments of the Book of Psalms", *AoF*, Vol.1, 1974, pp. 257-261.

Scott, D., "Christian Responses to Buddhism in Pre-Medieval Times", *Numen* 32 (1), 1985, pp. 88-100.

Seah, I. S., "Nestorian Christianity and Pure Land Buddhism in T'ang China", *Taiwan Journal of Theology*, 1984, pp. 75-92.

Semenov, G. L., "Zum Christentum in Mittelasien. Archäologische Funde in Sogdien", in G. L. Semenov, *Studien zur sogdischen Kultur an der Seidenstrasse*, Wiesbaden 1996, pp. 57-68.

Sims-Williams, N., "A Sogdian Fragment of a Work of Dadišo' Qaṭraya", *AM*, Vol. 18, 1973, pp. 88-105.

——"Syro-Sogdica I: An Anonymous Homily on the Three Periods of the Solitary Life", *OCP* 47, 1981, pp. 441-446.

——"Syro-Sogdica II: A metrical Homily by Bābay bar Nsibnaāye 'On the fial evil hour'", *OCP* 48, 1982, pp. 171-176.

—— *The Christian Sogdian Manuscript C2* (Berliner Turfantexte 12), Berlin 1985.

——"Syro-Sogdica III: Syriac Elements in Sogdian", in *Agreen Leaf. Papers in Honour of Professor Jes P. Asmussen* (*Acta Iranica* 28), Leiden 1988, pp. 145-156.

——and J. Hamiton, *Documents turco-sogdiens du IXe-Xe siècle de Touen-houang*, London 1990 (Corpus Inscriptionum Iranicarum, Part II, 3).

——"Die christlich-sogdischen Handschriften von Bulayiq", in H. Klengel & W. Sundermann (eds.), *Ägpten, Vorderasien, Turfan. Probleme der Edition und Bearbeitung altorientalischer Handschriften*, Berlin 1991, pp. 119-125.

——"Sogdian and Turkish Christians in the Turfan and Tun-Huang Manuscripts", in A. Cadonna (ed.), *Turfan and Tun-Huang. The Texts. Encounter of Civilization on the Silk Road*, Florence 1992, pp. 43-61.

——"Christianity III: In Central Asia and Chinese Turkestan", in E. Yarshater (ed.), *Encyclopaedia Iranica*, V, Costa Mesa (California) 1992, pp. 530b-534a.

——"The Sogdian Inscriptions of Ladakh", in K. Jettmar et al. (eds.), *Antiquities of*

Northern Pakistan. Reports and Studies, Vol. 2, Mainz 1993, pp. 151-163.

――"Christian Sogdian Texts from the Nachlass of Olaf Hansen I: Fragments of the Life of Serpion", *BSOAS* 63, 1995, pp. 50-68.

――"A Greek-Sogdian Billingual from Bulayiq", in *Convegno internazionale "La Persia e Bisanzio" (Roma, 14-18 ottobre 2002)*, Accademia Nazionale dei Lincei, Roma 2004 (Atti dei Convegni Lincei 201), pp. 623-631.

――*Biblical and Other Christian Sogdian Texts from the Turfan Collection*, Turnhout: Brepols, *2014*.

――*The Life of St Serapion and Other Christian Sogdian Texts from the Manuscripts E25 and E26,* Turnhout, Belgium: Brepols, 2015.

――*A Dictionary: Christian Sogdian, Syriac and English*, Wiesbaden: Reichert Verlag, 2016.

――*An Ascetic Miscellany: The Christian Sogdian Manuscript E28*, Turnhout: Brepols, 2017.

――and Hamilton, James, *Turco-Sogdian Documents from 9th-10th Century Dunhuang*, London: SOAS, 2015.

――and Grenet, Frantz, "The Sogdian Inscriptions of Kultobe", *Shygys*, Vol. 1, 2006, pp. 95-111.

Smelova, Natalia, "Manuscrits chrétiens de Qara Qoto: nouvelles perspectives de recherché", in *Le christianisme syriaque en Asie centrale et en Chine*, edited by Pier Giorgio Borbone and Pierre Marsone, Paris: Geuthner, 2015, pp. 215-236.

Spuler, B., *Die nestorianische Kirche* (Handbuch der Orientalistik, 1, 8, 2), Leiden/Cologne 1961.

――"Syrisches Christentum in Vorderasien und Südindien", *Saeculum* 32, 1981, pp. 242-254.

Standaert, N.(ed.), *Handbook of Christianity in China, Volume One: 635-1800*, Leiden 2001.

――(ed.), "A Christian Sogdian Polemic against the Manichaeans", in Carlo G. Cereti and Mauro Maggi and Elio Provasi (eds.), *Religious Themes and Texts of Pre-Islamic Iran and Central Asia. Studies in Honor of Professor Gherardo Gnoli on the Occasion of His 65th Birthday on 6th December 2002*, Reichert, Wiesbaden 2002 (Beiträge zur Iranistik), pp. 401-410, pl. 8-9.

Stang, Charles M., "The 'Nestorian' (Jingjiao) Monument and Its Theology of the Cross", in *Syriac in Its Multi-Cultural Context: First International Syriac Studies Symposium, Mardin Artuklu University, Institute of Living Languages, 20-22 April 2012, Mardin*, edited by Teule, Herman G. B. and Keser-Kayaalp, Elif and Akalin, Kutlu and Doru, Nesim and Toprak, Mehmet Sait, Eastern Christian Studies 23. Leuven: Peeters, 2017, pp. 107-118.

Stewart, J., *Nestorian Misstionary Enterprise, the Story of a Church of Fire*, Edinburgh 1928; repr. New York 1980.

Sundermann, W., "Christliche Evangelientexte in der Überlieferung der iranisch-manichäischen Literatur", *MIO* 14, 1968, pp. 386-405.

——"Einige Bemerkungen zum syrisch-neupersichen Psalmenburchstük aus Chinesisch-Turkistan", in G. Ginoux & A. Taffalzoli (eds.), *Mémorial Jean DE Menasce*, Louvain 1974, pp. 441-452.

Suter, R., "The Word San-i-fen-shen in the Inscription on the Nestorian Monument in Hsian fu (Si-ngan-fou)", *JAOS,* Vol. 58, No. 2, 1938, pp. 384-393.

Takahashi, Hidemi, "On some transcriptions of Syriac names in Chinese-language Jingjiao documents", in W. Winkler & Li Tang (eds.), *From the Oxus River to the Chinese Shores: Studies on East Syriac Christianity in China and Central Asia*, Münster: LIT Verlag, 2013, pp. 13-24.

Takakusu, J., "The Name of 'Messiah' Found in a Buddhist Book; the Nestorian Missionary Adam, Presbyter, Papas of China, Translating a Buddhist Sûtra", *TP*, Vol. 7, No. 1, 1896, pp. 589-591.

Tang, Li, *A Study of the History of Nestorian Christianity in China and Its Literature in Chinese: Together with a New English Translation of the Dunhuang Nestorian Documents*, P. Lang, 2002.

——"Turkic Christians in Central Asia and China (5th-14th Centurics)", in *ARI Working Paper: In Memory of Prof. Geng Shimin*, No. 44, Singapore: Asia Research Institute.

——and Winkler, Dietmar W. (eds.), *Winds of Jingjiao: Studies on Syriac Christianity in China and Central Asia*, LIT Verlag, 2016.

Taqizadeh, S. H., "The Iranian Festivals Adopted by the Christians and Condemned by the Jews", *BSOAS*, Vol. 10, 1940-1942, pp. 632-653.

Tardieu, Michel, "Le schème hérésiologique de désignation des adversaires dans l'inscription nestorienne chinoise de Xi'an", in C. Jullien (ed.), *Chrétiens en terre d'Iran II: Controverses des chrétiens dans l'Iran sassanide*, Cahiers de Studia Iranica, 36, 2008, pp. 207-226.

Tartar, G., *Dialogue Islamo-Chrétien sous le calife Al-Ma'mun (813-834): les épitres d'Al-Hashimi et d'Al-Kindi*, Paris 1985.

Thompson, Glen L.,"Was Alopen a 'Missionary'?" in D. W. Winkler & Li Tang (eds.), *Hidden Treasures and Intercultural Encounters, Studies on East Syriac Christianity in China and Central Asia*, LIT Verlag 2009, pp. 267-278.

—— "How Jingjiao became Nestorian: Western Perceptions and Eastern Realities", in W. Winkler & Li Tang (eds.)*, From the Oxus River to the Chinese Shores: Studies on East Syriac Christianity in China and Central Asia*, Münster: LIT Verlag 2013, pp. 417-439.

Tommasi, Chiara O., "'Nestorians' on the Silk Road: Some Notes on the Stele of Xī'ān", in *La teologia dal V all'VIII secolo fra sviluppo e crisi: XLI Incontro di Studiosi dell'Antichità Cristiana* (Roma, 9-11 maggio 2013), *Studia Ephemeridis Augustinianum* 140, Roma: Institutum Patristicum Augustinianum, 2014, pp. 645-670.

Torrance, T., *China's First Missionaries: Ancient "Israelites"*, 2nd ed. Chicago 1988.

Troll, C. W., "Die Chinamission im Mittelalter", *Franziskanische Studien* 48, 1966, pp. 109-150; 49, 1967, pp. 22-79.

Tubach, J., "Die Heimat des China-Missionars Alopen", *Oriens Christianus* 76, 1992, pp. 95-100.

——"Der Apostel Thomas in China: Die Herkunft einer Tradition", *ZKG* 108, 1997, pp. 58-74.

—— "Die nestorianische Kirche in China", in *Nubica et Æthiopica* 4/5 (1999), pp. 61-193. (Bibliography, 104-193)

——"Deuteronomistic Theology in the Text of the Stele of Xi'an", in *Jingjiao: The Church of the East in China and Central Asia*, edited by R. Malek, Sankt Augustin: Institute Monumenta Serica, 2006, pp. 175-180.

Uray, G., "Tibet's Connection with Nestorianism and Manichaeism in the 8th-10th Centuries", in E. Steinkellner and H. Tauscher (edd.), *Contribution of Tibetan Language, History and Culture, Vol. I: Proceedings of the Cosma des Körös Symposium held at Velm-Vienna, Austria, 13-19, Sept. 1981*. Vienna 1983, pp. 399-492; *Contributions on Tibetan Language, History and Culture*, Vol.1, 1995, pp. 389-398.

——"Zu den Spuren des Nestorianismus und Manichäismus im alten Tibet (8-10. Jh.)", in W. Heissig & H.-J. Klimkeit (ed.), *Synkretismus in den Religionen Zentralasiens* (Studies in Oriental Religions 13), Wiesbaden 1987, pp. 197-206.

Vermander, B., "The Impact of Nestorianism on Contemporary Chinese Theology", in *Jingjiao: The Church of the East in China and Central Asia*, edited by R. Malek, Sankt Augustin, Institute Monumenta Serica, 2006, pp. 181-193.

Villagomez, C. J., *The Fields, Flocks, and Finances of Monks: Economic Life at Nestorian Monasteries, 500-850*, Ph. D Thesis, University of California, Los Angelse, 1998.

Vine, A. R., *The Nestorian Churches. A Concise History of Nestorian Christianity in Asia from the Persian Schism to the Modern Assyrians*, London 1937, repr. New York 1980.

Visdelou, M., "Traduction du monument Chinois concernant la Religion Chretinne", *Journal des Sçavans*, Juin, 1760, pp. 84-111.

——"Authenticité du monument Chinois concernant la Religion Chretinne", *Journal des Sçavans*, Juin 1760, pp. 344-374.

Vrhovski, Jan, "Apologeticism in Chinese Nestorian Documents from the Tang Dynasty: Notes on Some Early Traces of Aristotelianism in China", *Asian Studies* 17 (2013), pp. 53-70.

Waddelt, L. A., "Nestorian Christian Charms and Their Archaic Elements and Affinities", *The Asiatic Quarterly Review*, April 1913, pp. 293-309.

Waley, A., "Some References to Iranian Temples in the Tun-Huang Region", *Bulletin of the Institute of History and Philology* (Academia Sinca Taiwan) 28, Dember, 1956, pp. 123-128.

Wallace-Hadrill, D. S., *Christian Antioch: A Study of Early Christian Thought in the East*, Cambridge 1982.

Walsh, W. S., "The Nestorian Mission in China", *The East and The West*, Vol. 7, 1909, pp. 202-217.

Wang, Ding, "Remnants of Christianity from Chinese Central Asia in Medieval Ages", in *Jingjiao: The Church of the East in China and Central Asia*, edited by R. Malek, Sankt Augustin, Institute Monumenta Serica, 2006, pp. 149-162.

Wang, Yuanyuan, "Doubt on the Viewpoint of the Extinction of Jingjiao in China after the Tang Dynasty", in W. Winkler & Li Tang (eds.), *From the Oxus River to the Chinese Shores: Studies on East Syriac Christianity in China and Central Asia*, Münster: LIT Verlag, 2013, pp. 279-296.

—— "Priests of Jingjiao in the Xizhou Uighur Kingdom (Five Dynasties-The Early Song Period)", in Tang Li and Dietmar Winkler (eds.), *Winds of Jingjiao: Studies on Syriac Christianity in China and Central Asia*, Münster: LIT Verlag, 2016, pp. 333-346.

Waterfield, R. E., *Christians in Persia: Assyrians, Armenians Roman Catholics and Protestants*, London 1973.

Wening, von A. und W. Heiman, "Das Nestorianer-Denkmal von Sian-fu ('Stein himmlischer Verehrung') und die Holmsche Expedition von 1907 und 1908", *Orient Archiv* 3, 1912, pp. 19-24.

Whitfied, R., *The Art of Central Asia. The Stein Collection in the British Museum*, Vol. 1: *Paintings from Dunhuang*, Tokyo 1982.

Widengren, G., "The Nestorian Church in Sasanian and Early Post-Sasanian Iran", in L. Lanciotti (ed.), *Incontro di religioni in Asia tra il III e il X secolo d.c.*, Florence 1984, pp. 1-30.

Wiest, Jean-Paul, "Jingjiao: The Church of the East in China and Central Asia", *International Bulletin of Missionary Research* 31 (2), New Haven, 2007, pp. 106-107.

Wigram, W.A., *An Introduction to the History of the Assyrian Church or the Church of the Sassanid Persian Empire 100-640 A.D.*, London 1910.

Wilken, R. L., "Nestorianism", *The Encyclopedia of Religion*, Mircea Eliade Editor in Chief, New York 1987, pp. 372-373.

——"Nestorius", *The Encyclopedia of Religion*, Mircea Eliade Editor in Chief, New York 1987, pp. 373-374.

Wilmshurst, David, Wilmshurst, D, "The Syrian Brilliant Teaching", *Journal of the Hong Kong Branch of the Royal Asiatic Society*, Vol. 30, 1990, pp. 44-74.

——*The Martyred Church: A History of the Church of the East*, Sawbridgeworth (Herts): East and West, 2011.

　　—— "Beth Sinaye: A Typical East Syrian Ecclesiastical Province?", in Tang Li & Dietmar Winkler (eds.), *Winds of Jingjiao: Studies on Syriac Christianity in China and Central Asia,* Münster: LIT Verlag, 2016, pp. 253-266.

　　Winkler, Dietmar, and Tang, Li. (eds.), *Hidden Treasures and Intercultural Encounters: Studies on East Syriac Christianity in China and Central Asia*, Münster: LIT Verlag, 2009.

　　—— (eds.), *From the Oxus River to the Chinese Shores: Studies on East Syriac Christianity in China and Central Asia*, Münster: LIT Verlag, 2013.

　　Witek, John W., "(review) Jingjiao: The Church of the East in China and Central Asia", *China Review International* 14 (2), 2007, pp. 513-515.

　　Wright, W., *A Short History of Syriac Literature*, London 1894.

　　Wu, Hongyu, "Lotus Blooming under the Cross: Interaction between Nestorian Christianity and Buddhism In China", in Katheryn Linduff (ed.), *Silk Road Exchange in China*, Sino-Platonic Papers, No. 142 (2004), pp. 2-13.

　　Wylie, A., *The Nestorian Tablet in Se-gan-Foo*, Shanghai 1854, 1855.

　　——"The Nestorian Tablet of Se-gan-Foo", *JAOS*, Vol.5, 1855/1856, pp. 275-336.

　　——"Nestorian Monument at Si-ngan Fu, China", in *The Missionary Review*, Vol. 8, No. 3, Princeton, 1885, pp. 184-187.

　　——"The Nestorian Tablet in Si-Ngan-Fou", *Chinese Researches*, 1897, pp. 24-77.

　　—— *The Nestorian Mounment: an Ancient Record of Christianity in China*, Chicago, 1909.

　　Xu, Longfei Joseph, *Die nestorianische Stele in Xi'an. Begegnung von Christentum und chinesischer Kultur*, Borengässer, Bonn 2004 (Begegnung 12).

　　Yan, Xiaojing, "The Confluence of East and West in Nestorian Arts in China", in D. W. Winkler & Li Tang (eds.), *Hidden Treasures and Intercultural Encounters, Studies on East Syriac Christianity in China and Central Asia*, Münster: LIT Verlag, 2009, pp. 383-392.

　　Yao, Zhihua, "A Diatessaronic Reading in the Chinese Nestorian Texts", in D. W. Winkler, Li Tang (eds.), *Hidden Treasures and Intercultural Encounters, Studies on East Syriac Christianity in China and Central Asia*, Münster: LIT Verlag, 2009, pp. 153-165.

　　Yin Ch'ien-li, I., "The Nestorian Tablet of Sian-Fu, translated into English", *Fu-Jen Studies*, No. 2, 1929, pp. 1-17.

　　Ying-ki, I., "A New English Translation of the Nestorian Tablet", *BCUP* 5, 1928, pp. 87-99.

　　Young, John M. L., "The Theology and Influence of the Nestorian Mission to China, 635-1036", *Reformed Bulletin of Missions* (Philadelphia) 5/1, 1969, pp. 1-18; 5/2, 1970, pp. 1-20.

　　Young, W. G., *Patriarch, Shah and Caliph: A Study of the Relationships of the Church*

of the East with the Sassanid Empire and the Early Caliphates with Special Reference to Available Translated Syriac Sources, Rawalpindi 1974.

Yule, H. (transl.& ed.), *Cathay and the Way Thither. Being a Collection of Medieval Notices on China*, new edition by H. Cordier, 4 Vols., London 1913-1916.

Zernov, N., *Eastern Christendom*, New York 1961.

Zetzsche, Jost O., "Indigenizing the 'Name Above All Names': Chinese Translations of Jesus Christ", in Roman Malek (ed.), *The Chinese Face of Jesus Christ*, Vol. 1, Institute Monumenta Serica, Sankt Augustin, 2002, pp. 141-155.

Zhang Guangda, *La Chine et les Civilisations de l'Asie Centrale du VIIe au XIe siècle*, Paris 1994.

Zhang, Naizhu, "The Luoyang Nestorian Pillar and the Gande Township: A Settlement of Foreigners in the Area of Luoyang of the Tang Dynasty", in W. Winkler & Li Tang (eds.), *From the Oxus River to the Chinese Shores: Studies on East Syriac Christianity in China and Central Asia*, LIT Verlag, 2013, pp.177-202.

Zhang, Xiaogui, "Why Did Chinese Nestorians Name Their Religion Jingjiao?", in Tang Li and Dietmar Winkler (eds.), *Winds of Jingjiao: Studies on Syriac Christianity in China and Central Asia*, Münster: LIT Verlag, 2016, pp. 283-309.

Zieme, P., "Zu den nestorianisch-türkischen Turfantxeten", in G. Hazai & P. Zieme (eds.), *Sprache, Geschichte und Kultur der Altaischen Völker*, Berlin 1974, pp. 661-668.

——"Zwei Ergänzungen zu der christlich-türkischen Handschrift T II BI", *Aof* 5, 1977, pp. 271-272.

——"Ein Hochzeitssegen uigurischer Christen", in K. Röhrborn & H. W. Brands (eds.), *Scholia, Beiträge zur Turkologie und Zentralasienkunde*, Wiesbaden 1981, pp. 221-232.

——"A Cup of Cold Water, Folios of a Nestorian-Turkic Manuscript from Kharakhoto", in *Jingjiao: The Church of the East in China and Central Asia*, edited by R. Malek, Sankt Augustin: Institute Monumenta Serica, 2006, pp. 341-345.

——"Notes on a Bilingual Prayer from Bulayik", in *Hidden Treasures and Intercultural Encounters. Studies on East Syriac Christianity in China and Central Asia*, ed. D. W. Winkler and Li Tang, Münster: LIT Verlag, 2009, pp. 167-180.

——"Turkic Christianity in the Black City (Xaraxoto)", in W. Winkler and Li Tang (eds.), *From the Oxus River to the Chinese Shores: Studies on East Syriac Christianity in China and Central Asia*, Münster: LIT Verlag, 2013, pp. 99-104.

——"The Tale of Ahikar according to a Garshuni Turkish Manuscript of the John Rylands University Library", in Tang Li & Dietmar Winkler (eds.), *Winds of Jingjiao: Studies on Syriac Christianity in China and Central Asia*, Münster: LIT Verlag, 2016, pp. 131-146.

Zhu, Donghua, "Ying/Nirmana: A Case Study on the Translatability of Buddhism into *Jingjiao*", in Tang Li and Dietmar Winkler (eds.), *Winds of Jingjiao: Studies on Syriac*

Christianity in China and Central Asia, Münster: LIT Verlag, 2016, pp. 419-433.

Abbreviations

AM	Asia Major
AoF	Altorientalische Forchungen
APAW	Abhandlungen der Königl. Preuss. Akademie der Wissenschaften
BCUP	Bulletin of the Catholic University of Peking
BJRL	Bulletin of the John Rylands Library
BSOS	Bulletin of the School of Oriental Studies
BSOAS	Bulletin of the School of Oriental and African Studies
CAJ	Central Asiatic Journal
CR	The Chinese Recorder
HO	Handbuch der Orientalistik
JA	Journal Asiatique
JAH	Journal of Asian History
JAOS	Journal of the American Oriental Society
JNCB	The Journal of the North-China Branch of the Royal Asiatic Society
JRAS	Journal of the Royal Asiatic Society
JRCAS	Journal of the Royal Central Asian Society
JRH	Journal of Religious History
MIO	Mitteilungen des Instituts für Orientforschung
Mser	Monumenta Serica
Muséon	Le Muséon Revue d'Etudes Orientales
OCP	Orientalia Christiana Periodica
RASNCB	Royal Asiatic Society. North-China Branch, Shanghai
SPAW	Sitzungsberichte der Preussischen Akademie der Wissenschaften
TP	T'oung Pao
TRE	Theologische Realenzyklopädie, Berlin, New York
UAjb	Ural-Altaische Jahrbücher
ZDMG	Zeitschrift der Deutschen Morgenländischen Gesellschaft
ZKG	Zeitschrift für Kirchengeschichte
ZMR	Zeitschrift für Missionskunde und Religionswissenschaft
ZRGG	Zeitschrift für Religions- und Geistesgeschichte

圖　版

圖版說明

一、19世紀所見西安景碑原貌

明季西安府出土的《大秦景教流行中國碑》揭開了唐代景教研究的序幕。圖爲19世紀所見的原碑照片，刊法國來華傳教士夏鳴雷（H. Havret）名著《西安府基督教碑》（*La Stèle Chrétienne de Si-ngan-fou*, Changhai 1895, Varivétés Sinologiques, No. 7）封面。蔡香玉博士翻拍自萊頓大學藏本。

二、景碑主體碑文拓本

西安景碑正面的主體碑文是研究唐代景教史的重要原始資料。圖爲廣州中山大學圖書館早年入藏的拓本照片。黃蘭蘭博士拍攝。

三、景碑正面下端文字拓本

景碑碑體正面下端，有敍利亞文、漢文題刻，蓋爲參與立碑的主要景士名字及身份。朱海志老師據廣州中山大學圖書館藏本拍攝。

四（1—3）、景碑兩側題名拓本

西安景碑碑體兩側題名凡70個，以敍利亞文爲主，多配有相應漢文名字。該等文字至少有部分是立碑後始陸續補刻的，其間隱藏著景教徒逐步華化的重要信息。朱海志老師據廣州中山大學圖書館藏本拍攝。

（1）碑體左側上端敍漢合璧題名
（2）碑體左側下端敍漢合璧題名
（3）碑體右側敍漢合璧題名

五、景碑異體字比較表

西安景碑有不少唐代異體字，夏鳴雷曾臨摹了部分，並與其他古碑作比較。該等異體字可供新面世唐代石刻之辨僞參考。蔡香玉女史翻拍自萊頓大學藏書（H. Havret, *La Stèle Chrétienne de Si-ngan-fou*, Changhai 1897, Varivétés Sinologiques, No. 12, pp. 234-235）。

六、唐代洛陽景教經幢殘體

2006年5月洛陽發現唐代景教經幢殘體的上半截，由龍門石窟研究所張乃翥先生率先報導並刊佈拓本。該經幢作爲唐代景教石刻，是繼西安景碑之後最重大的發現。照片蒙中國社科院宗教研究所羅炤先生惠賜，誌謝！

七（1—2）、景教經幢拓本

唐代洛陽景教經幢共有八個棱面，其中六個棱面頂端勒刻十字架、天使等圖像，主體部分勒刻景教禱祝詞、《宣元至本經》和《幢記》等，該等圖文蘊藏著唐代後期洛陽華化景教羣體的豐富信息。照片蒙張乃翥先生惠賜，誌謝！

（1）幢體1—4面拓本
（2）幢體5—8面拓本

八、阿羅憾丘銘拓本

阿羅憾丘銘是清末在洛陽附近發現的一塊墓石，據其所刻文字，墓主阿羅憾爲洛陽波斯移民領袖，曾爲朝廷出使蕃域，並帶領各國移民爲武后建天樞，多有學者將其認定爲景教徒，目其墓石爲唐代景教研究不可多得的實物資料。至 20 世紀 80 年代，意大利漢學家富安敦（A. Fort）一再刊文，力辨阿羅憾非景教徒。照片攝自廣州中山大學圖書館早年入藏的拓本，蒙中大圖書館特藏部李卓老師和丁春華老師惠賜。誌謝！

九、華化基督聖像

基督教本無聖像崇拜，但入傳唐代中國後，因應華情，製作本教的聖像以供教徒崇拜之用。西安景碑已暗示當時有基督聖像流行，考古發現亦提供佐證。圖爲 20 世紀初斯坦因在敦煌第 17 窟發現的一幅絹畫復原圖，是爲公元 10 世紀前之物。高 88 英寸、寬 55 英寸。畫上的景僧頭戴十字架王冠，手持十字架權杖，背有光環，學者多認爲其應是耶穌。竊意即便果爲耶穌，也不過是其華化的形象。照片蒙德國波恩大學教授克里木凱特（H. J. Klimkeit）生前惠賜。

一〇、敦煌寫本《大秦景教宣元本經》

敦煌寫本《大秦景教宣元本經》現存 26 行，467 字。寫本原係李盛鐸收藏，後流入日本，原件黑白照片最早發表於 1958 年京都出版的《羽田博士史學論文集》下卷，見圖版七。該件真跡復公刊於《敦煌秘笈》影片冊五，大阪，武田科學振興財團 2011 年 9 月 15 日發行，頁 397。編號：羽 431；一紙，縱 26.5× 橫 47.7 釐米。照片蒙日本辛岛静志傳賜，圖版序列號由黃佳欣博士添加。誌謝！

一一、最初刊佈的敦煌寫本《志玄安樂經》首末照片

敦煌出洞的《志玄安樂經》，初爲李盛鐸所藏，1935 年售諸日本，一直未公開。逮至 1958 年，京都出版的《羽田博士史學論文集》，始刊出該寫本首末二端照片，見該書下卷圖版第六。本圖版係蔡香玉女史據萊頓大學藏書翻拍。

一二（1—6）、敦煌寫本《志玄安樂經》（羽 013）全卷照片

2009 年 10 月，日本武田科學振興財團杏雨書屋將日藏《志玄安樂經》全卷公刊，見其所編《敦煌秘笈》影片冊一，頁 128—133。照片蒙日本辛島静志教授傳賜，圖版序列號由黃佳欣博士添加。誌謝！

一三（1—2）、敦煌寫本《大秦景教三威蒙度讚》

見於法藏敦煌寫本 P.3847 的《大秦景教三威蒙度讚》，是基督教三位一體的讚美詩，當今基督教會禮拜儀式還在採用。該件照片見《法藏敦煌西域文獻》(28)，P.3847，上海古籍出版社，2003 年，頁 356 下—357 上。圖版由黃佳欣博士複製並添加序列號。

（1）《三威蒙度讚》上
（2）《三威蒙度讚》下

一四、敦煌寫本 P.3847《尊經》暨"按語"

見於法藏敦煌寫本 P.3847 的《尊經》表述了唐代景教三位一體的概念，記載了三十多部唐代漢譯景經的名稱，還附有一個頗具史料價值的"按語"，是研究唐代景教不可或缺之參考文獻。原件照片見《法藏敦煌西域文獻》(28)，上海古籍出版社，2003 年，頁 357 下。

一五（1—2）、小島文書

所謂小島文書，即 1943 年日本小島靖氏所得、聲稱爲李盛鐸舊藏的兩個敦煌寫本，題爲《大秦景教大聖通真歸法讚》、《大秦景教宣元至本經》。1949 年，日本景教研究權威佐伯好郎以加頁的形式，將這兩個文書率先發表在氏著《清朝基督教之研究》。爾後學界的主流觀點便彼等直當敦煌出洞的景教寫經，時至 20 世紀 90 年代初，始有國人相繼質疑這兩件文書之真僞。2006 年，洛陽唐代景教經幢的面世，終於鐵證這兩個敦煌文書實爲贋品。

（1）小島所得《大秦景教大聖通真歸法讚》

（2）小島所得《大秦景教宣元至本經》

一六（1—37）、富岡文書《一神論》

1918年，羽田亨在日本《藝文》雜誌向世人披露該文書的發現，聲稱係富岡講師得自書賈，並肯定其爲敦煌出洞之珍，並就其書法和文字內容，判定其爲唐代景教會阿羅本時代的作品，學界多以爲然。不過，該文書之面世實際並無承傳鏈可循，言出自敦煌石窟，不過是書賈一面之詞。而且，就該寫卷本身，無論從卷面到文字內容，多有疑點，因此，就該文書的真僞，尚有待進一步考實。圖版據羽田亨編修《一神論卷第三，序聽迷詩所經一卷》（影印版），東方文化學院京都研究所，昭和六年（1931）10月，由曾君憲剛複製並添加序列號。

一七（1—16）、高楠文書《序聽迷詩所經》

所謂高楠文書，因收藏者高楠次順郎教授而得名，其於1925年秋末，將該文書見示羽田亨，次年，後者將文書全文過錄並考釋公刊。文書原題《序聽迷詩所經》，據羽田氏考證，與富岡文書同爲唐代景教會阿羅本時代的作品，學界多以爲然。不過，就該文書，無論就其承傳鏈，或寫卷本身，包括卷面到文字內容，亦像富岡文書那樣，疑點重重，因此，就該文書的真僞，尚有待進一步考實。圖版據羽田亨編修《一神論卷第三，序聽迷詩所經一卷》（影印版），東方文化學院京都研究所，昭和六年（1931）10月，由曾君憲剛複製並添加序列號。

一八（1—8）、《序聽迷詩所經》（羽459），一九（1—16）、《一神論》（羽460）

見日本武田科學振興財團杏雨書屋編《敦煌秘笈》影片冊六，2012年1月25日發行，頁84—96。照片蒙首都師範大學遊自勇教授、中國社科院徐弛博士傳賜，圖版序列號由黃佳欣博士添加。誌謝！

一、19 世紀所見西安景碑原貌

二、景碑主體碑文拓本

三、景碑正面下端文字拓本

四（1）、碑體左側上端敘漢合璧題名

四（2）、碑體左側下端敘漢合璧題名

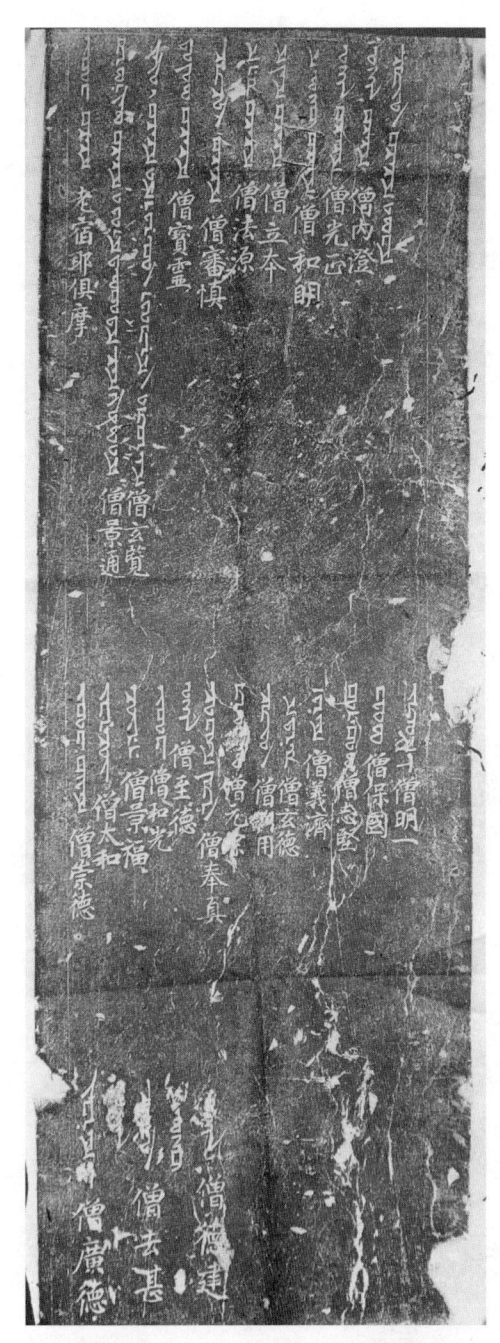

四（3）、碑體右側敘漢合璧題名

五、景碑異體字比較表

六、唐代洛陽景教經幢殘體

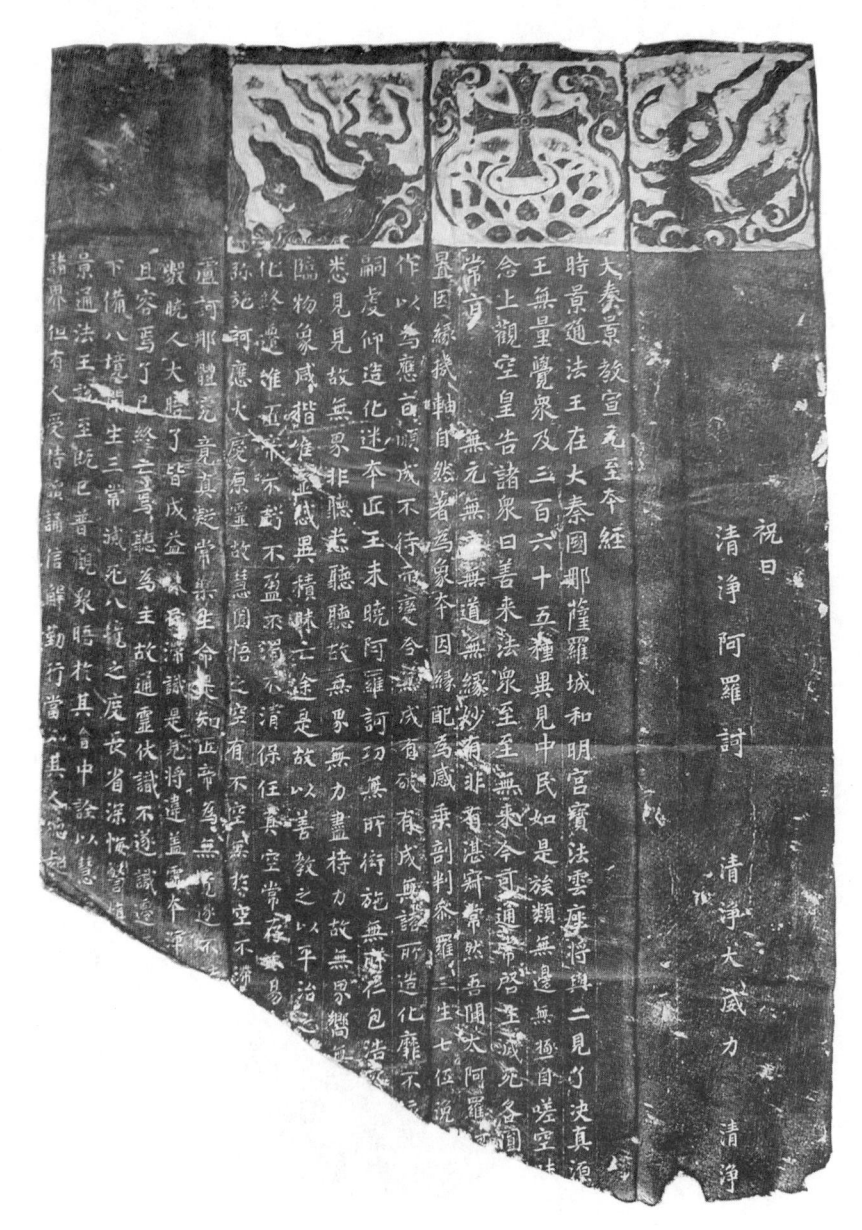

七(1)、幢體1—4面拓本

七 (2)、幢體 5—8 面拓本

八、阿羅憾丘銘拓本

九、華化基督聖像

一〇、敦煌寫本《大秦景教宣元本經》

一一、最初刊佈的敦煌寫本《志玄安樂經》首末照片

一二（1）、敦煌寫本《志玄安樂經》（羽013-1）

一二（2）、敦煌寫本《志玄安樂經》（羽013-2）

一二（3）、敦煌寫本《志玄安樂經》（羽013-3）

一二（4）、敦煌寫本《志玄安樂經》（羽013-4）

一二（5）、敦煌寫本《志玄安樂經》（羽013-5）

一二（6）、敦煌寫本《志玄安樂經》（羽013-6）

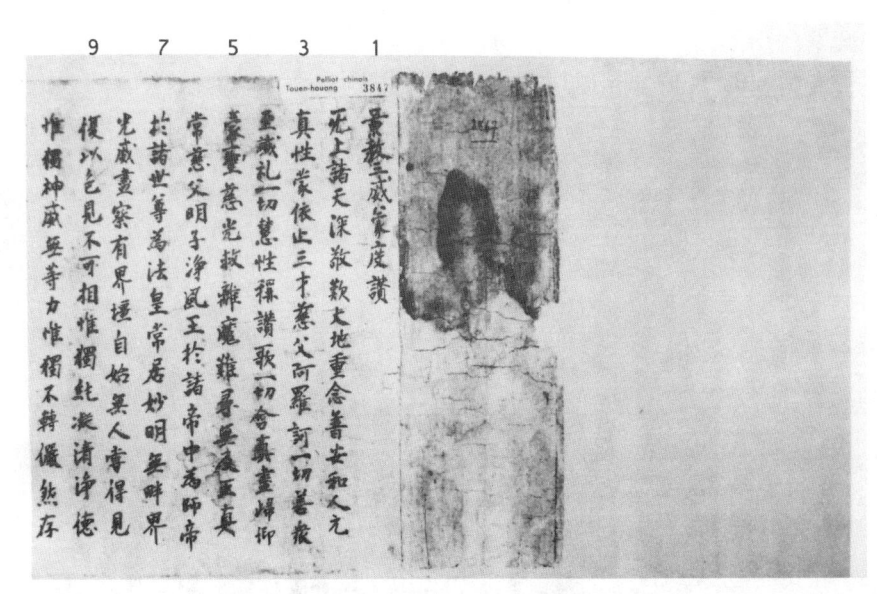

一三（1）、敦煌寫本《大秦景教三威蒙度讚》上

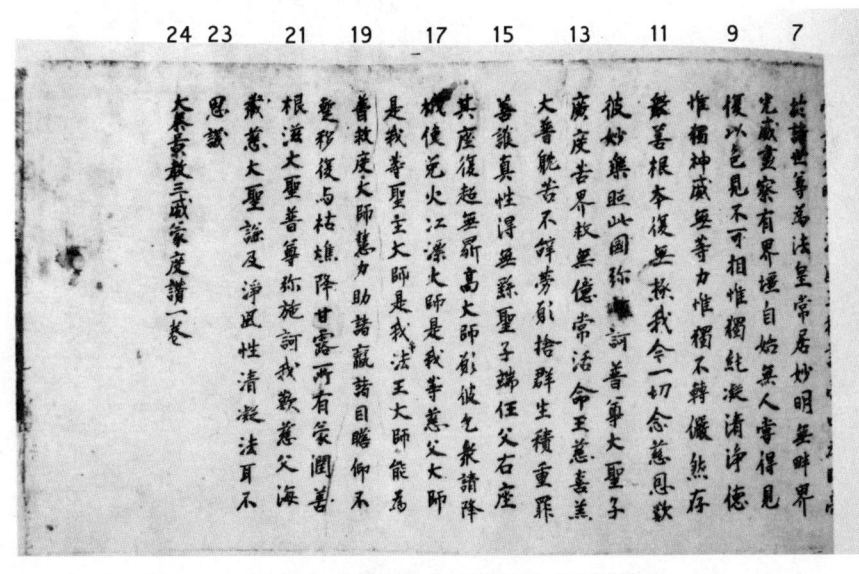

一三（2）、敦煌寫本《大秦景教三威蒙度讚》下

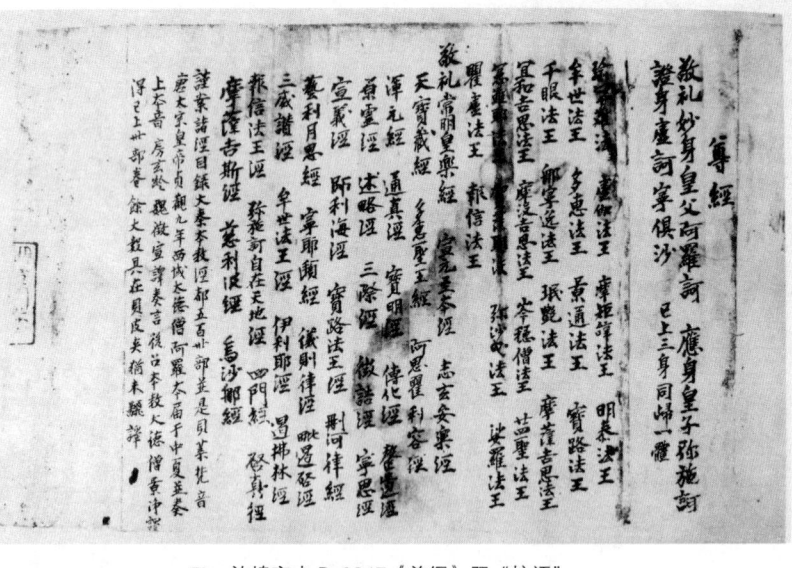

一四、敦煌寫本 P. 3847《尊經》暨"按語"

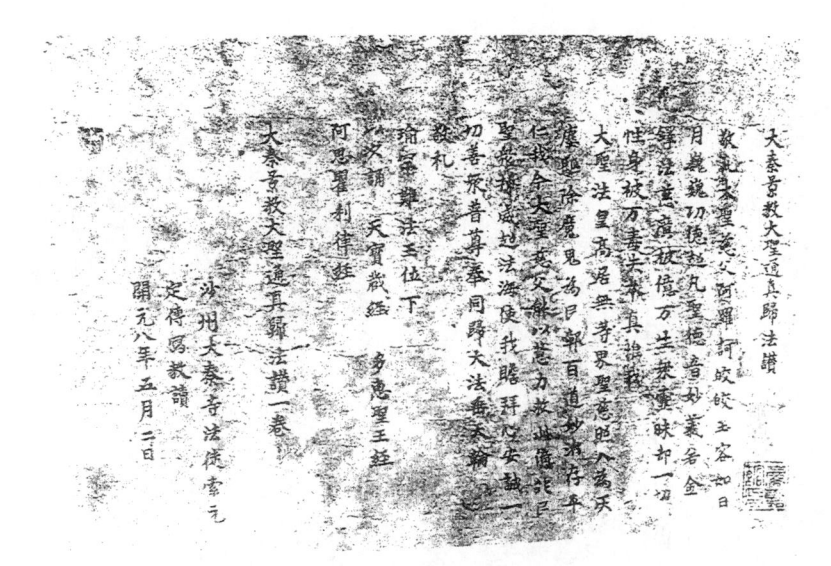

一五（1）、小島所得《大秦景教大聖通真歸法讚》

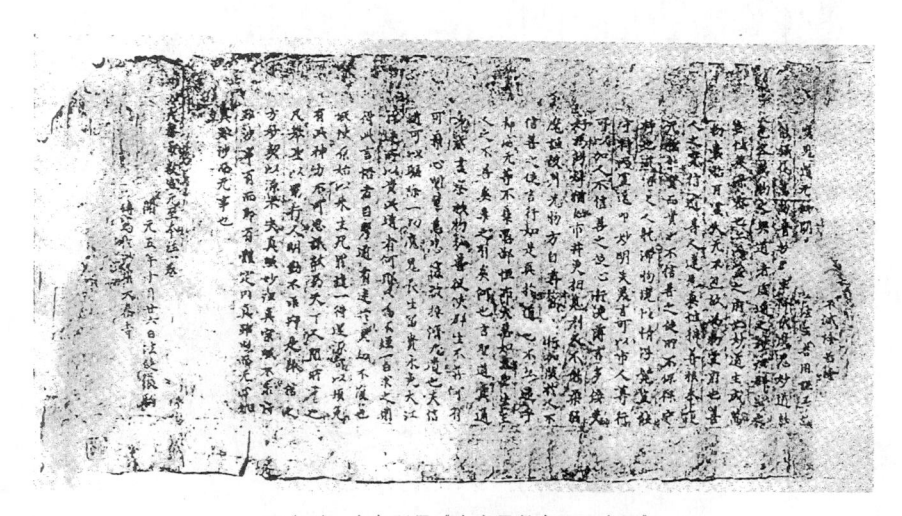

一五（2）、小島所得《大秦景教宣元至本經》

```
 11   10   9   8   7   6   5   4   3   2   1
```

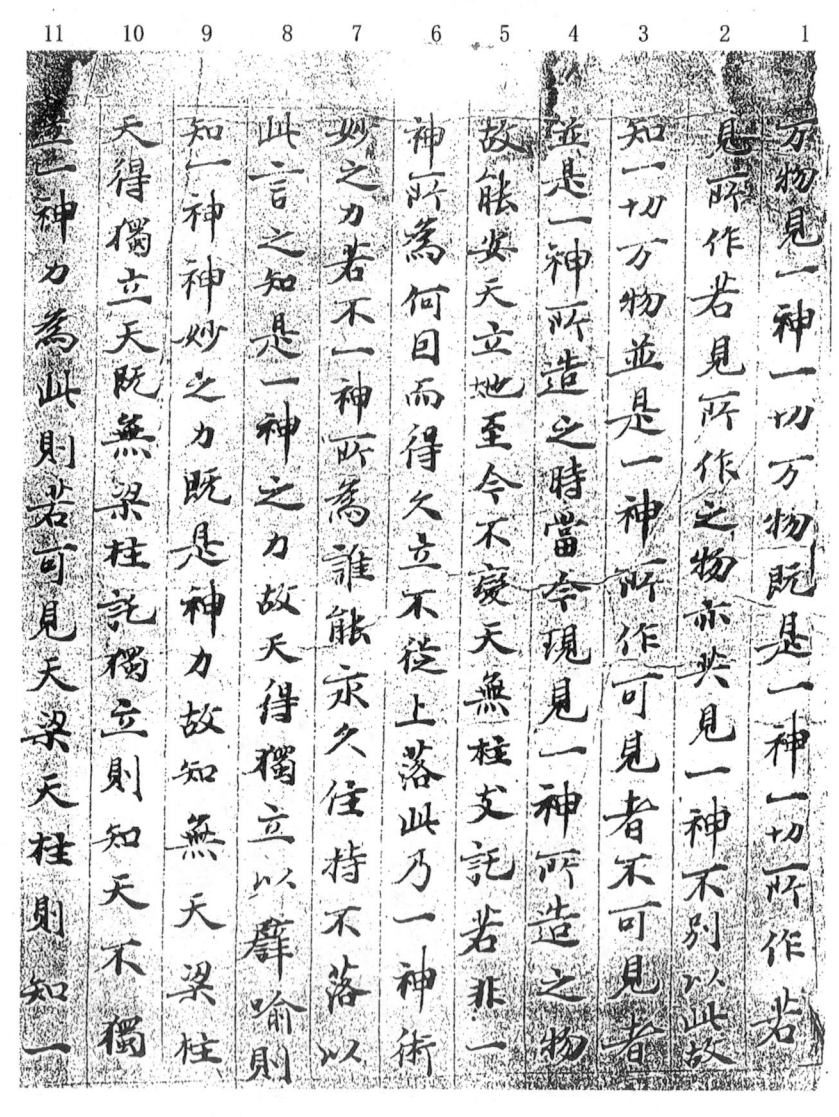

一六（1）、富岡文書《一神論》

（11）並一神力為此則若可見天梁天柱則知一
（10）天得獨立天既無梁柱記獨立則知天不獨
（9）知一神神妙之力既是神力故知無天梁柱
（8）此言之知是一神之力故天得獨立以聲喻則
（7）妙之力若不一神所為誰能求久住持不落以
（6）神所為何日而得久立不從上落此乃一神術
（5）故䏶安天立地至令不壞天無柱文記若非一
（4）並是一神所造之時當今現見一神所造之物
（3）知一切万物並是一神所作可見者不可見故
（2）見所作若見所作之物亦尖見一神不別以此
（1）万物見一神一切万物既是一神一切所作若

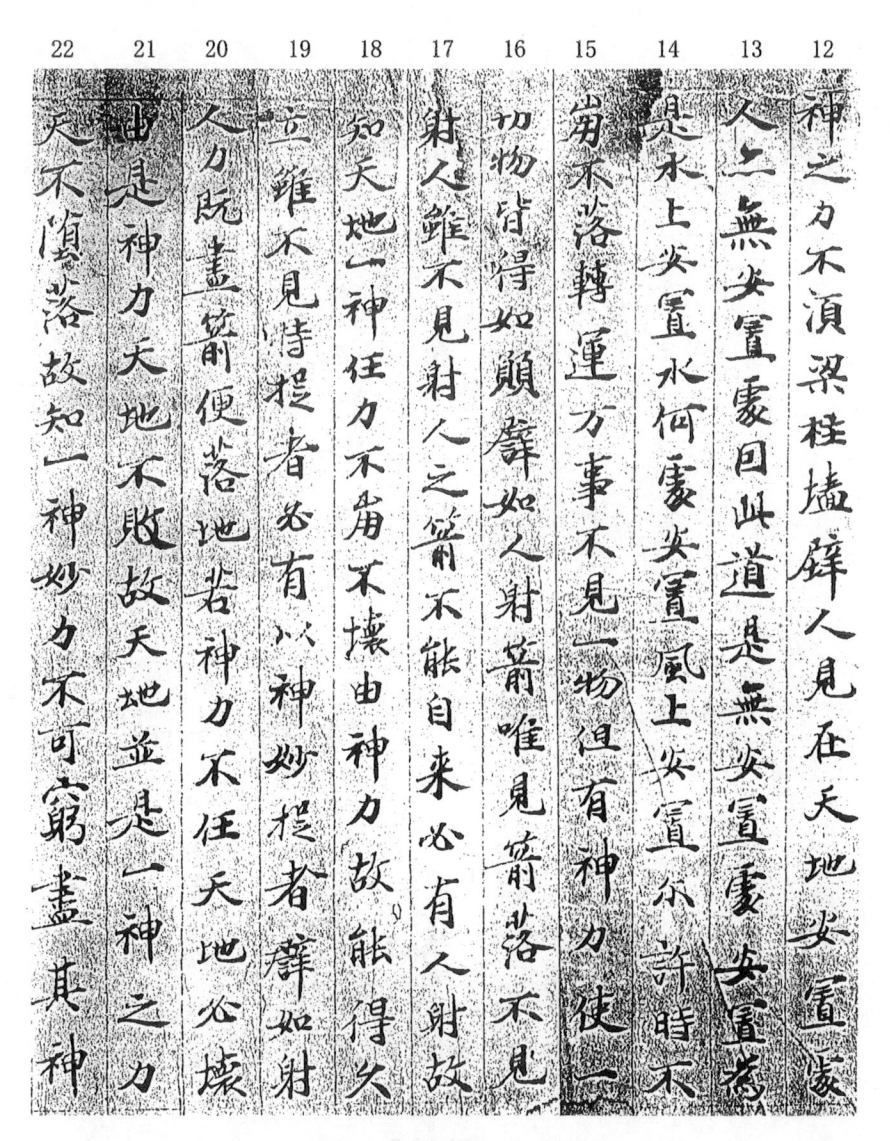

12 神之力不須梁柱牆壁人見在天地火置處
13 是水上火置水何處火置風上火置尒許時不
14 人云無火置處曰此道是無火置處火置為
15 閃不落轉運万事不見一物但有神力使一
16 切物皆得如顛譬如人射箭唯見箭落不見
17 對人雖不見射人之箭不能自来必有人射故
18 知天地一神任力不肩不壊由神力故能得久
19 立雖不見持捉者必有以神妙捉者譬如射
20 人力既盡箭便落地若神力不任天地必壊
21 是神力天地不敗故天地並是一神之力
22 天不隕落故知一神妙力不可窮盡其神

一六（2）、富岡文書《一神論》

一六（3）、富岡文書《一神論》

一六（4）、富岡文書《一神論》

34 人身人眼不可見魂魄在身既無可執見亦如
35 天下不可見魂魄在身人皆情願執大智之
36 聖等虛空不可執惟一神遍滿一切處將魂魄
37 在身中自檀意亦如此天下有一神在天瑩無
38 無接界怱是一神亦不不執著一處亦
39 無接界一處兩處第一第二時節可接界
40 譬喻如從此至波斯亦如從波斯至拂林無接界亦
41 接界時節如聖王風化見今從此無接界亦
42 不起作第一第二亦復不得此一神因此既無
43 接界亦無起作一切所有天下亦無接界亦
44 無起作亦無住處亦無時節不可問亦非

45 問能知一神何處在一神所在無處累亦無
46 起作一神不可問何時起亦不可問得亦
47 非問所得常住不減常住一神所在在
48 於一切万物常住一神無起作常住無盡
49 在處亦常尊一神作經律亦
50 無別異自聖亦無盡天下無者天尊作天尊
51 豪天下有者並可見亦有無可見魂
52 魂人不可得見有可見欲似人神識一切人見
53 二種俱同一根喻如一箇根共兩種茁譬如一人
54 头魂魄幷神識共戍一人若人身不具乏人無
55 魂魄人亦不具乏人無神識亦不具乏天下所

一六（5）、富岡文書《一神論》

56 見獨自無具是天下無可見獨自亦具是天下
57 在兩種一根若有人問有何万物一神知又不
58 見者何在如此語此万物不能見者天下在
59 如一神所使者如許箇數幾許多人起作天
60 下万物盡一四色　　　　喻第二
61 問曰人是何物作荅曰有可見無可見何在
62 作何無作有可見則是天下從四色物作地水
63 火風神力作問曰有何四色作也荅曰天下
64 無一物不作一神亦無在
65 天下無求請天下譬如作舍先求請作舍人
66 優求請此並神所擧意即戒如憐一切眾

67 生見在天下憐愍畜生一神分明見天地並一

68 神所作由此衆分神力意度如風不是实身

69 亦神識人眼不見少許神力所遣神力所喚

70 物當得知餘物何處好不住是何彼相茲大

71 有万物安置一神擧天下共神力畜生与庶

72 不解言語無意智所以因此若箇万物二共一

73 三共二不相似二天下不可見是人疑心中思

74 餘神彼相分明万物作更有神彼相誰不分明

75 作万物因此餘神彼相不分明万物作所以可見

76 万物亦無可見万物向盡兩種一人作分明群

77 人有兩種一種不可言得一不可言得一不可言

一六（7）、富岡文書《一神論》

一六（8）、富岡文書《一神論》

89	90	91	92	93	94	95	96	97	98	99
有明火非柴草不能得明猶此神力能別同而同	別異而以此神力不用人力自然成就皆是一神	之力猶如魂魄五蔭不得成就此魂魄不得五蔭	故不能成既無別作神因此故當得五蔭手然	後天下當住不滅万物莫不就由如魂魄執著	五味如五蔭為天下魂美味魂魄知彼相似	譬如說言魂魄在身上如地中麦苗在後生	生子五蔭共魂魄亦言麦苗生子種子上能	生苗苗子亦各固自然生不求董水若以刈竟	麦入窖即不藉董水暖風上如魂魄在身不求	冠釜飯亦不須衣服若天地滅時卻更生時

一六（9）、富岡文書《一神論》

100: 魂魄迷歸五陰身來自然具足更不求覓衣
101: 食常住快樂神通遊戲不勿物資身愉如
102: 飛仙快樂老快樂身遊戲彼天下快樂亦如魂
103: 魄遊在身上快樂彼魂魄如容在天下快樂
104: 豪於山天下五陰身共住容同快樂於彼天下
105: 喻如魂魄作容山天下亦是五陰身山天下作
106: 容魂魄彼天下無憂快樂為悲天尊神力
107: 使然如前魂魄於身上氣味天尊欲重一切
108: 万物分明見天下須報償如魂魄向依魂魄共陰
109: 作容主天下常住者魂魄何許冨在前借
110: 貸五陰誰貸彼此勿疑若五陰貸不能償

一六（10）、富岡文書《一神論》

| 121 | 120 | 119 | 118 | 117 | 116 | 115 | 114 | 113 | 112 | 111 |

111 債似魂魄富飽貸債與五陰五陰若貧魂
112 魄富飽因此無疑不能償債得此說言五陰
113 貧魂魄富飽亦無別計貧實所以五陰惣
114 是近王魂魄少許似身兩共五陰共魂魄自一
115 身神知若知亦無此天下知雖兩共先此魂知
116 亦彼天下知更在後亦如在先住胎中
117 不住所以知在先母胎中生如此聞須作者此
118 天下彼憂作在後生時此如是此天下生
119 亦不生常住此憂為如此能備善種果報
120 彼天下須者皆得在先此天下種於後去彼
121 天下是何憂此憂須母胎即領作若箇万物

一六（11）、富岡文書《一神論》

| 132 | 131 | 130 | 129 | 128 | 127 | 126 | 125 | 124 | 123 | 122 |

122 彼天下須天下須在前此聞須作分明堂說但
123 天下明須眼此看之豪並須明見亦有無量
124 種語聲音亦須身明聽無量種香亦須鼻
125 嗅香分明無量食擅亦須口嘗其味無量種
126 任須手自作此五蔭說言非此豪作是母胎中
127 若忽然有此五蔭少一不具足此胎中出如天
128 下人盡皆悲母胎中所作餘豪不能作若見
129 此豪作可作母胎中作如彼天下須者此聞
130 合作此聞若不合作至彼豪亦不能作一切
131 德須此豪作不是彼豪作莫跪拜鬼此豪
132 作切德不是彼豪一神豪分莫違頭此豪得

一六（12）、富岡文書《一神論》

一六（13）、富岡文書《一神論》

144 去須解無便宜窣䆫家於人一切於自家窣
145 若家不覓功德此大如人在先知天尊誰置
146 誰掌一神天尊礼拜一神一取一神進心不
147 是此意知功德不是餘家功德此家功德
148 不是功德家喻如人作舍領前作基脚先須
149 窣固炎實若基脚不窣固舍即不成喻如欲
150 作功德先俻行其炎俻足亦須知一神炎置
151 久甘須礼拜須領一神恩然後更別作功德
152 此處言語讚歎功德亦不是餘功德亦須知喻
153 如說言須往好善意智裏天尊何誰別在切
154 德家不勤心時如似人無意智欲作舍基脚

一六（14）、富岡文書《一神論》

一六（15）、富岡文書《一神論》

166 諸天子眾人緣人間有惡家惡魔鬼迷惑令
167 耳聾眼暗不得聞或行眾人先自緣善神先
168 自有善業為是過癡緣被惡魔迷惑未得
169 恍中事喻如人自抄錄善惡人還自迷惑不
170 覺悟不知神之福祇乃如四足畜生以是等故
171 心同四足故難為解說難得解脫而無分別是
172 知四足之等緣無識解不解礼敬一神亦不解
173 祠祭惡魔等緣惡魔相逢使人迷惑惡入
174 惡怨家無過惡魔等但有愚人背是惡魔
175 等迷惑使墮惡道以是因緣此人間怨家莫
176 過惡魔迷惑人故使有癡騃在於木石之上

一六（16）、富岡文書《一神論》

一六（17）、富岡文書《一神論》

一六(18)、富岡文書《一神論》

188 一字亦如惡魔有迴向惡道亦如迷惑眾人
189 迴向惡愚癡皆緣惡魔迷惑故迴心向惡者
190 名字同鬼亦如魍魎並皆迴向惡道遂便出
191 離於天堂天下惡所是其住處依其神住
192 說言惡風還在天下惡行還如魔是人聞怨
193 家樂著惡豪住者然其下豪惡中東大号名
194 条怒自外次第号為鬼也然此鬼等即與惡
195 魔離天堂其朋同歸惡道緣彼怒常詅欺
196 種惡方便迷惑眾人故使其然也惡魔嫉妬
197 眾人為善以是緣不令人尊敬一故惡魔專
198 思為惡故還欲迷惑眾生人使墮惡道以是

199 惡魔迷或故愚癡人等無心尊敬一神信邪
200 倒見故先墮三惡道中惡魔鬼中後於天下
201 生人間邊地下賤中生以是一顛成劫万劫法
202 恒常住永無異特然惡魔緣惡雖見惡為惡
203 惡故故惡中將向惡處但四天下常令念善願
204 戌好者一是也四天下思惡迷或衆人使隨惡
205 道者惡魔世是故一神始未顛怒成聖
206 一天論第一
207 世尊布施論第二
208 世尊曰如有人布施特勿對人布施會須遣
209 世尊知識然始布施若左手布施勿令右手

一六（19）、富岡文書《一神論》

| 220 | 219 | 218 | 217 | 216 | 215 | 214 | 213 | 212 | 211 | 210 |

210 覺若礼拜時勿聽外人眼見外人知聞會須
211 一神自見然始礼拜若其乞頗時勿浸乞頗
212 時先放人却若然後向汝豪作罪過汝亦還
213 放汝却若放得一即放得汝知其當家放得罪
214 一還客愁醫數有財物不須放置地上感時
215 壞却感時有賊盜將去財物皆須向天堂上
216 竟不壞不失計論人時兩箇性命天下一
217 一天尊二即是財物若無財物喫著交關勿
218 如此三思俞如將性兒子被破亮賊即交無
219 喫著何物我語汝等唯索一物當不一神豪
220 乞必無罪過若欲著皆得稱意更勿三思一

一六（20）、富岡文書《一神論》

221 如汝等惣是一苐子誰常气頗在天尊近並
222 是自猶自在欲喫欲著此並一神所有人生
223 看魂魄上衣五蔭上衣惑時一所與食飲或
224 與衣服在餘惣不能與唯看飛鳥亦不種不
225 刈亦無倉墖可守喻如一在磧裏食欲不
226 短無犁作亦不言衣裳並縢於諸雯亦不思
227 量自記徙巳身上朋莫看餘霏遇惟看他家
228 身上正身自家身不能正所以欲得戒餘人
229 似如梁柱著自家眼裏倒向餘人詑言汝眼
230 裏有物除却因合此語假矯先向除眼裏梁
231 柱莫淨潔妆人似為言語似眞珠莫前遼人

一六（21）、富岡文書《一神論》

| 242 | 241 | 240 | 239 | 238 | 237 | 236 | 235 | 234 | 233 | 232 |

232 此人似猪狠畏踏人欲不堪用此章告於自身
233 不周瘖却被嗔責何為不自知從一乞顛打
234 門他与汝門所以一神乞顛終得打門亦与汝
235 開若有乞顛不得者亦如打門不開為此乞
236 顛不得妄索索亦不得自家身上有者從汝
237 等於父邊索餅即得若從索石恐異自當即
238 不得若索魚亦可若索她恐螫汝為此不
239 與在此事亦無意智亦無善憂向憐憂憂
240 亦有善憂向父作此意如此索者
241 亦可與者亦不可不與者須與不與二是何
242 物兒子索亦須與一智稟無有意智亦無意

一六（22）、富岡文書《一神論》

一六（23）、富岡文書《一神論》

254 已營告此天下亦作期限若三年六箇月消
255 是汝憂分過去所以此彼石忽人執亦如
256 從自家身上作語是尊兒口論我是稱師
257 訶何誰作如此語此非是稱師訶誰感欲授
258 汝在方便為此自問佛林寄惩在時若無寄
259 悉授道理亦無不敢死若已被執授配與法家
260 子細勘問從初上懸若已付法方便別勘
261 當許以上懸高汝等語當家有律文援當
262 家法亦合死所以從自身作此言誰道我
263 是此尊息論實語時此舡家不是汝自家
264 許所以何談彼人元來在從一切人所以知是人

一六（24）、富岡文書《一神論》

| 275 | 274 | 273 | 272 | 271 | 270 | 269 | 268 | 267 | 266 | 265 |

265 在誰拕身訴言是此尊忽如此可見也亦喫
266 彼樹尊憂分勿從喫作如此心喫若從喫時
267 即作尊明於自家意似作此尊所以是人不
268 合將自家身訴作神合死所以称師訶不是
269 尊將身作尊自作於無量聖化所作不
270 似人種所作尊亦有憂身是彼舩家所以共
271 阿談一憂汝等憂所以舩家舊在亦不其作
272 不期報知惟有羊將向牢憂去亦無作聲亦
273 不唱嘆作如此無聲於法當身上自所愛以受
274 汝阿談種性輸與他喻如称師訶於五蔭中
275 死亦不合如此於命終所以無意智舩家亦

一六（25）、富岡文書《一神論》

一六（26）、富岡文書《一神論》

| 297 | 296 | 295 | 294 | 293 | 292 | 291 | 290 | 289 | 288 | 287 |

287 紫向新繇布裹裹亦於新墓田裹有新穿
288 冢山肇裂彼冢姿安置大石盖石上搭即石
289 忽緣人使持更字掌亦語彌師訶有如此
290 言三日內於死中欲起莫迷學人來愳汝靈
291 柩多從彼偷將去語訖似從死中起居如山
292 佐時石忽人三內彌師訶喻如墓田彼即從外
293 相愉如從起手從女生亦不女身從證見冢此
294 飛仙阿使世尊著白衣愉如霜雪見向恃更
295 冢從天下來此大石在舊門上在閞却於
296 石上坐具持更者見狀似飛仙於墓田中来
297 著五蔭不見自日遂弃墓田去當時見者

一六（27）、富岡文書《一神論》

298 向石忽人具論於石忽人大賜財物所以借
299 問逗留有何可見因何不說此持更人云一依前
300 者所論弥師訶從死起亦如前者說女人等就
301 彼來憂依法石忽人於三日好看向墓田將來
302 就彼分明見弥師訶發迷去故相報信向學
303 人憂爺如前者女人於天下實信妄報於何
304 談因有此罪業向天下來喻如女人向墓田來
305 弥師訶見言是實將來於學人就善憂向天
306 下來於後就彼來將信去也弥師訶弟子分
307 明憂分向一切憂將我言語示語一切種人
308 來向水字於父子淨風憂分具是所有我

一六（28）、富岡文書《一神論》

309 迷没在此到盡天下聞有三十日中於彌師
310 訶地上後從死地起於一切万物所有言話
311 並向汝等具說亦附許來欲得淨風天向汝
312 等彌師訶從明霎空中看見天上從有相大
313 慈風中坐為佐大聖化於天下示見惡魔起惡
314 焰向人上從如供養獺下於地世尊所得並
315 作一切辛苦憂亦於惡魔起手向人配秘不
316 堪用所以受大辛苦恐畏將人遠離世尊
317 向彌師訶手一切人有信共向世尊來若無
318 信者向如此言所以眼不能見所作者由來
319 具足亦如是此人即今見在生人亦不起慮

一六（29）、富岡文書《一神論》

320 意中怨不死喻如前者人死如許人等誰死
321 者有信向彌師訶㝵亦不須疑慮起從黃
322 泉一切人並得起於後彌師訶向上天十日使
323 附信與弟子㝵與淨風從天上看弟子分明
324 具見㝵淨風喻如火光住在弟子邊頭上欲
325 似舌舌彼與從得淨風教一切人種性㝵有
326 彌師訶天下分明見得天尊㝵分誰是汝父來
327 向天下亦作聖化為我罪業中於已自由身上
328 受死五蔭三日内從死起憑天尊氣力尚上
329 天來末也聞此天下是彌師訶自譽㝵起於
330 一切人有死者從起於天下向未聞亦於天下

一六（30）、富岡文書《一神論》

341　340　339　338　337　336　335　334　333　332　331

恶魔鬼傍名援脫從人㝢死得活更㘴筒

性所以弟子向彌師訶名有患並瘥得差在

所教亦具足分向自家弟不是人種此尊種

世魔鬼同永去善㝢明見於天下教詔㝢分

惜取汝㝢分於黑闇地獄發遣去常㝢㚣

如自父不禮拜乃向惡魔禮拜有不淨潔㝢意

彼彌師訶㝢無行不具足受㝢分世尊喻

㝢將向天螢至常住㝢亦與長命快樂㝢於

者向彌師訶㝢取禮拜世尊者於彌師訶父

與一切人喻如思量時此天下亦報償亦有信

向彌師訶㝢分起從黃泉向寶法㝢生欲

一六（31）、富岡文書《一神論》

342 是普天下使彌師訶弟子作憑字一切亦共一
343 憂相覓得滕於彌師訶弟子得亦於先石忽
344 人所以不受憂無數中辛苦憂亦竟所以至末
345 開石忽不他所以拂琳向石圍伊大賊裏聲震破
346 砰卻亦是向量從石忽人被煞餘百姓並被
347 抄掠將去從般普天下所以有彌師訶弟子
348 有言報知於世尊及事從世尊一切人為
349 怨家大小更無餘計挍唯有運業能得彌師
350 訶弟子並然卻減作可以遣具足受業此去
351 回說世尊聖化預知後於無量時領前須
352 自防儻汝等誰事世尊自傳量挍計惡說

一六（32）、富岡文書《一神論》

353 欲非来是好事亦不負是得波情願世尊共
354 今相和一切王打百姓自由在拂林向波斯律
355 法如此作怛崇怱然諸聲打破作丘墟
356 亦不須放向自家國土有誰事彌師訶者亦
357 道名字公明見是天下所作憂世尊化術
358 異種作聖化計校篹量亦是他家所作唯有
359 世尊情願具足欲此諸王等聖主誰向佛林
360 誰向波斯並死亦以一切拂林如今並礼拜世尊
361 索到不堪憂所以是惡律法於所著者為怛
362 亦有波斯少許人被迷惑行與惡魔鬼等所
363 作涅素形像礼拜者自餘人怱礼拜世尊翳

一六(33)、富岡文書《一神論》

364 敦弥師訶並云此等向天下世尊聖化行亦無
365 幾多時所以分明自尔已来弥師訶向天下
366 見也向五陰身六百四十一年不過已於一切憂
367 誰有智慧者此憂見并化術若為向天下少
368 時間亦不是人豪傍能豪所以天尊神力因
369 於一切人智一切万物見在者悉是一神神力
370 所以弥師訶自家弟子選将去也汝等發遣
371 向天下戒所有言教並悉告知不是聖主國
372 王能自作冨貴種性人中選弟子所以於貧
373 賤無力小人中選取是弥師訶情願法所是
374 汝許語自餘一切具足亦於一切人知此是一神

一六（34）、富岡文書《一神論》

| 385 | 384 | 383 | 382 | 381 | 380 | 379 | 378 | 377 | 376 | 375 |

375: 曠住所以如是言法亦是一神
376: 自家許一切人
377: 誰欲解於一神豪分具已於魂魄上天堂亦
378: 須依次法行所以可見不是虛誰亦不是迷惑
379: 亦不安語不無罪業法須如山一切人浪行
380: 者具作罪業徒錯道行亦徒罪業裏欲得
381: 迴實亦須依一神道上行亦一神豪分自餘
382: 無別道人須向天堂雖識一天尊亦豪分其
383: 人等人受一神豪分者若向浪道行者恐畏
384: 人承事日月星宿火神礼拜恐畏人承事惡
385: 魔鬼夜又羅刹等隨向大地獄裏常住所
為向實家亦不須信大作信業不依一神豪

一六（35）、富岡文書《一神論》

386 於雀有惡魔共夜叉羅刹諸鬼等其作經文
387 一神律法書寫於天下欲末時惡魔即來
388 於人上共作人形向天下麆分現見於迷惑術
389 法中作無量種罪業作如此損傷一切人離一
390 神遠近已身麆妖置一所以如此說言我是稱
391 師訶三箇年六月治化於後三年六箇月所有
392 造諸惡業惡性行人者可得分明見誰向實
393 麆作功德者亦有無信向天尊麆分者唯有
394 惡魔鬼等作人形現者稱師訶與一神天分
395 明見向末世俗死人皆得起依麆分所以於
396 汝向有信者作諸功德者誰依直心道行者

一六（36）、富岡文書《一神論》

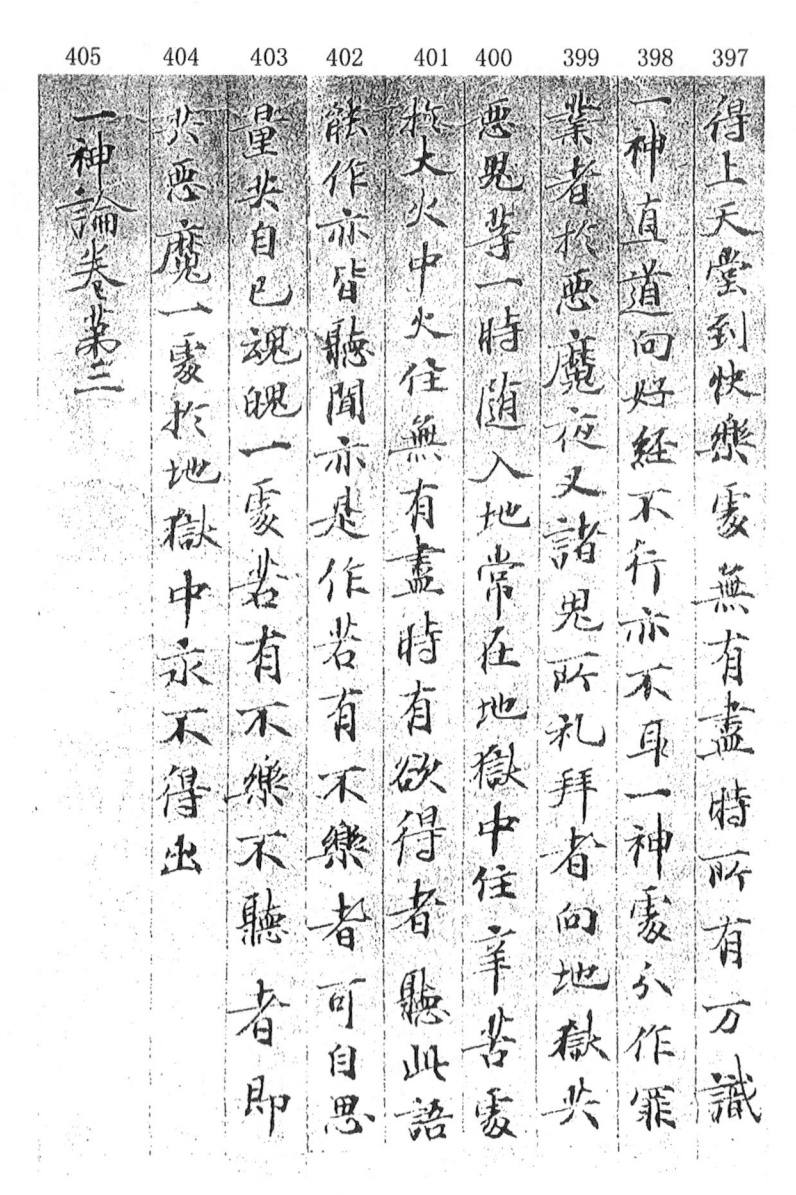

397 得上天堂到快樂處無有盡時所有万識
398 一神直道何好経不行亦不耳一神處分作罪
399 業者於惡魔復又諸鬼所礼拜者向地獄炎
400 惡鬼等一時逐入地獄中住羊苦處
401 投大火中火住無有盡時有欲得者聽此語
402 獸作亦皆聽聞亦是作若有不樂者可自思
403 量炎自巴魂魄一處若有不樂不聽者即
404 火惡魔一處於地獄中永不得出
405 一神論卷第三

一六（37）、富岡文書《一神論》

序聽迷詩所經一卷

1. 尒時弥師訶詶天尊序婆法云異見多少
2. 尒時孫師訶詶天尊序婆法云異見多少
3. 誰能說經義難息事誰能說天尊在後
4. 顯何在停心在眾其何諸佛及非人平章
5. 天何羅漢誰見天尊在於眾生無人得見天
6. 尊何人有咸得見天尊為此天尊顏容似
7. 尊何人能得見風天尊不盈少時巡歷世間居
8. 風何人居帶天尊氣始得存活無始
9. 編為此人居帶天尊氣始得存活無始
10. 得在豪安至心意到日出日沒已來居見想
11. 心去豪皆到身在明瓣靜度安居在天皆

一七（1）、高楠文書《序聽迷詩所經》

| 21 | 20 | 19 | 18 | 17 | 16 | 15 | 14 | 13 | 12 | 11 |

11　諸佛為此風流傳世間風流無豪不到天尊
12　常在靜處快樂之豪果報無豪不到世間人
13　孚誰知風動唯只聞聲頻一不見形無人識得
14　顏容端正若為非黃非白非碧亦無人知風居
15　強之豪天尊自有神威住在一豪所住之無
16　人捉得亦無死生亦無應沒相值所造天地
17　已求不曾在此間無神威力每受長樂仙緣
18　人急之時每稱佛名多有無知之人喚神此
19　天尊之類無緣作音尊音樂每人人鄉俗語
20　吾吾別大尊多常在無信每居天尊与人
21　意智不少誰報佛慈恩計合思量明知罪惡

一七（2）、高楠文書《序聽迷詩所經》

一七（3）、高楠文書《序聽迷詩所經》

| 43 | 42 | 41 | 40 | 39 | 38 | 37 | 36 | 35 | 34 | 33 |

33　衆生然始得見天尊世間元不見天尊者為得
34　識衆生自不見天為自脩福然不堕惡道地
35　獄即得天得如有惡業衆噴落惡道不見
36　明果然不得天道衆生等好自思量天地上大
37　火諸惡衆生事養者懃心為國多得賜官
38　藏异賜雜菜無量無量如有衆生不事天
39　火諸惡及不取進心不得官藏六無賜償即
40　配徒流即配憂死此即不是天大諸惡自由
41　至為先身縁業種果團圓犯有衆生先須想
42　自身果報天尊受許宰苦始立衆生衆生
43　理佛不遠立人身自專善有善福惡有惡

一七（4）、高楠文書《序聽迷詩所經》

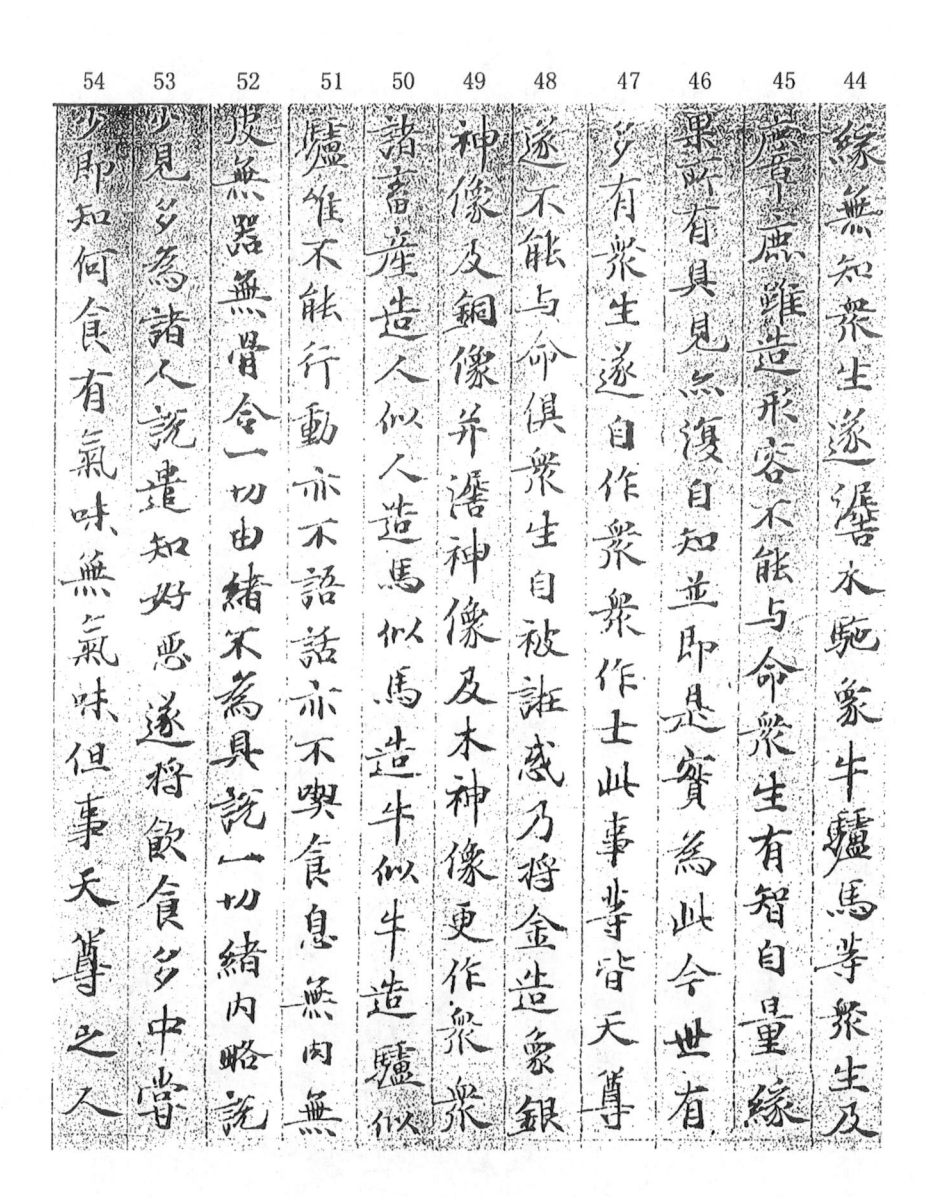

44 緣無知眾生遂瀉永馳象牛驢馬等眾生及
45 廣亭庶雖造形容不能与命眾生有智自量緣
46 果所有具見亦復自知並即是實為此今世有
47 多有眾生遂自作眾作士此事業皆天尊
48 遂不能与命俱眾生自被誰惑乃將金造象銀
49 神像及銅像幷瀉神像及木神像更作眾
50 諸畜產造人似人造馬似馬造驢似牛造驢似
51 爐誰不能行動亦不語話亦不喫食息無肉無
52 从無器無骨令一切緒內略說一切緒內當
53 必見多為諸人說遣知好惡遂將飲食多中當
54 少即知何食有氣味無氣味但事天尊之人

一七（5）、高楠文書《序聽迷詩所經》

55 為說經義並作此經一切事由大有數處多
56 有事節由緒少但事天尊人及說天義有人
57 怕天尊法自行善心及自作好并諫人好此人
58 即是受天尊教受天尊我人常作惡及教他
59 人惡此人不受天尊教窩瞋惡道命屬閻羅王
60 有人受天尊教常道我受戒教人受戒人合怕
61 天尊每日諫悮一切眾生皆各怕天尊並綰攝
62 諸眾生死活管帶綰攝渾神眾生若怕天尊
63 ◌合怕懼 聖上聖上前身福祐天尊補任◌
64 無自乃天尊耶屬自作 聖上一切眾生皆承
65 聖上進心如有人不束 聖上馳使不伏其

一七（6）、高楠文書《序聽迷詩所經》

66 人在於眾生即是迻償若有人受 聖上
67 進心即成人中解事并伏駃使及好之人并諫
68 他人作好及自不作惡此人即成受戒之所如
69 有人受戒及不怕天尊此人及一依佛法不戒
70 受戒之所即是迻遶之人第三須怕父母祗承
71 父母將此天尊及 聖帝以若人先事天
72 尊及 聖上及事父母不關此人於天尊得福
73 不多此三事一種先事天尊
74 第二事 聖上第三事父母為此普天在地
75 並是父母行援此 聖上皆是神生今世雖有
76 父母兒存眾生有智計合怕天尊及

一七（7）、高楠文書《序聽迷詩所經》

| 87 | 86 | 85 | 84 | 83 | 82 | 81 | 80 | 79 | 78 | 77 |

願者眾生自莫然生一莫諫他然所以眾
受戒人向一切眾生皆發善心莫懷雎惡弟五
父母如眾生無父母何人憂生弟四願者如有
承不闕臨命終之時乃得天道為舍宅為事
若孝父母并養給所有眾生孝養良父母恭
返諸惡莫返逞於尊不退於弟二願者
得聖上身怒是自由天尊說云所有眾生
聖上唯須勤伽習俊 聖上宮殿於諸佛求
受苦冤立天地只為清凈戌力因緣
尊所受及受尊教先遣眾生禮諸天佛為仏
聖上并怕父母好受天尊法教不合破戒天

一七（8）、高楠文書《序聽迷詩所經》

88 生命共人命不殊第六願者莫奷他人妻
89 子自莫寵業第七願者莫作賊第八眾生錢財
90 見他富貴并有田宅奴婢天睢娓第九願者
91 有好妻子并好金屋作文證加祿他人第十
92 願者受他寄物并將費用天尊并囑分事
93 燃多見貧賤敗他人如見貧兒實莫迴面反宛
94 家飢餓多与食飲割捨宛事如見男努力与
95 努力与須撩見人無衣服与衣著任見財物
96 不至一日莫留听以作見規徒多少不避寒
97 凍庸力見若莫罵諸神有威力加罵定得
98 究部貧見如要須錢有即須与無錢可与

一七（9）、高楠文書《序聽迷詩所經》

| 109 | 108 | 107 | 106 | 105 | 104 | 103 | 102 | 101 | 100 | 99 |

99 以瑘發遣無中布施見他人宿疢病實莫
100 喚他此人不是自由如此疢病貧見無衣破
101 碎實莫喚莫𣣋他人取物莫枉他人有人披
102 訴應事實莫屈斷有憚獨男女及烹女婦
103 中新莫作窓屈莫遣使有窓實莫高心莫
104 誇張莫傳口合舌使人兩相鬬打一世已求莫
105 経州縣官告無知善受戒人一下莫他惡
106 一切眾生皆常發善心自惡莫願惡所以
107 多中料少無常造好向一切眾生如有人見
108 願知受戒人為誰能依此經即是受戒人如有
109 眾生不能依不成受戒人豪分皆是天尊向

一七（10）、高楠文書《序聽迷詩所經》

| 120 | 119 | 118 | 117 | 116 | 115 | 114 | 113 | 112 | 111 | 110 |

110 諸長老及向大小迦相諫好此為第一天尊憙
111 天眾生依天尊莫使眾生然祭祀亦不遵
112 然命眾生不依此教自然生祭祀喫宾啟羙
113 將憑詐神即然羊等眾生不依此教作好憂
114 分人等眾生背面作惡遂背天尊天尊見眾
115 生如此憐愍不少諫作好不依天尊當使涼風
116 向一童女名為末艷涼風即入末艷腹內依
117 天尊教當即末艷懷身為以天尊使涼風
118 伺童女邊遶無男夫懷任令一切眾生見無
119 男夫懷任使世間人等見即道天尊有威
120 力即遣眾生信心清淨迴向善緣末艷懷後

一七（11）、高楠文書《序聽迷詩所經》

121 產一男名為移鼠父是向涼風有無知眾生
122 即道若向風懷任生產但有世間下
123 聖上放勑一紙去處一切眾生甘伏擾此天
124 尊在於天上普署天地當產移鼠迷師訶天
125 所在世間居見明果在於天地辛星居知在
126 於天上星大如車輪明淨所天尊處一弥前
127 後生於拂林園烏梨師斂城中當生弥師訶
128 五時經一年後語話說法向眾生作好年過
129 十二求於淨處名述難字即向若昏人湯谷
130 初時是弥師訶弟伏聖在於硤中居住生
131 生已來不喫酒肉唯食生菜及蜜蜜於地上

一七（12）、高楠文書《序聽迷詩所經》

132 當時有衆生不少向答昏渾礼拜及渡受
133 或當即答昏遣弥師詞入多難中洗弥師
134 詞入湯了後出水即有涼風從天求顏容
135 似薄閣坐向弥師詞上虛空中問道弥師詞
136 是我見世間既有衆生皆取弥師詞進此所
137 是處公皆作好弥師詞即似衆生天道為是天
138 尊處公處公世間下衆生休事屬神即有
139 當聞此語沭事㴲神休作惡遂信好業弥
140 師詞年十二及只年卅二已上求所有惡業
141 衆生達迴向好業善道弥師詞及有弟子
142 十二人遂受苦迴飛者作生瞎人得眼形容

一七（13）、高楠文書《序聽迷詩所經》

143 異色者遭羙病者鑒療得損被鬼者趂
144 鬼跋脚特羙所有病者求向弥師詞邊把
145 善迦沙悠得羙所有作惡人不過向善道
146 者不信天尊教者及不潔浄貪利之人今
147 世並不放却嗜酒受肉及事濛神文人留在
148 者遂證或翅觀遂欲悠却為此大有衆生即
149 信此教為此不能悠弥師詞於後惡業結用
150 肩翅觀信心清浄人即自平章乃欲悠却弥
151 師詞無方可計即向大王邊惡説惡業人平
152 惡事弥師詞作好更加精進教衆生年過此
153 二其習惡人等即向大王眺羅都悉邊言告

一七（14）、高楠文書《序聽迷詩所經》

154 毗羅都思前即道彌師訶合當死罪大王
155 即遣彌師訶計當死罪大王即欲憂分其人
156 邊彌師訶計當死罪彌師訶向大王毗羅都思
157 當死罪我實不聞不見其人不合當死罪
158 事從惡緣人自憂斷大王云我不能煞此惡
159 緣即公其人不當死我男女大王毗羅都思
160 案水洗手對惡緣等前我實不能煞其人
161 惡緣人等更重諮請非不得彌師訶將
162 身施与惡為一切眾生遣世間人等知其人
163 命如轉燭為今世眾生布施代命受死彌師
164 訶將自身与遂即受死惡業人乃將彌師訶

一七（15）、高楠文書《序聽迷詩所經》

165 別處向沐上榜處名為訖句即木上縛著
166 更將兩箇刻道人其人此在右邊其日將彌師
167 訶木上縛著五時是六日齋平明縛著及到
168 日西四方闇黑地戰山崩世閒所有藝門並
169 聞所有死人並崇得活其人見如此亦為不信
170 經教死活並為稱師訶其人大有信心人即云

一七（16）、高楠文書《序聽迷詩所經》

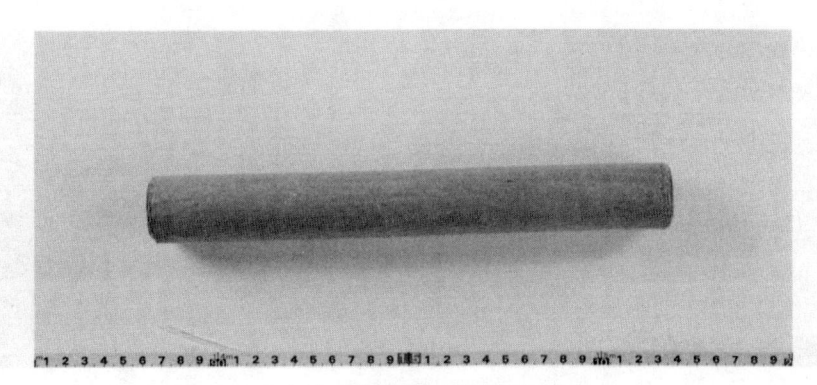

一八（1）、《序聽迷詩所經》（羽459）

一八（2）、《序聽迷詩所經》（羽459-1）

一八（3）、《序聽迷詩所經》（羽459-2）

一八（4）、《序聽迷詩所經》（羽459-3）

一八（5）、《序聽迷詩所經》（羽459-4）

一八（6）、《序聽迷詩所經》（羽459-5）

一八（7）、《序聽迷詩所經》（羽459-6）

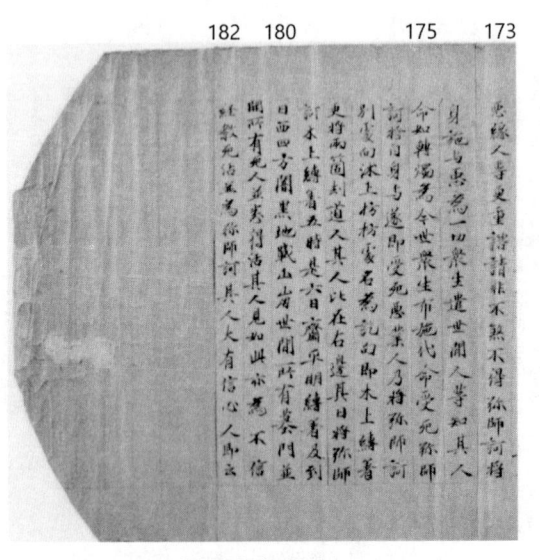

一八（8）、《序聽迷詩所經》（羽459-7）

一九（1）、《一神論》（羽460）

一九（2）、《一神論》（羽460-1）

一九（3）、《一神論》（羽460-2）

一九（4）、《一神論》（羽460-3）

一九（5）、《一神論》（羽460-4）

一九（6）、《一神論》（羽460-5）

一九（7）、《一神論》（羽460-6）

一九（8）、《一神論》（羽460-7）

一九（9）、《一神論》（羽460-8）

一九（10）、《一神論》（羽460-9）

一九（11）、《一神論》（羽460-10）

一九（12）、《一神論》（羽460-11）

一九（13）、《一神論》（羽460-12）

一九（14）、《一神論》（羽460-13）

一九（15）、《一神論》（羽460-14）

一九（16）、《一神論》（羽460-15）

索 引

說明：本索引收入本書提到的重要文獻史料、重要學者以及與唐代景教有關的重要人名、地名和術語，按拼音順序排列。條目後數字為本書頁碼。

A

阿羅本 13, 18, 24, 27, 47, 48, 50-54, 75, 83, 84, 86, 91, 92, 96, 109, 123, 156, 158, 180, 181, 196-199, 202, 237, 239-241, 249, 299, 321-323, 330, 331, 339, 340, 345, 349, 350, 370, 373, 384-387, 392, 395, 405, 431-433, 435-445, 447, 449-452, 455-457, 459-463, 468, 470-483, 486, 487, 489, 496, 503, 504

阿羅憾 199-212, 214-216, 218-225, 227, 320, 385, 386

阿羅憾丘銘 194, 196-201, 205, 208-211, 214, 216, 225, 227, 320, 385, 386

阿羅訶 107, 108, 145, 146, 150, 151, 153, 154-157, 185, 240, 253, 271, 272, 278-281, 291, 294, 296-301, 303-305, 307, 308, 331, 334, 335, 338, 343-345, 394, 423, 424, 426, 482-484, 487, 503

阿思瞿利容經 109, 248, 280, 338, 480

安祿山 36, 94, 100, 207, 413

安史之亂 36, 76, 97, 100, 101, 325, 352

B

白居易 190, 418

拜占廷 15, 43, 196, 198, 206, 210, 212, 421, 457

般若 12, 95, 183, 256, 304, 325, 343, 362, 396, 425, 426, 485, 486

寶路法王 109

寶路法王經 109, 248, 280, 338, 480

寶明經 109, 248, 280, 338, 480

報身 298, 299, 301, 444

報信法王經 109, 248, 280, 339, 480

鮑狄埃 9, 29, 326, 459

卑路斯 39, 41, 221-224

貝葉梵音 123, 153, 155, 156, 249, 299, 339, 395, 480, 481

比屋根安定 12, 59

邠牟 409-412, 422

波斯胡寺 39, 41, 47, 48, 52, 66, 146, 319, 434, 436, 437

波斯經教 42, 66, 146, 319, 397, 422, 433, 434, 440, 453, 454, 473, 477

波斯僧 18, 45, 47, 76, 123, 204, 311, 322, 349, 350, 362, 384, 385, 387, 396, 432, 433, 445-448, 456, 476-479

波斯寺 41, 42, 47, 48, 66, 68, 92, 146, 222, 224, 319-320, 397, 422, 433-435, 455,

473

伯希和 10, 11, 13, 16, 17, 20, 22, 26, 29, 30, 33, 37, 39, 41, 106, 110, 111, 115, 118, 119, 121, 138, 158, 165, 195, 199, 203, 204, 207, 213, 214, 245, 325, 328, 361, 363, 364, 366, 368, 369, 372, 374, 381, 388, 392, 394, 396, 398, 400, 403, 428, 441, 461, 474, 502, 506, 507, 509

C

蔡鴻生 28, 69, 70, 92, 175, 189, 191, 317, 340, 341, 389, 405, 407, 414, 419, 456
藏經洞 105, 121, 126, 134, 135, 138, 139, 148, 149, 241, 243, 245, 255, 259
冊府元龜 44, 45, 76, 77, 97, 98, 221, 350, 383, 386, 387, 441, 445, 448, 476, 478
岑穩僧伽 109, 130, 252, 261-263, 266
岑仲勉 13, 15, 18, 34, 40, 210, 211, 222, 475
長安志 34, 41, 48, 57, 59, 69, 71, 434, 436, 437
常明皇樂經 109, 248, 280-282, 338, 480
陳崇興 22
陳寅恪 125, 132, 217, 281, 312, 317, 341, 345, 374, 396, 414, 418-421, 456, 482
陳垣 4, 16, 40, 49, 51, 71, 73, 74, 77, 79-81, 87, 88, 93, 94, 98, 99, 111, 127, 135, 136, 138, 147, 160, 167, 168, 170, 177, 274, 276, 308, 358, 374, 383, 410, 414, 421, 431, 433, 445, 450, 451, 453, 460, 485, 488
陳增輝 131
池田溫 146, 147, 259
崇一 45, 79-82
傳化經 109, 248, 280, 338, 480
幢記 231, 269, 270, 275-277, 282, 283, 291-294, 306-308, 310-319, 323, 324, 367, 370, 373, 374, 376-378, 383, 384,

403, 405, 452, 457
慈利波經 109, 248, 280, 339, 480
村上博輔 12

D

大道 20, 101, 329, 392, 409, 411, 412, 421-425, 427
大德 44, 45, 47, 76, 78, 83, 91, 96, 123, 156, 201, 204, 299, 309, 310, 313, 315, 318-320, 350, 351, 357, 360-362, 367, 369, 370, 372, 374, 377-381, 384-387, 395, 414, 433, 434, 436-438, 440, 448, 457, 473, 476-480, 504
大藏經 106, 151, 152, 154, 176, 183, 215, 253, 281, 286
大秦寺 6, 13, 17-19, 33, 38-42, 46-48, 50-52, 54-69, 71, 78, 92, 93, 118, 121-123, 133, 146, 147, 237, 240, 309, 313-316, 318-321, 323, 325, 347, 349, 360-362, 364, 366, 367, 369-370, 372, 377-379, 381, 384, 388, 392, 396-398, 402, 405, 414, 422, 428, 429, 433, 435, 436, 438, 442, 444, 448, 455-457, 470, 473-476, 487, 489, 502, 504, 509
大聖通真歸法讚 105, 133, 134, 136, 139-141, 143-147, 149, 235, 289, 426, 485
大唐西域記 114, 189, 358
大威力 291, 301, 303-305, 394
大雲光明寺 68, 77, 97
大雲經 207, 208, 217-219, 281
大正藏（大正新修大藏經）35, 63, 106, 110, 176, 182, 215, 251, 253, 260, 271, 272, 277-279, 281, 284-286, 293, 294, 297, 298, 300, 301, 304, 341-343, 348, 362, 367, 370, 381, 382, 388, 393, 396, 425, 436, 444, 455, 468, 486, 493
大智慧 299, 303-305
代宗 54, 69, 75, 95, 99, 296, 373, 397, 416,

425, 472, 505
德禮賢 113, 177, 181
德宗 30, 46, 68, 98, 121, 123, 241, 274, 296, 320, 383, 390, 396, 397, 425, 432, 438, 455, 485
翟理斯 10
翟林奈 10
達娑 389, 505
丁福保 217, 298, 343, 393, 481
丁韙良 9, 11, 145
東方教會 27, 49, 52, 154, 231, 289, 322, 392, 395, 402, 444, 453, 470, 494, 506
東方朔 462-465
董康 136, 137, 177
端方 194, 196-198, 207, 226
段晴 122, 347, 349, 360, 364, 366, 368, 369, 375, 388, 392, 435, 442, 444, 448, 473, 509
敦煌石室遺書 106, 138, 234, 245, 473
多惠法王 109
多惠聖王經 109, 248, 280, 338, 480
多維利埃 11, 196, 328, 361, 502

E
遏拂林經 109, 248, 280, 338, 480
二宗經 70, 83, 84, 92, 218, 455

F
法皇 108, 145, 147, 333-335
法身 155, 276, 298-301, 343, 380, 444, 484, 500
法主 9, 24, 27, 53, 54, 75, 155, 231, 318, 321, 362, 363, 373, 384, 394, 395, 442, 470, 474, 475, 484, 487, 504-506
方豪 4, 46, 59, 111, 112, 116, 131, 160, 161, 178, 185, 186, 202, 302, 332, 333, 471
馮承鈞 5, 8, 11, 17, 19-21, 51, 54, 110, 208, 218, 268, 350, 351, 360, 381, 388, 432, 440, 441, 448, 449, 457, 477, 478
馮其庸 243, 269
佛頂尊勝陀羅尼經（陀經）276-280, 283, 284, 352, 487
佛祖統紀 68-70, 77, 83, 92, 97, 98, 218, 219, 455
伏爾泰 7, 8,
伏識 273, 308, 375, 503
拂多誕 70, 83, 91, 92, 218, 370, 379, 380, 443, 455
拂菻（拂林）42-44, 163, 166, 198, 200, 205, 206, 208-212, 224, 225, 386, 399, 402, 499
福斯特 10, 26-28, 34, 37, 115
富安敦 11, 19, 33, 37, 39, 194, 320, 385
富岡謙藏 158, 160-162, 176, 233, 254, 426
富岡桃華 159
富岡文書 158-160, 164, 165, 167, 168, 170, 174-176, 181, 183, 231, 233, 235-239, 241, 251, 340, 376, 496

G
高本漢 46, 185
高楠氏 12, 105, 174, 176, 177, 181-183, 192, 233, 238, 254, 340, 480
高楠順次郎 12, 95, 176, 181-183, 256, 325, 425, 426, 486
高楠文書 159, 164, 167, 174, 179, 182-184, 191, 192, 231, 233, 234-237, 239-241, 251, 340, 376, 483, 496
高宗 24, 26-30, 40, 46, 54, 65, 75, 81, 92, 95, 194, 205, 207-210, 218, 220-224, 268, 276, 321, 384-386, 413, 416, 442, 443, 475, 479, 483, 504
葛承雍 243, 269, 289, 306, 319, 398, 414, 457, 474

格雷 25, 29
格義 240, 278, 298, 299, 303, 312, 341, 363, 370, 374, 378, 393, 427, 436, 444, 483, 485
耿昇 5, 8, 18, 21, 25
龔方震 15, 237,
龔天民 22, 68, 85, 95, 107, 114, 119, 133, 161, 164, 178, 181, 240, 486
古伯察 9, 19, 25, 28
顧炎武 5, 67
郭子儀 35, 36, 96, 361, 390, 391, 397, 474, 505

H
何祿 92, 352, 443, 455
何喬遠 92, 218, 362, 381, 443, 488
賀廢毀諸寺德音表 82, 101, 392
賀薩耶法王 109
華化 63, 231, 239, 256, 277, 293, 301, 303-305, 312, 315, 317, 323, 348, 374-378, 383, 384, 392, 393, 395, 397, 405, 406, 419, 427, 430, 437, 474, 496, 501
房玄齡 51, 52, 110, 123, 156, 249, 299, 339, 395, 439, 440, 449, 480
霍夫力 238, 242
洪鈞 7
洪業 17, 59
胡人 31, 50, 100, 231, 312, 317, 323, 355, 356, 359, 377, 382, 389-391, 396, 410, 412, 416, 419, 421, 423, 429, 457, 458, 475, 476, 489
胡裔 231, 293, 300, 303, 305, 312, 313, 315, 355, 377, 406, 448,
會昌滅佛 85, 121, 357
會昌一品集 76, 82, 97, 99
毀佛寺制 61, 62, 86-88, 100, 430
渾元經 109, 248, 271, 280, 338, 480

J
佶和 44, 80, 204, 319, 357, 360, 385, 388, 389, 397, 414, 434, 435, 473, 504
及烈 45, 76, 79, 204, 320, 350, 351, 360, 361, 385-389, 445-449, 476-479, 504
吉思呪 468, 488, 491, 493, 495, 497-501
榎一雄 67, 139, 141, 142, 147, 149, 200, 208-211, 290, 429
江文漢 14, 15, 22, 25, 29, 31, 32, 36, 107, 114, 132, 139, 162, 163, 178, 329, 460
姜伯勤 148, 406
匠帝 150, 151, 154-157, 271, 272, 279, 281, 287, 307, 308, 340, 424, 483, 484
金勝寺 5, 17
景福 24, 46, 277, 282, 283, 293, 295, 308, 313-316, 321, 358, 368, 372, 373, 390, 393, 398, 401, 404, 442, 475, 504
景教碑（景教流行碑、景教流行中國碑）3-27, 12-14, 17, 18, 20-22, 24-27, 33, 35-38, 40, 43-48, 50, 51, 53, 54, 56, 59, 64-68, 75, 76, 78-84, 91, 92, 94-96, 106, 110-113, 116, 123, 145, 147, 156-158, 168, 179, 180, 183, 185-189, 192, 194, 195-205, 207, 208, 215, 219, 221, 234, 239-241, 248, 250, 251, 268, 271, 273-275, 277, 279, 281, 295, 296, 318, 320, 325, 329-331, 334, 350, 351, 357, 360, 361, 371, 388, 394, 395, 410, 413, 414, 423, 425-427, 429, 433, 434, 440, 445, 448-450, 457, 459, 460, 462, 463, 468, 475, 477, 478, 487, 495, 502
景淨 5, 12, 24, 30, 31, 40, 46, 51, 53, 54, 78, 84, 95, 119, 121, 123, 156, 157, 180, 183, 202, 210, 249, 250, 254, 256, 275, 280-282, 285, 288, 296, 299, 301, 302, 325, 326, 331, 332, 334, 336, 338-340, 343-345, 361-363, 365-367, 369, 370, 373, 387, 388, 392-398, 403-405, 424,

425, 427, 432, 433, 435-440, 450, 463, 474, 480-487, 495, 496, 502
景僧 31, 40, 43, 44, 46, 52, 53, 75, 76, 81, 92, 96, 147, 153, 191, 195, 199, 202, 231, 240, 241, 253, 254, 280, 282, 296, 297, 300, 301, 303, 311, 313, 314, 318, 320, 334, 335, 341-343, 347, 348, 350, 354, 357-360, 373, 375-379, 381, 383-387, 389, 390, 393, 395, 397, 398, 403-406, 414, 436, 441, 445, 448, 457-458, 465, 471, 474, 478, 479, 484, 486, 487, 495, 496
景士 20, 54, 78, 297, 312, 319, 351, 356, 364, 367, 370, 373, 375, 389, 390, 395, 397, 425, 434, 435, 440, 442, 447, 448, 450, 453, 505-507
景寺 13, 18, 19, 24, 26-28, 31, 35-37, 39-41, 46-50, 52, 54, 56, 57, 61, 63, 65-67, 71, 146, 222, 224, 268, 281, 319-323, 373, 394, 413, 434, 437, 442, 475, 504, 505
景通法王 109, 111, 150, 151, 153, 271, 273, 278, 283, 284, 287, 304, 394, 483
景性 294, 308, 318
景尊 46, 251, 274, 296, 303, 326, 331, 344, 373, 458, 461, 496, 503
淨風 107, 108, 296, 302, 307, 325, 326, 329-343, 345, 394, 461, 482, 503
九姓胡 28, 70, 189, 389, 403, 419, 443, 456, 457, 479, 487
救世主 109, 173, 186-188, 237, 238, 280, 282, 287, 297, 303, 364, 391, 506

K

抗父 125, 137-139, 246
克里木凱特 49, 75, 96, 160, 238, 436, 494

L

勞費爾 12, 351
李白 51, 190, 311, 409-423, 425, 427-429, 431
李德裕 82, 100, 356, 383, 392
李盛鐸 105, 125, 127, 133-138, 140, 142-144, 147, 149, 164, 231, 234, 243, 244, 259, 270, 289
李素 16, 81, 96, 358
李文田 6
李兆強 161, 162, 178
李之藻 5, 9, 46, 145
理雅各 9, 25, 28, 29, 32, 36, 37, 39, 327, 366, 459, 506
醴泉坊 39, 41
曆代法寶記 35, 63, 67, 251, 429, 444
利瑪竇 7
梁啟超 134
梁廷枏 6
梁子涵 20, 112, 127, 131, 133, 134, 164, 178
林梅村 22, 49, 63, 194, 197, 202, 212, 220-222, 226, 323, 455
林仰山 17, 106, 108, 109, 113, 119, 120, 131, 160, 168, 177
靈寶 363, 365, 390, 393, 396, 474, 506
靈武 31-36, 38, 39, 46, 281, 505
劉偉民 121, 133, 161, 178
劉小楓 15, 25, 95, 486
劉陽 413, 423,
柳澤 45, 76, 350, 387, 445-448, 476-479
盧伽法王 109
盧訶那 340, 343, 344
盧訶寧俱沙 353, 372, 296, 303-305
呂秀巖 5, 13, 15, 359, 364, 506
羅含 44, 194-196, 199-204, 320, 351, 357, 360, 385, 386, 397, 414, 434, 448, 473, 477, 479, 504

囉稽 252-254, 262, 482
羅森克蘭茨 10
羅香林 13, 18, 46, 52, 59, 107, 108, 114, 117, 132, 134, 161-164, 166, 168, 170, 178, 181, 184, 186, 194, 197, 200-204, 211, 214, 215, 220, 386, 412, 413, 423, 435, 446, 449, 490
羅炤 268-270, 275, 276, 282, 283, 291, 306, 310, 318, 370, 374, 378, 398, 474
羅振玉 106, 110, 112, 137, 138, 143, 197, 198, 226, 234, 245, 246
羅竹風 22, 89
落合俊典 149, 259
洛陽伽藍記 49, 322, 323, 454, 455

M
馬幼垣 10, 125, 362, 368, 400, 509
彌賽亞 185, 186, 297
弥沙曳法王 109
彌師訶 35, 63, 77, 129, 162, 184-186, 188, 251, 429, 444
彌詩訶 184, 186, 187
弥施訶（彌施訶）35, 49, 50, 63, 64, 77, 108, 128-130, 145, 152, 186, 251-253, 256, 258, 260, 262, 263, 266, 272, 274, 280, 285-287, 296, 303, 305, 326, 331, 334-337, 343-345, 396, 461, 503
弥施訶自在天地經 109, 248, 251, 280, 339, 480
迷詩訶 184-186
迷詩所 185-188
密烏沒斯 92, 218, 224, 443
妙身 108, 146, 157, 185, 253, 272, 296, 298, 299, 301, 305, 331, 343, 344, 423, 483, 503
瑠豔法王 109
明泰法王 109
摩矩辭別法王 109

摩沒吉思法王 109, 497
摩尼光佛教法儀略 63, 84, 85, 91, 98, 155, 168, 274, 352, 370, 379, 380, 484, 485
摩尼教 3, 6, 31, 35, 41, 42, 50, 60, 61, 63, 71, 73, 74, 76-78, 83-85, 87, 88, 91-93, 96-100, 114, 115, 123, 124, 155, 168, 183, 198, 200, 203, 217, 218, 224, 231, 234, 238, 251, 274-277, 298, 307, 325, 335-338, 345, 351, 352, 356, 357, 362, 370, 378-383, 390, 391, 407, 430, 441, 443, 444, 451, 453-455, 457, 481, 484-486, 488-492, 494, 495, 497, 500, 501
摩尼教殘經 84, 85, 152, 275
摩尼教經 85, 137, 139, 147, 152, 168, 175, 238, 256, 274, 285, 286, 307, 345, 352, 370, 391
摩薩吉思法王 109, 497
摩薩吉斯經 109, 248, 280, 339, 480
末曼尼 35, 63, 251, 429, 444
末尼 6, 99, 45
牟世法王 109
牟世法王經 109, 248, 280, 338, 480
木鹿 27, 53, 322, 454
慕闍 92, 98, 218, 286, 379, 441, 443
穆爾 10, 17, 21, 26, 30, 32, 37, 106, 108, 109, 111, 115, 128, 158, 159, 176, 177, 308, 326, 327, 331, 333, 334, 337, 361-363, 366, 368, 369, 392, 395, 398, 412, 445, 462, 470, 502, 506, 507, 509
穆護（穆護袄）31, 61, 87, 92, 100, 101, 352-354, 357, 430, 443, 455, 488

N
那波利貞 18, 19, 60
南懷仁 6
廿四聖法王 109
聶斯脫利派 3, 7, 9, 10, 19, 43, 50, 154, 238, 444, 494

聶志軍 334, 340, 462, 463
寧恕 9, 27, 53, 373, 395, 487
寧思經 109, 248, 280, 338, 480
寧耶頤經 109, 248, 280, 338, 480
郍寧逸法王 109

P

潘那蜜 45, 76, 350, 351, 387
潘紳 14, 24, 38, 40
毗遏啓經 109, 248, 280, 338, 480
蒲立本 200, 203, 222
普論 44, 204, 357, 360, 385, 386, 388, 397, 414, 434, 473, 504

Q

齊思和 15, 43
啓真經 109, 248, 280, 339, 480
千眼法王 109
錢大昕 5, 20, 21, 59, 60
錢稻孫 126, 174, 176, 180, 185, 192, 246
錢恂 8
錢謙益 5, 20
錢潤道 7
錢鍾書 191
秦鳴鶴 81
清淨 108, 155, 247, 248, 266, 276, 291, 294, 300-305, 342, 352, 393, 394, 444, 481, 484, 492, 496, 500
清素 309, 311, 313-315, 317, 373, 377
馨遺經 109, 248, 280, 338, 480

R

饒宗頤 8, 143, 148, 203, 215, 267
任半塘 411, 413, 416-418, 420, 422
榮歸上帝頌 115, 117, 118, 332, 482
榮新江 15, 63, 64, 67, 70, 81, 94, 96, 126, 128, 148, 149, 164, 183, 235, 244, 245, 251, 259, 290, 358, 429, 441, 444

S

薩寶 77, 78, 94, 356
薩馬爾罕 27, 53, 322, 454
薩珊（薩珊波斯、薩珊王朝、薩珊帝國）60, 75, 209, 220-222, 351, 471
上雲樂 409-419, 421, 422, 428, 429
三才 107, 116, 301, 302, 332, 334, 338, 424
三際經 109, 248, 280, 338, 480
三威（三威蒙度讚、三威讚經、讚經）66, 84, 105-118, 126, 138, 145-147, 153, 168, 180, 185, 186, 234, 235, 240, 245, 248-251, 280, 296, 301, 302, 332-339, 343-345, 424, 480, 482, 495
三身 108, 110, 116, 253, 272, 296, 298, 299, 301, 302, 305, 332, 343, 344
三夷教 3, 26, 41, 63, 65, 73, 74, 76, 77, 88, 89, 91-94, 96-102, 355, 357, 406, 453-455, 488
三夷寺 73, 74, 91, 485
桑原騭藏 12, 17, 56, 67, 197, 199, 201, 214
僧史略 68, 77, 92, 97, 99, 217, 348, 455
沙伯里 21
沙畹 115, 206, 208, 210, 374, 381, 428, 441
沙州 133, 146, 147
山口昇 12
刪訶律經 109, 248, 280, 338, 480
神直道 13, 29, 34
聖父 163, 253, 295, 296, 298, 299, 330, 331, 333, 338, 340, 344, 345
聖教 5, 9, 14, 16, 121, 198, 200, 201, 205-207, 209, 225, 344
聖經 7, 14, 84, 115, 120, 123, 145, 158, 176, 184, 239, 240, 247, 248, 252, 276, 297, 329, 341, 393, 413, 418, 423, 460, 481, 482, 496, 497

聖靈 116, 163, 252, 253, 295, 296, 298, 300, 302-304, 325, 328-341, 343-345
聖子 108, 145, 163, 251, 253, 295, 296, 298, 303, 304, 330, 331, 333, 336, 338, 340, 344, 435
聖喬治 488, 498, 500, 501
師利海經 109, 248, 280, 338, 480
獅舞 418, 419, 420
獅子(師子) 44, 154, 278, 415-420
施安昌 273, 283
石田幹之助 17, 194, 199, 200, 201
矢野三治 12, 17
世尊 108, 154, 163, 166, 171, 173, 253, 278, 333-335, 491
世尊布施論 127, 158-162, 168-173, 233, 236, 340, 496
舒元輿 73, 74, 76, 91
述略經 109, 248, 280, 338, 480
斯坦因 63, 158, 165, 435
四門經 109, 248, 280, 339, 480
寺主 54, 59, 309, 313-315, 318, 359, 364, 366, 367, 370, 377-379, 381, 396, 457, 507
松本榮一 85, 117
蘇瑩輝 112, 127
肅宗 31-33, 35, 36, 46, 75, 95, 96, 281, 296, 389, 390, 397, 413, 414, 416, 420, 425, 504, 505
粟特 31, 94, 154, 185, 252, 315, 317, 390, 398, 402, 403, 456, 474, 479
娑羅法王 109

T

太宗 17, 44, 48, 50, 52, 54, 61, 62, 64-66, 69, 75, 78, 87, 95, 101, 109, 120, 121, 123, 156, 162, 180, 205, 207, 240, 249, 274, 275, 281, 299, 308, 320-323, 339, 358, 383, 384, 395, 413, 416, 428, 430, 431, 434, 437, 440-442, 445, 449, 450, 455, 459, 461, 467, 479, 480, 481, 503
唐會要 18, 42, 47, 50, 66, 69, 78, 82, 88, 100, 123, 146, 210, 215, 320, 322, 348-350, 353, 354, 357, 384, 387, 397, 422, 430, 432, 433, 435, 439, 446, 448, 456, 473, 476-478, 488
藤枝晃 13, 17, 143
天寶藏經 109, 248, 280, 338, 480
天下第一傷心人 7
天尊 145, 172, 173, 184, 187, 188, 217, 239, 240, 344, 426, 491
通真經 109, 248, 280, 338, 480
吐火羅 44, 98, 210, 223, 364, 365, 441, 506

W

王昶 5
王國維 137, 139
王克芬 419-421
王治心 94, 159
望風律 50, 330, 431, 445, 449, 459-463, 466, 468-470, 473, 503
衛禮 9, 25, 327, 460
魏徵 17, 52, 64, 65, 123, 156, 249, 299, 395, 440, 480
翁紹軍 15, 39, 86, 107, 114, 132, 163, 164, 178, 252, 298
文翼 309-312, 377
烏沙郳經 109, 248, 280, 339, 480
無言(无言) 150, 251, 279, 296, 302, 325, 326, 328-331, 335, 337, 394, 461, 483, 503
無元真主(无元真主) 145, 157, 185, 296, 299, 307, 331, 344, 423, 483, 503
吳其昱 108, 115, 116, 118, 120, 164, 233, 253, 259, 332-334, 336, 337, 340, 345, 482, 498
五郡 31-35, 38, 39, 46, 59, 281, 505
武后 8, 70, 84, 85, 194, 195, 202, 203, 205,

207, 213-219, 224, 320, 321, 352, 355,
383, 385, 413, 416
武則天 83, 92, 97, 98, 194, 200-203, 217,
218, 281, 320-322, 386, 420, 425, 443,
455, 457, 478
武曌 213, 215-219, 281
武宗 61, 68, 74, 85-89, 97-100, 121, 351,
353, 356, 358, 374, 383, 406, 408, 428,
430, 488, 489

X

西域圖記 45, 210, 250, 432, 499, 504
下部讚 85, 114, 123, 168, 238, 275, 335,
336, 351, 380, 391, 394, 481, 485, 495,
496, 500
夏鳴雷 9, 11, 19, 28, 37, 56, 196, 297, 327,
360, 366, 445, 461, 470
祆教 3, 6, 31, 40-43, 50, 60, 61, 68, 70, 73-
75, 77, 78, 86-88, 91-97, 100, 121, 124,
231, 345, 352-357, 410, 421, 430, 443,
453-456, 488, 491
祆寺 41, 92, 222, 224, 352, 443, 455
祆正 77, 78, 94, 352, 355, 356
憲難耶法王 109
向達 17, 18, 58, 59, 61, 62, 64, 200, 202,
411, 412, 414
小島文書 105, 126, 134, 135, 139-141,
143-147, 149, 165, 231, 235, 236, 243,
244, 288-290, 376, 426, 485
小品經 159, 169
謝海平 67, 69, 203, 429
新約 187, 329, 413, 423
行通 364, 366, 396, 474, 507
興慶宮 44, 80, 204, 360, 385, 386, 397,
434, 473, 504
徐光啓 5, 9
徐謙信 15, 24, 25, 29, 38, 39
徐兆鏞 14, 34, 38

徐自強 21
徐宗澤 14, 16, 68, 121
許地山 106, 108, 111, 116, 301, 302, 332
序娑 184, 185, 187, 426
序聽迷詩所經(序經) 5, 126, 127, 145,
159, 162, 167, 169, 174, 176-182, 184,
186-189, 191, 192, 233, 235-236, 239,
240, 251, 254, 255, 340, 376, 426, 480,
496
宣義經 109, 248, 280, 338, 480
宣元本經(敦煌本) 66, 84, 85, 105, 127,
131, 132, 136, 138, 139, 143, 144, 149-
157, 231, 240, 249, 250, 251, 253, 269,
273-275, 282, 289, 290, 339, 343, 344,
394, 423, 424, 481-484, 495
宣元至本經(宣經) 105, 109, 125, 127,
133, 134, 137-142, 144-147, 149, 153,
156, 231, 235, 243, 246, 248-251, 253,
259, 268-283, 286-294, 303, 306-308,
313, 318, 338, 339, 367, 370, 374, 378,
395, 424, 480, 481, 485
玄化匠帝 150, 151, 154-157, 271, 272,
279, 281, 287, 307, 424, 483, 484
玄慶 309, 313, 315, 318, 370, 377, 378,
381, 457
玄應 309, 313, 315, 318, 370, 377, 378,
381, 457
玄宗 35, 43, 44, 64, 66, 75, 79, 95, 97, 98,
146, 208, 281, 321, 350, 357, 360, 379,
380, 385-387, 389, 390, 392, 405, 413,
416, 425, 434, 435, 442, 445, 447, 448,
470, 473, 476, 477, 479, 484, 504, 505
玄奘 114, 343, 439, 440, 450, 456

Y

亞當 12, 326, 341, 361, 362, 365, 392, 393,
396, 474, 494, 502, 506
陽瑪諾 5, 8, 9, 46, 295, 329-331, 459

楊榮鋕 6, 7, 21, 329, 330
楊森富 20-22, 95, 486
楊憲益 43, 70, 419
耶和華 145, 155, 156, 184, 185, 239, 294, 341, 424, 482
耶俱摩 367, 370, 400, 402, 405, 509
耶穌 6, 17, 49, 86, 145, 165, 166, 172, 173, 178, 185, 186, 188, 189, 191, 237, 238, 242, 251, 297, 326, 335, 344, 390-392, 435, 436, 450, 451, 453, 461, 468, 488, 494, 497, 499, 500
耶穌會士 6, 8, 9, 21, 174, 192, 199, 238, 242, 295, 327, 329, 344, 407, 447, 450, 451, 459, 461, 494
耶茲卜茲 364, 365, 396, 474, 506
業利 31, 359, 364, 366, 367
一神論 105, 126, 127, 158-165, 167-171, 174, 176, 180, 181, 183, 184, 186, 191, 192, 233, 235, 237, 238, 251, 254, 340, 376, 426, 480
一天論 127, 158-161, 168-171, 173, 340
伊利耶經 109, 248, 280, 338, 480
伊斯 19, 20, 35, 36, 39, 40, 81, 82, 95, 96, 360, 361, 364-366, 373, 389-393, 397, 405, 474, 505
伊斯蘭教 6, 31, 43, 60, 68, 74, 94
伊藤義教 109, 248, 280, 338, 480
宜和吉思法王 109, 497, 498, 500
儀則律經 109, 248, 280, 338, 480
移鼠 185, 186, 188, 189, 191, 237, 238, 242, 496
義淨 182, 348, 370, 393, 439
義寧坊 13, 18, 19, 38, 39, 47, 48, 50, 52, 54, 55, 60, 67, 78, 319, 322, 323, 349, 384, 432-434, 436, 437, 456
藝利月思經 109, 248, 280, 338, 480
翳數 172, 186, 237, 496
英千里 14, 38,

應身 108, 251, 253, 272, 296, 298, 299, 301, 305, 343, 344
猶太教 18, 68, 74, 110, 205
瑜罕難法王 109, 146, 147
羽田亨 126, 134, 138, 139, 146, 149, 158, 159, 174, 176, 177, 180, 185, 192, 194, 195, 197, 198, 201, 203, 209, 226, 233, 239, 243, 246, 252, 255, 257, 259, 270, 485
喻第二 159-161, 163, 168-171
原靈經 109, 248, 272, 280, 338, 480

Z
曾德昭 21
張奉箴 22, 53, 54, 81, 107, 114, 119, 131, 132, 134, 162, 163, 166, 179
張濟猛 182
張乃翥 202, 268, 282, 306, 308, 313, 373, 374, 406, 458, 490
張星烺 113, 200, 202
占青雲 50, 330, 431, 435, 449, 455, 459, 460, 462-463, 466-468, 470, 473, 481, 503
昭武九姓 21, 92, 456, 457
趙璧礎 43, 46, 179, 187, 189, 239, 248
貞元新定釋教目錄 12, 95, 186, 256, 343, 362, 396, 425, 486
徵詰經 109, 248, 280, 338, 480
證身 108, 253, 272, 296, 298-300, 303, 305, 343, 344
鄭連明 22, 117, 162, 178, 179, 181, 182
志通 310, 313, 315, 318, 370, 377, 381, 457
志玄安樂經（志經） 84, 85, 105, 109, 125-132, 135, 137-140, 142-144, 151, 152, 167, 231, 243-261, 267, 280, 285-288, 338, 339, 343, 344, 424, 480-482
中川正信 12

塚田康信 13
重巖寺碑銘 73, 74, 76, 91, 97, 485
周紹良 198, 226
周捨 415-421
周慶立 45, 76, 350, 387, 445-448, 476-479
鰲屋 16-19, 33-35, 39, 50, 52, 56-67, 69, 71, 449
朱謙之 8, 16, 19, 20, 67, 117, 118, 162, 163, 178, 201, 202, 308, 318, 326, 347, 392, 470, 483
朱維之 113, 114, 116, 120, 123, 131, 132, 161, 164, 169, 170, 171, 178
轉輪王（轉世輪王）216-217, 229, 233
足立喜六 12

尊經 84, 85, 105-108, 110-123, 138, 146, 153, 156, 168, 170, 180, 184, 234, 235, 245-253, 271, 272, 275, 280, 288, 295, 296, 298-301, 303, 305, 334, 338-340, 343, 344, 362, 370, 395, 438, 440, 480-482, 495, 497, 498, 500
佐伯好郎 13, 17, 26, 30, 32, 33, 39, 57, 59, 64, 67, 89, 106, 109, 112, 113, 115, 116, 123-125, 127, 129, 130, 133, 138, 139, 141, 145, 159, 160, 177, 181, 188, 194, 195, 198, 226, 233, 235, 243, 252, 259, 280, 302, 328, 333, 336, 366, 412, 436, 443, 460

初版後記

20世紀70年代末，當我開始從事摩尼教研究時，導師蔡鴻生先生便已經提示我，"要同時注意景教和祆教的問題"。不過，我之把景教作爲專題進行探討，是到了80年代末90年代初的時候。時我在歐洲遊學，應德國波恩大學著名宗教學家克里木凱特（H. J. Klimkeit，1939.7—1999.2）教授之命，擬將其書稿《達·伽馬以前中亞和東亞的基督教》漢譯。季羨林先生認爲這是一件很有意義的事，遂應克里木凱特教授之請，爲漢譯本預寫了序言，使我們深受鼓舞。爲了翻譯該書稿，我利用在歐洲的機會，較爲系統全面地瀏覽和蒐集有關古代景教東漸及其在華傳播的資料，亦在倫敦大學亞非學院旁聽西姆斯·威廉斯（N. Sims-Williams）教授的粟特景教文獻課程。同時，更經常與在歐訪問的榮新江教授切磋。我們發現了對中國景教的認識，尤其是唐代的景教，實際上還遺留著不少問題，也不乏盲區、誤區。這使我下決心重新檢視該領域的研究。本書不過是十餘年來讀書的一些心得。當完成這本書稿時，老朋友克里木凱特教授已經作古兩年多了。希望書稿的出版，能告慰他在天之靈：他生前所關注的課題，中國同人並未中斷研究。

人文學科的研究，是以個人爲主體的精神活動，其最關鍵的是當事者執著的努力，最需要的是一個良好的學術氛圍、一種優良的學術傳統。拼湊梯隊、虛立項目之類，無補於事。我有幸在中山大學歷史系就讀和任教。該系保持著陳寅恪先生等老一輩學者所創立，由其及門弟子，也即我所受業的老師們承傳下來的學風，大家以純學術研究爲生命，排除各種意識形態或經濟物慾的干擾，不爭名於朝，不爭利於市，安貧樂道，潛心於治學求真。假如說，本書尚有愚者一得的話，與我生活在這種學術環境下，是絕對分不開的。

衷心感謝業師蔡鴻生先生賜序。我畢業多年來，他仍一直密切關注著我的研究。他雖是"旁觀",但絕非袖手。因爲從他的言談和著作中,我得到不少靈感;諸多具體問題,更是直接請教了他。蔡師對唐代西來宗教認識之深,盡見其序中三點"旁觀者"意見。這三點意見,實際是指明我日後繼續研究的方向。

衷心感謝唐研究學術委員會兩位匿名評審人以及姜伯勤先生等諸委員。他們對書稿除勉勵外,更提了不少具體寶貴的修改意見。根據這些意見,我以半年的時間對書稿作了全面的修訂。

衷心感謝海内外同人,對我有求必應,幫助我取得所需的各種文獻資料。他們包括臺灣的鄭阿財教授、張榮芳教授、劉聿新教授,香港的楊永安博士、馬楚堅博士,日本的志賀市子博士,美國的馬小鶴博士;國内的榮新江教授、葛承雍教授、郝春文教授、楊富學教授、林金水教授、王惠民博士、李舉綱先生;我的同事程美寶教授、周湘博士、江瀅河博士、林英博士等。

我的年輕朋友黄蘭蘭、黎擁華、張小貴等君,都曾爲本書資料的收集複印,以至文字處理工作盡力。從我系學生的尊師重道,看到了未來學術的希望。

本書的審稿運作過程,得到唐研究基金會秘書羅新教授的大力支持;本書的出版,更離不開中國社會科學出版社馮廣裕先生的辛勤勞動。謹衷致謝忱!

本書承蒙美國羅傑偉先生唐研究基金會贊助出版,謹此鳴謝!

2001 年 4 月 24 日
於康樂園永芳堂

增訂本後記

蒙《歐亞備要》主編余太山先生、李錦繡學長及商務印書館編輯程景楠女史垂青，欲將余三夷教研究之舊著列入叢書重排刊印。舊著內容多爲上世紀之物，時夷教研究在國內尚屬冷門，爾後始日趨熱門，而今殆成顯學。其間有關的社會因素固多，但從純學術的角度看，則與新資料的發現分不開。新資料的發現不唯拓寬了研究視野，更爲深化認識創造了有利的條件。而今，余未入土而重排舊作，若非有所修訂補充，於該等新發現有所反映，實於心不安。然欲增訂，談何容易？年已垂暮，精力、視力不濟，記憶力衰退，以羸弱之軀，欲在就木前完成此事，實屬奢望。爲無負三位學長懇切期望和勉勵，苟以《唐代景教再研究》爲試，蓋緣該書有關內容的電子文檔仍多保存，藉助電腦放大，尚可勉強爲之。

原書於 2001 年定稿，由中國社會科學出版社於 2003 年 1 月刊行。主體部分由"傳播篇"、"經文篇"各六篇文章組成，另附一篇相關譯文。今次增訂，對原書文字內容雖有所過濾修訂，但於基本觀點和篇章結構則一依其舊，倒是在原有的兩大主體部分外，遵主編余先生之意，另闢"續篇"，即將後來所撰相關新文選入。"續篇"所收文章除對既往研究的進一步思考外，尚多與新世紀始發現的景教經幢、李盛鐸舊藏敦煌寫經真跡公刊有關。竊意以"續篇"形式輯入，既有利於保持原著的面目，亦較易體現認識的漸次深化。當然，作爲原書的增訂本，除重新整合索引外，所附圖版亦相應有所更新。至若研究論著書目，亦續加增補；唯無從竭澤而漁，挂一漏萬，自屬難免。

今次之增訂，實際就是余此生唐代景教研究的終結。最終得以完成，實賴殷君小平的不倦努力，還有張君小貴、王君媛媛、張君淑瓊諸同仁之協力襄助；至於技術層面的工作，則多賴黃君佳欣之支持。於此一併申謝！此外，中山大學圖書館特藏部李卓老師、丁春華老師，首都師範大學游自勇教授、中國社科院歷史所徐弛博士等四位素未謀面的學長，不辭辛勞耗時，掃描傳賜珍貴資料和圖版，隆情厚意，尤令余感動！當然，最得感謝的是余太山先生、李錦繡學長、程景楠女史，若非三位的關照勉勵，整理舊著自無從說起，遑論增訂。

　　回顧近三十年於該領域的探索，一直備受蔡師鴻生先生的關注，悉心指導，其間認識有所深化，更離不開先生之耳提面命，適逢蔡師八秩有五華誕，權以此增訂本爲蔡師壽！

2018 年 5 月 31 日於廣州南湖山麓